Dicionário da
HINTERLÂNDIA
CARIOCA
ANTIGOS "SUBÚRBIO" E "ZONA RURAL"

• NEI LOPES •

Dicionário da
HINTERLÂNDIA
CARIOCA

ANTIGOS "SUBÚRBIO" E "ZONA RURAL"

Rio de Janeiro, 2012

Pallas

Copyright © 2012
Nei Lopes

EDITORAS
Cristina Fernandes Warth
Mariana Warth

COORDENAÇÃO EDITORIAL
Raphael Vidal

PRODUÇÃO GRÁFICA
Aron Balmas

PREPARAÇÃO DE ORIGINAIS
Eneida D. Gaspar

REVISÃO
Clarissa Luz

PROJETO GRÁFICO E DIAGRAMAÇÃO
Ilustrarte Design e Produção Editorial

CAPA
Luis Saguar e Rose Araujo

FOTOS DE ABERTURA E ENCERRAMENTO
Luis Saguar

Todos os direitos reservados à Pallas Editora e Distribuidora Ltda. É vetada a reprodução por qualquer meio mecânico, eletrônico, xerográfico etc., sem a permissão por escrito da editora, de parte ou totalidade do material escrito.

Este livro segue as novas regras do Acordo Ortográfico da Língua Portuguesa.

L854d   Lopes, Nei, 1942-
         Dicionário da hinterlândia carioca : antigos "subúrbio" e "zona rural" / Nei Lopes. - Rio de Janeiro : Pallas, 2012.
         400p.

         Apêndice
         Inclui bibliografia
         ISBN 978-85-347-0476-2

         1. Rio de Janeiro (RJ) - Dicionários. I. Título.

12-0638.   CDD: 918.153
                                                                                  CDU: 913(815.3) (038)

À memória e à energia de Luiz Braz Lopes e Eurydice de Mendonça Lopes, meus pais, que, em 1917, plantaram nossas raizes em Irajá.

Às de Alberto, Jorge e Manuel Mendonça, meus tios, que seguiram o mesmo caminho.

E às de minha irmã Lurdes e seu marido Evaristo Gomes da Cruz, que também vieram.

Prefácio

Sou suburbano da Vila da Penha, um pedaço de terra ao redor do Largo do Bicão plantado, e, se for possível aguçar bem a atiradeira da memória, ainda se é possível me alcançar logo ali, aquele de orelhas de abano, num dos bancos da Escola Grécia. Todos os dias a professora mandava a turma olhar bem a gravura que ela apresentava à frente da classe. Tratava-se quase sempre de uma casa, um quintal, umas árvores, o sol nascendo as fundo, um rio sinuoso. O exercício era, a partir da imagem, escrever primeiro uma descrição, um relato bem objetivo do que estava desenhado, e depois uma dissertação, onde havia liberdade para se colocar em meio ao que se via no cenário algumas borboletas de estilo e imaginação.

Cresci um pouco, as orelhas ficaram menos evidentes. Virei jornalista. Aproveitei que a professora não estava vendo, e depois de observar bem os quadros que foram sendo expostos à frente das minhas retinas cansadíssimas, tomei a liberdade de misturar a descrição com a dissertação. Li uns livros do Gay Talese, carreguei para todos os lados os relatórios do Graciliano Ramos na prefeitura de Palmeira dos Índios. Rezei com as crônicas do Rubem Braga me servindo de catecismo e substitutas à Ave Maria, do Julio Louzada, na Rádio Tupi.

A vida foi em frente. Peguei os doces de São Cosme Damião e os amargos do óleo de fígado de bacalhau. Pulei as carniças que a vida me apresentou, passei um sebo maneiro no couro da bola número cinco e desafiei os perigos com o grito resoluto de "Tá com medo tabaréu? É linha de carretel!".

Fiz o que pude e fiquei assim. Subi as escadarias da Penha e depois as de *Sacre Coeur*, de *Montmartre*, mas eu sei, e aqui ponho minha cadeira na calçada, a camisa entreaberta do pijama para que a alma suburbana respire melhor. Eu sei – é bola ou búlica, ninguém tasca, ninguém fura o balão de Cascadura – eu sei que sem a explosão do paiol de Deodoro, sem as rezadeiras que me salvaram da espinhela caída e sem as aulas de dissertação\descrição no Bicão, as orelhas de abano teriam se transformado em alegorias constrangedoras de um burro qualquer.

Sem o subúrbio correndo nas veias eu teria ficado à Bangu.

Nasci aqui e sei que isso não faz ninguém melhor do que quem veio ao mundo de frente para o mar do Arpoador, mas é um acontecimento diferenciador de culturas e disso muito me orgulho.

Você passou a infância correndo atrás da bola em imensos terrenos baldios e cortou o pé em tenebrosos cacos de garrafas quebradas. Você se acostumou a ouvir dos mais velhos que a passagem do amolador de facas com o canto triste de sua máquina é previsão de morte para algum vizinho. A Fera da Penha morava ao lado. Você correu atrás do conversível do bicheiro que atirava dinheiro para a molecada. Renato e seus Blue Caps ensaiavam na esquina. Você gritou "marraio, feridô sou rei" para iniciar o jogo de bola de gude. O seu tio desfila no Império Serrano.

Eu estive por trás de todas essas cenas, desse céu estrelado com Marias Pretas e cortado por rabiolas com gilete na ponta, e ainda brinquei carnaval ao redor dos coretos com enfeites espaciais. Vi a imagem de Nossa Senhora de Fátima passando de madrugada no Largo de Vaz Lobo, fui televizinho, recebi passes dos caboclos que baixavam no centro espírita da rua, vendi gibi velho na calçada e, da mesma maneira que toda Madureira, chorei quando a voz do destino, obedecendo ao divino, chamou a sua estrela Zaquia Jorge, vedete do teatro local, morta, afogada, na praia da Barra da Tijuca.

O subúrbio radicaliza a experiência carioca de misturar todos os seus feijões culturais, e eu não só estive por trás dessas cenas dos capítulos anteriores como na vida real vendia feijões, de verdade, sem literatura, no balcão da mercearia de meu pai, comerciante português como todo o resto da família. Na fachada da casa, um azulejo informava que a casa era protegida por São Jorge. No quintal, dançava-se o vira de Trás-os-Montes. O passado das tradições portuguesas misturava-se com o lança-perfume que cada filho ganhava no carnaval – e se aparecesse um inimigo para lutar contra essa harmonia entre as diferenças, bastava ligar para Jerônimo, o Herói do Sertão, ou o delegado Nelson Duarte, logo ali na Invernada de Olaria.

Vivo até hoje da mistura sem preconceito desses feijões e da certeza de que neles está o broto do que o mundo hoje conhece como civilização carioca. Tem som de preto, de favelado e também do piscar de meu olhar comprido, prenhe de cumplicidade, aos funks que eu curti no passado. Aos domingos, subindo a rampa da Igreja da Vila Kosmos, eu ouvia a procissão de mulheres de véu branco cantando "No céu, no céu, com a minha mãe estarei", e quando chegava em casa ligava a Rádio Nacional para ouvir "Vestida de branco, de véu e grinalda, lá vai Esmeralda, casar na igreja", no programa do Paulo Gracindo.

E mais não digo, e mais não canto, porque lá passa o trem com Chico e Vinícius, e faço minhas as palavras deles, peço a Deus por minha gente, que vontade de chorar suburbano!

Joaquim Ferreira dos Santos

O urbano e o suburbano

Da mesma forma que a recente difusão do termo "urbano", como sinônimo de cosmopolita e universal, é uma criação dos "modernos" de hoje, a generalização da ideia de subúrbio como lugar carente, sem ordem nem conforto, habitado por pessoas pobres, sem educação ou refinamento, parece ser uma criação das antigas elites cariocas.

Certamente, foram essas elites que, tomando a natureza como parâmetro, optaram pela separação da cidade em duas partes: uma, predominantemente litorânea, abrigando preferencialmente os ricos e remediados; outra, do outro lado da grande montanha, reservada aos cidadãos tidos como de segunda classe.

Antes disso, o que havia a norte e a noroeste do centro da cidade eram freguesias rurais, e não subúrbios, num tempo em que, por exemplo, a freguesia da Gávea – compreendendo Ipanema, Leblon e a Gávea de hoje – tinha menos de 6 mil habitantes contra os 18 mil da freguesia de Inhaúma; e em que Copacabana, na freguesia da Lagoa (onde Botafogo, sim, pontificava), não passava de um grande areal.

No entanto, veio a "civilização" para europeizar e eugenizar a Capital Federal. Aí, ao mesmo tempo em que se procurava conectar o litoral das elites ao centro administrativo da cidade, expulsaram-se os mais pobres do centro político e de formação da opinião, fazendo-os procurar moradia nas encostas dos morros e na periferia da cidade. Depois, procurou-se desalojar os ocupantes das encostas mais valorizadas, levando-os para cada vez mais longe das oportunidades de emprego, sem moradia digna nem transporte eficiente.

Foi assim que a lógica da segregação foi sendo aceita pelas cabeças menos pensantes. E que se criou o estereótipo de que, no Rio, associa-se a ingenuidade, o anacronismo, provincianismo etc., tudo o que se situe fora do "grande circuito cultural", como ainda vemos, recorrentemente e com grande poder de convencimento, na dramaturgia da televisão.

Em contrapartida, frustrada em grande parte a política de remoção de favelas posta em prática na década de 1960, o crescimento de comunidades faveladas nos morros, do Catete ao Joá, fez deles, na parte mais valorizada da cidade – como antes já eram os cortiços –, verdadeiros bolsões de comportamento suburbano. E, nesse comportamento, estavam obviamente embutidos, também, componentes antissociais gerados pela segregação, os quais acabaram por redundar no que hoje vemos, em termos de violência urbana.

Acontece, entretanto, que a porção segregada do Rio é historicamente a responsável pela maior parte do conjunto dos valores materiais e espirituais criados ou reelaborados pelo povo da Cidade, antes do advento e da expansão da cultura de massas de base internacional. Essa porção é a que compreende as localidades surgidas e desenvolvidas ao longo das linhas ferroviárias que demandam Santa Cruz e a Baixada Fluminense, bem como as irradiadas a partir delas, inclusive na direção sudoeste do litoral, até Sepetiba. E é dela que se ocupa este livro.

Para nós, ela é o lugar privilegiado onde o urbano encontra o rural, onde o nacional abraça o global e onde o presente mais fortemente se nutre do passado. É nela que o fato cultural passa pelo filtro ou pelo amplificador da indústria para se espalhar pelo Brasil e ganhar o mundo.

Daí, então, veio-nos a ideia de reunir todo esse repertório, organizá-lo por ordem alfabética de assuntos e apresentá-lo em um dicionário. Esta foi a forma que achamos mais conveniente para repertoriar gama tão diversa de assuntos e abordagens sobre o ambiente focalizado, o qual denominamos "hinterlândia" não por esnobismo e, sim, pela exatidão do termo, como exposto no verbete respectivo.

Com isso, esperamos contribuir para a desestigmatização da ideia pejorativa de subúrbio e para o melhor conhecimento desta parte da Cidade. E, principalmente, colaborar para a reunião de todos os cacos e pedaços em que ela se fragmentou.

Se, de todo, isso não for possível, este livro valerá pelo menos no avivamento da memória e nas doces redordações.

NEI LOPES
Seropédica, Baixada Fluminense, 2010.

À BANGU. Locução adverbial que representa o modo desorganizado, sem regras, de se fazer alguma coisa. Originando-se nos campos de futebol, caiu na linguagem geral. Surgiu, provavelmente, por ocasião das primeiras partidas de futebol disputadas pelo BANGU ATLÉTICO CLUBE, ainda na primeira infância do futebol brasileiro, quando as regras do jogo ainda não tinham sido assimiladas.

ABOLIÇÃO. Bairro localizado na região administrativa do MÉIER. Seu nome tem origem na principal rua local, outrora chamada "13 de Maio", em lembrança da proclamação da Lei Áurea, e mais tarde denominada "rua da Abolição". Cortado pela antiga ESTRADA REAL DE SANTA CRUZ, hoje Avenida DOM HELDER CÂMARA, inicialmente, a localidade abrigava quase que só estabelecimentos agrícolas. No século XIX, estabeleceram-se na região, a partir do vizinho ENGENHO DE DENTRO, algumas fábricas, por conta da interiorização do ramal suburbano da ESTRADA DE FERRO CENTRAL DO BRASIL. Depois, verificou-se, a partir de 1917, o processo de loteamento das grandes propriedades próximas à rua da Abolição. Na década de 1930, com o apoio do Governo à atividade manufatureira, as áreas servidas pelas ferrovias e o seu entorno foram os escolhidos para a instalação das indústrias. Mais tarde, entretanto, o bairro ganhou características eminentemente residenciais. Em 1997, com a inauguração da LINHA AMARELA, foi-se tornando, cada vez mais, um local de passagem. Ver BAILES; BLOCOS CARNAVALESCOS; BONDES; CINEMAS ANTIGOS; CLUBES; FAVELAS; OPOSIÇÃO, *Sport Club*; PAGODE; PEPA DELGADO; PIEDADE; REGIÕES ADMINISTRATIVAS; SAMBOLA.

ABOLICIONISTAS, Monumento aos. Ver MONUMENTO AOS ABOLICIONISTAS.

ABRIGO CRISTO REDENTOR. Centro de promoção social filantrópico, localizado na Avenida dos Democráticos, nº 1090, BONSUCESSO. Criado em agosto de 1936, por iniciativa e dedicação de Levy Miranda, funcionário do Banco do Brasil, o abrigo atua em benefício de idosos abandonados em hospitais, que vivem nas ruas ou não podem continuar morando com os familiares. Situada em uma área de 170 mil metros quadrados, a casa – uma unidade federal que está, hoje, sob a administração da Prefeitura Municipal do Rio de Janeiro – foi criada para oferecer aos idosos, em regime de internato, assistência médica e odontológica, alimentação, ocupação terapêutica e lazer, sendo a prestação dos serviços garantida por convênios com a Secretaria Municipal de Saúde e os HOSPITAIS PÚBLICOS. A iniciativa de Levy Miranda rendeu frutos em outros estados brasileiros, onde a denominação "Abrigo Cristo Redentor" se estendeu a outros estabelecimentos congêneres ao do Rio de Janeiro.

ACADEMIA DE BOMBEIROS MILITAR DOM PEDRO II. Estabelecimento de ensino superior do Corpo de Bombeiros do Estado do Rio de Janeiro. Localizado no Complexo de Ensino da Diretoria Geral de Ensino e Instrução, situado no nº 23.800 da AVENIDA BRASIL, em GUADALUPE. Suas origens estão na Escola de Formação de Oficiais e na Escola de Aperfeiçoamento Técnico para Oficiais, unidas sob um só comando quando da fusão dos Estados do Rio de Janeiro e da Guanabara, em 1975. Em 18 de março de 1976, a Escola transferiu-se do Quartel Central, na Praça da República, para Jurujuba, Niterói, onde permaneceu até outubro de 2001, mês em que chegou às atuais instalações. Até 2002, a escola chamou-se "Academia de Bombeiros Militar Dois de Julho". O adjetivo "militar" na denominação, embora soe estranho no singular, concorda com o substantivo "academia".

ACADEMIA DE LETRAS SUBURBANA. Agremiação literária fundada, provavelmente com intenção de troça, na "Tipografia do Abreu", na rua do ENGENHO DE DENTRO, por iniciativa de um certo Leopoldino e contando com as participações do poeta e letrista GUTTENBERG CRUZ, e do cantor e violonista Leandro Ferreira, cognominado o ROUXINOL SUBURBANO. Segundo Alexandre Gonçalves Pinto (*apud* VASCONCELOS, 1977), a Tipografia "era o tugúrio dos seresteiros", sendo usada pelos boêmios para nela guardarem seus instrumentos e, até mesmo, descansarem "depois dos grande pagodes".

ACADEMIA DE POLÍCIA MILITAR D. JOÃO VI. Estabelecimento de ensino superior localizado no número 2.906 da avenida Marechal Fontenelle, em SULACAP. Em suas dependências, é ministrado o curso de formação de oficiais da Polícia Militar do Estado do Rio de Janeiro, com duração de três anos em regime de internato e carga horária total de 4.871 horas, tendo por objetivo dar cultura jurídica, policial-militar e técnico-profissional básica aos oficiais, até o posto de capitão.

ACADEMIA IRAJAENSE DE LETRAS E ARTES (AILA). Sociedade civil e cultural, sem fins lucrativos, fundada em IRAJÁ, em 1993, e considerada de utilidade pública municipal pela Lei nº 2596 de 3 de dezembro de 1997. Tendo como patrono Dom Manoel do Monte Rodrigues de Araújo, Conde de Irajá, seu principal objetivo estatutário é "difundir a cultura das letras e das artes em geral no Brasil". Constituída basicamente de um quadro de quarenta membros efetivos e vitalícios, mais outros de beneméritos e honorários, a AILA mantém ainda um quadro de "aspirantes acadêmicos", composto de 25 cadeiras destinadas a jovens de 18 a 21 anos. A exemplo de outras congêneres, a AILA procede a rituais complexos em suas sessões, nos quais se evidencia a simbologia de seu emblema: dois círculos circunscritos, em vermelho, cor do bairro de Irajá, com o nome da Academia, tendo no centro uma alegoria em que se destacam a cana-de-açúcar, a engrenagem de um engenho, a clave da música, a pena das letras, o pincel das artes e o rio Irajá, tudo emoldurado por dois ramos de louro, na cor verde. O hino da Academia é de autoria de Agostinho Rodrigues (letra e música), sendo a sua "Oração Acadêmica" da lavra da poetisa Jarnete Ferreira Soares. A AILA é representada também um *ex-libris*, desenhado dentro das mais rigorosas técnicas dessa especialidade.

ACADEMIA MADUREIRENSE DE LETRAS. Associação fundada em 2 de fevereiro de 1993, tendo como patrono Austregésilo de Athayde e como objetivos incentivar atividades intelectuais na comunidade, realizar intercâmbios culturais com instituições congêneres e organizar concursos literários. É constituída de 40 acadêmicos e, ao tempo desta obra, seu local de reuniões é o Restaurante Bosque da Praça, na rua CÂNDIDO BENÍCIO nº 2235, na PRAÇA SECA.

ACADEMIA VALÉRIA MOREYRA. Centro de ensino de danças fundado na PENHA em 1975. Destacando-se pela excelência de seu trabalho no âmbito da dança clássica e de modalidades populares, participou com brilhantismo de diversos certames internacionais. Ao tempo deste Dicionário, mantinha também filial na Barra da Tijuca.

ACADÊMICOS DE SANTA CRUZ, G.R.E.S. Escola de samba do bairro de SANTA CRUZ. Localizada na Rua do Império, sua origem foi um bloco de sujos, o Vai Quem Quer, na década de 1950. Fundada em 18 de fevereiro de 1959, começou a atrair sambistas de outras escolas do bairro, como a Unidos da Jaqueira, a Independentes do Morro do Chá, a Garotos do Itá e a Unidos do Caxias. No fim dos anos 1960, com as cores verde e branca, era alinhada, por Araújo e Jório (1969), entre as "grandes escolas".

ACADÊMICOS DO ENGENHO DA RAINHA, G.R.E.S. Escola de samba do bairro que lhe empresta o nome, fundada em 1° de julho de 1949, com sede na Rua Mário Ferreira, n° 257. No fim dos anos 1960, com as cores azul e branca, era mencionada em Araújo e Jório (1969) como uma "pequena escola". Sua melhor fase ocorreu na década de 1980, quando desfilou no segundo grupo do carnaval carioca.

ACARI. Bairro localizado na região administrativa da PAVUNA. Sua denominação tem origem no nome do rio que corre em suas terras, outrora rico em cardumes de acari (peixe fluvial também conhecido como "cascudo"), e que marca a divisa do bairro com o vizinho PARQUE COLÚMBIA. Então uma localidade rural, abrigando inclusive um engenho de açúcar, a partir de 1875, com a implantação da Estrada de Ferro RIO D'OURO, no trajeto da qual foram surgindo pequenos núcleos urbanos, na antiga Freguesia de IRAJÁ, a população foi crescendo. Em 1926, foi inaugurada a estação ferroviária de Acari, antes mesmo da criação do bairro, que só ocorreu por decreto municipal de 23 de julho de 1981. No final da década seguinte, surgiam os primeiros loteamentos, com destaque para a "Vila Nazaré", entre as atuais avenida Brasil e rua Acuruí. Em 1946, a inauguração da AVENIDA BRASIL, outra das divisas do bairro, leva à implantação das primeiras indústrias e ao adensamento populacional à margem da importante via. Datam daí não só a construção dos primeiros conjuntos residenciais como as primeiras ocupações informais, que redundaram nas inúmeras favelas da região, como Parque Acari, Vila Rica de Irajá e Vila Esperança. No final da década de 1970, a ferrovia foi desativada. Em seu leito, entretanto, foram assentados, mais tarde, os trilhos da Linha 2 do METRÔ, ganhando o bairro, em 1998, a estação Acari/FAZENDA BOTAFOGO, no mesmo local da antiga estação ferroviária. Além dessa linha e da avenida Brasil, a população local conta também, para seu deslocamento, com a avenida Pastor Martin Luther King, antiga AVENIDA AUTOMÓVEL CLUBE, que liga Acari a DEL CASTILHO. Ver ACARI RECORDS; ACARI, Rio; AMARELINHO; BLOCOS CARNAVALESCOS; FAVELAS; HOSPITAL DE ACARI; MÃES DE ACARI; METRÔ; ROUBAUTO.

ACARI RECORDS. Com seu núcleo de fundação próximo à estação FAZENDA BOTAFOGO do METRÔ, a Acari Records é a primeira gravadora brasileira especializada no estilo CHORO. Criada em 1999 pelos músicos MAURÍCIO CARRILHO, Luciana Rabello e pelo produtor João Carlos Carino, seu objetivo é fazer o registro dos principais compositores e intérpretes do universo do choro, em todo o país e em distintas épocas. Assim, além da produção de registros fonográficos, a empresa é também editora, publicando álbuns de partituras e material didático, como biografias, fotos e informações de interesse de músicos, pesquisadores e aficionados do choro. A partir desse acervo histórico, a Acari propõe-se a dar especial atenção ao repertório de autores contemporâneos cuja produção esteja comprometida com o futuro mas também com a permanência dos valores do choro.

ACARI, Rio. Ver BACIA HIDROGRÁFICA.

AÇÚCAR, Economia do. No Rio de Janeiro colonial, o açúcar, embora em números inferiores em relação a Bahia e Pernambuco, constituiu um dos itens de exportação. E, nesse quadro, segundo o historiador Maurício de Almeida Abreu (2011), autor do livro *Geografia histórica do Rio de Janeiro*, a produção da região focalizada nesse livro tinha grande destaque, principalmente nas atuais localidades de IRAJÁ, DEODORO e REALENGO (CONDE, 2011).

ADAÍLTON MEDEIROS. Ver PONTO CINE GUADALUPE.

ADELANA, Estúdio cinematográfico. Ver NILO MACHADO.

ADELINO MOREIRA (1918 – 2002). Compositor nascido em Portugal. Com um ano de idade, veio com a família para o Brasil, indo morar em CAMPO GRANDE. Aos 20 anos, começou a aprender bandolim, passando logo após à guitarra portuguesa, e a atuar como cantor. Em 1952, conheceu Nelson Gonçalves, que se tornou seu principal intérprete, num repertório em que se destacam *A volta do boêmio*, *Meu dilema*, *Escultura*, *Meu vício é você*, *Doidivana*, *Deusa do asfalto*, *Êxtase*, *Flor do meu bairro*, entre outras. A partir de 1959, a cantora Núbia Lafayette destacou-se cantando basicamente o repertório autoral de Adelino, que a projetou com os sambas-canções *Devolvi* e *Solidão*. Entretanto, sua música mais famosa e mais regravada é *Negue* (parceria com Enzo de Almeida Passos), a qual, depois de ser gravada por vários intérpretes, encontrou novamente o sucesso, graças a uma interpretação definitiva da cantora Maria Bethânia. Adelino Moreira, que, na década de 1970, foi proprietário, em Campo Grande, de uma churrascaria onde se apresentaram vários cantores famosos, morreu enquanto dormia, em sua ampla residência campograndense, na estrada do MONTEIRO. Sua memória, à época deste livro, era evocada por meio de uma estátua no "calçadão" do seu bairro.

ADEMAR BEBIANO (1905 – 1986). Industrial, fundador da Companhia de Tecidos NOVA AMÉRICA, em 1924. No início da década de 1950, em atenção à lei do governo Getúlio Vargas, que obrigava a construção de habitações operárias pelas grandes indústrias, fez construir a Cidade Jardim Nova América, empreendimento fundamental na história de DEL CASTILHO e adjacências. Em 2001, numa justa homenagem, a ESTRADA VELHA DA PAVUNA recebeu seu nome.

ADEMILDE FONSECA. Cantora nascida em Pernambuco, em 1921, e criada em Natal, RN. No ambiente radiofônico carioca desde a década de 1940, especializou-se na interpretação de choros com letra e em andamento acelerado, os chamados "chorinhos", como *Tico-tico no fubá*, *Brasileirinho* etc. Em 1960, no auge da carreira, residia, havia já muitos anos, em HIGIENÓPOLIS (FAOUR, 2002). Depois mudou para a Zona Sul, onde faleceu em 2012.

ADEMIR DA GUIA. Jogador de futebol nascido em BANGU, em 1942. Filho de DOMINGOS DA GUIA, iniciou sua trajetória nas categorias de base do BANGU ATLÉTICO CLUBE, profissionalizando-se em 1960. No ano seguinte, transferiu-se para a capital paulista, contratado pelo Palmeiras, clube do qual foi grande ídolo e no qual permaneceu até encerrar a carreira, em 1977. Considerado um dos melhores jogadores do futebol brasileiro de todos os tempos, foi também, graças principalmente à sua popularidade, vereador na cidade de São Paulo.

ADEUS, Morro do. Ver BONSUCESSO, Morro de.

ADILSON RAMOS de Ataíde. Cantor e compositor nascido em CAMPO GRANDE, em 1945. Com carreira iniciada sob inspiração dos astros americanos Paul Anka e Neil Sedaka, antes do movimento da Jovem Guarda, destacou-se como um dos principais pioneiros do IÊ-IÊ-IÊ. Em 1960, lançou Olga, escrita em coautoria com Armelindo Leandro, também de Campo Grande, seu principal parceiro, com quem também compôs o bolero *Sonhar contigo*, de 1963, regravado por diversos intérpretes, inclusive pelo cubano Bienvenido Granda.

ADMINISTRAÇÃO REGIONAL. No município do Rio de Janeiro, denominação aplicada a cada um dos órgãos responsáveis pelo conjunto de bairros que compõem cada uma das REGIÕES ADMINISTRATIVAS.

ADOLFO BERGAMINI (1886 – 1945). Jornalista e político nascido em Cataguases, MG, e falecido na cidade do Rio de Janeiro. Foi, seguidamente, entre 1924 e 1931, deputado federal, prefeito e interventor no antigo DISTRITO FEDERAL, cumprindo, depois, novo mandato parlamentar, de 1935 a 1937. Um dos fundadores da seção carioca do Partido Democrático Nacional (PDN), tinha sua base eleitoral nos subúrbios de MÉIER, ENGENHO NOVO e ENGENHO DE DENTRO. Após sua morte, seu nome foi dado a uma importante artéria deste último bairro, que liga a rua Dias da Cruz, na altura da CHAVE DE OURO, à avenida Amaro Cavalcanti, na altura da estação do Engenho de Dentro, e dá acesso, por suas transversais, à LINHA AMARELA.

ADÔNIS, Bar. Localizado em BENFICA, o Bar Adônis popularizou-se por ser bastante frequentado por veteranos jogadores de futebol e sambistas, principalmente da região da LEOPOLDINA. Famoso pelo chope sempre bem tirado, nas décadas de 1980-90, sediou rodas de SAMBA e pagodes. Seu antigo proprietário, o português Arnaldo, era um grande incentivador dessas alegres e festivas reuniões, nas quais pontificavam o ANGU À BAIANA, as empadas de camarão e os tradicionais bolinhos de bacalhau.

ADRIANO, O Imperador. Cognome de Adriano Leite Ribeiro, jogador carioca de futebol nascido em 1982. Criado na comunidade da VILA CRUZEIRO, na PENHA, foi revelado profissionalmente como atacante, no Flamengo. Depois, atuou no *Internazionale* de Milão e na seleção brasileira. Em 2009, foi campeão brasileiro pelo Flamengo, num campeonato em que se destacou como artilheiro.

AEROCLUBE DO BRASIL. Clube de aviação fundado em 14 de outubro de 1911, em MANGUINHOS, às margens da AVENIDA BRASIL. O terreno onde foram construídos seus hangares e pistas pertencia ao Instituto Oswaldo Cruz, e sua ocupação deu-se por consentimento tácito das autoridades federais e municipais. O Aeroclube funcionou naquela área, onde mais tarde surgiria o Complexo da MARÉ, de 1936 a 1960, quando foi transferido para o AEROPORTO DE JACAREPAGUÁ.

AEROPORTO BARTOLOMEU DE GUSMÃO. Ver BASE AÉREA DE SANTA CRUZ.

AEROPORTO DE JACAREPAGUÁ. Localizado na BAIXADA DE JACAREPAGUÁ – antiga denominação para toda a região compreendida entre os maciços da PEDRA BRANCA e da Tijuca –, o aeroporto, apesar do nome, situa-se na Barra da Tijuca, tendo como endereço o número 2541 da avenida Ayrton Senna.

AFRO REGGAE, Grupo Cultural. Entidade surgida em janeiro de 1993 na favela de VIGÁRIO GERAL, a partir do jornal AfroReggae Notícias, veículo de valorização e divulgação da cultura negra, com foco na vertente da chamada *black music*. Voltado para o desenvolvimento de projetos sociais, o grupo, consolidado por meio da realização de suas primeiras oficinas, lançou-se a outras empreitadas, expandindo sua atuação até tornar-se uma das maiores e mais influentes entidades brasileiras na sua área de atuação. Em 1997, a organização inaugurou o Centro Cultural AfroReggae Vigário Legal, que se tornou uma referência de prática sociocultural no Rio de Janeiro. À época da presente obra, o AfroReggae desenvolvia diversos programas e projetos em várias outras comunidades, tanto na esfera social quanto na artística. Na vizinha favela de PARADA DE LUCAS, conflagrada por guerra de quadrilhas havia mais de 15 anos, a entidade, já então uma ONG, criou, em 2001, o projeto Rompendo Fronteiras, que buscou levar o trabalho social onde ele fosse necessário, independente de conflitos. Em 1996, o trabalho do AfroReggae foi levado também à Zona Sul, ao CIEP de Ipanema. Em junho de 2009, a imprensa noticiava o lançamento, pela grife Hering, de uma linha de roupas desenvolvida com ilustrações de um *designer* formado pelo AfroReggae (AFROREGGAE BY HERING, 2011).

AGBARA DUDU. Bloco afro fundado no eixo MADUREIRA-OSWALDO CRUZ, a 4 de abril de 1982. Celebrado como o primeiro bloco afro do Rio de Janeiro, ainda que existissem três anteriormente, o Agbara Dudu foi assim considerado por ter extrapolado a função meramente carnavalesca. Assim como seus precursores baianos, Olodum, Ilê Aiyê e Araketu, o bloco afirmou-se como atuante entidade do movimento negro. Entre seus fundadores, contam-se, principalmente, os presidentes Reginaldo da Portela, Vera Mendes (conhecida como "Vera do Agbara") e Ednaldo Lima. A primeira sede funcionou na PORTELINHA, antiga casa da escola de samba PORTELA, onde os ensaios transcorriam dentro das tradições da comunidade negra, inclusive na GASTRONOMIA. Esses encontros constituíam a programação denominada "Terreirão Senzala". Ainda na Portelinha, o grupo sediou os chamados "Encontros das Entidades Negras", os quais congregavam agremiações, entidades e artistas ligados à militância pelos direitos civis. Mais tarde, a sede foi transferida para o número 44 da rua Ernesto Lobão, nas proximidades. Sempre voltado para a comunidade, o Agbara destacou-se também por desenvolver cursos e oficinas, além de encontros e seminários sobre temas negros e de cidadania em geral. Em 1983, o bloco realizou, com grande sucesso, no conhecido clube Renascença, no bairro do Andaraí, a "2ª Noite da Beleza Negra". No ano de 2002, o grupo desfilou na avenida Rio Branco com o tema Agbara-Dudu – 20 anos de resistência. O nome *Agbara Dudu* vem da língua iorubá, dos termos *agbára* – energia, capacidade, poder – e *dudu* – negro, negra – compondo uma expressão que pode ser traduzida como "poder negro".

AGENOR, Professor (1907 – 2004). Nome pelo qual foi mais conhecido Agenor Miranda Rocha, o "Pai Agenor" ou "Mestre Agenor", sacerdote nascido em Luanda, Angola, de pais portugueses católicos, e falecido em Niterói, RJ. Reconhecido como depositário de valiosíssima herança religiosa, foi titular de importantes cargos sacerdotais nos três principais templos de CANDOMBLÉ nagô da Bahia: Engenho Velho, Gantois e Axé Opô Afonjá. Nessas comunidades, foi várias vezes solicitado a consultar o oráculo, através do jogo de búzios, sobre a sucessão de ialorixás falecidas. Durante várias décadas, até o final da vida, morou no ENGENHO NOVO, no sub-bairro CONSOLAÇÃO, na rua BARÃO DO BOM RETIRO, próximo ao Cinema Santa Alice.

AGNALDO RAYOL. Cantor e ator carioca nascido em 1938. Com carreira iniciada aos oito anos de idade na Rádio Nacional, em 1949, estreava no cinema, no filme Também somos irmãos, de José Carlos Burle, com elenco encabeçado pelo ator Grande Otelo. A partir da década de 1960, em São Paulo, com programas próprios na TV Record, tornou-se bastante famoso como intérprete de canções românticas, inclusive italianas, explorando sua bela voz de timbre operístico e seu porte de galã. Agnaldo nasceu em BONSUCESSO (FAOUR, 2002, p. 35), indo depois residir com a familia em Natal, RN, de onde regressou ao Rio em 1951.

AGRIPINO GRIECO (1888 – 1973). Poeta, crítico literário e ensaísta nascido em Paraíba do Sul, RJ. Uma das figuras mais célebres do MÉIER, onde chegou em 1928, morava, com seus 35 mil livros, no número 86 da rua ARISTIDES CAIRE (antiga rua Imperial), de onde, com seu sarcasmo e sua mordacidade, fustigava os escritores medíocres, os "zeros à esquerda", como o nome de um livro que publicou em 1947. Mas Grieco soube também reconhecer os verdadeiramente inventivos e inovadores. Seu filho, Donatelo Grieco, nascido em 1914, bacharelou-se pela Faculdade Nacional de Direito, ingressou na carreira diplomática por concurso, em 1940, e chegou a ministro plenipotenciário, por merecimento, em 1958, sendo também escritor.

ÁGUA MINERAL SANTA CRUZ. Produto comercializado a partir de uma jazida existente em ÁGUA SANTA. A propriedade onde essa fonte se localizava – nas proximidades do início, hoje, da LINHA AMARELA –, é descrita como um parque quase tão grande quanto a Quinta da Boa Vista, com frondosos bosques, amplos jardins e cascatas. Daí ser utilizado para o lazer das famílias locais nos fins de semana, numa prática que chegou até a década de 1950, e que sucumbiu à degradação da qualidade de vida na localidade. À época deste texto, a empresa Águas Minerais Santa Cruz Ltda. mantinha sua sede no número 917 da rua Monteiro da Luz.

ÁGUA NAZARÉ. Denominação popular da unidade fabril da empresa Águas Nazareth Indústria e Comércio, sediada no número 163 da rua CONSELHEIRO FERRAZ, no LINS DE VASCONCELOS. Segundo Carlos Heitor Cony (2003b), no romance *Quase memória*, no início da década de 1930, seu pai alugou uma casa no Lins de Vasconcelos, "com enorme terreno em volta, quase um sítio". Na parte dos fundos do terreno, havia "quase uma pequena floresta", com um riacho que cortava o terreno. Próximo à casa, havia uma fonte de água mineral, que era industrializada por um pernambucano chamado Campos, que se tornou amigo do pai do escritor. Devoto da Virgem de Nazaré, o industrial registrou seu empreendimento como "Águas Nazareth", comercializando o produto em garrafas cujo rótulo, mostrando a "estrela de Nazaré", passou, das garrafas iniciais, aos copinhos, bastante populares, que vieram depois.

ÁGUA SANTA. Bairro da Região Administrativa do MÉIER. Seu nome provém da fonte da ÁGUA MINERAL SANTA CRUZ. Localizado em terras altas de fazendas e engenhos, na Serra dos PRETOS FORROS. Das terras desmembradas das antigas fazendas, teria existido, no início do século XIX, uma grande chácara que ia da estação do Engenho de Dentro até a Serra. Assim, o bairro é lembrado como uma grande área agrícola, ainda na década de 1940, com os agricultores, em sua maioria portugueses, vendendo seus produtos diretamente aos vizinhos ou na feira livre do ENGENHO DE DENTRO, a maior da região. Além das chácaras, o bairro abrigava residências de funcionários da Estrada de Ferro e do Hospital Psiquiátrico Pedro II. Os primeiros registros de loteamento são de 1917, surgindo, mais tarde, por volta de 1945, o empreendimento denominado "Jardim Água Santa"; dessa época em diante, a região foi-se desenvolvendo na esteira do crescimento do GRANDE MÉIER. Na opinião de M. Pacheco (2009), o bairro começava efetivamente no final da rua Pompílio de Albuquerque, na "Favela da Congonha"(Favela Cardoso Mesquita), reduto dos remanescentes dos ex-escravos, cuja condição civil deu nome à Serra dos Pretos Forros. Na favela, o ponto comercial mais forte era o chamado "Largo do Abaixa", na confluência das ruas Violeta e Monteiro da Luz. Com a LINHA AMARELA, o aspecto ainda bucólico da Água Santa foi radicalmente transformado, já que no bairro se localiza o início dessa importante via, com a praça do pedágio e o acesso ao TÚNEL DA COVANCA. Ver ASSIS CARNEIRO, Rua; CHORO; FAVELAS; MATA DO GOVERNO; PAGODE; PRESÍDIO ARY FRANCO; RELEVO; VÁRZEA COUNTRY CLUBE.

ALAÍDE COSTA. Nome resumido de Alaíde Costa Silveira Mondin Gomide, cantora carioca, nascida em 1935, no MÉIER. Criada na ÁGUA SANTA (ruas Borja Reis e Leandro Pinto), começou a cantar em programas infantis do rádio. Com 13 anos, venceu um concurso de melhor cantora jovem, promovido por Paulo Gracindo, no seu programa Sequência G3, da Tupi do Rio de Janeiro, e, no ano seguinte, participou do Arraia Miúda, apresentado por Renato Murce, na Rádio Nacional. Com seu timbre vocal extremamente delicado e doce, Alaíde foi uma das primeiras vozes a integrar, ainda nos anos 1950, o elenco de intérpretes da bossa nova. Em l965, apresentou, no Teatro Municipal de São Paulo, o recital *Alaíde, Alaúde*, de cunho semierudito. A partir da década de 1970, embora longe da grande mídia, fez registros de grande prestígio, orientados principalmente pelo poeta Hermínio Bello de Carvalho. Em 2009, seu depoimento autobiográfico integrou o livro *Solistas dissonantes: história (oral) de cantoras negras*, de Ricardo Santhiago.

ALCIDES CAMINHA (1921 – 1992). Nome abreviado de Alcides de Aguiar Caminha, compositor de música popular, celebrizado, entretanto, como autor e ilustrador de histórias porno-eróticas em quadrinhos, as quais publicava oculto sob o pseudônimo "Carlos Zéfiro". Funcionário público, temeroso de que a divulgação de seu nome pudesse provocar sua demissão, manteve secreta sua identidade nesse trabalho, até que um farsante a assumiu, em entrevista à revista *Playboy*. Desmascarado o falso Carlos Zéfiro, o talentoso Caminha foi, então, apresentado ao público como o verdadeiro autor das publicações, passando, aí, a ser cultuado como grande e pioneiro quadrinhista, homenageado até mesmo em mostras internacionais. Em 1997, seu trabalho foi lembrado na capa e no encarte do CD Barulhinho bom, da cantora Marisa Monte; e, no ano seguinte, as vinhetas de abertura e intervalos da premiação Video Music Brasil 1998, da MTV Brasil, foram inspiradas em seus desenhos. Assinando-se "Alcides Caminha" foi autor, em parceria principalmente com NELSON CAVAQUINHO, de conhecidas obras, como *A flor e o espinho* (1957) e *Notícia* (1958). Nascido no Rio de Janeiro, Caminha morou em ANCHIETA e, no bairro, seu nome foi dado à Lona Cultural Municipal lá inaugurada em 1999. Ver LONAS CULTURAIS.

ALEMÃO, Complexo do. Denominação de um grande conjunto de favelas que ocupam o Maciço da MISERICÓRDIA, estendendo-se, a partir do Morro do ALEMÃO, localizado em RAMOS, entre a estrada de Itararé e o ENGENHO DA RAINHA, por INHAÚMA, BONSUCESSO, OLARIA e PENHA. Considerado, à época deste texto, o núcleo inicial de um dos maiores e mais populosos conglomerados de sua natureza em território carioca, o Morro do Alemão era uma enorme fazenda até o final dos anos 1940. Seu antigo proprietário, Leonard Kaczmarkiewicz, (IMPÉRIO DAS DROGAS, 2010) era um imigrante de origem polonesa, muito branco, alto e de fala engrolada. Por causa da sua aparência, os moradores da região passaram a se referir ao dono daquelas terras como "alemão". Com o passar do tempo, a propriedade do "alemão" foi sendo vendida aos poucos, em lotes, para famílias em busca de moradia barata, observando-se, a partir de meados da década de 1950, um grande fluxo migratório proveniente do nordeste do país. Sobre o aspecto e os costumes do morro por esse tempo, vejamos esse depoimento do médico Arnaldo Ferreira dos Santos (2007), antigo morador local, nascido em 1944: "Começando no pico, tinha a chácara do seu Joaquim, com plantação de cana, mandioca, pequenos poços com água corrente, onde pegávamos água que servia até para beber, embora já tivéssemos visto pequenas cobras nadando por lá. Depois tinha um campo de futebol onde a rapaziada batia bola aos sábados. (...) Tinha uma pedra, um lago onde tomávamos banho. Era legal, nunca soube de doença ou afogamento no lago." Sobre a convivência entre os moradores, Santos escreveu: "O mais legal no morro era o povo. Gente vinda não sei de onde. Uma mistura de mineiro, baiano, Estado do Rio antigo e Espírito Santo, me parece. Mais tarde, houve a invasão nordestina. Antes da invasão, conhecíamos todo mundo e praticamente era tudo 'parente'." Sobre o advento da violência no Alemão, assim se manifestou Santos (*op. cit.*), na página 49 de seu depoimento publicado em livro: "Mais ou menos aos 12 anos de idade, mudei para a rua Pereira Landim, na estação de Ramos: o morro começara a ficar violento e minha família achou melhor mudar a continuar a assistir as cenas de violência que já tínhamos presenciado. Alguns bandidos se refugiaram no morro e lá começaram a praticar furtos, roubos e assaltos. Estes delitos provocaram grande revolta nos moradores, que se organizaram e faziam justiça com as próprias mãos. (...) Procuro explicar o aumento da criminalidade, as brigas, furtos e assaltos no morro como devidos à intensa migração ocorrida na época, principalmente a nordestina." A verdadeira explosão demográfica, no entanto, só viria a ocorrer, efetivamente, na década de 1980, quando, segundo voz corrente, o Governo do Estado teria autorizado as invasões, o que potencializou a favelização local. À época desta obra, o Complexo do Alemão, integrado pelas localidades e comunidades faveladas de ALVORADA, FAZENDINHA [2], GROTA, MATINHA, Morro da Baiana, Morro do Adeus, Morro dos Mineiros, NOVA BRASÍLIA, PALMEIRAS, Pedra do Sapo, VILA CRUZEIRO e Morro do Alemão, constituía uma Região Administrativa autônoma, a 29ª (vigésima nona). Em setembro de 2009, eram anunciadas obras de abertura de 30 km de vias cortando o Complexo, bem como pavimentação e alargamento de outras já existentes, para dar acesso a um teleférico, que começou a funcionar em 2011. Ver BAIANA, Morro da; BIDI; COBERTURA VEGETAL NATURAL; COCA-COLA, Fábrica da; FAVELAS; OLARIA; REGIÕES ADMINISTRATIVAS; RELEVO.

ALEMÃO, Morro do. Ver ALEMÃO, Complexo do; Maciço da MISERICÓRDIA.

ALFREDINHO FLAUTIM (1884-1958). Nome pelo qual foi conhecido Alfredo José Rodrigues, músico, executante de flautim e compositor. Integrante, ao lado de PIXINGUINHA, JOÃO DA BAIANA e Donga, do grupo revivalista reunido em 1954 sob o nome de "Grupo da Velha Guarda". Era morador de OLARIA.

ALFREDO DA ROCHA VIANA (c. 1860 - 1917). Músico brasileiro, flautista de méritos. Pai do célebre PIXINGUINHA, faleceu em sua residência na antiga Estrada da TAQUARA, em JACAREPAGUÁ.

ALFREDO MAIA. Antiga estação da Linha AUXILIAR da ESTRADA DE FERRO CENTRAL DO BRASIL, localizada próxima à estação Lauro Muller, na região da Praça da Bandeira. Segundo algumas versões, teria sido criada em substituição à chamada "Estação Inicial" aberta em 1905.

ALGODÃO (1915 - 2001). Nome pelo qual foi conhecido Zenny Azevedo, atleta carioca nascido em REALENGO. Astro do basquetebol, iniciou carreira no Clube dos ALIADOS, em 1941, e se consagrou na equipe do Clube de Regatas Flamengo, na qual foi várias vezes campeão. Na seleção brasileira, participou de quatro Olimpíadas, conquistando medalha de bronze em 1948 e 1960. Disputando os campeonatos mundiais de 1950, 1954 e 1959, sagrou-se campeão neste último. Foi ainda com a seleção brasileira, quatro vezes campeão sul-americano (1949, 1953, 1955 e 1958), e distinguido com medalhas de bronze nos Jogos Panamericanos de 1951, 1955 e 1959. Em 1997, o nome "Algodão" foi, em sua homenagem, dado ao ginásio do CENTRO ESPORTIVO MIÉCIMO DA SILVA.

ALIADOS DE QUINTINO. Rancho carnavalesco, fundado em 1950, tendo o azul e o amarelo como suas cores distintivas. Sua sede era no número 331 da rua Duarte Teixeira. Ver QUINTINO BOCAIÚVA; RANCHOS CARNAVALESCOS.

ALIADOS, Clube dos. Agremiação fundada em 16 de março de 1924 em CAMPO GRANDE. Com sede localizada no número 1025 da Estrada do MENDANHA, teve entretanto seu ato fundador realizado nas dependências do CAMPO GRANDE ATLÉTICO CLUBE, então no número 65 da rua Augusto de Vasconcelos, mais tarde endereço de um estabelecimento comercial. Filiado às federações Metropolitana de Basquetebol e Carioca de FUTEBOL DE SALÃO, e à Confederação Brasileira de Clubes, teve entretanto, como impulso inicial, um grupo carnavalesco, o Rancho Flor do Nabo, na curva do Matoso, próximo à Estrada da CAROBA. Mas já em 1935, dois anos depois de fundada a Federação Metropolitana de Basquetebol, o clube a ela se filiava. Conhecido como o "clube da águia", pelo emblema desenhado no preto e branco de suas cores, o Aliados teve como seu presidente, na gestão em que adquiriu a sede da Estrada do Mendanha, de características campestres, o atleta DÉCIO ESTEVES, famoso como jogador de futebol no BANGU ATLÉTICO CLUBE.

ALIANÇA DE QUINTINO. Um dos três RANCHOS CARNAVALESCOS outrora sediados em QUINTINO BOCAIÚVA. Os outros, de maior estatura, foram o ALIADOS DE QUINTINO e o DECIDIDOS DE QUINTINO.

ALIANÇA PARA O PROGRESSO. Programa para financiamento de projetos sociais na América Latina, criado em 1961, nos Estados Unidos, pelo presidente John F. Kennedy (1917 - 1963). Visando afastar a ameaça comunista concretizada na vitória da Revolução Cubana, o programa fez nascer, na hinterlândia carioca, principalmente os núcleos habitacionais de VILA ALIANÇA e VILA KENNEDY.

ALIMENTO CULTURAL. Instituição do tipo ONG, presidida pelo ator MARCO PALITO.

ALMA SUBURBANA. Documentário de longa-metragem (75 min.), produzido em 2007 e estreado no dia 1º de dezembro desse mesmo ano, no Cineclube Subúrbio em Transe, ligado ao NÚCLEO DE ARTE GRÉCIA, da Escola Municipal Grécia, na VILA DA PENHA. Com direção assinada por Luiz Cláudio Lima, Hugo Labanca, Leonardo Oliveira e Joana D'Arc, o filme, segundo seus realizadores, "retrata, mais do que a cultura existente no subúrbio, o subúrbio presente em cada esquina, em cada rua, e principalmente na alma do suburbano". A partir de mais de 30 horas de material filmado e gravado, chegou-se a 75 minutos de entrevistas, depoimentos, números musicais e cenas do cotidiano, na paisagem suburbana. No filme, tem presença destacada o compositor LUÍS CARLOS DA VILA, o qual, falecido em outubro de 2008, teve, postumamente, o conteúdo que fixou aproveitado em parte no curta-metragem O poeta do samba. Até a finalização deste livro, Alma Suburbana já tinha sido exibido tanto em singelos BOTEQUINS como em prestigiosas salas de exibição, como as do Centro Cultural Banco do Brasil, da Caixa Cultural, do Sesc de Nova Iguaçu etc., passando pelo PONTO CINE, onde foi exibido duas vezes, e pelo Núcleo de Arte Casa França Brasil; e tinha merecido indicação para exibição em alguns importantes festivais.

ALMERINDA FREITAS, Travessa. Pequena rua, com cerca de 200 metros de extensão, que liga a rua CAROLINA MACHADO à Carvalho de Souza, no centro de MADUREIRA. A partir de 2005, aproximadamente, ficou conhecida por sediar, nas noites de quarta-feira, concorridas festas da chamada "comunidade GLST".

ALMIRANTE (1908 – 1980). Pseudônimo de Henrique Fóreis Domingues, compositor e radialista carioca. Historiador da música popular brasileira e criador de importantes programas radiofônicos, celebrizou-se como coautor do SAMBA NA PAVUNA. Nasceu na rua Álvaro, próximo à BARÃO DO BOM RETIRO, no ENGENHO NOVO.

ALTO DO PERI, Serra do. Extensão de montanhas localizada na vertente sul do Maciço da PEDRA BRANCA.

ALUÍZIO MACHADO. Compositor nascido em Campos, RJ, em 1939. Chegado ao Rio ainda menino, aos 14 anos já desfilava no IMPÉRIO SERRANO, de onde foi, mais tarde, para a IMPERATRIZ LEOPOLDINENSE, como passista e mestre-sala. Na década de 1970, integrou a ala de compositores da Unidos de Vila Isabel, logo retornando à escola da SERRINHA. De 1980 a 1990, dos onze sambas com que o Império desfilou, só quatro não levaram sua assinatura. Entre os seus, o antológico *Bumbum praticumbum prugurundum*, composto em parceria com BETO SEM BRAÇO, numa ligação que deu ensejo, inclusive, a um dos versos mais geniais da história do PARTIDO-ALTO, que vai aqui reproduzido de memória: "Sou Aluízio Machado/ comigo não tem embaraço/ Eu sou com todo o respeito/ o braço direito do Beto Sem Braço." Em 1996, foi coautor do SAMBA-enredo imperiano *E verás que um filho teu não foge à luta*, premiado com o "Estandarte de Ouro", de O Globo, como o melhor samba do grupo especial naquele ano, uma premiação que Aluízio recebeu ainda mais três vezes. Ao tempo deste Dicionário, o compositor, integrante do grupo musical da Velha Guarda do Império Serrano, era antigo morador do PECHINCHA.

ALVARENGA. Sobrenome comum a Antônio e Francisco, concessionários, em 1589, de sesmarias consistentes em "sobejos entre a serra de Gericinó e as datas que de Meriti, Pavuna e Sarapuí vão para o Campo Grande". A esses nomes soma-se o de Thomé Corrêa de Alvarenga, a quem coube "sobejos entre Sapopemba e Miriti", em 1650 (FAZENDA, 1920, p. 196). Foram, provavelmente, os primeiros proprietários da região compreendida entre os atuais bairros de PAVUNA, ANCHIETA, DEODORO e REALENGO.

ÁLVARUS (1904 – 1985). Nome artístico do caricaturista carioca Álvaro Manuel Cotrim. Nasceu em TODOS OS SANTOS, filho de um médico conhecido por seu desvelo no atendimento aos pobres, em seu consultório no MÉIER. Projetando-se profissionalmente em jornais e revistas cariocas, a partir de 1925, destacou-se como um dos mais importantes desenhistas brasileiros de caricatura, tendo publicado os álbuns *Hoje tem espetáculo* e *Álvarus e seus bonecos*.

ALVORADA. Localidade no Complexo do ALEMÃO.

AMAR, Associação Marítima Atlética Recreativa. Tradicional clube do conjunto habitacional do IAPM, em CAVALCANTI. Ver DALILA VILANOVA.

AMARELINHA. Jogo infantil, outrora bastante conhecido e praticado na hinterlândia carioca, principalmente por meninas. Consiste basicamente em pular, com uma só perna, quadro a quadro de uma figura geométrica riscada no chão, depois de jogar e apanhar, em cada uma delas, uma pedrinha. Difundido em várias partes do país, às vezes com nomes diferentes, o jogo parece nos ter vindo da Europa. A origem do nome estaria no francês *marelle*, "jogo da macaca".

AMARELINHO. Nome popular do Conjunto Residencial Areal, situado à margem da AVENIDA BRASIL, na altura do número 18.476, no limite entre IRAJÁ e ACARI. Nele, confunde-se uma população de classe média com outra favelada, o que gera alguma tensão. Em outubro de 2008, a lei municipal nº 4918 declarou como "de especial interesse social, para fins de inclusão em programa de regularização e titulação", toda a área ocupada pelo conjunto. Quase um bairro, o conjunto tem como sua representante no carnaval a escola de samba Corações Unidos do Amarelinho.

AMARO CAVALCANTI, Avenida. Logradouro da 13ª Região Administrativa, ligando o MÉIER ao ENCANTADO, com início na rua DIAS DA CRUZ e término na praça Sargento Eudóxio Passos. Seu nome homenageia Amaro Bezerra Cavalcanti (1851 – 1922), político e jurista, prefeito do DISTRITO FEDERAL de janeiro de 1917 a novembro do ano seguinte.

AMAURY JÓRIO (1925 – 1980). Sambista dirigente. Ex-farmacêutico e oficial do Exército, foi um dos principais fundadores da escola de samba IMPERATRIZ LEOPOLDINENSE. Residente na rua Euclides Faria, em RAMOS, foi membro do conselho comunitário da 10ª Região Administrativa. Em 1968, assumiu a presidência da Associação das ESCOLAS DE SAMBA do Rio de Janeiro, sendo o responsável pela criação do Conselho Superior das Escolas de Samba, integrado por sambistas e intelectuais. Escreveu, em parceria com Hiram Araújo, os livros *Escolas de samba em desfile: vida, paixão e sorte*, de 1969, e *Natal, o homem de um braço só*, sobre o legendário NATAL DA PORTELA.

AMBEV. Acrônimo da *American Beverages Company* (Companhia de Bebidas das Américas), empresa resultante da associação das cervejarias Brahma e Antarctica, efetivada em 1º de julho de 1999. Maior indústria privada de bens de consumo do Brasil e a maior cervejaria da América Latina, a AmBev mantém em CAMPO GRANDE a unidade fabril "Nova Rio", fundada em 1996, e que é, à época deste livro, a maior e mais moderna fábrica da companhia no Brasil. A unidade, com mais de dois mil funcionários, abastece, além do Rio de Janeiro, os estados de Minas Gerais e Espírito Santo.

AMBULANTES DO PASSADO. Até as grandes transformações ocorridas no Rio, sobretudo a partir do fim da década de 1950, a vasta região focalizada neste livro apresentava ainda, em sua maior porção, aspectos de cidade interiorana. Nesse cenário, a presença de vendedores ou prestadores de serviço ambulantes era frequente. Na escrita de diversos memorialistas, vamos encontrar referências a tipos como: o GARRAFEIRO, que percorria as ruas apregoando a compra de garrafas vazias; o AMOLADOR DE FACAS; o carvoeiro, que entregava sacos de carvão nas casas, numa época anterior à utilização do gás de cozinha; o peixeiro, que ia de casa em casa oferecendo peixes de pequeno porte; o LEITEIRO, primeiro a cavalo e depois na VACA LEITEIRA; o FUNILEIRO, que consertava panelas, substituindo cabos e alças, desamassando e tapando furos. Sobre essa espécie de profissional, observe-se que o que se conhece no Rio como "lanterneiro" recebe, em São Paulo, a denominação de "funileiro".

AMOLADOR DE FACAS. Prestador ambulante de serviços, de presença constante nas ruas da hinterlândia carioca em tempos passados. Em geral, um imigrante, muitas vezes italiano, afiava lâminas de facas e ferramentas, usando um equipamento complexo. Esse equipamento consistia numa espécie de carrinho, na forma de um banco, de cerca de um metro de altura e meio metro de largura, no tampo do qual estava fixada uma roda de esmeril. Nesse carrinho, havia encaixada, entre as pernas do banco, uma roda maior de bicicleta com um pedal, cuja função era não só fazer girar o esmeril como permitir o transporte do equipamento, de rua em rua, de bairro em bairro. Acoplados, havia a caixinha das ferramentas, a latinha com água e outras peças. Para executar seu trabalho, o amolador pedalava a roda de bicicleta, lentamente, fazendo girar o esmeril, no qual passava a lâmina, afiando-a. Para chamar a freguesia, ele raspava uma lâmina no esmeril em movimento, de uma forma especial, produzindo assim um som muito agudo e estridente.

AMORIM, Parada do. Antigo nome da estação de MANGUINHOS da antiga Estrada de Ferro LEOPOLDINA.

AMOROSO. Jogador de futebol, atacante do Botafogo na década de 1960. No campeonato carioca de 1962, integrou a linha de frente, juntamente com Garrincha, Didi, Amarildo e Zagalo. Segundo Sérgio Lomba (2009), era do ENGENHO DA RAINHA.

ANA NÉRI. Rua com início no Largo do PEDREGULHO e término no ENGENHO NOVO. Outrora denominada "Rua do Engenho Novo", seu nome homenageia Ana Justina Ferreira Néri (1814 – 1880), senhora baiana que, acompanhando seus filhos na frente de batalha da Guerra do Paraguai, tornou-se a primeira enfermeira militar brasileira.

ANCHIETA. Bairro sede da 22ª Região Administrativa, delimitado pelo rio Pavuna e florescido em terras da antiga Freguesia de IRAJÁ. O atual bairro de Anchieta faz divisa com o atual município fluminense de Nilópolis, da mesma forma que PAVUNA é limítrofe ao município de São João de Meriti. Assim, a história colonial e imperial dessas localidades se cruza em muitos momentos. Nos alvores da cidade do Rio de Janeiro, parte da hinterlândia carioca já se dedicava à produção de açúcar e à extração de madeira, com os RIOS ocupando papel importante no escoamento dessa produção. Dentre esses rios, desempenhava papel importante o rio Meriti, que, depois de receber as águas do rio das Pedras e do Pavuna, desemboca na Baía de Guanabara. No século XVI, a região banhada pelos rios Meriti e Irajá era, no interior carioca e fluminense, a que concentrava o maior número de engenhos de açúcar, começando com dois na década de 1600 para chegar a 38 na década de 1690. Na segunda metade do século XVIII, o padre Mateus Homem Machado administrava a Fazenda São Mateus, em terras nilopolitanas, escoando a produção de seu engenho pelo Porto da Pavuna. Essas terras, como ficou estabelecido após sua morte, faziam divisa com as do ENGENHO DE NOSSA SENHORA DE NAZARÉ, no atual subúrbio de Anchieta, de propriedade de um certo Oliveira Braga, e também com as do Engenho da Pavuna, pertencente ao capitão Inácio Rodrigues da Silva. Além delas, a região tinha também, como um de seus mais ativos centros de produção, o Engenho SAPOPEMBA. No século seguinte, com a chegada dos trilhos da ESTRADA DE FERRO DOM PEDRO II, futura ESTRADA DE FERRO CENTRAL DO BRASIL, em 1896, inaugurava-se a parada local, batizada em homenagem ao missionário Padre José de Anchieta (1534 – 1597); entretanto, o prédio da estação só foi inaugurado três anos depois. Segundo alguns estudiosos, nesse ponto, o traçado da ferrovia não correspondia ao atual, já que, entre Anchieta e Sapopemba (atual DEODORO), os trilhos passavam por terras hoje integrantes da localidade de Mariopólis, no bairro PARQUE ANCHIETA, até chegarem ao Campo de Gericinó. Tudo faz crer, entretanto, que essa fosse uma variante da estrada, construída talvez como ligação com o bairro militar do REALENGO. Na atualidade, Anchieta é definido como um bairro de classe média, embora conte com poucas opções de lazer e comércio. Ver BATE-FOLHA, Candomblé do; BLOCOS CARNAVALESCOS; BOTAFOGO, Morro do; CANDOMBLÉ; COBERTURA VEGETAL NATURAL; COSTA BARROS; ENGENHO NOVO, Estrada do; ENGENHO VELHO, Caminho do; ESCOLAS DE SAMBA; FAVELAS; FUTEBOL AMADOR; GUADALUPE; JAVATÁ; MARIÓPOLIS; NAZARÉ, Nossa Senhora de; RICARDO DE ALBUQUERQUE; RIO DO PAU, Estrada do.

ANDRÉ VILLON (1914 – 1985). Ator carioca. Um dos maiores nomes da cena teatral brasileira, nasceu em SANTA CRUZ e estudou, sucessivamente, no Ginásio Santa Cruz, no Colégio Paroquial D. Sebastião Leme e no COLÉGIO ARTE E INSTRUÇÃO. Seu primeiro contato com o teatro deu-se aos nove anos de idade, na Sociedade Musical Francisco Braga, em Santa Cruz; mais tarde, atuou como amador no elenco do GRÊMIO PROCÓPIO FERREIRA. Estreou como profissional em 1938, seguindo, a partir daí, fulgurante carreira no teatro, no rádio, no cinema e na TELEVISÃO. Falecido em 1985, seu corpo está sepultado no Cemitério de Santa Cruz, juntamente com o de sua mulher, a atriz Elza Gomes.

ANGOLANOS DA MARÉ. Em 1992, nas primeiras eleições presidenciais realizadas na Angola independente, com a vitória do M.P.L.A., partido do governo, a guerra civil atingiu a capital do país. Nesse contexto, começaram a chegar ao Brasil levas de refugiados angolanos. Em 1994, esses asilados já somavam cerca de 800 indivíduos. Cerca de dez anos depois, a Divisão de Cadastro e Registro de Estrangeiros da Polícia Federal contabilizava 5.539 imigrantes angolanos no Brasil, 2.766 deles apenas no Rio de Janeiro, então o único destino brasileiro dos voos da TAAG, empresa angolana de transportes aéreos. No Rio, a maioria dos chegados fixava residência no Complexo da MARÉ, principalmente na Vila do João e na Vila Pinheiros. Essa preferência dever-se-ia principalmente à proximidade do aeroporto internacional. A escolha, a partir da identificação na circunstância de partilharem, residentes e recém-chegados, de um drama comum, foi determinando o crescimento da comunidade, incluindo-se nela também não refugiados e imigrantes ilegais. Compartilhando com os moradores brasileiros todos os graves problemas, como a exclusão social, o racismo e a truculência da polícia, os imigrantes começaram também a motivar a criação e a mobilização de instrumentos de defesa, como o Núcleo de Apoio aos Angolanos e Negros do Complexo da Maré. Foi assim, também, que, em meio à informalidade reinante, os angolanos da Maré passaram a dispor de um "posto telefônico", de onde conseguem falar com o país natal a um preço acessível. Por tudo isso, à época deste livro, estudiosos já notavam a influência desses refugiados e imigrantes na criação de grupos de dança tradicional angolana, na Maré e em comunidades vizinhas, bem como uma incipiente influência de línguas de Angola no falar do Complexo da Maré.

ANGU À BAIANA. Denominação carioca do angu de fubá servido com um caldo de miúdos de rês bovina. Típico da GASTRONOMIA festiva da hinterlândia, e muitas vezes servido comercialmente nas ruas, em carrocinhas, até a época deste texto, não constava que fosse usual ou conhecido na Bahia.

ANICETO DO IMPÉRIO (1912 – 1993). Nome pelo qual se fez conhecido Aniceto Menezes e Silva Júnior, importante figura do IMPÉRIO SERRANO, agremiação da qual foi, durante muitos anos, o orador oficial. Aclamado nas rodas de PARTIDO-ALTO, ganhou fama como um dos maiores repentistas do SAMBA. Líder portuário, na década de 1940, comandou uma greve vitoriosa, que, depois de parar metade do cais, conseguiu um aumento de 400% para a categoria dos arrumadores de carga. Altivo, altaneiro e justificadamente orgulhoso, por ser um dos grandes depositários do saber tradicional africano no Rio de Janeiro, foi uma figura humana impressionante. Sua singularidade, expressa principalmente no português escorreito que normalmente usava, pode ser apreciada no filme documentário *Aniceto do Império: em dia de alforria*, do diretor Zózimo Bulbul, lançado em 1981 e disponibilizado em DVD pela Fundação Cultural Palmares, no Ministério da Cultura.

ANICETO MOSCOSO. Legendário banqueiro do JOGO DO BICHO na região de MADUREIRA. Patrono do antigo MADUREIRA ATLÉTICO CLUBE, não sendo, entretanto, um dos fundadores da agremiação, é mencionado como o viabilizador da construção do estádio da rua CONSELHEIRO GALVÃO, inaugurado em junho de 1941 e batizado com o seu nome. No romance *Agosto*, de Rubem Fonseca (1990, p. 121-3), ambientado no início da década de 1950 e baseado em fatos reais, é mencionado em passagens como as seguintes: "Começara sua vida na contravenção trabalhando para o seu Aniceto Moscoso, grande banqueiro em Madureira (...) Aniceto Moscoso era patrono do Madureira Atlético Clube, cujo estádio de futebol fora construído com o dinheiro dele". Ver BANQUEIROS DE BICHO; EUSÉBIO DE ANDRADE.

ANIL. Bairro localizado na 16ª Região Administrativa, desmembrado de JACAREPAGUÁ em 1981. O nome tem provável origem na palavra *anileira* (*Indigofera microcarpa*), planta da qual se obtém a conhecida substância corante, outrora abundante na região, a qual, juntamente com os atuais bairros GARDÊNIA AZUL e CIDADE DE DEUS, situava-se dentro dos limites da Fazenda Engenho D'Água. Transportada até o mar pelo rio até hoje conhecido como Anil ou "do Anil", a matéria-prima era exportada para a Europa, durando o cultivo da planta até o século XVIII, quando foi abandonado em proveito da CAFEICULTURA. Com a expansão das lavouras cafeeiras, prosperou na região a fazenda do Quitite, de propriedade de Marcos Antônio Deslesdenier, sendo a atual estrada do Quitite uma das vias existentes na propriedade. Na década de 1960, o presidente da República João Goulart (1918-1976) mantinha como residência de veraneio o sítio Capim Melado, localizado ao final da estrada. À época deste texto, o local abriga um condomínio fechado; mas a sede do sítio, uma casa toda construída em pedra, ainda existe. Ver BACIA HIDROGRÁFICA; BLOCOS CARNAVALESCOS; BOTEQUINS; FAVELAS; GARDÊNIA AZUL; JACAREPAGUÁ; MUSSUM; PAVUNA [2].

ANIL, Rio do. Ver BACIA HIDROGRÁFICA.

ANIMAIS DOMÉSTICOS E "DE CRIAÇÃO". Na antiga hinterlândia carioca, a criação de animais domésticos, além de cachorros e gatos, era comum. No romance CLARA DOS ANJOS, por exemplo, LIMA BARRETO faz referência a "carneiros, cabritos, marrecos, galinhas, perus" (SANTOS, 1983, p. 154). Acrescentamos, além desses, os porcos, cevados para serem abatidos quando das grandes ocasiões festivas, os quais, como os outros animais citados, eram criados em ambientes como chiqueiros e GALINHEIROS, afastados da casa de moradia. Ver PORCO, Matança do.

ANJINHOS, Enterros de. "Anjinho" é a denominação do morto recém-nascido ou falecido em muito tenra idade. Na região objeto deste trabalho, até provavelmente a década de 1960, e talvez como reprodução de costume imigrado, os funerais desses defuntos crianças tinham peculiaridades. No cortejo a pé, o esquife era carregado por crianças também, as quais, no retorno da cerimônia de sepultamento, eram obsequiadas com guloseimas, refrescos etc., o que acabava por transformar o evento numa espécie de festa. O costume, observado pelo autor em IRAJÁ, é documentado em Santos e Perruzo (2004), nas páginas 54 e 86.

ANTARES. Localidade em SANTA CRUZ, desenvolvida a partir do conjunto habitacional de mesmo nome, construído em 1973, na avenida Antares, para abrigar provisoriamente favelados vítimas de enchentes na Zona Sul. A transitoriedade, entretanto, tornou-se permanência, o que fez surgir, ao redor do conjunto, uma das comunidades mais carentes e problemáticas da hinterlândia, a qual contava, na década de 2000, com 20 mil habitantes residindo em 3.360 domicílios. Ver FAVELAS; ÔNIBUS.

ANTONIETA (1927 - 2009). Nome pelo qual foi mais conhecida Maria Antonietta Guaycurus de Souza, professora de dança nascida em Manaus, AM, e falecida no Rio de Janeiro. O maior nome feminino da dança de salão na cidade, e talvez no Brasil, veio para a antiga Capital Federal com treze anos de idade. Quatro anos depois, tornava-se dançarina profissional na Academia Moraes, no centro, daí destacando-se no ambiente das GAFIEIRAS. Coordenadora de danças em novelas e filmes, recebeu várias homenagens oficiais, como o título de Cidadã Carioca, conferido em 1985, além de ser tema de canções e construir uma legenda em seu ambiente. Na juventude, quando do início de sua carreira, Antonieta era moradora de BENTO RIBEIRO.

ANTÔNIO JOSÉ, O JUDEU (1705 - 1739). Nome com o qual passou à história o escritor Antônio José da Silva, nascido no Rio de Janeiro, onde viveu a primeira infância. Filho de uma família de cristãos novos, foi aos oito anos de idade para Portugal, onde se destacou como dramaturgo. Perseguido e finalmente queimado nas fogueiras da Inquisição aos 34 anos de idade, é tido como o maior autor teatral de língua portuguesa em sua época. Segundo algumas fontes, teria nascido e vivido na região do atual subúrbio de LUCAS.

ANTROPÔNIMOS. Em diversas regiões do Brasil, por força da devoção a determinados santos católicos ou devido a outras influências, alguns nomes de pessoas são mais frequentemente dados às crianças nativas. Como exemplos, podemos citar: Ribamar, no Maranhão; Raimundo e Severino, em todo o Nordeste; Nazaré, no Pará; Júnia, em Belo Horizonte; Geraldo, em Minas Gerais; Jorge, no Rio de Janeiro. No ambiente objeto deste livro, principalmente entre as famílias de baixa classe média, desde pelo menos a década de 1990, observa-se a tendência de impor aos filhos nomes extravagantes, quase sempre resultado de combinações de nomes estrangeiros, com preferência por aqueles grafados com k, w ou y, e consoantes dobradas. Segundo uma interpretação, a escolha desses nomes teria uma forte razão psicossocial. Cansadas da exclusão e do anonimato, essas famílias, agora cada vez mais chefiadas por mulheres, que são mães e pais ao mesmo tempo, procuram dar aos seus filhos nomes que supostamente os encaminhem para o sucesso, como "artistas", modelos, manequins etc. – que são, neste início de século, as supremas aspirações de ascensão do carioca desassistido. No plano filosófico, isso tem fundamento. Nas sociedades tradicionais, o nome individualiza o ser humano, situando-o no grupo, mostrando sua origem, sua atividade e sua realidade. Nessas sociedades, o nome contém força vital e, assim, atribuir um nome a um ser humano é um ato muito importante, pois todo indivíduo é aquilo que seu nome significa. Entretanto, muito mais do que filosofia, na atualidade carioca, os nomes ostentados por boa parte da juventude da baixa classe média, nos subúrbios e nas FAVELAS, em que pese o direcionamento do gosto imposto pela TELEVISÃO, esses nomes denotam é a extrema criatividade das mães que os inventam.

ANTUNES. Jogador de futebol. Ver ZICO.

APARELHOS. O termo "aparelho" designou, à época do regime militar instaurado em 1964, o local, geralmente residencial, usado por um grupo político clandestino para reuniões e esconderijo. No Rio de Janeiro, a maior parte deles localizava-se na zona suburbana. Apenas como exemplo, vejamos que, no dia 2 de abril de 1971, à rua Niquelândia, 23, em CAMPO GRANDE, era morta, por agentes da ditadura militar, Marilene Vilas-Boas Pinto, ativista da Ação Libertadora Nacional, ALN. Da mesma forma, no dia 20 de março de 1972, na antiga AVENIDA SUBURBANA, nº 8988, casa 72, em QUINTINO, foram executados Antônio Marcos Pinto de Oliveira, Maria Regina Lobo Leite de Figueiredo e Lígia Maria Salgado Nóbrega, ativistas da VAR-Palmares, Vanguarda Armada Revolucionária Palmares.

APRENDIZES DE LUCAS. Escola de samba fundada em 15 de novembro de 1932, no bairro que lhe dá o nome, e extinta em 1960, por fusão com a vizinha UNIDOS DA CAPELA, para dar lugar à UNIDOS DE LUCAS. Agremiação importante, tinha como maior força sua ala de compositores. Embora jamais tivesse conquistado um campeonato, conseguiu muito boas colocações entre as grandes escolas de seu tempo, sempre apresentando fantasias luxuosas e de bom gosto, em suas cores simbólicas, verde e branco. Em sua excelente bateria, destacou-se o tamborinista "Gargalhada", o qual, nascido na então colônia portuguesa de Cabo Verde, era – exceção nas escolas de então – um sambista branco.

ARACY DE ALMEIDA (1914 - 1988). Cantora nascida e criada no ENCANTADO, onde passou toda a sua existência. Filha de um funcionário da Estrada de Ferro, cresceu em um lar humilde, sem maiores oportunidades, mas tornou-se um dos grandes nomes da música brasileira, notabilizando-se como a grande intérprete da obra do compositor Noel Rosa. Entretanto, segundo o escritor Hermínio Bello de Carvalho, a casa onde vivia na maturidade, no mesmo Encantado de sua infância, era "ampla, com jardins ao fundo, janelas permanentemente abertas, ensolarada", tendo nas paredes quadros de pintores famosos, como Aldemir Martins, Antônio Bandeira, Clóvis Graciano, Di Cavalcanti etc., além de um busto seu, esculpido por Bruno Giorgi, e outros sinais de prosperidade. Essas observações estão no livro *Araca, arquiduquesa do Encantado*, escrito por Hermínio (CARVALHO, 2004). Ver CENTRO POPULAR DE CULTURA ARACY DE ALMEIDA; ESPAÇO CULTURAL ARACY DE ALMEIDA.

ARAME DE RICARDO, G.R.E.S. Escola de samba com quadra na rua Arapiranga, 221, em RICARDO DE ALBUQUERQUE, e que usa as cores azul e branca. Foi fundada em 1995, tendo-se originado de um bloco de enredo do mesmo nome. Desde então, vem oscilando entre os grupos de Acesso D e E, que desfilam em CAMPINHO.

AREAL. Denominação da estação de COELHO NETO, antes de 1883.

ARGEMIRO PATROCÍNIO (1923 - 2003). Compositor, cantor e pandeirista, nascido e falecido no Rio de Janeiro. Morador de OSWALDO CRUZ, foi revelado no conjunto da VELHA GUARDA DA PORTELA. Deixou registros importantes de sua obra, inclusive um CD, Argemiro Patrocínio, selo Phonomotor, de 2002.

ARISTIDES CAIRE, Rua. Via no MÉIER, com início na rua ARQUIAS CORDEIRO e término na rua Ferreira de Andrade. Sua denominação é homenagem a Filipe Aristides Caire, proprietário de uma chácara vizinha à de Arquias Cordeiro, e também da Fazenda Monte Alegre, nas proximidades de REALENGO.

ARLINDO CRUZ. Compositor, instrumentista e cantor nascido em 1958, referido em Souza (2003b, p. 275) como "carioca da PIEDADE". É também conhecido como "Arlindinho" por ser filho do cavaquinhista Arlindo Domingos da Cruz, integrante do grupo Mensageiros do Samba, liderado por CANDEIA, e integrado por sambistas da PORTELA. Ex-aluno da Escola Preparatória de Cadetes do Ar, em Barbacena, MG, integrou o Grupo FUNDO DE QUINTAL e, mais tarde, fez dupla com o parceiro Sombrinha. Na década de 1980, manteve, em CASCADURA, um famoso e concorrido PAGODE. Em carreira solo desde o início da década de 1990, firmou-se como um dos mais importantes e prestigiados compositores e intérpretes do SAMBA. É, ainda, coautor de oito dos doze sambas-enredo apresentados por sua escola, o IMPÉRIO SERRANO, entre 1996 e 2007; e, em 2008, gravou um belo samba, *O meu lugar* (em parceria com MAURO DINIZ), de exaltação a MADUREIRA, inclusive citando bairros vizinhos.

ARLINDO PIMENTA. Legendário contraventor, banqueiro do jogo de bicho, com base na zona da Leopoldina. Na década de 1950, lançou-se candidato a vereador. Segundo Rubem Fonseca (1990, p. 278), em trecho do romance *Agosto*, disposto a mudar a imagem truculenta que carregava, fez o lançamento de sua candidatura no dia de seu aniversário, com uma grande festa na rua Leopoldina Rego, em OLARIA. O inusitado, entretanto, é que o bolo do aniversário, um jardim chinês, com um enorme pagode, ostentava, no centro, um revólver 38, com a tradicional velinha fincada no cano.

ARMANDO MARÇAL (1903 - 1947). Sambista, compositor e ritmista. Autor do célebre SAMBA *Agora é cinza*, em parceria com Alcebíades Barcelos, o Bide, residia na rua Leopoldina Rego, em OLARIA, e foi um dos fundadores da extinta escola de samba Recreio de Ramos. Era pai do músico mais tarde conhecido como MESTRE MARÇAL. Ver RECREIO DE RAMOS.

ARMANDO SANTOS (1915 - 2001). Compositor e líder portelense, nascido em BENTO RIBEIRO, morador na primeira infância de ÁGUA SANTA e finalmente radicado em MADUREIRA, onde faleceu. Chegando à PORTELA em 1940, destacou-se como compositor, tendo participado, em 1970, do histórico disco inaugural do conjunto da VELHA GUARDA DA PORTELA. Mais tarde, destacou-se na organização dos veteranos componentes da escola, aos quais coube, como sede, a PORTELINHA.

ARMARINHO. Loja em que se vendem tecidos, aviamentos para costura e bordado (botões, linhas, agulhas, colchetes, novelos de lã, rendas etc.) e outras miudezas. Na antiga hinterlândia carioca, pela inexistência de papelarias, era no armarinho que se compravam, também, artigos escolares, como lápis, cadernos, borrachas etc.

ARMAZÉM. Na época anterior à dos supermercados, denominação do estabelecimento em que se vendiam ao publico gêneros alimentícios, utensílios e produtos de uso caseiro etc. Mais tarde, vieram as "mercearias", também antecessoras dos supermercados atuais.

ARMELINDO LEANDRO. Ver ADILSON RAMOS de Ataíde.

ARQUIAS CORDEIRO, Rua. Logradouro no GRANDE MÉIER, com início na Praça do Engenho Novo e término na rua José dos Reis. Seu nome evoca um médico, morador local no seculo XIX, em cujas terras, no início do século seguinte, foram realizadas as obras urbanísticas criadoras do JARDIM DO MÉIER.

ARRABALDES. Ver BAIRRO.

ARRANCO, G.R.E.S. Escola de samba azul e branca do bairro de ENGENHO DE DENTRO. Sua origem remonta a um bloco de sujo criado na década de 1960, oficializado com o nome "Sociedade Recreativa Carnavalesca Arranco", em 1965. Efetivamente como escola de samba, a fundação ocorreu em 21 de março de 1973, tendo o primeiro desfile ocorrido no ano seguinte. Até a época deste texto, o Arranco participou apenas duas vezes, em 1978 e 1989, do desfile principal. Segundo artigo da Wikipédia (ESCOLAS, 2011), o nome da escola, herdado do bloco, seria uma alusão ao fato de que, quando ele passava, os foliões eram literalmente "arrancados" de suas casas para brincar o carnaval.

ARRASTÃO DE CASCADURA. Escola de samba fundada em 1973, com as cores simbólicas verde e branco. Nascida do crescimento e da transformação de um antigo bloco carnavalesco, a partir de 1976, foi tendo vitorioso acesso aos escalões superiores, até chegar ao grupo principal das escolas, em 1978. Entretanto, logo rebaixada, à época deste livro, oscilava entre os grupos intermediários.

ARROIO PAVUNA. Curso d'água de 3,5 km de extensão, na sub-bacia do Rio Guerenguê, na TAQUARA. No século XVI, mencionado em documentos como um rio (Rio Fundo), marcava o limite entre as sesmarias doadas, pelo governador SALVADOR CORREIA DE SÁ, a seus filhos Martim e Gonçalo de Sá, respectivamente. Ver PAVUNA, Rio.

ART DÉCO. Estilo arquitetônico surgido entre a primeira e a segunda guerras mundiais, caracterizado pelas linhas geométricas, pelo cubismo e pelas formas aerodinâmicas, ainda presente no subúrbio carioca. Reportagem do jornal O Globo (ACHÉ, 2008) mostrou significativos exemplos em prédios de CACHAMBI, ENGENHO DE DENTRO, ENGENHO NOVO, LINS DE VASCONCELOS, MÉIER, PENHA, QUINTINO e RAMOS. Segundo a matéria, a maior parte das obras teria sido realizada por mestres que participaram da construção de prédios na Zona Sul e no Centro, e que teriam adotado o estilo na construção de sua próprias casas e de prédios vizinhos. Em agosto de 2011, o mesmo jornal anunciava o tombamento de parte desse importante patrimônio artístico.

ÁRVORE SECA, Morro da. Comunidade favelada na Serra do MATEUS, entre BOCA DO MATO e LINS DE VASCONCELOS.

ASFALTO SELVAGEM. Romance do escritor carioca Nelson Rodrigues, inicialmente publicado como folhetim no jornal Última Hora, entre agosto de 1959 e fevereiro de 1960. Dividido em dois livros, o primeiro aborda, em *flashback*, a adolescência da personagem principal, Engraçadinha, na cidade de Vitória, ES. No segundo livro, a história se passa em VAZ LOBO, no final dos anos 1950, quando a personagem já é uma bela mulher adulta e sensual, moradora na última casa de uma rua ficcional, chamada "Vasconcelos Graça". Aí, o bairro é mostrado como uma localidade desconhecida e distante, em passagens como as seguintes: "– Eu levo você! De táxi! Onde é que você mora? // – Longe. // – Mas onde? // Suspira com vergonha. Asco de subúrbio: // – Vaz Lobo. (...) "O chofer amarra a cara: – É pra longe, cavalheiro? (...) // – Vaz Lobo. // O outro pula: – Vaz Lobo? Mas oh, nossa amizade!// Já o pânico do motorista faz o juiz imaginar que Vaz Lobo é pra lá de CAMPO GRANDE." (RODRIGUES, 2008, p. 227-228). Ver FALECIDA, A.

ASSEMBLEIA DE DEUS. A Assembleia de Deus é, em suas inúmeras denominações, uma das mais antigas e ativas igrejas evangélicas neopentecostais na região objeto deste livro. Apesar de a expressão "Assembleia de Deus" ser usada, na atualidade, indiscriminadamente, por incontáveis grupos independentes de culto, ela, designa, na realidade, uma única organização religiosa, tradicional e respeitável, fundada no Brasil em 1911, no Pará, e tendo sede nacional em MADUREIRA. Já na década de 1920, com a conversão do "filho de um general", a igreja começava sua expansão, a partir do chamado "Ministério de Madureira". Desde então, elas se organizaram em ramificações, em que cada "ministério" é constituído pela Igreja-Sede com suas respectivas filiadas, congregações e pontos de pregação. Os pastores podem estar ligados a convenções estaduais que, por sua vez, se vinculam a uma Convenção de caráter nacional. Do seio da Assembleia de Deus nasceram, apenas de 1975 a 1980, as seguintes facções: Salão da Fé, Jesus é Verdade, Cristo Vive, IGREJA UNIVERSAL DO REINO DE DEUS e Igreja da Graça. O imponente templo, de arquitetura bastante característica, na rua CAROLINA MACHADO, no caminho de CASCADURA, inaugurado em 1953, é, segundo Fraiha (2004a), o centro das decisões do Conselho Nacional dos Ministros da Assembleia de Deus. Ver EVANGÉLICOS.

ASSIS CARNEIRO, Rua. Logradouro na PIEDADE, com início na rua Elias da Silva e término na rua CLARIMUNDO DE MELO. Sua denominação homenageia um leiloeiro do Império, com chácara na ÁGUA SANTA, nas terras ocupadas pelo Várzea Tênis Clube, o qual teria sido o responsável pela troca do nome da Estação da Piedade, antes "Parada do Gambá".

ASSOCIAÇÃO DAS ESCOLAS DE SAMBA DA CIDADE DO RIO DE JANEIRO (AESCRJ). Entidade fundada em 1952, a partir da fusão da União Geral das Escolas de Samba e da Federação das Escolas de Samba do Brasil. Tem sede no MÉIER, no número 67 da rua Jacinto. Até 1984 foi a entidade máxima das escolas de samba, condição que perdeu para a Liga das Escolas de Samba, a LIESA. Em 2008, quando congregava cerca de cinquenta escolas pertencentes aos chamados "grupos de acesso" do carnaval carioca, viu nascer em seu seio a dissidência que criou a entidade denominada LESGA. Ver ESCOLAS DE SAMBA.

AUGUSTA CANDIANI (1820 – 1890). Cantora lírica, nascida na Itália, que fez grande sucesso no Brasil entre 1844 e 1880. Viveu seus últimos anos em SANTA CRUZ, numa casa doada pelo imperador Pedro II, padrinho de sua filha.

AUGUSTO BOAL (1931 – 2009). Escritor e diretor teatral carioca, nascido na PENHA. Dramaturgo e ensaísta, é reconhecido como um dos grandes nomes do teatro contemporâneo em âmbito internacional. Fundador do Teatro do Oprimido, iniciativa que alia o teatro à ação social, teve suas técnicas e práticas largamente empregadas, em boa parte do mundo, nas áreas de educação, saúde mental e sistema prisional. Sua legado escrito consta de mais de vinte livros publicados e traduzidos em mais de vinte línguas. Em 2000, em entrevista à revista Bundas, então publicada no Rio, Boal (2000) declarava: "Nasci na Penha. Só conheci Copacabana com 18 anos, quando entrei na escola de Química. O mar que eu conhecia era a Praia Marcílio Dias, chamada Praia das Morenas, lá na Penha mesmo, no final da Avenida LOBO JÚNIOR". A praia das Morenas, a que o escrito se refere, era mais conhecida como Praia das Moreninhas. Em seu espaço ergue-se, na atualidade, a Favela Marcílio Dias, vizinha ao MERCADO SÃO SEBASTIÃO.

AUGUSTO VASCONCELOS. Forma abreviada de "Senador Augusto Vasconcelos", bairro pertencente à 18ª Região Administrativa (CAMPO GRANDE). Bastante assemelhado, em aparência e estrutura, ao vizinho SANTÍSSIMO, sua estação ferroviária dista 40 km do ponto de partida dos trens do ramal de Santa Cruz, a que pertence. Seu nome homenageia um antigo político, com relevantes serviços prestados à antiga ZONA RURAL carioca. Ver AVENIDA SANTA CRUZ; ÔNIBUS.

ÁUREA MARTINS. Nome artístico de Áldima Pereira dos Santos, cantora carioca, nascida em 1940. Criada em CAMPO GRANDE, surgiu no ambiente radiofônico do início da década de 1960, tornando-se vitoriosa, em 1969, no programa "A Grande Chance", na TV Tupi, tendo como prêmio a gravação de um disco e uma viagem a Portugal. De carreira não muito regular, apesar dos grandes dotes artísticos, em 2009 era laureada com o Prêmio da Música Popular Brasileira (antigo Prêmio Tim), na categoria "melhor cantora de MPB".

AURORA MARIA DO NASCIMENTO FURTADO (1946 – 1972). Ativista política nascida em São Paulo. Militante da Aliança Libertadora Nacional (ALN), presa em novembro de 1972 em PARADA DE LUCAS, no interior de um ônibus, foi barbaramente espancada e conduzida para a INVERNADA DE OLARIA. Executada ou morta sob tortura, seu corpo foi "desovado" na esquina das ruas Adriano e Magalhães Couto, no MÉIER. Ver APARELHOS.

AUTÓDROMO DE JACAREPAGUÁ. Embora sendo popularmente conhecido por esse nome, por se localizar à margem da Lagoa de Jacarepaguá, o Autódromo Nelson Piquet, da mesma forma que o AEROPORTO local, tem seu endereço na Barra da Tijuca, à avenida Embaixador Abelardo Bueno.

AVENIDA AUTOMÓVEL CLUBE. Denominação tradicional da avenida Pastor Martin Luther King Jr, logradouro que liga DEL CASTILHO a PAVUNA, através de TOMÁS COELHO, VICENTE DE CARVALHO, IRAJÁ, COLÉGIO, COELHO NETO e ACARI. Sua abertura foi concebida em 1922 por iniciativa de um grupo de associados do Automóvel Clube do Brasil, dentre os quais destacavam-se Carlos Guinle e Otávio da Rocha Miranda. A construção da estrada foi financiada pelos sócios do Automóvel Clube e pelos Governos da União e dos Estados do Rio e de Minas Gerais. Sua efetiva abertura contou com a colaboração de diversos proprietários de terras ao longo de seu trajeto, e o nome que recebeu foi um reconhecimento à iniciativa dos membros do clube. Inaugurada em 1926, a nova estrada logo evidenciou-se como importante via de comunicação entre a Zona Norte e a Baixada Fluminense, além de constituir a primeira ligação rodoviária entre Rio e Petrópolis. Já a mudança do nome ocorreu no início da década de 2000, provavelmente como reação de vereadores ligados à IGREJA UNIVERSAL DO REINO DE DEUS à nova denominação da AVENIDA SUBURBANA, onde tem sua sede, em homenagem ao bispo católico Dom Helder Câmara, o que ocorreu num momento em que, com inúmeras FAVELAS às suas margens, a extensa avenida já era uma das mais perigosas do Rio.

AVENIDA BRÁS DE PINA. Importante via ligando PENHA a VISTA ALEGRE, com início na rua Ibiapina e término na estrada da Água Grande. Corta os bairros de PENHA CIRCULAR e VILA DA PENHA; e, após o antigo Largo do BICÃO (praça Rubey Wanderley), liga-se à avenida Monsenhor Felix, em IRAJÁ, através das ruas Gustavo de Andrade, Honório de Almeida e Anhembi. Ver BRÁS DE PINA; IRAJÁ.

AVENIDA BRASIL. Via expressa ligando o município do Rio de Janeiro ao de Itaguaí, RJ, correndo, por 58 km, através dos bairros de São Cristóvão, Caju, Benfica, Manguinhos, Bonsucesso, Ramos, Olaria, Penha, Penha Circular, Cordovil, Brás de Pina, Parada de Lucas, Vigário Geral, Irajá, Acari, Coelho Neto, Barros Filho, Guadalupe, Deodoro, Vila Militar, Magalhães Bastos, Realengo, Padre Miguel, Bangu, Vila Kennedy, Santíssimo, Campo Grande, Paciência e Santa Cruz. Seu primeiro trecho, inaugurado no começo da década de 1940, durante a gestão do Prefeito Henrique Dodsworth, ia das imediações do Gasômetro, no seu atual "marco zero", até o acesso à VIA DUTRA, em Irajá. Em seguida, a avenida foi prolongada até Deodoro, tendo esse trecho recebido a denominação de "AVENIDA DAS BANDEIRAS". Mais tarde, a via foi estendida até SANTA CRUZ. Interligada a outras importantes vias como Ponte Rio-Niterói, LINHA VERMELHA, LINHA AMARELA, rodovias Washington Luís, Presidente Dutra e Rio-Santos, bem como à antiga Estrada Rio-São Paulo, tem importância estratégica para o município sede da capital do Estado. Sua abertura, sobre o aterro de um imenso pântano litorâneo, deu origem a uma zona que se destaca pela diversidade de sua ocupação, tanto residencial quanto industrial, comercial atacadista e de serviços. Em março de 2010, era submetida à Câmara de Vereadores proposta de lei municipal visando à autorização para construções industriais e residenciais, no trecho entre Bonsucesso e Campo Grande, com vistas à revitalização da avenida e sua vizinhança.

AVENIDA DAS BANDEIRAS. Antiga denominação do trecho da AVENIDA BRA-

SIL que segue para a ZONA OESTE, a partir de IRAJÁ. Sobre sua importância, lemos, em texto de 1961 (BERNARDES; SOARES, 1995, p. 101), que, naquele momento, ela se evidenciava como o efetivo fator da incorporação, ao espaço urbano, de toda uma vasta área deixada para trás pela vaga de urbanização chegada com a abertura da VIA DUTRA.

AVENIDA PRESIDENTE DUTRA. Ver VIA DUTRA.

AVENIDA SANTA CRUZ. Extensa via ao longo da margem esquerda dos trilhos da antiga ESTRADA DE FERRO CENTRAL DO BRASIL, com início na avenida Marechal Fontenele, em REALENGO, e término na rua Tenente Agenor Brito, em SENADOR VASCONCELOS. Seu trajeto, cortando PADRE MIGUEL, BANGU, SENADOR CAMARÁ e SANTÍSSIMO, é parte da antiga ESTRADA REAL DE SANTA CRUZ, antigo Caminho dos Jesuítas.

AVENIDA SUBURBANA. Ver DOM HELDER CÂMARA, Avenida.

AVENTURAS AMOROSAS DE UM PADEIRO, As. Filme de WALDYR ONOFRE, cineasta radicado em CAMPO GRANDE, onde o filme foi ambientado, com base no seguinte argumento: Ritinha (vivida pela atriz Maria do Rosário) é uma jovem humilde, virgem, do subúrbio carioca, que se casa com Mário (personagem de Ivan Setta), um homem bem mais velho e extremamente conservador. Passados alguns meses, Ritinha se dá conta do tédio que cerca sua vida de casada, principalmente em termos sexuais. Aí, ela conhece Marques, padeiro português, simplório e machista, mas que, na cama, contribui decisivamente para que viva as emoções sexuais que fantasiava. Só que, um belo dia, o padeiro resolve tirar fotos de seu desempenho sexual com Ritinha. Entretanto, algum tempo depois, a moça conhece Saul, um negro artista por quem se enamora, deixando o português a ver navios. Enciumado e ferido em seu orgulho machista, o padeiro mostra as fotos eróticas ao marido de Ritinha, criando grande confusão. O filme, segundo sua divulgação, é definido como "sátira popularesca explorando assuntos como infidelidade conjugal, preconceito racial e desejo de ascensão social" (EPIPOCA, 2011).

AVIÃO FANTASMA, O. Lenda outrora difundida na região do CAMPO DOS AFONSOS. Contava que, na véspera de uma festa da Aviação, um avião, todo branco e brilhante, teria pousado no aeroporto militar e logo desaparecido misteriosamente. No dia da festa, no lugar do pouso, um avião que se exibia caiu, matando seus dois ocupantes. Então, a partir da crença de que esse avião era um "aviso" de desastre, difundiu-se a lenda do "avião fantasma"(LIRA, 1951, p. 66).

B

B. LOPES (1859 – 1916). Nome literário de Bernardino da Costa Lopes, poeta fluminense. Conhecido como "o poeta dos Cromos", foi amigo de CRUZ E SOUSA e é considerado um dos precursores do simbolismo no Brasil. Por seu apoio à candidatura do marechal Hermes da Fonseca à presidência da República em 1909, provocou a ira de Rui Barbosa, que, numa extravasão de racismo explícito, o atacou no discurso intitulado O Bodum das Senzalas. B. Lopes faleceu em sua residência no ENGENHO DE DENTRO.

BACIA HIDROGRÁFICA. A região carioca focalizada neste livro conta com uma importante bacia hidrográfica, boa parte dela, entretanto, oculta por obras de urbanização, assoreada ou altamente poluída por despejos de toda espécie. Não obstante, estudos da SERLA – Superintendência Estadual de Rios e Lagoas (EXTENSÃO, 2011) – oferecem um amplo quadro de onde extraímos as seguintes ocorrências principais, quase todas constituindo sub-bacias: rio Sarapuí, com 4,2 km de extensão (Bangu); rio Acari, 8,2 km (Marechal Hermes, Barros Filho, Coelho Neto, Acari e Jardim América); rio das Pedras, 10,1 km (Valqueire, Praça Seca, Campinho, Oswaldo Cruz, Bento Ribeiro, Rocha Miranda, Coelho Neto); rio Piraquara, 8,5 km (Realengo, Magalhães Bastos); rio São João de Meriti, 8,8 km (Parque Anchieta, Anchieta, Pavuna, Jardim América, Vigário Geral); rio Irajá, 8,2 km (Vicente de Carvalho, Irajá, Cordovil, Brás de Pina); rio Ramos, 1,4 km (Ramos, Maré); canal do Cunha, 1,0 km (Manguinhos); rio Faria-Timbó, 3,2 km (Higienópolis, Bonsucesso, Manguinhos); rio Faleiro, 2,7 km (Piedade, Abolição, Pilares); rio Jacaré, 8,3 km (Jacarepaguá, Lins, Engenho Novo, Jacaré, Jacarezinho, Manguinhos); rio Anil, 2,8 km (Anil, Jacarepaguá); rio das Pedras II, 5,3 km (Jacarepaguá); rio Grande, 10,5 km (Taquara); rio Guerenguê, 2,3 km (Jacarepaguá, Curicica); rio Passarinhos, 3,0 km (Jacarepaguá, Taquara); rio Camorim, 4,1 km (Camorim); rio Piraquê, 3,1 km (Guaratiba); rio Cabuçu, 17,3 km (Senador Vasconcelos, Campo Grande, Guaratiba); rio do Ponto, 3,6 km (Guaratiba, Sepetiba, Santa Cruz); rio Cação Vermelho, 10,4 km (Cosmos, Paciência, Santa Cruz); rio Campinho, 4,0 km (Campo Grande, Cosmos, Inhoaíba, Paciência); rio da Prata do Mendanha, 7,0 km (Campo Grande, Bangu); rio Guandu do Sapê, 11,2 km (Campo Grande). Somem-se a esses, os inúmeros canais da Baixada de Santa Cruz, entre os quais o canal de São Francisco, com 11,9 km de extensão; o do Guandu, 13 km; e o do Itá, com 14,2 km, todos ainda nos limites do município do Rio de Janeiro.

BAIANA, Morro da. Elevação em RAMOS, na vertente leste do Maciço da MISERICÓRDIA. Ver ALEMÃO, Complexo do.

BAIÃO DA PENHA. Canção de exaltação a Nossa Senhora da PENHA. Com letra de David Nasser e melodia de Guio de Moraes, fez grande sucesso na voz de Luiz Gonzaga, em 1941. Diz a letra: "Penha, Penha/ Eu vim aqui me ajoelhar/ Venha, venha/ Trazer paz para o meu lar." Observe-se a existência de um outro templo em louvor N.S. da Penha, no Espírito Santo, também no alto de uma colina. Mas certamente esta canção foi feita em homenagem ao templo carioca. Sobre ela, o compositor Gilberto Gil, que a gravou também, percebeu que lembra o fenômeno nordestino de romaria e devoção, mas no Rio de Janeiro (MOSCAFREE, 2008). Ver FESTA DA PENHA.

BAILE DOS HORRORES. Ver MAGNATAS FUTEBOL DE SALÃO.

BAILES. A tradição da dança de par enlaçado, em salões de CLUBES específicos ou de agremiações ou associações com objetivos mais amplos, é recorrente em ambientes urbanos de todo o país. Na cidade do Rio de Janeiro, ela se inaugura com o advento da instituição inglesa dos clubes (círculos sociais onde pessoas se reúnem para lazer e convivência), na virada para o século XX. Tendo o esporte como motivação principal, os clubes sociais eram diferentes, por exemplo, dos clubes carnavalescos e de danças, surgidos, por emulação, quase ao mesmo tempo. Nesses, o objetivo era a dança, nas ruas, durante o carnaval, ou nos salões. Com o passar do tempo, quase todos os clubes foram incorporando a dança ao seu cardápio de lazer e divertimento. Mas sempre de forma a manter o caráter "social" de suas programações, para que elas não se confundissem com as das GAFIEIRAS, tidas como ambiente de classes subalternas. Nos subúrbios cariocas, entretanto, essa distinção – a não ser nos clubes que se pretendiam "de elite" – nem sempre foi observada. Nesse ambiente, geralmente sob a influência impactante do SAMBA e de outros ritmos "tropicais", pelo menos desde a década de 1950, os pares desenvolveram um modo de dançar peculiar. Assim, clubes esportivos como River Futebol Clube e Grêmio Recreativo Vera Cruz, na região da ABOLIÇÃO; Engenho de Dentro Esporte Clube e Imperial Esporte Clube, em MADUREIRA; Sport Club MACKENZIE; União da PAVUNA etc., granjearam fama pela alta qualidade dos bailes que sediavam, animados por excelentes e desconhecidos grupos orquestrais como "Devaneios", "Copa Sete", "Brasil Danças", "Charme", "Chanel" e dezenas de outros, cujos nomes, até pelo menos os anos de 1980, eram fartamente anunciados nos muros da Central do Brasil e nos postes e paredes dos subúrbios e da Baixada Fluminense. Ver CHARME.

BAIRRO. A denominação "bairro" aplica-se, de modo genérico, a cada uma das partes em que se divide uma cidade, numa divisão utilitária, criada de modo a facilitar a orientação das pessoas e a administração dos serviços públicos. Essa definição é esposada pelos principais dicionários da língua brasileira, notadamente os mais conhecidos, *Aurélio* e *Houaiss*. Do ponto de vista da distância, os bairros podem ser classificados ou como *arrabaldes* (os que se localizam além do centro da cidade) ou como subúrbios (os que ficam fora da cidade). E esta é a distinção que faz, por exemplo, Antenor Nascentes (1981), em seu *Dicionário de sinônimos*. Na cidade do Rio de Janeiro, clássicos arrabaldes são os do início da Zona Sul, como Glória, Flamengo, Botafogo etc., assim como, na Zona Norte, os de Catumbi, Rio Comprido, Tijuca. Entretanto, outra definição para bairro, consignada pelo *Houaiss* (HOUAISS; VILLAR, 2001), é a de "área urbana geralmente ocupada por pessoas da mesma classe social". Embora hoje imprecisa, em termos de Rio de Janeiro, essa ainda é a ideia que parece permanecer no imaginário da cidade, apesar dos bolsões de miséria que permeiam as regiões cariocas mais valorizadas. No presente trabalho, embora ele seja um dicionário eminentemente "suburbano", o termo "bairro", quando utilizado, o é em sua acepção genérica.

BAIRRO ARAÚJO. Localidade em IRAJÁ, entre as ruas Aníbal Porto e Itapera, nas proximidades da Estrada da Água Grande. Concentra uma expressiva população de classe média.

BAIRRO CARIOCA. Conjunto residencial construído no local dos galpões abandonados da Light e da CTC, situados no terreno do antigo prado do JOCKEY CLUB FLUMINENSE, entre BENFICA e ROCHA, para receber as famílias desalojadas pelas chuvas de 2010 (BAIRRO, 2011). O projeto da prefeitura do Rio, com financiamento do programa federal "Minha casa, minha vida", prevê a construção de 11 condomínios, com um total de 112 prédios de cinco andares, cada um com 20 apartamentos, contando ainda com escola, complexo esportivo, Clínica da Família, creche, posto policial, mercado, ciclovia e área verde. Com as obras em andamento em 2011, a entrega dos apartamentos estava prevista para o decorrer de 2012.

BAIRRO JABOUR. Sub-bairro de SENADOR CAMARÁ, localizado a partir do número 7.000 da Avenida SANTA CRUZ. Originou-se de uma vila residencial construída, na década de 1950, por membros da família Jabour, originária de Providência, MG, nas terras do antigo Engenho dos Coqueiros, fundado em 1773. Segundo algumas fontes, o empresário Abraão Jabour, que dá nome a uma escola do bairro, teria tido grande sucesso como exportador do café produzido na região. Outro membro da família, o médico Jorge Jabour (1905 – 1970) foi deputado, no antigo DISTRITO FEDERAL, na década de 1950; e ainda um outro, conhecido pelo mesmo nome, mas arquiteto e nascido em 1933, foi o autor do projeto da igreja de Santa Inês, também em Camará. À época desta obra, o "Jabour", como se tornou popularmente conhecido o bairro, era dotado de boa infraestrutura, com centro comercial e de entretenimento na rua Raul Azevedo, abrigando um expressiva população de classe média.

BAIXA DO SAPATEIRO. Núcleo populacional integrante do Complexo da MARÉ. Formada a partir de uns poucos casebres erguidos sobre palafitas, no fim da década de 1940, seu nome evoca a localidade, próxima ao centro histórico da capital baiana, celebrizada no SAMBA-jongo Na Baixa do Sapateiro, de Ari Barroso, lançado em 1938. Sobre a origem do nome, na falta de consenso, observemos que as denominações das FAVELAS cariocas muitas vezes têm origem em ilações irônicas, advindas dos meios de comunicação de massas, como o rádio e a TELEVISÃO.

BAIXADA DE JACAREPAGUÁ. Denominação aplicada a toda a região compreendida entre os maciços da PEDRA BRANCA e da Tijuca, correspondente, na atualidade, aos bairros de Barra da Tijuca, Recreio dos Bandeirantes, e às terras baixas ao sul do ARROIO PAVUNA, notadamente as do atual bairro de JACAREPAGUÁ. Ver AEROPORTO DE JACAREPAGUÁ.

BAIXO MÉIER. Moderna denominação da parte do MÉIER localizada a partir da área delimitada pelas ruas Silva Rabelo e Ana Barbosa. A denominação "baixo", que entra na composição de nomes de locais que concentram grande número de bares e restaurantes, nasceu com a expressão "Baixo Leblon", criada em relação de oposição à parte alta, exclusivamente residencial, desse bairro da Zona Sul.

BALA RUTH. Forma popular do nome comercial "Balas Ruth", de um tipo de guloseima açucarada, de fabricação carioca. No início da década de 1950, vendidas juntamente com cromos coloridos (as "figurinhas"), essas balas logo se tornaram uma verdadeira febre em todo o Rio de Janeiro. E isso, por conta das belas figurinhas, feitas para serem coladas e colecionadas em uma brochura em forma de álbum. De caráter pretensamente pedagógico, o álbum tinha suas páginas organizadas por assuntos, tais como "habitações", "répteis", "mamíferos", "índios do Brasil" etc. Trocadas, vendidas, compradas, as figurinhas ou eram "difíceis" (de menor tiragem, custavam a sair e eram mais valorizadas) ou "fáceis". Uma das mais difíceis era a do"urso de óculos", da seção de mamíferos. Das fáceis, havia a " salamandra com crista", o "índio bororo", a "velha dos kaduweo" e a "casa de madeira". Essas eram fáceis mas respeitadas exatamente porque eram instrutivas, como pretendia a propaganda do produto. A fábrica das Balas Ruth localizava-se em RAMOS, na rua Diomedes Trota (parente do Frederico e da Laudímia); rua que ficou famosa por causa disso.

BALÕES JUNINOS. O balão de papel fino com estrutura e boca de arame, simples artefato que sobe ao céu inflado pelo ar aquecido de uma bucha acesa em sua boca – foi, durante muitos anos, um inocente e belo componente das FESTAS JUNINAS da hinterlândia carioca, como em outras partes do país. De acordo com o tamanho do balão, utilizavam-se, em sua feitura, algumas ou muitas folhas de papel fino ou de seda, em várias cores. As folhas eram emendadas de acordo com o modelo do balão, para formarem "gomos". Esses gomos eram fechados, em cada emenda, com linha crua, visando reforço contra a pressão do ar quente que iria inflar o balão. Os adornos ficavam por conta da inventiva do artesão, mas eram geralmente figuras, como, por exemplo, símbolos das cartas do baralho (copas, ouro, paus etc.), recortados e colados nos gomos.Quanto à forma, os balões tradicionais eram tipificados como "caixa", "cara" (que procurava reproduzir uma cabeça humana), "charuto", "dado", "estrela", "pião", "tangerina" etc. Às crianças era reservado o pequeno "balão japonês", industrializado e vendido em lojas. Registre-se que, no final da década de 1940 ou no início da seguinte,

em IRAJÁ, na rua Honório de Almeida, o operário metalúrgico da CASA DA MOEDA, Dayr Braz Lopes, conseguiu alçar aos céus suburbanos um balão que reproduzia fielmente um elefante, com bocas nas quatro patas, e com o ar quente inflando inclusive a tromba. Com o crescimento da cidade, entretanto, e extrapolando da época junina, o balão passou a ser um elemento de perigo, principalmente pelo gigantismo que os confeccionadores passaram a imprimir às suas produções. Causadores de incêndios e de outros malefícios, eles acabaram por ser proibidos. Assim, em 18 de junho de 2009, o jornal O Globo noticiava a denúncia oferecida pela promotora Márcia Velasco, da 13ª Promotoria de Investigação Penal do Ministério Público, contra um grupo de baloeiros. Acusado de causar um incêndio de graves consequências, inclusive com morte, em VILA VALQUEIRE, o grupo, segundo a denúncia, teria praticado o crime não por negligência, imprudência ou imperícia (circunstâncias atenuantes da culpabilidade), mas com "dolo eventual", já que, ao soltarem o balão, os infratores teriam assumido o risco de provocar o acidente. Não obstante, os baloeiros, muitas vezes organizados em "confrarias" em várias localidades, continuavam, à época deste Dicionário, desafiando a repressão oficial e causando sérios danos ao meio-ambiente e à população.

BANANEIROS. Na hinterlândia carioca, o plantio e a comercialização de bananas foi outrora atividade bastante comum e importante. Consoante essa importância, a presença dos bananeiros é focalizada na obra *O sertão carioca*, publicada por MAGALHÃES CORREA (1933).

BANCO DE CRÉDITO MÓVEL. Instituição financeira presente em grande parte das transações imobiliárias tendo por objeto terras da região de JACAREPAGUÁ, no fim do século XIX. Em 1891 comprou, da COMPANHIA ENGENHO CENTRAL DE AÇÚCAR E ÁLCOOL DE CANA DE JACAREPAGUÁ, que os acabara de adquirir dos Beneditinos, os terrenos que hoje constituem a maior parte dos bairros de VARGEM PEQUENA, VARGEM GRANDE e GUARATIBA, loteando-os para venda (URBINATI, 2004, p. 72). Agente hipotecário por excelência, o Banco tem sua atuação criticada inclusive por MAGALHÃES CORREA (1933, p. 51-52).

BANDA BLACK RIO. Ver BLACK SOUL.

BANDA DE MÚSICA DOS PRETOS DE SÃO CRISTÓVÃO. Ver SANTA CRUZ, Fazenda de.

BANDAS ESCOLARES. Antiga tradição das escolas públicas de ensino médio, gradativamente abandonada a partir da década de 1960, as bandas escolares são, à época deste livro, um atrativo a mais nas escolas particulares da hinterlândia, principalmente na antiga ZONA RURAL. Em 2009, a Federação das Fanfarras e Bandas do Estado do Rio de Janeiro, FFABERJ, congregava grupos musicais de 70 estabelecimentos de ensino da região. Os músicos, com idades variando entre dez e 18 anos, depois de submetidos a um rígido processo de seleção, passam a ter aulas teóricas por cerca de três meses, quando então começam a praticar com instrumentos. Aí, geralmente enfrentando uma rotina de ensaios sem férias, e tendo que apresentar bom rendimento nas matérias curriculares, participam de apresentações, concursos e desfiles de rua, envergando garbosos e vistosos uniformes. As bandas classificam-se nas seguintes categorias: as apenas de percussão; as de tambores e escaletas (instrumentos de sopro com teclado); as fanfarras, com percussão, cornetas e clarins; as bandas marciais, com naipes de metais (trombones, trompetes, tubas etc.) e percussão; e as bandas de música propriamente ditas, que diferem das marciais pela presença de instrumentos de palheta, tais como saxofones, clarinetes etc. Em desfile, as bandas costumam apresentar balizas, estandartes e até grupos coreográficos, o que torna suas apresentações realmente atraentes, e motivo de orgulho para participantes, pais, professores e comunidades, além de prestígio para as escolas, em boa parte da região objeto desta obra e também na Baixada Fluminense (SANTIAGO, 2009). Ver DOM ÓTON MOTA MARCHING BAND.

BANDEIRA 2. Telenovela de Dias Gomes, transmitida nacionalmente, de outubro de 1971 a julho do ano seguinte, pela Rede Globo de TELEVISÃO. A trama principal focaliza a disputa de dois banqueiros do jogo de bicho pelo controle dos pontos de aposta no bairro de RAMOS. Na trama paralela, desenvolve-se a história de uma motorista de táxi que é, também, porta-bandeira da escola de samba IMPERATRIZ LEOPOLDINENSE. Na trilha sonora da novela, figurou o samba-enredo Martim Cererê, com que a Imperatriz, então uma pequena escola, desfilou no carnaval de 1972. Ao ator Grande Otelo, coube personificar o compositor do SAMBA, com um personagem batizado exatamente com o apelido do autor real, "Zé Catimba". E a novela foi uma das raras produções da Rede Globo com cenas ambientadas no subúrbio, fato esse repetido em parte com PECADO CAPITAL, em 1975. Quanto ao título da obra, ele expressa uma das definições territoriais da hinterlândia carioca, na qual as tarifas de táxis são majoradas, com a aplicação da chamada "bandeira 2" do taxímetro, a partir de certos bairros, como RAMOS, na área da Leopoldina, e TODOS OS SANTOS, na da Central.

BANDEIRANTES, Estrada dos. Via que começa no largo da TAQUARA e atravessa o bairro desse nome e CURICICA, na 16ª Região Administrativa, e CAMORIM,

VARGEM PEQUENA e VARGEM GRANDE, na R.A. da Barra da Tijuca, terminando no encontro com as avenidas das Américas e Dom João VI, perto da divisa com a Barra de Guaratiba. Seu longo trajeto se dá entre áreas industriais, loteamentos, comunidades faveladas e áreas de mata.

BANDEIRINHA. Variedade da brincadeira conhecida como PIQUE-cola. Nela, em vez de tocado ("colado") pela mão do perseguidor, o perseguido o é com um ramo de árvore, a "bandeirinha". Ver BRINCADEIRAS INFANTIS E JUVENIS.

BANGU. Bairro sede da 17ª Região Administrativa. Outrora pertencentes à freguesia de CAMPO GRANDE, as terras do atual subúrbio de Bangu tiveram como primeiro proprietário Manoel de Barcelos Domingos, imigrante português que fundou, em 1673, a fazenda Bangu, nela erguendo uma capela e o Engenho da Serra, depois Engenho Bangu, para o fabrico de açúcar, rapadura e aguardente, transportados em carros de bois até o Porto de Guaratiba. Esse núcleo pioneiro localizava-se, ao que consta, onde mais tarde seria fincado o "Marco 6" da antiga ESTRADA REAL DE SANTA CRUZ (único caminho para se chegar à região, até o advento da ferrovia), no atual sub-bairro GUILHERME DA SILVEIRA. Quanto à origem da denominação, diante das várias hipóteses levantadas a respeito, apontamos para a possibilidade de o topônimo "Bangu" originar-se do quicongo (língua da região de Congo e Angola), do termo *mbangu*, que designa uma grande árvore, de casca amarga e adstringente, a qual talvez existisse na localidade, marcando-a para sempre. A partir de 1777, foram, seguidamente, donos da Fazenda Bangu: Gregório de Morais Castro Pimentel; João Freire Alemão; José Correia de Castro, sua mulher Ana Francisca de Castro Morais e Miranda, a ambiciosa e beligerante "Ana de Bangu", e o filho deles, Barão de PIRAQUARA. Na segunda metade do século XIX, a Fazenda tinha, como confrontantes: as terras do Realengo de Campo Grande e da Água Branca, e as fazendas do Retiro, do Barata e do VIEGAS. Com a inauguração da ESTRADA DE FERRO DOM PEDRO II e a inauguração do ramal de Santa Cruz, em 1878, o progresso foi-se alastrando, até que em 1890, como causa e consequência ao mesmo tempo desse surto de desenvolvimento, era inaugurada a estação de Bangu. Nesses primeiros anos da República, a Fazenda Bangu já tinha outro dono: pertencia ao Barão de Itacuruçá, negociante, genro do Barão de Mesquita, morador da Tijuca, que a vendeu à COMPANHIA PROGRESSO INDUSTRIAL DO BRASIL, a qual tinha, entre seus sócios majoritários, Henrique Morgan Snell, o Visconde de Figueiredo e João Ferrer. A transação envolveu também parte da Fazenda do Retiro. Nasciam aí, em 1889, as primeiras unidades da FÁBRICA BANGU, logo acrescidas das vilas residenciais, construídas para moradia de técnicos e operários. Graças ao trem e à fábrica, então, a população banguense aumentava, com novas ruas sendo abertas e a urbanização efetivamente acontecendo, mas sem abandono da atividade agrícola. Porque a Companhia, além de seus objetivos industriais, aos poucos, foi atuando também como loteadora 912 mil lotes), urbanizadora e construtora, fazendo efetivamente nascer o bairro. Data dessa época a abertura de ruas, existentes até a atualidade, nas quais os nomes evocam o objeto principal do empreendimento, como sejam: rua dos Tecelões, dos Tintureiros, das Artes, da Fiação, etc. Nos anos de 1930, no contexto do apogeu da CITRICULTURA em Campo Grande, muitos proprietários investiam na produção e exportação de laranjas, numa febril atividade que perdurou até a Segunda Guerra. Durante a Guerra, os funcionários da fábrica e suas famílias foram beneficiados por medidas assistenciais de alto alcance, como financiamento para aquisição de moradia e material de construção, o que contribuiu decisivamente para dar nova feição e consolidar a ocupação do bairro. Na década seguinte, Guilherme da Silveira Filho, o SILVEIRINHA, fez construir, nos terrenos da Fábrica, um ambulatório-modelo e uma creche que prestava assistência total aos filhos dos operários. Em 1952, no contexto do esforço de desenvolvimento industrial do país sem dependência de recursos externos, promovido pelo governo Vargas, o famoso costureiro francês JACQUES FATH visitou a Fábrica e ajudou a divulgar sua produção. Na década de 1960, a política de erradicação de favelas e de remoção das população faveladas para a periferia do Município, trouxe para Bangu, na zona de influência do antigo ENGENHO DO RETIRO, os conjuntos habitacionais VILA ALIANÇA, VILA KENNEDY, JARDIM BANGU e DOM JAIME DE BARROS CÂMARA, aos quais outros vieram se somar em anos posteriores. O final da década de 1980 marca a decadência da Fábrica Bangu, cujas atividades são finalmente encerradas em 2005. Nesse apagar das luzes, os teares foram transferidos para a cidade de Petrópolis; mas o belo e portentoso edifício industrial ganharia nova serventia, já que as dependências da antiga fábrica vieram abrigar, a partir de 2007, o moderno BANGU SHOPPING. Assim, Bangu, a partir de uma ousada e vitoriosa indústria, tornou-se um dos principais bairros da ZONA OESTE carioca, tanto do ponto de vista residencial quanto comercial, esta última atividade concentrada, sobretudo, no "Calçadão de Bangu", expressão que denomina um trecho da avenida Cônego Vasconcelos. Quanto à arte e à arquitetura religiosa, pela antiguidade e historicidade, destacam-se em Bangu a igreja católica de Santa Cecília e SÃO SEBASTIÃO. Do ponto de vista da instrução pública, o Colégio Estadual Professor Daltro Santos, à rua CORONEL TAMARINDO, inaugurado em 1951, é, sem dúvida, o mais tradicional educandário banguense.

Ver À BANGU; ADEMIR DA GUIA; AVENIDA BRASIL; AVENIDA SANTA CRUZ; BACIA HIDROGRÁFICA; BANGU ATLÉTICO CLUBE; BANGU, Serra do; BLOCOS CARNAVALESCOS; CAFEICULTURA; CANDOMBLÉ; CANCIONEIRO DOS SUBÚRBIOS; CASSINO BANGU; CASTOR DE ANDRADE; CERES FUTEBOL CLUBE; CINEMAS ANTIGOS; CLÓVIS; CLUBES; COBERTURA VEGETAL NATURAL; COLÔNIA REEDUCACIONAL DE MULHERES; COMPLEXO PENITENCIÁRIO DE GERICINÓ; CREIB; DÉCIO ESTEVES; DOMINGOS DA GUIA; ENGENHO DO RETIRO; ESCOLAS DE SAMBA; ESTÁDIO PROLETÁRIO GUILHERME DA SILVEIRA; EUSÉBIO DE ANDRADE; FAVELAS; FREIRE ALEMÃO; GAFIEIRAS; GERICINÓ; GUANDU DO SENA, Estrada; HERMETO PASCHOAL; IGREJAS CATÓLICAS CENTENÁRIAS; LONAS CULTURAIS; MISS ELEGANTE BANGU; NEGROS, Presença histórica; ÔNIBUS; PADRE MIGUEL; PEDRA BRANCA, Maciço da; REALENGO; RELEVO; SENADOR CAMARÁ; SHOPPING CENTER; SILVEIRINHA; SOCIEDADE MUSICAL PROGRESSO DE BANGU; TELEFONIA; UBALDO DE OLIVEIRA; UNIDOS DE BANGU, G.R.E.S.; VILA VINTÉM; ZICA DE BANGU.

BANGU 1. Nome pelo qual tornou-se mais conhecido o Presídio Laércio da Costa Peregrino, inaugurado em 1988 – o primeiro da série de presídios, tidos como de segurança máxima, construídos no que depois se conheceu como COMPLEXO PENITENCIÁRIO DE GERICINÓ. Sua inauguração, como assinalado em Urbinati (2004, p. 119), ocorreu num momento em que a Prefeitura da Cidade procurava controlar o crescimento da região de BANGU.

BANGU ATLÉTICO CLUBE. Associação esportiva fundada, sob a denominação "Bangu Athletic Club", em abril de

1904, por empregados da COMPANHIA PROGRESSO INDUSTRIAL DO BRASIL, a "FÁBRICA BANGU", em sua maioria ingleses. Ao contrário de outros clubes de futebol surgidos em fábricas, nos quais só jogavam ingleses e descendentes, os diretores da Companhia parece que não se opunham à participação de negros na equipe. Assim, dois anos após a fundação, no primeiro campeonato de futebol disputado no Rio, o Bangu escalava em sua equipe um jogador negro, o goleiro Manoel Maia. Este fato motivou forte reação por parte da AMEA – Associação Metropolitana de Esportes Amadores – a qual, logo depois, proibiu, o registro de atletas negros, sob o pretexto de que eles, por serem pobres, jogavam por dinheiro. Então, abandonando a AMEA e mantendo em seus quadros jogadores como Luiz Antônio e Ladislau da Guia, o clube firmou posição contra o racismo no futebol. Certamente, foi por isso que, por volta de 1929, o time passou a ser ironizado como o dos "mulatinhos rosados", eufemismo às vezes atribuído a um dirigente banguense, defendendo-se de afirmação segundo a qual o seu era um time de "crioulos". Sempre enfrentando o preconceito, na semifinal do primeiro campeonato carioca após a instituição do regime profissional de futebol, em 12 de novembro de 1933, o Bangu venceu o Fluminense F.C., nas Laranjeiras, sagrando-se, por antecipação, o primeiro campeão do futebol profissional carioca. As comemorações foram ruidosas e, na volta dos jogadores para a sede, já de noite, à medida que o cortejo se afastava da cidade – conforme Mario Filho (1964, p. 225) – , mais gente nas estações, nas ruas suburbanas: mais gente em MADUREIRA do que no MÉIER, mais ainda em BENTO RIBEIRO do que em Madureira, e a festa não era só do Bangu, era de todos os subúrbios, naquela velha rivalidade entre o "lá em cima" e o "cá embaixo". O Bangu era o subúrbio; o Fluminense era a cidade – frisou Mário Filho. Por essa época, o campo dos "mulatinhos rosados" localizava-se na esquina da rua Cônego Vasconcelos (na época, denominada "Rua Ferrer", em homenagem póstuma a um superintendente da Fábrica) com a AVENIDA SANTA CRUZ. Em 1947, entretanto, por iniciativa do industrial Guilherme da Silveira Filho, o SILVEIRINHA, o clube inaugurou seu novo estádio, o qual contava, até a época deste livro, com uma estação ferroviária exclusiva, em torno da qual desenvolveu-se um sub-bairro, entre BANGU e PADRE MIGUEL, outrora denominado "Moça Bonita". No século XX, o último campeonato carioca conquistado pelo Bangu foi o de 1966, vencendo o Flamengo, na partida final, por 3 a 0. Nesse jogo, aos 25 minutos do segundo tempo, ocorrendo um conflito, cinco jogadores do Flamengo e quatro banguenses foram expulsos de campo, o que ocasionou o fim da partida. Na tristeza da derrota, flamenguistas acusaram o presidente EUSÉBIO DE ANDRADE e o vice CASTOR DE ANDRADE, seu filho, de terem subornado o árbitro, o que não foi comprovado. Segundo Roberto Assaf e Clóvis Martins (1997), a vitória do Bangu foi merecida, e o conflito que encerrou a partida em nada empanou o brilho da conquista banguense, 33 anos depois da histórica vitória sobre o Fluminense. Ver DOMINGOS DA GUIA.

BANGU, Fazenda do. Ver CAFEICULTURA.

BANGU, Maciço do. Outra denominação, talvez imprópria, para o Maciço da PEDRA BRANCA, segundo a Enciclopédia Brasileira Globo (MAGALHÃES, 1969, 2º vol.).

BANGU, Serra do. Extensão de montanhas localizada no Maciço da PEDRA BRANCA.

BANGU SHOPPING. Centro comercial e de lazer, com cerca de duzentas lojas, inaugurado em 2007, nas antigas dependências da FÁBRICA BANGU. Ao encerrar as atividades em 2005, a Fábrica teve seus teares transferidos para a cidade de Petrópolis e suas antigas instalações convertidas nesse moderno SHOPPING CENTER, sem perda das características arquitetônicas originais da edificação.

BANQUEIROS DE BICHO. Embora criado, ainda na época imperial, no antigo Jardim Zoológico de Vila Isabel, o jogo do bicho, principalmente depois de tipificado como contravenção penal, em 1941, foi, na hinterlândia carioca, por meio dos banqueiros, donos dos fundos de aposta, um grande impulsionador de inúmeras atividades, lícitas ou não, com destaque para o futebol e as ESCOLAS DE SAMBA. No romance *Agosto* de Rubem Fonseca (1990, p. 123), ambientado no início da década de 1950 e baseado em fatos reais, esse importante fato social é assim explicado: "Os bicheiros, em geral, eram vistos como marginais, mas as atividades esportivas de Andrade e Moscoso lhes rendiam uma publicidade positiva junto aos meios de comunicação e a sociedade, apesar de esses clubes serem pequenas agremiações de subúrbio. Tanto Andrade quanto Moscoso instavam os outros bicheiros a também patrocinar atividades de interesse popular, sem encontrar porém muita receptividade." Observe-se que o termo "bicheiro" é genérico, podendo tanto referir-se aos donos de banca quanto aos simples apontadores, recebedores das apostas. Ver ANICETO MOSCOSO; CASTOR DE ANDRADE; EUSÉBIO DE ANDRADE; NATAL DA PORTELA; PIRUINHA.

BARÃO DO BOM RETIRO. Rua no ENGENHO NOVO, com início na rua VINTE E QUATRO DE MAIO e término na rua Borda do Mato, no Grajaú. Seu nome homenageia o carioca Luís Pedreira do Couto Ferraz (1818 – 1886), presidente da província do Rio de Janeiro, deputado, conselheiro de Estado e ministro do Império na década de 1850. Agraciado com os títulos de barão e visconde com grandeza, possuía uma bela chácara na freguesia do ENGENHO NOVO, situada nas imediações da atual estação, a Chácara do Bom Retiro, da qual se originou o seu título nobiliárquico. Era provavelmente filho de outro magistrado e político de mesmo nome, nascido em 1791, em Minas Gerais, e falecido em 1831 na cidade do Rio de Janeiro. Ver CONSELHEIRO FERRAZ.

BARATA. Sub-bairro de REALENGO, localizado em terras outrora pertencentes à Fazenda do Barata, ao pé da serra de mesmo nome. A denominação evoca a família de Fernandes Barata, que, no final do século XVIII, tornou-se proprietário de "vastas terras no sopé dos maciços da Água Branca e Gericinó" (FRIDMAN, 1999, p. 152-3). Na metade do século seguinte, o cafeicultor João Fernandes Barata declarava-se também proprietário de terras na freguesia de CAMPO GRANDE.

BARATA, Serra do. Extensão de montanhas localizada no Maciço da PEDRA BRANCA. Ver BARATA.

BARBANTE, Favela do. Comunidade entre CAMPO GRANDE e INHOAÍBA, nas proximidades da Estrada do Campinho. O nome parece originar-se na prática de demarcar propriedades invadidas, provisória e rudimentarmente, com quatro paus fincados, ligados por um simples fio de barbante.

BÁRBARA LEÔNCIO. Atleta nascida em SANTÍSSIMO e residente em CURICICA. Menor carente, revelou-se como velocista no projeto social "Lançar-se para o Futuro" e, em 2007, conquistou o titulo de campeã dos 200 metros rasos no Campeonato Mundial de Menores. Em outubro de 2009, aos 17 anos, estrelava o vídeo de apresentação da candidatura vitoriosa do Brasil a sede das Olimpíadas de 2016. Participando da delegação brasileira a Copenhague, onde a eleição se realizou, sentou-se ao lado do presidente Lula da Silva durante a cerimônia.

BARBEIRINHO DO JACAREZINHO. Nome artístico de Carlos Roberto Ferreira César, sambista carioca, nascido em 1950. Compositor revelado na escola de samba UNIDOS DO JACAREZINHO, é coautor de sambas de sucesso, quase sempre crônicas bem humoradas, popularizadas principalmente na voz de ZECA PAGODINHO, como Caviar, Dona Esponja e Parabólica. Junto com os compositores e cantores Luiz Grande (da IMPERATRIZ LEOPOLDINENSE) e Marquinhos Diniz (filho de MONARCO, da VELHA GUARDA DA PORTELA), compõe o "Trio Calafrio", assim batizado por Zeca, seu maior intérprete e divulgador.

BARBOSA (1921 – 2000). Sobrenome pelo qual foi conhecido o jogador de futebol Moacir Barbosa, nascido em Campinas e falecido em Santos, SP. Consagrado como o maior goleiro da história do Clube de Regatas Vasco da Gama, no qual atuou de 1945 a 1962, foi, entretanto, estigmatizado pela derrota, na Copa do Mundo de 1950, da seleção brasileira, da qual fez parte. Morador da zona da Leopoldina, no final da carreira atuou no BONSUCESSO e no CAMPO GRANDE.

BARCELOS DOMINGOS, Rua. Logradouro em CAMPO GRANDE. Liga a rua Campo Grande à confluência das estradas Rio-São Paulo, das CAPOEIRAS e da CAROBA. O nome lembra Manuel de Barcelos Domingues, um dos pioneiros da região, reponsável pelo erguimento, antes de 1673, da capela que deu origem à Igreja de NOSSA SENHORA DO DESTERRO, na antiga Fazenda da Caroba.

BARIRI, Rua. Logradouro, em OLARIA, onde se localizam o estádio Mourão Filho,

inaugurado em abril de 1947, e a sede do OLARIA ATLÉTICO CLUBE. No dia 14 de agosto de 1955, o estádio foi palco de um acontecimento inusitado. Jogavam Olaria e Fluminense, quando o jogador Olavo, que formava a linha média do time local (em 1953, ao lado de Jair Santana e Ananias), foi expulso de campo pelo juiz Antônio Musitano. Inconformado com a expulsão, o jogador, ensandecido, partiu para agredir o juiz, que correu, com Olavo em seu encalço durante uma boa distância. "Nem a policia livrou Antônio Musitano da agressão", escreveu Mario Filho (1964, p. 374-5) em *O negro no futebol brasileiro*. O agressor foi suspenso por mais de um ano e nunca mais jogou futebol profissionalmente.

BARONESA DE URUGUAIANA. Rua no LINS DE VASCONCELOS, com início na rua Cabuçu e término na rua Zizi. Ver CONSELHEIRO FERRAZ.

BARROS FILHO. Bairro integrante da 25ª Região Administrativa (PAVUNA), surgido em terras outrora pertencentes à Freguesia de IRAJÁ. No século XVIII, a região era ocupada por grandes fazendas de propriedade da família Costa Barros, como a outrora pertencente ao Frei Tomás da Madre de Deus Coutinho Botafogo (Fazenda Botafogo), e a do Engenho Boa Esperança, ambas depois recebidas pelo herdeiro Barros Filho. O qual, com a construção da Estrada de Ferro MELHORAMENTOS, no final do século XIX, deu nome ao bairro, cortado pela AVENIDA BRASIL e sediando, à época deste livro, o Distrito Industrial da Fazenda Botafogo. Ver AVENIDA BRASIL; BACIA HIDROGRÁFICA; COSTA BARROS; FAVELAS; GUADALUPE; IRAJÁ; LINHA AUXILIAR.

BASE AÉREA DE SANTA CRUZ. Complexo militar da Força Aérea Brasileira, localizado no antigo Campo de São José, nas antigas terras da Fazenda de SANTA

CRUZ, próximo ao Canal do Itá, no extremo oeste do município do Rio de Janeiro. Sua criação está ligada ao evento por meio do qual o governo brasileiro, em março de 1934, autorizou a empresa alemã *Luftschiffbau Zeppelin* a estabelecer uma linha aérea regular de balões dirigíveis entre o Brasil e a Europa. Dois anos depois, era inaugurado o aeródromo, que recebeu o nome de Aeroporto Bartolomeu de Gusmão, em homenagem ao "Padre Voador", pioneiro da aviação no Brasil. Com o fim da linha, após o trágico acidente com o dirigível Hindenburg, nos Estados Unidos, as instalações permaneceram ociosas. Advindo, então, a 2ª Guerra Mundial, o Governo brasileiro transferiu para Santa Cruz o 1º Regimento de Aviação, então sediado no CAMPO DOS AFONSOS, criando também uma Unidade de Treinamento Básico de Aviação, para formação de pilotos destinados ao 1º Grupo de Aviação de Caça que lutava na Itália.Terminada a Guerra e dada nova organização à Força Aérea, a sede do Regimento recebeu a denominação de Base Aérea de Santa Cruz, a qual, na atualidade, subordinada ao Ministério da Aeronáutica, destaca-se como o maior complexo de combate da Força Aérea Brasileira (ORDEM DE BATALHA, 2009).Ver HANGAR DO ZEPELIM.

BASÍLICA DO SAGRADO CORAÇÃO DE MARIA. Igreja no MÉIER. Projetada por Morales de los Rios, o mesmo autor do projeto de construção da Academia de Belas Artes, o santuário constitui um marco arquitetônico da cidade. Primeira e única construída em estilo mourisco no Rio de Janeiro, recebeu o título de Basílica do Sagrado Coração de Maria conferido pelo Papa João XXIII.

BASQUETE DE RUA. Prática esportiva espetacular, surgida, no Brasil, no contexto da chamada 'cultura hip-hop', reproduzida do ambiente dos guetos negros norte-americanos. No Rio de Janeiro, tem como palco principal, à época desta obra, o VIADUTO NEGRÃO DE LIMA, em MADUREIRA, sob a égide da Liga Internacional de Basquete de Rua – LIBRA. Do basquetebol convencional, a modalidade guarda apenas os elementos fundamentais, já que, enfatizando o espetáculo, nela se permitem jogadas interditas, tais como 'apagão' (quando o jogador cobre a cabeça do adversário com a camisa, impedindo-lhe a visão), 'ponte aérea' (passe pelo alto), 'bagunça' (sucessão de fintas humilhantes) etc.

BATALHÃO ESCOLA DE ENGENHARIA VILLAGRAN CABRITA. Unidade do Exército brasileiro localizada em SANTA CRUZ. Ocupa um centenário prédio histórico, situado na PRAÇA RUÃO, que era o antigo Convento dos Jesuítas, posteriormente transformado em Palácio Real e Imperial de Santa Cruz.

BATAN, Favela do. Núcleo populacional no morro de mesmo nome, em REALENGO. O nome tem origem no da árvore ubatã (*Astronium fraxinifolium*), o mesmo que gonçalo-alves, a qual também batizou o município de Ubatã, na Bahia. Em maio de 2009, um ano depois de uma equipe do jornal O Dia ser torturada por integrantes de uma MILÍCIA que controlava a favela, a comunidade assistia ao início de implantação de um projeto de cidadania em benefício de seus moradores. Meses depois, era anunciado o reflorestamento do morro, principalmente com espécimes da árvore que lhe deu nome.

BATE-BOLA. Ver CLÓVIS.

BATE-FOLHA, Candomblé do. Importante casa de culto com endereço à rua Edgard Barbosa, nº 26, em ANCHIETA. Fundada em 1938 por João Correia de Melo, o "João Lessengue", com o nome africano Inzo Kupapa Unsaba, é o braço carioca do Bate-Folha baiano (Mansu

Banduquenque), legendário terreiro de nação congo-angola. Em 1972, dois anos após a morte do fundador, assumiu a direção da casa a sacerdotisa Floripes Correia da Silva, de nome sacerdotal Mametu Mabeji. Ver CANDOMBLÉ.

BATIDÃO. Ver FUNK CARIOCA.

BECA. Ver REBECCA FREEDMAN.

BECO DA CORUJA. Antiga localidade outrora situada em IRAJÁ e hoje inscrita dentro dos limites do bairro de BRÁS DE PINA. Seu nome vem de uma viela na rua Severiano Monteiro, mas se estendeu a toda a região da rua Olímpio da Mota, no lado oposto da AVENIDA BRÁS DE PINA, mas ainda pertencente a Irajá. Destacou-se, nas décadas de 1940 e 1950, como forte reduto de cultura negra, com práticas de jongo, terreiros de UMBANDA e ESCOLAS DE SAMBA, como as denominadas UNIDOS DE IRAJÁ, liderada pela sambista Gabriela, e IRMÃOS UNIDOS DE IRAJÁ, nascida principalmente da iniciativa do sambista conhecido como "Jorge Macumba". Ainda no Beco, tempos depois, destacou-se o pai de santo conhecido como "Seu Longa", organizador de um bloco carnavalesco e dono de um time de futebol, o Botafoguinho.

BELANDI, Oscar. Compositor e violonista nascido em 1911, em Salvador, Bahia. Destacou-se na década de 1940 no ambiente dos precursores da bossa nova, tendo integrado o Quinteto Copacabana, criado em 1946. Foi coautor de conhecidas obras no gênero SAMBA-canção, como *Caixa postal zero zero* e *Meu Rio de Janeiro*, boa parte delas integrante do repertório do cantor Dick Farney. Morador de IRAJÁ, tornou-se conhecido no bairro também como exímio confeccionador e empinador de pipas.

BELISÁRIO DOS SANTOS, Padre. Sacerdote católico, vigário de CAMPO GRANDE no século XIX. Em 1854, realizou, nos livros paroquiais, importantes pesquisas históricas sobre os primeiros tempos do futuro bairro, então um pequeno povoado com poucas habitações. Em 1882, destacou-se no esforço de reconstrução da Igreja Matriz, destruída por um incêndio no ano anterior. Na atualidade, é homenageado no nome do Colégio Belisário dos Santos, um dos mais importantes da localidade.

BENEDICTO FREITAS (1910 – 2002). Escritor e jornalista nascido em SANTA CRUZ. Participante ativo da vida do bairro, foi, em 1934, um dos fundadores do GRÊMIO PROCÓPIO FERREIRA. A partir de 1942 foi editor do periódico Imprensa Rural durante quinze anos; fundou a Associação dos Amigos da PONTE DOS JESUÍTAS em 1952, por ocasião do bicentenário do importante monumento histórico. Dedicando mais de meio século de sua existência à pesquisa da História da Santa Cruz, em 1983, foi um dos responsáveis pelo Núcleo de Orientação e Pesquisa Histórica do antigo CURATO. Deixou publicadas, entre outras obras, *O matadouro de Santa Cruz: cem anos a serviço da comunidade* (1977) e *Santa Cruz, fazenda jesuítica, real, imperial* (1985).

BENFICA. Bairro integrante da 7ª Região Administrativa (São Cristóvão). Embora já não faça, efetivamente, parte da hinterlândia carioca, é referência para ela, principalmente por marcar o início da antiga AVENIDA SUBURBANA. Em *Triste fim de Policarpo Quaresma*, romance de 1915, o escritor LIMA BARRETO (1999, p. 28) traça, desta forma, uma boa visão da região e de sua importância histórica: "O bonde que levava até a velha Maria Rita percorria um dos trechos mais interessantes da cidade. Ia pelo PEDREGULHO, uma velha porta da cidade, antigo término de um picadão que ia ter a Minas, se esgalhava para São Paulo e abria comunicações com o

CURATO de SANTA CRUZ. (...) Quaresma e Albernaz atravessaram tudo aquilo sem reminiscências e foram até ao ponto. Antes perlustraram a zona do TURFE, uma pequena porção da cidade onde se amontoam cocheiras e coudelarias de animais de corridas (...). Para além do caminho, estendia-se a vasta região de mangues, uma zona imensa, triste e feia, que vai até o fundo da baía (...)." Ver ADÔNIS, Bar; AVENIDA BRASIL; CADEG; DOM HELDER CÂMARA, Avenida; ENGENHO NOVO; ESCRAVA ANASTÁCIA; FÁBRICAS DESATIVADAS; FAIXA DE GAZA; FAVELAS; FESTA DA PENHA; HERÉDIA DE SÁ; JOCKEY CLUB FLUMINENSE; MANGUINHOS; ÔNIBUS; PEDREGULHO, Conjunto do; TRIAGEM; RUA DO LUSTRE.

BENTINHO. Personagem de Machado de Assis no romance Dom Casmurro, mais conhecido pelo destaque dado à personagem Capitu. Na velhice, quando se torna um senhor casmurro (ensimesmado, sorumbático), vivendo sozinho, apenas servido por um escravo, vai morar no ENGENHO NOVO, em uma casa que faz construir igual à de sua infância na rua de Matacavalos, atual rua Riachuelo, no centro da cidade.

BENTO-QUE-BENTO-É-O-FRADE. Jogo infantil, espécie de gincana em que um "mestre" determina as tarefas a serem realizadas, entoando a cantilena: "Bento que bento é o frade/ na boca do forno/ tirai um bolo/ fareis tudo o que Seu Mestre mandar?", à qual os "discípulos" respondem, jurando: "'Fazeremos' todos" ("fazeremos", corrupção de "faremos"). Na competição, o último a cumprir a tarefa e retornar até o mestre é considerado "mulher do padre", num simbolismo bastante ofensivo. A brincadeira, conhecida em algumas regiões como "queimadinha", foi muito popular na infância do autor desta obra. Ver BRINCADEIRAS INFANTIS E JUVENIS.

BENTO RIBEIRO. Bairro localizado na jurisdição da 15ª Região Administrativa (MADUREIRA). Nascido à margem dos trilhos da antiga ESTRADA DE FERRO CENTRAL DO BRASIL, sua estação, denominada "Prefeito Bento Ribeiro" tem esse nome em homenagem a Bento Manuel Ribeiro Carneiro, chefe do Executivo do antigo DISTRITO FEDERAL, entre 1910 e 1914, ano em que foi inaugurada. Dela, partia antigo ramal até o CAMPO DOS AFONSOS, desativado por volta de 1960. O bairro, então, desenvolveu-se ao longo da ferrovia, a partir das ruas JOÃO VICENTE e CAROLINA MACHADO, e também ao longo do ramal dos Afonsos, em direção à ESTRADA REAL DE SANTA CRUZ, atual INTENDENTE MAGALHÃES, onde outrora existia a fonte de água natural que deu o nome à localidade conhecida como "Fontinha". Ver BACIA HIDROGRÁFICA; CEDOFEITA; CINEMAS ANTIGOS; ESCOLAS DE SAMBA; ESTRADA DA CUTIA; FAVELAS; FONTINHA; IRAJÁ, Freguesia de; PAZ E AMOR; UNIDOS DE BENTO RIBEIRO.

BENTO RIBEIRO DANTAS, Avenida. Logradouro na MARÉ, com início na AVENIDA BRASIL, junto ao Viaduto de MANGUINHOS. Abriga o conjunto habitacional de mesmo nome, no qual as primeiras casas foram construídas no início de 1992. Localizado em meio a um complexo favelado, entre núcleos dominados, à época deste livro, por grupos criminosos rivais, o conjunto recebeu o apelido "favela Fogo Cruzado", possivelmente inspirado no filme homônimo, de nome original Rapid Fire, lançado no Brasil em 2005.

BERTOLDO KLINGER, General (1884 – 1969). Nascido no Rio Grande do Sul, terminou o curso de engenharia militar e o do Estado Maior no Rio de Janeiro. Participou da construção da VILA MILITAR de DEODORO e de várias rodovias brasileiras, além de ser o criador de uma "Ortografia Brasileira Simplificada". Combatente da Coluna Prestes, em 1930, já com a patente de coronel do Exército, exerceu o cargo de Chefe de Polícia do Rio de Janeiro. Indispondo-se com Getúlio Vargas, participou da Revolução Constitucionalista de São Paulo, chegando a assumir o comando geral das forças revolucionárias. Na década de 1940, morava na PIEDADE, na casa de número 97 da rua da Capela, e fazia compras no comércio local (MUSEU UNIVERSITÁRIO GAMA FILHO, 1991). Faleceu no Rio, aos 85 anos de idade.

BETO SEM BRAÇO (1940 – 1993). Nome pelo qual se fez conhecido Laudenir Casemiro, compositor nascido e falecido no Rio de Janeiro. Foi autor, entre inúmeros outros sambas, do antológico SAMBA-enredo *Bumbum praticumbum pugurundum*, do IMPÉRIO SERRANO, em parceria com ALUÍZIO MACHADO. Era morador de CURICICA.

BIALIK, Escola Hebreu Brasileira Chaim Nachman. Escola vizinha à SINAGOGA BEIT YEHUDA MEIR, localizada na rua LUCÍDIO LAGO, foi fundada na década de 1930 pela comunidade judaica do MÉIER (FRIDMAN, 2007). Passados os anos 1950, que marcaram o apogeu dessa comunidade, a escola foi fechada. O antigo prédio, depois de abrigar uma repartição pública por alguns anos, deu lugar a um edifício comercial. Ver JUDAICA, Presença.

BIBLIOTECA COMUNITÁRIA TOBIAS BARRETO. Empreendimento cultural particular, criado por iniciativa por Evando dos Santos, na VILA DA PENHA. Profissional da construção civil, nascido em 1998, Evando iniciou a biblioteca na garagem de sua residência, na rua Engenheiro Augusto Bernachi. Em 2003, o acervo compreendia cerca de 30 mil volumes, estando o empreendedor já de posse de um projeto arquitetônico para a sede, assinado pelo renomado Oscar Niemeyer, à espera da aprovação do Ministério da Cultura para a captação do recursos necessários. No momento deste texto, a iniciativa de Evando já está reproduzida em outras unidades, em outros subúrbios e na Baixada Fluminense, a qual praticamente se confunde com a hinterlândia carioca em localidades como VIGÁRIO GERAL, PAVUNA e ANCHIETA.

BICA, Morro da. Elevação entre CASCADURA e CAMPINHO.

BICA DO INGLÊS. Localidade em OSWALDO CRUZ, ponto de socialização da comunidade pobre local, desenvolvido em torno de uma antiga fonte pública de água potável. Nas proximidades, ligando a rua Antônio Badajós à Carolina Amado, subsiste o Beco da Fontinha, em provável referência à fonte natural que deu origem à bica. Ver BICAS DE RUA.

BICÃO, Largo do. Antigo nome da Praça Rubey Wanderley, na VILA DA PENHA. Recebeu esse nome no início do século XX, quando foi instalada no local uma bica pública na qual os moradores da região iam pegar a água captada provavelmente no rio Irajá, que passava nas imediações.

BICAS DE RUA. A denominação "bica" aplicou-se, popularmente, no ambiente deste livro, a qualquer tipo de fonte pública de abastecimento de água, sendo uma constante na paisagem da hinterlândia carioca até pelo menos a década de 1960. Feitas, em geral, de ferro fundido, em formato de poste cilíndrico, tinham como peça principal uma torneira, quase sempre de bronze, e um suporte para apoio dos vasilhames. Segundo observação de MAGALHÃES CORREA (1935, p. 183), as reuniões em torno dessas bicas eram, em seu tempo, ainda semelhantes às que ocorriam na época escravista. Embora substituídos os barris, barriletes e pipas por latas de produtos industrializados (de banha ou manteiga, de 10 ou 20 kg, como o autor destas linhas teve oportunidade de conhecer), o ambiente, consoante Correa, era o mesmo: "As mesmas discussões e brigas, entre crianças, mulheres e homens; todos querendo ser os primeiros, essa aglomeração dá um aspecto de miséria e é deprimente aos nossos foros de país civilizado". Em suas observações sobre o abastecimento de água na antiga ZONA RURAL, na década de 1930, Magalhães Correa (op. cit., p. 184) escreveu: "Na estação SENADOR CAMARÁ não há água, apesar de passar pela estrada um condutor da mesma; assim, esperam os pobres habitantes a chegada do trem, que aí sempre demora, esperando o encontro do que vem de SANTA CRUZ, para receber da caixa d'água do tender da locomotiva o precioso líquido, que carrega em latas. Esse fato passa-se a 33 quilômetros da capital da República, em pleno Distrito Federal." No ambiente objeto deste livro, até pelo menos a década de 1960, quando se realizaram grande obras para solução do problema da água na cidade, a inauguração de bicas públicas em localidades carentes foi utilizada como moeda de troca por muitos políticos em busca de votos nas eleições municipais. Exemplo interessante é esse depoimento, da falecida Dona Eulália, ilustre moradora da SERRINHA, sobre o dia em que um político local fez inaugurar uma bica na localidade: "Aí meu pai – contou ela, em seu linguajar característico – mandou que todos os moradores que estavam morando... viesse tudo de lata nova, pintada; e a hora marcada de abrí a torneira para jorrá a água, não é? (...) Nós todos, o pessoal, minha mãe, minas outras colegas compraram lata, aí pintaram as lata, cada uma na sua cor que gosta, o nome, né?" (GANDRA, 1995, p. 58).

BICICLETÁRIOS. Bicicletário é o lugar próprio para guardar ou estacionar bicicleta (HOUAISS; VILLAR, 2001). Veículo simples, econômico e relativamente barato, a bicicleta é meio de transporte comum na hinterlândia, principalmente na antiga ZONA RURAL, onde é usado, pelos que não dispõem de automóvel nem motocicleta, para vencer distâncias em geral não cobertas por transporte coletivo. Assim, em algumas estações ferroviárias, nos dias de semana, chama atenção a presença de inúmeros desses veículos em bicicletários, especialmente construídos ou improvisados, presos com cadeados de segurança. Seus proprietários os depositam pela manhã, dirigem-se de trem ao trabalho ou à escola e, na volta, geralmente à noitinha, os retiram e montam neles, pedalando de volta para casa.

BIDI. Nome artístico de Murilo da Penha Aparecida e Silva, sambista carioca nascido em 1932. Compositor e percussionista, destacou-se também como improvisador no estilo PARTIDO-ALTO. Criado no Morro do ALEMÃO, foi um dos grandes compositores da IMPERATRIZ LEOPOLDINENSE, autor de alguns dos sambas-enredo que a escola levou para a avenida na década de 1960, como *As três capitais* (1963), *Marquesa de Santos ou A favorita do Imperador* (1964), *Vida poética de Olavo Bilac* (1967) e *Bahia em festas* (1968). A partir de 1967, integrou o importante grupo vocal-instrumental Originais do Samba, no qual cantava e tocava cuíca. A seu respeito, colhemos em Santos (2007, p. 28-29) esta preciosa informação: "Mais tarde, quando rapaz, fiquei amigo do Bidi e tomamos muito conhaque juntos. Bidi, com um grupo da Imperatriz, fez um show no saguão da Faculdade de Medicina em 1969, foi o máximo. Estava tudo proibido, juntar estudante com sambista na época era uma ousadia que valeu pra levantar nosso moral. Esta ida da Imperatriz à Faculdade de Medicina (...) foi tempos depois da invasão do Calabouço, onde morreu o estudante Edson Luís, assassinado pela Polícia Militar, e foi um dos símbolos da resistência dos estudantes à ditadura e da luta pela melhoria do ensino. Bidi, como compositor ligado aos probelmas sociais, fez um partido alto que falava da morte do estudante: "Bacobufo no Caterefofo/ No Calabouço certo dia aconteceu/ Houve um tumulto de polícia com estudante/ Não se sabe quem matou/ Só se conhece quem morreu". Bidi, autor, entre outras obras, deste *Bacofuco no Caterefofo* e do conhecido *Samba do Carpinteiro*, em parceria com Velha, gravado pelo Quarteto em Cy, faleceu na passagem da década de 1970 para a de 1980.

BILHA. No jogo de BOLA DE GUDE, esfera de aço dos rolamentos dos mancais, geralmente usada como demonstração de força, para que, batendo em uma bola convencional, a quebrasse.

BISCOITOS PIRAQUÊ. Ver PIRAQUÊ, Complexo Industrial.

BISPO DE MAURA. Ver IGREJA BRASILEIRA.

BISPO MACEDO. Ver IGREJA UNIVERSAL DO REINO DE DEUS.

BLACK PRINCESS, Cerveja. Ver CERVEJA PRETA.

BLACK SOUL. Movimento sociocultural que eclodiu nos subúrbios do Rio de Janeiro na década de 1970. Surgiu no rastro dos movimentos de afirmação dos negros norte-americanos e a partir da moda da *soul music*, tendo sido contestado como imitação colonizada. Depois, estruturou-se como aglutinador da juventude negra e serviu como base para a politização e a conscientização que se seguiram. No seio do movimento, despontaram, na música, grupos como a Banda Black Rio (que teve em sua formação inicial os músicos Barrosinho, OBERDAN MAGALHÃES, Lúcio Silva, Jamil Joanes, CRISTÓVÃO BASTOS, Cláudio Stevenson e Luiz Carlos dos Santos) e cantores como Carlos Dafé, Genival Cassiano e Gerson King Combo. Ver CHARME; FILÓ.

BLOCH EDITORES. Antiga empresa com sede no Rio de Janeiro. Proprietária da exitosa revista *Manchete*, manteve excelente parque gráfico em PARADA DE LUCAS. Na Estrada da Água Grande, em VISTA ALEGRE, o grupo manteve estúdios da TV *Manchete*, nos quais foram gravadas produções de grande sucesso, como *Xica da Silva*, exibida, em rede nacional, de setembro de 1996 a agosto do ano seguinte. Em 2009, esses próprios integravam a massa falida da empresa, sendo objeto de disputa judicial.

BLOCOS CARNAVALESCOS. A expressão "bloco carnavalesco" designa os grupos de foliões que saem às ruas no carnaval. No Rio de Janeiro, eles são classificados, primeiro, como "blocos de sujo", que são aqueles assumidamente anárquicos, sem trajes nem organização previamente estabelecidos, com fantasias ou caracterizações improvisadas, geralmente de cunho satírico ou humorístico. Depois, vêm os "blocos de embalo" ou "de empolgação", com fantasias simples mas uniformes, cantando músicas compostas exclusivamente para seus desfiles, como os conhecidos BOÊMIOS DE IRAJÁ e CACIQUE DE RAMOS. Já de outro tipo são os "blocos de enredo", que se exibem em desfile, com estrutura e estética semelhantes às das ESCOLAS DE SAMBA, muitos deles tendo nascido como blocos de empolgação, sendo que vários dos que já pertenceram a essa categoria transformaram-se efetivamente em escolas de samba. Entre essas categorias, mais recentemente, num fenômeno quase que restrito à Zona Sul, surgiram blocos em que os participantes uniformizam-se apenas vestindo uma camiseta, em geral desenhada por artista conhecido, alusiva ao carnaval do bloco naquele ano específico. Entretanto, de suas "saídas", impropriamente chamadas de "desfiles", em geral pode participar qualquer pessoa, trajando ou não camiseta. Blocos de Enredo. Em 1990, os "blocos de enredo" registrados na associação respectiva eram, segundo Araújo (1991), os seguintes: Arame de Ricardo (Ricardo de Albuquerque); Acadêmicos da Abolição; Azul e Branco (Anchieta); Amizade de Água Branca (Magalhães Bastos); Alegria da Capelinha (Magalhães Bastos); Acadêmicos de Realengo; Acadêmicos do Juramento (Vicente de Carvalho); Acadêmicos da Penha; Bafo do Bode (Tanque); Boêmios da Vila Aliança (Bangu); Boca na Garrafa (Magalhães Bastos); Bacanas da Piedade; Chora na Rampa (Campo Grande); Coroados de Jacarepaguá (Cidade de Deus); Coroados de Santa Cruz; Corações Unidos de Bonsucesso; Custou Mas Saiu (Taquara); Chamego de Turiaçu; Caciquinho de Inhoaíba; Bloco do Barriga (Cordovil); Dragão de Irajá; Dragão de Camará (Senador Camará); Embalo do Morro do Urubu (Pilares); Estrela de Madureira; Escovão do Riachuelo; Garrafal (Engenho de Dentro); Gaviões de Jacarepaguá; Grilo de Bangu; Infantes da Piedade; Imperial de Lucas (Parada de Lucas); Luar de Prata (Cidade de Deus); Mocidade Independente de Inhaúma; Mocidade de Camaré (Ricardo de Albuquerque); Mataram meu Gato (Parque União); Mocidade do Lins (Lins de Vasconcelos); Mocidade Peteca da Paraná (Encantado); Mocidade Unida de Vasconcelos (Senador Vasconcelos); Mocidade de Santa Margarida (Campo Grande); Mimo de Acari; Mocidade da Pavuna; Mocidade da Mallet (Magalhães Bastos); Namorar Eu Sei (Guadalupe); Paraíso da Alvorada (Bonsucesso); Passa a Régua (Bangu); Pomba Rolou (Boca do Mato, Lins de Vasconcelos); Pena Vermelha (Serrinha, Madureira); Pulo da Criança (Pavuna); Quem Fala de Nós Não Sabe O Que Diz (Cordovil); Rosa de Ouro (Oswaldo Cruz); Surpresa de Realengo; Suspiro da Praça Seca (Jacarepaguá); Sineta do Engenho Novo; Samba Como Pode (Inhoaíba); Tigre de Bonsucesso; Trem da Alegria (Cordovil); Unidos do Cabral (Cachambi); Unidos da São Braz (Engenho de Dentro); Unidos da Urucânia (Paciência); União da Ilha de Guaratiba; União da Vila (Irajá); Unidos do Mendanha (Campo Grande); Unidos de Realengo; Unidos de Oswaldo Cruz; Unidos de Antares (Santa Cruz); Unidos do Anil (Jacarepaguá); Unidos de Sepetiba; Urubu Cheiroso (Irajá); União da Comunidade de Honório Gurgel; Xuxu (Engenho de Dentro).

BOCA DE OURO. Peça teatral do dramaturgo carioca Nelson Rodrigues, escrita em 1959 e estreada em São Paulo no ano seguinte. O personagem título é um banqueiro de bicho de MADUREIRA, astuto, sensual e cruel, que, ao subir na vida, troca os dentes perfeitos por uma dentadura toda de ouro. Em 1963, *Boca de Ouro* ganhou as telas em um filme de 35 mm, com 101 minutos de duração, dirigido por Nelson Pereira dos Santos e tendo o ator Jece Valadão no papel principal. Em 2004, o texto mereceu uma edição da carioca Nova Fronteira, a qual, comentada por Flávio Aguiar, professor de literatura brasileira da USP, comete, em notas de rodapé, estes pequenos equívocos de localização: "2. Madureira: bairro da Zona Norte do Rio de Janeiro, próximo à VILA MILITAR" (p. 9); "9. LINS DE VASCONCELOS: bairro da Zona Norte do Rio de Janeiro, próximo à Tijuca" (p. 15).

BOCA DO MATO. Localidade no LINS DE VASCONCELOS, aos pés da Serra dos PRETOS FORROS. Por seu clima serrano, foi tempos atrás, conhecida como a "Suíça suburbana" ou a "Europa dos pobres", tendo fama de possuir bons ares para curar as chamadas "doenças do peito". Por volta de 1885, o escritor LIMA BARRETO era incentivado a mudar-se para lá com o pai doente. A propósito, escreveu

Assis Barbosa (1964, p. 18-19): "Amigos de ambos [de Lima Barreto e do pai] lembraram o clima dos subúrbios, onde a vida era mais tranquila e também mais barata." Por essa época, o lugarejo ligava-se ao MÉIER através de uma linha de BONDES de burro, de trajeto curto, apelidada "Boquinha", depois eletrificada. Em 1934, em vasta área de terras na atual rua César Zama, foi criado o antigo Instituto Naval de Biologia, junto ao qual passou a funcionar o Centro Médico Naval do Rio de Janeiro, núcleo inicial do Hospital Naval Marcílio Dias, organização militar da Marinha do Brasil. Um dos mais avançados complexos hospitalares do país e principal instituição de saúde da Marinha brasileira, o Marcílio Dias tornou-se uma referência nacional, tendo assumido, em 1988, as atribuições do Instituto de Biologia, extinto naquele ano.

BOÊMIOS DE INHAÚMA, G.R.E.S. Escola de Samba criada em 1988, originária de um bloco de enredo situado no bairro que lhe deu o nome. Ao tempo desta obra, sua sede fica na Estrada ADEMAR BEBIANO, 4341, no ENGENHO DA RAINHA. Usa as cores vermelha, azul e branca. Oscilando sempre entre as categorias inferiores da classificação das Escolas, em 2011 foi rebaixada, voltando a ser bloco de enredo.

BOÊMIOS DE IRAJÁ. Bloco carnavalesco "de embalo", fundado em 1967 nas proximidades da estação de IRAJÁ. Durante várias décadas, rivalizou com o Bafo da Onça e o CACIQUE DE RAMOS, na disputa da hegemonia dos "blocos de embalo" no carnaval carioca. Desfilando com milhares de componentes, teve como um de seus mais conhecidos adeptos o mais tarde famoso cantor ZECA PAGODINHO. Em 2008, depois de experimentar um período de dificuldades, tinha sua sede no número 451 da avenida MONSENHOR FÉLIX, a principal do bairro. Nesse momento, em novembro de 2008, o compositor Leonardo Antunes postava na INTERNET um anúncio, solicitando alguém para "defender" (cantar), no concurso que ocorreria no dia 15 daquele mês, o SAMBA por ele composto. No final da apelo, o sambista dizia: "É importante que a pessoa tenha uma certa disponibilidade e entenda a situação de ser um bloco pequeno e simples."

BOIÚNA. Denominação da localidade surgida ao longo de trecho da Estrada da Boiúna, que liga a Estrada do Engenho Velho à Estrada dos Teixeiras, na TAQUARA. O nome "boiúna" designa uma cobra preta, ente mitológico da Amazônia.

BOLA DE MEIA. Tipo de primitiva bola para o jogo de futebol, improvisada com folhas de jornal ou trapos embrulhados em uma meia de adulto, amassados e fortemente apertados com barbante, para assim adquirir a forma esférica. Foi, na antiga hinterlândia carioca, a primeira bola de muitos meninos, sem acesso nem mesmo às antigas bolas de borracha.

BOLA DE PNEU. A bola de futebol é, em síntese, um balão esférico de borracha encapado de couro. Entretanto, a bola das brincadeiras infantis era feita apenas de borracha. Daí a oposição entre essa bola de borracha, "de criança", e a chamada "bola de pneu", assemelhada à dos jogos profissionais e de adultos em geral. Nas primeiras bolas de couro conhecidas na hinterlândia carioca, o balão esférico da definição acima era conhecido como a "câmara de ar", e precisando ser infladas como os pneus de bicicletas, elas eram referidas como "bolas de pneu". As mais antigas possuíam um bico (o "birro") no qual, para inflá-las, se introduzia a bomba de bicicleta. Inflada a câmara, o birro era dobrado, amarrado e, então, introduzido em uma espécie de bainha, com furos laterais, através dos quais passava um cadarço com o qual a bola era fechada para poder ser utilizada. Mais tarde é que vieram as bolas dotadas de uma espécie de válvula, e infladas através de um orifício, no qual se introduzia a "agulha", extensão da bomba.

BOLA DE GUDE. O termo "gude" tem sua origem, segundo o Dicionário Houaiss (HOUAISS; VILLAR, 2001), no provincianismo minhoto "godê", pedrinha redonda e lisa. E, no Brasil, as bolinhas de vidro conhecidas como "bolas de gude" são o instrumento por excelência de um jogo infantojuvenil largamente conhecido. Difundido por várias regiões do país, o jogo tem vocabulário e características distintas em cada uma delas. Mas, ao que consta, em todas, ele configura uma disputa vencida por quem conseguir "matar" (conquistar) todas as bolas colocadas em jogo. Jogo para ser jogado preferencialmente em chão de terra, no Rio de Janeiro, ele se inicia com o depósito, em um trecho do terreno, demarcado com a figura geométrica de um triângulo (ou de um "zepelim"), das várias bolas que cada disputante traz. Dessa marca, cada um atira a sua "bola de jogo" (a que vai funcionar como projétil ou petardo) em direção a uma linha, classificando-se para iniciar o "mata" aquele cuja bola chegar mais perto da linha. Esse primeiro classificado, entretanto, exclamando "marraio!" adquirirá a vantagem de ser o último a iniciar o "mata". E o segundo, exclamando "campanha!" (corruptela de "acompanho"), será o penúltimo. Transcorrendo em meio a expressões peculiares de difícil compreensão por não iniciados – entre as quais muitas que parecem remontar a tempos antigos, na Europa, como "feridô, sou rei" e o já citado "marraio" –, o jogo tem um léxico complexo. O "feridô", por exemplo, segundo algumas versões não confirmadas, seria eco do nome "Phillidor", do famoso enxadrista francês do século XVIII, grande "matador". Já a presença do "ze-pelim" ou "zep" no jogo carioca é evidente reminiscência do dirigível de legendárias aparições nos céus do Rio de Janeiro nos anos de 1930. Ver BILHA; ZEPELIM.

BOLO PARAQUEDAS. Antiga denominação, no ambiente deste livro, do confeito típico da GASTRONOMIA de rua, também conhecido como "bolo inglês", envolto em forminha de papel (para retardar o endurecimento), vendido principalmente nos varejos das estações ferroviárias. O nome vinha do formato do envólucro, semelhante ao dos antigos paraquedas.

BOLO SALGADO. Confeito modernamente popularizado na GASTRONOMIA de festas da hinterlândia carioca. É preparado a partir de fatias de pão de fôrma descascadas, montadas em camadas, entre as quais se adicionam recheios salgados de diversas naturezas, como fatias de presunto, de ovos cozidos, *petits-pois* etc., além de maionese. Tem, em geral, a forma de um tetraedro, de dimensões tão grandes quanto o número de convidados previstos para a festa, como os bolos doces, convencionais.

BONDES. O nome "bonde", originário da língua inglesa, designou, no Brasil, um veículo de transporte coletivo, aberto, arejado e deslocando-se sobre trilhos, outrora bastante utilizado em várias cidades, e hoje de uso restrito. Assim como os TRENS SUBURBANOS, os bondes foram, no Rio de Janeiro, um importante elemento propulsor da expansão da cidade em direção à sua hinterlândia, e de desenvolvimento dessa região. Depois da utilização de tílburis e ÔNIBUS puxados a cavalo, a cidade ganhou seu primeiro serviço de bondes em 1859, numa linha que ligava o centro da cidade ao Alto da Tijuca. Na década de 1890, depois de algumas tentativas fracassadas, a Cia. Jardim Botânico se propôs a criação de uma linha eletrificada entre o Largo do Machado e o da Carioca. Concretizado o projeto e construído o sistema, a inauguração deu-se em 8 de outubro de 1892. A partir daí, outras empresas foram autorizadas a adotar processos mecânicos de tração, cabendo à Carris Urbanos de Vila Isabel e à congênere Vila Guarany, unificadas em 1906, e agregando a "Vila Cachambi", a primazia na zona suburbana. Mas, em sua origem, o bonde era um veículo de tração animal. Bondes de burro. "Bonde de burro" é a expressão mais comumente usada para denominar, no Rio de Janeiro, cada um dos veículos de tração animal, outrora usados como transporte coletivo em várias cidades brasileiras, notadamente São Paulo, onde costuma ser relembrado pela denominação "bonde a burro". No ambiente objeto deste trabalho, cabe destaque para os bondes da Linha Circular Suburbana de Tramways, surgida em 1905, a qual, quatro anos depois de seu surgimento, começava a trafegar nos 5,7 km do percurso Madureira-Irajá. Os carros dessa linha eram aproveitados das linhas então já eletrificadas da Companhia de Carris Urbanos, que operava no centro, na Zona Sul e em parte da Zona Norte. Mas a antiga ZONA RURAL também conheceu essa modalidade de transporte entre SANTA CRUZ e SEPETIBA, no fim do séculoXIX, bem como entre Campo Grande e GUARATIBA, de 1911 a 1915. A linha Madureira-Irajá só recebeu bondes elétricos em 1928. E sua história é repleta de episódios pitorescos, como aqueles dos momentos em que o burro, por motivos insuspeitos, resolvia empacar; como outros, da moradora com fumaças de aristocracia, que fazia o condutor levar suas encomendas, vindas de Madureira, até a varanda onde as aguardava, impávida, em sua cadeira de balanço. Essas histórias pertencem ao repertório da família do autor, morador de IRAJÁ desde 1917. ELÉTRICOS NA HINTERLÂNDIA. Em 1906, unificadas a Companhia de Vila Isabel e a Vila Guarany, as linhas suburbanas e da zona rural foram pouco a pouco recebendo os benefícios da eletricidade, principalmente através da Linha Circular Suburbana de Tramways. Em 1917, era inaugurada a linha eletrificada entre Campo Grande e Guaratiba, estendendo-se o serviço, no ano seguinte, até a localidade conhecida como "Ilha", o qual funcionou até 1967. O serviço foi inaugurado em maio de 1917 e, em 1918, inaugurou-se o ramal de Campo Grande ao local denominado "Ilha". Esse sistema funcionou até 1967. Os bondes que circulavam entre Campo Grande e Guaratiba, ao contrário dos demais da cidade, que eram verdes, eram pintados de marrom escuro. Na história dos bondes, ecoa sempre o nome da "Light", empresa canadense que, a partir de determinado momento, monopolizou esse ramo de transporte, passando, inclusive, a fabricar carros em suas próprias oficinas, até o declínio do bonde, diante da maior mobilidade do ônibus e do chamado "LOTAÇÃO". Assim, em 1963, a Light rescindiu o seu contrato com o Governo e os bondes passaram ao controle da CTC – Companhia de Transportes Coletivos. Até que, em 1963, justamente na linha Madureira-Irajá, circularam, na hinterlândia, os últimos bondes da cidade, deixando em seu rastro um vasto repertorio de hábitos e costumes, essencialmente cariocas em sua maioria. Sobre a importância do bonde na expansão da antiga Capital Federal, já em 1898, Rui Barbosa assim se manifestava: "O bonde foi, até certo ponto, a salvação da cidade. Foi o grande instrumento, o agente incomparável do seu progresso material. Foi ele que dilatou a zona urbana, que arejou a cidade, desaglomerando a população, que tornou possível a moradia fora da zona central (BERNARDES; SOARES, 1995, p. 55, grifo nosso). Os "bondes" em 2010. No momento deste texto, o termo "bonde", no Rio de Janeiro, designa, na linguagem popular, uma espécie de comboio de automóveis, organizado por bandidos, para a prática de assaltos à mão armada e confrontos entre facções criminosas. Por extensão, designa também alguns grupos de intérpretes e dançarinos do FUNK. Itinerários das Antigas Linhas de Bondes Suburbanos, segundo o Guia Rex (1958): Linha 68 – Uruguai – Engenho Novo: Largo de São Francisco, Rua dos Andradas, Avenida Presidente Vargas (lado ímpar), Rua Machado Coelho, Largo do Estácio de Sá, Rua Haddock Lobo, Largo da Segunda-Feira, Rua Conde de Bonfim, Praça Saens Pena, Rua Conde de Bonfim, Rua Uruguai, Rua Barão de Mesquita, Largo do Verdun, Rua José Vicente, Rua Teodoro da Silva, Rua Barão do Bom Retiro, Rua Allan Kardec, Rua 24 de Maio, Estação do Engenho Novo. 72 – Saens Peña – Meyer: ida: Praça Saens Peña, Rua Uruguai, Rua Barão de Mesquita, Largo do Verdun, Rua José Vicente, Rua Teodoro da Silva, Rua Barão do Bom Retiro, Rua 24 de Maio, Rua Dias da Cruz, Rua Silva Rabelo, Rua Tenente Cerqueira, Avenida Amaro Cavalcanti, esquina de Dias da Cruz; volta: Rua 24 de Maio, Rua Barão de Bom Retiro, Rua Barão de Mesquita, R. Major Ávila, Praça Saens Peña. 74 – Vila Isabel – Engenho Novo: Largo de São Francisco, Rua dos Andradas, Avenida Presidente Vargas (lado ímpar), Praça da Bandeira, Rua Mariz e Barros, Rua São Francisco Xavier, Rua Barão de Mesquita, Rua Pereira Nunes, Blv. 28 de Setembro, Praça Barão de Drummond, Rua Visconde de Santa Isabel, Rua Barão do Bom Retiro, Rua Allan Kardec, Rua 24 de Maio, Estação do Engenho Novo. 75 – Lins e Vasconcelos: Praça 15 de Novembro, Rua Primeiro de Março, Rua do Rosário, Rua Visconde de Itaboraí, Arsenal de Marinha, Rua Visconde de Inhaúma, Avenida Marechal Floriano, Praça Duque de Caxias, Estrada de Ferro Central do Brasil, Avenida Presidente Vargas (lado par), Praça da Bandeira, Rua Mariz e Barros, Rua São Francisco Xavier, Praça Maracanã, Blv. 28 de Setembro, Praça Barão de Drummond, Rua Visconde de Santa Isabel, Rua Barão do Bom Retiro, Rua Dona Romana, Rua Cabuçu, Rua Lins e Vasconcelos, Rua Pedro de Carvalho, esquina de Aquidabã. 76 – Engenho de Dentro: Praça 15 de Novembro, Rua Primeiro de Março, Rua do Rosário, Rua Visconde de Itaboraí, Arsenal de Marinha, Rua Visconde de Inhaúma, Avenida Marechal Floriano, Praça Duque de Caxias, Estrada de Ferro Central do Brasil, Avenida Presidente Vargas (lado par), Praça da Bandeira, Rua Pará, Rua Senador Furtado, Rua Amapá, Rua General Canabarro, Rua São Francisco Xavier, Rua 24 de Maio, Rua Silva Freire, Viaduto, Rua Souza Barros, Praça do Engenho Novo, Rua Arquias Cordeiro, Rua Doutor Padilha, Rua das Oficinas, Rua da Abolição, Largo da Abolição, Av. Suburbana, Largo dos Pilares. 77 – Piedade: Largo de São Francisco, Rua dos Andradas, Av. Presidente Vargas (lado ímpar), Praça da Bandeira, Rua Mariz e Barros, Rua São Francisco Xavier, Rua 24 de Maio, Rua Dias da Cruz, Rua Adolfo Bergamini, Avenida Amaro Cavalcanti, Praça Sargento Eudóxio Passos, Rua Clarimundo de Melo, Rua Assis Carneiro. 78 – Cascadura: Largo de São Francisco, Rua dos Andradas, Avenida Presidente Vargas (lado ímpar), Avenida Francisco Bicalho, Rua Francisco Eugênio, Rua São Cristóvão, Rua Figueira de Melo, Campo de São Cristóvão, Rua São Luiz Gonzaga, Largo do Pedregulho, Rua Ana Néri, Rua Doutor Garnier, Rua Conselheiro Mayrink, Rua Lino Teixeira, Rua Dois de Maio, Rua Sousa Barros, Praça do Engenho Novo, Rua Arquias Cordeiro, Rua Doutor Padilha, Rua das Oficinas, Rua da Abolição, Largo da Abolição, Avenida Suburbana, Largo de Cascadura, Rua Carolina Machado, Rua Carvalho de Souza, Largo de Madureira, Estrada Marechal Rangel, Estação de Madureira. 79 – Licínio Cardoso, Rua Licínio Cardoso, Rua Major Suckow, Rua Doutor Garnier, Rua Conselheiro Mayrink, Rua Lino Teixeira, Rua Dois de Maio, Rua Sousa Barros, Praça do Engenho Novo, Rua Arquias Cordeiro, Rua Doutor Padilha, Rua das Oficinas, Rua da

Abolição, Largo da Abolição, Avenida Suburbana, Largo de Cascadura, Rua Carolina Machado, Rua Carvalho de Souza, Largo de Madureira, Estrada Marechal Rangel, Estação de Madureira. 81 – Meyer – Triagem: Estação de Triagem, Rua Licínio Cardoso, Rua Major Suckow, Rua Doutor Garnier, Rua Conselheiro Mayrink, Rua Lino Teixeira, Rua Dois de Maio, Rua Sousa Barros, Praça do Engenho Novo, Rua Arquias Cordeiro, Estação do Meyer. 82 – Meyer – Tiradentes: Praça Tiradentes, Rua da Constituição, Praça da República, Rua Frei Caneca, Rua Salvador de Sá, Rua Estácio de Sá, Rua Joaquim Palhares, Praça da Bandeira, Rua Mariz e Barros, Rua São Francisco Xavier, Largo do Maracanã, Blv. 28 de Setembro, Praça Barão de Drummond, Rua Visconde de Santa Isabel, Rua Barão do Bom Retiro, Rua 24 de Maio, Rua Dias da Cruz, Rua Silva Rabelo, Rua Tenente Cerqueira, Avenida Amaro Cavalcanti, Estação do Meyer. 84 – José Bonifácio: Estação do Meyer, Rua Carolina Meyer, Rua Frederico Meyer, Rua Lucídio Lago, Rua Torres Sobrinho, Rua Capitão Rezende, Rua Capitão Jesus, Rua Cirne Maia (esquina de José Bonifácio). 85 – Cachambi: Estação do Meyer, Rua Carolina Meyer, Rua Frederico Meyer, Rua Lucídio Lago, Rua Arquias Cordeiro, Rua Aristides Caire, Rua Ferreira de Andrade, Rua Rocha Pita, Rua Cachambi (até São Gabriel). 86 – Pilares: Estação do Meyer, Rua Carolina Meyer, Rua Frederico Meyer, Rua Lucídio Lago, Rua Arquias Cordeiro, Rua José Bonifácio, Avenida Suburbana, Largo dos Pilares. 87 – Boca do Mato: Estação do Meyer, Rua Dias da Cruz, Rua Pedro de Carvalho, Rua Aquidabã, Rua Maranhão, até Dias da Cruz. 93 – Praça Mauá – Penha: ida: Praça Mauá, Rua do Acre, Avenida Mal. Floriano, Praça Duque de Caxias, E.F. Central do Brasil, Avenida Presidente Vargas (lado par), Avenida Francisco Bicalho, Rua Francisco Eugênio, Rua Figueira de Melo, Campo de São Cristóvão, Rua São Luiz Gonzaga, Largo de Benfica, Avenida Suburbana, Avenida dos Democráticos, Rua Uranos, Rua Ibiapina, Rua José Maurício, Rua dos Romeiros, Largo da Penha; volta: Largo da Penha, Rua dos Romeiros, Rua José Maurício, Rua Ibiapina, Rua Uranos, Avenida dos Democráticos, Avenida Suburbana, Largo de Benfica, Rua São Luiz Gonzaga, Campo de São Cristóvão, Rua Figueira de Melo, Rua Francisco Eugênio, Rua Francisco Bicalho, Avenida Presidente Vargas (lado par), E.F. Central do Brasil, Praça Duque de Caxias, Praça Cristiano Otoni, Rua Senador Pompeu, Rua Camerino, Rua Sacadura Cabral, Praça Mauá. 94 – Penha: Largo de São Francisco, Rua dos Andradas, Avenida Presidente Vargas (lado ímpar), Avenida Francisco Bicalho, Rua Francisco Eugênio, Rua Figueira de Melo, Campo de São Cristóvão, Rua São Luiz Gonzaga, Largo do Pedregulho, Rua São Luiz Gonzaga, Largo de Benfica, Avenida Suburbana, Avenida dos Democráticos, Rua Uranos, Rua Ibiapina, Rua José Maurício, Rua dos Romeiros, Largo da Penha. 97 – Madureira – Penha: Cancela da Estação de Magno, Estrada Marechal Rangel, Largo de Vaz Lobo, Estrada Vicente de Carvalho, Praça do Carmo, Avenida Braz de Pina, Rua José Maurício, Rua dos Romeiros, Largo da Penha. 98 – Madureira – Irajá: Cancela da Estação de Magno, Estrada Marechal Rangel, Largo de Vaz Lobo, Avenida Monsenhor Félix, Praça Honório Gurgel. 99 – Praça Mauá – Meyer: ida: Praça Mauá, Rua do Acre, Avenida Marechal Floriano, Praça Duque de Caxias, E.F. Central do Brasil, Avenida Presidente Vargas (lado par), Praça da Bandeira, Rua Mariz e Barros, Rua São Francisco Xavier, Rua 24 de Maio, Rua Silva Freire, Viaduto; volta: Estação do Meyer, Rua Arquias Cordeiro, Praça do Engenho Novo, Rua Souza Barros, Viaduto, Rua Silva Freire, Rua 24 de Maio, Rua São Francisco Xavier, Rua Mariz e Barros, Praça da Bandeira, Avenida Presidente Vargas (lado par), E.F. Central do Brasil, Praça Duque de Caxias, Praça Cristiano Otoni, Rua Senador

Pompeu, Rua Camerino, Rua Sacadura Cabral, Praça Mauá. 11 – Campo Grande – Ilha: Estação de Campo Grande, Rua Ferreira Borges, Rua Coronel Agostinho, Avenida Cesário de Melo, Estrada do Monteiro, Rua Doutor Álvaro de Andrade, Estrada da Matriz, Estrada da Ilha. Campo Grande – Monteiro : Estação de Campo Grande, Rua Ferreira Borges, Rua Coronel Agostinho, Avenida Cesário de Melo, Estrada do Monteiro, Largo do Monteiro. Campo Grande – Pedra de Guaratiba: Estação de Campo Grande, Rua Ferreira Borges, Rua Coronel Agostinho, Avenida Cesário de Melo, Estrada do Monteiro, Estrada do Magarça, Estrada da Pedra, Rua Belchior da Fonseca, Praça Raul Barroso. Campo Grande – Rio da Prata: Estação de Campo Grande, Rua Ferreira Borges, Rua Aurélio Figueiredo, Estrada do Cabuçu, Rua Itápolis, Estrada do Cabuçu, Linha de Bondes, Estrada do Cabuçu, Praça Mario Valadares. Ver MADUREIRA: Bondes; TAIOBA.

BONECOS DO GERMANO. Tradição carnavalesca da região da PIEDADE, consistente em grandes bonecos, à moda dos populares no carnaval de Recife e Olinda, aqui confeccionados por Germano de Tal, personagem popular da região, principalmente nos anos de 1950. Germano, que no carnaval fazia desfilar pelas ruas locais os tradicionais bonecos de sua confecção, na época junina fazia e soltava admirados balões, e, durante os dias comuns do ano, bancava o JOGO DO BICHO.

BONEQUINHO VIL. Personagem criado pelo humorista MARCO PALITO em apresentações no PONTO CINE Guadalupe e outros locais. Satirizando o personagem caricaturado da crítica cinematográfica do jornal O Globo, na tradicional seção "O Bonequinho Viu", é o comparsa que dialoga com o ator principal, em cenas de crítica social e de costumes. Mas, como um boneco de ventríloquo, fala de forma incompreensível, pelo que é "traduzido" por Palito, com grande hilaridade. À época deste texto, era vivido pelo Marcus Vinícius de Oliveira, o "Marcos Saúva".

BONIFÁCIO DA PIEDADE. Personagem citado por João do Rio (1976), em As religiões no Rio, livro de 1906. É descrito como um "malandro de cavanhaque", que participava dos festivais de Egungum (festividade do ambiente do CANDOMBLÉ dedicada a espíritos de ancestrais ilustres), vestindo máscara e trajes africanos da tradição iorubá.

BONSUCESSO. Bairro sede da 12ª Região Administrativa. As terras onde se localiza pertenceram, outrora, à Freguesia de INHAÚMA, desmembrada de IRAJÁ, e seu nome remonta à família de Cecília Vieira de Bonsucesso, proprietária do ENGENHO DA PEDRA, em meados do século XVIII. Outra propriedade importante na região era a fazenda Nossa Senhora do Bonsucesso. No século XVIII, referido como "Engenho Nossa Senhora de Bonsucesso", o estabelecimento tinha como dono o tenente-coronel Felix Corrêa de Castro (FAZENDA, 1920, p. 224); e, em meados do século XIX, referida como "fazenda", a Leonor Mascarenhas de Oliveira, que, ao falecer, sendo solteira, legou terras e bens a parentes e amigos, entre eles seu filho de criação, padre David Semeão de Oliveira, descrito como "preto, criado e educado pela testamenteira", e o médico JOÃO TORQUATO de Oliveira, filho de uma escrava, criado e educado por ela, a quem coube a fazenda e o núcleo onde se originou o bairro (FRAIHA, 2004c). No início do século XX, quando todo o RECÔNCAVO CARIOCA, entre MANGUINHOS e MARIA ANGU ainda pertenciam à velha Freguesia, o principal ponto de referência local era o Porto de Inhaúma. Com o interior, as vias de comunicação eram a Estrada da PENHA e a Estrada de Ferro do Norte, cuja estação foi inaugurada em 1886, com o nome de "Lopes Ribeiro", depois substituído por "Bom Sucesso do Rio". Na década de 1910, o engenheiro Guilherme Maxwell urbanizou e loteou enormes glebas do Engenho da Pedra. Aí, após a Primeira Guerra Mundial, nascia um moderno arruamento, projetado como "Cidade dos Aliados", com centro na Praça das Nações e tendo como braços as avenidas Londres, Paris, Nova Iorque, Bruxelas e Roma. Pelo mesmo tempo, do outro lado da via férrea, o também engenheiro Paulo de Frontin fazia abrir outro arruamento, dando às vias nomes de luminares da política e da ciência, como Clemenceau, Saint Hilaire, Humboldt, Marechal Foch etc., consolidando assim a criação do bairro de Bonsucesso. Ver ABRIGO CRISTO REDENTOR; ALEMÃO, Complexo do; AVENIDA BRASIL; BACIA HIDROGRÁFICA; BLOCOS CARNAVALESCOS; BONSUCESSO FUTEBOL CLUBE; CINEMAS ANTIGOS; ESCOLAS DE SAMBA; FAVELAS; FESTA DA PENHA; HIGIENÓPOLIS; HOSPITAIS PÚBLICOS; LEOPOLDINA, Ramal da; NEOCI DE BONSUCESSO; OLARIA; ÔNIBUS; RAMOS; RELEVO.

BONSUCESSO FUTEBOL CLUBE. Associação esportiva fundada em outubro de 1913, no subúrbio leopoldinense de BONSUCESSO. Com seu campo localizado, inicialmente, na ESTRADA DO NORTE, em 1930, mudou-se para a rua Teixeira de Castro. Nessa década, tornou-se uma das forças do futebol carioca recém-profissionalizado, principalmente, através do técnico Gentil Cardoso (1901 – 1970) e do atacante LEÔNIDAS DA SILVA da Silva (1913 – 2004). Pioneiro na implantação de métodos científicos na preparação física e tática de futebolistas, Gentil Cardoso foi um dos maiores técnicos do futebol brasileiro. Em 1925, em estada na Inglaterra, como marinheiro do encouraçado Minas Gerais, acompanhou de perto algumas importantes transformações sofridas pelo futebol. No Brasil, abraçando a carreira de técnico, depois de ter sido jogador, foi, a partir de 1930, treinador dos principais clubes cariocas. Escolarizado e letrado (tendo sido, ao que consta, estudante de Medicina e mais tarde formado em Educação Física), foi duramente combatido, e até ridicularizado, por seus métodos e declarações polêmicas, mas também por racismo, pois era negro. Em 1958, depois da recusa de Zezé Moreira e do impedimento do paraguaio Fleitas Solich em assumirem o cargo, Gentil foi preterido no comando da seleção brasileira de futebol, embora fosse, por sagrar-se inúmeras vezes campeão, o terceiro mais bem credenciado. Já Leônidas, o legendário "Diamante Negro", foi a partir do Bonsucesso, em 1931, que se fez conhecido em todos os campos de futebol do Brasil. No ano de 1932, os grandes clubes do Rio, com exceção de Vasco e América, preferiam não ter negros em seus times. O Bonsucesso tinha sete, entre eles o centroavante Gradim e o meia Leônidas, além do técnico. E então, mesmo com todos os obstáculos, foi a sensação do campeonato de 1932, embora ao final se colocasse em oitavo lugar. Referido pela crônica esportiva, em razão de suas cores, como o "RUBRO-ANIL", o Bonsucesso era, em 2009, um clube pequeno, de pouca expressão, com programação social discreta. Ver RACISMO NO FUTEBOL.

BONSUCESSO, Morro de. Elevação no Maciço da MISERICÓRDIA, entre a avenida Itaoca, a Estrada de Itararé e a rua Uranos, em BONSUCESSO. O mesmo que Morro do Adeus.

BORBOREMA, Fábrica. Nome popular da Companhia de Fiação e Tecelagem Rio de Janeiro. Ver MADUREIRA.

BORGES HERMIDA, Professor (1917 – 1995). Professor de História e autor de livros didáticos a partir de 1945, o professor Antônio José Borges Hermida, cuja família era ligada ao Cine Hermida, antiga sala de cinema em BANGU, integrava, na década de 1950, o corpo docente da ESCOLA TÉCNICA VISCONDE DE MAUÁ, entre outros estabelecimentos de ensino. Os livros de sua autoria eram adotados em grande parte da rede de ensino carioca, e seu trabalho é analisado pelo historiador Renilson Rosa Ribeiro, da UNICAMP, na obra *Representações didáticas do Brasil Colonial*.

BOTA-ABAIXO. Ver PEREIRA PASSOS, Obras de.

BOTAFOGO. Denominação atribuída por Ferreira da Rosa (1978, p. 204) a uma das estações da Estrada de Ferro RIO D'OURO na Freguesia de INHAÚMA, no início da década de 1920. Erguida em terras então pertencentes a Antônio Joaquim de Souza Botafogo, grande proprietário local, e inaugurada em 1898 (RIBEIRO, 1911), foi substituída, no início da década de 1930, pela atual estação do ENGENHO DA RAINHA.

BOTAFOGO, Morro do. Elevação em COSTA BARROS, imediatamente a oeste da estação Costa Barros da SUPERVIA. Também denominado Morro da Chapada.

BOTEQUIM DO NOZINHO. Nome popular do Bar Portelense, localizado na Estrada do PORTELA, uma quadra adiante da PORTELINHA, a sede antiga da tradicional escola de samba. De propriedade de Napoleão do Nascimento, irmão de NATAL DA PORTELA, foi durante muito tempo uma espécie de sede informal da "azul e branco de OSWALDO CRUZ".

BOTEQUINS. A palavra "botequim", cujo primeiro registro escrito no português do Brasil data possivelmente de 1836 (HOUAISS; VILLAR, 2001), designa o estabelecimento comercial popular onde se servem, bebidas, petiscos, tira-gostos e, às vezes, pratos de refeições simples. A palavra, segundo os especialistas, tem origem remota no grego *apothèkè*, depósito, ARMAZÉM, que, curiosamente, também deu origem a "bodega", "botica" (farmácia) e "biblioteca". Em Portugal, o que brasileiramente se conhece como botequim chama-se "tasca" ou "taberna" (casa de pasto ordinária), sendo que, nesta acepção, o termo se aplica mais à loja ou lugar onde se vende vinho "por miúdo", ou seja, em canecas ou copos, para ser ali mesmo consumido. Por volta de 1899, entrava também no português escrito no Brasil a expressão "frege-mosca", com o mesmo sentido moderno de botequim, boteco, tendinha (nas FAVELAS), sendo que o termo "bar", de adoção bem mais recente, vem do inglês bar, "barra", em alusão mais ao balcão do estabelecimento. Fonte de estudos sociológicos e afins, o botequim é, no Rio de Janeiro, notadamente na região focalizada neste livro, uma verdadeira instituição. E assim foi que, em nosso livro *Guimbaustrilho e outros mistérios suburbanos* (LOPES, 2001) abordamos perfis de habituais frequentadores, comportamentos, universo de assuntos abordados, especialidades gastronômicas, preferências, idiossincrasias etc. Mais ou menos dentro dessa linha de abordagem e análise, registre-se o surgimento de colunas e suplementos jornalísticos sobre o tema, além de livros publicados como *Rio Botequim, os melhores petiscos de bar*, de Guilherme Studart e *Rio Botequim, 50 bares e botequins com a alma carioca*, da Casa da Palavra, entre outros. Em maio de 2009, eram destaques gastronômicos em evento promovido pelo jornal O Globo os seguintes estabelecimentos: Codorna na Brasa (Estrada Coronel Pedro Correa, 1150, JACAREPAGUÁ); Rancho das Morangas (Estrada do CATONHO 1520, SULACAP); NORDESTINO CARIOCA (Av. Sargento Argemiro de Camargo, 49, Largo do ANIL); Codorna do Feio (R. DIAS DA CRUZ, 906, ENGENHO DE DENTRO); Adega do Baixinho (Av. VICENTE DE CARVALHO, 316); e ORIGINAL DO BRÁS (rua Guaporé 680, BRÁS DE PINA).

Evidentemente, o botequim não é uma exclusividade carioca nem da hinterlândia. Mas podemos dizer, com segurança, que foi no Rio de Janeiro e no ambiente objeto deste Dicionário, principalmente graças à imigração portuguesa, que esse tipo de comércio desenvolveu as peculiaridades que o distinguem de seus congêneres. Ver BOTEQUIM DO NOZINHO; COMIDA DI BUTECO; PORTUGUESES NO RIO.

BRÁS DE PINA. Bairro pertencente à jurisdição da 11ª Região Administrativa (PENHA). Surgido nas antigas terras da Freguesia de IRAJÁ, seu nome evoca o de um dos pioneiros donos dos campos locais, celebrizado por sua atividade de caça e comércio de baleias na baía da Guanabara. Estabelecido no Centro da cidade, na extinta praia que deu lugar ao Cais dos Mineiros e à antiga Alfândega (no local da atual Casa França-Brasil), ainda no século XVI, Brás de Pina foi um dos arrematantes do "Contrato das Baleias" no Rio de Janeiro. Esse contrato lhe concedia parte do privilégio da caça do cetáceo nas águas da Guanabara. Mantendo um cais em suas terras, era também proprietário de um engenho, ao qual, por terra, tinha-se acesso através da Estrada do QUITUNGO e da Estrada do PORTO DE IRAJÁ, cujo nome perdurou por mais de três séculos, até 1933, quando passou a chamar-se avenida Antenor Navarro, engenheiro e político do Estado Novo, falecido em 1932. O crescimento do bairro se deu a partir da inauguração, em 1910, da parada local para os trens da Estrada de Ferro do Norte, depois LEOPOLDINA. E, na década seguinte, no bojo do processo de loteamento de grandes glebas iniciado na segunda metade do século anterior, a Companhia Urbanizadora Imobiliária Kosmos, tendo adquirido as terras do antigo engenho, loteou-as, construindo nelas a então denominada "Vila Guanabara", com moradias em estilo europeu. Ornamentadas por ipês, sapucaias e flamboyants, as ruas desse núcleo organizado inicial ostentavam uma aparência atraente, a qual caracterizou Brás de Pina até pelo menos a década de 1960. Segundo algumas fontes, ruínas ainda visíveis no século XIX, apontavam para a existência, outrora, de um convento dos jesuítas nas proximidades da atual rua Guaporé. Ver AVENIDA BRÁS DE PINA; CINEMAS ANTIGOS; CLUBES; CORDOVIL; ESCOLAS DE SAMBA; FAVELAS; SÃO SEBASTIÃO; TUPI DE BRÁS DE PINA; UNIÃO DE BRÁS DE PINA; VILA DA PENHA.

BRASIL NOVO ATLÉTICO CLUBE. Tradicional agremiação fundada na antiga localidade de DONA CLARA, em maio de 1939. Destacando-se, na época, por seu amplo estádio de futebol, onde atuaram craques como DOMINGOS DA GUIA, JAIR DA ROSA PINTO e Didi, entre outros, era, à época deste Dicionário, um dos poucos clubes amadores da região a resistir à especulação imobiliária e à mercantilização, funcionando ainda como entidade associativa, em sua sede da rua Dona Clara, agora MADUREIRA. O estádio, que já servira à escolinha de futebol criada pelo jogador ZICO, estava, em 2010, alugado ao MADUREIRA ESPORTE CLUBE.

BRINCADEIRAS INFANTIS E JUVENIS. Nem sempre autóctones, as principais antigas brincadeiras de infância, principalmente masculinas, na hinterlândia carioca (BANDEIRINHA, BENTO-QUE-BENTO-É-O-FRADE, CARNIÇA, CARRINHO DE LATA, CHICOTINHO QUEIMADO, FINCO, GARRAFÃO, PIÃO, PIPA, PIQUE, rodar PNEU, passeio com RODA DE BICICLETA, TELEFONE etc.), até pelo menos os anos de 1960, eram características por serem realizadas sempre ao ar-livre, em ambientes como os estudados nesta obra. Brincando em ruas sem pavimentação nem movimento de veículos, a meninada efetivamente desenvolvia os mais variados jogos e brincadeiras com liberdade e criatividade. Daí veio, certamente, a ideia de que as crianças do centro e da Zona Sul da cidade, por morarem principalmente em apartamentos, teriam "menos" ou "nenhuma infância", pelo fato de não poderem usufruir dessas brincadeiras em ambientes abertos e sobre chão de terra. "Ele solta pipa no ventilador", dizia o menino suburbano em relação ao primo da Zona Sul. "E roda pião no carpete", secundava o outro, ambos brandinho uma ingênua e mitológica "superioridade suburbana", conforme discutimos, também, no verbete CHURRASCO DE ESQUINA. Em outras partes desta obra, o leitor encontrará, devidamente verbetizadas, brincadeiras comuns na hinterlândia carioca, principalmente nas décadas de 1940 e 1950, época da infância e da adolescência do autor destas linhas.

BRT. Sigla para *Bus Rapid Transit* ("trânsito rápido para ÔNIBUS"), modelo de transporte coletivo constituído por veículos que trafegam em canaletas específicas ou em vias elevadas. À época deste texto, o modelo estava sendo implantado na cidade, com a construção das vias expressas denominadas respectivamente Transbrasil (ao longo da AVENIDA BRASIL), Transcarioca (da Barra da Tijuca ao Aeroporto Internacional do Galeão), Transolímpico (da Barra da Tijuca a DEODORO) e Transoeste (da Barra da Tijuca a SANTA CRUZ); e as obras já produziam importantes reflexos na região focalizada neste livro.

BRUMMEL NEGRO, O. Epíteto pelo qual foi conhecido José Soares Dias, médico e professor morador no ENGENHO NOVO. Falecido aos 64 anos em 1928, foi um conceituado profissional. Nascido em Vassouras e ex-tipógrafo, foi uma das figuras mais expressivas do magistério municipal carioca. Aos 50 anos, decidiu-se a estudar Medicina, tornando-se famoso médico homeopata. Foi também poeta, assinando, com o anagrama Rosaes Sadi, variada publicação em jornais de seu tempo. Mas foi sobretudo conhecido pela elegância no trajar, o que lhe valeu o epíteto de o "Brummel Negro", em alusão ao "Belo Brummel", dândi inglês nos séculos XVIII-XIX.

BUDISMO. Importante sistema filosófico e religioso nascido na Índia, cerca de cinco séculos antes da Era Cristã, o budismo tem também muitos adeptos no ambiente focalizado na região objeto deste Dicionário. Alguns dados constam da reportagem *Caminho para a fé* (SANTIAGO, 2010). Segundo o texto, naquele momento, a cidade do Rio de Janeiro concentrava 25 mil componentes da Associação Brasil Soka Gakkai, budista da linha Nitiren Daishonin, distribuídos por sete sedes, uma delas em BANGU, além de núcleos regionais, localizados entre REALENGO e SANTA CRUZ.

BURACO DO LACERDA. Ver JACARÉ.

BURACO DO PADRE. Nome pelo qual é popularmente conhecida a passagem, sob a via férrea, existente na estação do ENGENHO NOVO. O nome se deve à proximidade com a igreja de Nossa Senhora da Conceição.

BUSCA-PÉ. Fogo de artifício que consiste em um pequeno tubo cheio de pólvora, preso a uma varinha geralmente de bambu. Quando o pavio é aceso, o peso da vareta faz com que o artefato serpenteie velozmente junto do chão, parecendo perseguir os pés das pessoas, junto aos quais pode explodir: daí seu nome. Ver FESTAS JUNINAS.

C

CABOCLINHO (1934 - 2000). Nome artístico de Ilton Ribeiro Vaz, músico percussionista carioca. Atabaquista egresso dos terreiros de CANDOMBLÉ, tornou-se um dos grandes executantes cariocas de ritmos africanos, sendo, por isso, requisitado para integrar grupos, como o balé afro de Mercedes Batista, e participar de concertos e gravações. Morador da região de CAMPO GRANDE, viajou várias vezes à Europa, inclusive para *workshops*, e nos anos de 1990 foi músico do Departamento de Educação Física da UNIVERSIDADE GAMA FILHO, no Rio de Janeiro.

CABEIROS. Cabeiro é o profissional que prepara, artesanalmente, cabos de ferramentas, como machados, foices, martelos etc. Essa atividade, outrora bastante difundida na hinterlândia carioca, foi registrada no livro *O sertão carioca*, publicado por MAGALHÃES CORREA (1933).

CABOCLOS, Morro dos. Ponto turístico-ecológico em CAMPO GRANDE, no sub-bairro RIO DA PRATA. Oferece como atrativos, riachos trilhas e mirantes naturais. A partir de um de seus acessos, a estrada dos Caboclos, desenvolveu-se o lugarejo conhecido pelo mesmo nome.

CABRITINHO. Denominação popular de cada um dos veículos do tipo Kombi ou van, que servem ao transporte coletivo dos moradores dos MORROS cariocas, tanto na hinterlândia quanto em outras regiões.

CABUÇU, Morro do. Ponto turístico-ecológico na localidade de Caboclos, CAMPO GRANDE. Oferece como atrativos, trilhas e mirantes naturais. Ver CABOCLOS, Morro dos.

CABUÇU, Rio. Ver BACIA HIDROGRÁFICA.

CABUÇU, Serra do. Extensão de montanhas situada na localidade de CARAPIÁ, em GUARATIBA.

CAÇADORES. De presença constante, outrora, nas matas da hinterlândia carioca, os caçadores são uma das coletividades focalizadas no livro *O sertão carioca*, publicado por MAGALHÃES CORREA (1933).

CAÇÃO VERMELHO, Rio. Ver BACIA HIDROGRÁFICA.

CACARECO. Ver TREM DAS PROFESSORAS.

CACHAMBEER. Botequim situado na Rua Cachambi, no CACHAMBI. Conquistou o quarto lugar na edição de 2011 do evento COMIDA DI BUTECO (COMIDA, 2011).

CACHAMBI. Bairro pertencente à 13ª Região Administrativa, no GRANDE MÉIER. Seu território integrava a antiga Freguesia de INHAÚMA, nos limites da ENGENHO NOVO, numa região, segundo algumas versões, onde cresciam altos capinzais, de uma espécie de capim muito apreciada como alimento para animais, daí sua valorização. Nos primórdios da cidade, a região era cortada pelo Caminho dos Jesuítas, mais tarde chamada ESTRADA REAL DE SANTA

CRUZ. Assim, a história antiga do bairro quase se confunde com as de algumas localidades vizinhas, de DEL CASTILHO, VIEIRA FAZENDA e MARIA DA GRAÇA, onde, graças ao capim, vendido para alimento de muares e equinos, segundo Gerson (1965, p. 551), prosperara Manuel da Silva Cardoso, antigo proprietário, cujas terras foram adquiridas pelo grupo francês Lafon, responsável pelo loteamento do futuro bairro. Mas, antes disso, já tinha se instalado na região a primeira indústria, a fábrica de fósforos Cruzeiro. Não obstante, um dos mais decisivos marcos do desenvolvimento da localidade foi o bonde. Primeiro, com a incorporação, pela Companhia Ferro-Carril de Vila Isabel, da Ferro-Carril do Cachambi, cujas linhas apenas ligavam as estações do ENGENHO NOVO e ENGENHO DE DENTRO; depois, com a criação, pela incorporadora, na linha Engenho Novo-Vila Isabel, de uma extensão até o Cachambi. Estava-se aí na virada para o século XX e os bondes ainda eram de tração animal; mas a eletrificação viria logo depois, como veio, em 1901, a inauguração da Igreja de Nossa Senhora Aparecida. Assim também, muitas décadas depois, em 1986, o bairro ganhava, com o moderno centro de compras e lazer Norte Shopping, instalado nas dependências da antiga Fábrica Klabin, nova imagem e nova visibilidade. Ver ART DÉCO; BLOCOS CARNAVALESCOS; BONDES; CAXAMBI; CINEMAS ANTIGOS; COMPANHIA FERRO-CARRIL DO CACHAMBI; ESCOLAS DE SAMBA; FAVELAS; FAZENDA DAS PALMEIRAS; MARIA DA GRAÇA; MÉIER; NORTE SHOPPING; ÔNIBUS.

CACHAMBI, Morro do. Elevação no Maciço da PEDRA BRANCA, na região do VALQUEIRE.

CACHOEIRA DO CABUÇU, Fazenda da. Ver CAFEICULTURA.

CACHOEIRA DO MENDANHA. Expressão que designa, popularmente, o conjunto de nove quedas d'água na Serra do MENDANHA. Abrigando a maior cachoeira da cidade, era, á época deste Dicionário, opção de lazer bastante apreciada pelos moradores da ZONA OESTE nos fins de semana.

CACHOEIRINHA, Morro da. Comunidade favelada na Serra do Mateus, entre BOCA DO MATO e LINS DE VASCONCELOS. Sobre a localidade, conta o famoso repórter policial Otávio Ribeiro (1977, p. 161-162) que, uma certa noite, ali pelos anos de 1950 ou 60, numa *blitz*, na subida do morro, o detetive Sivuca, mais tarde deputado, deu uma "dura" em um preto baixinho, grisalho, aparentando uns 40 anos. Ele não tinha documentos e trazia na mãos um embrulho suspeito. Sivuca apertou o embrulho e o papel rasgou, revelando o seu conteúdo. O pretinho então disse que trabalhava numa fábrica de massas na rua BARÃO DO BOM RETIRO, lá embaixo, e aquele era o engambelo que levava pra casa, pra tapear a fome dos filhos pequenos. Sivuca já estava convencido, quando o famoso Le Cocq, chefe da operação, chegando, o parabenizou pela importante detenção. "– Como? Prisão? O pretinho é operário, chefe!" Foi então que Le Cocq revelou a Sivuca que aquele era o "Biscoito", bandido tão perigoso quanto matreiro, braço direito do terrível Buck Jones, principal objeto da caçada daquela noite.

CACHOPA DE MADUREIRA. Gafieira em MADUREIRA. Em funcionamento nas décadas de 1940 e 1950, no começo da Estrada do PORTELA, talvez na esquina com a antiga Estrada MARECHAL RANGEL, atual avenida MINISTRO EDGARD ROMERO. Segundo o sambista MONARCO, da VELHA GUARDA DA PORTELA, teria sido inspirado em um fato acontecido nessa gafieira que o compositor Geraldo Pereira, assíduo frequentador, teria, numa crise de ciúmes, composto o conhecido SAMBA Sem Compromisso: "Você só dança com ele e diz que é 'sem compromisso'. É bom acabar com isso! Não sou nenhum pai-joão..." (FRAIHA, 2004a). Observe-se que o samba foi lançado em 1944 e tem como coautor Nelson Trigueiro.

CACIQUE DE RAMOS. Bloco carnavalesco fundado em RAMOS, em 20 de janeiro de 1961. Tem como característica de seus carnavais, a indumentária uniforme de seus milhares de componentes, todos igualmente fantasiados de "índio", nas cores preto e branco, com detalhes em vermelho. Fundado no dia de SÃO SEBASTIÃO, padroeiro da cidade, da qual se tornou uma das agremiações carnavalescas mais conhecidas, tem seus fundamentos assentados em três famílias negras do bairro: os Félix do Nascimento (Ubirany, Ubiracy e Ubirajara, o "Bira Presidente"), Fontoura de Oliveira (Alomar, Chiquita, Jorginho, Mauro, Walter Tesourinha e Jalcireno, o "Sereno"), e os Espírito Santo (Aymoré e Conceição). Fortemente ligado à tradição umbandista, o bloco teve, em sua liderança espiritual, Dona Conceição Nascimento, mãe de Bira e Ubirany. Em seus desfiles, o Cacique levou para as ruas sambas que se tornaram clásicos do carnaval carioca, como, por exemplo, Água na boca ("Neste carnaval não quero mais saber..."), Vou festejar e Chinelo novo, de autores locais, como Agildo Mendes, Chiquita, Dida, Sereno e NEOCI DE BONSUCESSO, além de outros, como Almir Guineto, Jorge Aragão, Niltinho Tristeza, JOÃO NOGUEIRA, mais tarde fundador do CLUBE DO SAMBA etc. No início da década de 1970, a quadra do bloco, na rua Uranos, passou a sediar, semanalmente, o "PAGODE da Tamarineira", o qual, reunindo sempre grandes sambistas, veteranos e iniciantes, acabou por fazer surgir, para o cenário artístico brasileiro, o laureado Grupo FUNDO DE QUINTAL. À época desta obra, o Cacique, juntamente com o BOÊMIOS DE IRAJÁ, era um dos poucos remanescentes da época de ouro dos BLOCOS de embalo, daqueles que chegavam a se apresentar na avenida Rio Branco com até cinco mil componentes.

CADEG. Centro de abastecimento, na rua Capitão Félix, BENFICA, com 420 lojas e intensa movimentação noturna, onde são comercializados produtos agrícolas vindos direto dos produtores ou da CEASA. CADEG é a sigla de "Centro de Abastecimento do ESTADO DA GUANABARA", o que marca a inauguração do local, em 1962, quando veio transferido da Praça Quinze (no Centro da cidade), pelas obras do Elevado. Instalado em um grande galpão, com cerca de 350 lojas, o mercado abriga um comércio dos mais variados, com ênfase em frutas, legumes, verduras e flores, a preços bastante acessíveis, sendo por isso muito procurado por donos de floriculturas e outros revendedores. Os comerciantes começam a chegar de madrugada, lá pelas duas da manhã. As frutas, legumes e verduras também são, em geral, trazidas ao comércio pelos próprios produtores. Como um típico mercado interiorano, a CADEG (como é referido o mercado) oferece, ainda, refeições, lanches e bebidas, sendo, por isso, também procurado por amantes da vida boêmia, durante a madrugada. Funcionando durante toda a semana, o CADEG, à época deste texto, destacava-se também como apreciado centro gastronômico, pela fama de estabelecimentos como, por exemplo, o Universo dos Vinhos e o Cantinho das Concertinas, com culinária e música tipicamente portuguesas.

CADETE POLÔNIA. Rua no SAMPAIO, com inicio na rua Magalhães Castro e término na rua Imaculada Conceição. Segundo Gerson (1965, p. 546) a rua recebeu essa denominação "por motivos sentimentais, ao morrer, por causa de um amor fracasado, um cadete do REALENGO que nela era o noivo de sua mais bela moradora..."

CÃES VADIOS. A presença de cães vadios nas ruas, aparentemente sem donos, é uma constante desagradável em algumas localidades da hinterlândia carioca, principalmente nas mais afastadas ou carentes. Tempos atrás, o recolhimento desses animais era feito pela Prefeitura, através da CARROCINHA DE CACHORRO, instituição focalizada em verbete específico deste Dicionário. Na atualidade, apesar da existência de um Centro de Controle de Zoonoses, localizado no Largo do Bodegão, em SANTA CRUZ, atuante na profilaxia da raiva, e da Sociedade União Internacional Protetora dos Animais (SUIPA), localizada na avenida DOM HELDER CÂMARA, no JACAREZINHO, a qual cuida do recolhimento de animais feridos, a ação de recolhimento de cães vadios nas vias públicas não ocorre mais com a constância e a frequência dos tempos da "carrocinha".

CAFÉ HAYA. Ver HAYA, Café e Bar.

CAFEICULTURA. A cultura do café foi introduzida no Brasil no início do século XVIII, tornando-se, após a independência, o sustentáculo da economia nacional, através das províncias do Rio de Janeiro e de São Paulo, notadamente nas cidades do Vale do Paraíba. Mas, até chegarem a essas cidades, as sementes do café, trazidas da Guiana Francesa, primeiro brotaram, timidamente, nas hortas cariocas dos frades capuchinhos, nas encostas de Santa Teresa, para daí chegarem à rua dos Barbonos, atual rua Evaristo da Veiga, no centro do Rio, sendo levadas, entre 1760 e 1770, para a Serra do MENDANHA, onde floresceram com grande vigor. Esse florescimento da cafeicultura na antiga ZONA RURAL carioca foi o vetor da fundação ou do incremento de grandes fazendas que se tornaram marcos no desenvolvimento da região focalizada nesta obra, como as seguintes: Fazenda CAPÃO DO BISPO (INHAÚMA); do Engenho da Serra (Serra dos PRETOS FORROS); da Covanca; do Engenho D'água (JACAREPAGUÁ); da TAQUARA; Sítio do Cafundá (Jacarepaguá); do Realengo (provável referência a Água Branca, Barata ou Piraquara, grandes fazendas locais); do Bangu; do Lamarão ou Lameirão; dos COQUEIROS (Senador Camará); do Mendanha; do Guandu do Sena; do RIO DA PRATA DO MENDANHA; dos PALMARES; do PEDREGOSO; das Capoeiras; do VIEGAS (Camará); da Cachoeira do Cabuçu (rio da Prata, Campo Grande); do Magarça; da Caxamorra; do Mato Alto; do Morgado; do Engenho da Ilha (Guaratiba) (CRULS, 1965, v. 1, p. 193). Após 1850, com a proibição da importação de escravos africanos e o consequente encarecimento do preço dessa mão de obra, mesmo no tráfico entre províncias, a cafeicultura entrou em crise, acelerando o fim das fazendas da hinterlândia carioca, das quais as mais importantes figuram, neste Dicionário, como verbetes autônomos.

CAFUNDÁ, Estrada do. Antiga estrada na região de JACAREPAGUÁ, ligando os atuais bairros de TANQUE e TAQUARA. Suas origens remontam à fazenda de mesmo nome, localizada no sopé da Serra do Engenho Velho e cartografada em Fridman (1999, p. 144).

CAFUNDÁ, Sítio do. Ver CAFEICULTURA.

CAIXA D'ÁGUA, Morro da. Denominação da vertente nordeste do Morro de INÁCIO DIAS, em QUINTINO BOCAIÚVA.

CAIXAS D'ÁGUA. A expressão "caixa d'água" designa o depósito ou reservatório, geralmente situado em lugar elevado, destinado ao abastecimento de água potável de uma localidade. No ambiente deste livro, são várias as denominações de logradouros, principalmente MORROS, que remetem a essa ocorrência. E a presença desses reservatórios na paisagem remete a 1889, ano em que o engenheiro Paulo de Frontin logrou aumentar em mais de 15 milhões de litros o potencial de abastecimento de água da cidade, num trabalho de apenas uma semana. No âmbito dessa realização foi que se criou o Sistema Acari, um dos cinco que então compuseram a rede carioca de água canalizada. Assim, no livro *Baixada fluminense: a construção de uma história* (TORRES, 2008, p. 139) pode-se ver um mapa no qual estão assinalados, além da Elevatória de ACARI, os reservatórios de COELHO NETO, VILA DA PENHA, PENHA, JURAMENTO (*booster*); RAMOS, QUINTINO, ENGENHO DE DENTRO e PEDREGULHO. Essas caixas d'água ainda fazem parte da paisagem, no momento deste texto.

CAMARÁ. Forma abreviada para SENADOR CAMARÁ.

CAMARISTA MÉIER, Rua. Logradouro no ENGENHO DE DENTRO, com início na rua DIAS DA CRUZ e término na Serra dos PRETOS FORROS, no bairro que tomou seu nome. Homenageia Augusto Duque Estrada Meyer, principal camareiro do Paço Imperial, no século XIX. Ver MÉIER.

CAMINHEIROS DA VERDADE. Nome pelo qual se fez conhecido o Centro Espírita Caminheiros da Verdade (CECV), fundado em 4 de março de 1932. Definindo-se como uma instituição de caráter espiritualista, realiza em sua sede, à rua Comendador João Carneiro de Almeida, 133, ENGENHO DE DENTRO, sessões de UMBANDA, espiritismo, esoterismo e tratamentos de saúde por via espiritual. A instituição, atendendo à época desta obra, anualmente, um público acima de 50.000 pessoas, em 1970 mantinha, entre outras iniciativas, uma banda de música (e provavelmente uma escola de música) integrada por meninas adolescentes, retratada na página 26 do livro *O rosto do povo*, organizado por Márcia Chagas Freitas (1986).

CAMINHO DAS MINAS. Antiga via de comunicação por terra construída pelos jesuítas, provavelmente no século XVII, ligando SANTA CRUZ a São Cristóvão. Chamada depois Estrada de Santa Cruz e prolongada pela Estrada Geral, passava pelas terras dos jesuítas nas freguesias de Iguaçu, IRAJÁ e INHAÚMA (FRIDMAN, 1999). Foi por parte dela, correspondendo talvez ao traçado da atual avenida DOM HELDER CÂMARA, antiga Suburbana, que, em 1710, os franceses de DUCLERC, aportados em GUARATIBA, atingiram a cidade.

CAMINHO DOS JESUÍTAS. Ver ESTRADA REAL DE SANTA CRUZ.

CAMORIM. Localidade outrora pertencente ao território de JACAREPAGUÁ. Na atualidade, constitui um bairro integrante da região administrativa da Barra da Tijuca e tem como seu ponto mais conhecido o centro de exposições denominado Riocentro. "Camorim" é, segundo o Dicionário Houaiss (HOUAISS; VILLAR, 2001), o nome tupi do robalo, peixe certamente outrora abundante no rio e na lagoa de mesmo nome, cujo nome se estendeu à localidade.

CAMORIM, Rio. Ver BACIA HIDROGRÁFICA.

CAMPINHO. Bairro pertencente à 15ª Região Administrativa (MADUREIRA), outrora pertencente à Freguesia de IRAJÁ, tendo como núcleo de origem a Fazenda do CAMPINHO. Irradia-se a partir da confluência da avenida ERNÂNI CAR-

DOSO com as ruas CÂNDIDO BENÍCIO e Domingos Lopes, no Largo do Campinho, em direção a VALQUEIRE e PRAÇA SECA. No passado, o "campinho", que deu nome ao Largo e ao bairro, era a bifurcação de onde se partia para as freguesias de SANTA CRUZ, JACAREPAGUÁ e IRAJÁ. Nele, local de parada dos viajantes, inclusive dotado, no século XVIII, de uma hospedaria, teria funcionado, durante algum tempo, uma feira de gado. Nas proximidades, os estabelecimentos agrícolas importantes eram os engenhos do Campinho e dos Afonsos, pertencentes, em 1777, respectivamente, aos padres carmelitas e ao CAPITÃO-MOR Antônio de Oliveira Durão (FAZENDA, 1920, p. 199); além do engenho do Valqueire, todos localizados entre os atuais bairros de Campinho e REALENGO. Por essa época, a Fazenda do Campinho se estendia até a atual Estrada do PORTELA, em Madureira. Entre 1822 e 1831, a localidade abrigou o Forte de Nossa Senhora da Glória do Campinho, ali erguido como defesa da cidade contra possíveis ataques vindos pela Baía de SEPETIBA, a exemplo do que ocorrera no século anterior, com a invasão do francês DUCLERC, através de GUARATIBA. Quando da desativação do forte, uma pequena guarnição permaneceu no local, guardando o material bélico lá armazenado, o que, certamente deu azo à instalação lá, em 1851, da Fábrica de Artigos Pirotécnicos do Exército. A fábrica, que ocupava 40 prédios, entre depósitos e oficinas, foi transferida, em 1896, para Realengo, onde se tornou conhecida como FÁBRICA DE CARTUCHOS. Entretanto, durante o tempo que permaneceu em Campinho, foi o principal vetor do desenvolvimento local. Surgindo, em suas vizinhanças, pequenas propriedades agrícolas, a produção delas era escoada mais facilmente pela estrada de ferro, pela facilidade de embarque na parada da fábrica, então conhecida como "Estação Laboratório". Não obstante a importância econômica e até estratégica do bairro, em 1858, quando da implantação da ESTRADA DE FERRO DOM PEDRO II, foi CASCADURA e não Campinho, o local privilegiado com a instalação de uma dentre as quatro primeiras estações da ferrovia. É possível que este fato tenha pesado na mudança da fábrica para Realengo, ficando suas amplas instalações industriais e de pesquisa para uma simples tropa, o Quinto Regimento de Artilharia de Campanha, denominado, à época desta obra, "15º Regimento de Cavalaria Mecanizado". Popularmente, o estabelecimento é conhecido como "Quartel de Campinho", e o regimento que abriga, como outros da mesma especialidade, pelo acrônimo "REC-MEC". Sobre a importância do Largo do Campinho, registre-se que ele era o marco zero das estradas que partiam em direção a Petrópolis (via IRAJÁ), São Paulo (através da atual estrada INTENDENTE MAGALHÃES) e GUARATIBA (a atual rua CÂNDIDO BENÍCIO). Ver BICA, Morro da; CANDOMBLÉ; DOMINGOS LOPES, Rua; ENGENHO DE FORA, Fazenda do; ERNÂNI CARDOSO, Avenida; ESCOLAS DE SAMBA; ESTRADA REAL DE SANTA CRUZ; FÁBRICA DE CARTUCHOS; FAVELAS; IGREJAS CATÓLICAS CENTENÁRIAS; IRAJÁ, Freguesia de; LOURENÇO MADUREIRA; MADUREIRA; OSWALDO CRUZ; TRADIÇÃO, G.R.E.S.; VILA VALQUEIRE; ZONA RURAL.

CAMPINHO, Fazenda do. Núcleo de onde se originaram os bairros de CAMPINHO, MADUREIRA e OSWALDO CRUZ. Em 1617, segundo Vargens e Monte (2001, p. 25), as terras que viriam a constituir a fazenda foram concedidas a Dona Maria de Oliveira, estando em 1800 nas mãos do capitão Francisco Inácio do Canto. Quando da morte deste, segundo os mesmos autores, a propriedade, arrendada ao padre Antonio de Souza Araújo, foi submetida a perícia demarcatória, a requerimento da viúva Dona Rosa Maria do

Santos. Segundo o laudo da demarcação, a fazenda confrontava com o Engenho do Portela (Miguel Gonçalves Portela), que outrora pertencera a seus domínios, bem como com as terras de que era arrendatário LOURENÇO MADUREIRA, também delas desmembradas. Infere-se, então, que, mesmo antes da morte de Canto, as terras da fazenda haviam sido fragmentadas e passado, seguidamente, às mãos de diversos possuidores ou proprietários. Consoante outros estudos, ainda em vida Dona Rosa, falecida em 1846, teve suas terras divididas entre parentes e amigos, entre os quais Vitorino Simões, pai de Dona Clara Simões, e seu genro, Domingos Lopes, marido de Dona Clara. Consoante outras fontes, tornaram-se também proprietários ou possuidores de frações da antiga Fazenda do Campinho, o capitão Ambrósio de Souza Coutinho; os herdeiros de João de Souza Nunes; o tenente-coronel Carlos José de Azevedo Magalhães, conhecido como o "Intendente Magalhães", observando-se que o já mencionado Lourenço Madureira teria desmembrado sua propriedade para que nelas passassem os trilhos da ESTRADA DE FERRO MELHORAMENTOS. Ver ENGENHO DE FORA, Fazenda do.

CAMPINHO, Rio. Ver BACIA HIDROGRÁFICA.

CAMPO DA LIGHT. Antigo local, em MADUREIRA, ao longo da outrora denominada LINHA AUXILIAR da Central do Brasil, e à margem da rua CONSELHEIRO GALVÃO, onde se erguem torres de transmissão de energia, com cabos de alta tensão. Essas terras eram ocupadas por hortas e, tempos depois, foram invadidas por FAVELAS. Num trecho desse "Campo", numa elevação em frente ao portão principal do Madureira E.C., chamada de "Morro da Light", funcionou outrora, clandestinamente, ao ar livre, uma espécie de "zona de baixo meretrício", onde, segundo antigos frequentadores, folhas de jornal sobre a relva serviam de leito. Mas os minutos de amor eram sempre nervosos, ante a constância da repressão policial. Em 2009, era anunciada a construção de um luxuriante parque no local.

CAMPO DO CAJUEIRO. Antigo campo de PELADA no Largo do Otaviano, na esquina da avenida MINISTRO EDGARD ROMERO com rua Leopoldino de Oliveira. Sendo palco, nas manhãs de domingos, de animados torneios de futebol, tornou-se um tradicional ponto de encontro e socialização dos sambistas da SERRINHA e de outras localidades vizinhas. Assim, foi celebrizado em versos do sambista CAMUNGUELO que dizem: "No campo do Cajueiro em Madureira/ Tem pelada todo domingo de manhã./Tem cachaçal tem zoeira/ tem pagode de primeira/ No campo do cajueiro em Madureira".

CAMPO DOS AFONSOS. Bairro integrante da 33ª Região Administrativa (REALENGO). Desenvolveu-se em terras que outrora abrigaram o Engenho dos Afonsos, localizado na antiga freguesia de IRAJÁ, entre CAMPINHO e o Realengo de CAMPO GRANDE, e pertencente, no século XVIII à família do CAPITÃO-MOR Antônio de Oliveira Durão, em 1808, passou ao domínio do cirurgião Izidoro Rodrigues dos Santos e, mais tarde, às do tenente-coronel Carlos José de Azeredo Magalhães, celebrizado como "Intendente Magalhães" (FRIDMAN, 1999, p. 173). Esse vasto campo, onde o trabalho produtivo era principalmente o de fabrico de açúcar e criação de gado, era atravessado pela ESTRADA REAL DE SANTA CRUZ, daí sua importância. Chegado o século XIX e com o advento da ferrovia, foi o trecho local dessa importante via, a ligação da região com a estação de CASCADURA, através do Largo do Campinho. A partir de 1913, o destino do Campo dos Afonsos passaria a vincular-se à navegação aérea.

Inicialmente, por meio da empresa italiana Gino, Bucelli & Cia., que instalou, no local, a primeira escola de aviação da cidade, com o apoio do presidente Marechal Hermes. Fracassando essa iniciativa, foi ela retomada pelo engenheiro Nicola Santo, também sem sucesso. Eclodindo a Primeira Guerra Mundial, a região foi estrategicamente ocupada pelas Forças Armadas, passando a abrigar a Escola de Aviação do Exército. A partir de 1941, durante a Segunda Guerra, com a criação da FAB – Força Aérea Brasileira – a vasta área passou a se chamar, oficialmente, Base Aérea dos Afonsos. No governo presidencial de Washington Luís, já integrando a antiga ligação Rio-São Paulo, o trecho local da antiga Estrada Real, entre Realengo e Campinho, foi batizado com o nome "Estrada Intendente Magalhães", em homenagem ao antigo proprietário. Atualmente, o Campo dos Afonsos, abriga a UNIFA – Universidade de Força Aérea – e o MUSEU AEROESPACIAL. Lembre-se que, em 1956, foi do Parque da Aeronáutica dos Afonsos que partiu, com destino à base de Cachimbo, no Pará, o avião conduzindo o grupo fortemente armado, sob o comando do então major Haroldo Veloso, que protagonizou o movimento rebelde conhecido como "Revolta de Jacareacanga", sufocado pelo governo de Juscelino Kubitschek Ver AVIÃO FANTASMA; BASE AÉREA DE SANTA CRUZ; BENTO RIBEIRO; JACAREPAGUÁ; LEVANTE DE 1922; SULACAP; TREM DAS PROFESSORAS; VILA SAPOPEMBA.

CAMPO DOS CARDOSOS. Antiga denominação da região dos atuais bairros de CAVALCANTI e ENGENHEIRO LEAL.

CAMPO GRANDE. Bairro sede da 18ª Região Administrativa. Sua origem remonta ao ano de 1673, quando o português Manuel de Barcelos Domingues, cujo nome é evocado no da moderna rua BARCELOS DOMINGOS, recebeu do governo colonial a Fazenda da Caroba, antes ocupada pelos padres da Companhia de Jesus, responsáveis pela denominação "Campo Grande" com que a vastidão era conhecida desde o século anterior. No mesmo ano, a capela construída por Domingues, sob a invocação de Nossa Senhora do Desterro, ganhava estatuto de paróquia. Criava-se aí a freguesia de Campo Grande, independente em relação a IRAJÁ e JACAREPAGUÁ, estendendo-se na direção norte, até os limites do atual município do Rio de Janeiro; e, na direção leste, até as proximidades do atual bairro de DEODORO. Entre 1760 e 1770, a Fazenda do MENDANHA, pertencente à Freguesia, destacava-se como pioneira na plantação e colheita do café, antecipando-se ao grande desenvolvimento mais tarde experimentado por essa cultura no Rio de Janeiro. E, além dela, as fazendas do BANGU, do Barata, Piraquara, da Água Branca, do Gericinó do LAMEIRÃO, do Juari, do Rio da Prata, INHOAÍBA etc., além das chamadas "Terras Realengas", todas elas, cada uma com suas especificidades, também experimentavam surtos de progresso, na chegada dos Oitocentos. TRANSPORTES. Na segunda metade do século XIX, o advento da ferrovia fez com que Campo Grande experimentasse um grande surto de desenvolvimento. Sua estação de passageiros e carga, inaugurada em 1878, ainda pela ESTRADA DE FERRO DOM PEDRO II, facilitou a comunicação da região com o Centro e outras partes do município da Corte, transformando a sede da freguesia no grande polo de atração local. Em 1894, a Companhia de Carris Urbanos conquistou o direito de explorar uma linha de bondes de tração animal, substituídos por elétricos cerca de vinte anos mais tarde. Assim, em 1915, os bondes de Campo Grande circulavam por um total de 48 quilômetros de trilhos, indo do centro do bairro às regiões de Pedra de GUARATIBA, MONTEIRO, Ilha de Guaratiba e Rio da Prata. Curiosamente, os bondes locais, em cor marrom e que permaneceram ativos até 1967, tinham aparência diferente daqueles que circulavam em outras partes da cidade, todos sempre de cor verde. Século XX. O destaque de Campo Grande como mais um subcentro (polo de desenvolvimento surgido da precisão de se encurtar a distância entre a necessidade e sua satisfação) da cidade do Rio, foi transformando a antiga freguesia quase que numa outra cidade, cada vez menos rural. E isto, como causa e consequência da abertura de novas ruas, avenidas, praças, viadutos etc., a par dos caminhos e das estradas coloniais e imperiais. Com efeito, é nessa região do oeste carioca, desde SENADOR CAMARÁ até SANTA CRUZ, que encontramos preservado o maior número de denominações de logradouros antigos, como, por exemplo, nas estradas do MONTEIRO, do Guandu do Sapê e do GUANDU DO SENA, das CAPOEIRAS, do Lameirão, da Cachamorra, do PEDREGOSO, do MAGARÇA, do Mendanha etc. COMÉRCIO E INDÚSTRIA. Campo Grande hoje apresenta um comércio autossuficiente, dotado de tudo que se faz necessário para o consumo de sua população e das localidades circunvizinhas, inclusive com um moderno centro de compras e lazer, ao lado do antigo Largo das Capoeiras, o West Shopping. A partir da década de 1960, implantou-se no bairro um distrito industrial, localizado no quilômetro 43 da avenida Brasil, abrangendo ainda a Estrada do Pedregoso. Sub-bairros: Campo Grande, por sua vasta extensão, viu nascer em seu território inúmeros sub-bairros, os quais à época deste texto, eram os seguintes: Bairro Adriana (localizado às margens da Estrada da Posse e cercado pela Serra da Posse, o Bairro Adriana é um dos maiores sub-bairros campograndenses, concentrando uma quantidade razoável de estabelecimentos de ensino particular e pequenos comércios); Alessandra; Amanda; Amazonas; Andréa; Araújo; Arnaldo Eugênio; Aurora (sub-bairro concentrado na avenida Aldo Botelho e suas transversais, localizado no sopé do morro Luiz Barata, na Serra de Inhoaíba; contíguo aos sub-bairros Diana e São Jorge, testemunhou o auge da CITRICULTURA, e, à época deste texto, era predominantemente de caráter residencial); Bairro Central; BNH; Carina; Caroba; Carolina; Comari; Corcundinha; Cosmos; Débora; Diana (contíguo ao Bairro Santo Antônio e ao Bairro Aurora, tendo como ponto central o campo do Atlético Clube Diana, fundado na década de 1950, e como principal referência a rua Spinoza, antiga rua Adalgisa, que começa como transversal da avenida CESÁRIO DE MELO e termina no sopé do morro Luiz Barata); Ipatinga; Isadora; Jardim Bela Vista; Jardim da Luz; Jardim Jerusalém; Jardim Letícia; Jardim Nova Guaratiba; Jardim Paulista; Joari; Lameirão Pequeno; Magali; Manuela; Mendanha; Monteiro; Morada; Morada do Campo; Novo Horizonte; Oiticica; Padre Belisário; Pedra Angular; Pedregoso; Rio da Prata; Rozendo; Santa Cecília; Santa Inês; Santa Margarida (parte); Santa Rosa; Santo Antônio; São Basílio; São Cláudio; São Geraldo; São Jorge; São Luís; São Pedro; São Vítor; Sítio do Pica-pau Verde; Souza Timbaúba; Tingui; Vila Adelaide; Vila Eunice; Vila Izete; Vila Jardim; Vila Maria (localizado em frente ao bairro São Vítor, com acesso pela Estrada da Posse); Vila Mariana; Vila Nova; Vila Rudicéa (contíguo ao bairro Aurora, na região da avenida Cesário de Melo, destaca-se como o maior em extensão, aglutinando-se ao bairro de Inhoaíba); Vila Santa Rita; Vila São João; Vila Yolanda; Vilar Carioca. Ver ADELINO MOREIRA; ALIADOS, Clube dos; AMBEV; AUGUSTO VASCONCELOS; AVENIDA BRASIL; AVENTURAS AMOROSAS DE UM PADEIRO; BACIA HIDROGRÁFICA; BARBANTE, Favela do; BARCELOS DOMINGOS; BLOCOS CARNAVALESCOS; BONDES; CAFEICULTURA; CAMPO GRANDE ATLÉTICO CLUBE; CAROBA, Estrada da; CAROBINHA;

CEMITÉRIOS; CENTRAL DO BRASIL, Estrada de Ferro; CENTRO ESPORTIVO MIÉCIMO DA SILVA; CITRICULTURA; CINEMAS ANTIGOS; CLÓVIS; CLUBES; COBERTURA VEGETAL NATURAL; CORCUNDINHA; DÉCIO ESTEVES; DISTRITOS MUNICIPAIS; ENGENHO NOVO, Caminho do; ESCOLAS DE SAMBA; ESCOLAS NORMAIS; ESTRADA REAL DE SANTA CRUZ; FAVELAS; FREGUESIAS DO RIO ANTIGO; FUTEBOL AMADOR; GERICINÓ, Maciço de; GUARACAMP; GUARATIBA; HOSPITAIS PÚBLICOS; IGREJA BRASILEIRA; IGREJAS CATÓLICAS CENTENÁRIAS; IMPÉRIO DE CAMPO GRANDE; JOARI, Fazenda; LAMEIRÃO; LONAS CULTURAIS; MIGUEL DA CARNE-SECA; MOACIR BASTOS; MONUMENTO AOS ABOLICIONISTAS; NEGROS, Presença histórica; NOSSA SENHORA DO DESTERRO, Igreja de; ÔNIBUS; PEDRA BRANCA, Maciço da; PEDREGOSO; PEREIRA PASSOS, Obras de; PICO DA PEDRA BRANCA; POLÍCIA MONTADA; REALENGO; RELEVO; RIO DA PRATA; RUBEM DE FARIAS NEVES, Maestro; SHOPPING CENTER; TEATRO ARTUR AZEVEDO; TELEFONIA; UEZO; UMA FARRA EM CAMPO GRANDE; VALE DA CAIXA D'ÁGUA; VALE DA VIRGEM MARIA; VIADUTO DOS CABRITOS; VULCÃO EXTINTO.

CAMPO GRANDE ATLÉTICO CLUBE. Agremiação esportiva fundada em 13 de junho de 1940, com as cores preto e branco, no bairro de CAMPO GRANDE. Seu estádio, com capacidade para 18 mil pessoas e localizado na rua Artur Rios, 1270, foi construído na gestão do presidente JOÃO ELLIS FILHO, no final da década de 1950, e batizado com o nome Ítalo del Cima, em homenagem ao um antigo benemérito local. Na década seguinte, no dia 1º de julho de 1962, disputando o campeonato carioca daquele ano, no jogo inaugural do primeiro turno, o Campo Grande venceu o Botafogo F.R. por 1x0. No segundo turno, entretanto, contando o Botafogo com sua força máxima, representada pela linha atacante composta por Garrincha, Quarentinha, Amarildo e Zagalo, os campograndenses foram derrotados por 2x0 (ASSAF; MARTINS, 1997). Nesse momento, além de DÉCIO ESTEVES, o grande destaque do Campo Grande era o goleiro BARBOSA, antigo destaque do Vasco da Gama e titular da seleção brasileira de 1950. Mais tarde, em 1991, o clube contou em suas fileiras com grande artilheiro vascaíno Roberto Dinamite, então com 37 anos de idade. À época deste Dicionário, o "alvinegro da ZONA OESTE", como é comumente referido, passava por grave crise que se refletia no desempenho de sua equipe de futebol: em 2009, na Copa Rio, o time contabilizou dez derrotas em dez jogos. Sobre a denominação do Estádio Ítalo Del Cima, veja-se que o escritor Carlos Heitor Cony (2003a, p. 37-38), no romance *A tarde da sua ausência*, em que mescla ficção e realidade, escreveu: "...Ítalo, filho de um magnata de Campo Grande, que herdara do pai, entre outros bens, as bancas de bicho do lado par da linha férrea e um clube de futebol da segunda divisão, clube que lhe dava desditas e glórias, uma das quais era a imensa cópia da Copa Jules Rimet, ganha pelo clube num campeonato disputado na segunda divisão do futebol paulista". Saiba-se ainda que o clube é às vezes mencionado pela imprensa como o "Galo da Zona Oeste", em alusão ao seu símbolo, semelhante ao do Clube Atlético Mineiro. Ver VALDIR BIGODE.

CAMPO GRANDE FUTEBOL CLUBE. Antiga equipe de futebol de CAMPO GRANDE. Disputou o campeonato carioca de 1923, organizado pela Liga Metropolitana de Desportos Terrestres.

CAMPOS DE PELADA. A "pelada" (o mesmo que em São Paulo se denomina "futebol de várzea") é, em essência, o jogo de FUTEBOL AMADOR, em geral sem uniforme; e a denominação vem do fato de, outrora, esse tipo de jogo ser sempre praticado com os pés descalços, em oposição ao jogo "calçado", com os jogadores usando chuteiras. A pelada podia ser aquela efetivamente informal, chamada "racha" em outras localidades, com as equipes sendo compostas na hora e sem nenhum dado distintivo, ou com mínimos, tais como: os "com camisa" contra os "sem camisa"; os casados contra os solteiros; e até mesmo os "pretos" contra os "brancos", como foi comum na década de 1950, entre alunos da ESCOLA TÉCNICA VISCONDE DE MAUÁ, em MARECHAL HERMES, inclusive sem oposição da direção pedagógica. Na hinterlândia carioca, os campos de futebol destacavam-se como espaços de socialização dominical. Havia mesmo pessoas, jovens e mais velhas, que passavam neles o domingo inteiro, alimentando-se das guloseimas e dos salgados habitualmente vendidos por ambulantes, chupando laranjas, matando a sede com os populares refresco de groselha e "RASPA-RASPA" (gelo moído com xarope), ou simplesmente bebendo cachaça e cerveja em "tendinhas" ou "barracas" armadas para atender a essa demanda. Na maioria dos campos, pertencentes a clubes amadores, a programação desses domingos, incluía os "festivais", iniciados com uma pelada de "veteranos" ou "casados e solteiros", de manhãzinha, e ia até a "prova de honra", o embate principal, de tardinha, os dois times bem uniformizados e de chuteiras reluzentemente ensebadas, imitando toda a ritualística dos jogos do futebol profissional. E, assim, antes do jogo principal, havia a "preliminar", envolvendo as equipes secundárias, os "segundos times", das duas agremiações adversárias. Nos campos, ao lado do "gramado" (às vezes nem tão gramado assim) ou atrás do gol, acontecia quase sempre o jogo de RONDA, que era o carteado proibido, praticado principalmente por aqueles, na época, classificados como "marginais". Até as décadas de 1960 a 1970, com a especulação imobiliária e a favelização, os campos de pelada eram uma constante na paisagem da hinterlândia carioca. No JACARÉ, por exemplo, havia um grande terreno que abrigava uns quatro ou cinco desses campos, sendo que, em dois deles, a linha de fundo era quase a mesma do outro. Esses campos são assim descritos no conto Pedrinho Caroço de Sérgio Lomba (2009): "No Jacaré via quatro jogos simultaneamente. Vinte e Quatro de Maio, Royal, Baronesa e Pacífico, atravessando e molhando os pés no rio que dá nome ao Bairro". No trajeto IRAJÁ-CORDOVIL havia o São Sebastião, mais tarde Futurista, o Rio D'Ouro, o VILA DA PENHA (esses dois à margem do velho rio Irajá, no qual os gandulas tinham que mergulhar, na tarefa de recolher a bola chutada para fora), o Milionários e o Estrela do Oriente, apelidado "28", talvez em alusão a uma data, presente em sua denominação anterior. Sobre a região de MADUREIRA, Raimundo Macedo (2009) escreveu: "As peladas de futebol predominaram em Madureira por longos anos em seus campinhos. Dois daqueles baluartes resistem até os dias atuais: o Brasil Novo, situado na Rua Dona Clara e que era, na década de 1950, o único dotado de refletores; e o do Cajueiro, verde e branco, formado por componentes da escola de samba IMPÉRIO SERRANO, localizado no Largo do Otaviano, na esquina da Rua Leopoldino de Oliveira com a Avenida MINISTRO EDGARD ROMERO. Eram de festas as tardes em que o Cajueiro jogava em seu campo. Um grupo de integrantes da bateria do Império ficava batucando atrás de um dos gols para animar a torcida e incentivar os jogadores do Cajueiro, liderados pelo saudoso Mestre Fuleiro."

CAMUNGUELO (1945-2007). Apelido do músico e sambista carioca Cláudio Lopes dos Santos, nascido em VAZ LOBO e radicado na Estrada da Água Grande, em VISTA ALEGRE. Ligado à escola de samba PORTELA, destacou-se como exímio improvisador nas rodas de PARTIDO-ALTO, além de compositor e cantor com alguns registros em disco, inclusive na voz e com a parceria de ZECA PAGODINHO. No âmbito do CHORO, foi flautista e compositor de méritos, sendo inclusive premiado em certames do gênero. Fervoroso devoto de SÃO JORGE, destacou-se também pelas grandes festas que promoveu, em sua casa, principalmente na década de 1980, no dia do Santo Guerreiro.

CANAIS DA BAIXADA DE SANTA CRUZ. Ver BACIA HIDROGRÁFICA.

CANAL DA PAVUNA. Via fluvial construída, no fim do reinado de D. Pedro I, para permitir melhor navegabilidade no rio MERITI, até o mar, passando a desempenhar importante papel na economia da cidade. A responsabilidade das obras foi entregue a Francisco Cordeiro da Silva Torres e Alvim, Visconde de Jerumirim, e ao major, depois marechal, João Antônio de Vasconcelos Rangel, honenageado na denominação de uma importante via em MADUREIRA, a Estrada MARECHAL RANGEL, hoje avenida MINISTRO EDGARD ROMERO.

CANAL DO CUNHA. Importante via fluvial na MARÉ. Corre por cerca de 1 km, levando as águas dos RIOS Jacaré, Magé Mirim e outros, até a baía da Guanabara, em frente à Ilha do Fundão. Na década de 2000, estava já totalmente assoreado e poluído, num processo de degradação começado na década de 1950, com os aterros que deram lugar à Ilha do Fundão e ao Complexo da Maré, e que alteraram o fluxo das águas dos diversos canais da região. Em março de 2007, a SERLA notificava o biscateiro Luiz Fernando Queiroz, de 40 anos, para que retirasse a casa flutuante que ele havia construído, para sua moradia, no Canal, com restos de madeira, isopor e garrafas de plástico recolhidas no próprio canal. A casa, relativamente bem feita e bem acabada, inclusive dotada de uma "garagem", espaço onde Queiroz estacionava seu automóvel, flutuava em águas seriamente degradadas, cujas obras de despoluição eram anunciadas em janeiro de 2009, para, entre outras providências, retirar, segundo o Ministério do Meio Ambiente, 2.200 milhões de metros cúbicos de sujeira.

CANCIONEIRO DOS SUBÚRBIOS. Ao longo da história da música popular brasileira, muitas canções tematizaram o subúrbio, em geral focalizado de forma idílica ou idealizada, como na canção GENTE HUMILDE, objeto de verbete especifico, adiante. Na mesma trilha já havia andado o poeta LUIZ PEIXOTO em Subúrbio, CHORO composto em parceria com Bororó, gravado por ORLANDO SILVA em 1956, cuja letra fala: dos cães "que latem à lua enquanto as galinhas se deixam roubar"; das ruas "tão simples e humildes, que até nem o nome se lê nos jornais"; do lirismo de "ser novo no MÉIER ao som de uma valsa". A grande abordagem no sentido inverso, só veio com o compositor Chico Buarque, na canção também chamada Subúrbio, de 2006, na qual ele atualiza e desmitifica o estereótipo, denunciando o abandono e o descaso das autoridades, em versos como estes: "Lá não tem moças douradas/ (...) Lá não tem claro-escuro/ a luz é dura/ a chapa é quente./ (...) ". Outra forma de abordagem tem sido a exaltação do subúrbio como lugar de nascimento e pertencimento; e outras mais têm enfocado tipos, personagens, paisagens, acontecimentos, tradições (como a FESTA DA PENHA) etc. Numa rápida busca sobre o tema, localizamos as seguintes obras, embora algumas talvez tenham sido inspiradas por subúrbios de outras cidades: Amor na Penha (SAMBA, Lamartine Babo e João Rossi, 1929); Estrela de Madureira (samba, Acir Pimentel, 1975); Irajá (batucada, Ataulfo Alves, 1948); Jacarepaguá (marcha, Marino Pinto, PAQUITO e Romeu Gentil, 1949); Madureira chorou (samba, Carvalhinho e Júlio Monteiro, 1957); Na Piedade ou Um samba em Piedade (samba, Ari Barroso, 1932); O meu lugar (samba sobre Madureira, ARLINDO CRUZ e MAURO DINIZ, 2008); Professora suburbana (samba, Jorge Faraj e ROBERTO MARTINS, 1956); Samba de Bangu (Ataulfo Alves, 1957); Samba do Irajá (Nei Lopes, 1976); Samba do Méier (Wilson Batista e Dunga, 1952); Saudades de Inhaúma (quadrilha, Callado, segunda metade do século XIX), Serenata suburbana (valsa, Capiba, Recife, 1955); Suburbana (valsa, Orestes Barbosa e Silvio Caldas, 1938); Suburbano feliz (Luiz Grande, 2005); Subúrbio triste (samba-choro, Capiba, Recife, 1953); Viva a Penha (samba, Tuiú, 1927); Viva a Penha (samba, Sinhô, 1930). Esta relação, apenas demonstrativa, não esgota o cancioneiro sobre o subúrbio carioca, que contempla, inclusive, outras canções mencionadas no corpo deste Dicionário.

CANDEIA (1935-78). Nome artístico de Antônio Candeia Filho, sambista carioca nascido em OSWALDO CRUZ e morador da TAQUARA. Destacou-se como compositor na escola de samba PORTELA, a partir de 1953, sendo coautor de vários dos sambas-enredo com que a escola desfilou, até 1965. Em 1975, descontente com a comercialização das escolas, fundou o Grêmio Recreativo de Arte Negra e Escola de Samba QUILOMBO, núcleo de resistência contra a colonização cultural e de irradiação de conteúdos afro-brasileiros. Articulado com outras entidades do Movimento Negro, produziu e gravou discos de SAMBA, jongo e cânticos rituais, organizou *shows*, escreveu e publicou um livro, Escola de samba, árvore que perdeu a raiz, em colaboração com Isnard Araújo (CANDEIA FILHO; ARAÚJO, 1978) e sobretudo compôs e interpretou sambas hoje antológicos, afirmando, em todas essas iniciativas, a força e a clareza de suas posições.

CÂNDIDO BENÍCIO, Rua. Importante via da região de JACAREPAGUÁ, com início no Largo de CAMPINHO e término no Largo do TANQUE. Seu nome homenageia Cândido Benício da Silva Moreira (1864 – 1897), médico, político e morador local. Nascido em Niterói, logo após formar-se em medicina, ainda bem jovem, foi trabalhar como médico sanitarista em Jacarepaguá, tornando-se muito estimado no bairro, e sendo, por isso, eleito, em 1892, para a Intendência Municipal, a câmara de vereadores da época. Falecendo prematuramente cinco anos depois, foi sepultado no Cemitério do PECHINCHA em clima de grande consternação e diante da presença de uma multidão, na qual se destacavam o Barão e Baronesa da TAQUARA.

CÂNDIDO DAS NEVES (1899 – 1934). Compositor e cantor carioca. Também conhecido como "Índio", apesar de "preto retinto" (VASCONCELOS, 1964), era filho do célebre ator circense, autor e cantor Eduardo das Neves. Destacou-se na criação de clássicos do repertório seresteiro como as canções Noite cheia de estrelas, Lágrimas, Cinzas e Última estrofe. Agente ferroviário da ESTRADA DE FERRO CENTRAL DO BRASIL, residiu na rua Torres de Oliveira, na PIEDADE, onde costumava receber cantores como, por exemplo, ORLANDO SILVA, Silvio Caldas e Vicente Celestino, além de discípulos em busca de ensinamentos. Mais tarde, foi morar no número 117 da rua Doutor Bulhões, no ENGENHO DE DENTRO, onde faleceu, sendo seu corpo sepultado no cemitério de INHAÚMA.

CANDINHO TROMBONE (1879 – 1960). Nome pelo qual foi conhecido o músico carioca Cândido Pereira da Silva, trombonista e compositor. Exímio executante de seu instrumento e autor de clássicos do repertório do CHORO, nasceu na rua Martins Lage, no ENGENHO NOVO. Em 1942, viúvo, vai morar em INHAÚMA, na rua Dona Emília, indo mais tarde, morar em OLARIA com uma companheira de 22 anos, da qual se separa em 1951. A partir daí, mora seguidamente em PILARES, BANGU e no ENCANTADO, à rua Angelina, onde morre vítima de um "derrame", ocorrência médica hoje mencionada como "acidente vascular cerebral".

CANDOMBLÉ. A denominação "candomblé" aplica-se genericamente à religião que cultua as entidades espirituais africanas, chamadas "orixás" e também "voduns", a qual se desenvolveu e expandiu, a partir da Bahia, em várias vertentes ou "nações", chegando ao Rio de Janeiro na passagem para o século XX. Distintas dos centros de UMBANDA, as comunidades de candomblé, na região metropolitana do Rio de Janeiro, localizam-se principalmente na Baixada Fluminense. Entretanto, o site "Terreiros – Brasil" (TERREIROSBRASIL, 2009) informava a presença, no município da capital, dos seguintes terreiros: Abaçá Axé Arauê (de nação Queto, dirigido por Maurício Assad e localizado na avenida Cesário de Melo, 11.329, em Paciência); Abaçá de Lembarenganga e Kaitumbá (de nação Angola, dirigido por Élcio Cruz de Oliveira, rua Deocleciano Ramos, 370, Anchieta); Axé Omo Inã (nação Jeje-Marrim, dirigido por Luiz de Iansã, rua Coronel Sisson, 158, Anchieta); Ilê Axé Awon Omo Eledumare (nação Queto, dirigido por Elzira de Oxalufã, rua Dr. Jaime Marques de Araújo, 150, Campinho); Ilê Axé de Xangô e Oxum (nação Queto, dirigido por Danilo de Xangô, rua Aldo de Sá Brito, 97, Paciência); Ilê Axé Fé Irá Omi Oxum Apará (nação Queto, dirigido por Maria de Oxum, Rua Lourival Saísse, 75, Bangu); Ilê Axé Jagun Omi Aiê (nação Efã, dirigido por William de Omolu e Jurina de Oxum, rua Aratimbó, 70, Cosmos); Ilê Axé Oba Airá Dodé (nação Queto, dirigido por Marcos de Airá, rua Tarituuba, 332, Taquara); Ilê Axé Olokê Bi Omã (nação Efã, digido por Gustavo de Logun-Edé, rua Clara Borges, 861, Anchieta); Ilê Axé Aiabá Oro L'Okun (nação Queto, dirigido por Rosângela de Iemanjá, rua Pereira de Fiigueiredo, 227, Oswaldo Cruz); Ilê de Omolu (nação Queto, dirigido por Paulo de Jagun, rua José Silva, 446, Freguesia, Jacarepaguá); Inzo Ia Kuxima Kianda (nação Angola, dirigido por Tateto Mikaia, rua Acaú, 141, Engenho Novo); Inzo Ria Ngunzu (nação Angola, dirigido por Márcio de Ngunzu, rua Sargento Valdemar de Lima, 483, Turiaçu). Esta listagem, entretanto, talvez não contemple boa parte das comunidades ativas ou desaparecidas, entre as quais registramos a Ilê Obatalá, fundada e dirigida por José Jorge Pompeu Campos, o Joquinha de Iroco, na rua Huron, Anchieta, de destacada presença nas décadas de 1970 e 1980. Observe-se também, nas denominações desses terreiros, que a expressão "Ilê Axé" origina-se na língua iorubá, da África Ocidental, e tem, no Brasil, o sentido de "casa de santo", "terreiro", o mesmo ocorrendo com "Inzo", do quimbundo (língua falada em Angola), "casa". Ver BATE-FOLHA, Candomblé do; GAIAKU LUIZA; MADALENA XANGÔ DE OURO; MÃE ADEDÉ; PAULO DA PAVUNA.

CANROBERT PEREIRA DA COSTA, General (1895 – 1955). Militar nascido e falecido no Rio de Janeiro. Aspirante a oficial formado pela ESCOLA MILITAR DE REALENGO em 1918, foi Ministro da Guerra de 1946 a 1951 e chefe do Estado Maior das Forças Armadas entre 1954 e 1955. Morava no MÉIER, onde faleceu.

CANTAGALO, Serra do. Extensão de montanhas localizada entre a Estrada do MAGARÇA e a Estrada Santa Ifigênia. Integra o chamado "Maciço Cantagalo/Inhoaíba". Ver RELEVO.

CAPÃO DO BISPO, Fazenda. Antiga propriedade rural na Freguesia de São Tiago de INHAÚMA, cuja casa sede está hoje situada no número 4616 da atual avenida DOM HELDER CÂMARA, no CACHAMBI. O termo "capão" tem, entre outros significados, o de "pequeno bosque isolado em um descampado", que parece ter originado o nome da fazenda. E o "bispo" que denomina a propriedade é referência a DOM JOSÉ JOAQUIM JUSTINIANO MASCARENHAS CASTELO BRANCO, chefe da diocese do Rio de Janeiro no século XVIII. A propriedade foi-lhe vendida, segundo Brasil Gerson (1970), pela congregação dos Padres Missionários da Terra Santa, ligados à criação da Igreja do Santo Sepulcro em CASCADURA; e em 1873 pertencia a Dona Francisca Carolina de Mendonça Ziese. Em agosto de 1947, a antiga e importante Fazenda Capão do Bispo foi tombada pelo IPHAN – Instituto do Patrimônio Histórico e Artístico Nacional. Entretanto, nas décadas de 1950 e 60, cerca de 30 famílias a invadiram, fazendo da casa sede, já em ruínas, um cortiço que ameaçava desabar. Deu-se, então, em 1961, a desapropriação, completada com a imissão de posse, em favor do antigo ESTADO DA GUANABARA, oito anos depois. Entre 1973 e 1975, o imóvel foi parcialmente restaurado e, em seguida, ocupado pelo Instituto de Arqueologia Brasileira (IAB), mediante um acordo formal de cessão do imóvel, datado de 1974. Desde então, o IAB mantém ali laboratórios, biblioteca e um Museu de Arqueologia. Segundo o IAB, esse acordo foi renovado em 1977 e, desde então, vem se renovando automaticamente. Mas, em 2011, o governo do estado afirmou que o acordo de 1974 havia expirado cinco anos depois; e deu ordem de despejo ao IAB, sob a alegação de que não havia mais interesse do estado em manter o acordo. Em agosto desse mesmo ano, o governo estadual anunciava a intenção de restaurar a casa e a ideia de se escolher, por meio de um concurso de projetos, o melhor uso para o imóvel (CANDIDA, 2011). Ver CAFEICULTURA.

CAPELA MAGDALENA. Atração cultural e turística na estrada do MATO ALTO, em GUARATIBA. Localizado no sítio onde, desde a década de 1970, reside o cravista Roberto de Regina, pioneiro na divulgação da música barroca no Brasil, abriga celebrações e espetáculos, aliando música a alta GASTRONOMIA. Especialmente construída pelo proprietário, seu nome é homenagem à mãe do conceituado artista.

CAPELINHA DE SÃO SEBASTIÃO. Antigo e tradicional templo no BECO DA CORUJA, no atual território de BRÁS DE PINA, outrora IRAJÁ. Nas décadas de 1940 e 1950, seu adro sediou uma tradicional festa, de cuja programação constava uma concorrida procissão à qual as famílias, em pagamento de promessas, levavam os filhos vestidos de calções vermelhos, com uma faixa atravessada no peito nu e descalços, tal qual é representado SÃO SEBASTIÃO, na imagem de seu martírio.

CAPIM, Morro do. Elevação em RICARDO DE ALBUQUERQUE.

CAPINEIRO. Trabalhador que, outrora, na região objeto deste livro, cuidava dos extensos capinzais existentes, fonte de lucro pela venda de capim para alimentação de cavalos e muares, numa faina que envolvia também a vigilância contra a ação de ladrões. Em seu romance Vida e morte de M. J. Gonzaga de Sá, LIMA BARRETO (apud SANTOS, 1983, p. 186) cita o personagem Manel Capineiro, ocupado nesse mister. Ver CACHAMBI.

CAPITÃO FURACÃO. Programa infantil de grande audiência, veiculado pela TV Globo durante cinco anos, de abril de 1965 a dezembro de 1970. Responsável pela revelação da conhecida atriz Elizângela, então uma menina, era conduzido pelo ator Pietro Mário, que vivia o personagem título, um "velho lobo do mar", num cenário que reproduzia a cabine de um navio. À época deste texto, o ator, nascido em junho de 1939 e ainda atuando em montagens de teatro infantil, era morador de BANGU, onde continuava sendo o "Capitão Furacão", mesmo trinta anos depois do fim do programa. Em outubro de 2011, era divulgada sua participação no filme histórico multinacional "Vermelho Brasil", sobre a ocupação do Rio pelos franceses em 1555, vivendo dois papéis importantes.

CAPITÃO-MOR. No Brasil colonial, governador de uma capitania. Na região objeto desta obra, alguns bairros se desenvolveram a partir de núcleos formados em propriedades de um capitão-mor. Ver CAMPINHO; CAMPO DOS AFONSOS; ENGENHO NOVO; ENGENHO NOVO, Estrada do.

CAPOEIRA GRANDE, Maciço da. Conjunto de MORROS em Pedra de GUARATIBA. Ver RELEVO.

CAPOEIRAS, Estrada das. Via que começa no ponto inicial da BR-465, Estrada Rio-São Paulo, a poucos quarteirões da Estação de CAMPO GRANDE, e segue na direção norte, terminando no Largo da Maçonaria.

CAPOEIRAS, Fazenda das. Ver CAFEICULTURA.

CAPRICHOSOS DE PILARES, G.R.E.S. Escola de samba fundada em 1949, nas cores azul e branco, por dissidentes da "Unidos de Terra Nova". No fim dos anos 1960, era mencionada por Araújo e Jório (1969) como uma "pequena escola". Mais tarde, experimentou relativo sucesso, desfilando entre as grandes, com enredos alegres e irreverentes. À época deste texto, sua quadra era localizada na rua Faleiro, próxima ao Viaduto Cristóvão Colombo.Ver TERRA NOVA.

CAQUERA. Antigo sambista de BENTO RIBEIRO, falecido em 1947. Ver LIRA DO AMOR.

CARAMUJOS AFRICANOS. Chegados ao Rio de Janeiro por volta de 1988, como alternativa ao *escargot* na culinária mais sofisticada, os chamados "caramujos africanos" – cujo sabor não agradou aos paladares mais refinados – acabaram por se constituir numa das mais nocivas pragas que proliferam na hinterlândia carioca. Trazidos do nordeste da África, por não terem predadores naturais no país, além de serem muito resistentes e se reproduzirem intensamente, à razão de até 2.000 ovos por ano, eles acabaram por se tornar um problema, pelo que começaram a ser descartados, aos lotes, pelos criadores, em RIOS, matas ou mesmo jogados no lixo comum. Atingindo até 15 centímetros de comprimento e 200 gramas de peso, eles são encontrados, principalmente, nas ruas não pavimentadas e com mato crescido. E, segundo reportagem da jornalista Camila Ruback (2007), eles inclusive vêm migrando para outros Estados, a bordo de trens ou nas cargas de caminhões. Propagadores de doenças como a meningite e a angiostrongilíase abdominal, doença fatal dos intestinos, além de destruírem hortas e plantações, os caramujos africanos constituíam, à época deste texto – quando eram combatidos, sem grande sucesso, principalmente com sal –, um dos muitos problemas sem solução da hinterlândia carioca.

CARAPIÁ, Estrada do. Logradouro em GUARATIBA, com início na estrada do

Morro Cavado. Seu nome, de origem tupi, designou inicialmente uma planta da família das malváceas (Sida macrodon), designando toda a localidade a que a estrada dá acesso; e sua história está ligada à Fazenda Carapiá, existente em uma das vertentes da Serra do CABUÇU, no século XVIII.

CARICÓ, Morro do. Denominação da vertente norte do Maciço da MISERICÓRDIA, na PENHA.

CARIOCA SHOPPING. Centro de compras inaugurado em maio de 2001, na VILA COSMOS, nas proximidades da Praça Aquidauana, cruzamento das avenidas Vicente de Carvalho e Meriti. Em 2009 recebendo, segundo informação em seu site, cerca de 1 milhão e meio de pessoas por mês, realizava uma programação de eventos tradicional na região, repleta de atrações para todas as idades. Detinha, então, oito salas de cinema da rede americana Cinemark, as primeiras da Zona Norte da cidade, e concentrava as principais redes varejistas do país.

CARIRI, Morro do. Elevação componente do Maciço da MISERICÓRDIA, que faz parte do Complexo da PENHA. Limitando com sua extremidade norte fica o Morro do Penhasco da Penha, onde se encontra a IGREJA DE NOSSA SENHORA DA PENHA. É ocupado pelo Parque Proletário da Penha e pelas FAVELAS Cariri, Vila Proletária da Penha e VILA CRUZEIRO.

CARLÃO ELEGANTE (c. 1935 – 1994). Nome artístico de Carlos Alberto de Oliveira, sambista e ator nascido e falecido no Rio de Janeiro. Compositor, foi autor, entre outros, do SAMBA-enredo de 1976 de sua escola, a UNIDOS DE LUCAS, pela qual foi eleito CIDADÃO-SAMBA. Ator, interpretou um dos personagens centrais do filme A força de Xangô, de Iberê Cavalcanti, em 1977, e foi coadjuvante destacado na telenovela Pai herói, na Rede Globo, no final dos mesmos anos de 1970, década em que também gravou, como cantor, um LP solo pelo selo CBS. Foi um dos ilustres moradores da VILA DA PENHA.

CARLINHOS DE JESUS. Dançarino e coreógrafo nascido em MARECHAL HERMES, em 1953, e criado em CAVALCANTI. Um dos maiores expoentes de dança de salão no Brasil, tornou-se conhecido por meio de participações no teatro e na TELEVISÃO. Ao tempo deste texto é diretor, no Rio, da Casa de Dança Carlinhos de Jesus e coproprietário da Casa de Dança e Espetáculos Lapa 40 Graus. No carnaval, foi, por onze anos, coreógrafo da comissão de frente da escola de samba Estação Primeira de Mangueira; e comanda o bloco carnavalesco "Dois pra cá, dois pra lá", atração das ruas da Zona Sul.

CARLINHOS SIDERAL (1931 – 2003). Pseudônimo de Carlos Artur da Rocha, destacado compositor da escola de samba IMPERATRIZ LEOPOLDINENSE, para a qual compôs, em parceria com Matias de Freitas, os sambas-enredo de 1969 (Brasil, flor amorosa de três raças) e 1970 (Oropa, França e Bahia), frequentemente relacionados entre os melhores de todos os tempos. Seu pseudônimo veio de sua dedicação à ufologia, que o levava até a difundir mensagens sobre OVNIs nos folhetos com a letra do SAMBA, distribuídos durante o desfile.

CARLOS ALBERTO TORRES. Ex-jogador e treinador de futebol carioca, nascido em 1944. Criado na VILA DA PENHA, iniciou carreira no Fluminense F.C. em 1964, atuando também no Santos, no Botafogo, no Flamengo e no Cosmos dos Estados Unidos. Capitão da equipe do Brasil na Copa do Mundo de 1970, foi considerado um dos maiores laterais direitos do futebol brasileiro em todos os tempos. De sua biografia consta que, depois de levar uma violenta surra do pai por ter faltado ao trabalho para treinar no Fluminense, encarou-o e disse, como bom e determinado suburbano: "Não adianta o senhor me bater. Quero ser jogador de futebol" (DUARTE, 2000). Após encerrar a carreira como jogador, cumpriu mandato de vereador no município do Rio de Janeiro e, mais tarde, tornou-se técnico no esporte que o consagrou.

CARLOS GOMES POTENGI. Ver SUBÚRBIOS EM REVISTA.

CARLOS NEGREIROS. Músico nascido em TRIAGEM, em 1942. Depois de completar o curso ginasial feito no Colégio Central do Brasil, no MÉIER, e o antigo curso científico no Colégio França Júnior, da CENEG, Campanha Nacional de Educandários Gratuitos, no IAPI da PENHA, abraçou a carreira artística, destacando-se como cantor e percussionista. Discípulo do maestro Abigail Moura, fundador da Orquestra Afro-Brasileira, participou de uma das formações desse importante conjunto. Em 1975, juntamente com a bailarina e coreógrafa Isaura de Assis, sua mulher, fundou o grupo Olorum Baba Mim e, em 1982, teve seu projeto pedagógico Educação pela Dança posto em prática no Rio de Janeiro sob os auspícios da Ford Foundation. Empenhado também na sistematização da linguagem polirrítmica afro-brasileira, influenciou toda uma geração de jovens percussionistas da música popular brasileira.

CARLOS NELSON DA COSTA VASCONCELOS. Poeta simbolista. Seguidor de CRUZ E SOUSA, publicou apenas um livro, *Flâmulas*, de 1898. Morava na rua Visconde de Cairu, no MÉIER, onde faleceu em 1923.

CARLOS ONOFRE. Músico carioca nascido e criado no bairro de CAMPO GRANDE. Filho do cineasta e ator WALDYR ONOFRE, destacou-se como violonista clássico, depois de incursões pelo cinema, como diretor e ator. Assim, à época deste Dicionário, desenvolve um projeto inovador, unindo poesia e música de concerto. Nesse trabalho, interpreta poemas de CRUZ E SOUSA e Castro Alves, associados a peças violonísticas de Dilermando Reis, Villa Lobos, e mesmo de sua autoria.

CARLOS PEDROSA. Jornalista nascido em Pernambuco em 1902. Editor da *Revista Brasileira de Geografia*, é autor, entre outras obras, dos artigos "Cambiteiros", "Manguezais", "O colhedor de cocos", "O pescador de tarrafa" e "Viveiros de peixe do Recife", excertos da revista mencionada e publicados no livro *Tipos e aspectos do Brasil* (IBGE, 1975). Foi morador de COELHO NETO, com residência à rua Bagé, nº 6.

CARLOS ZÉFIRO. Ver ALCIDES CAMINHA; LONAS CULTURAIS.

CARMELA DUTRA, Escola Normal. Tradicional estabelecimento de ensino público em MADUREIRA. Criada em 1946 por iniciativa da mulher do presidente Eurico Gaspar Dutra, era inicialmente uma extensão suburbana do Instituto de Educação, localizado na Tijuca. Sua importância traduziu-se em um modelo de gestão pedagógica, em nível nacional, como acentuado em Fraiha (2004a). Localizada até 1966 na atual avenida MINISTRO EDGARD ROMERO, nas proximidades da estação de Madureira, daí foi transferida para instalações mais amplas, no número 491 da mesma avenida, na esquina com a rua Leopoldino de Oliveira. Depois de várias alterações em sua estrutura e denominação, ao tempo da elaboração deste Dicionário pertence à Secretaria de Educação do Estado do Rio de Janeiro e oferece Ensino Fundamental (Séries Iniciais), disponível para estágio de alunos de cursos de formação de professores, e Ensino Médio (Modalidade Normal), destinado a formar professores para Educação Infantil e Séries Iniciais do Ensino Fundamental. Combinando modernidade e tradição, e despojada do charme que outrora envolvia o universo das normalistas, a "Carmela" (na atualidade, "Instituto de Educação Carmela Dutra") desenvolve iniciativas importantes voltadas para as comunidades carentes de seu entorno, , por exemplo, o enfrentamento do problema da gravidez na adolescência.

CARMÉLIA ALVES. Nome abreviado de Carmélia Curvelo Alves, cantora nascida no Rio de Janeiro, em 1923. Criada em BANGU, com carreira iniciada na década de 1940, dedicou-se à difusão de musicas rurais urbanizadas, destacando-se, na década de 1950, como a "Rainha do Baião", gênero muito em voga na época. Por esse tempo apresentou-se em vários países, inclusive na antiga União Soviética. Na década de 2000, integrou o grupo de veteranas intitulado As Cantoras do Rádio; e, em carreira solo, lançou o importante CD Carmélia Alves abraça Jackson do Pandeiro e Gordurinha.

CARNAVAL. Grande festa popular em várias partes do mundo, na região objeto deste Dicionário, o carnaval revestiu-se de peculiaridades que se reproduziram ou recriaram em outros locais, como no caso dos chamados "blocos de sujo", caracterizados por totais espontaneidade e irreverência, bastante diferentes das "bandas" e BLOCOS da atualidade, difundidos a partir da Zona Sul. Entretanto, poucos aspectos, na atualidade, distinguem o carnaval da hinterlândia (outrora mais dionisíaco do que apolíneo, mais brincalhão e menos elegante) daquele das áreas mais bem aquinhoadas da terra carioca.

CARNAVAL, BEXIGA, FUNK E SOMBRINHA. Filme documentário em longa-metragem, dirigido por MARCUS VINÍCIUS FAUSTINI, datado de 2006. Focaliza o universo dos mais de setenta grupos de CLÓVIS ou BATE-BOLA existentes na ZONA OESTE. Filmado durante o carnaval de 2005, mostra que, ao mesmo tempo em que perpetuam a tradição alegre do carnaval de rua carioca, os grupos levam às últimas consequências os preparativos para a festa, que começam logo após o término de cada carnaval. O filme acompanha a rotina de vários grupos e pessoas envolvidas em suas apresentações, tais como trabalhadores de vários ofícios, costureiras, crianças, jovens e idosos, todos trabalhando pelo sucesso das performances, unidos por um grande sentido comunitário.

CARNIÇA. O substantivo feminino "carniça" tem como uma de suas acepções a de "pessoa que é objeto de motejos" ou zombaria, sendo definido desta forma no dicionário português de Cândido de Oliveira. O termo, assim como o regionalismo "eixo-badeixo", usado no nordeste do Brasil, traduz o inglês *leap-frog* (literalmente, "saltar sobre a rã") espécie de jogo atlético em que um participante se ajoelha ou se curva para que outros, em fila, pulem sobre ele. Na hinterlândia carioca, entretanto, pelo tempo da infância e da adolescência do autor deste Dicionário, a expressão "pular carniça" identificava muito mais que um simples jogo atlético. A brincadeira, essencialmente masculina, constituía-se em uma espécie de gincana, com um conjunto de provas, muitas vezes violentas e humilhantes, mas inegavelmente cômicas, lembrando alguns ritos de passagem para a puberdade, praticados em determinadas sociedades. Os principais atores do jogo eram um elemento ativo, espécie de carrasco, o "mestre", comandante da gincana; e o "carniça" (mencionado no masculino), vítima passiva das humilhações e violências. A escolha do carniça e do mestre dava-se por meio de uma prova inicial, quase sempre uma corrida, após a qual o primeiro colocado assumia o comando da brincadeira e o último, considerado "mulher do padre" ou "carniça", tinha que se curvar com as mãos nos joelhos, quase como uma rã (*frog*, em inglês), para receber nas costas o peso dos companheiros, que agora iriam saltar sobre seu corpo, apoiando-se em suas costas. Para efetivamente iniciar o jogo, o mestre dava um tapa nas costas do carniça, gritando o seguinte comando: "Simples, que a carniça é nova!" Aí, pulava sobre ele. Incontinenti, os participantes, um por um, pulavam também, imitando o mestre em todos os seus movimentos. Como que para reforçar sua condição de líder, o mestre dizia a seguinte frase: "Tudo que seu mestre mandar...", no que era secundado pelos liderados que assim completavam a frase: "Fazeremos todos!" Observe-se que, mesmo sabendo perfeitamente conjugar o verbo da forma correta, ninguém dizia "faremos" e, sim, "fazeremos" que era a forma da tradição. A partir daí, desenvolvia-se uma espécie de gincana, com todos tendo que cumprir as tarefas, em geral difíceis e até absurdas, determinadas pelo mestre. Alguns atos da brincadeira revelavam aspectos sádicos e até imorais, por exemplo, quando o mestre ordenava aos brincantes "escrever cartinha pra namorada!" e esses, utilizando o dedo como caneta, o enfiavam no "tinteiro" (o ânus) do carniça, para então, escreverem a carta em suas costas, quase sempre forçando a "pena". Ato ainda mais humilhante era o "tirar feijãozinho da toca". Tratava-se, pois, de um tipo de jogo bastante cruel. No comando "gavião", por exemplo, a começar pelo mestre, todos saltavam sobre o carniça desferindo unhadas em suas costas. No "amassar baú", os participantes pulavam com todo o peso da bunda sobre as costas do infeliz. Alterando-se a posição do carniça, saltando-se de frente por cima de sua cabeça e, ao final, dando uma palmada forte em seu traseiro, ocorria o engraçado "tapar o fogareiro da velha". No "ver se na bica tem água", a orelha do carniça era torcida até que ele cuspisse no chão. E, pego pela orelha, a vítima era conduzida por todos os participantes no clássico "levar o burrinho à feira". A boa forma física do grupo era testada no olímpico "Corcovado sem cabeça", quando todos tinham de saltar sobre o carniça de pé, com o pescoço curvado. Já o "cemitério pegou fogo" era uma prova de velocidade. Cada um que saltava assumia a posição de carniça para o próximo, e assim sucessivamente, até o mestre gritar "cemitério pegou fogo!", e todos voltarem em disparada até o local da carniça. O último a chegar era considerado "mulher do padre", ou, pior, "carniça", para o jogo começar outra vez, naquele ou no dia seguinte. E ainda havia outras provas ou comandos, muitas criadas ao sabor, também, da inventiva de cada mestre.

CAROBA, Estrada da. Antiga via em CAMPO GRANDE, com início na avenida CESÁRIO DE MELO e término na rua BARCELOS DOMINGOS. Sua existência remonta à Fazenda da Caroba, importante estabelecimento oitocentista da região. Uma das principais ruas do bairro, no início de 2010, seu fluxo médio de tráfego era de 1.420 veículos por hora (MATÉRIA, 2010).

CAROBINHA. Localidade em CAMPO GRANDE, nascida da rua de mesmo nome, no Quilômetro 38 da AVENIDA BRASIL, na margem direita dessa via. Abriga uma comunidade favelada.

CAROLINA MACHADO, Rua. Logradouro com início em CASCADURA. Segue paralelo à linha férrea, pelo lado direito, até MARECHAL HERMES, passando por OSWALDO CRUZ e BENTO RIBEIRO. Seu nome evoca uma das filhas da família Machado.

CARRAPATO, Morro do. Elevação em RICARDO DE ALBUQUERQUE.

CARRINHO DE LATA. Antiga brincadeira de crianças, feita com uma lata de leite em pó cheia com terra e fechada, perfurada e puxada por um pedaço de arame e barbante. Era um carrinho para a garotada pobre. Ver BRINCADEIRAS INFANTIS E JUVENIS.

CARROCINHA DE CACHORRO. Antigo veículo da administração municipal destinado a recolher CÃES VADIOS ou sem dono, abandonados nas ruas. De início, era efetivamente uma carroça; e depois, mesmo passando o serviço a ser feito por automóveis, a denominação perdurou, chegando inclusive a uma cantiga de roda, cujo refrão, sempre repetido, diz o seguinte: "A carrocinha pegou/ três cachorros de uma vez..." Os versos finais dessa cantiga mostram como o povo se sentia quanto à finalidade do serviço: "trá lá lá, que gente é essa,/ trá lá lá, que gente má." Com efeito, era de conhecimento público que os animais recolhidos pela prefeitura sempre foram enviados para sacrifício, seja como cobaias em instituições de pesquisa, seja simplesmente em centros de "eutanásia", com a justificativa de prevenção da raiva na cidade. Ver SUIPA.

CARTOLA (1908 – 1980). Pseudônimo de Angenor de Oliveira, compositor nascido e falecido no Rio de Janeiro. Um dos fundadores da escola de samba Estação Primeira de Mangueira, notabilizou-se, primeiro, como um dos maiores dentre os "sambistas de morro", ao lado de PAULO DA PORTELA e HEITOR DOS PRAZERES, entre outros. Na década de 1960, destacou-se como refinado compositor e intérprete de sambas românticos antológicos, como *As rosas não falam* e *O mundo é um moinho*. Na mesma década, após o fechamento do restaurante Zicartola, aberto por iniciativa de amigos, foi morar na casa do pai em BENTO RIBEIRO; e, na fase final de sua vida, reconhecido e gozando de um pouco mais de conforto, era morador de JACAREPAGUÁ.

CARVOARIA. A carvoaria é, não só o local onde se produz o carvão vegetal, por meio de queima de lenha, em fornos especialmente preparados, como também o estabelecimento em que esse carvão é comercializado, para uso doméstico ou industrial. Segundo MAGALHÃES CORREA (1936), o antigo "sertão carioca" abrigou diversos locais onde se produzia carvão a partir da queima de lenha extraída das matas. E o autor deste livro conheceu, na própria rua onde nasceu e foi criado, a Honório de Almeida, em IRAJÁ, uma carvoaria (a "do Valdemar"), que existiu até a década de 1960, e que abastecia os moradores, principalmente num tempo em que as donas de casa cozinhavam com carvão, depois substituído pelo óleo combustível ou pelo querosene, e finalmente pelo GÁS DE BUJÃO. Os carvoeiros, sempre enegrecidos pela poeira da matéria-prima de seu ofício, bem pouco nobilitado, eram figuras curiosas. E, mais ainda, eram os entregadores, de bicicleta, equilibrando sacas enormes sobre as cabeças, alguns deles "caprichando" nas acrobacias. Na infância do autor destas linhas destacou-se, nesse mister, um negro alegre e extrovertido, conhecido como "Birreco", que ilustrava suas exibições com exclamações enigmáticas tais como: "Arroz corre pras pernas!"

CASA DA MOEDA. A Casa da Moeda do Brasil é uma empresa pública, vinculada ao Ministério da Fazenda, fundada em 1694. Responsável pelo fabrico de moedas, cédulas e outros produtos fiduciários e de segurança, iniciou suas atividades em Salvador, Bahia, com a cunhagem das primeiras moedas feitas no Brasil. Transferida para o Rio de Janeiro, de 1868 até a década de 1980, ocupou o majestoso prédio da Praça da República, hoje pertencente ao Arquivo Nacional. Em 1984, a Casa da Moeda chegava ao Distrito Industrial de SANTA CRUZ, para ocupar o complexo especialmente projetado e construído para abrigar suas instalações, as quais ocupam cerca de 110 mil metros quadrados de área construída, em uma área de terreno de cerca de 500 mil metros quadrados.

CASA DE CÔMODOS. Expressão que designa a casa, geralmente antiga, cujos cômodos, ou alguns deles, subdivididos, são alugados, para moradia, a diversos inquilinos. O escritor LIMA BARRETO assim registrou esse fato social, no subúrbio de seu tempo: "Casas que mal dariam para uma pequena família, são divididas, subdivididas, e os minúsculos aposentos assim obtidos, alugados à população miserável da cidade" (SANTOS, 1983, p. 151).

CASA DE ESPINHO. Clube criado por membros da comunidade portuguesa em VISTA ALEGRE, com sede na AVENIDA BRÁS DE PINA nº 1988-1990 e sede campestre na AVENIDA BRASIL, em SANTA CRUZ; e identificado com a razão social Casa de Espinho Ltda. pelo *site* Apontador (2011), que o classificou na categoria "teatro e cultura". À época da elaboração deste Dicionário, seu presidente era o Sr. Manuel da Mota Fonseca, nascido em Moimenta da Beira, Viseu, Portugal, em 1952, o qual assumiu a liderança em 1996, num momento de dificuldades financeiras e administrativas. Em seu currículo, o Sr. Fonseca contabilizava os seguintes feitos: reorganização do Grupo Folclórico Fausto Neves, criado na Casa; fundação do Rancho Mirim Espinho do Mar; gravação de um CD com os dois grupos; estreitamento dos laços da comunidade com as de cidades portuguesa, inclusive com uma viagem de 43 pessoas à cidade de Espinho, em 1999, com um espetáculo de SAMBA. Por essas realizações, o Sr. Manuel Fonseca fez jus à Medalha Pedro Ernesto, conferida pela Câmara Municipal do Rio de Janeiro em 2002.

CASA DE VISEU. Associação criada pela comunidade lusitana na PENHA CIRCULAR em 1966. Tendo como objetivo manter vivas as tradições da região portuguesa de Viseu, no ano seguinte à fundação, a Casa criou o seu Rancho Folclórico adulto, organizando depois o Rancho Mirim. À época da organização deste Dicionário, o clube mantinha intensa atividade social e esportiva, na sede da rua Carlos Chambelland e na sede campestre, localizada na região serrana fluminense.

CASA DO MARINHEIRO. Instituição da Marinha do Brasil, criada em 1938. Tem por objetivo propiciar às praças e seus familiares, bem como às tripulações aportadas no Rio, a prática de atividades sociais e recreativas, além de oportunidades de ensino e aprimoramento cultural. Para tanto, conta em suas dependências, localizadas na AVENIDA BRASIL, no bairro da PENHA, com escola, capela, salão de festas, piscina, ginásio coberto, quadras polivalentes, campos de futebol, pista de corrida e churrasqueiras, para grandes eventos e eventos familiares. Conta ainda com uma autoescola, para formar motoristas profissionais, oferecendo, assim, uma outra opção de trabalho aos marinheiros.

CASA DOS ARTISTAS. Ver RETIRO DOS ARTISTAS.

CASA FLUTUANTE. Ver CANAL DO CUNHA.

CASA LIMA BARRETO. Centro cultural fundado em PIEDADE, na região da rua PADRE NÓBREGA em 1989, por iniciativa do artista plástico José Antônio da Penha, o "DA PENHA". Tendo como elemento aglutinador o SAMBA e o carnaval, por meio da "Banda Sociedade Recreativa Antropofágica Cultural MOCOTÓ DO PADRE" (referência à rua Padre Nóbrega), a Casa surgiu de um grupo de artistas plásticos, músicos e literatos. As reuniões iniciais eram no boteco do João, onde o caldo de MOCOTÓ era pretexto para algumas cervejas geladas. Além disso, havia a admiração comum pela vida e pela obra do "vizinho" LIMA BARRETO. A banda saía às ruas em três momentos: no carnaval, no dia 13 de maio (data do aniversário do patrono), e no dia 20 de novembro, "dia de Zumbi". Em seus desfiles, o grupo era logo identificado pelo majestoso boneco negro que ia à frente, simbolizando Lima Barreto, em crítica aberta a todos os maus políticos – dos municipais aos federais – e também por seus padrinhos, o comediante MUSSUM e a sambista Tia DOCA DA PORTELA. Além da banda, o grupo mantinha também um PAGODE na rua, aos sábados, com o melhor do samba carioca. Com o tempo, entretanto, o grupo percebeu que isso era muito pouco para a memória do patrono e resolveu dar-lhe uma Casa, o que foi conquistado com o aluguel do imóvel de número 100 da rua Padre Nóbrega, onde a casa viveu seu apogeu de 1995 a 2000, mas tendo que cerrar suas portas em 2002, face a dificuldades financeiras. À época deste texto, o mesmo grupo procurava reorganizar-se e retomar a ideia e a trajetória da Casa Lima Barreto.

CASAMENTO, Festas de. No ambiente deste livro, até pelo menos a década de 1970, as celebrações e festividades da união conjugal pelo casamento revestiam-se de algumas peculiaridades, de acordo com as condições econômicas das famílias. No geral, o casamento civil, na "pretoria", no fórum da rua Dom Manuel, próximo à Praça Quinze, no centro, precedia o casamento religioso, realizando-se na véspera deste. Dias antes, entretanto, a nubente, que em geral ia morar na casa paterna, mostrava às vizinhas e amigas o "quarto da noiva", o qual, quanto mais bem decorado e arrumado, mais atestava o capricho e as prendas domésticas da futura esposa. A celebração do casamento religioso, de "véu e grinalda", quase sempre na noitinha de um sábado, começava com a saída, para a igreja, da noiva e seus acompanhantes (pais, padrinhos etc.) em um cortejo de automóveis. Essa saída era aguardada com ansiedade pelas vizinhas não convidadas, as quais, aglomerando-se no portão da casa, analisavam, algumas com um misto de inveja e malícia, se a noiva estava bonita ou não, se o vestido era de bom gosto, e até se ela estava "gordinha" (grávida). Na volta da igreja, com o carro da noiva enfeitado e iluminado fechando o cortejo (havia motoristas "de praça" especializados, com carros equipados exclusivamente para esse tipo de serviço), nova aglomeração se formava junto ao portão da casa, sendo a noiva recebida com a tradicional chuva de grãos de arroz. A partir daí, tirados paletós, gravatas e sapatos apertados, em clima de alegria e informalidade, com a bela colcha da cama do novo casal acolhendo os presentes (principalmente utilidades domésticas) ofertados pelos convidados, começava a festa. Ver CULINÁRIA, ALIMENTAÇÃO E GASTRONOMIA.

CASAS-BALÃO. Experiência habitacional realizada na década de 1950 na rua Calama, em GUADALUPE. Eram espécies de iglus de concreto de sala e um quarto ou sala, dois quartos e dependências, mas foram sendo modificados com o passar do tempo, para solução de problemas térmicos ou de infiltrações. A experiência é estudada no livro *Penso subúrbio carioca*, da arquiteta Ana Borelli (2009), o qual contempla experimentos e registra ideias e projetos criados para o urbanismo da zona suburbana carioca.

CASAS DE TRIAGEM. Denominação de um conjunto de residências, de apenas 15 m^2, construídas na CIDADE DE DEUS para abrigar, emergencial e provisoriamente, desabrigados das grandes enchentes que flagelaram a cidade em 1966. Acabaram por tornar-se permanentes, abrigando, em três áreas do atual bairro, cerca de quatrocentas famílias. Em outubro de 2009, o PAC – Plano de Aceleração de Crescimento – do Governo Federal, anunciava o próximo fim dessas moradias degradadas e problemáticas.

CASCADURA. Bairro integrante da 15ª Região Administrativa (MADUREIRA). Localizadas na porção sudoeste da antiga freguesia de INHAÚMA, fronteiriça à de JACAREPAGUÁ, as terras onde nasceu e se desenvolveu o bairro parecem terem prosperado, inicialmente, ao longo da ESTRADA REAL DE SANTA CRUZ. No século XVII, destacava-se, em suas vizinhanças, a Fazenda do CAMPINHO, que, em 1788, teria passado a propriedade da Coroa para ser leiloada, embora algumas versões afirmem que seu dono era o carmelita Miguel de Antunes. Segundo Brasil Gerson (1965, p. 557 e segs.), o bairro não passava de um pequeno núcleo de passagem, próximo à confluência da Estrada Real com a Estrada MARECHAL RANGEL, entre a mencionada Fazenda do Campinho; o ENGENHO DE DENTRO, do MESTRE DE CAMPO Aguirre, e o Engenho do PORTELA. Numa tentativa de visualização, talvez possamos localizar esse núcleo, provavelmente, na confluência das atuais ruas CAROLINA MACHADO e Carvalho de Souza. De um morador sovina da localidade, por volta de 1850, teria vindo o nome "Cascadura", mencionado, por algumas fontes, até como corruptela da expressão "Casca d'Ouro", referente ao produto de ourivesaria hoje conhecido como "folheado a ouro". Em 29 de março de 1858, era inaugurado o primeiro trecho da ESTRADA DE FERRO DOM PEDRO II, ligando a Estação do Campo da Aclamação (na atual Praça Cristiano Otoni) à localidade de Queimados, na Baixada Fluminense, e contando com duas estações, em território carioca: Venda Grande, depois ENGENHO NOVO, e Cascadura, seguindo-se, meses depois, a abertura das estações de Sapopemba, atual DEODORO, e São Cristóvão. Em 1870 era inaugurada a capela de Nossa Senhora do Amparo, primeiro templo católico local. Depois, inauguraram-se o HOSPITAL NOSSA SENHORA DAS DORES, da Santa Casa de Misericórdia, "sanatório" para tuberculosos; o convento e a capela da Irmandade da Obra Pia da Terra Santa, na rua "do sanatório". A chegada do trem foi o marco de um efetivo surto de progresso para o bairro que se formava. Logo depois, vieram os BONDES de burro, substituídos pelos de tração elétrica em 1928, quatorze anos depois da inauguração da monumental Igreja do Santo Sepulcro, dos padres da Obra Pia. Até 1928, havia uma cancela que controlava a travessia pela linha de trem de veículos e pedestres no cruzamento da ferrovia com a Estrada Real de Santa Cruz que, em frente à estação, passava a chamar-se Rua Coronel Rangel, possivelmente o mesmo Marechal que durante muitos anos foi homenageado com o nome de uma estrada em Madureira, a atual avenida MINISTRO EDGARD ROMERO. Durante muito tempo, a estação de Cascadura, sendo ponto de parada de quase todos os trens, inclusive os interestaduais e de cargas, saídos da estação Dom Pedro II ou a ela destinados, desempenhou papel muito importante. Entretanto, com a crise do transporte ferroviário no país e o crescimento de Madureira e JACAREPAGUÁ, Cascadura, apesar do grande movimento de veículos em suas ruas, foi-se tornando quase que apenas um bairro de passagem. Ver ARRASTÃO DE CASCADURA; AVENIDA SUBURBANA; CASCADURA TÊNIS CLUBE; COLÉGIO ARTE E INSTRUÇÃO; ERNÂNI CARDOSO, Avenida; GAFIEIRAS; NERVAL DE GOUVEIA, Rua; ÔNIBUS; PAGODES; SOUZA MARQUES, Professor.

CASCADURA TÊNIS CLUBE. Clube situado na rua Barbosa, 164, em CASCADURA, com parque aquático no número

143 da mesma rua. O Orkut (2011) oficial do clube apresenta-o como "o ambiente mais familiar da Zona Norte" e relaciona as seguintes atividades oferecidas: esportes (natação, capoeira, futsal, hidroginástica), dança (de salão, *ballet*, espanhola, sapateado, *jazz*) e oficinas e cursos de teatro, além de *happy hour* às sextas-feiras, com música ao vivo.

CASSINO BANGU. Tradicional clube surgido no inicio do século XX. Sua origem é a SOCIEDADE MUSICAL PROGRESSO DE BANGU, fundada na localidade em 1906, com sede na antiga rua Estevão, em um prédio da Fábrica de Tecidos. Em 1929, com o prédio retomado pela Fábrica, o clube mudou-se para a rua Fonseca, onde se desenvolveu. À época da preparação deste livro, o Cassino Bangu, inclusive dotado de uma ampla piscina, era visto como uma das poucas opções de lazer da população banguense.

CASTILHO, Carlos José (1927 – 1987). Goleiro do Fluminense F.C. (1947 a 1965) e da seleção brasileira, nas copas de 1950 a 1962. Mais tarde, técnico da seleção de futebol da Arábia Saudita, em férias no Brasil, deprimido, segundo consta, por não querer retornar ao Oriente Médio, praticou suicídio atirando-se de uma cobertura em BONSUCESSO.

CASTOR DE ANDRADE (1926 – 1997). Personagem histórico de BANGU e adjacências, filho de EUSÉBIO DE ANDRADE. Homem forte do JOGO DO BICHO, foi também dirigente do BANGU ATLÉTICO CLUBE e patrono da escola de samba MOCIDADE INDEPENDENTE DE PADRE MIGUEL.Em 1984, foi um dos idealizadores da criação da LIESA, Liga Independente das ESCOLAS DE SAMBA, do Rio de Janeiro e seu primeiro presidente.

CATA-CORNO. No ambiente objeto deste Dicionário, denominação pejorativa do veículo de transporte coletivo que percorre áreas afastadas e desertas. A ironia da expressão parte da discutível ideia de que a solidão das mulheres, nessas áreas, seria um incentivo ao adultério.

CATEDRAL MUNDIAL DA FÉ. Denominação da sede da IGREJA UNIVERSAL DO REINO DE DEUS (IURD), localizada na antiga AVENIDA SUBURBANA em DEL CASTILHO. Trata-se de um suntuosa construção de 63 mil metros quadrados, com requintes palacianos, inaugurada em 1999. Segundo os porta-vozes da IURD, "o arrojado projeto arquitetônico deu destaque ao bairro suburbano, já que a região era sombria e perigosa; e com a construção da Catedral Mundial da Fé, o local recebeu iluminação, atraiu vários comerciantes, ampliou as opções de transportes, imóveis foram valorizados e, consequentemente, se tornou mais seguro". Ainda segundo a Igreja, "muitos milagres têm acontecido no megatemplo, seja nos aspectos espiritual, familiar, da saúde, financeiro ou sentimental". À época deste texto, a Universal e seus dirigentes eram investigados como suspeitos de diversos ilícitos penais, principalmente estelionato e remessa ilegal de dinheiro para o exterior.

CATIRI. Ver VILA CATIRI.

CATONE (1930 – 1999). Pseudônimo de Sebastião Vitorino Teixeira dos Santos, compositor nascido em Ouro Preto, MG, e radicado na região da PRAÇA SECA, no antigo JACAREPAGUÁ, desde os treze anos de idade. Sambista revelado na UNIÃO DE JACAREPAGUÁ, destacou-se na PORTELA, para a qual compôs, principalmente liderando parceria com Jabolô e Valtenir, vários sambas-enredo, entre os quais o antológico Lendas e mistérios da Amazônia, de 1970. Excelente improvisador, destacou-se nas rodas de PARTIDO-ALTO. Assim, em depoimento ao autor deste trabalho para o livro *O negro no Rio de Janeiro e sua tradição musical* (LOPES, 1992, p. 129-138), afirmou que seu pseudônimo se devia a uma antiga família de Jacarepaguá à qual era ligado. Observe-se, aí, a menção, em Vieira Fazenda (1920, p. 204), a um arraial de mesmo nome,"Catone", existente, em 1867, no segundo distrito da Freguesia de IRAJÁ, referido junto com "VALQUEIRE". Ver CATONHO, Estrada do.

CATONHO, Estrada do. Via em SULACAP entre o Morro do VALQUEIRE e a Serra do Engenho Velho. Sua denominação parece advir da corrupção de um nome próprio, como CATONE, talvez. Ver CATONE.

CATULO DA PAIXÃO CEARENSE (1863 - 1946). Poeta e compositor nascido no Maranhão. Granjeou fama como poeta de inspiração sertaneja, tendo sido autor de canções famosas e, principalmente, da letra do *Luar do Sertão*, uma das mais conhecidas canções populares do Brasil. Nos últimos anos de vida, morou no número 21 da rua Francisco Meyer, atual Catulo Cearense, no ENGENHO DE DENTRO. A casa, de madeira, era na verdade um barracão, a que o poeta denominou "Palácio Choupanal". Ali, recebia grandes vultos do cenário artístico nacional e internacional, de MONTEIRO LOBATO a Júlio Dantas. Com ele morava, segundo Vasconcelos (1977), uma mulher negra, humilde, chamada Maria, que morreu paupérrima, por volta de 1973. Essa mulher, que muitos viam como sua empregada, entretanto parece ter sido, conforme especula Vasconcelos, sua mulher e companheira.

CAVACA. Espécie de biscoito à base de fubá, duro e redondo, com cerca de 12 cm de diâmetro, típico da GASTRONOMIA tradicional, comum nas padarias da hinterlândia carioca.

CAVALCANTI. Bairro integrante da 15ª Região Administrativa (MADUREIRA). Servido pelo ramal ferroviário da chamada LINHA AUXILIAR, sua estação localiza-se entre as de TOMÁS COELHO e ENGENHEIRO LEAL, em região limitada pelos MORROS do Dendê, da SERRINHA e dos URUBUS. O bairro formou-se a partir de antigas terras pertencentes à família Cardoso Quintão, entre o caminho do Catete, atual rua Graça Melo, e a ESTRADA REAL DE SANTA CRUZ, hoje avenida DOM HELDER CÂMARA. A estação ferroviária, antiga Estrada de Ferro MELHORAMENTOS do Brasil, inaugurada em 1892, foi batizada em homenagem a Matias Cavalcanti de Albuquerque, funcionário da ferrovia, apelidado "Gungunhana". Como esse era o nome de um rei africano morto em luta contra os portugueses em 1895, supomos que o homenageado tenha sido um homem negro. O nome da principal via do bairro, rua Silva Vale, evoca um engenheiro da prefeitura do antigo DISTRITO FEDERAL. Ver AMAR, Associação Marítima Atlética Recreativa; CAMPO DOS CARDOSOS; EM CIMA DA HORA; FAVELAS; NERO DE CAVALCANTI; PADRE NÓBREGA, Rua; PIRUINHA; UNIDOS DE CAVALCANTI.

CAXAMBI. Forma preferível, segundo as normas ortográficas, para o nome "CACHAMBI", assim consignado por costume.

CAXAMORRA, Fazenda da. Ver CAFEICULTURA.

CEASA. Central de abastecimento na AVENIDA BRASIL, em IRAJÁ. Integra uma rede de empresas estatais dedicadas ao comércio atacadista de produtos hortigranjeiros, concebidas no final da década de 1960, quando o I Plano Decenal de Desenvolvimento, de 1967, determinou a criação do Sistema Nacional de Abastecimento – SINAC, e implantadas com financiamento do BNDES e assessoria da

FAO (órgão da ONU para agricultura e alimentação). Inicialmente de âmbito federal, as CEASAs foram estadualizadas em 1987. Ao tempo desta obra, o sistema conta com 57 unidades em 21 estados, sendo que a CEASA-RJ é vinculada à Secretaria de Estado de Desenvolvimento Regional, Abastecimento e Pesca. A CEASA de Irajá (Unidade Grande Rio) é a unidade central do estado, que conta com mais cinco CEASAs em seu território. É a segunda maior Central de Abastecimento da América Latina e atende às necessidades de consumo da cidade e dos outros municípios do Grande Rio. Também é responsável por programas como o "sacolão na comunidade" (ônibus transformados em feirinhas volantes), a produção de sopa enlatada para instituições beneficientes e a distribuição de sacolas de alimentos para famílias carentes.

CEDOFEITA. Denominação popular de uma famosa gafieira carioca, localizada em BENTO RIBEIRO. O nome parece evocar, talvez pela semelhança arquitetônica, o edifício de uma antiga loja de calçados, de mesmo nome, na avenida Passos, no centro da cidade. O nome dessa loja remete a uma localidade em Portugal, na cidade do Porto. E também a ligava a uma rua de Lisboa mencionada por Eça de Queiroz no romance *Os Maias*: "Rua da Cedofeita". Ver GAFIEIRAS.

CEFAN. Sigla do Centro de Educação Física Almirante Adalberto Nunes. Localizado na AVENIDA BRASIL, na PENHA, o Centro organiza programas e oferece atividades de educação física, tanto destinadas à manutenção do condicionamento físico do pessoal da Marinha, quanto à formação de atletas que representem a Marinha em competições esportivas.

CEHAB-RJ. Sigla da Companhia Estadual de Habitação do Rio de Janeiro. Suas atividades iniciaram-se em 1965, com a construção dos conjuntos habitacionais de VILA ALIANÇA, VILA KENNEDY e Vila Esperança, em VIGÁRIO GERAL, que abrigaram uma população de 37 mil pessoas oriundas de 32 FAVELAS erradicadas. Mais tarde, com a criação do Sistema Financeiro de Habitação (SFH), a Companhia estendeu seu programa habitacional para além da população favelada, atendendo também trabalhadores de baixa renda. Assim, construiu, até 1974, 32 conjuntos habitacionais, num total de 40.277 unidades, favorecendo cerca de 215 mil pessoas. Entre os maiores empreendimentos realizados pela CEHAB no ambiente objeto deste Dicionário, conta-se o Conjunto Habitacional DOM JAIME DE BARROS CÂMARA, que abriga, na atualidade, uma população superior à de muitos municípios brasileiros.

CELSO ATHAYDE. Produtor cultural nascido na Baixada Fluminense em 1963. Criado na Favela do Sapo, em SENADOR CAMARÁ, tornou-se conhecido a partir dos livros *Falcão: meninos do tráfico* e *Cabeça de porco*, escritos em parceria com MV BILL. Na sequência, publicou, com o mesmo parceiro mais Luiz Eduardo Soares, em 2007, *Falcão: mulheres e o tráfico*. Suas realizações vêm, entretanto, já de 1994, quando lançou a revista *Black Music*, tida como a primeira publicação brasileira sobre o universo internacional da música negra. Com o Projeto Hutuz, que faz parte, na atualidade, do calendário oficial da cidade do Rio de Janeiro, tornou-se o mais influente produtor de hip-hop no Brasil. É também o principal criador e articulador da CUFA, Central Única das Favelas, e da Liga Brasileira de BASQUETE DE RUA, além de capitanear várias outras iniciativas.

CEMITÉRIO DE IRAJÁ. Ver QUIMBANDA.

CEMITÉRIO ISRAELITA DE INHAÚMA. Necrópole localizada ao lado do cemitério de INHAÚMA (rua Piragibe, nº 99) em espaço cedido pela Prefeitura, a rogo da Associação Beneficente Funerária e Religiosa Israelita, ABFRI, para servir de sepulcro aos corpos das prostitutas judias da Zona do Mangue, cujo sepultamento não era permitido nos cemitérios israelitas então existentes. Criado em 1916, em 24 de setembro de 2007, o Diário Oficial do Município do RJ publicava decreto garantindo sua preservação, não permitindo alterações arquitetônicas, nem novos enterros sem a autorização expressa do Patrimônio Cultural da Prefeitura do Rio. Pelo decreto, o Cemitério foi resguardado como espaço de sepultamento exclusivo dos corpos dos membros da associação israelita, principalmente das célebres "polacas", as prostitutas reunidas em torno da entidade, bem como de seus maridos e filhos. Ver REBECCA FREEDMAN.

CEMITÉRIOS. Conforme reporta Gilberto Freyre (1975, p. 437), nas fazendas e engenhos do tempo colonial, quando dos falecimentos, os senhores e as pessoas de suas famílias eram enterrados "quase dentro de casa", em capelas que constituíam pequenas extensões da casa de moradia. No ambiente urbano, as igrejas costumavam enterrar padres e autoridades dentro dos próprios templos, reservando a membros das respectivas irmandades um espaço externo para tal fim. Separado desse espaço exclusivo, eram enterradas as pessoas comuns. E, mais separado ainda, quase sempre na vala comum, os escravos. A partir de 1829, entretanto, sob a inspiração parisiense de um cemitério construído fora da cidade, começou-se a tentar conscientizar a população de cidades como Salvador e Rio de Janeiro de que os sepultamentos tradicionais, a que nos referimos, embora piedosos, eram anti-higiênicos e pouco saudáveis. Mas, aliadas a essas legítimas ideias higienistas, surgiu também a da exploração econômica dos sepultamentos, com a criação, na Bahia, do "Campo Santo", empreendimento comercial de uma empresa que conquistara, em 1834, o monopólio dos enterramentos por 30 anos, o que acabou por provocar uma revolta popular conhecida como "cemiterada". Até que, em 1840, a Irmandade da Misericórdia comprou o "Campo Santo" para nele sepultar indigentes, escravos e falecidos em seu hospital, chamado Santa Casa da Misericórdia. Esses acontecimentos repercutiram no Rio de Janeiro, na origem ou reestruturação dos antigos cemitérios da hinterlândia carioca, que são os seguintes: o de Santa Cruz, aberto em 1759, ainda na época dos Jesuítas, e que hoje se estende por uma área de mais de 60 mil m^2; o de Inhaúma, aberto em 1888, ampliado e concluído em 1911, com a superfície de 20.565 m^2; o de Irajá, iniciado em 1894 e concluído em 1901, 40 mil m^2; o do Murundu, em REALENGO, de 1895 e medindo 110 m x 220 m; o de Campo Grande, de 1896 e medindo só 50 m x 100 m; o de Jacarepaguá (PECHINCHA), de 1902 e medindo 22.500 m^2. Além desses, a região dispõe de mais dois cemitérios públicos, administrados pela Santa Casa da Misericordia (Guaratiba e Ricardo de Abuquerque), e dois particulares, funcionando sob permissão municipal, ambos conhecidos como "Jardim da Saudade": o mais antigo, em SULACAP, pertencente à Irmandade de Nossa Senhora do Rosário e São Benedito dos Homens Pretos; e o outro, em PACIÊNCIA, pertencente à Irmandade da Santa Cruz dos Militares. Convém referir também o CEMITÉRIO ISRAELITA DE INHAÚMA, contemplado em verbete próprio. E, como registro histórico, informar que também na hinterlândia, as distinções de classe se fazem nas honras fúnebres, dos monumentais mausoléus, das famílias abastadas, preservados para a eternidade, às covas rasas dos humildes, fadadas a logo desaparecem, com as chuvas mais fortes. Vale também lembrar os suntuosos cortejos com carros "de penacho", com quatro colunas com ornatos e galões pretos e dourados, sobre as quais se apoiava uma cúpula abaulada, ostentando em cada ponta um tufo negro. Nos mais baratos, em vez de cúpula, as colunas, simples, sustentavam apenas um tampo, preto também. Tudo isso, nos enterros de Irajá, constrastando com os que vinham, a pé, de CORDOVIL ou VIGÁRIO GERAL, pela estrada da Água Grande; ou da VILA DA PENHA, pela atual AVENIDA BRÁS DE PINA, parando pelos BOTEQUINS do caminho, para descanso, água... e cachaça. Em louvor à memória do falecido. Ver QUIMBANDA.

CENTRAL DO BRASIL, Estrada de Ferro. A história do transporte ferroviário no Brasil começa em 1854 com a inauguração da Estrada de Ferro Mauá, ligando, num trecho de cerca de 17 km de extensão, a aldeia portuária de Vila Estrela, no fundo da baía de Guanabara, no atual município de Magé, à Raiz da Serra, na subida de Petrópolis, a cidade do veraneio imperial. Na sequência desse faustoso acontecimento, o governo imperial decidiu efetivamente integrar o território nacional, a partir da província do Rio de Janeiro, através da ferrovia. Assim, era aberta, em 1858, depois de três anos de obras, a ESTRADA DE FERRO DOM PEDRO II, a qual, com a República, passaria a chamar-se Estrada de Ferro Central do Brasil ou popularmente "Central". O trecho principal dessa importante via percorria um trajeto de cerca de 48 km entre a estação do Campo da Aclamação (nome do campo de Santana, durante a epoca imperial) e a freguesia de Nossa Senhora da Conceição de Marapicu, no atual município de Nova Iguaçu – e não Queimados, como se costuma informar –, próximo ao sopé da Serra do Marapicu, vertente norte do maciço do MENDANHA. Nesse primitivo trajeto, as paradas eram apenas ENGENHO NOVO; CASCADURA; Sapopemba; atual DEODORO; e Maxambomba (Nova Iguaçu), a final. No fim desse mesmo ano, a ferrovia se estendeu até Belém, atual Japeri, no sopé da Serra do Mar. Então, verificada a viabilidade e a importância do empreendimento, logo foram inauguradas, em sequência, depois da estação da Quinta Imperial, privativa da corte, as seguintes paradas ou estações: SÃO FRANCISCO XAVIER, TODOS OS SANTOS e RIACHUELO, na década de 1860; ENGENHO DE DENTRO, PIEDADE e REALENGO, na década seguinte; SAMPAIO, Derby Clube (atual estação Maracanã), ROCHA, CUPERTINO (depois, QUINTINO), ENCANTADO, MÉIER e Mangueira, na década de 1880; e finalmente, na década de 1890, BANGU, a PARADA DO CUNHA, depois MADUREIRA, Marítima (situada na Gamboa e ligada à Gare Dom Pedro II por um ramal hoje inativo), DONA CLARA e OSWALDO CRUZ, em 1897. Nesse ano, a antiga estação da Quinta Imperial foi desativada, sendo construída, em outra posição, a estação de São Cristóvão. Em 1893, outra empresa, a Companhia MELHORAMENTOS do Brasil inaugurava ligação entre Mangueira e Sapopemba, vindo daí, certamente, a denominação de "Estação Primeira" com que se tornou famosa a popular escola de samba da Zona Norte. Só que a linha explorada pela Melhoramentos, depois de incorporada esta empresa pela Central, em 1903, tornou-se apenas uma LINHA AUXILIAR da Central do Brasil (informação que talvez desagrade a alguns ferrenhos torcedores mangueirenses). Mas o certo e bom é que começava aí a ocupação da hinterlândia carioca e a definição da zona suburbana do Rio, principalmente naquelas localidades em que os BONDES ainda não tinham chegado; e que, ao longo do século XX, outras estações foram sendo inauguradas ao longo da ferrovia. Nas décadas de 1950 e 1960, as linhas de trens que partiam da "Gare Dom Pedro II", da Central do Brasil, em demanda da hinterlândia carioca e da Baixada Fluminense eram as seguintes: Subúrbios: linha 10, Engenho de Dentro; 12, Madureira; 13 e 23, Deodoro. Ramal de Santa Cruz: linha 41, Campo Grande, e 42, MATADOURO. Ramal de Nova Iguaçu: linha 30 (Nova Iguaçu), 31 (Queimados), 32 (Japeri) e 33 (Tairetá, depois Paracambi). Em março de 1957, era criada a Rede Ferroviária Federal S.A. (RFFSA), sucessora da Estrada de Ferro Central do Brasil, mais tarde sucedida pela empresa privada SuperVia que, á epoca deste texto, detém a concessão dos serviços de transporte ferroviário na cidade do Rio de Janeiro e na Baixada Fluminense. A expressão "Central do Brasil" quase que sobreviveu apenas na memória popular e no nome da estação inicial dos trens suburbanos, no complexo da ainda bela "Gare Dom Pedro II". Entretanto, a partir de 1998, o nome ganharia dimensão internacional devido a um premiado filme, protagonizado pela atriz FERNANDA MONTENEGRO, cujas cenas iniciais se passam exatamente no interior da gare. Ver ESTAÇÃO; LEOPOLDINA, Ramal da; LINHA AUXILIAR; RIO D'OURO, Estrada de Ferro; SUPERVIA; TREM DAS NORMALISTAS; TREM DAS PROFESSORAS.

CENTRO CULTURAL DE SANTA CRUZ. Ver MATADOURO.

CENTRO DE DANÇA RIO. Escola fundada na rua José Veríssimo, no MÉIER em 1973. Um dos poucos estabelecimentos de ensino de dança profissional, em nível de segundo grau, funcionando no país, à época deste texto, contava com um corpo discente de 1200 alunos. Destacado como um dos principais centros de ensino de dança no país, é responsável pela formação de bailarinos como, entre outros, Thiago Soares, astro do *Royal Ballet de Londres*, Isabela Coracy do *American Ballet Theatre* e Irlan Santos, protagonista do elogiado documentário *When I dance*, da diretora inglesa Beadie Finzi.

CENTRO ESPORTIVO MIÉCIMO DA SILVA. Inaugurado no início da década de 1980, o Centro Esportivo Miécimo da Silva está localizado em CAMPO GRANDE e, ocupando uma área de 64 mil m², é um dos maiores da América Latina. O complexo possui pista de atletismo, piscina olímpica e estádio de futebol, tendo sediado varias provas dos Jogos Panamericanos de 2007. Porém, o seu grande destaque é o Ginásio ALGODÃO, um dos mais modernos do Brasil, inaugurado em 1997. O nome é uma homenagem a um dos melhores jogadores de basquete do país de todos os tempos, cuja carreira começou no vizinho Clube dos ALIADOS. Totalmente climatizado, o ginásio tem capacidade para 4.500 espectadores. Localizado na rua Olinda Ellis, 470, em suas dependências, à época desta obra, mais de uma centena de professores e estagiários orientavam cerca de 18 mil pessoas por semana, na prática de mais de 20 modalidades desportivas. O nome do centro, popularmente referido como o "Miécimo", homenageia um político local, focalizado em verbete específico.

CENTRO POPULAR DE CULTURA ARACY DE ALMEIDA. Associação cultural, sem fins lucrativos, atuante na produção de eventos na área da cultura popular. Seu objetivo estatutário é a valorização da memória da musica popular brasileira, com foco na obra artística da cantora ARACY DE ALMEIDA e dos artistas de seu universo. Tem sede no número 370 da rua Moreira de Abreu, em OLARIA. Ver ESPAÇO CULTURAL ARACY DE ALMEIDA.

CENTRO PSIQUIÁTRICO PEDRO II. Complexo hospitalar inaugurado no ENGENHO DE DENTRO, em 1911, com o nome de Colônia de Alienados do Engenho de Dentro. Abrigava pacientes indigentes do sexo feminino encaminhados pelo Hospital Nacional de Alienados. Com a desativação deste, na década de 1940, assumiu seu lugar, passando a denominar-se Centro Psiquiátrico Nacional, até receber a denominação atual, expressa também pela sigla CPPII, em 1965. Na década de 1940, a instituição ganhou notoriedade pelas experiências de terapia ocupacional e reabilitação realizadas pela psiquiatra Nise da Silveira, as quais resultaram na criação do MUSEU DE IMAGENS DO INCONSCIENTE.

CERES FUTEBOL CLUBE. Agremiação fundada em 1933, como um clube de FUTEBOL AMADOR, na rua Ceres em BANGU. A iniciativa de sua criação foi de um grupo de marinheiros residentes na rua que lhe deu o nome. Filiado ao antigo DEPARTAMENTO AUTÔNOMO, sagrou-se campeão carioca amador em 1985, conquistando o vice-campeonato no ano seguinte. Em 1997, participou brilhantemente do campeonato da Segunda Divisão de profissionais. Sua sede localiza-se no número 638 da rua da Chita.

CEROL. Ver PIPA.

CERVEJA PRETA. O consumo de cerveja preta, do tipo "achampanhada", em garrafas então conhecidas como "barrigudas" foi hábito altamente difundido no ambiente estudado neste livro, até a década de 1970, pelo menos. A grande variedade de marcas compreendia nomes como Black Leão, Black Maurin, Black Portugal, Triumpho, Cruzeiro, Garibaldina, Ultramarina, Globo, Progresso, União Oriental, Minerva, D. Pedro I, Ocidental, Nympha, Rio-Botafogo, Primavera, Guarda Velha, Sameiro, Victória, Sulamel, Luzitânia e Sulamericana. A Black Princess, a mais popular de todas elas, deixou de ser fabricada em 1980; e sua fabricante, a Cervejaria Princesa, em TRIAGEM, a última das indústrias do ramo, encerrou suas atividades em 2001.

CESARÃO. Localidade em SANTA CRUZ, surgida a partir do Conjunto Habitacional Otacílio Camará, construído no final da década de 1970, pela CEHAB, Companhia Estadual de Habitação, na avenida CESÁRIO DE MELO. Vem daí, dessa localização, seu nome popular, aposto ao modo das denominações cunhadas, pela imprensa esportiva, para batizar os gigantescos ESTÁDIOS DE FUTEBOL. Com aproximadamente sete mil unidades, o conjunto é um dos maiores da região focalizada neste livro, tendo dado origem a quase um sub-bairro de Santa Cruz. Ver OTACÍLIO DE CARVALHO CAMARÁ; SENADOR CAMARÁ.

CESÁRIO DE MELO, Avenida. Importante via entre SENADOR VASCONCELOS e SANTA CRUZ, com início na avenida Joaquim Magalhães e término na praça Santa Cruz. Seu nome homenageia um grande líder político local, nascido em 1878, em Recife, PE. Formado em medicina e filiado ao Partido Autonomista, Júlio Cesário de Melo fez-se deputado federal em 1924 e, em 35, elegeu-se senador, exercendo o mandato até novembro de 37, quando da implantação do Estado Novo. Em outubro de 1958, elegeu-se vereador na legenda do PSB, exercendo a vereança até sua morte em janeiro de 1963. Segundo o historiador Brasil Gerson (1966), Cesário de Melo era "tão querido do povo porque jamais alegaria cansaço ou mau tempo para montar no seu cavalo e meter-se pelos mais ásperos caminhos à procura de doente que pedia seu remédio". Entre seus amigos contava-se o presidente Washington Luiz, o qual, segundo Brasil Gerson, "mais de uma vez esteve presente no seu sítio para saborear suas peixadas, maliciosamente apontadas pela oposição como 'as peixadas cívicas de Santa Cruz'".

CESTEIROS. A fabricação de cestos foi, outrora, uma das atividades econômicas importantes entre as comunidades de baixa renda da hinterlândia carioca. Assim, a arte dos cesteiros é focalizado no livro *O sertão carioca*, publicado por MAGALHÃES CORREA (1933), no qual merece destaque o preto velho Felipe, morador no Caminho do Macaco, na antiga Fazenda do VALQUEIRE, tido como o mais afamado artesão dessa especialidade na região que Correa estudou.

CÉU, Morro do. Elevação na Serra do MATEUS, na BOCA DO MATO.

CHÁ: LAVRADORES CHINESES EM SANTA CRUZ. Em 1815, Dom João VI trouxe agricultores chineses, principalmente de Macau, para cultivar chá (*Camellia sinensis*) na Fazenda Real de SANTA CRUZ. As condições de trabalho, cercadas de forte preconceito racial, eram ruins, e isso logo causou problemas. Em 1817, o chinês conhecido como "Bexiga" era nomeado feitor. Por sua crueldade, muitos trabalhadores abandonaram as roças, tornando-se salteadores nas estradas próximas e assaltantes de residências rurais. O projeto agrícola, então, malogrou; o chá chinês passou a ser importado da Inglaterra e, em vez do chá, o Brasil preferiu o café.

CHARME (*charm*). Estilo de baile popular surgido em meio à juventude negra e de classe média baixa dos subúrbios cariocas, no começo da década de 1980. Irradiado principalmente de CLUBES nas regiões de MÉIER e MADUREIRA, tem como sustentáculo de seu repertório canções românticas nos gêneros *soul* e *rhythm'n'blues*, em oposição à agressividade do funk e seus derivados, preferidos pela juventude das áreas mais carentes. O nome, segundo o jornalista João Sette Câmara (2009) teria sido cunhado pelo programador cultural conhecido como DJ CORELLO, em referência à elegância dos trajes e à expressão corporal dos DANÇARINOS dessa modalidade.Ver FUNK CARIOCA; PORTELA BLACK.

CHAVE DE OURO, Bloco da. Antigo bloco carnavalesco, de feição anárquica, que insistia, apesar da reprovação católica e da proibição policial, em sair às ruas do ENGENHO DE DENTRO na quarta-feira de cinzas. A tradição, surgida na década de 1940, perdurou até 1978, quando, sem repressão, a folia proibida perdeu a graça. Antes disso, entretanto, uma verdadeira "guerrilha carnavalesca" acontecia na rua Borja Reis e chegando até a DIAS DA CRUZ. O "pau comia". E quanto mais comia, Luiz Macaco, o teimoso inventor daquela espécie de farra masoquista, e sua rapaziada, mais felizes ficavam, pois o conflito, sempre esperado por grande público, era noticiado nos jornais e nas rádios, constituindo-se, então, quanto mais ruidosa fosse a repercussão, em grande sucesso. Segundo algumas versões, tudo teria começado quando, em 1943, numa sessão do cinema Engenho de Dentro, um alarme falso de incêndio provocou pânico e tumulto. Saindo à rua, e sendo proibidos de entrar no cinema, mesmo depois de constatada a inveracidade do sinistro, os espectadores, aos quais já se tinha juntado grande massa de curiosos, resolveram voltar para casa cantando e batucando latas velhas, formando assim um bloco e fazendo nascer uma curiosa tradição suburbana, mais tarde extinta.O nome "Chave de Ouro", talvez advinda de uma casa comercial, designa a localidade, quase um sub-bairro, onde a tradição nasceu, floresceu e se extinguiu.

CHICO SANTANA (1911 – 1988). Sambista carioca nascido em CAMPO GRANDE. Um dos grandes baluartes da VELHA GUARDA DA PORTELA, foi excelente autor e cantor, sendo tido por muitos como o compositor símbolo da escola. Homem de hábitos refinados, ao receber visitantes queridos, em sua modesta casa de OSWALDO CRUZ, gostava de servir bons vinhos, em taças de cristal, a mesa com toalha de linho e talheres de prata. Entre seus sambas mais conhecidos está *Saco de feijão*, sucesso na voz de Beth Carvalho em 1978.

CHICOTINHO QUEIMADO. Jogo infantil em que um participante esconde um objeto para que os outro o procurem, orientados, enquanto dele se aproximam ou afastam, pelas expressões exclamativas "está quente" (perto) ou "está frio" (longe). Quando o objeto é encontrado, o contecimento é saudado pelo grito "chicotinho queimado!". Então, o que encontrou o objeto é quem vai comandar a gincana, escondendo o objeto para que os outros se esforcem por encontrá-lo, e assim por diante. Ver BRINCADEIRAS INFANTIS E JUVENIS.

CHINESES. Ver CHÁ: LAVRADORES CHINESES EM SANTA CRUZ.

CHIQUEIROS. Ver ANIMAIS DOMÉSTICOS E "DE CRIAÇÃO".

CHORO. Estilo musical difundido a partir do Rio de Janeiro, na segunda metade do século XIX. O nome deriva dos grupos executantes do estilo, compostos basicamente de violões, cavaquinhos e sopros, e chamados "choros", executantes de valsas, xotes, quadrilhas, mazurcas, polcas, lundus, maxixes etc. Na atualidade, o nome "choro" é reivindicado por alguns aficionados e estudiosos como designativo de um gênero de música popular, e não apenas um estilo. Surgido numa época em que a hinterlândia era efetivamente uma região remota, o choro teve seu ambiente primordial em bairros como Andaraí, Catete, Cidade Nova, Estácio, São Cristóvão, Tijuca, Vila Isabel etc., chegando, nos subúrbios, principalmente àqueles mais próximos do centro urbano. E isto fica patente no livro *O choro: reminiscência dos chorões antigos*, de Alexandre Gonçalves Pinto (1978). Nele vemos, por exemplo, fartas referências a MÉIER, PIEDADE, RAMOS e ROCHA. Mas vemos também menções a reuniões e moradias de chorões em ÁGUA SANTA, ENGENHO DE DENTRO, INHAÚMA, e muitas a JACAREPAGUÁ. Em época mais recente, tivemos grandes músicos cultores do estilo residindo na região objeto deste livro, como Abel Ferreira, JACOB DO BANDOLIM, PIXINGUINHA e muitos outros. Ver ACARI RECORDS; CÂNDIDO DAS NEVES; GREY, Família; MEYER, Família; ROUXINOL SUBURBANO.

CHURRASCO DE ESQUINA. Prática masculina difundida a partir da zona suburbana carioca. No livro *A confraria da esquina*, o antropólogo ROLF RIBEIRO DE SOUZA (2003a), nascido e criado em IRAJÁ, analisou as reuniões de fins de semana e feriados em que, assando e comendo nacos de carne e bebendo cerveja, em plena rua, às vezes ao som de SAMBA, grupos de homens afirmam sua propalada masculinidade e os valores de suas comunidades, quase sempre em oposição aos da Zona Sul da cidade. Essa prática, em que carne e bebidas são adquiridas por cotização dos participantes, não se confunde com o "churrasquinho", popularizado comercialmente nas ruas de diversas cidades brasileiras. Ver CHURRASQUINHO DE RUA; CULINÁRIA, ALIMENTAÇÃO E GASTRONOMIA.

CHURRASQUINHO DE RUA. Modalidade de comércio popular informal disseminada por várias cidades brasileiras, no Rio de Janeiro o churrasquinho de rua era, à época deste livro, bastante diversificado. Assim, em junho de 2009, o jornal O Dia promovia um concurso para escolher, no centro e nas demais regiões da cidade, o melhor "estabelecimento". Avaliados os concorrentes segundo apresentação, sabor, qualidade e tempero, o vencedor foi o "Churrasco do Serginho" (Sergio Salvador, 39 anos), com sua churrasqueira localizada na rua do Lazer, Saída 4 da LI-

NHA AMARELA, em INHAÚMA, na qual, além de todas as variedades de carne bovina, eram oferecidos espetos com frango, codorna, camarão e até bacalhau. Ver CHURRASCO DE ESQUINA; CULINÁRIA, ALIMENTAÇÃO E GASTRONOMIA.

CHUVAS DE VERÃO. Filme do diretor carioca Cacá Diegues, lançado em 1977 e tendo, nos papéis principais, o casal de atores Jofre Soares e Míriam Pires. Na trama, Afonso, um viúvo de 70 anos, morador no subúrbio, se aposenta e, na primeira semana de ócio, logo se vê às voltas com inúmeros problemas de família. As emoções liberam então, em Afonso, a coragem de possuir Isaura, uma senhora solteira que ele deseja há muito tempo. A obra, filmada na rua JOÃO VICENTE e transversais, nos prédios assobradados da antiga VILA OPERÁRIA DE MARECHAL HERMES, transmite todo o clima daquele belo trecho do bairro.

CIAGA. Sigla do Centro de Instrução Almirante Graça Aranha, estabelecimento de ensino destinado a preparar tripulações para os navios e embarcações dos diversos ramos da Marinha Mercante Brasileira, localizado na AVENIDA BRASIL, na PENHA. Administrado pela Marinha do Brasil (Marinha de Guerra), o CIAGA oferece diversos cursos dentro do campo do Ensino Profissional Marítimo, principalmente o da Escola de Formação de Oficiais da Marinha Mercante do Rio de Janeiro, sendo por isso também considerado uma academia militar.

CIDADÃO-SAMBA. Título outrora concedido, anualmente, no universo das ESCOLAS DE SAMBA, ao sambista que se destacasse, entre os melhores, nas performances características do SAMBA, como dança, canto, composição, execução de instrumentos etc. Para fazer jus ao título, o candidato tinha de se exibir perante uma banca examinadora, que lhe exigia, inclusive, dons de oratória. Entre os mais famosos cidadãos-samba, estiveram os sambistas MANO ELÓI, PAULO DA PORTELA e ZÉ KÉTI.

CIDADE ALTA. Sub-bairro de CORDOVIL. Compreende os três conjuntos habitacionais denominados, respectivamente, "Cidade Alta", "Porto Velho" e "Vista Mar". O Cidade Alta abrigou, a partir de 1969, moradores das antigas FAVELAS da Praia do Pinto e Parque Proletário da Gávea, na Zona Sul. O Porto Velho acolheu os egressos dos morros de São João e da Chacrinha, também na Zona Sul da cidade. E, mais tarde, funcionários do BNH, Banco Nacional da Habitação, adquiriram os imóveis do Vista Mar. Em reportagem do jornal O Dia, em 17 de junho de 1984, este último conjunto era mostrado como o "filho rico" do Banco, com seus ocupantes portando escrituras de propriedade definitivas, enquanto que os dos outros dois ainda eram promitentes compradores, mutuários, com muitas prestações ainda por quitar.

CIDADE DAS CRIANÇAS Leonel Brizola. Complexo de lazer, esporte, educação ecultura localizado no Km 0 da Rodovia Rio-Santos, em SANTA CRUZ. Inaugurado em agosto de 2004, dois anos após o início das obras, é resultado do trabalho conjunto de vários órgãos da Prefeitura da Cidade do Rio de Janeiro. Seu conjunto inclui parque aquático, biblioteca, teatro, cinema e uma sala para múltiplas atividades. Em 2007, foi implantada, no complexo, a Escola Livre de Teatro, a primeira escola pública de teatro da ZONA OESTE.

CIDADE DE DEUS [1]. Bairro sede da 34ª Região Administrativa, resultado de desmembramento do antigo território de JACAREPAGUÁ, em 1998, e localizado em terras outrora integrantes da imensa sesmaria recebida, no século XVI, por

MARTIM CORREIA DE SÁ, depois governador da capitania do Rio de Janeiro. Nas centúrias seguintes, essas terras, onde foram abertas vias até hoje existentes, como as estradas do Gabinal, do Capão e da Banca da Velha (atual EDGARD WERNECK), sediaram engenhos e fazendas dedicados principalmente ao cultivo e beneficiamento de cana-de-açúcar e café. Na década de 1960, a política de remoção de FAVELAS posta em prática pelo governo do então ESTADO DA GUANABARA, ensejou a construção, no local, de um grande complexo habitacional que, por inspiração católica, recebeu a denominação de "Cidade de Deus". Ocupado a partir de 1968, o conjunto divide-se em tres módulos. O primeiro compõe-se de blocos somando mais de 30 edifícios distribuídos por uma área de 250 mil m^2; o segundo consta de 159 lotes de terreno distribuídos por oito ruas ocupando cerca de 36 mil m^2; e o terceiro, o maior, com mais de 120 logradouros, entre ruas, travessas e praças, todos batizados com nomes extraídos da Bíblia. Os primeiros moradores da Cidade de Deus vieram de 63 comunidades faveladas diversas, sendo a maioria da Zona Sul, como Catacumba, Ilha das Dragas, Parque da Gávea, Parque do Leblon, Praia do Pinto e Rocinha. Só a população oriunda dessas favelas representou 70% da ocupação inicial, contra a restante, provinda de 57 comunidades diferentes. Segundo os especialistas, essa heterogeneidade, além da grande distância em relação às fontes ou possibilidades de trabalho e renda, foi a principal causa dos problemas logo surgidos no imenso complexo habitacional. Logo nos primeiros tempos da ocupação, então, as áreas destinadas exclusivamente a residência, foram sendo tomadas por improvisados estabelecimentos comerciais e de serviços; e o crescimento desordenado foi dando lugar a novos processos de favelizacao, notadamente ao longo do Rio Grande e do Estiva, seu afluente. Em 1977, a grande jornalista Lena Frias, em matéria de três páginas publicada no Jornal do Brasil (FRIAS, 1977) escrevia: "Cidade de Deus tem uma área de 991 mil 404 metros quadrados, espaço onde se comprime uma população de aproximadamente 60 mil pessoas. Elevado número de filhos – oito, 10 ou mais – e concentração numa mesma casa de duas ou três famílias, vivendo quase sempre em regime de rodízio. Na maior parte, gente de menos de 25 anos. São 6 mil 654 unidades habitacionais: 5 mil 694 casas e 960 apartamentos. Aposentos pequenos, paredes estreitas que não vão até em cima. Paredes finas, deixando passar qualquer som, vazado já pelos espaços abertos entre o seu final e o teto. De qualquer cômodo, escuta-se tudo o que acontece nos outros: os gritos, os risos agudos, a conversa em voz muito alta, as batidas duras do soul music, as mensagens da TELEVISÃO". E, no *lead* da matéria, a seguinte informação, extraída de um relatório de 1976, elaborado pela ADMINISTRAÇÃO REGIONAL de Jacarepaguá: "Entre os problemas que justificariam a transferência dos habitantes da Cidade de Deus para uma nova comunidade, a capacidade de sobrevivência se coloca em primeiro lugar. Nada se pode fazer por uma comunidade que não tem condições básicas de sobrevivência." Vinte anos depois dessa contundente denúncia, com a inauguração da LINHA AMARELA, a "CEDEDÊ" (acrônimo, ao mesmo tempo carinhoso e irônico, oriundo da iniciais CDD, pelo qual o bairro e referido por seus moradores), foi cortada ao meio. De um lado, ficaram os blocos de apartamentos, dos conjuntos Gabinal, Margarida etc.; o do outro, ligados ao outro lado por passarelas, ficaram as casas dos antigos lotes. Em 2002, entretanto, com o sucesso do filme Cidade de Deus, baseado no romance homônimo do antigo morador PAULO LINS, o bairro teve seu nome divulgado internacionalmente. Mas essa exposição estigmatizou as comunidades da "CEDE-

DÊ", cujo nome passou a ser apenas sinônimo de violência e criminalidade. Contra isso, insurgiu-se a maior parte de seus moradores, os quais, por meio da mobilização político-social e da ação cultural, procuram, no momento deste texto, reverter esse quadro negativo. Ver ANIL; BLOCOS CARNAVALESCOS; CASAS DE TRIAGEM; COBERTURA VEGETAL NATURAL; COSMÉTICA DA FOME; CUFA; ESCOLAS DE SAMBA; GARDÊNIA AZUL; NOVA SEPETIBA; ÔNIBUS.

CIDADE DE DEUS [2]. Filme de Fernando Meireles, de 2002, baseado no livro homônimo de PAULO LINS. Detentor de vários prêmios nacionais e internacionais, tem no elenco, Leandro Firmino da Hora, Matheus Nachtergaele, Douglas Silva, Alexandre Rodrigues, os irmãos Phellipe e Jonathan Haagensen, Daniel Zettel e Seu Jorge. Segundo a sinopse, o principal personagem e protagonista do filme é o próprio lugar, "uma favela surgida nos anos 60, que se tornou um dos lugares mais perigosos do Rio de Janeiro, nos anos 80" (NETO, 2009, p. 231). O filme narra a história de vários personagens moradores do antigo Conjunto Habitacional, hoje o bairro CIDADE DE DEUS.

CIGANOS, Represa dos. Ver REPRESA DOS CIGANOS.

CIGANOS. Os ciganos são um povo nômade, historicamente tido como originário da Índia, estabelecido no Egito e chegado à Europa em levas a partir da metade do século XV. Entretanto, uma tese recente, defendida por Sándor Avraham, procura mostrar, com argumentos consistentes, que suas raízes seriam semíticas, mais precisamente hebraicas. Discussões de origem à parte, sabe-se que, no Rio colonial e imperial, os ciganos foram compulsoriamente localizados na região do Catumbi. Tempos depois, constituíram um forte núcleo no bairro de RAMOS.

Observe-se que, na UMBANDA moderna, existe uma linha cigana, o que parece provar a integração desse povo na vida carioca, já há algum tempo. Em outubro de 1938, segundo a edição do dia 12 de O Jornal, investigadores da Seção de Tóxicos, Entorpecentes e Mistificações da 1ª Delegacia Auxiliar prendiam, sob acusação de charlatanismo, na rua Nabor do Rego 170, em Ramos, Judith Kallile, mulher do vendedor ambulante Felix Kallile, descrita como "macumbeira" pela notícia jornalística, apreendendo em sua casa punhais, garrafas de vinho fino, cofres com dinheiro e outros objetos. Na linha inversa, vamos encontrar, também em Ramos, destacando-se pelo espírito solidário e pela benemerência, o médico, sambista e erudito cigano OSWALDO MACEDO. Nos subúrbios, então, e principalmente em Ramos, muitos foram os ciganos que, abandonando o nomadismo e as tendas, construíram casas e edifícios, e hoje levaram sua vida como promotores, professores, médicos e até mesmo sambistas.

CINCINATO BRAGA (1864 - 1953). Político nascido em Piracicaba, SP, e falecido na cidade do Rio de Janeiro. Foi deputado estadual e federal em sucessivos mandatos, e também presidente do Banco do Brasil. A seu respeito, o site MEU IRAJÁ (2011), ao referir-se à Família Bráulio, uma das irajaenses pioneiras, consigna: "A propriedade do Sr. Bráulio limitava-se com os terrenos do Sr. Cincinato Braga, residente em IRAJÁ, figura de evidência na política na década de 20. Segundo a informação, o presidente costumva visitá-lo em sua vivenda irajaense, bem como o prefeito Antonio Prado Junior, amigo de ambos, sendo este o mais provável motivo para o calçamento, já na década de 1930, de muitas ruas do bairro." Cincinato Braga é também referido no livro *Brasil e África, outro horizonte*, de José Honório Rodrigues (1964). Mas, aqui, como autor, em 1921, no âmbito das frustradas tentativas de branqueamento da populacão brasileira, de uma proposta de lei, apresentada ao Congresso Nacional, cujo artigo 1º estabelecia o seguinte: "Fica proibida no Brasil a imigração de indivíduos humanos das raças de cor preta". À época de estudante, Cincinato Braga foi abolicionista.

CINECLUBE SUBÚRBIO EM TRANSE. Ver ALMA SUBURBANA.

CINÉDIA. Empresa de produção cinematográfica fundada em 1930 por Adhemar Gonzaga. Em 1956, depois de uma esplendorosa fase em São Cristóvão e outra, de rumos incertos, em São Paulo, a Cinédia se instalava na estrada da Soca, na TAQUARA, passando, então, a alugar suas instalações para o cinema publicitário e a TELEVISÃO, sem entretanto abandonar a produção de filmes de longa-metragem. Na década de 1990, era a mais antiga empresa de seu ramo em atividade no Brasil. Mas, em meados de 2008, a área de suas instalações era adquirida por uma construtora para ser transformada em um condomínio residencial.

CINE GUARACY. Antigo cinema, inaugurado em 1950, na rua dos Topázios, no centro de ROCHA MIRANDA. Segundo informado, é dotado de escadas em mármore carrara com corrimão de bronze, sala de projeção com 1.300 lugares, divididos entre mezanino e térreo e decorada com colunas gregas, e um salão de espera decorado com espelhos em alto relevo. O prédio foi tombado pela prefeitura do Rio em 2003, mas o tombamento foi anulado poucos anos depois, permitindo-se a sua exploração comercial. Um banco o adquiriu e iniciou obras que o descaracterizaram, e que foram paralisadas após mobilização de moradores. À época deste texto, encontrava-se fechado e, segundo moradores da área, totalmente destruído por dentro (SEQUEIRA, 2011).

CINEMAS ANTIGOS. Antes da década de 1980, o cinema, juntamente com o PARQUE DE DIVERSÕES e o circo, constituiu a diversão por excelência do morador da hinterlândia carioca, distante da praia e de outras opções de lazer. Assim, raro era o bairro que não tivesse sua sala de exibições cinematográficas, dentre as quais podemos destacar as dos seguintes cinemas: Abolição, Bandeirantes, Brasília e Ridan (ABOLIÇÃO); Hermida (BANGU); Bento Ribeiro e Caiçara (BENTO RIBEIRO); Paraíso (BONSUCESSO); Brás de Pina (BRÁS DE PINA); Cachambi (CACHAMBI); Palácio Campo Grande (CAMPO GRANDE); Monte Castelo e Regência (CASCADURA); Real e Santa Alice (ENGENHO NOVO); Cisne (FREGUESIA); Irajá e Lamar, antes Cinema do Trabalhador (IRAJÁ); Alfa, Beija-Flor, Coliseu e Madureira (MADUREIRA); Lux (MARECHAL HERMES); Bruni, Eskye, IMPERATOR, Mascote, Para Todos (MÉIER); Leopoldina e Olaria (OLARIA); Ideal, Jovial, Piedade, Padre Nóbrega e Bruni Piedade (PIEDADE); Carmoly e Melo (PRAÇA DO CARMO); Baronesa (PRAÇA SECA): Mauá e Rosário (RAMOS); Realengo (REALENGO); GUARACY (ROCHA MIRANDA); Roulien, Todos os Santos (TODOS OS SANTOS) Vista Alegre (VISTA ALEGRE). Sobre o irajaense Lamar, lembra Raimundo Macedo (2009) que era "'poeira' de paredes de tábuas, onde a garotada fazia verdadeiras estripulias, sobretudo durante a exibição dos seriados e dos filmes de 'bang-bang'; suas cadeiras não eram fixadas no chão, o que facilitava a sua transformação em salão de baile nos períodos carnavalescos". Na atualidade, boa parte dessas salas, amplas e confortáveis, pertence à IGREJA UNIVERSAL DO REINO DE DEUS, localizando-se no interior dos shoppings quase todas as salas de exibição existentes na hinterlândia. Convém destacar que, em abril de 2009, em Londres (HORA, 2011), moradores locais protestavam contra planos dessa Igreja de comprar um cinema histórico, o EMD Cinema, inaugurado em 1887, para transformá-lo em templo.Ver IMPERATOR.

CINE-TEATRO PIEDADE. Antiga casa de espetáculos existente na Rua Manoel Vitorino, PIEDADE, na década de 1930. Seguindo o costume da época, exibia espetáculos de variedades, com peças teatrais, música e dança e, ao final, projetava o filme – ou a "fita", como se dizia na linguagem de então.

CINTRA VIDAL. Estação ferroviária da antiga LINHA AUXILIAR, entre TERRA NOVA e DEL CASTILHO, inaugurada em 1898. Seu nome é homenagem ao professor Cintra Vidal, dono do primeiro colégio de toda a região, localizado no Caminho dos PILARES, atual rua Álvaro de Miranda. Quando da elaboração deste Dicionário, a estação, integrando a malha ferroviária da SUPERVIA, era denominada "Cintra Vidal – Pilares".

CIRCOS. Nascido na Roma dos césares, o circo, em sua forma moderna, surgiu na Inglaterra, praticando e difundindo formas artísticas e atléticas como equilibrismo, acrobacia, malabarismo, arte equestre, arte dos palhaços etc. No Brasil, a difusão das atividades circenses datam do início do século XX, gozando de grande popularidade até mesmo depois do advento da TELEVISÃO, mas estando em franca decadência à época desta obra. Responsáveis pela apresentação, nos antigos subúrbios e ZONA RURAL do Rio, de apreciados espetáculos que incluíam, muitas vezes, apresentações de importantes nomes do cenário radiofônico, em 2009, os circos suburbanos são a mais perfeita imagem do fim de uma era. Vivida intensamente pelo autor desta obra, em suas infância e adolescência, essa era foi, por exemplo, a da dupla de palhaços Carequinha e Fred Villar, muitas vezes apaludidos, no Circo Atlântico, armado em IRAJÁ, bairro em que, ainda na época deste texto, residiam remanescentes da família Olimecha, do histórico circo de mesmo nome. No Circo Atlântico, meio herdeiro do tradicionalíssimo Olimecha, destacava-se também o multiartista Pery, também de tradicional família circense, que mais tarde personificou o "Zumbi", no Circo do Carequinha, já na televisão. A decadência do circo suburbano pode bem ser bem atestada pelo fato seguinte. Em agosto de 2008, o circo Koslov, montado na praça Nova América, na PRAÇA SECA, era coberto por uma lona alugada. Mas o dono ainda se emocionava ao ver as três filhas, respectivamente com 10, 8 e 2 anos de idade, atuarem no picadeiro. Embora enfrentando extremas dificuldades, e sem qualquer tipo de apoio, esse artista circense e chefe de família (como na maioria das trupes) não desistia. Sem endereço fixo, os trabalhadores nesse tipo de atividade não podem se beneficiar de auxílios oferecidos aos trabalhadores convencionais, como o bolsa-família. E órgãos como a Funarte, a quem teoricamente incumbe o apoio a todas as manifestações de arte, raramente, talvez por razões de ordem burocrática, concedem ajuda financeira aos pequenos circos suburbanos (ROSA, 2009).

CIRCULAR DA PENHA. Ver PENHA CIRCULAR.

CÍRCULO ILUSIONISTA BRASILEIRO. Associação fundada no Rio de Janeiro, no bairro do MÉIER, em 8 de maio de 1965. Divulgada como a mais antiga "entidade mágica" em atividade no Brasil, congrega praticantes das mais diversas modalidades do ilusionismo, os quais mantêm intercambio com entidades congêneres no país e no exterior. À época deste texto, tinha sede no número 188 da rua DIAS DA CRUZ, onde seus associados, a maioria moradora no próprio Méier, podiam ser contatados para atuação em vários tipos de eventos.

CIRO MONTEIRO (1913 - 1973). Cantor e compositor carioca. Grande estilista do SAMBA, criou interpretações inesquecíveis para obras como *Se acaso você chegasse*, de Lupicínio Rodrigues; *O bonde São Januário*, de Wilson Batista; e *Falsa baiana*, de Geraldo Pereira, entre muitas outras. Nasceu na rua Dona Alice, mais tarde General Belford, no ROCHA. Ver ODETE AMARAL.

CITRICULTURA. Atividade agrícola que tem por base o plantio e a colheita de frutas cítricas, como a laranja e o limão, a citricultura desenvolveu-se extraordinariamente na região de CAMPO GRANDE, nas outrora grandes fazendas de café da região. A causa remota foi a crise experimentada pela CAFEICULTURA, no final do século XIX, crise essa que atingiu outros ramos da atividade econômica no século seguinte, em decorrência da Primeira Guerra Mundial, e que culminou com a grande depressão de 1929. Com a baixa cotação do café no comércio, a antiga ZONA RURAL carioca voltou-se para uma nova atividade, a citricultura. Durante as décadas de 1930 e 1940, essa atividade tornou-se, a partir de Campo Grande, a base da economia da antiga Zona Rural carioca, a qual formou, com a Baixada Fluminense, o grande polo produtor e exportador de laranja do país. Na Segunda Guerra, com a queda das exportações, a atividade entrou em franca decadência até a extinção.

CLARA DOS ANJOS. Obra póstuma de LIMA BARRETO (1888-1921), que a concluiu no ano de sua morte. A história narra a sedução e o abandono, por um rapaz branco, filho de um funcionário público e morador do ROCHA, de uma moça negra, filha de um carteiro, dono de uma casinha humilde em uma rua sem pavimentação, "caminho obrigado das margens da Central para a longínqua e habitada freguesia de INHAÚMA." Além de sua importância como denúncia do preconceito e da desigualdade, o romance traça um quadro vivo do cotidiano na hinterlândia carioca no início do século XX.

CLÁUDIO JORGE de Barros. Violonista, guitarrista e compositor carioca, nascido em 1949, na BOCA DO MATO, e criado no CACHAMBI, onde adquiriu, com o violonista Jorge Santos, integrante do regional de WALDIR AZEVEDO, a base dos seus conhecimentos musicais. Estudante do COLÉGIO PEDRO II, no ENGENHO NOVO, aprendeu a ler música com o professor José Luiz de Souza, em DEL CASTILHO. Instrumentista de sotaque acentuadamente brasileiro, é bastante requisitado para gravações e espetáculos no Brasil e no exterior. Compositor, é autor de obras em parceria com CARTOLA, JOÃO NOGUEIRA e Nei Lopes, entre outros, em canções gravadas por vários intérpretes da MPB. Antigo integrante, ainda à época deste texto, do grupo instrumental acompanhante de MARTINHO DA VILA, fez com ele inúmeras viagens à Europa e à África. A partir do final da década de 1990, tornou-se também conhecido e respeitado como arranjador e produtor musical. No momento deste texto, Cláudio Jorge é diretor do Centro de Referência da Música Carioca, órgão da Secretaria Municipal de Cultura.

CLARIMUNDO DE MELO, Rua. Logradouro ligando os bairros de ENCANTADO e QUINTINO, com início na praça Sargento Eudóxio Passos e término na rua Padre Telêmaco. Seu nome homenageia um estimado médico, com consultório na Farmácia Portela, à rua Elias da Silva, o qual, em 1909, morreu vítima de um engano fatal: ingeriu ácido fênico julgando ser limonada purgativa. Em 1913, seu nome foi dado à antiga Estrada do MUQUIPARI, atual rua Clarimundo de Melo.

CLAUDIONOR Marcelino dos Santos. Personagem legendário da história das ES-

COLAS DE SAMBA. Integrante do núcleo fundador da PORTELA, é unanimemente considerado o maior dançarino do SAMBA em seu tempo, sendo uma espécie de "ancestral" dos primeiros grandes intérpretes dessa arte, como o portelense Alexandre de Jesus, o Tijolo, o salgueirense Vitamina, o também salgueirense e depois mangueirense Gargalhada e outros. Suas apresentações nos desfiles da Praça Onze eram aguardadas com ansiedade, sempre rendendo pontos para sua escola e, às vezes, até um reforço para suas magras economias. Era irmão de Galdino dos Santos, o "Seu Galdino", fundador do bloco carnavalesco Baianinhas de OSWALDO CRUZ e líder de outros grupos na região, inclusive da também legendária PAZ E AMOR, de BENTO RIBEIRO. Embora companheiro de PAULO DA PORTELA, tinha temperamento diferente, sendo mulherengo, bebedor e brigão; e, assim, protagonizou dois episódios marcantes, ambos relacionados à escola de samba PRAZER DA SERRINHA, uma das bases do IMPÉRIO SERRANO. No primeiro, conforme narrado em Silva e Oliveira Filho (1981), em um carnaval em que a Portela se recusou a custear sua fantasia, talvez por seu mau comportamento, Claudionor bandeou-se para a escola da Serrinha, que o recebeu, antevendo uma boa colocação graças ao talento e ao prestígio do passista. Claudionor, então, de posse da ajuda financeira, teria mandando confeccionar uma fantasia em cor neutra, com a qual, na Praça Onze, acabou mesmo desfilando por sua Portela. Segundo alguns, isso teria lhe custado, depois, uma surra, que o fez rolar Serrinha abaixo. O outro episódio, de viés trágico, foi o suicídio de Juraci, filha de Delfino Euzébio Coelho, o "Seu Delfino", líder, diretor de harmonia e compositor do Prazer da Serrinha, pela qual concorreu ao título de CIDADÃO-SAMBA em 1935. Apaixonada por Claudionor e tendo sido por ele abandonada, a sambista, notabilizada por sua performance como "baiana" de sua escola, ateou fogo ao corpo, num gesto fatal. Sua morte foi, inclusive, evocada em um samba, atribuído a seu pai e cantado no carnaval, *A morte da baiana*, sendo o abatimento de Claudionor referido em um samba de Herivelto Martins e Grande Otelo. Mulherengo e conquistador, o "rei do sapateado", como foi chamado pela imprensa da época só teria se casado já idoso (para os padrões de sua época), tendo falecido provavelmente já na década de 1960.

CLÉA SIMÕES (1927 – 2006). Atriz nascida em Belém do Pará e falecida na cidade do Rio de Janeiro. Com carreira iniciada na década de 1960, participou de importantes filmes como *O coronel e o lobisomem* (1979) e de telenovelas como *O direito de nascer* (TV Tupi, 1978), na qual viveu a criada negra Mamãe Dolores, personagem que marcou sua carreira. Sua última atuação televisiva foi na novela *Coração de estudante*, na qual, mais uma vez, personificou uma criada. Participante, também, da Ala da VELHA GUARDA da PORTELA (distinta do conjunto musical), era antiga moradora de OLARIA.

CLÉCIO REGIS. Pintor e cenógrafo nascido em BANGU, c. 1960. Autodidata, com carreira profissional iniciada na década de 1980, em 1984, realizou o cenário da minissérie *O tempo e o vento*, na Rede Globo de TELEVISÃO. Dez anos depois, criou o GRÊMIO LITERÁRIO JOSÉ MAURO DE VASCONCELOS, também conhecido como Museu de Bangu. Entretanto, a definição de sua trajetória deu-se, mais tarde, quando recebeu da arquiteta Bel Lobo a encomenda de pintar, em um restaurante do bairro da Lagoa, uma vista do local no início do século XX, abrangendo a paisagem do Corcovado ao Pão de Açúcar. O sucesso do trabalho fez com que começasse a ser apontado como o novo NILTON BRAVO. No final de 2010, residindo e trabalhando em Bangu, destacava-se também, no cinema e na televisão, como cenógrafo do filme *Nosso Lar* e da minissérie *Hoje é dia de Maria*, também na Rede Globo.

CLEMENTINA DE JESUS (1902 – 1987). Cantora nascida em Valença, RJ, e falecida no Rio de Janeiro, RJ. Vinda para o Rio ainda menina, morou na região da PRAÇA SECA e em OSWALDO CRUZ. Descoberta para a vida artística já sexagenária, estreou em 1965, no musical Rosa de ouro, afirmando-se como uma espécie de "elo perdido" entre a ancestralidade musical africana e o SAMBA urbano. Por essa época, em que inclusive exibiu-se no exterior, residia na rua Acaú, no ENGENHO NOVO, próximo à rua BARÃO DO BOM RETIRO, no sopé do Morro de SÃO JOÃO, de onde, mais tarde, mudou-se para INHAÚMA. Em 1973, sofreu um acidente vascular cerebral; e, mesmo debilitada e sem o vigor e a alegria que caracterizaram o início de sua carreira profissional, atuou até quase o fim da vida.

CLÓVES DO VIOLÃO. Ver MEU KANTINHO CENTRO DE CULTURA.

CLÓVIS. No carnaval carioca, denominação genérica para o mascarado ou grupo de mascarados que saem às ruas, trajando macacão colorido e capa bordada, portando uma bola ou bexiga de boi, presa a um cordão, a qual vai batendo no chão, para assustar os circunstantes (HOUAISS; VILLAR, 2001). O nome vem, ao que consta, do inglês *clowns*, palhaços. E a tradição, segundo algumas versões, teria nascido em SANTA CRUZ, na década de 1930, como fantasia de carnaval de alemães que vieram para o local quando da construção do HANGAR DO ZEPELIM, hoje atração turística na Base Aérea. Outrora, Santa Cruz, CAMPO GRANDE, BANGU e PADRE MIGUEL eram efetivamente os locais onde essa tradição carnavalesca se mostrava com mais força. Assim, mal começava o carnaval, eles apareciam, máscaras de tela com um tufo de lã ou algodão simulando cabelo, acima da testa; macacão largo de cetim colorido (quanto mais largo mais imponente); colete bordado de lantejoulas e vidrilhos e arrematado com arminho; as calças bufantes presas nas meias soquetes; tênis, e na mão, a bexiga de boi, seca e inflada de ar, para bater no chão, pelo que até hoje são também chamados de "bate-bola". Na década de 1980, a tradição estava disseminada por todo o subúrbio, quase sempre associada ao universo do funk. Aí, com interpretação e atitude distinta dos clóvis antigos, os bate-bolas saíam em blocos de até duzentos componentes. E havia outras mudanças, como por exemplo nos trajes. O macacão era mais estreito, e sempre em preto para realçar o desenho colorido feito em purpurina, que ia nas costas, não no bolero (que eles já não tinham) mas na capa, que conferia muito mais autoridade e provocava maior impacto. Na cabeça, por cima da máscara, alguns usavam chapéu de copa alta, com uma franja na aba. Na mão, em vez da bexiga, alguns levavam um martelo de plástico, dos grandes. Alguns grupos tinham nomes sugestivos, e executavam performances exaustivamente ensaiadas que obedeciam, mais ou menos, ao seguinte roteiro, exposto por Elizabeth Marins (1982): antes da apresentação, o grupo se reunia e, enquanto esperavam as ordens do líder, os componentes estendiam as capas bordadas no chão, de modo a formar um enorme e belo tapete colorido. Quando o líder dava início à encenação, badalando uma campainha, a turma entrava em fila dupla, fazendo "cobrinha". Então, formavam uma grande roda, dentro da qual, os integrantes mais ágeis e fortes executavam acrobacias, pirâmides e outras bossas. E alguns grupos ritualizavam ainda mais a apresentação (LOPES, 2001, p. 85-86). Em 2006, quando a sombrinha, adereço característico do frevo pernambucano, já tinha sido incorporada às apresentações dos bate-bolas, era lançado o filme documentário em longa metragem Carnaval, bexiga, funk e sombrinha, de Marcus Vinicius Faustini, rodado no carnaval de 2005. A obra focaliza o universo dos mais de 70 grupos de clóvis ou "bate-bolas" existentes na ZONA OESTE carioca. Esses grupos, segundo a sinopse do filme (NETO, 2009, p. 195), ao mesmo tempo que perpetuam a tradição alegre do carnaval de rua, levam às ultimas consequências os preparativos para a festa, que começam já no dia seguinte ao carnaval. Esses preparativos envolvem muita gente, como operários de diversas áreas, costureiras, bordadeiras, jovens, velhos e crianças, todos imbuídos do mesmo espírito coletivo que anima, por exemplo, uma torcida de um time de futebol. No carnaval de 2010, um dos grupos focalizados pela imprensa foi o Caos, de JACAREPAGUÁ, que se exibiu num trajeto que incluiu SULACAP, MARECHAL HERMES, BENTO RIBEIRO, OSWALDO CRUZ, MADUREIRA e VALQUEIRE. Convém repetir que, na atualidade, o nome "clóvis" e a expressão "bate-bola" já não apresentam sinonímia tão perfeita, pois que "bate-bola" é o mascarado simples, de fantasia pobre, comprada em loja; e o "clóvis" é aquele que sai em grupo, ricamente fantasiado, e executando performances sofisticadas, buscando visibilidade na mídia, além de premiações em concursos e certames. Em fevereiro de 2010, era anunciada a intenção da Prefeitura carioca de proteger os grupos de bate-bolas como patrimônio imaterial da cultura carioca (NOTÍCIA, 2010).

CLUBE ALEMÃO. Ver LINS DE VASCONCELOS.

CLUBE DO SAMBA. Agremiação fundada no MÉIER, em meados da década de 1970, por iniciativa do cantor e compositor JOÃO NOGUEIRA. Sua primeira sede foi na própria casa de Nogueira, na rua José Veríssimo nº 50, onde ocorriam, aos sábados, animados almoços com PAGODE, com a presença de grandes nome do mundo do SAMBA e da música popular brasileira. Em sua segunda fase, o Clube mudou-se para a Barra da Tijuca.

CLUBE DOS CAÇADORES. Num tempo em que a caça esportiva ainda era livre nas matas da hinterlândia carioca e em localidades como Xerém e Tinguá, na Baixada Fluminense, foi fundado, em MADUREIRA, no ano de 1934, o Clube dos Caçadores, que no final da década de 1960 ocupava um sobrado na rua JOÃO VICENTE, nas proximidades da estação de MADUREIRA. Na atualidade, a memória dessa associação é preservada num Museu, localizado no número 38 da rua São Geraldo, onde o acervo é constituído principalmente de animais empalhados (conservados por taxidermia), os quais são comumente requisitados para exposições didáticas e mesmo composição de cenários de teatro e de produções audiovisuais. Ver CAÇADORES.

CLUBE DOS JIPEIROS DO RIO DE JANEIRO. Associação com sede na rua Ribeira do Pombal, em GUARATIBA. Tem como objetivo principal promover, incentivar e divulgar o automobilismo praticado em veículos do tipo jipe, em trilhas difíceis e acidentadas (*off-road*), organizando eventos de caráter esportivo, técnico ou recreativo, entre outros. Sua sede ocupa uma área de 55 mil m².

CLUBE DOS LANCEIROS VITORIOSOS. Antiga agremiação, provavelmente carnavalesca, ativa em 1900 no ENGENHO DE DENTRO.

CLUBE FAMILIAR DA PIEDADE. Agremiação recreativa existente em 1900 no bairro mencionado em sua denominação, possivelmente um clube de danças.

CLUBE RECREATIVO PORTUGUÊS DE JACAREPAGUÁ. Agremiação fundada em

1966, com o nome de Rancho Folclórico Tricanas de Coimbra. Tem como objetivos estatutários congregar a comunidade lusitana, difundir a amizade entre os povos brasileiro e português, divulgar a história da cidade de Coimbra, bem como suas belezas naturais e sua cultura. Para tanto, promove, em sua sede na rua Aripó, na TAQUARA, reuniões culturais, recreativas, artísticas etc.

CLUBE RIACHUELENSE. Ver TEATRO DO RIACHUELO.

CLUBES. Círculo social no qual pessoas se reúnem para lazer e convivência, a instituição do clube parece estar ligada, no Rio de Janeiro e arredores, ao processo de influência econômica e cultural inglesa, consolidado com a instalação de companhias como Light and Power, Bank of London, Leopoldina Railway, Western Telegraph, Rio de Janeiro Traction etc. Fundado em Niterói, no final do século XIX, o Rio Cricket, por exemplo, era o clube de inverno, onde os ingleses aqui empregados buscavam manter a identidade cultural de sua comunidade. Tendo o esporte como motivação inicial, o clube social (diferente, por exemplo, do "clube musical", que girava em torno da sala de concerto) passou a significar, mais tarde, o espaço de convivência das chamadas "boas famílias", que se contrapunham aos "maus elementos" e às "más companhias", cujo hábitat natural era a rua. Para os menos aquinhoados, havia também as sedes dos cordões carnavalescos, como espaço de recreação e socialização de negros e mestiços pobres através do inseparável binômio música e dança. Na década de 1890, surgiam, na Zona Sul carioca, os primeiros clubes sociais. E, com a expansão dos subúrbios, a novidade vai aos pouco sendo absorvida pela população da hinterlândia carioca. Ao longo desta obra, perfilamos alguns desses clubes, existentes ou não à época da criação deste texto. Além deles, lembramos neste verbete os seguintes, muitos já não mais existentes: Atlas E. C. (LINS DE VASCONCELOS); Brás de Pina Country Club; Clube dos Aliados (CAMPO GRANDE); CASSINO BANGU; Centro de Comércio de Industria de Pilares; Cascadura Tênis Clube; Clube dos Sargentos (CASCADURA); CREIB (PADRE MIGUEL); E.C. Garnier (ROCHA); GREIP (PENHA); Guadalupe Country Club; Imperial Basquete Clube (MADUREIRA); Irajá Atlético Clube; E.C. Lígia (OLARIA); S.C. Mackenzie (MÉIER); Madureira Tênis Clube; Magnatas Futebol de Salão (ROCHA); E.C. Marã (MARECHAL HERMES); E.C. Marabu (PIEDADE); Melo Tênis Clube (PRAÇA DO CARMO); E.C. Oposição (Piedade); Parames (JACAREPAGUÁ); Social Ramos Clube (RAMOS); Várzea Country Clube (ÁGUA SANTA); Vera Cruz (ABOLIÇÃO),Vitória T.C. (ENGENHO NOVO) etc.

COBERTURA VEGETAL NATURAL. Na paisagem do Rio de Janeiro, a hinterlândia, à exceção da parte montanhosa do oeste, é, em razão de diversos fatores, região há muito carente de atrativos naturais. Assim, com a publicação pelo jornal O Globo, em 1º de junho de 2009, de informação sobre os percentuais da cobertura vegetal natural em cada uma das REGIÕES ADMINISTRATIVAS do município, tínhamos, para a região objetos deste trabalho, os seguintes índices: Guaratiba: 39,54%; Jacarepaguá: 37,60%; Bangu: 24,44%; Campo Grande: 21,20%; Realengo: 12,62%; Santa Cruz: 7,89%; Maré: 4,11%; Anchieta: 2,81%; Penha : 2,77%; Méier: 2,55%; Madureira: 2,28%; Pavuna: 0,94%; Irajá: 0,76%; Ramos: 0,71%; Cidade de Deus: 0,66%; Complexo do Alemão: 0,20%; Inhaúma: 0,03%; Jacarezinho: 0,00%; Vigário Geral: 0,00%.

COBREIRO. Ver REZADEIRAS.

COCA-COLA, Fábrica da. Antigo e tradicional estabelecimento fabril localizado na atual Estrada de Itararé, em RAMOS.

Inaugurada em 1942, foi a primeira fábrica da multinacional Coca-Cola no Brasil. Pela modernidade de seu equipamento, foi, durante muitos anos, local obrigatório de concorridas visitas de grupos de estudantes, que se maravilhavam diante de tantas novidades tecnológicas, sem perceber a estratégia mercadológica por trás do incentivo a essas visitas. Localizada no Complexo do ALEMÃO, a fábrica acabou abandonada pela grande empresa.

COELHO NETO. Bairro pertencente à 25ª Região Administrativa (PAVUNA), localizado entre COLÉGIO, ACARI, HONÓRIO GURGEL, BARROS FILHO e Pavuna. Nasceu e se desenvolveu em terras da antiga Freguesia de IRAJÁ, outrora pertencentes, em sua maior parte, à viúva D. Leonor de Barros Amaral. Sua estação ferroviária, então denominada Areal, e integrante da Estrada de Ferro RIO D'OURO, foi inaugurada em 15 de janeiro de 1883, recebendo o nome do escritor Henrique Maximiano Coelho Neto apenas na década de 1940. Mais tarde, desativada a antiga estrada de ferro, o bairro passou a integrar o itinerário da Linha 2 do METRÔ. As principais ligações rodoviárias do bairro com o restante da cidade são a AVENIDA BRASIL e a avenida Pastor MARTIN LUTHER KING. Ver ACARI RECORDS; AREAL; AVENIDA AUTOMÓVEL CLUBE; BACIA HIDROGRÁFICA; ESCOLAS DE SAMBA; ESTRADA DO AREAL; FAVELAS; FAZENDA BOTAFOGO; GABRIEL HABIB; QUILOMBO, G.R.A.N.E.S.; UNIDOS DE VILA SANTA TEREZA.

COLÉGIO. Bairro sob a jurisdição da 14ª Região Administrativa (IRAJÁ). Localizado em terras da antiga Freguesia de IRAJÁ, entre COELHO NETO, HONÓRIO GURGEL, Irajá, TURIAÇU e VAZ LOBO, é cortado pela antiga AVENIDA AUTOMÓVEL CLUBE e pela Linha 2 do METRÔ. A partir de 1883, abrigou uma estação da Estrada de Ferro RIO D'OURO, com o mesmo nome que o bairro até hoje conserva e que é referência ao primeiro estabelecimento de ensino criado na Freguesia de Irajá, o colégio do professor José Teodoro Burlamáqui, fundado em 1860 na junção das antigas estradas da Pavuna (depois Automóvel Clube) e do Barro Vermelho. O bairro nasceu em terras outrora pertencentes ao português José Júlio Pereira de Morais, o primeiro Visconde de Morais (1848 – 1931), que as loteou e vendeu, dando efetivamente início ao bairro, hoje de características mistas, tanto residenciais quando industriais. Quanto ao lazer, no pequeno bairro, ele esteve quase sempre relacionado ao Colégio Futebol Clube, fundado em 1917, com campo na Estrada do Barro Vermelho, e carinhosamente referido como "Coleginho". Ver CONFRARIA DO VENTO; ESCOLAS DE SAMBA; ESTRADA DA CUTIA; FAVELAS; INDÚSTRIAS PIONEIRAS; PARA PEDRO, Favela; ÔNIBUS.

COLÉGIO ARTE E INSTRUÇÃO. Antigo estabelecimento de ensino em CASCADURA, fundado em 1905 por Ernâni Cardoso, tido como o primeiro colégio particular não religioso do Brasil. Na atualidade, suas dependências, na avenida ERNÂNI CARDOSO, abrigam o moderno colégio MV1.

COLÉGIO PEDRO II. Um dos mais tradicionais estabelecimentos de ensino no país, o Colégio Pedro II, fundado em 1837, foi durante muitos anos o "colégio padrão" do Brasil, por ter seu currículo e seus procedimentos educacionais como base para as outras escolas. Em março de 1952, dentro de um projeto de descentralização de suas atividades, o colégio inaugurava a Unidade Engenho Novo, então chamada "Seção Norte", localizada no número 726 da rua BARÃO DO BOM RETIRO, no ENGENHO NOVO. Em 2004, dentro de nova estratégia, a instituição inaugurava, em convênio com a Prefeitura do Rio, a Unidade Escolar Experimental de REALENGO, localizada no número 941 da rua Bernardo de Vasconcelos.

COLÉGIO REPUBLICANO. Instituição particular de ensino localizada em VAZ LOBO, no início da avenida MONSENHOR FÉLIX. Foi fundada pelo Dr. José Machado, da família de Manoel Machado, chefe político local, e que deu nome a outro colégio local. Fundado na década de 1930, foi, durante muitos anos, referência como estabelecimento de ensino de excelente qualidade na zona suburbana e um dos primeiros a ministrar o antigo curso ginasial na região de IRAJÁ.

COLÉGIO SANTA MÔNICA. Ver XUXA.

COLÔNIA. Forma abreviada de referência à COLÔNIA JULIANO MOREIRA.

COLÔNIA AGRÍCOLA JAPONESA. Núcleo de imigrantes criado em SANTA CRUZ, no ano de 1938, por força de acordo entre o Governo Federal e a Cooperativa Agrícola de Cotia. Inicialmente composto por 36 famílias de agricultores provenientes do município paulista de Mogi das Cruzes, os imigrantes e suas famílias estabeleceram importantes marcos, não só agrícolas como sociais, refletidos principalmente na cultura e na educação. Em meados de 2011, o agrônomo Otávio Myata, de 34 anos, cujos avós paternos fizeram o longo percurso de Koichi, no Japão, até Santa Cruz, passando pela cooperativa de Cotia, destacava-se pelo aproveitamento de uma espécie de aipim outrora rejeitada (MOREIRA, 2011).

COLÔNIA DE ALIENADOS DE ENGENHO DE DENTRO. Antigo nome do CENTRO PSIQUIÁTRICO PEDRO II.

COLÔNIA JULIANO MOREIRA. Antigo hospital-colônia para tratamento de pacientes psiquiátricos, criado nas terras do Engenho de Nossa Senhora dos Remédios ou Fazenda do Engenho Novo (onde nasce o ARROIO PAVUNA), em JACAREPAGUÁ. Originou-se da colônia agrícola para alienados da Ilha do Governador (FIOCRUZ, 2012). João Augusto RODRIGUES CALDAS, que a dirigia desde 1909, solicitou e obteve, do governo federal, sua mudança de local, em vista de suas péssimas condições. Feitas a desapropriação do terreno em Jacarepaguá, em 1912, e as obras de adaptação, os internos foram transferidos em 1923, e a nova colônia agrícola foi oficialmente inaugurada em 29 de março de 1924, com o nome de Hospital Colônia de Jacarepaguá e com o endereço da Estrada Velha do Rio Grande, nº 3.400. À época deste texto, ocupando grande vastidão de terras e abrigando inúmeras famílias, a Colônia constituía um sub-bairro da TAQUARA, sendo, então, estudados projetos para seu efetivo reconhecimento como um bairro. Em fins de 2011, no bojo das obras de revitalização da cidade com vistas aos eventos desportivos programados para 2014 e 2016, a localidade ganhava benfeitorias propiciadas pelo programa municipal "Morar Carioca".

COLÔNIA REEDUCACIONAL DE MULHERES. Antiga unidade do sistema penitenciário fluminense localizada nos limites do antigo território de BANGU. A autorização para seu funcionamento, juntamente com a do Sanatório Penal, foi dada em 1939, pelo Governo Provisório e o Conselho Penitenciário. Ver COMPLEXO PENITENCIÁRIO DE GERICINÓ.

COMENDADOR SOFIA. Nome pelo qual foi conhecido Serafim Moreira da Silva, imigrante português chegado ao Brasil com 22 anos de idade, em 1919. Benemérito da região de CAMPO GRANDE, foi o doador do terreno e responsável pela construção da igreja matriz de COSMOS, erguida em honra de Santa Sofia e abençoada pelo Cardeal do Rio de Janeiro em setembro de 1950. Pai do compositor ADELINO MOREIRA, ganhou seu cognome por ser filho de Sofia Moreira. Seu nome está ligado também ao Sport Clube Rosita Sofia, integrante do antigo DEPARTAMENTO AUTÔNOMO do futebol carioca.

COMÉRCIO ESTABELECIDO. Numa síntese histórica da atividade comercial estabelecida, na região objeto deste livro, veremos que ela começa com as vendas ("venda: estabelecimento humilde, aberto por negros egressos da escravidão", HOUAISS; VILLAR, 2001), ainda evocadas nos nomes de algumas localidades contemporâneas, como Venda da Varanda, em SANTA CRUZ; Venda Velha, em São João de Meriti; ou antigas, como Venda Grande, nos atuais ENGENHO NOVO e DEL CASTILHO. Com o tempo e a prosperidade, as vendas tornam-se "armazéns", ao estilo europeu, com dimensões mais amplas e maior estoque de mercadorias, assumindo, mais tarde, o nome "mercearia", de conotações ainda mais complexas e diversificadas, para chegar aos supermercados da atualidade. Provavelmente por volta da década de 1930, surgem as padarias, que, além do fabrico e venda de pães e doces, alugavam seus amplos fornos para as famílias assarem porcos e cabritos incluídos no cardápio das grandes festas, como batizados e casamentos. Mais tarde, as padarias, por também fabricarem confeitos, como bolos e doces, incluem em sua denominação o substantivo "confeitaria". Outras importantes espécies de estabelecimentos comerciais eram também o ARMARINHO, a CARVOARIA e a QUITANDA, ainda existentes em algumas localidades, e objeto de verbetes específicos no corpo deste Dicionário. Convém assinalar que o advento dos shopping-centers trouxe ao comércio uma impessoalidade que os tempos antigos não conheciam: neles, a relação entre o comerciante e o freguês, ou seja, entre o vendedor e o consumidor, era, muitas vezes, uma relação de fraterna vizinhança.

COMIDA DI BUTECO. É um dos maiores concursos gastronômicos do país. Focado na comida típica dos "botecos" (denominação coloquial dos botequins no Brasil), seu objetivo é promover a valorização da culinária de raiz e da tradição do botequim. Realizado anualmente durante um mês, no outono ou inverno, o evento foi criado em 2000, em Belo Horizonte, e em 2011 aconteceu em 15 cidades de sete estados, sendo que o Rio de Janeiro participa desde 2008 (COMIDA, 2011). Na região objeto deste livro, o concurso tem tido dupla importância. Primeiramente, tem contribuído para reduzir o preconceito contra os costumes populares tradicionais; além disso, tem aumentado a visibilidade da hinterlândia carioca, colocando alguns de seus botequins e restaurantes no circuito gastronômico "elegante" da cidade. Ver BOTEQUINS; CACHAMBEER; CULINÁRIA, ALIMENTAÇÃO E GASTRONOMIA; NORDESTINO CARIOCA; ORIGINAL DO BRÁS.

COMO ERA TRISTE A CHINESA DE GODARD. Romance do jornalista Rodrigo Fonseca, lançado em outubro de 2011. Ambientado na região objeto deste Dicionário, tem como protagonista um morador que tenta realizar o sonho de manter uma casa noturna denominada "Bonsucesso Blues", no bairro de mesmo nome. Na trama, narcotraficantes do Morro do ALEMÃO, que tiveram vida real, interagem com personagens de ficção em ações desenvolvidas em lugares como IGREJA DA PENHA, Praça das Nações e RAMOS, além de CASCADURA e REALENGO (SINOPSE, 2011).

COMPANHIA DE TECIDOS DE SEDA BRASILEIRA. Antigo estebelecimento industrial, instalado em PIEDADE em

1893, no mesmo momento da instalação da FÁBRICA BANGU.

COMPANHIA ENGENHO CENTRAL DE AÇÚCAR E ÁLCOOL DE CANA DE JACAREPAGUÁ. Empresa agroindustrial atuante na BAIXADA DE JACAREPAGUÁ no século XIX. Ver BANCO DE CRÉDITO MÓVEL.

COMPANHIA FERRO-CARRIL DO CACHAMBI. Empresa criada em 2 de dezembro de 1879. Era responsável pelo serviço de bondes na freguesia de INHAÚMA, a partir da freguesia do ENGENHO NOVO. Ver BONDES.

COMPANHIA PROGRESSO INDUSTRIAL DO BRASIL. Ver BANGU.

COMPLEXO EQUESTRE DA VILA MILITAR. Situado na avenida Duque de Caxias, 2660, na VILA MILITAR, tem sua origem nas instalações da Escola de Cavalaria e do Departamento de Remonta e Veterinária do Exército, que contavam, no início do século XX, com quartéis, currais e áreas de treinamento numa região que abrangia partes dos atuais bairros de REALENGO, MAGALHÃES BASTOS e Vila Militar. Ao tempo da elaboração desta obra, o complexo é centrado no 2º Regimento de Cavalaria de Guardas (antigo Regimento Escola de Cavalaria), e inclui o Departamento Hípico (que promove competições), o Centro Hípico do Rio de Janeiro (onde militares e dependentes podem praticar equitação), a Escola de Equitação do Exército (responsável pelo treinamento de militares) e o Parque Equestre General Eloy Menezes (campo de treinamento e competições que foi adequado às regras internacionais da equitação para os Jogos Panamericanos de 2007). É um dos centros que formam o COMPLEXO ESPORTIVO DE DEODORO.

COMPLEXO ESPORTIVO DE DEODORO. Expressão que designa o conjunto de equipamentos para treinamento e prática de esportes pertencente ao Exército Brasileiro, localizado numa área de 83 mil m^2 na avenida Duque de Caxias, VILA MILITAR. Antes conhecido como "Círculo Militar de Deodoro" recebeu essa denominação por ocasião dos Jogos Panamericanos de 2007, quando sediou provas de hipismo (no COMPLEXO EQUESTRE DA VILA MILITAR), hóquei, pentatlo moderno e de tiro, em várias modalidades. Tendo em vista os Jogos Olímpicos de 2016, foi prevista a criação de novas estruturas, como os centros de judô e de esportes radicais (PORTAL BRASIL, 2011).

COMPLEXO PENITENCIÁRIO DE GERICINÓ. Conjunto de unidades prisionais criado em 1987, nos antigos limites do território de BANGU, a partir do presídio de segurança máxima denominado "BANGU 1". Localizado no sopé do Maciço de GERICINÓ, à época deste texto, compreendia 24 casas de detenção, para homens e mulheres, além de outras unidades. Observe-se que, a partir de sua criação, o nome "Gericinó" passou a designar um bairro autônomo, pertencente à 17ª Região Administrativa.

CONDE BELAMORTE. Pseudônimo de Joviano Martins Soares Filho, escritor e músico afrodescendente, nascido em Nova Lima, MG, c. 1938. No início da década de 1960, proprietário, em Belo Horizonte, da barbearia Salão Belamorte, era focalizado em reportagem da importante revista O Cruzeiro. Poeta, visto hoje como um precursor do estilo dito "gótico", tendo preferencialmente a morte como tema, tem publicados *A dança dos espectros* (1963), *Rosas do meu altar* (1955) e *Tonico Tinhoso, o afilhado do Diabo* (1985), entre outras obras. Ex-trompista da banda da Polícia Militar de seu Estado natal, é apreciador da música de Johann Sebastian Bach e conhecedor da língua alemã. Reconhecido como refinado poeta parnasiano com tons simbolistas, à época deste texto, já antigo morador da VILA KENNEDY, era mostrado em reportagem da Revista O Globo (FIGUEIRAS, 2011) em seu traje cerimonial característico: túnica e capa pretas, e cordões metálicos ornados com a efígie clássica da morte, uma caveira.

CONDESSA BELMONTE, Rua. Logradouro no ENGENHO NOVO, com início na rua General Belegarde e término na rua Dona Romana. Seu nome é homenagem a Mariana Carlota Verna de Magalhães Coutinho (1779 – 1855), membro da corte portuguesa, à qual foi confiada a guarda de Dom Pedro II desde o nascimento. Casada com o conselheiro VERNA DE MAGALHÃES, recebeu o título "Condessa de Belmonte" em 1844. Possuindo fazenda vizinha à do BARÃO DO BOM RETIRO, foi nela que contraiu cólera, a doença que a matou, numa epidemia que se alastrou pela região, segundo Gerson (1965, p. 545).

CONFETE. Pseudônimo de Rubem dos Santos, também referido como "Rubem Confete", radiojornalista e compositor nascido no Rio de Janeiro em 1936. Deficiente visual, destacou-se como um dos mais completos repórteres do SAMBA e do carnaval carioca, e, desde os anos de 1980, como apresentador do programa "Rio de Toda a Gente" na Rádio Nacional AM, do Rio de Janeiro. No carnaval de 2000, viveu o príncipe Obá II, personagem central do enredo apresentado pela escola de samba Estação Primeira de Mangueira. Confete nasceu em DONA CLARA e criou-se em MADUREIRA, residindo no bairro por muitos anos.

CONFRARIA DO VENTO. Iniciativa de arte, literatura e pensamento de forte perfil vanguardista, irradiada a partir da revista eletrônica e da editora de mesmo nome. Surgida em 2007, a Confraria tem como seus fundadores os escritores Marcio André e Victor Paes, ambos nascidos no bairro de IRAJÁ no ano de 1978, e formados pela Universidade Federal do Rio de Janeiro. A editora tem sede também em Irajá, nos limites com o bairro de COLÉGIO. E, à época deste Dicionário, destacava-se pela publicação de requintadas obras de reflexão intelectual, como as antologias *Dândis, estetas e sibaritas* (2006) e *Confraria 2 anos* (2007), reunindo textos de renomados escritores nacionais e estrangeiros.

CONJUNTO DOS MÚSICOS. Denominação popular do conjunto habitacional implantado no final da década de 1960 no ENGENHO DA RAINHA, para abrigar profissionais da música em atividade no Rio. Localiza-se na Estrada ADEMAR BEBIANO, antiga ESTRADA VELHA DA PAVUNA, entre as ruas Moreia e Francisco Siqueira Cintra. Dentre os artistas que, em algum momento lá residiram, contam-se, entre outros, os falecidos Bucy Moreira, CLEMENTINA DE JESUS, Darcy da Mangueira, MESTRE MARÇAL e ZÉ KÉTI.

CONSELHEIRO FERRAZ, Rua. Logradouro no LINS DE VASCONCELOS, região do ENGENHO NOVO, com início na rua Cabuçu e término na rua Neves Leão. Sua denominação evoca Ângelo Muniz da Silva Ferraz (1812 – 1867), político e magistrado brasileiro, presidente do conselho de ministros e ministro da Fazenda no segundo Império, possuidor de morada no local. Da família do BARÃO DO BOM RETIRO, em 1866 foi agraciado com o título de Barão de Uruguaiana. Sua mulher, a Baronesa, é também lembrada no nome de uma das ruas da vizinhança.

CONSELHEIRO GALVÃO, Rua. Via que liga MADUREIRA a ROCHA MIRANDA, com início na avenida MINISTRO EDGARD ROMERO e término na Praça Oito de Maio, correndo paralela aos trilhos ferroviários da Linha de Belford Roxo, da SUPERVIA. Seu nome é em homenagem a Rafael Arcanjo Galvão, Diretor Geral do Tesouro na Monarquia.

CONSOLAÇÃO. Sub-bairro do ENGENHO NOVO.

COQUEIROS, Fazenda dos. Ver CAFEICULTURA.

COQUEIROS, Morro dos. Elevação integrante do Maciço dos Coqueiros/Retiro, em REALENGO. Ver RELEVO.

CORAÇÃO DE MARIA, Igreja. Ver BASÍLICA DO SAGRADO CORAÇÃO DE MARIA.

CORAÇÕES UNIDOS DE JACAREPAGUÁ, G.R.E.S. Agremiação fundada em 1932, na residência do casal formado por Seu Agenor e Dona Dica (Domentila Calixto da Silva), nas proximidades da antiga Estrada do Macaco, atualmente rua Quiriri, em VILA VALQUEIRE. Adoecendo Seu Agenor, assumiu a presidência da escola João Nepomuceno, o João Polícia, que transferiu a sede para a esquina da vizinha rua Bruges. Uma das pioneiras do SAMBA na região de JACAREPAGUÁ, a escola foi a campeã de 1955, no Grupo II, empatada com a PAZ E AMOR, de BENTO RIBEIRO (COSTA, 2009).

CORADOURO. Nos antigos quintais residenciais da hinterlândia carioca, espaço gramado onde eram dispostas, para alvejar ao sol ("corar"), as roupas brancas recém lavadas. LIMA BARRETO, no romance CLARA DOS ANJOS, refere, esses espaços como "tabuleiros de grama e capim" (*apud* SANTOS, 1983, p. 154). Houaiss (HOUAISS; VILLAR, 2001) consigna também a forma popular "quarador", resultante de "quarar" e "quaradouro", também consignados.

CORCUNDINHA. Sub-bairro em CAMPO GRANDE, surgido a partir do entroncamento das estradas RIO-SÃO PAULO e Santa Maria, nas proximidades da antiga Fazenda Marcelino Costa.

CORDOVIL. Bairro na jurisdição da 31ª Região Administrativa (VIGÁRIO GERAL) e outrora pertencente à Freguesia de IRAJÁ. As terras que o constituem pertenciam aos Cordovil, uma das mais poderosas famílias do Brasil colonial. O chefe do clã, Francisco Cordovil de Sequeira e Melo, veio de Portugal em 1738, como provedor da Fazenda Real. A partir dele, uma imensidão de terras, plantadas de canaviais, das imediações da atual estação ferroviária até a junção da Estrada da Água Grande com a AVENIDA BRÁS DE PINA, ficou em mãos da família por cerca de 150 anos. Nessas terras, funcionava o estabelecimento colonial conhecido como Engenho do Provedor, o qual era, inclusive, dotado de um porto fluvial, conhecido também como o "porto do Provedor", provavelmente no curso do rio Irajá. Segundo algumas fontes, eram tantos Cordovil que o atual Cemitério de Irajá foi, durante todo o século XIX, exclusivo deles. Por volta de 1868, as terras do Engenho começaram a ser loteadas, boa parte delas passando às mãos de José Felipe Gama, proprietário do ancoradouro conhecido como "Porto do Gama", bem como da pedreira de onde, segundo Brasil Gerson (1970), era extraída matéria-prima para a produção de cimento branco, nas proximidades do atual bairro VISTA ALEGRE. Em 1902, as terras foram vendidas, pelos remanescentes da família, ao português Visconde de Moraes, que as loteou em 1912, dois anos depois da inauguração da estação ferroviária do bairro, entre as de BRÁS DE PINA e LUCAS, ocorrida em 5 de outubro de 1910, data considerada como a da fundação de Cordovil. Na década de 1960, após o incêndio que destruiu a favela da Praia do Pinto, no

Leblon, seus moradores foram removidos para um conjunto habitacional construído na região. Na década seguinte, outra remoção, agora dos moradores do Parque Proletário da Gávea, fazia chegar a Cordovil mais uma leva de ex-favelados. Nascia aí a CIDADE ALTA, hoje um sub-bairro de Cordovil. Ver AVENIDA BRASIL; BACIA HIDROGRÁFICA; BLOCOS CARNAVALESCOS; CAMPOS DE PELADA; ESCOLAS DE SAMBA; FAVELAS; GAFIEIRAS; LEOPOLDINA, Ramal da; NEGROS, Presença histórica; ÔNIBUS; PORTO DE IRAJÁ, Estrada do; PORTO VELHO, Estrada do; PROVEDOR, Fazenda do; TITICA, Morro da.

CORETOS DE CARNAVAL. Coreto é todo pavilhão, erguido em praça ou jardim público, para abrigar apresentações de bandas de música e outros eventos. No carnaval carioca, foi praxe, até pelo menos a década de 1960, a construção, em praças, de coretos de madeira decorados, facilmente desmontáveis, para centralizar os folguedos momescos. Como ocorre, na atualidade, durante os campeonatos mundiais de futebol, cada localidade se esmerava em montar o coreto maior, mais bonito e mais criativo, para isso contratando profissionais especializados, inclusive em decoração cenográfica. Os gastos eram, em princípio, rateados entre o comércio, saindo-se melhor o bairro com atividade comercial mais desenvolvida, e também com políticos mais influentes. MADUREIRA teve grandes coretos e grandes carnavais. Mas IRAJÁ, PILARES e VICENTE DE CARVALHO, por exemplo, não ficaram atrás. O de Irajá deu-se ao luxo, por exemplo, de, em muitas segundas-feiras de carnaval, ver desfilar à sua frente o garbo e a elegância das já celebres ESCOLAS DE SAMBA PORTELA e IMPÉRIO SERRANO. Carioca da PENHA, o bandolinista Joel Nascimento assim evoca um dos coretos de sua juventude: "Lembro-me bem, no ano da Copa do Mundo, em 1950, do antológico carnaval da rua LOBO JÚNIOR: um imenso coreto, que simbolizava a Taça do Mundo, foi montado, despertando a euforia dos foliões que prestigiavam com enorme presença, colorindo a festa com suas fantasias (FRAIHA, 2004c, p. 7-8).

CORONEL JORGE DA SILVA. Ver JORGE DA SILVA, Coronel.

CORONEL TAMARINDO, Rua. Via ligando BANGU a SENADOR CAMARÁ, com início na Travessa Bibiana e término na Estrada dos Coqueiros. Seu nome homenageia o coronel Pedro Nunes Tamarindo, um dos comandantes das tropas governistas na Guerra dos Canudos, ocorrida em 1897, quando contava já mais de sessenta anos.

CORRIDA DE SACO. Ver FESTIVAIS DE FUTEBOL.

COSIGUA. Sigla da Companhia Siderúrgica da Guanabara, empreendimento implantado no Distrito Industrial de SANTA CRUZ, em 1971, começando a funcionar em 1972. Pertence ao Grupo Gerdau, uma das líderes do ramo siderúrgico no país, que construiu sua maior unidade em *joint venture* com o grupo alemão Thyssen Huette, mas assumiu o controle total da empresa em 1979 (ROCHA; BOAS; MACEDO, 2011).

COSME E DAMIÃO. Santos gêmeos da tradição católica, festejados no dia 27 de setembro. Seu culto veio de Portugal e, no Brasil, foi identificado com o do orixá iorubano Ibêji, no CANDOMBLÉ e na UMBANDA. No ambiente objeto deste livro, os festejos se traduzem principalmente em oferenda de comidas e bebidas, notadamente doces, distribuídos às crianças, em pagamento de promessa ou por habitual devoção. Os doces são acondicionados em saquinhos, hoje industrializados, em que se vê impressa a efígie dos santos, vestidos nas cores verde e vermelha. Os ofertantes chamam as crianças da vizinhança e as organizam em fila para receber cada uma o seu saquinho. Por haver sempre várias casas em que essa distribuição é feita, as crianças costumam, no 27 de setembro, passar o dia inteiro indo de casa em casa, às vezes até percorrendo grandes distâncias, acumulando, orgulhosamente, tudo o que conseguiram, e levando para casa no fim do dia. Os devotos de mais posses distribuem, além dos doces, brinquedos, roupas e outros presentes. Alguns, em certos casos, distribuem dinheiro ou o atiram ao acaso, principalmente moedas, pelo prazer de ver as crianças até se engalfinharem na cata. Já alguns fiéis do candomblé, seguindo a tradição baiana, costumam festejar a data com o chamado "caruru de Ibêji" ou de "sete meninos", servida a iguaria em pratos, devendo ser comida com a mão. No IRAJÁ, até a década de 1960, uma das festas mais bonitas era realizada, na rua Honório de Almeida, pela senhora Maria Maia de Mendonça, a "Dona Maricota", tia e madrinha de batismo do autor destas linhas. Em vez de distribuir os doces no portão, em saquinhos, ela os servia, em pratinhos, numa mesa comprida no quintal, toda enfeitada em azul e branco, cores de Iemanjá, sendo as crianças servidas por grupos, de acordo com a capacidade da mesa. Enfim, qualquer que fosse a forma do oferecimento, o dia de Cosme e Damião era sempre um dia de muita fartura e alegria. Entretanto, no momento desse texto, a tradição já não tem o esplendor que experimentou pelo menos até a década de 1970. E isso por conta da condenação dos cultos EVANGÉLICOS a todas as manifestações culturais afro-brasileiras, vistas por eles como demoníacas.

COSMÉTICA DA FOME. Expressão criada por Ivana Bentes, professora da Escola de Comunicação da UFRJ, para, a partir da estética inaugurada com o filme Cidade de Deus, em 2002, definir a produção de filmes que, segundo ela, explorariam a miséria "de uma forma confortável para o público de classe média" (BANDEIRA, 2006, p. 39-40). Ver CIDADE DE DEUS.

COSMOS. Bairro integrante da 18ª Região Administrativa (CAMPO GRANDE), localizado na antiga Freguesia de Campo Grande. Localizado entre INHOAÍBA e PACIÊNCIA, sua história remonta aos estabelecimentos coloniais existentes na região desde o século XVIII, como os pertencentes a Bento Barbosa de Sá, Bento José Gonçalves Teixeira, Dona Teresa de Jesus Coelho, José da Fonseca Rangel e à Família Barata, entre outros. A estação ferroviária local, integrante do ramal de Santa Cruz da antiga ESTRADA DE FERRO CENTRAL DO BRASIL, foi inaugurada em 1928; e o efetivo nascimento do bairro deu-se por meio do loteamento denominado "Vila Igaratá", aberto pela Companhia Kosmos Engenharia Imobiliária, em 1929. Mais tarde, outros loteamentos vieram completar a ocupação formal do bairro, somando-se a ele conjuntos habitacionais construídos pelos poder público, além das onipresentes comunidades faveladas.

COSTA BARROS. Bairro na jurisdição da 25ª Região Administrativa (Pavuna), situado entre PAVUNA e ANCHIETA e a norte de BARROS FILHO, localidade com a qual mantém estreitas ligações históricas, notadamente no comum pertencimento à antiga Fazenda Botafogo. Sua estação ferroviária, pertencente à chamada LINHA AUXILIAR da antiga ESTRADA DE FERRO CENTRAL DO BRASIL foi inaugurada por volta de 1898; e, na atualidade, Costa Barros caracteriza-se pela presença de grandes conjuntos habitacionais coexistindo com diversas comunidades faveladas. Ver BOTAFOGO, Morro do; DEODORO; DIABO DE IRAJÁ, O; FAVELAS;

IRAJÁ; LAGARTIXA, Favela da; PEDREIRA, Morro da; QUITANDINHA, Favela da.

COSTA LIMA, Professor (1887 – 1964). Nome pelo qual se fez conhecido Ângelo Moreira da Costa Lima, entomologista nascido na cidade do Rio de Janeiro. Foi, em sua especialidade, um dos maiores cientistas brasileiros de todos os tempos. Biologista do Instituto Oswaldo Cruz, a partir de 1913, destacou-se como catedrático de Entomologia da atual Universidade Federal do Rio de Janeiro, onde foi Professor Emérito, até a aposentadoria aos 70 anos de idade. Autor de centenas de trabalhos científicos publicados, no final da década de 1960 foi postumamente homenageado em um selo postal emitido pelos Correios do Brasil. Foi morador de CAMPO GRANDE, com residência à rua Albertina nº 1-A.

COSTELA ABAFADA. Moderno item da GASTRONOMIA de rua na hinterlândia carioca. Consiste em nacos de costela bovina assados na brasa de um fogareiro fechado. Diz-se também "costela no bafo".

COTOCO. Antigo jogo infantojuvenil, espécie de simulação do futebol, jogado em chão de terra batida ou de cimento. Nele, os jogadores, à semelhança do futebol de botões, eram representados por pedaços ou "cotocos" de cabos de vassoura, em geral com cerca de 15 centímetros de altura, forrados com papel fino, nas cores dos times preferidos. Jogado com bola de pingue-pongue, "chutada" pela impulsão de um palito de picolé industrializado, do tipo "Chicabom", a meta era a baliza, com rede de filó, guardada por um "goleiro", representado por uma espécie de caixa pesada, dimensionada de acordo com o tamanho dos cotocos. Dispostos no "campo", os jogadores eram arrumados, onze de cada lado, dentro do esquema tradicional "WM": zaga, linha média e ataque.

COVANCA, Estrada da. Via, em antigas terras de JACAREPAGUÁ, ligando TANQUE à FREGUESIA. Sua história liga-se à antiga Fazenda da Covanca. Ver CAFEICULTURA.

COVANCA, Morro da. Denominação da vertente meridional do Morro de Inácio Dias, na região do TANQUE. É atravessado pelo Túnel da Covanca, aberto, para passagem da antiga estrada de mesmo nome, em 1921. A denominação é a mesma de um morro no Maciço da Capoeira Grande, em Pedra de GUARATIBA. Ver PRESÍDIO DA COVANCA.

CREIB. Sigla do Clube Recreativo e Esportivo dos Industriários de Bangu, agremiação com sede na rua Marechal Falcão da Frota, nas vizinhanças da Favela VILA VINTÉM, em PADRE MIGUEL. Ver IAPI.

CRISTO TRABALHADOR. Ver SOUSA BARROS.

CRISTÓVÃO BASTOS. Compositor, pianista e arranjador carioca nascido em 1947. Parceiro de grandes autores como Chico Buarque, com quem compôs a canção *Todo Sentimento*, além de Paulo César Pinheiro, Aldir Blanc e Paulinho da Viola, criou arranjos para discos e *shows* de Nana Caymmi, Edu Lobo, Gal Costa, entre outros. Em 1999, fez a direção musical e os arranjos do *show* e do disco duplo gravado ao vivo, *Gal Costa Canta Tom Jobim*. Em 1998, a cantora Clarisse Grova gravou *Novos Traços*, disco de músicas inéditas de Cristóvão e Aldir Blanc. Em 1999, teve gravada pela cantora americana Barbara Streisand, no disco *A Love Like Ours*, a canção Raios de Luz, parceria com Abel Silva. Em sua fulgurante carreira, Cristóvão recebeu diversas premiações, entre elas oito troféus do prestigioso Prêmio Sharp. No cinema, depois de destacar-se como arranjador, estreou como autor com a trilha de Mauá, o Imperador e o Rei, filme de 1998. Criado em MARECHAL HERMES, Cristóvão Bastos formou-se em teoria musical e acordeom aos 13 anos de idade, estreando aos dezoito como pianista em uma boate de CASCADURA.

CRÔNICA POLICIAL. Nos jornais cariocas, até pelo menos a década de 1960, a simbiose existente entre as editorias de polícia e a cobertura jornalística das ESCOLAS DE SAMBA foi notória. Assim, o subúrbio e a Zona Norte, com ênfase para o chamado "mundo do SAMBA", sempre foram o palco mais frequente dos acontecimentos que alimentavam a crônica policial; e a presença de repórteres no ambiente suburbano era comumente vista com curiosa admiração. É assim que, em seu romance *O ponto de partida*, o escritor e jornalista Fernando Molica (2008, p. 18), através do personagem central da obra, ressalta as diferenças entre o trabalho de um repórter de polícia na zona suburbana em relação à Zona Sul: "Ninguém ofereceu uma água, um café, uma conversa. Nem os porteiros chegaram perto, poderiam ser advertidos caso deixassem seus prédios. Crime bom era no subúrbio. (...) Lá os repórteres ganhavam água, café e mesmo bolo dos vizinhos. Moradores que convidavam para entrar, deixavam telefonar para o jornal. Isso, claro, em outros tempos, época em que do subúrbio ainda exalava um ar de calma, em que os vizinhos de um crime podiam ir para a rua, acompanhar o trabalho da reportagem, dar detalhes sobre a vítima, palpitar sobre a causa do homicídio, fazer fofoca, verbalizar suspeitas, insinuar motivos para o crime."

CRUZ E SOUSA (1862 – 1898). Nome literário de João Cruz e Sousa, poeta nascido na atual Florianópolis, SC. Filho de escravos, foi educado às custas da família dos patrões de seu pai, da qual recebeu o sobrenome. Em 1881, percorreu o Brasil em campanha abolicionista. Após a Abolição publicou os livros que o consagrariam como a maior voz do simbolismo no Brasil: *Missal, Broquéis, Faróis* e *Últimos sonetos*, além de dois volumes em prosa. A partir de 1890, Cruz e Sousa radicou-se no Rio de Janeiro. Casando-se, morou primeiro no Centro, nas ruas dos Arcos e do Rezende, vindo depois para o ENCANTADO, morar na rua então denominada Teixeira Pinto. Do Encantado, segundo sua biografia, o poeta saía para o seu trabalho na Estrada de Ferro, nas oficinas de São Diogo, onde era arquivista. Desse trabalho, importunado pela perseguição de um chefe invejoso, que o mandava até comprar cachaça e fumo nos BOTEQUINS das redondezas, conseguiu transferência, chegando, então, ao posto de chefe da estação do Encantado. Nessa sua residência suburbana, Cruz e Sousa tinha hábitos bastante singelos: aos domingos, após a missa, costumava reunir os amigos, como B. LOPES, Gonzaga Duque e Nestor Vitor, em bate-papos regados a cerveja debaixo do caramanchão. Sua casa ficava num quintal amplo, com um bem cuidado jardim, e tinha sala, dois quartos, banheiro e cozinha. Lá, morreu sua mulher, Gavita, após enlouquecer. Depois disso, o poeta foi morar na rua Malvino (ou Malvino Reis), de onde saiu para tratamento na cidade mineira de Sítio, onde veio a falecer em 1898. No ano seguinte à morte de Cruz e Sousa, a rua Teixeira Pinto, entre a CLARIMUNDO DE MELO e a Borja Reis – onde, no número 172, o poeta foi um pouquinho feliz –, passou a se chamar Rua Cruz e Sousa, nome que ostenta até hoje (ALVES, 1990). Ver SÍLVIO CRUZ E SOUSA; UELINTON FARIAS ALVES.

CUFA. Sigla para Central Única das FAVELAS, organização social criada, no Rio de Janeiro, em 1998, por jovens favelados, principalmente negros, tendo como objetivo declarado oferecer ferramentas para que os jovens possam estruturar, desenvolver e expandir a sua arte, expressando suas atitudes e seus questionamentos. Entre seus fundadores e principais líderes contam-se o rapper MV BILL e o produtor CELSO ATHAYDE. No momento deste texto, a organização mantém sede no centro de MADUREIRA, na rua Carvalho de Souza, de onde irradia sua ação para subsedes em várias capitais brasileiras.

CULINÁRIA, ALIMENTAÇÃO E GASTRONOMIA. Resultante, inicialmente, da coexistência dos hábitos alimentares das diversas correntes migratórias aqui aportadas, a culinária da hinterlândia carioca foi, entretanto, através dos anos, sofrendo a influência de outras variantes, como tempo de preparo, ocasião e, principalmente, renda. Em 1905, discorrendo sobre a alimentação do carioca médio, Ferreira da Rosa (1978) escrevia: "O prato nacional mais vulgar no Rio é feijão preto com carne seca, toucinho e farinha de mandioca, prato que não dispensa outras iguarias, e, aliás, não aparece nas mesas de luxo e de cerimônia; o arroz é indispensável e tem o seu preparo bem brasileiro". Quase um século depois, em um livro sobre a Zona Norte carioca, aí incluída a região suburbana, a jornalista Danusia Bárbara escrevia, particularizando, o seguinte: "Foi a Zona Norte que seguiu o tronco da feijoada completa de feijão preto, grãos escolhidos, carnes de porco postas de molho na véspera, farinha fresca, torresmo escorregadio, couve verde-escura cortada fininha" (RITO, 2001, p. 177). À época deste texto, levadas em conta as variantes acima apontadas, o prato carioca básico, cotidiano, tinha, no ambiente estudado neste livro, mais ou menos a mesma composição, com especial destaque para os "ensopadinhos" de legume e carnes. Entretanto, nos núcleos de renda mais baixa, alimentos mais baratos, embora de menor valor nutritivo, como macarrão, embutidos e enlatados, são largamente consumidos em lugar do feijão com arroz da tradição. E, quanto às "outras iguarias", o bife com batatas fritas, há bastante tempo presente na mesa carioca, é, na atualidade, muitas vezes descartado em função do preço da carne. Da mesma forma que, em muitos lares e residências, a pizza, feita em casa ou comprada fora, já é uma constante. Veja-se agora que, além dessa culinária cotidiana, a tradição doméstica da hinterlândia consagrou também uma gastronomia de festa, ainda bem portuguesa, com pratos únicos, como DOBRADINHA, MOCOTÓ etc., ou variados. Um dos exemplos mais eloquentes dessa variedade foi este cardápio, do almoço oferecido pelo legendário NATAL DA PORTELA à equipe do jornal O Pasquim, que em sua casa, em MADUREIRA, realizou histórica entrevista no ano de 1976: " Menu de Natal – Almoço: Macarronada ao molho de tomate, com queijo parmesão. Frango assado, com tempero suave. Salada variada (tomate, alface, pepino, salsa e cebolinha). FEIJOADA COMPLETA à moda da casa (feijão, carne-seca, paio, cheiro-verde, louro e farinha). Empadas magníficas de camarão, sem azeitona dentro. Arroz ao leve molho de tomate. Sobremesa: Romeu e Julieta (goiabada com queijo). Sorvete de abacaxi com pedaços de abacaxi dentro. Bebidas: Brahma Chopp e guaraná para o nosso fotógrafo. Água gelada e cafèzinho para todos.(PASQUIM, 1976, p. 26). Na atualidade, à variedade e formalidade de banquetes como o desse cardápio, os organizadores de festas familiares, em geral, preferem algo como o frango assado com maionese e farofa, servido em pratos descartáveis, além do BOLO SALGADO. Fora das festas, nas reuniões de familiares e amigos nos fins de semana, impera o churrasco. Foi assim que a revista de humor Bundas, de curta duração, publicava em uma de suas edições, a propósito de uma dessas reuniões, presenciadas em REALENGO, o seguinte texto, tão informativo quanto debochado, assinado pelo elegante cartunista Miguel Paiva (2000, p. 27): "O churrasco com PA-

GODE dos Silva já virou um must no bairro. José ou Zequinha, como é conhecido (o dono da casa), se dedica pessoalmente à compra e ao preparo da carne. Filho de famosos açougueiros da cidade, Zequinha mantém a tradição da família no preparo da linguiça e no corte da picanha. Rosinha se esmera no fogão cozinhando o arroz e a farofa, delícia dos convidados, ça va sans dire". Afora a culinária doméstica, vale registro, ainda, a diferenciação daquilo que se come em restaurantes populares e BOTEQUINS, onde imperam o prato-feito, celebrizado pela sigla "PF", e os tira-gostos, daqueles alimentos oferecidos comercialmente na rua, a céu aberto, em barracas ou carrocinhas. Aqui, onde até a década de 1970, talvez, reinava o suculento "ANGU À BAIANA" (que na Bahia não se conhece), atualmente, num universo dominado pelos sanduíches importados com a moda do *fast food* norte-americano, é importante mencionar uma criação típica da hinterlândia, pelo menos no nível vocabular: o X-TUDO. Finalmente, voltando ao já mencionado texto de Danusia Bárbara, observemos a precisa síntese por ela feita, embora desprezando, em razão de sua especialização, conjunturas e circunstâncias: "Mas Zona Norte não é só feijoada regada a chorinho, nem bolinho de bacalhau estalando nos dentes, crocantes na casca e macios, saborosos por dentro" escreveu, com razão, a sofisticada colunista de gastronomia, para assim concluir: "Nem só sirizadas, caldinhos de mocotó, sardinhas fritas, testículos de boi, cabrito assado com arroz à grega e batatas coradas. É também toda uma ala nova de comida que surge nos shoppings e pequenos restaurantes, usando funghi porcini (cogumelos), aceto balsâmico, salmão, massa al dente e um jeito light de ser". Ver BOLO PARAQUEDAS; BOLO SALGADO; CAVACA; CERVEJA PRETA; COMIDA DI BUTECO; COSTELA ABAFADA; DOCES E LICORES; FESTIVAL DO ENSOPADO; JOELHO; LEITE DE ONÇA; QUENTINHA; RABADA; RASPA-RASPA; SACOLÉ; TRIPA À LOMBEIRA.

CUPERTINO. Antigo nome da estação de QUINTINO. O nome do proprietário de uma pedreira no fim da rua ARQUIAS CORDEIRO, grande fornecedor de pedras ás construções do Rio (GERSON, 1965, p. 557), permanece em uma rua próxima à Estação.

CURATO. Localidade pastoreada por um cura, estabelecida pelo bispo local, diferentemente da paróquia, cuja criação era atribuição da Coroa (LEAL, 2012). Ex: Curato de SANTA CRUZ.

CURICICA. Bairro integrante da 16ª Região Administrativa (JACAREPAGUÁ), criado a partir do desmembramento do antigo território de Jacarepaguá, no final da década de 1990. Seu nome, possivelmente relacionado ao elemento "cica", que entra na composição de vocábulos conotando-os com "resina", remeteria a uma espécie vegetal, como "curiacica" ou "curucucica", mencionadas em Houaiss e Villar (2001, verbete "cica"), outrora notável na região, pois deu nome, também à estrada de acesso. Remanescentes de antigos engenhos de açúcar, as terras do atual bairro, ao sul da TAQUARA, entre a mencionada estrada e a dos BANDEIRANTES, foram urbanizadas a partir de 1957, ano em que foi implantado o loteamento Parque Curicica. A grande referência local é, há muitos anos, o Hospital Rafael de Paula e Souza, para tratamento da tuberculose. Mais recentemente, o bairro passou a sediar a Central Globo de Produções, da Rede Globo de TELEVISÃO, popularizada pelo acrônimo PROJAC, de "produções" e "Jacarepaguá", e que, por sua grande extensão – 1,65 milhão de metros quadrados de área total (REDEGLOBO, 2012) – e pelo número de pessoas lá transitando diariamente, é quase um sub--bairro de Curicica. À época deste texto, a concentração de bares e restaurantes populares nas proximidades desse núcleo da Rede Globo fazia florescer o que então se conhecia como "Baixo PROJAC", dentro da mesma relação causal explicada no verbete BAIXO MÉIER. Ver BACIA HIDROGRÁFICA; FAVELAS; COCA-COLA, Fábrica da; NEGROS, Presença histórica; ÔNIBUS; VARGEM PEQUENA.

CURRAL DAS ÉGUAS. Favela em MAGALHÃES BASTOS. Na década de 1960, principalmente pela ação dos delinquentes conhecidos pelas sinistras alcunhas de "Coisa Ruim" e "Praga de Mãe", ganhou fama como uma das mais violentas localidades da ZONA OESTE. Situada nas vizinhanças da VILA MILITAR, sua denominação provavelmente deriva do fato de a favela estar situada em terreno antigamente ocupado por parte das instalações do Regimento Escola de Cavalaria e do Departamento de Equitação do Exército, que foram vendidas ou invadidas após a transferência da ESCOLA MILITAR DE REALENGO para Resende, RJ, e da destruição da granja do exército. Ver COMPLEXO EQUESTRE DA VILA MILITAR; PAIOL DE DEODORO, Explosão do.

CURTUME CARIOCA. Estabelecimento industrial instalado em 1920 na PENHA. Localizado na rua Quito, chegou a empregar mais de 3.000 pessoas, além de ser responsável pela criação de um vasto comércio voltado à venda e manufatura de calçados, cintos e bolsas. Sua implantação foi fator decisivo na atração e fixação de moradores e no desenvolvimento do bairro. Entretanto, o surgimento do produto sintético de couro e a crise econômica decretaram a decadência desse tipo de manufatura; e, em 1998, o Curtume fechou as portas.

CURUPAITI. Nome pelo qual se tornou mais habitualmente referido o Hospital-Colônia de Hanseníase Curupaiti, localizado na Rua Godofredo Viana, 64, no TANQUE, região de JACAREPAGUÁ. Fundado em 15 de outubro de 1929 e em funcionamento desde o ano seguinte, nasceu para abrigar portadores de HANSENÍASE, numa época em que esse mal era incurável, sendo os pacientes obrigados a viver isolados do convívio social. Assim, muitos dos internos acabaram formando família e se estabelecendo no local definitivamente. Em 2008, já constituindo o Instituto Estadual de Dermatologia Sanitária (Ieds), referência no tratamento de hanseníase no Estado do Rio de Janeiro, a "Colônia de Curupaiti" comemorou 80 anos de fundação. Nesse momento, o complexo abrigava 400 pacientes, inseridos em uma comunidade de 2.700 habitantes.

CUSTÓDIO NUNES, Rua. Logradouro em RAMOS, com início na rua Gonzaga Duque e término na rua João Silva. Seu nome evoca um antigo proprietário local. Ver INVERNADA DE OLARIA.

D

DA PENHA. Nome artístico de José Antônio Alves da Penha, artista plástico carioca nascido em 1949. Pintor autodidata, usando mais frequentemente a técnica do óleo sobre tela, desenvolve temática vinculada a manifestações populares dos subúrbios cariocas, costumes e personagens oriundos dos cortiços, MORROS, vilas e FAVELAS da cidade. Morador da Rua PADRE NÓBREGA, em 1989 destacava-se pelo movimento que resultou na criação da CASA LIMA BARRETO.

DADÁ MARAVILHA. Apelido de Dario José dos Santos, jogador de futebol nascido no Rio de Janeiro em 1946. Também conhecido como "Dario Peito-de-Aço", foi menino suburbano de vida muito difícil, tendo, aos cinco anos, presenciado sua mãe atear fogo ao próprio corpo (COELHO, 2009). Ex-interno da antiga FUNABEM, iniciou carreira no CAMPO GRANDE aos 19 anos de idade. Embora deselegante, foi um grande goleador, e entrou para a história, também, por ter se tornado, em 1970, o primeiro jogador convocado para a seleção brasileira por indicação de um presidente da República, no caso o general Garrastazu Médici.

DALILA VILANOVA. Radialista, nascida em 1939. Estreando no rádio aos 11 anos de idade, destacou-se, em 1959, como organizadora do primeiro bloco carnavalesco de seu bairro, CAVALCANTI, o Unidos da Vila dos Marítimos, modesto mas alegre representante de um dos conjuntos residenciais do bairro, o qual rivalizava com a Vila dos Bancários, tida como mais bem aquinhoada e, por isso, esnobe. Mais tarde foi presidente da Associação Marítima Atlética Recreativa – AMAR – cuja sede era, à época deste texto, considerada uma das mais bonitas da zona suburbana. Uma das mais importantes vozes radiofônicas na divulgação das ESCOLAS DE SAMBA, conduziu, a partir da década de 1980, na Radio MEC, programas dedicados ao tema, como "PAGODE e Partido", "Domingo no SAMBA" e "A Fina Flor do Samba".

DANÇARINOS. Na região objeto deste Dicionário, a expressão "dançarino" aplica-se particularmente ao cultor da dança de salão, praticada com maestria, nos diversos gêneros, em BAILES com orquestra em diversos CLUBES dos subúrbios e da antiga ZONA RURAL e, outrora, nas GAFIEIRAS. Entre as décadas de 1950 e a seguinte, destacaram-se, nesses bailes, grandes artistas da dança como Bolinha, Clito, Esquerdinha, Ivanildo, Mário Jorge e TRAJANO Marreiros, todos moradores nos subúrbios ou deles oriundos.

DANCING VITÓRIA. Ver GAFIEIRAS.

DANIEL FILHO. Nome artístico de João Carlos Daniel, ator, diretor e produtor de TELEVISÃO e cinema, nascido na cidade do Rio de Janeiro em 1937. Criado no MÉIER e conhecido principalmente por seu trabalho na Rede Globo de TELEVISÃO, assim expressou sua ligação com o subúrbio: "Minha informação artística estava ao meu alcance. Os três cinemas, que me iniciaram foram o Mascote, o Paratodos e o Cine Méier. No Mascote passavam os filmes da Paramount, da RKO e da Universal.(...) No Paratodos tinha os filmes da Metro.

(...) Lógico que exibidos 90 dias depois dos três Metros principais: Copacabana, Passeio e Tijuca" (RITO, p. 35). Ver CINEMAS ANTIGOS.

DANÚBIO, Boite. Casa noturna inaugurada, provavelmente em fins da década de 1950, no centro de IRAJÁ, num sobrado no lado direito da avenida MONSENHOR FÉLIX, na altura da entrada das ruas Cisplatina e Marquês de Aracati. Tida por muitos como gafieira, sediou BAILES de carnaval e de ESCOLAS DE SAMBA, mas nasceu efetivamente como boate, sendo por isso mal vista pelo conservadorismo da época.

DAR LINHA. No linguajar dos empinadores de PIPA, locução que exprime a ação de, com o artefato pairando, deixá-lo distanciar-se, flanando livre, para, logo após, "dibicando", retomar seu controle. Ver DIBICAR.

DARCI DO JONGO, Mestre (1932-2001). Nome artístico de Darcy Monteiro, músico carioca. Filho de Vovó Maria Joana Rezadeira (1903 – 1986), mãe-de-santo e jongueira da comunidade da SERRINHA, destacou-se como percussionista em desfiles do IMPÉRIO SERRANO, em gravações e espetáculos, inclusive no exterior. Dedicou grande parte de sua vida ao grupo JONGO DA SERRINHA, criado juntamente com sua mãe, o qual, depois de seu falecimento, cresceu como organização de ação cultural e promoção da cidadania. Não obstante, em 2008, a entidade teve sua sede parcialmente destruída por força de uma atabalhoada ação policial.

DARCY DA CRUZ. Músico carioca nascido em 1935. Trompetista, com carreira profissional iniciada em 1955, integrou orquestras famosas como as de Osvaldo Borba, Cipó, Erlon Chaves e o PAULO MOURA Hepteto. Em 1968 ingressou na Orquestra Sinfônica do Teatro Municipal, sem, entretanto, deixar de atuar em BAILES como instrumentista, arranjador e líder de grupos como Os Sete de Ouro, ao lado de Cipó, e a Banda da Idade Média. Antigo morador de VAZ LOBO, à época deste livro, residindo na região de JACAREPAGUÁ, integrava o grupo instrumental Garrafieira.

DARIO PEITO-DE-AÇO. Ver DADÁ MARAVILHA.

DECIDIDOS DE QUINTINO. Rancho carnavalesco fundado em 1934, tendo o vermelho e o branco como suas cores simbólicas. Dos três ranchos outrora existentes em QUINTINO BOCAIÚVA, foi o mais importante, tendo sido campeão pela última vez em 1990, quando a modalidade que representava já agonizava. Ver RANCHOS CARNAVALESCOS.

DÉCIO ESTEVES (1927 – 2000). Jogador de futebol nascido em CAMPO GRANDE. Com carreira iniciada no CAMPO GRANDE ATLÉTICO CLUBE, tornou-se conhecido como meia-direita do BANGU ATLÉTICO CLUBE, nas décadas de 1940 e 1950. Mais tarde, foi técnico de futebol em Santa Catarina e presidente do Clube dos ALIADOS, quando liderou a construção da sede campestre da agremiação. Em 2006, um projeto na Assembleia Legislativa do Rio de Janeiro dava o nome de "Décio Esteves da Silva" ao Restaurante Popular do bairro de Campo Grande.

DE JANEIRO. Expressão irônica, difundida pelo editor Paulo Roberto Pires (2008), criado na PENHA, para designar, a partir do conceito de cidade seccionada, parte da região suburbana carioca, por ele assim definida: "Uma cidade que não está num mapa onde só tem lugar para o Rio, célebre pelos extremos: o Leblon, glamourizado até em novelas; e a favela, observada gulosamente pelo voyeurismo da classe média, enquanto é massacrada pela polícia violenta e cineastas modernos." Ver COSMÉTICA DA FOME.

DEL CASTILHO. Bairro na jurisdição da 12ª Região Administrativa (Inhaúma). Localizado em terras outrora pertencentes à freguesia de INHAÚMA, no final do Século XVIII, a área, onde abundavam os capinzais explorados comercialmente, fazia parte da imensa Fazenda CAPÃO DO BISPO. No século seguinte, sua principal via era a ESTRADA REAL DE SANTA CRUZ, importante ligação entre a cidade colonial, depois imperial, e a hinterlândia. Com a implantação da Estrada de Ferro MELHORAMENTOS do Brasil, depois LINHA AUXILIAR, em 1898 foi inaugurada a estação Del Castilho, assim denominada em homenagem a um engenheiro, amigo do diretor da E.F. Central do Brasil, o senador e mais tarde prefeito do Rio, Paulo de Frontin (BAIRROS, 2009; ESTAÇÕES, 2011). Nas proximidades, outra estação, da Estrada de Ferro RIO D'OURO, ergueu-se, cinco anos depois. Chamava-se "Liberdade", entretanto, mais tarde, passou a se chamar Del Castilho também. Veja-se entretanto, com Noronha Santos (*apud* BERGER, 1965, p. 75), que, em 1900, a Rio D'Ouro mantinha três estações na freguesia de Inhaúma, sendo uma delas, chamada "Venda Grande", localizada na fronteira entre os atuais bairros de Del Castilho e HIGIENÓPOLIS. Em 1924, junto à primeira dessas estações e à recente AVENIDA AUTOMÓVEL CLUBE, foi instalada a grande fábrica da Companhia Nacional de Tecidos NOVA AMÉRICA, uma das maiores e mais tradicionais fábricas do país. Ao tempo da "Fábrica de Del Castilho", como era popularmente referido esse grande estabelecimento industrial, o trem da linha auxiliar, o popular "MATA-SAPO", era – como ocorre ainda hoje nos transportes regulares do subúrbio e da Baixada, onde se estabelecem verdadeiras comunidades de passageiros, com celebração de eventos como aniversários e até pagodes – local de reunião e SAMBA, meio de transporte e espaço de convivência e sociabilização, como narrado na autobiografia do sambista XANGÔ DA MANGUEIRA. A partir da década de 1940, legitimando sua vocação de bairro operário, Del Castilho viu nascer em seu território conjuntos habitacionais construídos por alguns dos antigos institutos previdenciários, como o IAPI e o IAPC, com unidades residenciais amplas, dotados de jardins e praças, e conservados em boas condições até a época deste livro. Na década de 1960, a fábrica Nova América foi desativada, o que ocorreu também com a estação da Rio D'Ouro, na década seguinte. Entretanto, os ventos da modernidade depois sopraram sobre as duas, tendo a velha fábrica suas instalações aproveitadas pelo NOVA AMÉRICA OUTLET SHOPPING, inaugurado em 1995 e depois denominado, simplesmente, Shopping Nova América; e a linha do trem vendo nascer, em seu antigo leito, a estação da Linha 2 do METRÔ. Em 1997, a abertura da LINHA AMARELA trouxe, igualmente, novas perspectivas para o bairro. Ver ACARI; ADEMAR BEBIANO; CACHAMBI; CATEDRAL MUNDIAL DA FÉ; CINTRA VIDAL; DOM HELDER CÂMARA, Avenida; FAVELAS; IGREJA UNIVERSAL DO REINO DE DEUS; IRAJÁ; JACAREZINHO; LIBERDADE; MANUFATURA; MARIA DA GRAÇA; MONHANGABA; NORTE SHOPPING; ÔNIBUS; SHOPPING CENTER; VENDA GRANDE [2].

DENDÊ, Morro do. Elevação ao sul do Morro da SERRINHA, a cavaleiro do bairro ENGENHEIRO LEAL, integrante do chamado "Maciço do Dendê/Juramento". Na década de 2000, foi em sua maior parte reflorestado, transformando-se assim em uma grande área verde na movimentada região de MADUREIRA.

DENILSON, Custódio Machado. Futebolista carioca, nascido em 1943. Ainda amador, foi vice-campeao infantojuvenil pelo clube Galitos, do JACARÉ, em 1959 (LOMBA, 2009). Três anos depois, iniciava carreira profissional no Fluminense, destacando-se como "o primeiro jogador a exercer a função de cabeça de área no futebol brasileiro" (DUARTE, 2000, p. 129). Atuou pela seleção brasileira em doze oportunidades.

DEODORO. Bairro na jurisdição da 33ª Região Administrativa (REALENGO), em antigas terras da Freguesia de IRAJÁ. Sua história remonta, no tempo colonial, ao Engenho SAPOPEMBA, o qual deu seu nome à localidade, antes da República. Esse estabelecimento foi fundado em 1612 por Gaspar da Costa, nas proximidades do Engenho do Gericinó, mas tendo entre eles o Engenho da Água Branca, conforme mapa em Fridman (1999, p. 128); e, em 1777, era propriedade de D. Ana Maria de Jesus, viúva do capitão João Pereira de Lemos (FAZENDA, 1920, p. 199). Ocupando, também, parte de antigas "terras realengas" (do rei, da coroa portuguesa), o Sapopemba chegava ao rio PAVUNA e ao rio do PAU, que é um de seus formadores, no extremo norte do atual território do município do Rio de Janeiro. Produzindo açúcar, rapadura e aguardente, esses engenhos já eram deficitários no século XIX. Explorado primeiro pelo Barão de Mauá e, depois, por uma empresa organizada pelo Conde Sebastião de Pinho, da nobreza do Vaticano, morador em chácara na rua São Francisco Xavier, na freguesia do Engenho Velho, o Engenho Sapopemba, já acrescido de parte do Engenho Boa Esperança, da família Costa Barros, acabou sendo postas à venda em leilão e arrematadas pela União. Em 1858, a localidade teve inaugurada a estação da ESTRADA DE FERRO DOM PEDRO II, depois ESTRADA DE FERRO CENTRAL DO BRASIL, que recebeu o nome do engenho. O nome foi modificado meio século depois, em homenagem ao Marechal Manuel Deodoro da Fonseca (1827 – 1892), proclamador da República brasileira. A modificação ocorreu no período em que outro Fonseca, o Marechal Hermes, ocupava o posto de ministro da Guerra no governo do presidente Afonso Pena. Empenhado na reorganização do Exército Brasileiro, esse militar, logo depois também presidente, utilizou as terras adquiridas pela União para nelas concentrar as várias unidades do Exército. Nascia aí a VILA MILITAR, um bairro de existência autônoma, cuja estação ferroviária, integrante do Ramal de Santa Cruz da antiga Estrada de Ferro Central do Brasil, foi inaugurada em 1910. Na atualidade, Deodoro continua sendo o local onde a ferrovia se bifurca em dois ramais, o que se destina a SANTA CRUZ, e o que chega a Nova Iguaçu e a outras localidades fluminenses e de outros estados. O bairro conta ainda com um subramal, de conexão com a LINHA AUXILIAR, através de HONÓRIO GURGEL, mais usado para o transporte de carga, porém usado pelos TRENS SUBURBANOS em situações excepcionais, além de sediar algumas das principais oficinas da antiga Central do Brasil. Fora estas e os estabelecimentos militares, até a década de 1960, o único empreendimento industrial existente no bairro era a fábrica de tecidos Companhia Deodoro Industrial. Em termos de moradias, foi em Deodoro que nasceu o imenso conjunto residencial da FUNDAÇÃO da Casa Popular, na década de 1950. Em 2006, foi instalado, na estrada do Camboatá, o Parque das Vizinhanças Dias Gomes ou "Piscinão de Deodoro". Em outubro de 2009, eleito o Rio como sede das Olimpíadas de 1916, anunciava-se a escolha de Deodoro para receber o Parque Radical do Rio de Janeiro, um grande espaço para esportes de aventura, além da construção do Centro Nacional de Pentatlo Moderno, em instalações criadas para os Jogos Panamericanos, em 2007. Ver ALVARENGA; ANCHIETA; AVENIDA BRASIL; CAMPO GRANDE; CASCADURA; COMPLEXO ESPORTIVO DE DEODORO; ESTAÇÃO, Morro da; FAVELAS; GUADALUPE; IRAJÁ, Freguesia de; JACAREPAGUÁ; LEVANTE DE 1922; ÔNIBUS; PAIOL DE DEODORO, Explosão do; RELEVO; RICARDO DE ALBUQUERQUE; SAPOPEMBA, Engenho; SUPERVIA; VILA SAPOPEMBA.

DEODORO, Explosão do Paiol do Exército. Ver PAIOL DE DEODORO, Explosão do.

DEPARTAMENTO AUTÔNOMO. Ver FUTEBOL AMADOR.

DEPÊ. Forma carinhosa pela qual é referida, no masculino, principalmente por seus componentes e adeptos, a escola de samba MOCIDADE INDEPENDENTE DE PADRE MIGUEL. Origina-se das sílabas centrais ("depe") do nome "independente".

DESEJO. Minissérie de autoria de Glória Perez em colaboração com Margareth Menezes, veiculada pela Rede Globo de TELEVISÃO entre maio e junho de 1990. Conta a história de amor que resultou na trágica morte do escritor Euclides da Cunha em 1909, na PIEDADE. Em meados de 2010, estava em cartaz, em um dos teatros do Centro Cultural Banco do Brasil, no centro do Rio, o drama *Piedade*, de Antonio Rogério Toscano, sobre o mesmo assunto.

DIABO DE IRAJÁ, O. Lenda outrora corrente na Freguesia de IRAJÁ. Contava que, em COSTA BARROS, uma menina, de tanto chamar nome do demônio, um dia, viu, num estrondo, abrir-se à sua frente um buraco, de onde saiu uma língua de fogo que a matou, carbonizada (LIRA, p. 65).

DIAS DA CRUZ, Rua. Importante via com início na rua VINTE E QUATRO DE MAIO, no MÉIER e término na rua Doutor Leal, no ENGENHO DE DENTRO. Seu nome homenageia Francisco de Menezes Dias da Cruz (1826 – 1878), médico espírita, professor e deputado, membro da Academia Nacional de Medicina e da Sociedade Amante da Instrução. Comendador da Ordem da Rosa e cavaleiro da Ordem de Cristo do Brasil, fundou e dirigiu os jornais A Voz da Nação, Diário do Povo e Reforma. Em sua família, merece destaque, no contexto desta obra, o jornalista HENRIQUE DIAS DA CRUZ.

DIBICAR. Corruptela de "debicar: picar com o bico" (HOUAISS; VILLAR 2001). No linguajar dos empinadores de PIPA, é verbo que exprime a ação de fazer o artefato mergulhar na direção do solo e, depois, "DAR LINHA", para fazê-lo subir novamente.

DILIGÊNCIAS. Em 1817, entrou em funcionamento a linha de carruagens de tração animal para transporte de passageiros, as chamadas "diligências", ligando a Fazenda de SANTA CRUZ ao Palácio de São Cristóvão, numa viagem de mais de cinco horas. Saindo do palácio às 4 horas, sua chegada à fazenda era prevista para 9h30min. Na volta, saindo de Santa Cruz às 17h30min, deveriam estar chegando a São Cristóvão por volta das 22h30min.

DIONÍSIO CERQUEIRA (1847 – 1910). Militar nascido na Bahia e falecido em Paris, participou da Guerra do Paraguai e fez parte da comissão que estudou a delimitação da fronteira Brasil-Venezuela. Em 1890 elegeu-se deputado federal pela Bahia; participou da Constituinte de 1891 e reformou-se como general. No governo de Floriano, exerceu missões diplomáticas e, em 1895, elegeu-se novamente deputado federal. Foi ministro das Relações Exteriores no governo

Prudente de Morais (1896 – 1898) e interino da Guerra e da Viação. Foi, ainda, deputado federal em 1897 e 1900, e deixou obras publicadas. Segundo Brasil Gerson (1966), tinha, em TODOS OS SANTOS, sua antiga e bela residência suburbana. É, provavelmente, o "GENERAL DIONÍSIO" que dá nome a uma rua no Humaitá, na Zona Sul.

DISTRITO FEDERAL. Ver MUNICÍPIO NEUTRO.

DISTRITOS MUNICIPAIS. Após a República e a investidura do antigo MUNICÍPIO NEUTRO na condição de Distrito Federal, o atual município do Rio de Janeiro, por meio de decreto promulgado em 16 de junho de 1903, foi dividido em distritos, correspondentes, aproximadamente, às freguesias coloniais e imperiais. No ambiente objeto deste trabalho esses distritos, classificados como "suburbanos" e "rurais", foram assim identificados: 19º Distrito: INHAÚMA; 20º: IRAJÁ; 21º: JACAREPAGUÁ; 22º: CAMPO GRANDE; 23º: GUARATIBA; 24º: SANTA CRUZ. Nessa divisão, ENGENHO NOVO (17º) e MÉIER (18º) foram considerados distritos "urbanos". Ver FREGUESIAS DO RIO ANTIGO; REGIÕES ADMINISTRATIVAS.

DIVINO SALVADOR, Igreja do. Importante templo católico, localizado em PIEDADE na rua que lhe tomou o nome, antes chamada Rua Berquó, talvez em referência a Francisco Berquó da Silveira, ouvidor da Câmara, que até 1870 emprestou seu nome à atual rua General Polidoro, em Botafogo. Construída em estilo gótico, pela Comunidade dos Padres Salvatorianos, foi inaugurada em 1912; e na década de 2000, em um projeto desenvolvido pela Prefeitura do Rio, recebeu iluminação especial, o que destacou ainda mais sua beleza.

DJ CORELLO. Nome artístico de Marcos Aurélio Ferreira, disc-jóquei carioca nascido em 1953. Criador do termo CHARME, que designa, no Brasil, o estilo musical criado nos Estados Unidos como *rhythm and blues*, destacou-se nos BAILES a partir da década de 1980 com sua equipe de som Pop Rio. Em 2009 morava com a família em VILA VALQUEIRE (MONTEIRO, 2010).

DOBRADINHA. Espécie de guisado feito com pedaços de bucho (estômago) de rês bovina, cozidos geralmente com legumes, feijão branco, linguiça etc. É prato da GASTRONOMIA festiva da hinterlândia, servido geralmente em reuniões ao ar livre. É o mesmo que "dobrada", prato preparado, em Portugal, com a parte das vísceras bovinas que leva esse nome, i.e., com as "dobradinhas" ou "tripas" (SOARES, 1954, p. 165).

DOCA DA PORTELA, Tia (1932 – 2009). Nome pelo qual se fez conhecida Jilçária Cruz Costa, sambista nascida e falecida no Rio de Janeiro. De família moradora na SERRINHA, destacou-se como cantora no grupo da VELHA GUARDA DA PORTELA. Foi também famosa pelos pagodes que organizou e manteve, a partir da década de 1980, em sua casa em OSWALDO CRUZ e, mais tarde, em um clube na rua JOÃO VICENTE, no mesmo bairro.

DOCES E LICORES. Itens tradicionais da GASTRONOMIA caseira, os doces em calda e os licores foram outrora bastante apreciados nas antigas residências da hinterlândia carioca. Sua feitura, outrora bastante difundida, era absolutamente artesanal, com o aproveitamento de frutas dos quintais das próprias moradas, tais como cajá, caju, carambola, goiaba, jabuticaba, jenipapo, manga, pitanga etc.

DOLORES DURAN (1930 – 1959). Nome artistítico de Adiléia Silva da Rocha, compositora e cantora carioca. Nascida no bairro da Saúde, viveu a infância em IRAJÁ e PILARES. Embora não tendo concluído sua instrução primária, foi uma das mais inspiradas poetisas da música popular brasileira em todos os tempos. Excelente interprete em vários gêneros musicais, cantava em vários idiomas, com pronuncia irrepreensível, embora tivesse pouco domínio de línguas estrangeiras. Melodista e letrista inspirada, legou ao cancioneiro popular brasileiro obras-primas, principalmente no estilo SAMBA-canção, como *A noite do meu bem*, *Fim de caso*, *Estrada do sol* etc.

DOM HELDER CÂMARA, Avenida. Denominação da antiga AVENIDA SUBURBANA, vigente desde 1999. Parte da antiga ESTRADA REAL DE SANTA CRUZ, ela se estende por longo trajeto, ligando BENFICA a CASCADURA, cortando MARIA DA GRAÇA, DEL CASTILHO, ABOLIÇÃO, PIEDADE e QUINTINO BOCAIÚVA. A mudança de seu nome, em 1999, para homenagear o importante bispo católico, gerou forte reação da bancada evangélica da Câmara Municipal, o que redundou na renomeação, também, da AVENIDA AUTOMÓVEL CLUBE, que, algum tempo depois, recebeu o nome "Pastor Martin Luther King Jr.", com ênfase dada ao título "pastor", usado pelos clérigos protestantes. Em julho de 2009, a coluna de Ancelmo Góis (2009), do jornal carioca O Globo, noticiava: "A IGREJA UNIVERSAL ignora em seus programas de TV e em seu site que a avenida Suburbana, no Rio, há dez anos mudou de nome para Avenida Dom Helder Câmara, cujo centenário de nascimento se comemora este ano".Ver EVANGÉLICOS; IGREJA UNIVERSAL DO REINO DE DEUS.

DOM JAIME DE BARROS CÂMARA, Conjunto Habitacional. Complexo de residências construído em 1972, entre BANGU e PADRE MIGUEL. Com sete mil apartamentos, distribuídos por 180 blocos, e abrigando cerca de 35 mil moradores, era tido, em fins de 2009, como o maior conjunto habitacional existente na América Latina (ZONA OESTE, 2009).

DOM JOSÉ JOAQUIM JUSTINIANO MASCARENHAS CASTELO BRANCO (1731 - 1805). Prelado nascido e falecido na cidade do Rio de Janeiro, sendo o primeiro carioca sagrado bispo, daí sua grande notoriedade. Chefe da diocese do Rio de Janeiro de 1774 a 1805, foi, a partir da Fazenda CAPÃO DO BISPO, de sua propriedade, o responsável, segundo alguns autores, pela propagação da CAFEICULTURA em parte do interior fluminense. Seu título eclesiástico se estendeu também ao antigo "Largo da Mãe do Bispo", onde residia sua genitora, Dona Ana Teodora.

DOM ÓTON MOTA MARCHING BAND. Em 2009, segundo O Globo (ZONA OESTE, 2010), foi a única banda carioca a participar do evento denominado "Campeonato Nacional de Drum & Bass Corps", classificando-se em quatro lugar. "Drum & Bass Corps" é o nome que se dá, nos Estados Unidos, aos conjuntos musicais que unem banda marcial e exibições de ginastas. Ver BANDAS ESCOLARES.

DOM OTON MOTA. Sacerdote nascido no Rio de Janeiro em 1913. De tradicional família de SANTA CRUZ, ordenado em 1936, foi nomeado auxiliar do cardeal-arcebispo do Rio de Janeiro, em 1955. Em 1960 foi sagrado bispo da diocese de Campanha, MG, sufragânea, isto é, subordinada à província eclesiástica de Pouso Alegre. Em *Quase memória*, livro, aliás, repleto de evocações suburbanas, o escritor Carlos Heitor Cony (2003b) relata divertido episódio passado no cemitério de Santa Cruz, próximo ao mausoléu da família do "padre Motinha", entre outras referências aos "Motta de Santa Cruz".

DOMINGADA. Termo da gíria futebolística brasileira para designar uma jogada brilhante. Deriva do nome de DOMINGOS DA GUIA, jogador de estilo único.

DOMINGOS DA GUIA (1912 – 2000). Nome abreviado de Domingos Antonio da Guia, um dos jogadores símbolo do futebol brasileiro. Cognominado de "Divino Mestre", nasceu em uma família de grandes jogadores, como seus irmãos Ladislau, Luiz Antônio e "Médio", legando o dom da arte futebolística a seu filho ADEMIR DA GUIA. Revelado pelo BANGU ATLÉTICO CLUBE, em 1929, atuou pela seleção brasileira e em diversos clubes do Brasil e da América do Sul. Em 1932, transferiu-se para o Nacional do Uruguai, retornando dois anos depois ao Brasil, onde ingressou no Vasco da Gama. Em 1935, foi contratado pelo argentino Boca Juniors, do qual voltou para o Flamengo, onde permaneceu por sete anos. Em 1943, transferiu-se para o Corinthians e lá jogou até 1948, quando retornou ao Bangu, clube que o projetou, para encerrar a carreira. Em 2004, por ocasião das comemorações do centenário do Bangu Atlético Clube, foi inaugurado no Calçadão de BANGU o busto do consagrado atleta, ídolo do futebol brasileiro e ícone do Bangu.

DOMINGOS FREIRE, Rua. Logradouro em TODOS OS SANTOS, com início na rua Curupaiti e término na rua Almirante Calheiros da Graça. Seu nome homenageia um morador ilustre do ENCANTADO, dos mais destacados médicos da Santa Casa de Misericórdia, o qual, segundo Gerson (1965, p. 554), era "de cor" (um negro, portanto) e figura entre os grandes beneméritos daquela instituição.

DOMINGOS LOPES, Rua. Logradouro em MADUREIRA, com início no Largo do CAMPINHO e término na rua JOÃO VICENTE. Sua denominação homenageia Domingos Lopes da Cunha, popularmente conhecido como o "Cunha", marido de DONA CLARA Simões, também celebrizada na toponímia local. Ver PARADA DO CUNHA.

DOMINGOS MEIRELLES. Jornalista carioca, nascido em 1940. Às vésperas de completar 25 anos de idade, e após trabalhar como vendedor de máquinas de escrever, ingressou no jornalismo como estagiário do jornal Última Hora. Mais tarde, contratado pela Editora Abril, trabalhou em várias revistas publicadas pela empresa, passando em seguida pelas redações de alguns dos principais jornais do eixo Rio-São Paulo, como O Jornal, Jornal da Tarde, O Estado de São Paulo e O Globo. Com vinte anos de carreira, ingressou na Rede Globo de TELEVISÃO, na qual se destacou como repórter especial, realizando inclusive matérias internacionais para os programas Fantástico, Jornal Nacional e Globo Repórter; e tendo sido, durante sete anos, apresentador do conhecido programa Linha Direta. Domingos Meirelles nasceu e foi criado no MÉIER.

DONA CLARA. Antiga localidade no atual território de MADUREIRA. Abrigou, a partir de 1897 e até a década de 1930, uma estação de trem, construída na chácara de Dona Clara Simões, por iniciativa do engenheiro da Central do Brasil, Ricardo de Albuquerque, morador local. A estação de Dona Clara contava com uma curva para permitir o retorno dos TRENS SUBURBANOS, operação que, até então, era feita através de um "giratório" em CASCADURA, vagão por vagão, conforme nos ensina Brasil Gerson (1966). A estação localizava-se no espaço da atual Praça do Patriarca, entre as ruas Agostinho Barbalho, Andrade Pinto, Capitão Costa Menezes e Ewbank da Câmara (VASCONCELLOS, 1991, p. 27). A denominação da localidade, e da rua Dona Clara, que, na atualidade, se inicia na DOMINGOS LOPES e finda na Carlos Xavier, homenageia a filha do proprietário Vitorino Simões, a qual, viúva de Domingos Lopes, falecido em 1868, na condição de inventariante do espólio de seu pai, casou-se, em segundas núpcias, com o comendador Carlos Xavier do Amaral.

DONA IVONE LARA. Ver IVONE LARA, Dona.

DONATELO GRIECO. Ver AGRIPINO GRIECO.

DONO DO MUNDO, O. Telenovela de Gilberto Braga, em colaboração com Leonor Bassères e equipe, veiculada pela Rede Globo de TELEVISÃO entre 1991 e 1992. Sua trama dramática, segundo o *Dicionário da TV Globo* (PROJETO, 2003) contrapunha personagens da alta sociedade carioca à realidade de MADUREIRA, ambiente de seu núcleo suburbano.

DORINA. Nome artístico de Adorina Guimarães Barros, cantora e radialista, nascida em IRAJÁ em 1959. Em 2008, com o CD Samba de fé, completava um conjunto de seis discos lançados, inclusive a coletânea *Tem mais samba*, na qual duas gravações inéditas foram inseridas. Além de sua importante carreira como cantora, Dorina destacou-se como apresentadora de um programa diário, também de SAMBA, na Rádio Nacional, ao lado de Rubem CONFETE. No início da década de 2000, concebeu e realizou, ao lado de LUÍS CARLOS DA VILA e MAURO DINIZ, um projeto musical denominado "Os suburbanistas", de valorização da música e da cultura dos subúrbios cariocas. No carnaval de 2005, estreava no júri do "Estandarte de Ouro", importante premiação do jornal *O Globo*.

DOUTOR LIBÓRIO. Personagem popular do ENGENHO DE DENTRO na década de 1910. Com intensa atividade como líder do clube "Pingas Carnavalescos", sediado na rua MANUEL VITORINO, foi citado em crônica de Jota Efegê, a propósito do SAMBA "Seu Libório", de João de Barro e Alberto Ribeiro, lançado em 1936. Mas, segundo o cronista, nenhuma ligação existiu entre ele e o conhecido samba.

DROGAS DO SERTÃO. Expressão recorrente em documentos da era colonial para designar produtos obtidos por atividade extrativa, feitos com materiais tirados da natureza. No livro *O sertão carioca*, publicado por MAGALHÃES CORREA (1933), o autor se debruça também sobre a importância, à época, desses produtos nas reservas naturais das matas da hinterlândia carioca.

DUCLERC, Jean-François. Corsário francês, falecido no Rio em 1710. Em setembro de 1710, depois de repelido em vários pontos do litoral carioca, na sua tentativa de invadir a cidade, desembarcou com suas tropas em GUARATIBA, e marchou por CAMORIM, JACAREPAGUÁ e Serra do MATEUS, chegando ao Engenho Velho, nas proximidades do atual Largo da Segunda Feira. Daí, atingiu o centro da cidade, sendo entretanto vencido e preso. Seis meses depois, veio a falecer. Ver CAMINHO DAS MINAS; FORTALEZA, Rio.

DUQUE ESTRADA MEYER, Paulo Augusto (1848 - 1905). Flautista, compositor e professor, integrante da celebrada Família MEYER. Foi professor do renomado flautista Patápio Silva (1880 - 1907), sendo o grande responsável pela lapidação de seu talento e pelo seu encaminhamento no meio artístico. Em sua homenagem e à sua família, o flautista Joaquim Antonio da Silva Calado, um dos criadoers do CHORO carioca, compôs a quadrilha Família Meyer. Ver CAMARISTA MÉIER.

E

ED WILSON. Ver IÊ-IÊ-IÊ.

EDGARD ROMERO, Ministro. Ver MINISTRO EDGARD ROMERO, Avenida.

EDGARD WERNECK, Rua. Via em JACAREPAGUÁ. Antes da urbanização da Barra da Tijuca, era a principal via de acesso à região da atual CIDADE DE DEUS. Outrora denominada Estrada da Banca Velha, ganhou o nome atual em memória do engenheiro Edgard Werneck Furquim de Almeida (1888 – 1925), morador da FREGUESIA e amigo de infância de GEREMÁRIO DANTAS.

EDIR MACEDO. Ver IGREJA UNIVERSAL DO REINO DE DEUS.

EDU. Jogador de futebol. Ver ZICO.

EDUARDO ARAÚJO. Estação ferroviária da antiga LINHA AUXILIAR, inaugurada em 1908 e extinta vinte anos mais tarde. Localizava-se entre as estações de ENGENHEIRO LEAL e MAGNO.

ÉLE SEMOG. Pseudônimo de Luiz Carlos Amaral Gomes, escritor nascido em Nova Iguaçu, RJ, em 1952. Autor de vastíssima obra poética, publicada a partir de 1979, figura em diversas antologias nacionais e internacionais sobre a poesia negra brasileira. Em 2006, publicou *As muralhas e o griot*, biografia de Abdias Nascimento (PALLAS EDITORA). Mudando-se com a família para a rua Boiacá, na VILA VALQUEIRE, aos dois anos de idade, o futuro poeta fez o curso primário na Escola Pública Cervantes, em BENTO RIBEIRO; e os antigos cursos ginasial e científico no Colégio Madureira. Aos 17 anos, com a morte do pai, foi trabalhar como ajudante de mecânico em uma oficina de motocicletas na Estrada INTENDENTE MAGALHÃES, e, depois, como apontador de obras em uma empresa de construção civil. Mais tarde, morando na rua Biribá, em BANGU, foi presidente do Bloco Carnavalesco Passa a Régua. Formando-se em Análise de Sistemas, casou-se aos 26 anos e foi morar no Leblon.

ELTON MEDEIROS. Compositor nascido no bairro da Glória, em 1930. Aos seis anos de idade foi, com a família, morar na PENHA CIRCULAR, mudando-se, depois, para BRÁS DE PINA. Aprendendo música na banda do Colégio João Alfredo, em Vila Isabel, já adulto atuou como trombonista na gafieira "Fogão", no ENGENHO NOVO, tendo como mestre o chefe de orquestra conhecido como Jorge Melacrino. A convite do compositor Joacir Santana, ingressou no TUPI DE BRÁS DE PINA, então um bloco carnavalesco. Depois fez parte da ala de compositores da escola de samba APRENDIZES DE LUCAS. Profissionalmente, destacou-se, a partir da década de 1960, como um dos maiores compositores do SAMBA, em parcerias com CARTOLA, Paulinho da Viola, Hermínio Bello e outros grandes autores.

ELYMAR SANTOS. Cantor carioca nascido no Morro do ALEMÃO em 1952. Com experiência adquirida no ambiente musical dos bares e churrascarias, em 1985 realizou, ousadamente, sem nenhum apoio de produção, um bem sucedido espetaculo no Canecão, então a mais prestigiosa casa de *shows* do Rio. A partir daí, empreendeu vitoriosa carreira, que inclui participação em uma montagem da ópera Evita, personificando Che Guevara (1986-87), e muitas homenagens, entre as quais as prestadas pelas ESCOLAS DE SAMBA Império da Tijuca, no Rio, e Camisa Verde e Branco, em São Paulo, que focalizaram sua vida e sua carreira como enredo nos carnavais de 1998 e 1999, respectivamente.

ELZA SOARES. Cantora carioca nascida em 1937. Com carreira profissional iniciada no fim da década de 1950, destacou-se como uma das maiores intérpretes do canto popular brasileiro. Em 1997, teve lançada sua biografia *Cantando para não enlouquecer*, escrita pelo jornalista e romancista José Louzeiro. Nela, são narrados os percalços de sua vida, desde a infância de favelada na ÁGUA SANTA.

EM CIMA DA HORA, G.R.E.S. Escola de samba do bairro de CAVALCANTI. Fundada em 15 de novembro de 1959, nasceu de um antigo bloco carnavalesco local. Entre seus fundadores, contam-se os sambistas Haroldo Diniz Gonçalves (Leleco), Normir de Freitas, Eládio Gomes (Baianinho) e outros. Ganhou destaque sob as presidências de João Severino e Francisco dos Santos, o "Chiquinho", cunhado do jornalista SÉRGIO CABRAL. Seus mais destacados compositores foram Baianinho, Dodô Marujo e Zeca do Varejo. No fim dos anos 1960, com sede na rua Zeferino Costa, nº 566, e envergando as cores azul e branca, era alinhada, por Araújo e Jório (1969), entre as "grandes escolas".

EMERGENTES. Categorização social modernamente aplicada, no Rio de Janeiro, aos novos-ricos (do francês *nouveau-riche*), indivíduos ou grupos de prosperidade recente, os quais, por isso, mudam-se de seus ambientes de origem, na Zona Norte e nos subúrbios, para fixarem residência em locais mais valorizados, principalmente na região da Barra da Tijuca. A propósito desse tipo de situação, outrora observada em relação a Copacabana, Ipanema e Leblon, o escritor Carlos Heitor Cony (2003a, p. 51), no romance *A tarde da sua ausência*, em que mescla ficção e realidade, escreveu: "Ela sabia que os Machado Alves eram diferentes, nenhum deles estudara a sério, viviam com o espalhafato próprio dos novos-ricos, dos suburbanos que atingem a Zona Sul e acreditam ter chegado ao topo do mundo."

EMILINHA BORBA (1923 - 2005). Cantora carioca. Na década de 1950, foi um dos maiores nomes do elenco da legendária Rádio Nacional, gozando de popularidade extraordinária, expressa nos muitos fãs-clubes espalhado, dedicados ao culto de sua imagem, espalhados por todo o Brasil. Segundo Schumaer e Brazil (2000), "passou grande parte da infância no Morro de Mangueira, mudando-se depois para JACAREPAGUÁ, com a família".

ENCANTADO. Bairro na jurisdição da 13ª Região Administrativa (MÉIER). Outrora pertencente à freguesia de INHAÚMA, sua estação ferroviária, integrante da antiga ESTRADA DE FERRO CENTRAL DO BRASIL, e localizada entre as estações de ENGENHO DE DENTRO e PIEDADE, foi inaugurada em 1888. Chegado o século XX, em 1905, a região de Encantado e Piedade tornava-se a primeira, na zona suburbana carioca, a usufruir dos benefícios da rede pública de eletricidade. A festa comemorativa realizou-se no palacete de Dona Silvana, no Largo da Estação (atual Sargento Eudóxio Passos). Nesse processo de desenvolvimento, o prefeito AMARO CAVALCANTI (1917-1918) construiu a avenida que leva o seu nome, ligando o Encantado ao Méier, paralela à linha férrea. Do lado norte da ferrovia, membros da família Reis (José, Manuel Murtinho e Pedro Reis) abriram as ruas Guilhermina, Angelina, Leopoldina e Silvana, próximas à rua Goiás, consolidando o arruamento atual. Ainda nos primórdios do século XX, dois médicos famosos ligados ao Encantado foram o Dr. DOMINGOS FREIRE, e depois o Dr. CLARIMUNDO DE MELO, que mais tarde foram homenageados na denominação de logradouros na região. Em 1997, com a abertura da LINHA AMARELA, o arruamento do bairro foi alterado. No lado sul da ferrovia, as obras dessa via expressa arrasaram quarteirões entre as ruas Dois de Fevereiro e Pompílio de Albuquerque. Na atualidade, predominantemente residencial, o bairro abriga também pequenas comunidades faveladas. Segundo a tradição local, a origem do nome está relacionada ao rio que corria em suas redondezas, o rio Faria. Dizia-se que suas águas, nas fortes chuvas, eram dotadas do poder estranho de tragar tudo que nelas caíssem, até uma carroça com condutor, cargas e burro: era um rio "encantado". Ver BLOCOS CARNAVALESCOS; ESPAÇO CULTURAL ARACY DE ALMEIDA; FAVELAS; ILUMINAÇÃO ELÉTRICA; MANUEL VITORINO; REI DO BACALHAU; SAMBOLA; TODOS OS SANTOS.

ENGENHÃO. Nome pelo qual se tornou popularmente conhecido o Estádio Olímpico João Havelange, denominado internacionalmente como "Stadium Rio". Localizado no ENGENHO DE DENTRO, daí seu nome popular, foi construído pelo Município em antigo terreno da Rede Ferroviária Federal, como um estádio poliesportivo com capacidade para cerca de 46 mil espectadores sentados, capacidade essa com previsão de ampliação para 60 mil até as Olimpíadas de 2016. Inaugurado em 2007, está arrendado ao clube Botafogo de Futebol e Regatas por vinte anos.

ENGENHEIRO LEAL. Bairro na jurisdição da 15ª Região Administrativa (MADUREIRA), em terras pertencentes à antiga Fazenda do CAMPINHO, na freguesia de IRAJÁ, no sopé do Morro do DENDÊ. Sua estação ferroviária, integrante da LINHA AUXILIAR, e situada entre as estações de MAGNO e CAVALCANTI, foi inaugurada em 1892. Sua denominação homenageia um engenheiro, referido por Brasil Gerson (1965, p. 560) apenas como "companheiro de Frontin e MAGNO de Carvalho". Ver CAMPO DOS CARDOSOS; DENDÊ, Morro do; EDUARDO ARAÚJO; FAVELAS.

ENGENHEIRO RUBENS PAIVA. Estação da Linha 2 do METRÔ do Rio de Janeiro, entre as de ACARI e PAVUNA, inaugurada em 1998. Seu nome evoca a memória de Rubens Beyrodt Paiva, engenheiro civil e político brasileiro, nascido em 1929 e desaparecido aos 41 anos de idade, durante a Ditadura Militar.

ENGENHO D'ÁGUA, Fazenda do. Ver CAFEICULTURA.

ENGENHO DA ILHA, Fazenda do. Ver CAFEICULTURA.

ENGENHO DA PAVUNA. Ver ANCHIETA; PAVUNA.

ENGENHO DA PEDRA, Estrada do. Logradouro no subúrbio de OLARIA, ligando a AVENIDA BRASIL ao centro do bairro, com término na rua Angélica Mota. Sua denominação remonta ao engenho setecentista, adquirido em 1790 por Francisco Luiz Porto e antes relacionado ao Bispo Mascarenhas Castelo Branco, o qual deu nome à Fazenda CAPÃO DO BISPO (GERSON, 1965, p. 482-483). Segundo algumas fontes, em 1754 o engenho era propriedade de D. Cecília Vieira de Bonsucesso.

ENGENHO DA RAINHA. Bairro integrante da 12ª Região Administrativa

(INHAÚMA). Localizado na antiga Freguesia de Inhaúma, sua história se irradia, no período colonial, do casarão localizado em uma pequena elevação, hoje no final da rua Dona Luiza, e suas respectivas terras. Essa propriedade, apenas parte de antigo engenho ou fazenda, foi adquirida por Dona Carlota Joaquina, mulher de Dom João VI e, por isso, recebeu o nome de "Engenho da Rainha". A data informada dessa aquisição é o ano de 1810. Entretanto, Dona Carlota só passou a ser efetivamente rainha após o falecimento de sua sogra, Dona Maria I, em 1816. Até então, ela era tão somente princesa, embora seu marido fosse, em face da demência materna, o príncipe regente. Admita-se, então, que a denominação "rainha" a ela aplicada fosse apenas fruto da visão popular. Outra dúvida que ainda paira é sobre a identidade do proprietário anterior. Sabe-se apenas, consoante Berger (1965), que, após a expulsão dos jesuítas e a posterior criação da freguesia, em 1744, a capela reconstruída que deu lugar, no ano seguinte, à igreja matriz de São Tiago, bem como suas terras, era de propriedade do padre Clemente Martins de Matos. No Império, a propriedade pertenceu, seguidamente, ao médico Domingos Pires e ao coronel Antonio Joaquim Pereira Botafogo, mais tarde chefe de gabinete de Rui Barbosa no Ministério da Fazenda. A história do bairro, então, coincide com a da expansão de Inhaúma, tendo sua estação ferroviária, integrante da Estrada de Ferro RIO D'OURO, sido inaugurada provavelmente no mesmo ano da estação vizinha, em 1898. Na década de 1920, novo surto de progresso, com a passagem da então AVENIDA AUTOMÓVEL CLUBE pelas terras do Engenho da Rainha. Bem mais tarde, extinta a linha do antigo trem a vapor da Rio D'Ouro, cerca de duas décadas depois, em 1991 o bairro via inaugurada sua estação do Metrô. Ver ACADÊMICOS DO ENGENHO DA RAINHA; ALEMÃO, Complexo do; BOTAFOGO; CONJUNTO DOS MÚSICOS; ENGENHO DO MATO; ESCOLAS DE SAMBA; FAVELAS; METRÔ; ÔNIBUS; TOMÁS COELHO.

ENGENHO DA SERRA, Fazenda do. Ver CAFEICULTURA.

ENGENHO DE DENTRO. Bairro pertencente à 13ª Região Administrativa (MÉIER). Localizado na antiga Freguesia de INHAÚMA, sua denominação esta ligada ao engenho de açúcar e aguardente de propriedade do MESTRE DE CAMPO João Aires de Aguirre, existente na localidade no século XVIII. Desmembradas as terras, que se estendiam até o sopé da Serra dos PRETOS FORROS, nelas se destacou a porção que constituiu a chácara de propriedade de Francisco Fernandes Padilha, conhecido como "Doutor Padilha", onde, mais tarde, foram abertas as atuais ruas ADOLFO BERGAMINI, Doutor Leal e Doutor Bulhões. Como quase todos os outros subúrbios cariocas, o primeiro grande surto desenvolvimentista da região veio com a implantação da ferrovia, no caso a ESTRADA DE FERRO DOM PEDRO II, mais tarde CENTRAL DO BRASIL, cuja estação local foi inaugurada em 1858. E além da estação, o Engenho de Dentro desfrutou da primazia de ter instaladas, em suas terras, em 1871, as oficinas da Estrada de Ferro, logo consideradas as mais importantes da América Latina, o que o credenciou como o primeiro bairro industrial da hinterlândia carioca. Logo depois era instalada no bairro uma fábrica de vidros, a qual, durante a epidemia de varíola que assolou a cidade em 1908, foi transformada num hospital de emergência, depois denominado Hospital Pedro II e ganhando importância decisiva. Em 1937, a antiga estação ferroviária era reconstruída, passando aí o Engenho de Dentro a representar papel ainda mais importante na ligação ferroviária da cidade com o interior. Desde o final do século XX, tornou-se passagem de várias vias de ligação entre a moderna Barra da Tijuca e a zona suburbana, além de ganhar um dos mais modernos estádios desportivos do país, popular e sugestivamente batizado como "ENGENHÃO". Ver ABOLIÇÃO; ACADEMIA DE LETRAS SUBURBANA; ADOLFO BERGAMINI; ÁGUA SANTA; ARRANCO; ART DÉCO; BAILES; BLOCOS CARNAVALESCOS; BONDES; CACHAMBI; CAMARISTA MÉIER; CAMINHEIROS DA VERDADE; CASCADURA; CENTRO PSIQUIÁTRICO PEDRO II; CHAVE DE OURO; CHORO; CLUBE DOS LANCEIROS VITORIOSOS; DIAS DA CRUZ, Rua; DOUTOR LIBÓRIO; ENCANTADO; ENGENHO NOVO; ESCOLAS DE SAMBA; FAVELAS; FUTEBOL AMADOR; HOSPITAL DO ENGENHO DE DENTRO; MARTA ROCHA; MUSEU DE IMAGENS DO INCONSCIENTE; MUSEU DO TREM; NISE DA SILVEIRA; PAGODE; PEREIRA PASSOS, Obras de; SOCIEDADE BENEFICENTE MUSICAL PROGRESSO DO ENGENHO DE DENTRO.

ENGENHO DE DENTRO FUTEBOL CLUBE. Antiga e tradicional agremiação esportiva do bairro que lhe deu o nome. Sua equipe participou dos campeonatos cariocas de 1923 e 1933 organizados pela Liga Metropolitana de Desportos Terrestres. Mais tarde, destacou-se no âmbito do DEPARTAMENTO AUTÔNOMO. Ver FUTEBOL AMADOR.

ENGENHO DE FORA, Fazenda do. Antiga propriedade rural na região de CAMPINHO. Dedicada à CAFEICULTURA, localizava-se na área das atuais ruas Teles, Comendador Pinto e Francisco Gifoni, incluindo o Morro da Bica ou "Morro do Fubá", outrora denominado Morro das Pedras. No século XIX, o proprietário dessa área – que concentra, na atualidade, varias comunidades faveladas – era Ludovico Teles Barbosa, bisavô materno de GEREMÁRIO DANTAS.

ENGENHO DE NOSSA SENHORA DE NAZARÉ. Antigo estabelecimento colonial que deu origem ao bairro de ANCHIETA. Lá se chegava através do Caminho do ENGENHO VELHO. Ver NAZARÉ, Avenida.

ENGENHO DO MATO. Antiga estação da Estrada de Ferro RIO D'OURO, localizada entre VICENTE DE CARVALHO e ENGENHO DA RAINHA (RIBEIRO, 1911). Na atualidade, a denominação, certamente evocativa de um estabelecimento da época colonial, persiste na antiga estrada que se inicia na avenida João Ribeiro e finda na rua César do Rego Monteiro Filho, em TOMÁS COELHO.

ENGENHO DO PROVEDOR. Ver CORDOVIL; VIGÁRIO GERAL.

ENGENHO DO RETIRO. Antiga propriedade rural, na freguesia de CAMPO GRANDE, ao norte da Fazenda Bangu, próxima à atual VILA KENNEDY.

ENGENHO NOVO. Bairro na jurisdição da 13ª Região Administrativa (MÉIER), sede da antiga freguesia da qual conservou o nome, criada em terras pertencentes aos padres da Companhia de Jesus. Nessas terras, os jesuítas, por volta de 1707, ergueram seu engenho de açúcar, conhecido, em contraposição ao "Engenho Velho", então existente nas proximidades do atual bairro do Estácio, como "ENGENHO NOVO DOS JESUÍTAS". Nelas, os religiosos construiram duas capelas, uma delas em honra de Nossa Senhora da Conceição, e sobre cujas ruínas foi erguida a igreja atual da santa, no JACARÉ, onde mais tarde foi entronizado o monumento ao CRISTO TRABALHADOR. Retirados os jesuítas do país em 1760, as terras da fazenda, que se estendiam do sopé da Serra dos PRETOS FORROS até a PRAIA PEQUENA, na atual BENFICA, confrontando-se a oeste com a região do ENGENHO DE DENTRO, teriam sido arrematadas em leilão pelo capitão de milícias José Paulo da Mata Duque Estrada. Esse novo proprietário mudaria o nome da fazenda para "Quinta dos Duques", ampliando seus domínios até a região de MANGUINHOS. Segundo Berger (1965, p. 37), em 1762 constavam como proprietários das terras Manuel de Araújo Gomes, Manuel Joaquim da Silva e Castro e Manuel Teodoro, entre outros, o que faz supor que a Quinta dos Duques fosse apenas parte da antiga propriedade dos jesuítas. Desde a época dos jesuítas, a via de escoamento da produção da fazenda do Engenho Novo era o rio Faria, que levava o produzido até o Porto de INHAÚMA. Com a abertura, em 1858, da ESTRADA DE FERRO DOM PEDRO II, depois CENTRAL DO BRASIL, inaugurou-se a estação do Engenho Novo, de fundamental importância para a ocupação da localidade. A partir daí, os antigos sítios e chácaras (muitos pertencentes a figuras da aristocracia) foram loteados e ruas foram abertas nos terrenos antes pantanosos, cortados pelo rio Jacaré, os quais foram, então devidamente saneados. Nascia então o bairro que, no início do século XX, viveu uma época de apogeu econômico, com importantes estabelecimentos comerciais atraindo público de toda a cidade. Em 1933, foi erguida a igreja de Nossa Senhora da Consolação e Correia, nascendo daí a paróquia que até hoje dá nome a uma localidade do bairro, a Consolação. Quase ao lado da igreja, mais tarde foi construído o belo Cinema Santa Alice, que funcionou até 1982 e cujo prédio foi tombado como bem do Patrimônio Cultural do município do Rio de Janeiro. No momento da preparação deste livro, o Engenho Novo é um bairro economicamente estagnado, com sua paisagem degradada e com altos índices de violência. Ver ANA NÉRI, Rua; ART DÉCO: BACIA HIDROGRÁFICA; BARÃO DO BOM RETIRO; BENTINHO; BLOCOS CARNAVALESCOS; BONDES; BURACO DO PADRE; CACHAMBI; CANDOMBLÉ; CASCADURA; CINEMAS ANTIGOS; CLUBES; COLÉGIO PEDRO II; COMÉRCIO ESTABELECIDO; CONDESSA BELMONTE, Rua; CONSELHEIRO FERRAZ; CONSOLAÇÃO; DISTRITOS MUNICIPAIS; ESCOLAS DE SAMBA; FAVELAS; FREGUESIAS DO RIO ANTIGO; GAFIEIRAS; GENERAL BELEGARDE, Rua; LINS DE VASCONCELOS; MARECHAL RONDON, Avenida; MÁRIO ÁLVARES Conceição; MÉIER; MENEZES CORTES, Avenida; MISTÉRIOS DO ENGENHO NOVO; ÔNIBUS; PEREIRA PASSOS, Obras de; POMBEIRO DE PEIXE; RELEVO; RIACHUELO; ROCHA; SAMPAIO; SOUSA BARROS, Rua; VENDA GRANDE [1].

ENGENHO NOVO, Caminho do. Via em CAMPO GRANDE, com início no Morro dos CABOCLOS. Seu nome evoca um dos quatro estabelecimentos coloniais existentes na hinterlândia carioca com a denominação "Engenho Novo".

ENGENHO NOVO, Estrada do. Importante via, ligando, na contemporaneidade, a estação de ANCHIETA à estrada da Água Branca, em REALENGO, depois de cruzar a AVENIDA BRASIL. Sua denominação remonta ao ENGENHO NOVO DA PIEDADE, estabelecimento colonial do século XVIII, nos atuais domínios da VILA MILITAR, e à história de D. Dulce de Castro Azambuja Duque Estrada, proprietária da "Quinta dos Duques" (GERSON, 1965, p. 482). Em 1777, esse Engenho Novo, pertencente ao CAPITÃO-MOR Antônio de Oliveira Durão, também proprietário do Engenho dos Afonsos, era um dos treze estabelecimentos coloniais existentes na Freguesia de IRAJÁ. Ver CAMPINHO; CAMPO DOS AFONSOS; IRAJÁ.

ENGENHO NOVO, Maciço do. Conjunto de elevações que se estende pelos bairros de ENGENHO NOVO, SAMPAIO e Vila Isabel. Na região enfocada neste livro, compreende os MORROS de São João, de São Bartolomeu e da Matriz. Ver RELEVO.

ENGENHO NOVO DA PIEDADE. Ver ENGENHO NOVO, Estrada do.

ENGENHO NOVO DOS JESUÍTAS. Antiga denominação do estabelecimento colonial que deu nome à Freguesia do ENGENHO NOVO.

ENGENHO VELHO, Caminho do. Antigo nome da estrada do RIO DO PAU, em ANCHIETA.

ENGENHO VELHO, Serra do. Extensão de montanhas localizada na vertente sudoeste do Maciço da PEDRA BRANCA.

ENTERRO DOS OSSOS. Reunião familiar festiva, diurna, realizada no dia seguinte ao de uma grande festa, para consumo das sobras de comidas e bebidas. Ocorria, em geral, em clima de grande descontração, em comparação com a formalidade da festa principal. Ocorrente em outras partes do país, essa tradição é mencionada por Câmara Cascudo (1980) no *Dicionário do folclore brasileiro*.

ENTERROS A PÉ. No passado da hinterlândia carioca, eram usuais os cortejos funerários a pé, percorrendo longas distâncias até os CEMITÉRIOS. No romance CLARA DOS ANJOS, o escritor LIMA BARRETO (*apud* SANTOS, 1983, p. 155) oferece uma tragicômica descrição desses enterros, com o cortejo chegando à necrópole de INHAÚMA sem o defunto, esquecido em uma venda do caminho, onde seus camaradas tinham parado para beber cachaça.

ERNÂNI CARDOSO, Avenida. Via em CASCADURA, ligando a rua NERVAL DE GOUVEIA ao Largo do CAMPINHO. Seu nome homenageia o educador, proprietário e fundador do OLÉGIO ARTE E INSTRUÇÃO, o qual foi grande líder político da região de JACAREPAGUÁ na década de 1930.

ERNÂNI ROSAS. Ver OSCAR ROSAS.

ERNESTO NAZARETH (1863 - 1934). Pianista e compositor célebre, criador do antigo gênero conhecido como "tango brasileiro", nascido no Morro do Pinto, Santo Cristo. Em 1933, portador de distúrbio psiquiátrico, foi internado na COLÔNIA JULIANO MOREIRA, em JACAREPAGUÁ. Em fevereiro do ano seguinte, evadiu-se, sendo seu corpo encontrado, dias depois, próximo à REPRESA DOS CIGANOS. Segundo o laudo cadavérico, morreu vitima de afogamento.

ERVAS. O termo "erva" designa a planta de pequeno porte, de caule com pouco tecido lenhoso, em geral espontânea e não cultivada, não sendo árvore nem arbusto. No ambiente objeto deste Dicionário, as ervas ainda são bastante utilizadas na medicina popular, além de terem importante participação nos rituais das religiões afro-brasileiras. Assim, nas FEIRAS LIVRES, a presença de ervateiros, geralmente localizados fora do alinhamento das barracas e muitas vezes expondo sua mercadoria precariamente, sobre folhas de jornais, é frequente. E isto, em contraste com o que ocorre, por exemplo, no MERCADÃO DE MADUREIRA, onde as ervas são fartamente comercializadas em um espaço pintado de verde, especialmente construído para garantir seu necessário frescor, o qual contava, em fins de 2009, com vinte e oito boxes.

ESAO. Sigla da Escola de Aperfeiçoamento de Oficiais (grafada "EsAO"), unidade do Exército Brasileiro localizada no bairro VILA MILITAR. Fundada em 1920, tem por objetivo aperfeiçoar capitães, capacitando-os para o comando e chefia de unidades e habilitando-os para o exercício de funções de estado-maior.

ESCOLA DE HORTICULTURA WENCESLÁO BELLO. Estabelecimento de ensino na AVENIDA BRASIL, no bairro da

PENHA. Suas origem remontam ao Horto Frutícola da Penha, criado em 1899 pelo presidente da SNA – Sociedade Nacional de Agricultura – José Cardoso de Moura Brasil, em terreno antes ocupado pela FAZENDA GRANDE DA PENHA. Em 1921, com suas atividades ampliadas, o antigo Horto recebeu o nome de "Aprendizado Agrícola Wencesláo Bello" e, cinco anos depois, sob a presidência de Ildefonso Simões Lopes, o SNA começou a fazer da instituição um modelo em ensino técnico agrícola. Em 15 de maio de 1937, então, inaugurava-se, no local, a Escola de Horticultura Wencesláo Bello. Na atualidade, situada numa área ecológica de 144 mil metros quadrados na avenida Brasil, a Escola ministra cursos de extensão de cunho técnico e de agronegócios, entre os quais os de administração rural, apicultura e bovinocultura, atendendo, anualmente, a cerca de três mil alunos que, para sua prática, dispõem, no local, de horto, horta e viveiro de plantas medicinais, além de minhocário e criações modelares de suínos, capivaras, coelhos, codornas e outros animais.

ESCOLA MILITAR DE REALENGO. Antigo estabelecimento de ensino, instalado em 1878. Sucessora da Academia Real Militar, criada por Dom João VI em 1810, depois Imperial Academia Militar, funcionou em REALENGO de 1913 até 1944, com o mesmo papel que desempenha hoje a Academia Militar das Agulhas Negras. Em 1922, a escola foi palco de uma revolta dos cadetes, que se rebelaram pela moralização do país e pela democratização do governo. Entre os alunos formados pela Escola Militar do Realengo, contavam-se, à época desta obra, os ex-presidentes Humberto Castelo Branco (formado em 1921), Costa e Silva (1921), Garrastazu Médici (1927), Ernesto Geisel (1928), e João Figueiredo (1937). Ver LEVANTE DE 1922.

ESCOLA QUINZE. Denominação popular da antiga Escola Quinze de Novembro, tradicional estabelecimento público de ensino localizado na rua CLARIMUNDO DE MELO, em QUINTINO. Sua origem é o projeto de implantação de uma política de "assistência e proteção aos menores abandonados e delinquentes" (FALEIROS; FALEIROS, 2008), discutida pelo governo federal desde 1902, e cujo primeiro fruto foi a Escola Correcional Quinze de Novembro, criada em 1903, sob a jurisdição do Ministério da Justiça. Na década de 1920, passou a abrigar menores abandonados e delinquentes, em dois pavilhões para tal construídos, um de "preservação" outro de "reforma". O Instituto era então dirigido pelo jurista José Gabriel de Lemos Brito, membro do Conselho Penitenciário instalado no Rio de Janeiro em 1924, o qual pretendia fazer do pavilhão destinado aos infratores um reformatório aberto, sem grades, o que não conseguiu. A partir de 1941, funcionou em suas instalações o famigerado S.A.M., Serviço de Assistência a Menores, de triste memória, o qual, em 1970, deu origem à não menos problemática FUNABEM, Fundação Nacional do Bem-Estar do Menor. Em 1996, foi transformada em Centro de Ensino Técnico Profissionalizante (CETEP), com o nome de Escola Técnica Estadual República, constituindo o embrião da FAETEC. As vastas instalações da antiga escola correcional foram aproveitadas também para a criação de uma escola de ensino fundamental, um polo esportivo e instituições de ensino superior que formam o Centro de Educação Integrada (CEI) de Quintino. Desde sua implantação, o CEI tem sido responsável pela formação de grandes personalidades, principalmente músicos, como o legendário maestro negro Paulo Silva, catedrático da Escola Nacional de Música, falecido em 1967 aos 75 anos de idade; o trombonista, arranjador e chefe de orquestra afro-brasileiro Astor Silva (1922 – 1968), além de vários outros, fixadores da sonoridade imperante na música popular orquestral brasileira até, pelo menos, a década de 1970. Ver FAETEC.

ESCOLA TÉCNICA VISCONDE DE MAUÁ. Unidade pública de ensino técnico-profissional inaugurada no dia 24 de outubro de 1914 em MARECHAL HERMES. Localizada na confluência das atuais ruas JOÃO VICENTE e Xavier Curado, o formato triangular da arquitetura de seu prédio principal, realçado pelos tijolinhos das fachadas, como os existentes nos prédios fabris da época, revela a influência inglesa então predominante. Destinada, durante décadas, exclusivamente a alunos do sexo masculino, até 1955 adotava um currículo de ensino médio, em horário integral, no qual à instrução técnica somava-se uma eficiente grade de disciplinas humanísticas, como latim, francês, inglês, desenho, canto orfeônico e história. Foi incorporada à FAETEC em 1998, como Escola Técnica Estadual (ETE), oferecendo ensino fundamental e médio profissionalizante. Ver FAETEC.

ESCOLAS DE SAMBA. Uma das expressões mais características e visíveis da cultura carioca, as escolas de samba têm sua origem histórica nas proximidades do centro da cidade, principalmente no bairro do Estácio. Entretanto, o fenômeno de sua difusão deu-se, sincronicamente, a partir da década de 1930, nas várias partes do território carioca habitadas por contingentes de população negra. Após a Segunda Guerra, como claramente exposto em Espírito Santo (2004), com a expansão dos subúrbios em direção ao oeste, não só no caminho das ferrovias, como também agora seguindo o traçado da AVENIDA BRASIL, verifica-se um incremento do número de escolas de samba suburbanas, boa parte delas fundadas por inspiração de coirmãs mais antigas, das quais se tornam afilhadas, como foi o caso da Mocidade Independente de Padre Miguel em relação ao Império Serrano, em 1955. Em 1990, eram ativas, no âmbito territorial estudado nesta obra, as seguintes agremiações oficiais, todas com suas denominações precedidas da expressão "Grêmio Recreativo Escola de Samba", abreviada "G.R.E.S.": Acadêmicos do Cachambi (criada em 1978, em substituição ao G.R.E.S. Inferno Verde); Acadêmicos do Engenho da Rainha, 1949; Acadêmicos de Santa Cruz, 1959; Arranco, 1973; Arrastão de Cascadura, 1973; Boêmios de Inhaúma, 1973; Caprichosos de Pilares, 1949; Dificil é o Nome (Pilares, 1973); Em Cima da Hora (Cavalcanti, 1959); Imperatriz Leopoldinense (Ramos, 1956); Império do Marangá (Praça Seca, 1957); Império Serrano (Madureira, 1947); Independentes de Cordovil (sucessora da Independentes do Leblon, fundada em 1946); Lins Imperial (Lins de Vasconcelos, 1963); Mocidade Independente (Padre Miguel, 1955); Mocidade Unida de Jacarepaguá (1970, sucessora da Acadêmicos da Cidade de Deus); Mocidade de Vicente de Carvalho, 1988; Portela (sucessora da Vai Como Pode, fundada em Oswaldo Cruz, em 1923); Tradição (Campinho, 1984); Tupi de Brás de Pina, 1951; União de Campo Grande, 1988; União de Jacarepaguá, 1956; União de Rocha Miranda, 1960 (sucessora da Independente do Zumbi); União de Vaz Lobo, 1930; Unidos de Bangu, 1937; Unidos do Cabuçu (Lins de Vasconcelos, 1945); Unidos de Campinho, 1988; Unidos de Cosmos, 1948; Unidos do Jacarezinho, 1966; Unidos de Lucas, 1966; Unidos de Manguinhos, 1964; Unidos de Padre Miguel, 1957; Unidos do Uraiti, 1960 (dissidência da União de Rocha Miranda); Unidos de Vila Kennedy, 1989; e Unidos de Vila Santa Tereza (Coelho Neto, 1956). Década de 1970. No final dos anos 1960, como visto em Araujo e Jório (1969, p. 115-117), eram já extintas, no ambiente enfocado neste livro, as seguintes escolas: Acadêmicos de Bento Ribeiro, Acadêmicos de Bonsucesso, Acadêmicos do Engenho de Dentro, Acadêmicos Unidos da Rainha, Alem do Horizonte, Alunos da Penha Circular, Amizade de Realengo, Capricho do Engenho Novo, Corações Unidos do Engenho Novo, Corações Unidos de Turiaçu, Corte de Madureira, Educados de Ramos, Flor do Lins, Guarani de Realengo, Império de Jacarepaguá, Independentes da Serra, Independentes de Turiaçu, Lira do Amor, Paraíso de Anchieta, Paraíso do Grotão, Recreio de Ramos, Recreio de Rocha Miranda, Três Mosqueteiros, União do Colégio, União do Cruzeiro, União de Paradas de Lucas, União de Realengo, União do Sampaio, União do Sapê (Rocha Miranda), União dos Topázios (Rocha Miranda), Unidos do Acaú (Engenho Novo), Unidos de Bento Ribeiro, Unidos de Cavalcanti, Unidos da Congonha, Unidos de Cosmos, Unidos de Curitiba (Realengo), Unidos de Honório Gurgel, Unidos do Indaiá (Marechal Hermes), Unidos de Inhaúma, Unidos de Irajá, Unidos do Marangá (Praça Seca), Unidos de Marechal Hermes, Unidos da Tamarineira (Vaz Lobo), Unidos de Terra Nova, Unidos de Tomás Coelho, Universitários de Rocha Miranda, Voz de Orion (Realengo), Paz e Amor (Bento Ribeiro), Primeira Linha (Bento Ribeiro). Carnaval de 2010. À época desta obra, as principais escolas de samba da região focalizada (Imperatriz Leopoldinense, Império Serrano, Mocidade Independente e Portela), eram filiadas à LIESA – Liga Independente das Escolas de Samba –, responsável pela organização do desfile principal. Além dela, entretanto, outras duas entidades congregavam as escolas de menor porte: a AESCRJ, Associação das Escolas de Samba da Cidade do Rio de Janeiro, e a LESGA, Liga das escolas de Samba do Grupo de Acesso. No carnaval de 2010, a AESCRJ tinha como associadas, no ambiente objeto deste trabalho, as seguintes agremiações, algumas delas de criação recente: Grupo I – Mocidade de Vicente de Carvalho; Arranco; União de Jacarepaguá; Tradição; União Parque do Curicica; Sereno de Campo Grande; Lins Imperial; Unidos do Jacarezinho. Grupo II – Arrastão de Cascadura; Acadêmicos da Abolição; Unidos de Manguinhos; Difícil é o Nome (Pilares); Unidos do Cabuçu; Acadêmicos do Engenho da Rainha; Unidos de Vila Santa Tereza; Unidos de Vila Kennedy; Corações Unidos do Amarelinho; Unidos de Cosmos. Grupo III – Mocidade Unida de Jacarepaguá; União de Vaz Lobo; Delírio da Zona Oeste (Campo Grande); Em Cima da Hora; Unidos de Lucas; Unidos da Vila Rica; Favo de Acari; Rosa de Ouro (Oswaldo Cruz); Gato de Bonsucesso; Mocidade Independente de Inhaúma; Unidos do Anil; Acadêmicos de Vigário Geral; Unidos do Cabral. Grupo IV – Arame de Ricardo; Unidos do Uraiti; Paraíso da Alvorada (Bonsucesso); Infantes da Piedade; Boêmios de Inhaúma. Já a LESGA, criada em 2008, congregava, ao tempo deste texto, Acadêmicos de Santa Cruz; Caprichosos de Pilares e Renascer de Jacarepaguá.

ESCOLAS NORMAIS. "Escola normal" é a denominação aplicada ao estabelecimento de ensino que se dedica à formação de professores do curso elementar e das classes de alfabetização. No Rio, a primeira dela foi a Escola Normal da Corte do Brasil, fundada em 1880 e depois denominada Instituto de Educação do Rio de Janeiro. No ambiente objeto deste livro, os primeiros dessas educandários, extremamente importantes em sua missão pedagógica, foram a Escola Normal CARMELA DUTRA, o INSTITUTO DE EDUCAÇÃO SARAH KUBITSCHEK e, a partir da década de 1960, a Escola Normal Heitor Lira, na PENHA. Vale lembrar que, até 1968, as Escolas Normais do governo (essas três, o Instituto de Educação, na Tijuca, e a Julia Kubitschek, no Centro) eram as únicas portas de entrada de professores para a rede pública de escolas primárias do Distrito Federal (depois ESTADO DA GUANABARA), pois seus alunos ingressavam por concurso e, ao término do curso de nível médio, eram automaticamente nomeados, não existindo concurso aberto a professores formados em outras escolas.

ESCRAVA ANASTÁCIA. Santa da devoção popular brasileira. Segundo a tradição, teria sido uma princesa angolana supliciada na Bahia e falecida no Rio de Janeiro. O ícone usado como sua representação física tem por base uma litografia do século XIX, feita pelo artista francês Jacques Etienne Arago, quando de sua passagem pelo Rio de Janeiro, em 1817, e reproduzida em vários livros estrangeiros. Nessa estampa, vê-se uma escrava amordaçada por um instrumento de castigo, mas a idealização popular de sua figura, romantizada, inclusive, por meio de uma suposta história de amor, a retrata como uma bela negra de olhos incrivelmente azuis. Com culto difundido principalmente a partir da década de 1960, a Escrava Anastácia é reverenciada especialmente ao pé de um busto, erigido na rua Couto de Magalhães, nas proximidades da rua São Luiz Gonzaga, em BENFICA.

ESPAÇO CULTURAL ARACY DE ALMEIDA. Casa de espetáculos inaugurada no bairro do ENCANTADO em agosto de 2008. Dotado de um teatro com capacidade para 100 espectadores, resultou de parceria celebrada entre o CENTRO POPULAR DE CULTURA ARACY DE ALMEIDA, a União dos Cegos do Brasil e a empresa Arte Nova Produções, e apresenta programação quinzenal gratuita. Seu endereço é rua CLARIMUNDO DE MELO nº 216.

ESPAÇO CULTURAL JORGE BENJOR. Área de eventos inaugurado em 2007, em terreno cedido pela SUPERVIA na estação de REALENGO. Criado por iniciativa de fãs do artista que dá nome ao Espaço, aliás um dos músicos mais populares na hinterlândia, ainda à época deste texto, promove espetáculos e organiza cursos profissionalizantes.

ESPANTA-COIÓ. Antigo brinquedo pirotécnico, constante de uma fita de papel espesso com pontos de pólvora nela colados, os quais, quando raspada a fita em superfícies ásperas, incandesciam e pipocavam ruidosamente, assustando o desavisado. "Coió" é o indivíduo tolo, palerma, bobalhão. Ver QUITANDA.

ESPERANÇA FUTEBOL CLUBE. Antiga equipe de futebol de BANGU, com campo localizado em terras no atual traçado da AVENIDA BRASIL. Disputou o campeonato carioca de 1923, organizado pela Liga Metropolitana de Desportos Terrestres.

ESPINHELA CAÍDA. Ver REZADEIRAS.

ESTAÇÃO. Nos subúrbios, cada um dos pontos de parada dos trens ferroviários, ao redor dos quais, quase sempre, gravita a existência das comunidades por eles servidas. No livro Feiras e mafuás, o escritor LIMA BARRETO (1953, p. 139 e segs.) destaca a estação da estrada de ferro, como "ponto de recreio, de encontro e conversa", inclusive como o "lugar predileto para os passeios domingueiro das meninas casadouras". Lembrou ainda ele que, em seu tempo, era em torno da estação e em suas proximidades que se concentravam as principais casas de comércio de cada subúrbio. O autor destas linhas rememora que, até pelo menos a década de 1950, em IRAJÁ, o termo "estação" designava não só o ponto de parada do trem, a gare em si, como todo o seu entorno, e era referido com a conotação de localidade ou sub-bairro: "Fulano mora na Estação".

ESTAÇÃO, Morro da. Elevação entre DEODORO e GUADALUPE.

ESTÁDIO PROLETÁRIO GUILHERME DA SILVEIRA. Ver BANGU ATLÉTICO CLUBE.

ESTÁDIOS DE FUTEBOL. Ver ANICETO MOSCOSO; BARIRI, Rua; BONSUCESSO; ENGENHÃO; MOÇA BONITA.

ESTADO DA GUANABARA. Ver MUNICÍPIO NEUTRO.

ESTEIREIROS. A confecção artesanal de esteiras de taboa ou tabua (*Typha dominguensis*), atividade ainda exercida na hinterlândia carioca à época deste livro, foi, outrora, bastante importante entre as comunidades de baixa renda. Assim, a atividade é abordada e explicada no livro *O sertão carioca*, publicado por MAGALHÃES CORREA (1933).

ESTER, Dona. Ver SEGREDO DE ESTER, O.

ESTRADA DA CUTIA. Denominação, em 1890, da via que ligava o atual bairro de BENTO RIBEIRO a IRAJÁ, seguindo, aproximadamente, por onde passam, hoje, a rua Picuí e as estradas do Sapê, do Barro Vermelho e do Colégio.

ESTRADA DE FERRO CENTRAL DO BRASIL. Ver CENTRAL DO BRASIL, Estrada de Ferro.

ESTRADA DE FERRO DOM PEDRO II. Ver CENTRAL DO BRASIL, Estrada de Ferro.

ESTRADA DE FERRO LEOPOLDINA. Ver LEOPOLDINA, Ramal da.

ESTRADA DE FERRO MELHORAMENTOS. Ver LINHA AUXILIAR.

ESTRADA DE FERRO RIO D'OURO. Ver RIO D'OURO, Estrada de Ferro.

ESTRADA DO AREAL. Denominação, em 1890, da via de ligação entre os atuais bairros de TURIAÇU e COELHO NETO, no traçado da moderna avenida dos Italianos. Ver AREAL.

ESTRADA DO NORTE. Nome abrasileirado e abreviado da *Northern Railway* (Estrada de Ferro do Norte), empresa ferroviária criadora da Estrada de Ferro Leopoldina. A denominação estendeu-se também ao caminho ao lado da ferrovia, com início nas proximidades da atual Praça das Nações.

ESTRADA DO SAPÊ. Ver SAPÊ, Estrada do.

ESTRADA DOS TRÊS RIOS. Via que atravessa o bairro da FREGUESIA, ligando a Estrada GRAJAÚ-JACAREPAGUÁ à Avenida GEREMÁRIO DANTAS. Antes da urbanização da Barra da Tijuca, era o acesso ao itinerário mais rápido para ir de JACAREPAGUÁ à Tijuca e ao Centro da cidade, atravessando a Serra dos PRETOS FORROS.

ESTRADA NOVA DA FREGUESIA. Denominação, em 1890, da via de ligação entre MADUREIRA e IRAJÁ, no traçado das atuais avenidas MINISTRO EDGARD ROMERO e MONSENHOR FÉLIX. O nome remete à Freguesia de Irajá, a cuja jurisdição Madureira então pertencia.

ESTRADA NOVA DA PAVUNA. Antigo nome da avenida João Ribeiro, importante via em PILARES. A "Estrada Velha" (nome que subsistiu até poucos anos atrás) é, na atualidade, denominada avenida ADEMAR BEBIANO.

ESTRADA NOVA DO ENGENHO DA PEDRA. Antiga denominação da avenida Teixeira de Castro, uma das principais de BONSUCESSO.

ESTRADA REAL. O mesmo que ESTRADA REAL DE SANTA CRUZ.

ESTRADA REAL DE SANTA CRUZ. Antiga via ligando o centro da cidade do Rio de Janeiro ao atual bairro de SANTA CRUZ. Chamou-se, inicialmente, Caminho dos Jesuítas, em referência aos religiosos da Companhia de Jesus, responsáveis pela abertura de parte dela, quando da implantação, no século XVII, de seu importante estabelecimento rural no extremo oeste do futuro MUNICÍPIO NEUTRO. Na centúria seguinte, destacou-se como a principal estrada por onde circulou a riqueza colonial no Rio de Janeiro, advinda principalmente de São Paulo e das Minas Gerais, e também da própria fazenda dos jesuítas. Durante o longo período que antecedeu à chegada da ferrovia à região, no final do século XIX, a única via terrestre para se atingir Santa Cruz era essa estrada, que partia das proximidades da Quinta da Boa Vista, em São Cristóvão. Em 1909, no número 214 da Estrada, então no coração do bairro da PIEDADE, ocorria o assassinato do escritor Euclides da Cunha, autor de *Os sertões*, morto por motivos passionais. Na atualidade, o trajeto da importante via se mantém, com algumas alterações, no corredor formado pelas estradas e avenidas DOM HELDER CÂMARA (antiga Suburbana), INTENDENTE MAGALHÃES (em CAMPINHO), Santa Cruz (que atravessa diversos bairros da ZONA OESTE), avenida CESÁRIO DE MELO (em CAMPO GRANDE) e pela antiga ESTRADA RIO-SÃO PAULO.

ESTRADA RIO-SÃO PAULO. Rodovia federal, com sigla BR-465, que liga a malha rodoviária do município do Rio de Janeiro à RODOVIA PRESIDENTE DUTRA, no Município de Seropédica-RJ. Dentro do Rio, parte do VIADUTO DOS CABRITOS, sobre a AVENIDA BRASIL, em CAMPO GRANDE, e segue em direção norte até a divisa com Nova Iguaçu.

ESTRADA VELHA DA PAVUNA. Antiga denominação da estrada que atravessa os bairros de ENGENHO DA RAINHA e INHAÚMA, iniciando na avenida General Cândido da Silva, em HIGIENÓPOLIS, e terminando na avenida João Ribeiro, em TOMÁS COELHO. Ver ADEMAR BEBIANO.

ESTRATÉGIAS DE SUBSISTÊNCIA. Como as populações de quase todas as partes do mundo, as da hinterlândia carioca têm, através dos tempos, encontrado soluções as mais criativas para fazer face às necessidades cotidianas, por via do aumento da renda familiar, com a execução de trabalhos na própria casa. Assim, é comum verem-se, nas ruas dos subúrbios e da antiga ZONA RURAL, residências ostentando placas que anunciam a prestação de serviços como os de cabeleireira, costureira, cozinheira, manicure etc.; ou a venda de produtos e artefatos como doces, picolés, pipas, refeições em marmitas e salgadinhos, bem como a venda, para empresas especializadas, de produtos de beleza e perfumaria, lingerie e outros, escolhidos por meio de catálogos. Ver LAVADEIRAS; QUENTINHA; SACOLÉ.

EUCLIDES DA CUNHA. Ver DESEJO (Minissérie); ESTRADA REAL DE SANTA CRUZ.

EUNICE, Tia (1920 – 2009). Nome pelo qual foi conhecida Eunice Fernandes da Silva, sambista portelense, também referida como "Comadre Eunice". Nascida em CASCADURA e moradora de TURIAÇU, foi uma das cantoras da VELHA GUARDA DA PORTELA, notabilizando-se também como cozinheira, pelo que é focalizada no livro *Batuque na cozinha* (MEDEIROS, 2004).

EUSÉBIO DE ANDRADE. Falecido banqueiro de bicho na região de BANGU, também conhecido como "Seu Zizinho". Pai de CASTOR DE ANDRADE, é assim mencionado no romance *Agosto* de Rubem Fonseca (1990, p. 123), ambientado no início da década de 1950 e baseado em fatos reais: "Naquele mesmo dia Moscoso procurou seu amigo Eusébio de Andrade, grande banqueiro na ZONA OESTE, mentor da comunidade, a quem os outros banqueiros costumavam pedir conselhos. Os dois homens tinham uma paixão em comum, o futebol. Andrade era benemérito do BANGU ATLÉTICO CLUBE e Aniceto Moscoso era patrono do MADUREIRA ATLÉTICO CLUBE, cujo estádio de futebol fora construído com o dinheiro dele." Ver ANICETO MOSCOSO; BANQUEIROS DE BICHO.

EVANDO DOS SANTOS. Ver BIBLIOTECA COMUNITÁRIA TOBIAS BARRETO.

EVANGÉLICOS. No ambiente objeto deste livro, o termo "evangélico" designa, em geral, o fiel ou praticante das religiões protestantes não tradicionais, principalmente das seitas neopentecostais avassaladoramente surgidas e multiplicadas a partir do sucesso da IGREJA UNIVERSAL DO REINO DE DEUS. Após a criação dessa organização, com a utilização massiva dos canais de radiodifusão como meio de convencimento, as denominações foram se ramificando, de forma potencializada. E o surgimento dessas "igrejas evangélicas", muitas até mesmo usando, indevidamente, a denominação "ASSEMBLEIA DE DEUS", tem se mostrado tão mais avassalador quanto maior seja o grau de carência, econômica e educacional, das comunidades onde se instalam. Na ânsia de converter cada vez mais gente à sua "verdade" alguns grupos evangélicos chegam até o absurdo. Na década de 2000, por exemplo, chamavam a atenção os ruidosos cultos promovidos diariamente em vagões de trens da SUPERVIA, nos horários de *rush*, com cânticos e "aleluias". Contra esse tipo de prática, que inclusive configura perturbação da ordem, o Ministério Público estadual ingressou em juizo, em 2007, para a obrigar a SuperVia a coibir a ação dos pregadores no interior de suas composições, conseguindo a proibição em setembro de 2009. À época deste texto, quando se tentava a implantação da lei federal que obriga o ensino de História da África e Cultura Afro-brasileira nas escolas públicas, a resistência dos "evangélicos" à aplicação dessa determinação legal, sob o argumento velado de que os conteúdos dessas matérias encerram ensinamentos demoníacos, era objeto de grande preocupação por parte de educadores e autoridades na hinterlândia carioca. E este era apenas um aspecto da intolerância pregada por essas correntes de pensamento.

EVARISTO DE MACEDO. Ex-jogador e técnico de futebol carioca nascido no Rio de Janeiro, RJ, em 1933. Atacante surgido no MADUREIRA ATLÉTICO CLUBE, em 1950, tornou-se conhecido no Flamengo, a partir do qual alçou voo em brilhante carreira internacional, tornando-se, na Espanha, líder, tanto do clube Barcelona quanto do Real Madrid, seu histórico rival. Mais tarde foi técnico de vários clubes importantes, aposentando-se em 2007.

EVARISTO DE MORAES (1871-1939). Nome pelo qual se fez conhecido o advogado e jornalista carioca Antonio Evaristo de Moraes. Celebrizou-se por defender as causas do povo humilde, tanto no foro como por meio da imprensa. Fundador da Associação Brasileira de Imprensa (ABI), do Partido Operário (1890) e do Partido Socialista (1920), após a revolução de 1930, colaborou na redação das primeiras leis trabalhistas brasileiras como consultor jurídico do Ministério do Trabalho. Presidente da Sociedade Brasileira de Criminologia e professor, deixou vasta obra publicada, na qual se inserem *A Lei do Ventre Livre* (1917), *A campanha abolicionista* (1924) e *A escravidão africana no Brasil* (1933), além de livros técnicos de Direito. Nascido no centro da cidade, em humildes condições, no começo de sua carreira morava com sua mãe no MÉIER. Lá, foi um dia procurado por um queixoso que tivera, em TODOS OS SANTOS, apropriada por um vizinho, uma galinha fugida de seu quintal. Resolvida, por acordo, já que motivada por corriqueira briga de vizinhos, a questão acabou em um restaurante local, onde, atendendo a um despacho segundo o qual o frango deveria "permanecer em depósito, até prova da propriedade", o Doutor Evaristo, muito bem humorado, fez o oficial de justiça, seu amigo, terminar a diligência com o seguinte termo: "Certifico e dou fé que (...) no 'Restaurant Gonçalves'(...) me foi declarado por F. que, recebendo o frango em plena propriedade, fizera-o ensopar e o comia naquela ocasião" (MORAES, 1989, p. 76-77).

EVEREST ATLÉTICO CLUBE. Clube de futebol em INHAÚMA. Fundado em 1953, com as cores azul e amarelo, é mencionado como o único time de futebol do bairro. A história dos campeonatos cariocas de futebol (ASSAF; MARTINS, 1997) consigna um clube de mesmo nome participante do certame de 1923 organizado pela Liga Metropolitana de Desportos Terrestres. Ver FUTEBOL AMADOR.

EVINHA. Ver GOLDEN BOYS, The.

EXPLOSÃO DO PAIOL. Ver PAIOL DE DEODORO, Explosão do.

F

FÁBIO LUZ (1864 - 1938). Nome literário de Fábio Lopes dos Santos Luz, escritor nascido em Valença, na Bahia. Formado em medicina em 1888, transferiu-se para a antiga Capital Federal onde fez sua expressiva carreira literária. Sua obra, hoje esquecida, apesar do grande destaque conquistado no início do século XX, engloba ficção, ensaios literários e estudos científicos. Deixou publicados, entre outros livros, Estudos de literatura (1927) e Diorama, aspectos literários (1934). Na maturidade, morava e trabalhava no MÉIER, como médico. Seu nome batiza hoje uma rua no bairro, ligando a rua DIAS DA CRUZ, onde tinha consultório, à rua Aquidabã, no LINS DE VASCONCELOS.

FÁBRICA BANGU. Denominação popular do antigo conjunto fabril implantado e desenvolvido, a partir de 1889, pela empresa têxtil COMPANHIA PROGRESSO INDUSTRIAL DO BRASIL na localidade de Bangu, em torno do qual surgiu e se expandiu o bairro de mesmo nome. Ver BANGU; GUILHERME DA SILVEIRA [1]; SILVEIRINHA.

FÁBRICA BORBOREMA. Ver BORBOREMA, Fábrica.

FÁBRICA DE CARTUCHOS. Denominação abreviada pela qual é comumente referida a Fábrica de Cartuchos e Artifícios de Guerra do Exército, estabelecimento inaugurado em 1896, em REALENGO, como sucessor de outro, de menores proporções, que funcionava no CAMPINHO, com o nome de Instituto Pirotécnico. Primeira a produzir pólvora sem fumaça no Brasil, seu prédio era considerado um dos mais bonitos da época e foi submetido a obras de ampliação em 1902. Suas máquinas foram desativadas apenas em 1977, quando suas atividades foram transferidas para a IMBEL – Indústria de Material Bélico, em São Paulo.

FÁBRICA DE MÁSCARAS CONTRA GASES. Antigo estabelecimento militar em BONSUCESSO. Criada em 1933, pelo Exercito Brasileiro, para fabricação de equipamentos de defesa contra substâncias químicas usadas em combates, à epoca deste livro estava sem funcionamento havia já alguns anos.

FÁBRICAS DESATIVADAS. Um dos graves problemas dos subúrbios cariocas em 2009 é o abandono, por empresas que se mudam, de suas antigas instalações industriais, as quais acabam sendo invadidas e favelizadas por populações sem moradia. A situação se repete em diversas áreas conflagradas pela violência, o que obriga as empresas a se instalarem em outras localidades, até mesmo em outros estados. Assim foi, por exemplo, em BENFICA, com a fábrica do Leite de Rosas; e no JACAREZINHO, com a CCPL. Nesta, abandonada no fim da década de 1990, já se constituía, no momento deste texto, uma comunidade à parte, dentro do complexo de MANGUINHOS, com cerca de 4.000 moradores. Em reportagem jornalística que aborda o assunto, o especialista Claudio Boechat (2009) chamava atenção para a responsabilidade social das empresas nesses casos de abandono, sem criação de outras destinações ou alternativas, dando ensejo às ocupações ilegais e à favelização.

FACHADAS, Inscrições em. Uma antiga característica das fachadas de residências, na região focalizada neste livro era a aposição, nelas, de inscrições referentes aos moradores, às suas devoções ou, simplesmente, de registros cronológicos, como o ano de inauguração. As referências aos moradores geralmente obedeciam à formula "Lar de ...", com a menção ao nome da dona da casa. Assim, conforme texto em Cruls (1965, p. 782), LIMA BARRETO, observando essa característica das fachadas suburbanas, anotou ou inventou "Lar de Adélia", "Vila Cleonice", "Tugúrio de Totonia" e até mesmo escritos em francês, como "Mon Nid", "Mon Repos", "Mon Rêve". Algumas dessas inscrições ainda podiam ser vistas ao tempo da elaboração deste texto.

FACULDADE DE DIREITO DA PIEDADE. Nome pelo qual foi popularmente conhecida a Faculdade de Ciências Jurídicas do Estado do Rio de Janeiro, criada por iniciativa do Professor GAMA FILHO, em 1951, no bairro da PIEDADE. Primeiro estabelecimento de ensino suburbano a ministrar curso superior, foi o vetor inicial da UNIVERSIDADE GAMA FILHO.

FAETEC. Fundação de Apoio à Escola Técnica, órgão estadual criado em 1997 pela reunião das escolas públicas de ensino profissionalizante em nível médio e superior do Estado do Rio de Janeiro, transformadas em CETEPs (Centros de Ensino Técnico Profissionalizante), CEIs (Centros de Educação Integrada), ETEs (Escolas Técnicas Estaduais), ISEs (Institutos Superiores de Educação) e ISTs (Institutos Superiores de Tecnologia). Na região abrangida por este Dicionário, a FAETEC inclui a ESCOLA TÉCNICA VISCONDE DE MAUÁ, o CEI de Quintino (antiga ESCOLA QUINZE), o CETEP de SANTA CRUZ (criado em 1998 no local do antigo MATADOURO) e o Instituto Superior de Educação da Zona Oeste, criado em 2006, que funciona no INSTITUTO DE EDUCAÇÃO SARAH KUBITSCHEK.

FAIXA DE GAZA. Denominação irônica imposta, pela CRÔNICA POLICIAL, a uma extensão contínua do território carioca, abrangendo dezenas de localidades, entre BENFICA e PAVUNA, dominadas pelo NARCOTRÁFICO. A expressão remete à região do Oriente Médio, palco de históricas hostilidades entre tropas árabes e israelenses.

FALCÃO. Nome artístico de Marcelo Falcão Custódio, cantor do universo do hip-hop e do rap, nascido em 1973. Com carreira iniciada no grupo O Rappa, em 1993, nasceu e cresceu no ENGENHO NOVO.

FALECIDA, A. Filme brasileiro, de 1965, dirigido por Leon Hirschman, adaptado da peça teatral de mesmo nome, do dramaturgo Nelson Rodrigues, estreada em 1953. A trama gira em torno da obsessão de Zulmira, mulher que, imaginando-se doente, deseja um enterro luxuoso para compensar a vida miserável que leva num subúrbio carioca (NETO, 2009, p. 416). No início de 2010, a propósito do lançamento do filme em DVD, o crítico Inácio Araújo (2010) escrevia: "O que [no filme] é biográfico remete à vida das populações pobres do Rio de Janeiro, às quais devemos alguns dos melhores momentos da nossa cultura." A essa observação, o crítico acrescentava a de que o filme observa a vida da região suburbana do Rio sem complacência, com um olhar que põe em relevo "as cotidianas infelicidades a que a pobreza sujeita". Esse entendimento faz eco à afirmação de LIMA BARRETO, segundo a qual o subúrbio carioca seria o "refúgio dos infelizes", numa generalização que, na atualidade, já não se justifica. Ver ASFALTO SELVAGEM; BOCA DE OURO.

FALEIRO, Rio. Ver BACIA HIDROGRÁFICA.

FALÉSIA DO VALQUEIRE. Escarpa rochosa no Morro do VALQUEIRE, ainda nos limites do PARQUE ESTADUAL DA PEDRA BRANCA, com acesso pela rua Sibaúna. Resto de uma antiga pedreira, é um dos pontos preferidos pelos montanhistas no Rio. Segundo especialistas, a denominação "falésia", aplicada a essa formação, seria indevida, já que esse nome só se aplica à escarpa muito íngreme, localizada à beira de lago ou lagoa (SANTIAGO, 2009).

FANNY TABAK. Socióloga e líder feminista nascida em CASCADURA em 1924. Depois de ter sido professora primária na Ilha do Governador, foi uma das fundadoras do Centro da Mulher Brasileira no Rio de Janeiro. Pesquisadora da Fundação Getúlio Vargas e professora da Universidade Federal Fluminense, é autora de vasta obra publicada em suas especialidades.

FARIA-TIMBÓ, Canal. Via fluvial criada a partir do encontro dos RIOS Faria e Timbó, no bairro de HIGIENÓPOLIS, até a AVENIDA BRASIL, em MANGUINHOS, de onde o curso segue, subterrâneo, até o despejo na Baía de Guanabara. O Faria, no entanto, flectindo adiante para a direita, encontra o rio Jacaré, com o qual vai formar o CANAL DO CUNHA. Ver BACIA HIDROGRÁFICA.

FAROFEIROS. Ver PIQUENIQUES E EXCURSÕES.

FÁTIMA BERNARDES. Telejornalista nascida em VAZ LOBO em 1962. Criada no MÉIER, formou-se em Comunicação pela UFRJ e iniciou carreira profissional em 1983. Apresentadora do principal telejornal brasileiro em rede nacional, conta que durante toda a infância e a adolescência estudou balé clássico e outros estilos de dança com grandes professores como Maria Olenewa, em aulas acompanhadas por um piano tocado ao vivo, em salas preparadas especialmente com um tipo de piso que suavizava o impacto. E que, quando dizia que sua escola ficava no Méier, surpreendia a todos (RITO, 2001, p. 41).

FAUSTO (1905 – 1939). Fausto dos Santos. Jogador de futebol nascido em Codó, Maranhão. Revelado no BANGU ATLÉTICO CLUBE, atuou no Vasco, no Barcelona, no suíço Young Fellows, no Nacional do Uruguai e no Flamengo. É considerado um dos maiores meio-campistas brasileiros em todos os tempos.

FAVELA DO DIQUE. Localidade em JARDIM AMÉRICA, nas proximidades do CANAL DA PAVUNA. Seu nome é às vezes grafado como "Dick", provavelmente por influência da cultura norte-americana.

FAVELA ON BLAST. Filme de longa metragem sobre o universo do FUNK CARIOCA. Dirigido por Leandro HBL e Wesley Pentz, foi lançado em 2008.

FAVELAS. Uma favela é, em síntese, um aglomerado de casebres erguidos de modo improvisado e desordenado, em terreno invadido. O termo surgiu na última década do século XIX, quando, finda a Guerra de Canudos, ex-combatentes e vivandeiras, de várias procedências, vieram, em grande número, à antiga Capital Federal reivindicar a assistência do governo. Alojados precariamente no Morro da Providência, próximo ao Quartel General do Exército, esses migrantes foram os responsáveis pelo apelido "Morro da Favela", pelo qual esse morro foi conhecido durante largo tempo. O apelido veio de um outro Morro da Favela, existente no entorno do arraial de Canudos e mencionado por EUCLIDES DA CUNHA no clássico *Os Sertões*, ou por semelhança, segundo alguns, ou por ser o local de origem das vivandeiras, segundo outros. Daí, do aspecto tosco das moradias improvisadas, o termo "favela" se estendeu, para qualquer aglomeração do mesmo tipo. Inicialmente construídas com restos da sociedade industrial, como tábuas de caixotes e folhas de flandres, ou na forma conhecida como "sopapo", as moradias das favelas cariocas foram, com o tempo, ganhando características mais permanentes, como a utilização de tijolos e de lajes de concreto, embora quase sempre sem emboço ou revestimento. Outro aspecto a ser destacado é que, no Rio, muitos núcleos populacionais historicamente considerados como favelas, por vivenciarem alguns dos problemas mais comuns desse tipo de moradia, são, na atualidade, complexos parcial ou totalmente urbanizados, obtendo o estatuto oficial de bairro, como é o caso da MARÉ e do ALEMÃO, por exemplo. Observe-se, ainda, que a ideia de favela como o "morro" oposto ao "asfalto", lá em baixo, vem principalmente das favelas da Zona Sul da cidade, incômodas principalmente pelo fato de se situarem em regiões altamente valorizadas pela especulação imobiliária, como acentuou Marcelo Monteiro (2011), em seu *Pequeno dicionário das favelas*, disponibilizado na INTERNET. Olhadas como um câncer a ser extirpado, foram elas o objeto exclusivo das políticas de remoção postas em prática durante o governo de Carlos Lacerda, na década de 1960. Essas políticas pareciam explicitar o perverso sentimento segundo o qual "lugar de pobreza é o subúrbio". Ironicamente, antes e agora, as favelas da Zona Sul parecem representar verdadeiros bolsões de cultura suburbana dentro da sofisticação internacionalizada dos abastados bairros litorâneos. Outro dado a considerar é a origem das populações faveladas, quase sempre relacionadas ao êxodo rural ou de centros urbanos empobrecidos. Foi assim com a crise da CAFEICULTURA e a abolição da escravatura, na passagem para o século XX, trazendo para o Rio de Janeiro muitos trabalhadores, majoritariamente negros, saídos das lavouras fluminenses e paulistas do VALE DO PARAÍBA. E foi assim, também, em vários momentos de colapso na oferta de trabalho e moradia em diversas áreas da região Nordeste. Observe-se, ainda, nas denominações das favelas mais modernas, a forte presença da TELEVISÃO na vida das populações carentes, moradoras nesses núcleos desassistidos: muitos dos nomes são tirados, quase sempre por ironia, dos títulos de telenovelas ou programas humorísticos ("Chega Mais", "Mandala", "Salsa e Merengue", "Te Contei" etc.); outros, de produtos anunciados ("Kinder Ovo"); outros mais, até ironizando a violência gerada pelas más condições de vida, como "Fogo Cruzado". Finalmente, veja-se que, em 2009, segundo dados oficiais (ÁREA, 2011), existiam, no subúrbio e no "sertão" carioca, as favelas seguintes: Abadiana (Jacarepaguá), Acari (Acari), Aço/Vila Paciência (Santa Cruz), Adeus (Bonsucesso e Ramos), Agrícola (Bonsucesso), Águia de Ouro (Inhaúma), Almas (Padre Miguel), Almirante Tamandaré (Barros Filho), Alto Bela Vista (Taquara), Alto Florestal (Bonsucesso), Alvorada (Ramos), Amália (Quintino), Amarelinho (Irajá), Amor (Lins de Vasconcelos), Ana Gonzaga (Inhoaíba), André Rocha (Taquara), Antares (Santa Cruz), Araguatins (Pavuna), Arará (Benfica), Arará (Olaria), Araticum (Anil), Areal (Guaratiba), Arnaldo Murineli (Anchieta), Árvore Seca (Lins de Vasconcelos), Asa Branca (Guadalupe), Asa Branca (Jacarepaguá), Assis Martins (Bento Ribeiro/ Marechal Hermes), Ataulfo Alves (São Cristóvão), Avenida (Anchieta), Bacalhau (Cascadura), Bacia (Lins de Vasconcelos), Baiana (Ramos), Baixa do Sapateiro (Bonsucesso), Baleares (Cavalcanti), Bancários (Ilha do Governador), Bandeira 2 (Del Castilho), Barão (Praça Seca), Barbante (Campo Grande), Barbante (Inhoaíba), Baronesa (Praça Seca), Barreira (Rocha Miranda), Barreira (Santa Cruz), Barreira do Lins (Lins de Vasconcelos), Barreira do Tijuca (Colégio), Barro Preto (Engenho Novo), Barro Vermelho (Engenho Novo), Barro Vermelho (Santa Cruz), Bat-Caverna (Manguinhos), Batutas (Cordovil), Beco da Esperança (Engenho de Dentro), Beco do Camarão (Santa Cruz), Beco do Vitorino (Encantado), Beira Rio (Acari), Beira Rio (Anchieta), Beira Rio (Campo Grande), Beira Rio (Parque Anchieta), Beira Rio (Pavuna), Beira Rio (Realengo), Beirada do Rio (Cidade de Deus), Bela Vista (Rocha Miranda), Bela Vista (Tanque), Belém-Belém (Engenho de Dentro) Bento Cardoso (Penha Circular/ Brás de Pina), Bento Ribeiro Dantas (Bonsucesso), Bereti (Anchieta), Bernardino de Andrade (Turiaçu), Bernardo (Encantado), Bispo (Rio Comprido), Boa Esperança (Campinho), Bom Jardim de Cordovil (Cordovil), Boqueirão (Bangu), Bosque dos Pássaros (Campo Grande), Brás de Pina (Brás de Pina), Bráulio Cordeiro (Jacaré), Buraco Quente (Senador Vasconcelos), Cabo Verde (Benfica), Cachoeira Grande (Lins de Vasconcelos), Cachoeirinha (Lins de Vasconcelos), Caixa D'Água (Penha), Caixa D'Água (Quintino/ Piedade), Caixa D'Água (Tanque), Cajueiro (Madureira /Vaz Lobo), Camarista (Engenho de Dentro), Cambalacho (Itanhangá), Cambuci (Cordovil), Caminho da Reta (Honório Gurgel), Caminho do Arroio Pavuna (Jacarepaguá), Caminho do Bicho (Vargem Pequena), Caminho do Furado (Paciência), Caminho do Job (Pavuna), Caminho do Lúcio (Bangu), Caminho do Marinho (Camorim), Caminho do Padre (Anchieta), Caminho do Rio Pequeno (Jacarepaguá), Caminho do Urubu (Campo Grande) Caminho do Waldemar (Tanque), Canal do Anil (Anil/ Gardênia Azul), Cancela Preta (Bangu), Canecão (Realengo), Cantagalo (Copacabana), Capitão Menezes (Praça Seca), Caracol (Penha), Caramuru (Tomás Coelho), Caratê (Cidade de Deus), Cardoso de Mesquita (Encantado),Cariri (Olaria), Carlos Chagas (Manguinhos), Carlos Drumond de Andrade (Jacaré), Carobinha (Campo Grande), Carroças (Inhaúma) e Carumbé (Realengo), Cassiano (Santa Cruz), Cavalo de Aço (Senador Camará), Caxangá (Tanque), CCPL (Benfica), Cesarão (Santa Cruz), Céu Azul (Engenho Novo), Chácara (Turiaçu), Chácara Del Castilho (Del Castilho/ Maria da Graça), Chacrinha (Praça Seca), Chacrinha do Mato Alto (Praça Seca), Chambelland (Jardim América), Chapadão (Costa Barros), Chatuba (Penha), Chaves (Barros Filho), Chega Mais (Cordovil), Chip (Manguinhos), Cinco Bocas (Brás de Pina), Clarim Gorésio (Taquara), Cobal (Manguinhos), Comandante Luiz Souto (Praça Seca), Comendador Pinto (Madureira), Comendador Sofia (Campo Grande), Cônego (Honório Gurgel), Congonhas (Madureira), Coreia (Santa Cruz), Coreia (Senador Camará), Coroa/ Trajano (Pilares), Cosme e Damião (Realengo), Cotia (Lins de Vasconcelos) Covanca (Pechincha), Creche (Jacarepaguá), Criança Esperança (Guadalupe) Cristo Redentor (Anchieta), Cristo Rei (Bento Ribeiro), Curral das Éguas (Magalhães Bastos), Curupaiti (Engenho de Dentro), Dendê (Ilha do Governador), Deus é Amor (Marechal Hermes), Dezoito (Água Santa), Dique (Jardim América), Disneylândia (Brás de Pina e Cordovil), Divineia (Cordovil), Divineia/ 31 de Outubro (Paciência), Dois de Maio (Sampaio e Engenho Novo), Dois Irmãos (Jacarepaguá), Dona Francisca (Lins de Vasconcelos), Dona Zélia (Engenheiro Leal), Dourado (Cordovil), Doutor Fernando (Campo Grande), Duzentos (Ilha do Governador), Embaú (Pavuna / Parque Colúmbia), Embiri (Bento Ribeiro), Encanamento (Marechal Hermes), Encontro (Lins de Vasconcelos), Engenheiro Alfredo Gonçalves (Piedade), Engenheiro Clóvis Daudt (Água Santa), Engenho (Inhaúma e Engenho da Rainha) Entre Rios (Jacarepaguá), Esperança (Santíssimo), Espírito Santo (Praça Seca) Estação Guilherme da Silva (Bangu), Estrada da Curicica (Curicica), Estrada da Saudade (Bangu), Estrada do Quitite (Jacarepaguá), Estrada do Rio do Pau (Anchieta),

Estrada Meringuava (Taquara), Eternit (Guadalupe), Everest (Inhaúma), Falange (Senador Camará), Família (Encantado), Favela-Bairro, (Turiaçu), Favela da Foice (Pedra de Guaratiba), Favela da Playboy (Jacarepaguá), Favela do Saco Preto (Inhoaiba), Faz quem quer (Rocha Miranda), Fazenda Botafogo (Acari), Fazenda Coqueiros (Santíssimo), Fazenda das Palmeiras (Ramos), Fazenda Mato Alto (Jacarepaguá), Fazenda Velha (Anchieta), Fazendinha (Água Santa), Fazendinha (Inhaúma), Fé (Vila da Penha), Fé em Deus (Parque Anchieta) Fernão Cardim (Engenho de Dentro /Pilares), Ferreira de Araújo (Benfica) Ficap (Pavuna), Final Feliz (Anchieta), Floresta da Barra (Itanhangá), Fogo Cruzado (Manguinhos), Fontela (Curicica), Frederico Faulhaber (Realengo), Frei Gaspar (Penha), Frei Sampaio (Marechal Hermes), Fubá /Fazenda da Bica (Campinho/Cascadura), Fumacê (Realengo), Furquim Mendes (Vigário Geral),Galinha (Inhaúma), Gambá (Lins de Vasconcelos), Gardênia Azul (Gardênia Azul), Gericinó (Bangu), Gogó da Ema (Guadalupe), Gongo (Bangu), Gouveia (Paciência), Granja Paulo de Medeiros (Água Santa), Grota (Madureira), Grota (Ramos), Grotão (Costa Barros), Grotão (Penha), Guaíba (Brás de Pina), Guandu (Santa Cruz), Guaporé (Brás de Pina), Guarda (Del Castilho), Henrique de Góes (Honório Gurgel), Herédia de Sá (Benfica), Iguaçu (Engenheiro Leal/ Cavalcanti), Iguaíba (Cascadura), Ildefonso Falão (Parque Colúmbia), Inácio Amaral (Freguesia), Inácio Dias (Freguesia/Água Santa), Isadora (Campo Grande), Itabirito (Piedade), Itararé (Ramos), Itatiba (Anchieta), Jabiri (Marechal Hermes), Jacaré (Jacaré), Jacaré (Santíssimo), Jacarezinho (Engenho Novo), Jamelão (Andaraí/Grajaú), Jardim Clarice (Senador Camará), Jardim da Liberdade (Campo Grande), Jardim do Amanhã (Jacarepaguá), Jardim do Carmo (Vila Cosmos), Jardim Leal (Santa Cruz), Jardim Metrô (Irajá), Jardim Moriçaba (Senador Vasconcellos), Jardim Piedade (Piedade), Jardim Vila Cosmos (Vila Cosmos), Jardim Vila São Bento (Bangu), João Goulart (Higienópolis), Joaquim Magalhães (Senador Vasconcelos), Joaquim Martins (Encantado), Joaquim Queiroz (Ramos), Job (Costa Barros), Jorge Turco (Rocha Miranda/ Coelho Neto), José de Anchieta (Praça Seca), Jubaí (Bento Ribeiro e Marechal Hermes), Juca (Cascadura), Junqueira (Paciência), Juquinha (Santa Cruz), Juramentinho (Vicente de Carvalho), Juramento (Tomás Coelho/Vicente de Carvalho), Jurubeba (Guadalupe), Kelsons (Penha), Kinder Ovo (Ramos), Ladeira da Reunião (Tanque), Ladeira do Calharins (Jacarepaguá), Lagartixa (Costa Barros e Barros Filho), Laudelino Freire (Penha), Linha de Austin (Paciência), Lote 1000 (Taquara), Loteamento Juca Ferreira (Pavuna), Loteamento São Sebastião (Taquara), Luanda (Guaratiba), Luíz Beltrão (Vila Valqueire), Luíz Fernando Vitor Filho (Santa Cruz), Madagascar (Parque Colúmbia), Malvinas (Cachambi), Mandala (Taquara), Mandela de Pedra (Manguinhos), Mangueiral (Bangu), Mangueirinha (Brás de Pina), Maranata (Guadalupe), Marcílio Dias (Penha), Marechal Jardim (São Cristóvão/Benfica), Margem do Cação Vermelho (Santa Cruz), Margem do Canal de São Francisco (Santa Cruz), Maria Angu (Ramos), Marianos (Piedade), Marimbá (Jacaré), Marimbondo (Camorim), Merindiba (Olaria), Mariópolis (Anchieta), Mata Quatro (Guadalupe), Matinoré (Jacaré), Mato Alto (Praça Seca), Matriz (Engenho Novo), Meringuava (Taquara), Meriti (Vista Alegre), Metral (Bangu), Miguel Dibo (Irajá), Mineira (Catumbi), Mineiros (Piedade), Minha Deusa (Bangu), Moisés Santana (Turiaçu), Monte Carmelo (Bento Ribeiro), Morada Verde (Santa Cruz), Mourão Filho (Ramos), Mundial (Honório Gurgel), Muquiço (Cidade de Deus), Muquiço (Guadalupe/Deodoro/Marechal Hermes), Nabuco de Araújo (Bento Ribeiro e Marechal Hermes), Nilo (Realengo),

Nossa Senhora da Apresentação (Irajá), Nossa Senhora da Conceição (Ramos), Nossa Senhora da Glória (Vila Valqueire), Nossa Senhora da Guia (Lins), Nossa Senhora da Penha (Caju), Nova Aguiar (Campo Grande), Nova Aliança (Bangu), Nova Aurora (Taquara), Nova Brasília (Bonsucesso), Nova Cidade (Campo Grande), Nova Divineia (Grajaú), Nova Era (Santa Cruz), Nova Esperança (Gardênia Azul), Nova Guaratiba (Guaratiba), Nova Holanda (Ramos), Nova Jersey (Paciência), Nova Kennedy (Bangu), Nova Maracá (Tomás Coelho), Nova Pavuna (Pavuna), Nova Sepetiba (Sepetiba), Novo Campinho (Campo Grande), Novo Palmares (Jacarepaguá), Oito de Dezembro (Anchieta), Oliveira Bueno (Anchieta), Oliveira Junqueira (Marechal Hermes), Ouro Preto (Quintino), Outeiro (Jacarepaguá), Paço do Lumiar (Pechincha), Padre (Pavuna), Padre Nóbrega (Piedade), Palmeiras (Inhaúma), Palmeirinha (Marechal Hermes), Pantanal (Santa Cruz), Parada de Lucas (Parada de Lucas), Paraíbuna (Bonsucesso), Pára-Pedro (Irajá/Colégio), Parnaíba (Coelho Neto), Parque Acari (Acari), Parque Alegria (Caju), Parque Araruna (Quintino), Parque Bela Vista (Honório Gurgel), Parque Boa Esperança (Caju), Parque Bom Menino (Irajá), Parque Colúmbia (Anchieta), Parque da Esperança (Anchieta), Parque Esperança (Campo Grande), Parque Félix Ferreira (Higienópolis), Parque Itambé (Ramos), Parque Jardim Beira Mar (Parada de Lucas), Parque João Goulart (Manguinhos), Parque Leopoldina (Padre Miguel), Parque Liberal (Padre Miguel), Parque Maré (Bonsucesso), Parque Marlene (Jacaré), Parque Oswaldo Cruz (Manguinhos), Parque Proletário de Acari (Acari), Parque Proletário de Cordovil (Cordovil), Parque Proletário de Vigário Geral (Vigário Geral), Parque Proletário do Engenho da Rainha (Engenho da Rainha/Inhaúma),Parque Proletário Monsenhor Brito (Bonsucesso), Parque São José de Barros Filhos (Barros Filho), Parque São Pedro (Guaratiba), Parque Silva Vale (Tomás Coelho), Parque Tiradentes (Ricardo de Albuquerque), Parque União (Bonsucesso/Del Castilho), Pau Ferro (Encantado), Paz (Penha), Paz e Amor (Padre Miguel), Pé Sujo (Cordovil), Pedacinho do Céu (Cordovil), Pedra Branca (Jacarepaguá), Pedra do Sapo (Olaria), Pedreira (Costa Barros/Acari/Barros Filho), Pereira Leitão (Turiaçu), Pereira Pinto (Engenho da Rainha/Tomás Coelho), Perereca (Guadalupe), Piancó (Ramos), Pica Pau (Cordovil), Pica Pau (Taquara), Pica Pau Amarelo (Cachambi), Pinheiro (Bonsucesso), Pinheiros (Jacarepaguá), Piolho (Tanque), Ponte de Coelho Neto (Coelho Neto), Ponte do Rio dos Cachorros (Santíssimo), Ponte Preta (Santa Cruz), Ponto Chique (Bangu), Portugal Pequeno (Taquara), Praça da Bíblia (Cidade de Deus), Praça Marimbá (Jacaré), Praia de Ramos (Ramos), Pretos Forros (Água Santa), Quarenta e Oito (Bangu), Quieto (Sampaio/Engenho Novo/Riachuelo/Rocha/São Francisco Xavier), Quintanilha (Freguesia), Quitandinha (Costa Barros), Quitungo (Brás de Pina/Vila da Penha), Rato (Pilares), Rato Molhado (Engenho Novo), Rebu (Senador Camará), Relicário (Inhaúma), Renascer (Jardim América), Reunião (Tanque), Rio (Inhaúma), Rio d'Ouro (Irajá), Rio Piraquê (Guaratiba), Roberto Morena (Paciência), Rodolfo Chambelland (Jardim América), Rola (Santa Cruz), Roquete Pinto (Ramos), Rubens Vaz (Bonsucesso), Ruth Ferreira (Ramos), Sagrado Coração (Santa Cruz), Saibreira (Bangu), Salsa e Merengue (Ramos), Samauma (Barra de Guaratiba), Sanatório (Madureira e Engenheiro Leal), Sangue e Areia (Bangu), Santa Anastácia (Curicica), Santa Catarina (Bangu), Santa Clara (Taquara), Santa Efigênia (Cidade de Deus), Santa Luzia (Curicica), Santa Maria (Jacarepaguá), Santa Rosa (Vila Valqueire), Santa Teresinha (Lins), Santo Agostinho (Andaraí), Santo André (Senador Camará), Santo Antônio (Realengo), Santos Titara (Méier), São Daniel (Manguinhos), São Francisco de Assis (Colégio), São Francisco de Assis (Jacarepaguá), São Geraldo (Cidade de Deus), São Jerônimo (Campo Grande), São João (Engenho Novo/Jacaré), São Jorge (Engenheiro Leal), São José (Madureira/Engenheiro Leal), São José (Praça Seca), São Marcelo (Praça Seca), São Marciano (Praça Seca), São Pedro (Campo Grande), São Sebastião (Praça Seca), São Sebastião (Realengo), São Victor (Campo Grande), Sapê (Madureira/Vaz Lobo), Sapo (Senador Camará), Saquaçu (Paciência), Sargento Miguel Filho (Bangu), Selva (Senador Camará), Sereno (Penha), Sérgio Silva (Engenho da Rainha), Serra do Padilha (Água Santa), Serra Pelada (Cordovil), Serrinha (Madureira), Sertão (Jacarepaguá), Sete Sete (Bangu), Seu Pedro (Del Castilho/Inhaúma), Shangrilá (Taquara), Silva Vale (Cavalcanti), Sítio Santa Isabel (Pechincha), Sossego (Madureira), Sossego (Senador Camará), Tancredo Neves (Jacaré), Tancredo Neves (Senador Camará), Tancredo Neves (Taquara), Tangará (Jacarepaguá), Taquaral (Senado Camará), Tauta (Jacaré), Te Contei (Parada de Lucas), Teixeira Bastos (Engenho de Dentro), Teixeira Campos (Santíssimo), Teixeiras (Jacarepaguá), Tenente (Bento Ribeiro), Tenente Pimentel (Olaria), Terra Encantada (Pavuna), Terra Nova (Ricardo de Albuquerque), Tibaji (Bangu), Tijolinho (Bonsucesso), Timbau (Bonsucesso), Tiquia (Senador Camará), Tirol (Freguesia), Travessa Marques de Oliveira (Ramos), Travessa Rio Claro (Oswaldo Cruz), Três Pontes (Paciência), Triângulo (Deodoro), Turiaçu (Turiaçu), União (Pavuna/Costa Barros/Coelho Neto/Colégio), Unidos de Santa Teresa (Santa Teresa e Rio Comprido), Urubu (Pilares/Tomás Coelho), Urubuzinho (Pilares/Abolição), Urucânia (Santa Cruz), Vale de Curicica (Curicica), Vale do Ipê (Jacarepaguá), Vale do Sangue (Santa Cruz), Varginha (Manguinhos),Várzea (Água Santa), Venda da Varanda (Santa Cruz), Verde é Vida (Senador Camará), Vila Arará (Manguinhos),Vila Birigui (Realengo), Vila Brasil (Campo Grande), Vila Brasil (Magalhães Bastos), Vila Cabuçu (Engenho Novo), Vila Calmete (Curicica), Vila Camorim (Camorim), Vila Campinho (Campinho), Vila Capelinha (Magalhães Bastos), Vila Caranguejo (Jacarepaguá), Vila Cascatinha (Penha), Vila Comari (Campo Grande), Vila Cruzeiro (Penha), Vila da Paz (Penha), Vila Darcy Vagas (Ramos), Vila Darcy Vargas (Taquara/Realengo), Vila das Torres (Madureira), Vila do Almirante (Realengo), Vila do Céu (Cosmos), Vila do João (Bonsucesso),Vila dos Mineiros (Jacaré), Vila Esperança (Acari), Vila Esperança (Inhoaíba), Vila Esperança (Jardim América), Vila Esperança (Ramos), Vila Eugênia (Marechal Hermes), Vila Guanabara (Inhoaíba), Vila Ieda (Campo Grande), Vila Itaocara (Inhaúma), Vila Jandira (Jacaré), Vila João Lopes (Realengo), Vila José de Anchieta (Praça Seca), Vila Juracy (Guaratiba), Vila Jurema (Realengo), Vila Lusimar (Engenho de Dentro), Vila Mangueiral (Campo Grande), Vila Maria (Campo Grande), Vila Maria (Higienópolis/Maria da Graça), Vila Matinha (Ramos), Vila Moretti (Bangu), Vila Nossa Senhora da Glória (Marechal Hermes), Vila Nova (Inhaúma), Vila Nova (Oswaldo Cruz), Vila Nova Cruzada (Jacarepaguá), Vila Nova da Pavuna (Pavuna), Vila Olímpica (Bangu), Vila Operária Diamantes (Rocha Miranda/Honório Gurgel), Vila Pequeri (Brás de Pina), Vila Piquirobi (Bangu), Vila Pitumbu (Jacarepaguá), Vila Primavera (Cavalcanti), Vila Progresso (Bangu), Vila Proletária (Penha), Vila Rica (Irajá), Vila Santa Maura (Jacarepaguá), Vila Santa Mônica (Taquara), Vila Santo Antônio (Ramos), Vila São Bento (Bangu), Vila São Jorge (Colégio), Vila São Jorge (Cosmos e Santa Cruz), Vila São Miguel (Magalhães Bastos), Vila São Pedro (Bonsucesso), Vila Sapê (Curicica), Vila Turismo (Higienópolis/Manguinhos), Vila União (Inhoaíba), Vila União da Paz (Bangu), Vila Verde (Santíssimo), Vila Vintém (Padre Miguel), Vila Vitória (Cosmos), Vila Zulmira (Campo Grande), Vilar Carioca (Campo Grande), Virgolândia (Jacarepaguá), White Martins (Brás de Pina), Xuxa (Jacaré). Além dessas, um levantamento feito pelo jornal o Globo, publicado na edição de 19 de julho de 2009, em matéria assinada por Rogério Daflon, informava o nascimento, no período de um ano, de mais dezenove favelas no Rio, sendo localizadas na hinterlândia, as seguintes: Vida Nova (Acari); Vila Porta do Céu (Bangu); 24 de Fevereiro (Bonsucesso); Ecoponto, Flama, Maria Loroza, Recanto Dos Pássaros (Campo Grande); Pedrosa (Del Castilho); Deus É Vida (Guadalupe); Travessa Dois Irmãos (Guaratiba); Sitio da Amizade (Jacarepaguá); Vila da Paz (Méier); Estrela do Sul e Embaú (Pavuna); São Sebastião (Praça Seca); Vila Esperança (Realengo); Avenida Cinco ou Tijolinho (Sepetiba); Vila Taboinha (Vargem Grande). Em setembro de 2009, a Prefeitura do Rio anunciava a pretensão de, em quatro anos, reduzir em 5% a área ocupada por 968 favelas no município. Para tanto, projetava a construção de 50 mil casas populares e a transformação de favelas em bairros, com abertura de novas ruas e melhoramento das existentes. Em março de 2010, era informada a finalização, no âmbito do Programa de Aceleração do Crescimento, de projetos de urbanização e infraestrutura beneficiando as seguintes comunidades: Complexo do Alemão, Manguinhos, Cidade de Deus, Rio das Pedras, Complexo da Penha, Batan, Complexo do Lins, Jacarezinho, Juramento e Kelson's. FAVELAS E COMPLEXOS. À época da finalização deste Dicionário, eram noticiados estudos reunindo as maiores favelas cariocas em "complexos" (GALDO, 2011), Assim, na região por nós focalizada tínhamos os Complexos: do ALEMÃO (58.430 habitantes); da Fazenda Coqueiro, em Bangu (44.834 habitantes); da Penha (35.388 habitantes); do Jacarezinho (32.972 habitantes); de Acari (21.999 habitantes); de Manguinhos (21.846 habitantes) e da Pedreira (20.508 habitantes). Ver PAC; COSMÉTICA DA FOME.

FAZENDA BOTAFOGO. Grande conjunto habitacional e Distrito Industrial de mesmo nome, criados no fim da década de 1970, em COELHO NETO, na divisa com o bairro de ACARI. Ver QUILOMBO, G.R.A.N.E.S.

FAZENDA DAS PALMEIRAS. Antiga propriedade rural na freguesia de INHAÚMA. O nome sobreviveu no Morro das Palmeiras, que constitui o extremo sul do Complexo do ALEMÃO, próximo da estrada ADEMAR BEBIANO e da avenida Itaoca. Nele se localiza a favela chamada Morro das Palmeiras, Fazenda Palmeiras ou Fazendinha, vizinha das FAVELAS NOVA BRASÍLIA, Parque Alvorada e Joaquim de Queirós.

FAZENDA GRANDE DA PENHA. Estabelecimento colonial fundado por volta de 1635 pelo capitão Baltazar Abreu Cardoso. Também mencionada como Fazenda de Nossa Senhora da Ajuda, nela foi erguida a ermida que originou a IGREJA DA PENHA, marco inicial do bairro da PENHA. Ver FAZENDINHA [1]; FESTA DA PENHA.

FAZENDA MODELO. Grande albergue administrado pelo município do Rio de Janeiro. Localizado em GUARATIBA, no sub-bairro da Ilha, em uma área de 46 hectares, é equipado com oficinas profissionais de carpintaria e serralheria, além de hortas e instalações para criação de gado, destinadas a atividades que visam profissionalizar e estimular o retorno dos internos ao mercado de trabalho. Foi fundada em 1984 com o objetivo de acolher e ressocializar populações de rua, famílias removidas de áreas de risco e desabrigados em geral. Para tanto, dispõe de 15 alojamentos para solteiros (cinco para mulheres e dez para homens), nove alojamentos para grupos familiares, além de um grande número de casas isoladas. Abrigando cerca de 2000 internos no fim da década de 1990, a instituição manteve um convênio com a Comlurb, Companhia Municipal de Limpeza Urbana, a qual ocupou 118 internos em diversos bairros da cidade. À época deste texto, a Fazenda Modelo permanecia fechada, desde o último governo do prefeito César Maia.

FAZENDA VIEGAS. Ver VIEGAS, Fazenda do.

FAZENDINHA [1]. Nome pelo qual é popularmente conhecida a Área de Proteção Ambiental, na AVENIDA BRASIL, no bairro da PENHA, onde se localiza, entre outros estabelecimentos, a ESCOLA DE HORTICULTURA WENCESLÁO BELLO. Trata-se de uma área verde com a extensão de 144 mil metros quadrados, situada à margem de uma das mais poluídas e barulhentas vias da cidade. Criada em 1984, graças a um movimento popular, a APA da Fazendinha, parte da antiga FAZENDA GRANDE DA PENHA, que já abrigou riquezas da fauna e da flora brasileira, é, no momento da feitura deste Dicionário, um dos poucos espaços de lazer ecológico na Zona da Leopoldina.

FAZENDINHA [2]. Localidade no Complexo do ALEMÃO, com acesso pela avenida ADEMAR BEBIANO. Ver FAZENDA DAS PALMEIRAS.

FÉ, Morro da. Elevação na vertente noroeste do Maciço da MISERICÓRDIA, entre PENHA CIRCULAR e VILA DA PENHA.

FEIJOADA COMPLETA. Considerada o prato típico carioca, a feijoada de feijão preto com carnes e salgados, acompanhada de couve desfiada, farofa e laranja, tem origem controversa. Mas sua presença, na hinterlândia, em certas ocasiões especiais, é notória. Principalmente pelo tipo de feijão utilizado, diferente das feijoadas da Bahia e de São Paulo, por exemplo. No livro *Cozinha brasileira* (ALVES FILHO; GIOVANNI, 2000, p. 32), a partir da observação de diversos viajantes estrangeiros, segundo os quais, na primeira década do seculo XIX, o principal prato carioca era o feijão com toucinho e carne-seca, os autores concluem que a feijoada nasceu gradativamente, em um processo, no qual "foi se criando, pelas camadas populares, à maneira de um quadro naïf", a partir do feijão com arroz. Ver CULINÁRIA, ALIMENTAÇÃO E GASTRONOMIA.

FEIJOADAS MUSICAIS. Almoços festivos, típicos do ambiente retratado neste Dicionário. Expressão de solidariedade comunitária e forma de angariar fundos para as despesas carnavalescas dos integrantes das ESCOLAS DE SAMBA, essas reuniões são habituais pelo menos desde a década de 1960. Na PORTELA, por exemplo, o famoso "feijão da Vicentina" (TIA VICENTINA), saiu da escola para, através de um SAMBA de Paulinho da Viola, entrar para a antologia do PARTIDO-ALTO. A partir da década de 2000, as feijoadas musicais, animadas por grupos vocais-instrumentais do universo do PAGODE, tornaram-se programações concorridas, atraindo grande e diversificado público.

FEIRA DAS IABÁS. Programação social realizada mensalmente na quadra da PORTELA à época deste Dicionário. Constava de barraquinhas nas quais eram oferecidos à desgustação pratos e iguarias da GASTRONOMIA tradicional do ambiente do SAMBA, com fundo musical sob direção de MARQUINHOS DE OSWALDO CRUZ. "Iabá" (do iorubá *iyá àgba*, mãe mais velha) é, no CANDOMBLÉ, o nome que designa cada um dos orixás femininos.

FEIRA PERMANENTE DE IRAJÁ. Mercado a céu aberto inaugurado em IRAJÁ, em 1959, na Praça Nossa Senhora da Apresentação. Criada pelo Conselho Coordenador do Abastecimento e ocupando uma área de 2400 m², foi inaugurada com a presença do presidente da República, Juscelino Kubitschek (HÁ 50 ANOS, 2009). Entretanto, ao que se sabe, não teve vida longa.

FEIRAS LIVRES. Instituídas em 1921, as feiras livres, até hoje, apesar do advento de outras formas para comercialização de gêneros alimentícios, produtos hortigranjeiros e outras mercadorias, como os supermercados e os chamados "hortifrutis", ainda constituem elemento definidor do cotidiano carioca, em todas as regiões. Em 1924, entretanto, das 30 em funcionamento na cidade, apenas uma, a do Largo do TANQUE, se localizava na região objeto deste trabalho.

FEIRINHA DA PAVUNA. Centro de comércio popular, de caráter permanente, instalado desde a década de 1950, exatamente no limite entre a PAVUNA e o município de São João de Meriti. À época deste livro, estendia-se por cerca de duzentos metros, oferecendo ao público ampla variedade de produtos, de legumes e verduras a CDs, DVDs e videogames. Foi celebrizada em um SAMBA, "Feirinha da Pavuna" ou "Confusão de Legumes", de autoria de JOVELINA PÉROLA NEGRA, na voz da própria autora.

FELICIDADE BATE À SUA PORTA, A. Antigo programa domingueiro da Rádio Nacional, na década de 1950, produzido e apresentado pelo casal Iara Salles e Héber de Bôscoli. Constava de uma parte transmitida defronte de uma casa, em geral no subúrbio, com rua e número sorteados durante a audição. Aos moradores cabiam 2 mil cruzeiros se possuíssem os produtos de limpeza fabricados pelo patrocinador, União Fabril Exportadora S/A. Do local, era transmitido um *show* estrelado pela famosa cantora EMILINHA BORBA, às vezes da varanda da casa, atraindo multidões.

FELIPÃO DO QUILOMBO. Nome artístico de Antônio Felipe de Araújo, sambista e pai de santo, falecido em 2007, com pouco mais de 70 anos. Morador de CAMPO GRANDE, foi compositor inspirado, gravado por Bezerra da Silva e Walter Alfaiate, além de criador de cânticos de UMBANDA. Frasista, utilizava um vocabulário próprio, fruto de sua alta criatividade. Policial aposentado e autodenominado o "negro história", era visto quase todas as tardes no bar Cadeira Branca, na rua Viúva Dantas, próximo à Rodoviária, tomando um "xinaipe", um "biricutico", uma "água", como dizia. Felipão era um "compadrão", ou seja, um compadre de alto gabarito, como qualificava seus grandes amigos; e era também, como se definia, "um negro de 200 anos", um "negro que só bebia Brahma", que era "filho de caboclo do mato com italiana", e que, por isso, ainda tinha a "língua pegada", truque que usava quando queria se livrar de um interlocutor inconveniente, pronunciando seu nome de trás pra diante: "Oinotna Epilef ed Ojuara". Seu nome artístico era referência ao G.R.A.N.E.S. QUILOMBO, a cuja ala de compositores pertenceu, nas décadas de 1970 e 1980.

FELIPE CESTEIRO. Ver CESTEIROS.

FENIANOS DE CASCADURA. Ver GAFIEIRAS.

FENIANOS DO ENGENHO DE DENTRO. Ver GAFIEIRAS.

FERA DA PENHA, A. Antonomásia pela qual tornou-se conhecida a comerciária Neide Maria Lopes, autora de um célebre crime. Na noite de 30 de julho de 1960,

Neide, então com 22 anos, matou com um tiro na cabeça a menina Tânia Maria Couto de Araújo, a Taninha, de 4 anos, incendiando-lhe o corpo. O crime foi cometido no "campo do matadouro", um terreno baldio nos fundos do antigo MATADOURO DA PENHA, nas proximidades da AVENIDA BRASIL; e, logo depois, a autoria e os motivos foram descobertos. A motivação foi passional, ditada pela iminência da separação do amante, pai da menina. Condenada, Neide cumpriu mais de quinze anos de prisão. Em 1975, trabalhava como atendente na Vara de Execuções Penais e, mais tarde, como secretária em um escritório de advocacia. A pequena vítima, "Taninha", sepultada no cemitério de INHAÚMA, ganhou aura de santidade, sendo-lhe até atribuídos alguns milagres. Seu túmulo, no carneiro 17 da quadra 21 daquele cemitério, é sempre muito visitado a cada ano, no dia de Finados.

FERNANDA FELISBERTO. Livreira e editora carioca, nascida em 1970. Mestre em Estudos Africanos, com especialização em Literatura pelo Colégio de México, destacou-se como professora de pós-graduação em História da África na Universidade Cândido Mendes. Em 2007, depois de coordenar o selo editorial Afirma, inaugurou, em sociedade, no centro do Rio, a Kitábu Livraria Negra, especializada em literatura produzida por autores afrodescendentes. Criada na FREGUESIA, então um sub-bairro de JACAREPAGUÁ, fez seus primeiros estudos nos colégios Pentágono e Impacto.

FERNANDA MONTENEGRO. Atriz brasileira, nascida em 1919. Segundo Schumaer (2000), nasceu em CAMPINHO mas passou boa parte de sua infância com os avós em Minas Gerais. "O subúrbio de hoje continua sendo a alma da cidade" – pensa Fernanda. – "Por ele se conhece até o que o Estado faz com a cidadania. Nosso subúrbio, hoje, é maltratado, preconceituado, abandonado. Ele se espraia doidamente pela periferia do grande centro e o que o alimenta é esse humor inexplicável, dando-lhe, por incrível que pareça, um particular sentido de resistência, organização e sobrevivência" (RITO, 2001, p. 42).

FESTA DA PENHA. Festejo popular tradicional, realizado desde 1728, nos domingos de outubro, em louvor de Nossa Senhora da Penha de França, em sua igreja. As origens da festa remontam a cerca de 1635, quando o capitão Baltazar de Abreu Cardoso, cessionário de parte da sesmaria concedida aos jesuítas, agradecido por uma graça alcançada, ergueu no alto da rocha, a 70 metros acima do nível do mar, uma pequena ermida, num lugar onde já havia um pequeno santuário dedicado a Nossa Senhora do Rosário. O local do evento era um penhasco. Daí, o capitão ter resolvido entronizar nele uma imagem de Nossa Senhora da Penha de França e construir a ermida em sua honra. O motivo do agradecimento foi a salvação da vida do capitão quando, na iminência de ser atacado por uma horrível serpente, bradou por Nossa Senhora e foi salvo por um lagarto que surgiu do mato e afugentou a cobra. Depois da morte do capitão, entretanto, a igrejinha ficou abandonada por muito tempo. Até que, a partir de 1728, com a construção de uma capela no local, a colônia portuguesa passou a frequentá-la, utilizando o entorno como área de lazer, em piqueniques e festas profanas. De início, entretanto, a ida àquelas paragens distantes e meio inacessíveis não era muito fácil. Por terra, ia-se a cavalo, em carroças ou carruagens, mas as estradas eram precárias. Por mar, tinha-se que desembarcar no porto de MARIA ANGU e, depois, andar ainda alguns quilômetros (Brício Filho, *apud* SOIHET, 1990). Mas a magnitude e alegria da festa, já mesclando devoção e prazer, compensava todo sacrifício. Assim, em 1898, segundo reportagem do Jornal do Commercio, citada em Sohiet (1990), desde cedo grande massa de povo afluía às estações da ESTRADA DE FERRO CENTRAL DO BRASIL e da ESTRADA DO NORTE para ir aos festejos da PENHA. Também pela estrada do Pedregulho, pelas de BENFICA e BONSUCESSO, "via-se uma infinidade de carros, e carroças e andorinhas, todos ornamentados de flores e folhagens [os carros e carroções enfeitados com colchas de chita], repletos de romeiros de ambos os sexos com os seus chapéus de palha garridamente enfeitados, o chifre a tiracolo, rindo e cantando na mais franca expansão de entusiasmo, levantando vivas à Santa de sua veneração. Ranchos de cavaleiros vestidos à gaúcha passavam alegremente, uns garbosamente montados em fogosos ginetes ajaezados de prata; outros, mais modestos, no popular 'punga' estropiado de cansaço". Por essa época, entretanto, segundo Noronha Santos (apud BERGER,1965, p. 68) a Estrada de Ferro RIO D'OURO mantinha um ramal de seis quilômetros de extensão, ligando VICENTE DE CARVALHO à Penha, e só utilizado nos domingos de outubro. Festa ao mesmo tempo devota e profana, a Penha proporcionava visões comovedoras, como estas registradas por Raul Pompeia (apud SOIHET, 1990): "Os que subiam [fanáticos, de joelhos; mulheres amparadas pelas filhas ou pelo marido; um velho gordo ou inchado, amparado por duas moças; um rapaz de olhos fundos e aspecto doentio, seguro pelos sovacos por dois outros, resguardando as joelheiras das calças pretas em um invólucro de papel pardo; outros apenas descalços]; os que subiam levavam imensas velas de promessas, ou formas de cera lembrando enfermidades curadas; os que desciam, traziam registros em rolo atados ao chapéu, e vinham condecorados de medalhas e pequenas cruzes ou corações de papelão dourado com uma imagem da Santa no meio, detrás de um vidro." Mas havia também os coloridos flagrantes da festa: "Uma multidão enorme de homens, mulheres, crianças, enfronhados nas suas melhores vestes domingueiras, o rosário de roscas vermelhas e azuis a tiracolo, flores de papel fino ao peito e no chapéu; e à guisa de distintivo a efígie de Nossa Senhora da Penha litografado em papel cetim circundado de lantejoulas" (Jornal do Commercio, 1906, apud SOIHET, 1990). Desde os primórdios até a atualidade, o devoto que vai à Penha quase nunca deixa de cumprir o ritual de subir os 382 degraus da escadaria (a tradição conta 365, como os dias do ano); e beber da água das nascentes, tida como abençoada. Outra imagem recorrente ainda é a dos pagadores de promessa, subindo os degraus de joelhos, empunhando velas acesas, às vezes do tamanho do próprio corpo, e recebendo aplausos ao fim de sua penitência. Realizada, então, nos domingos de outubro, desde o século XVIII, a Festa da Penha, que já foi a maior festa popular religiosa da cidade do Rio de Janeiro, embora de origem portuguesa, teve muito de seu brilhantismo devido a africanos e descendentes, cuja presença se faz ainda mais significativa com a Abolição e a chegada do século XX, quando o SAMBA e o CHORO foram aos poucos predominando sobre os fados e as modinhas, da mesma forma que os cordões emulavam os ranchos de portugueses. Segundo matérias do Jornal do Commercio citadas em Soihet (op. cit.), a festa de 1906 parecia "uma festa de carnaval em que tomava parte a sociedade alegre, livre e perigosa da cidade", destacando-se a presença dos cordões "terríveis, ameaçadores, selvagens". Em 1914, ainda segundo Soihet (op. cit.), a Gazeta de Notícias informava: "o vira e o fado foram destronados e agora o samba indígena e o maxixe requebrado do Brasil vai em pleno sucesso." O fenômeno é também salientado em Carvalho (2007, p. 41): "Assim, a festa portuguesa da Penha foi aos poucos sendo tomada por negros e por toda a população dos subúrbios, fazendo-se ouvir o samba ao lado dos fados e das modinhas." Na Pequena África da Saúde, a cultura dos negros muçulmanos vindos da Bahia, sua música e sua religião fertilizaram-se no novo ambiente, criando os RANCHOS CARNAVALESCOS e inventando o samba moderno. Observe-se, entretanto, que o incremento e a popularidade da Festa da Penha deveram-se à ação do pároco local e da Irmandade. Com efeito, no início do século XX, o Padre RICARDO SILVA, em seu trabalho incansável para tornar cada vez mais popular a devoção à Santa e atrair o maior número possível de pessoas à sua festa, abriu um acampamento, onde os devotos se concentravam, além de abrir também algumas ruas, como a dos ROMEIROS e a Venina, entre outras. Assim, já nos tempos do Padre Ricardo, as festas da Penha só perdiam em popularidade para o carnaval, e tornaram-se eventos em que, antes da era do rádio, sambistas cariocas como Donga, PIXINGUINHA, Sinhô e HEITOR DOS PRAZERES lançavam os seus sucessos. Ainda na década de 1980, o produtor de espetáculos Albino Pinheiro tentava animar a festa, promovendo um festival competitivo, um concurso de sambas. Depois de Albino, alguns sambistas da velha guarda ainda procuravam manter a tradição, comparecendo à Penha durante todos os domingos de outubro. Mas á época deste texto, a Festa já perdera bastante brilho e frequência, principalmente por causa da violência imperante nas redondezas da Igreja.

FESTA DO PRETO VELHO. Celebração da UMBANDA realizada anualmente, no mês de maio, em INHOAÍBA, no Monumento ao Preto Velho. Ver PAIZINHO PRETO DE INHOAÍBA.

FESTAS JUNINAS. Antiga celebração religiosa tornada profana, a tradição das festas juninas, presente em várias partes do país, remonta à época colonial. No ambiente focalizado nesta obra, no século XX, elas ainda se realizavam principalmente em quintais, tendo por centro a fogueira simbólica de São João. O cenário, enfeitado com bambus, bananeiras e bandeirinhas coloridas, procurava reproduzir um arraial (dito na forma caipira "arraiá") interiorano, com a capela, o xadrez, as barraquinhas de prendas e comidas etc. Nessas peças, cenograficamente rústicas, encenava-se o casamento na roça e a prisão dos malcomportados. Danças, a principal do "arraiá" era a quadrilha, com passos e figurações de nomes em francês estropiado ("alavantu", *en avant tous*; "anarriê", *en arrière*), conduzidos por um "marcador". E, a partir da década de 1940, incorporaram-se ao baile os ritmos nordestinos, ao som de sanfona e percussão, mais tarde indiscriminadamente nomeados como "forró". Na parte gastronômica, festa junina era sinônimo de quitutes e guloseimas tipicamente nacionais, principalmente aqueles à base de milho, aipim, batata-doce, amendoim etc., regados a quentão e batidas. Essas iguarias e bebidas eram oferecidas em barraquinhas rústicas, entre as quais também se contavam aquelas de atrações e jogos, comuns nos parques de diversões. Ver BALÕES JUNINOS; BUSCA-PÉ; QUADRILHAS JUNINAS.

FESTIVAIS DE FUTEBOL. Antiga programação dos clubes de futebol da hinterlândia carioca. Realizavam-se a céu aberto, durante todo um dia de domingo ou feriado, com um torneio de peladas, entre várias equipes, com diversos jogos eliminatórios de duração curta, até se chegar à partida final. De entremeio, realizava-se o que depois se conheceu como gincana, com brincadeiras competitivas tais como as universalmente conhecidas provas de corrida "de saco" (os competidores pulando dentro de um saco até a altura do peito), de "ovo na colher", "pau de sebo" etc. Culminando o festival, para o fim da tarde, realizava-se, a "prova de honra", jogada, pés calçados de chuteira, entre a equipe local, dona do campo, e uma visitante, na disputa de uma taça, quase sempre bonita e pomposa. Ver CAMPOS DE PELADA.

FESTIVAL DO ENSOPADO (FENASOP). Evento divertido e brincalhão, periodicamente realizado, em datas especiais, pela família do autor deste Dicionário, em IRAJÁ, na rua Honório de Almeida, desde a década de 1980. Nele, cada participante leva a julgamento, nas categorias "sabor" e "originalidade", ensopadinhos adrede preparados, os quais são recebidos, em pequenas panelas, e identificados apenas por um número. Iniciada a competição, os pratos são degustados, em pequenas porções, por um júri escolhido na hora, o qual, depois de terminada a árdua tarefa de degustação, reúne-se para votar, em recinto fechado. Conseguido o consenso sobre os vencedores em cada categoria, é feita a proclamação dos números e a identificação dos autores das obras-primas, com a competente entrega dos troféus. Então, as panelas trazidas, devidamente aquecidas, são "expostas à visitação pública", ao lado dos caldeirões de feijão e arroz, oferecidos pelos promotores do Festival. Tudo isso num clima de muita alegria e confraternização, e sobretudo com muito SAMBA, executado, ao vivo, pelos músicos da família e seus amigos. O acrônimo "FENASOP", de "Festival Nacional do Ensopado" ressalta a territorialidade do festival, muitas vezes realizado, graças à presença de concorrentes de outros estados, em âmbito nacional.

FIDALGO ATLÉTICO CLUBE. Clube de futebol, fundado em 1913, que está nas origens do MADUREIRA ATLÉTICO CLUBE. Participou do campeonato carioca de 1923, promovido pela Liga Metropolitana de Desportos Terrestres. Ver FUTEBOL AMADOR.

FILGUEIRAS LIMA, Doutor (1862 – 1922). Nome pelo qual foi conhecido João da Gama Filgueiras Lima, médico e farmacêutico, nascido no ENGENHO DE DENTRO. Grande figura do espiritismo, dedicou boa parte dos 60 anos de sua vida a essa crença e à pratica da caridade. Em 1901, por ocasião de violenta epidemia que assolou a cidade, o médico, contrariando determinação dos órgãos de Saúde Pública, atendia pacientes em casa, sujeitando-se não só à contaminação como às pesadas multas pecuniárias. Cerca de dezessete anos mais tarde, por ocasião da epidemia conhecida como "gripe espanhola", prestou grande serviço à população carioca, publicando graciosamente, no jornal A Noite, receitas homeopáticas aplicáveis aos variadíssimos sintomas da doença. Passada a epidemia, o doutor Filgueiras Lima recebia volumosa correspondência, principalmente dos subúrbios e rincões mais afastados, em agradecimento pelas vidas que salvara. Seu nome foi dado a uma rua com início na avenida MARECHAL RONDON, no RIACHUELO, e término no Morro do Macaco, sobre o TÚNEL NOEL ROSA.

FILHOS DO CARNAVAL. Minissérie policial, veiculada, em 2006, pela rede de TELEVISÃO por assinatura HBO, com segunda temporada em 2009. Focaliza o universo das relações entre o JOGO DO BICHO e as ESCOLAS DE SAMBA no Rio de Janeiro, a partir da história da luta pelo poder no seio de uma família de mafiosos, que dirige a escola. A agremiação usada como cenário principal foi a MOCIDADE INDEPENDENTE DE PADRE MIGUEL, cuja bandeira, nas cores verde e branco, aparece, de relance, em várias cenas, da mesma forma que sua quadra de ensaios. As alegorias e o desfile mostrados na série são reais, do carnaval de 2005, filmados em plena avenida. E, segundo algumas versões, a serie basear-se-ia em personagens e fatos reais. Dirigida por Cao Hamburger e Elena Soarez, a série foi indicada ao Emmy, e ganhou o

Grande Prêmio da APCA, Associação Paulista dos Críticos de Arte.

FILMES PORNÔ. Ver NILO MACHADO.

FILÓ. Pseudônimo de Asfilófio de Oliveira Filho, produtor cultural carioca nascido em 1949. Morador do JACARÉ, formou-se em engenharia e administração, além de pós-graduar-se em marketing. Nos anos 1970, foi um dos cabeças do movimento BLACK RIO, através da atuação de sua equipe de som, Soul Grand Prix e de sua militância no RENASCENÇA CLUBE e em outras entidades. Na década seguinte, morando na região de JACAREPAGUÁ, foi, na extinta TV Rio, produtor e apresentador do programa de variedades Radial Filó, voltado para a comunidade negra. Nos anos de 1990, com Pelé no Ministério dos Esportes, foi presidente do Instituto Nacional de Desenvolvimento Esportivo, INDESP; e, em 2002, no governo de Benedita da Silva, assumia, com *status* de secretário de Estado, o cargo de presidente da Superintendência de Esportes do Estado do Rio de Janeiro, SUDERJ.

FINAL FELIZ. Favela em ANCHIETA, na região da rua JAVATÁ. Depois de ter vários apelidos humorísticos e irônicos, alusivos a ocorrências locais, como casos de adultério, brigas de família etc., a localidade ganhou esse nome, consignado inclusive no mapa oficial da Cidade, elaborado pelo Instituto Pereira Passos, da Prefeitura, em 2007, por inspiração da telenovela *Final Feliz*, escrita por Ivani Ribeiro. De viés humorístico, a produção foi ao ar pela Rede Globo, de novembro de 1982 a junho de 1983, no horário das 19 horas, com "audiência expressiva" (PROJETO, 2003, p. 122-123). Reapresentada entre setembro de 1984 e fevereiro do ano seguinte, na programação "Vale a pena ver de novo", seu texto focalizava o amor vivido em diferentes idades: no ricaço que simula a própria morte para aproveitar melhor a vida, deixando a mulhare na miséria; num amor tumultuado pelo gênio difícil de dois apaixonados; num triângulo amoroso que acaba em morte etc. Ambientada no Nordeste, a abertura da novela mostrava imagens de beijos e bofetadas que ficaram famosos na história do cinema. A denominação da favela evidencia a importância da TELEVISÃO na vida da região estudada neste livro. Sobre a presença de migrantes nordestinos nas FAVELAS cariocas, ver o registro histórico feito no verbete sobre o Complexo do ALEMÃO.

FINCO. Antiga brincadeira infantojuvenil. Consiste em arremessar e ir fincando hastes de ferro (vergalhão) pontudo em número de vezes combinadas, cada participante (normalmente dois) tentando cercar o triângulo do adversário riscado no chão da terra. Escolhia-se terreno mais macio possível, para a ponta do objeto penetrar na terra. Ver BRINCADEIRAS INFANTIS E JUVENIS.

FIOCRUZ. Acrônimo de Fundação Instituto Oswaldo Cruz, instituição de pesquisa científica, ensino e tecnologia, localizada em MANGUINHOS. Suas origens remontam ao Instituto Soroterápico Federal, fundado em maio de 1900, durante a presidência de Campos Sales, com o objetivo exclusivo de produzir soros e vacinas contra a peste bubônica, e instalado numa área de 800 mil metros quadrados, no Morro do Amorim, onde antes se localizava um forno crematório da Limpeza Pública. No governo seguinte, em 1902, Oswaldo Cruz, na liderança do combate à febre amarela no Governo de Rodrigues Alves, assumiu a direção do Instituto. Segundo consta, num encontro casual com o arquiteto português Luís de Morais Júnior, trazido ao Brasil pelo Padre RICARDO SILVA, para promover a reforma e o embelezamento da IGREJA DA PENHA, Oswaldo Cruz o convidou a apresentar um projeto para a nova sede do Instituto. O arquiteto, mestre no estilo mourisco, aceitou o convite e criou aquele que é hoje um dos melhores exemplares do estilo no Brasil. Instalado então em um verdadeiro palácio, o Instituto – onde o diretor chegava por mar, desembarcando num pequeno cais, e passando por caminhos pantanosos até chegar ao ambiente de trabalho – passou a chamar-se Instituto Oswaldo Cruz em 1908. Com suas atividades distribuídas por vários pavilhões e dependências, quase tudo projetado pelo português Morais Júnior, como o Pavilhão Mourisco, seu símbolo máximo, já na década de 1920 o Instituto era também destacado pelas "preciosos museus, interessantíssimas coleções", além de "oficinas fotográficas, tipográficas, de impressão, encadernação", que faziam dele um estabelecimento modelo (ROSA, 1978, p. 135). Em 1970, foi criada a Fundação Osvaldo Cruz, vinculada ao Ministério da Saúde, absorvendo outras instituições. Atualmente, a Fiocruz, atuando na área de ciência e tecnologia em saúde, relizando pesquisas, atividades de ensino, além de assistência hospitalar e ambulatorial, é uma das maiores referências brasileiras em sua área de atuação. Além disso, formulando estratégias de saúde pública, informação e difusão, formação de recursos humanos, produção de vacinas, medicamentos, etc., presta serviços inestimáveis ao povo do Rio de Janeiro e de todo o Brasil.

FLÁVIA OLIVEIRA. Jornalista nascida na cidade do Rio de Janeiro em 1969. Com formação técnica em Estatística e graduada em Comunicação Social, destacou-se como repórter na editoria de economia do jornal O Globo, assinando eventualmente a coluna "Panorama Econômico". Moradora de IRAJÁ, em 2001, cursando pós-graduação em Políticas Públicas na UFRJ, editou uma importante série de cadernos intitulada Retratos do Rio. A série conquistou o Prêmio Esso e o Prêmio Ayrton Senna na categoria jornalismo; e os cadernos foram agraciados, separadamente, com vários prêmios jornalísticos, como o CNT, o Fiat Allis e o Firjan. À época deste texto, Flávia era titular da coluna semanal Negócios & Cia., em meia página do caderno de Economia de O Globo.

FLORESTA DA TIJUCA, Replantio da. Ver MAJOR ARCHER.

FOGO CRUZADO, Favela. Ver BENTO RIBEIRO DANTAS, Avenida.

FOLIA DE REIS. Grupo de devotos que saem às ruas, no período natalino, ritualizando, através de música e dramatização, homenagem ao Menino Jesus pelo seu nascimento. Tradição disseminada, de formas diversas, em várias partes do país, na cidade do Rio de Janeiro ela sobrevivia, ao tempo deste Dicionário, principalmente em algumas comunidades faveladas, pela ação de migrantes do interior fluminense. Na hinterlândia, um dos grupos mais conhecidos, figurando em fotos de diversos livros e catálogos oficiais, era o denominado Estrela D'Alva do Oriente, sediado na PENHA.

FONSECA TELES, Francisco Pinto da (1839 – 1918). Barão de Taquara, proprietário de terras, conhecido como o Patriarca de JACAREPAGUÁ por sua atividade filantrópica na região, cujo desenvolvimento estimulou, promovendo obras de assistência social e fundando a primeira escola no bairro.

FONTE WALLACE. Monumento histórico em SANTA CRUZ, localizado na Praça Dom Romualdo. Trata-se de uma fonte ornamental e útil, em ferro fundido, doada ao Governo brasileiro no século XIX. O nome "Wallace" vem de um filantropo que mandava confeccionar essas fontes e as oferecia a municipalidades francesas, para serem úteis e embelezar vilas e cidades. Enviadas também ao Rio de Janeiro, delas, aqui, restavam, na década de

1930, além da mencionada neste verbete, uma outra na Freguesia da Ilha do Governador. Localizada junto ao prédio do 2º Regimento de Artilharia, a de Santa Cruz permanecia conservada à época deste texto, nela podendo-se ainda ler a inscrição "C. Lebourg S.C. 1872 – Val d'Osne", mencionada em Correa (1935, p. 143).

FONTINHA. Localidade em BENTO RIBEIRO, surgida a partir do rio e da estrada de mesmo nome, nas proximidades das estradas Henrique de Melo e INTENDENTE MAGALHÃES.

FORTALEZA, Rio. Curso de água na Serra do Mateus, BOCA DO MATO, no trajeto da atual estrada GRAJAÚ-JACAREPAGUÁ. Tem esse nome porque à sua margem, à época do terceiro vice-rei do Brasil, Marquês do Lavradio, na segunda metade do século XVIII, foi colocada, como em outros locais estratégicos, uma bateria de canhões para tentar conter as invasões estrangeiras. O nome, aliás, estendeu-se a toda a localidade na garganta formada pelas SERRAS do Mateus e dos PRETOS FORROS. Ver DUCLERC.

FORTIM DE CAETANO MADEIRA. Exemplar de arquitetura militar existente na rua Luiz Zanchetta, no RIACHUELO, no local atualmente ocupado pela Congregação Salesiana. De alto valor histórico, o imóvel foi um fortim com guaritas e canhões, mandado construir pelo Conde de Rezende entre os anos de 1793 e 1795 no morro das Palmeiras, devido a sua posição estratégica, dominando todo o Arraial da Venda Grande, a ESTRADA REAL DE SANTA CRUZ, a PRAIA PEQUENA e BENFICA. Mais tarde, o imóvel serviu como a aparatosa moradia do conselheiro Magalhães Castro, cujo nome é evocado em uma das ruas locais.

FRANCIS WALTER HIME (1885-1948). Empresário brasileiro, do ramo metalúrgico, último dono da Fazenda do Rio Grande, na TAQUARA. Comprando a propriedade em 1935, nela desenvolveu criação de vacas leiteiras e cavalos puros-sangues. É lembrado como um benfeitor da região, onde ajudava os necessitados, colaborando na educação, na assistência médica e na instrução religiosa dos mais carentes (VIANNA, 1982). Era avô do músico Francis Hime, nascido em 1939.

FRANCISCA ZIEZE, Rua. Logradouro em PILARES, com início na avenida João Ribeiro e término na rua Paquequer. Seu nome evoca Francisca Carolina de Mendonça Zieze, proprietária local, doadora das terras onde se ergueu, em 1934, a Igreja de São Benedito dos Pilares.

FRANCISCO SÁ. Antiga estação da Estrada de Ferro RIO D'OURO, localizada próximo aos pátios da estação Barão de Mauá, da Estrada de Ferro LEOPOLDINA. Foi aberta, em 1922, para substituir o antigo ponto inicial da ferrovia, que era no Caju. Funcionou até a década de 1970, ativa mesmo depois da extinção da Rio D'Ouro.

FREGUESIA. Bairro integrante da 16ª Região Administrativa (Jacarepaguá), resultante do desmembramento do antigo bairro de JACAREPAGUÁ. Sua história se inicia com a criação, em 1661, da Freguesia de Nossa Senhora do Loreto e Santo Antônio de Jacarepaguá, ato que emancipou toda a região da autoridade religiosa e administrativa da velha Freguesia de IRAJÁ. Três anos depois era inaugurada a igreja matriz, na Ladeira da Freguesia, onde permaneceu através dos tempos, próxima à Capela de Nossa Senhora da Pena, erguida anos antes na Pedra do Galo, um penhasco no ponto mais alto do caminho, o que enseja o entendimento de que o nome da capela seja uma corrupção de "penha", e nada tenha a ver com a pena outrora usada por escribas e escritores. Nos séculos seguintes, a influência do poder local se estendeu em todas as direções, a partir da antiga "Porta d'Água", do Engenho d'Água de MARTIM CORREIA DE SÁ, hoje Largo da Freguesia, primeiro núcleo de ocupação do território da atual Região Administrativa. A expressão "porta d'água" parece ter designado uma comporta, ou seja, uma espécie de porta móvel destinada a conter as águas do rio, o qual, recebendo a mesma denominação, a transmitiu à localidade e a uma de suas estradas principais. Outrora navegável em toda a sua extensão, o rio Porta d'Água é o escoadouro natural dos RIOS Cigano, Olho d'Água e Fortaleza, nascidos na localidade montanhosa que, por isso, ganhou o nome de Serra dos Três Rios. Daí, com o nome de Sangrador, e recebendo mais as águas do córrego da Panela e dos rios São Francisco e Anil, ele vai desaguar na Lagoa do Camorim, próximo à Barra da Tijuca. Ver CANDOMBLÉ; COVANCA, Estrada da; FAVELAS; FREGUESIAS DO RIO ANTIGO; GARDÊNIA AZUL; GEREMÁRIO DANTAS, Avenida; IGREJAS CATÓLICAS CENTENÁRIAS; ÔNIBUS; PECHINCHA; SHOPPING CENTER; SUÍÇA CARIOCA; TANQUE; TRÊS RIOS, Serra dos; VARGEM GRANDE; VARGEM PEQUENA.

FREGUESIAS DO RIO ANTIGO. Freguesia é o nome que se atribui à área de influência de uma paróquia e, por extensão, ao conjunto de paroquianos. Com a estreita ligação entre o poder político e o da Igreja Católica no Brasil anterior à República, a administração da cidade do Rio de Janeiro era feita por freguesias, como o é, nos tempos atuais, por REGIÕES ADMINISTRATIVAS. No Rio antigo, as freguesias suburbanas eram as de Nossa Senhora da Apresentação de IRAJÁ (de 1647), São Tiago de INHAÚMA (1743) e ENGENHO NOVO (1873); e as do sertão eram Nossa Senhora do Loreto e Santo Antônio (JACAREPAGUÁ, 1661); SÃO SALVADOR DO MUNDO DE GUARATIBA (1755), Nossa Senhora do Desterro de CAMPO GRANDE (1673) e SANTA CRUZ (1833). Os bairros ou sub-bairros que conservam a denominação "Freguesia", como os existentes em Jacarepaguá e na Ilha do Governador, têm esse nome por se constituirem no local da igreja matriz, da sede da paróquia. Em Irajá, o entorno da Igreja de Nossa Senhora da Apresentação também foi conhecido como "Freguesia". A divisão administrativa do antigo DISTRITO FEDERAL em freguesias vigorou até 1934, quando entrou em vigor o decreto que dividiu o território carioca em 36 circunscrições fiscais. Em 9 de março de 1962, o decreto n° 898, completado pelo de n° 1.656, de 24 de abril de 1963, "para efeito de organização e administração dos serviços de natureza local", dividiu o território do ESTADO DA GUANABARA em 21 Regiões Administrativas. Com o subsequente desmembramento de algumas delas, o Município do Rio de Janeiro chegou, em 2011, à soma de 33 RAs. Ver REGIÕES ADMINISTRATIVAS.

FREIRE ALEMÃO (1797 - 1874). Nome pelo qual se fez conhecido Francisco Freire Allemão e Cysneiro, médico e botânico brasileiro. Formado em medicina pela Academia Médico-Cirúrgica do Rio de Janeiro, doutorou-se pela Universidade de Paris. Voltando ao Brasil, foi professor de botânica médica e zoologia em instituições de ensino superior como a Faculdade de Medicina do Rio de Janeiro e a Escola Central Militar. Ocupando duas vezes a presidência da Academia Imperial de Medicina, em 1850, fundou a Sociedade Velosiana de Ciências Naturais, dedicada a estudos da botânica, mas de curta existência. Membro do Instituto Histórico e Geográfico Brasileiro, legou à posteridade dezenas de publicações e desenhos sobre plantas brasileiras, nos quais descreveu muitas plantas novas. Contribuiu decisivamente para o êxito da obra do naturalista Von Martius, com quem colaborou.

Freire Alemão nasceu, viveu e faleceu na Fazenda do MENDANHA, em CAMPO GRANDE.

FUBÁ, Morro do. Elevação em CASCADURA, a leste do Morro da BICA.

FUNABEM. Ver ESCOLA QUINZE.

FUNDAÇÃO. Nome pelo qual é mais conhecido o conjunto habitacional da Fundação da Casa Popular, construído em DEODORO, na margem esquerda da atual AVENIDA BRASIL, na década de 1950. Em 1958, à época da celebre explosão dos paióis do Exército, abrigava cerca de 10 mil moradores. Pelas dimensões do conjunto, o nome "Fundação"estendeu-se a boa parte da área em que se situa o bairro de GUADALUPE.

FUNDAÇÃO TÉCNICO-EDUCACIONAL SOUZA MARQUES. Instituição fundada em 1966 em CASCADURA, a partir das realizações do Professor SOUZA MARQUES. Ministrando ensino superior nas áreas de Medicina, Engenharia, Enfermagem, Administração, Ciências Contábeis, Biologia, Física, Química, Letras, Pedagogia e Formação de Professores, tinha como presidente, à época deste texto, a professora Stella de Souza Marques Gomes Leal.

FUNDIÇÃO SUBURBANA. Antigo e pioneiro estabelecimento industrial em IRAJÁ. Fundada em 1930 por Francisco Garcia (1885 – 1951), na esquina da AVENIDA AUTOMÓVEL CLUBE com a avenida MONSENHOR FÉLIX foi, durante muitos anos, uma indústria referencial em seu ramo. Em 1947, transferiu-se para a rua João Machado onde, ocupando uma área de 4.500 m², cumpriu sua trajetória de trabalho e pioneirismo.

FUNDO DE QUINTAL, Grupo. Conjunto vocal e instrumental carioca, surgido profissionalmente na primeira metade da década de 1980. Foi inicialmente integrado pelos sambistas Ubirajara Felix, o "Bira Presidente"; seu irmão Ubirani; Jalcireno Fontoura, o "Sereno"; Neoci Dias, o NEOCI DE BONSUCESSO; Jorge Aragão, Sombrinha e Almir Guineto, todos ligados ao Bloco Carnavalesco CACIQUE DE RAMOS. Sua inovação, em relação aos similares existentes, é que seus integrantes vestiram o SAMBA tradicional com uma nova roupagem rítmica, introduzindo instrumentos como banjo, tantan e repique de mão no lugar dos instrumentos convencionais. A nova instrumentação trouxe dinâmica diferente ao velho ritmo. E o tipo de reunião musical informal que deu nascimento e nome ao grupo (nos fundos do velho quintal do Cacique), passou a designar uma forma muito procurada de diversão popular, os "pagodes de fundo de quintal" ou, simplesmente, os "fundos de quintal". Daí até a apropriação pela indústria do lazer foi um pulo. Então, "pagode" passou a rotular um suposto novo gênero musical, sujeito a todo tipo de diluição – à qual o Grupo, passando por várias formações mas mantendo a estrutura básica, ainda procurava resistir em 2009. Ver PAGODE.

FUNILEIRO. Artesão especializado em trabalhos com folha de flandres (HOUAISS; VILLAR, 2001). Na antiga hinterlândia carioca, a denominação identificava o profissional que ia pelas ruas oferecendo seus serviços de conserto de panelas e outros utensílios metálicos.

FUNK CARIOCA. Denominação de uma modalidade musical variante do funk, surgida no Rio de Janeiro, na região focalizada nesta obra, e popularizada a partir da década de 1990, principalmente nas FAVELAS de toda a cidade. A base rítmica de suas gravações – ao que consta, oriunda do estilo *drum & bass* (bateria e baixo) dos músicos latinos da Flórida, e por isso tam-

FUTEBOL AMADOR

bém conhecida como "BATIDÃO" – situa a modalidade mais próxima da antiga marchinha carnavalesca do que propriamente do funk ou do rap. Quanto às letras, de início pretensamente transgressoras mas ingênuas, a partir de um certo momento foram ganhando conteúdos efetivamente pornográficos e de apologia ao crime (nos registros classificados como "proibidões"), pelo que esse tipo de música passou a ser alvo de rejeição e até mesmo de repressão policial. A propósito, na edição de nº 2 da revista Raiz, Francisco Alves Filho (2006), editor assistente da sucursal carioca da revista Isto É, apontando a ligação de alguns funkeiros com o crime, salientava o seguinte: "Há uma vertente do funk carioca que trata de assuntos mais corriqueiros, sonha com melhores dias, maneja a poesia e o humor. É uma música que tem pouco espaço nos BAILES e recebe pouca atenção dos acadêmicos (...). É fundamental integrar favela e asfalto, tanto social como culturalmente. Algo, no entanto, me diz que esse tipo de funk que costumo ouvir nas TVs e no rádio encanta mais a uma turminha da classe média do que ao gosto das comunidades carentes." Para alguns apologistas, "o funk carioca é mais do que um estilo de música". E isto estaria expresso em um "texto quase-manifesto" divulgado na INTERNET, defendendo "a atitude de soltar o corpo ao escracho, reinventar o ridículo, para transformar em estilo"; e na crença de que "o erotismo do funk veio para salvá-lo da violência", como acredita a professora Heloísa Buarque de Hollanda (2004, p. 69-71). Em setembro de 2009, o Legislativo fluminense votava lei reconhecendo o funk como "patrimônio cultural". Ver BONDES; CHARME; FAVELAS.

FUTEBOL AMADOR. Nos primeiros tempos do futebol carioca, até a definitiva profissionalização, advinda na década de 1930, vários clubes dos subúrbios e da

FUTEBOL DE SALÃO

ZONA RURAL tiveram participação nos campeonatos cariocas promovidos pelas duas Ligas Metropolitanas então existentes. Entre eles, encontramos, segundo Assaf e Martins (1997), os pioneiros: BANGU A.C.; BONSUCESSO F.C.; CAMPO GRANDE F.C.; ENGENHO DE DENTRO F.C.; ESPERANÇA F.C.; EVEREST A.C.; FIDALGO A.C.; S.C. MACKENZIE; MADUREIRA A.C.; METROPOLITANO F.C.; MODESTO F.C.; OLARIA A.C.; RAMOS F.C.; RIACHUELO F.C.; e RÍVER F.C. Departamento Autônomo. O Departamento Autônomo (D.A.) foi uma liga constituída pelos clubes amadores do futebol carioca em 1949. O primeiro campeonato, realizado no ano da fundação, foi disputado pelas seguintes associações, divididas em séries classificadas como "suburbanas" e "rurais": Série Suburbana: Vallin, Manufatura, Irajá, União, São José, Anchieta, Progresso e Engenho de Dentro; Série Rural: Campo Grande, Guanabara, Kosmos, Realengo, Cruzeiro, Oriente, Oity, Distinta, Rosita Sofia e Coríntians. Os primeiros campeões do Departamento Autônomo foram: Engenho de Dentro A.C., na categoria de amadores, e Cruzeiro F.C., na categoria de juvenis. Durante mais de dez anos o D.A. organizou com sucesso os campeonatos dos clubes amadores pela Federação Metropolitana de Futebol, depois denominada Federação Carioca, até sua extinção em 1998.

FUTEBOL DE SALÃO. Tido como criado no Uruguai em 1934, com o nome de *indoor-football* (FUTSAL, 2009), o futebol de salão, hoje conhecido como "futsal", difundiu-se no Rio de Janeiro principalmente a partir da década de 1950. No ambiente objeto deste livro, essa modalidade esportiva teve a região de MADUREIRA e adjacências como nascedouro de grandes equipes, como as do MADUREIRA TÊNIS CLUBE, do IMPERIAL BASQUETE CLUBE e do Vaz Lobo Tênis Clube.

G

G.R.A.N.E.S. QUILOMBO. Ver QUILOMBO, Grêmio Recreativo de Arte Negra e Escola de Samba.

GABRIEL HABIB (1894 - 1960). Comerciante nascido no Líbano. Imigrando para o Brasil ainda jovem, por volta de 1919 foi morar em AREAL, atual COELHO NETO. Segundo Berliet Júnior (1972), em *O romance de um imigrante: vida e obra de Gabriel Habib*, fundou, na localidade então rural, a olaria fornecedora do material necessário às primeiras edificações, que abrigaram açougue, ARMAZÉM, padaria e barbearia. Depois, construiu residências populares, melhorou a parada do trem de ferro, e teria erguido a primeira escola local, inaugurada por políticos que ganharam os louros da iniciativa (*op. cit.*, p. 58). Findando a vida como um dos grandes do comércio carioca, na década de 1960, foi postumamente homenageado com a aposição de seu nome em uma rua de CAMPO GRANDE. O contexto da influência de Habib em Coelho Neto corresponde à de outros imigrantes do Oriente Médio em outras localidades repertoriadas neste Dicionário, como o BAIRRO JABOUR.

GABRIELZINHO DO IRAJÁ. Nome artístico de Gabriel Gitahy da Cunha, compositor e cantor, nascido em 1996, em IRAJÁ. Deficiente visual, aos nove anos de idade tornou-se famoso ao mostrar na telenovela *América*, veiculada em âmbito nacional pela Rede Globo, seu talento musical, sua alegria de viver e seus dotes como sambista. Em 2007, lançou seu primeiro CD, *Ninar meu samba*, com participações especiais de ARLINDO CRUZ, DORINA, LUÍS CARLOS DA VILA, VELHA GUARDA DA PORTELA e ZECA PAGODINHO, entre outros intérpretes. Em 2009, cumpria intensa agenda artística, apresentando-se em pagodes e rodas de SAMBA no Grande Rio.

GAFIEIRAS. No Rio de Janeiro, a gafieira é uma espécie de casa noturna na qual se realizam BAILES com entrada paga e música orquestral, outrora frequentados basicamente por um público específico, amante da dança mas de baixo poder aquisitivo, como componentes das antigas ESCOLAS DE SAMBA. A partir da década de 1960, tornando-se um modismo, passou a ter frequência mais eclética, que inclui pessoas da alta classe média. Tradição difundida por toda a cidade, nos subúrbios elas também proliferaram e experimentaram momentos de grandeza. Nessa história, em 1937, o empresário Julio Simões comprou, no MÉIER, a sede local do Clube dos Democráticos e nela fundou a gafieira Elite do Méier. Outras congêneres importantes, na zona suburbana, foram a CACHOPA de MADUREIRA, a CEDOFEITA e a Gafieira do IRAJÁ. Foi nessa gafieira, aliás "Dancing Irajá" e, depois da Guerra, "Dancing Vitória (do Brasil)", que iniciou carreira, por volta de 1940, com vinte e poucos anos de idade, o grande cantor ORLANDO BARBOSA. Lá, num sobrado de pó de pedra, exatamente na esquina de MONSENHOR FÉLIX com Automóvel Clube, em frente à atual estação do METRÔ, havia programações às quintas, sábados e domingos. Volta e meia acontecia lá um piquenique dançante ou uma excursão, seguida de um baile nos amplos salões.O piquenique dançante tinha esse nome porque era um baile diferente. Era na gafieira, mesmo. Só que cada um levava o seu farnel, na base da galinha assada com farofa, pasteizinhos de carne e camarão, empadinhas e empadões (daqueles em forma de navio mas que, cortados, pareciam um ferro de engomar)... Só coisa fina! E o "clube" lucrava na bebida. Segundo o mencionado Orlando Barbosa, em entrevista ao jornalista Francisco Duarte (1979), os frequentadores iam bem vestidos, "todo mundo direitinho, sapatinho branco, paletó e gravata, damas de rosa e azul, cavalheiros de branco ou azul-marinho-baeta. Havia programação às quintas, sábados e domingos, e às vezes tinha piqueniques dançantes na sede ou excursão com baile na volta. Nos piqueniques dançantes, os frequentadores levavam comida e compravam a bebida. A mesa que consumia mais bebida (para estimular a compra) ganhava um leitão assado, quatro galinhas, coisas assim." Em seu depoimento, Barbosa, cantor que nunca gravou um disco, mas que com sua voz privilegiada, sua elegância e sua simpatia, foi um dos maiores cantores cariocas, evocou as seguintes gafieiras: a Elite do Méier, inaugurada em 1937, bem no Jardim; a "Fogão", no ENGENHO NOVO; o Dancing de CASCADURA; e o Pavunense, com suas 22 janelas. Segundo o cantor, havia também gafieira em BANGU, em CORDOVIL, no largo de VICENTE DE CARVALHO etc. No final da década de 1970, na onda de reavivamento desse tipo de diversão popular, abriu--se em INHAÚMA a gafieira do Tio Dico. Além dessas, o Centrinho, de Cordovil, e o Palestrino, um clube de LUCAS, foram também gafieiras. Acrescente-se que a *Grande Enclopédia Delta Larousse* (ENCICLOPÉDIA, 1970), em seu verbete "Gafieira", consigna como antigos e destacados salões de baile da zona suburbana, embora já desaparecidos à epoca da edição, os seguintes: Fenianos de Cascadura, Fenianos do Engenho de Dentro, Pingas Carnavalescos e Teimosos de Madureira.

GAIAKU LUIZA (1909 - 2005). Nome pelo qual foi conhecida Luiza Franquelina da Rocha, importante mãe de santo da nação Jeje, nascida e falecida na cidade de Cachoeira, no Recôncavo Baiano. O elemento "Gayaku", de seu nome, é um titulo sacerdotal, correspondente a "ialorixá". Na década de 1970, segundo seu próprio depoimento (CARVALHO, 2006), teve casas de moradia e culto, seguidamente, nas ruas Souto Carvalho, no ENGENHO NOVO, e Quiririm, no VALQUEIRE, além de ter exercido atividades rituais ainda na rua Conselheiro Jobim, também no Engenho Novo.

GALINHEIROS. Na região objeto deste livro, a criação de galinhas, patos, marrecos etc., no espaço do quintal denominado galinheiro, sempre teve por objeto principal o suprimento da cozinha familiar, tanto nos dias de doença ou resguardo de parturientes, nos quais a canja de galinha era o centro da dieta alimentar, quanto nos dias de festa. A propósito, em Alves Filho e Giovanni (2000, p. 106), no capítulo dedicado à galinha ao molho pardo, prato conhecido nacionalmente, pode-se ler o seguinte: "Ora, com o fim dos velhos galinheiros de fundo de quintal vai ficando cada vez mais difícil contar com o sangue fresco indispensável para garantir o molho pardo." Ver ANIMAIS DOMÉSTICOS E "DE CRIAÇÃO".

GALINHO DE QUINTINO, O. Ver ZICO.

GALO DA ZONA OESTE, O. Ver CAMPO GRANDE ATLÉTICO CLUBE.

GAMA FILHO (1906 - 1978). Nome pelo qual foi conhecido Luiz Felippe Maigre de Oliveira Ferreira da Gama, político e empreendedor carioca, uma das personalidades mais importantes da PIEDADE. Seu perfil biográfico informa origem humilde, expressa em ocupações como ajudante de caminhão e vendedor de querosene. Na verdade, trabalhou como ajudante e depois motorista de caminhão do DNER, na construção da rodovia Rio-São Paulo, sendo, depois, auxiliar de almoxarife na Light e vendedor de querosene por conta própria (BELOCH; ABREU, 1984). Aos 33 anos, gerente da cadeia dos Restaurantes Automáticos e morador da rua Goiás, tornou-se proprietário do tradicional Ginásio Piedade, fundado em 1920, o qual, quatro anos depois de adquirido pelo ousado empreendedor, a partir das cinco salas de que dispunha, inaugurava instalações bastante amplas e avançadas para os padrões de seu bairro e sua época, passando a ostentar a denominação "colégio". No início da década de 1940, o professor Gama Filho ingressou na Faculdade de Ciências Políticas e Econômicas do Rio de Janeiro, concluindo o curso em 1944. Três anos depois, assumia a presidência do RÍVER FUTEBOL CLUBE, então a maior agremiação social e esportiva do bairro, e encetava carreira política, sem interromper suas atividades à frente do Colégio, em franca expansão, elegendo-se vereador. A partir daí, com vultosa soma de votos, elegeu-se deputado federal, sendo nomeado, em 1953, ministro do Tribunal de Contas do Distrito Federal, pelo que renunciou ao mandato parlamentar. Nesse momento, já tinha constituído a Fundação Gama Filho e, no âmbito dela, criado o primeiro estabelecimento de ensino superior da hinterlândia carioca, a Faculdade Gama Filho, de ciências jurídicas. Alternando-se entre a política e a expansão de seu empreendimento, com a criação de outras faculdades (num momento em que a falta de vagas nas universidades públicas propiciava a expansão das faculdades particulares) e baseando seu crescimento, segundo Beloch e Abreu (*op. cit.*), na cobrança de mensalidades consideradas altas, em 1970, Gama Filho, deixando o Tribunal de Contas, do qual era presidente, candidatou-se a senador pela ARENA, o partido governista, obtendo cerca de 550 mil votos, mas perdendo a eleição para Danton Jobim, do Movimento Democrático Brasileiro, MDB. Voltando-se então, totalmente, para a sua UNIVERSIDADE GAMA FILHO, assim reconhecida em 1977, e vista como "a maior universidade do país e uma das mais caras", o ministro (do Tribunal de Contas) faleceu no ano seguinte a esse reconhecimento.

GAMBÁ, Morro do. Localidade favelada na Serra do MATEUS, no LINS DE VASCONCELOS.

GARDÊNIA AZUL. Bairro integrante da 16ª Região Administrativa (JACAREPAGUÁ), surgido da subdivisão de Jacarepaguá, em fins da década de 1990. Localiza-se, nas antigas terras do pioneiro ENGENHO D'ÁGUA, erguido no século XVI por MARTIM CORREIA DE SÁ, limitando-se ao norte com FREGUESIA, a noroeste com ANIL e a nordeste com CIDADE DE DEUS, bairros com os quais sua história muitas vezes se confunde. Surgiu a partir do loteamento de mesmo nome, aberto na década de 1960, recebendo enorme contingente populacional em 1975, com a inauguração pela CEHAB de um grande conjunto habitacional. A denominação comercial "Gardênia Azul" foi, provavelmente, inspirada na canção Blue Gardenia, grande sucesso no Brasil na década de 1950, nas vozes do cantor norteamericano Nat King Cole e do brasileiro Cauby Peixoto, cantada em português. Ver FAVELAS; ÔNIBUS.

GARGANTA DE TOMÁS COELHO. Denominação da estreita abertura geológica entre o Morro do JURAMENTO e o Maciço da MISERICÓRDIA, por onde correm a avenida MARTIN LUTHER KING e os trilhos do METRÔ.

GARNIER, Esporte Clube. Tradicional clube localizado na rua ANA NÉRI, no

SAMPAIO. Na década de 1970, tornou-se bastante conhecido por sediar os ensaios da escola de samba Estação Primeira de Mangueira, então realizando as obras do seu "Palácio do Samba".

GARRAFÃO. Variedade de jogo de pega-pega em que o ponto neutro, o "pique" é representado por um garrafão desenhado no chão. Nele, quando o "pegador" entrava no garrafão para pegar algum dos demais brincantes, todos pulavam fora, pelas laterais ou pelo fundo do garrafão. Então, o captor saía pelo gargalo e riscava o chão, passando o pé na boca do gargalo, até três vezes, assim "fechando o gargalo", que só poderia ser aberto, para entrada dos participantes, depois que eles dessem voltas ao redor do garrafão. Ver BRINCADEIRAS INFANTIS E JUVENIS; PIQUE.

GARRAFEIRO. Antigo tipo popular da hinterlândia carioca e de alguns bairros da Zona Norte. Numa atividade exercida majoritariamente por imigrantes portugueses, percorria as ruas comprando, dos moradores, garrafas vazias e outros recipientes de vidro, certamente para revenda a indústrias. Para tanto, empurrava um carrinho, onde depositava as compras, e apregoava seu mister com forte sotaque, gritando: "Garrafeiro!!!". Quase sempre trajando camiseta de malha com botõezinhos na altura do peito e calça de brim listrado, além da invariável boina preta, os tipos de roupas que usava, de tão característicos, acabaram conhecidos como "camisa de português" e "calça de garrafeiro".

GÁS DE BUJÃO. Até a epoca deste livro, a maior parte das moradias da hinterlândia carioca não dispunha de gás canalizado, serviço disponível apenas em alguns bairros. Assim, o gás de bujão, moderno substituto da lenha, do carvão, do querosene e do óleo diesel, antes normalmente utilizados como combustível nos fogões domésticos (e hoje só usados por aqueles situados abaixo da linha de pobreza), é elemento de importância fundamental. Daí, por exemplo, a disputa, pelo crime organizado, da exclusividade na venda desse item essencial. Ver CARVOARIA; MILÍCIAS.

GASTRONOMIA. Ver CULINÁRIA, ALIMENTAÇÃO E GASTRONOMIA.

GATONET. Denominação popular, nas comunidades carentes e faveladas do Rio, do sistema clandestino de TELEVISÃO a cabo, disponibilizado por meio de cobrança mensal. Tem origem nos termos "gato" (instalação criminosa para furto de energia, água encanada etc.) e "NET", nome comercial de uma empresa concessionária do ramo de TV por assinatura. Ver MILÍCIAS.

GATOVELOX. No âmbito da GATONET, termo que designa a conexão clandestina à INTERNET em banda larga, de alta velocidade. "Velox" é nome de um sistema comercial legal. Ver MILÍCIAS.

GENERAL BELEGARDE, Rua. Logradouro no ENGENHO NOVO, com início na rua BARÃO DO BOM RETIRO e término na rua Dona Romana. Seu nome homenageia Pedro de Alcântara Bellegarde, militar e engenheiro e militar, dono de uma fazenda, na qual construiu uma casa, em parte ainda existente na década de 1960, no número 1081 da rua Vinte e Quatro de Maio, e na qual o imperador Pedro II costumava pernoitar em seus deslocamentos para SANTA CRUZ. Sua filha, Cândida, casou-se com o médico Cândido de Oliveira LINS DE VASCONCELOS e esse casamento deu origem ao Lins, bairro vizinho.

GENERAL DIONÍSIO. Ver DIONÍSIO CERQUEIRA.

GENERAL MELQUISEDEQUE DE ALBUQUERQUE LIMA. Ver SILVIO JÚLIO DE ALBUQUERQUE LIMA.

GENERAL URURAÍ. Ver URURAÍ DE MAGALHÃES, General.

GENTE HUMILDE. Título de uma conhecida canção de autoria do violonista Garoto (Anibal Augusto Sardinha), falecido em 1955, celebrizada pela letra póstuma de Vinícius de Moares e Chico Buarque. O enfoque é o da simplicidade triste, mas estoica, dos antigos subúrbios, dos quais disse LIMA BARRETO, serem "o refúgio dos infelizes", em trechos como os seguintes: "(...) Igual a tudo/Quando eu passo no subúrbio/(...)/E aí me dá/ Como uma inveja dessa gente/Que vai em frente/Sem nem ter com quem contar/(...)São casas simples/ Com cadeiras na calçada/E na fachada/Escrito em cima que é um lar (...)". No carnaval de 2011, a escola de samba CAPRICHOSOS DE PILARES usou o nome da canção em um enredo sobre a região suburbana carioca, de autoria do carnavalesco Amauri Santos. Ver CANCIONEIRO DOS SUBÚRBIOS.

GENTIL CARDOSO. Ver BONSUCESSO FUTEBOL CLUBE.

GEREMÁRIO DANTAS, Avenida. Importante via com início no Largo do TANQUE e término na Estrada de Jacarepaguá, na FREGUESIA. Outrora chamada Estrada da Freguesia, recebeu o nome atual em 1936, em homenagem a Antônio Geremário Teles Dantas (1889 - 1935), jornalista, escritor e político nascido na atual VILA VALQUEIRE. No antigo DISTRITO FEDERAL, o homenageado ocupou os cargos de intendente (vereador) e secretário de fazenda dos prefeitos Alaor Prata e Antônio Prado Júnior.

GERICINÓ. Bairro integrante da 17ª Região Administrativa (BANGU). Ver COMPLEXO PENITENCIÁRIO DE GERICINÓ.

GERICINÓ, Campo de. Localidade, parte em REALENGO, parte no município fluminense de Nilópolis, no sopé do Maciço de GERICINÓ, cortada pelo Rio do PAU. Abriga uma área de treinamento do Exército e, mais recentemente, um Complexo Penitenciário. No início do século XIX, seu atual território era parte da Fazenda do Gericinó.

GERICINÓ, Maciço de. Um dos dois grandes conjuntos montanhosos que dominam a paisagem da região objeto deste livro (o outro é o da PEDRA BRANCA), o Maciço de Gericinó "congrega os grupos de Gericinó, Guandu, Manoel José e Marapicu" (CRULS, 1965, p 682), compreendendo vários MORROS independentes, e integrado também pela importante Serra do MENDANHA. Estendendo-se de CAMPO GRANDE, nos limites com o município de Nova Iguaçu, até Nilópolis, passando por BANGU, guarda ainda, à época deste livro, trechos da Mata Atlântica primária do município do Rio, com RIOS de água límpida e restos de um VULCÃO EXTINTO há milhões de anos. O nome "Gericinó" (mais apropriadamente "Jericinó", se escrito dentro da regra ortográfica vigente para nomes de origem indígena) origina-se, segundo Teodoro Sampaio (1987, p. 233), no tupi *yarí-cin-ó*, o "cacho liso fechado", ou seja, a bainha que protege as flores da palmeira jerivá, a qual, seca, se abre em duas partes côncavas, como canoas. A. G. Cunha (1982, p. 180) consigna, para "jerivá" (palmeira da subfamília das cocosídeas) o étimo tupi *ieri*. A região deveria ser abundante nessa espécie de palmeira.

GETÚLIO, Rua. Logradouro no GRANDE MÉIER, com início na rua ARQUIAS CORDEIRO e término na rua CACHAMBI. Segundo Brasil Gerson (1966), seu nome homenageia Gabriel Getúlio Monteiro de Mendonça, proprietário de uma chácara na região, um dos líderes do clube maçom "Patriotas Invisíveis". Registros históricos informam, com o mesmo nome e sobrenomes, um militar, envolvido em movimento sedicioso à epoca da Regência, e um presidente da província do Espírito Santo, governante em 1831 e falecido no Rio de Janeiro em 1850, provavelmente o mesmo personagem.

GILSON PERANZZETTA. Pianista, compositor, arranjador e maestro carioca nascido em 1946. Estudante de acordeom aos nove anos de idade, mais tarde dedicou-se ao piano em estudos na Escola Nacional de Música e no Conservatório Brasileiro de Música. Citado pelo maestro e produtor americano Quincy Jones, como um dos maiores arranjadores do mundo, iniciou carreira profissional no universo dos BAILES suburbanos, a partir da VILA DA PENHA, onde foi criado. Ao tempo da elaboração do presente Dicionário, cumpria temporadas anuais no Japão, Estados Unidos e Espanha (onde morou por três anos); e a cada dois anos gravava com a WDR Bi Band, de Colônia, Alemanha, com qual excursionava pela Europa, na tripla condição de maestro, arranjador e intérprete.

GLST. Ver ALMERINDA FREITAS, Travessa.

GOLDEN BOYS, The. Conjunto vocal formado em 1958 no Rio de Janeiro, pelos irmãos Renato, Roberto e Ronaldo Correia, e mais Valdir Anunciação, falecido em 2004. De repertório calcado no rock e nas baladas da época, foi um dos elementos mais importantes no sucesso popular da tendência musical conhecida como Jovem Guarda. À época do surgimento do grupo, moravam no GRANDE MÉIER, assim como os componentes do TRIO ESPERANÇA, entre os quais se contava a cantora EVINHA, mais tarde famosa na Europa, sendo todos da mesma família. Ver IÊ-IÊ-IÊ.

GOSPEL. Estilo musical difundido a partir dos Estados Unidos. Suas raízes remontam aos negro spirituals, hinos cantados nos serviços religiosos das igrejas negras. Na hinterlândia carioca, o estilo encontrou acolhida graças à multiplicação dos templos ditos "EVANGÉLICOS", sofrendo as inevitáveis diluições e passando a denominar, indistintamente, qualquer música tida como "de louvor".

GOVERNADOR SÉRGIO CABRAL. Ver SÉRGIO CABRAL.

GOVERNANTES DA CIDADE. Fundando a cidade do Rio de Janeiro em 1565, o comandante português Estácio de Sá, mesmo de posse apenas do istmo onde se localiza o morro Cara de Cão, no atual bairro da Urca, logo após a fundação já concedia sesmarias localizadas na hinterlândia a alguns colonizadores, como foi o caso da localidade de INHAÚMA, citada em depoimento da época (COARACY, 1965a, p. 409). Na década seguinte, Cristóvão de Barros, capitão-governador da cidade entre 1571 e 1575, concedeu sesmarias de IRAJÁ até as margens do Suruí (idem, p. 485), rio que nasce no atual município de Magé e deságua na Baía de Guanabara. O governador seguinte, Antonio Salema, é elogiado por ter promovido melhoramento das comunicações entre as lavouras que se formavam, ainda nessa década, na zona que se estendia, subindo o curso do rio Carioca, passando pelo Alto da Boa Vista, até JACAREPAGUÁ (idem, ibidem). Depois desses, em uma listagem que contempla, de 1565 a 1808, mais de cinquenta capitães governadores e sete vice-reis, MARTIM CORREIA DE SÁ é provavelmente o governante colonial mais relacionado às terras da hinterlândia carioca. Com a transferência da corte portuguesa, a cidade ganha foros de capital do Reino Unido, e assim premanece até a Independência, quando se torna a capital do Império. Em 1834, como vimos em outra parte deste Dicionário, a sede do poder central, na província do Rio de Janeiro, ou seja, a sede da Corte Imperial, foi destacada, para constituir o que se conheceu como MUNICÍPIO NEUTRO. Em 1860, a cidade passa a ser o primeiro distrito da província do Rio de Janeiro. Proclamada a República em 1889, a administração municipal foi provisoriamente entregue aos intendentes Francisco Antonio Pessoa de Barros, empossado em 1889; Jose Félix da Cunha Menezes, em 1890; e Nicolau Joaquim Moreira, 1891. DISTRITO FEDERAL. Em 1892, transformado o Município Neutro em Distrito Federal, assumiram a chefia da administração, sucessivamente, os seguintes prefeitos e interventores, estes durante o período do Estado Novo: Alfredo Augusto Barcelos: 1892, dezembro, 3; Cândido Barata Ribeiro: 1892, dezembro, 17; Antônio Dias Ferreira: 1893 (interino); Henrique Valadares: 1893; Francisco Furquim Werneck de Almeida: 1895; José Joaquim da Rosa: 1897 (interino); Ubaldino do Amaral Fontoura: 1897; Luís Van Erven: 1898 (interino); José Cesário de Faria Alvim: 1898; Honório Gurgel do Amaral: 1899 (interino); Antônio Coelho Rodrigues: 1900, fevereiro; João Filipe Pereira, 1900, setembro; Joaquim Xavier da Silveira: 1901; Carlos Leite Ribeiro: 1902, setembro (interino); Francisco Pereira Passos, 1902, dezembro; Francisco Marcelino de Souza Aguiar: 1906; Inocêncio Serzedelo Correia: 1909; Bento Manuel Ribeiro Carneiro Monteiro: 1910; Rivadávia da Cunha Correira: 1914; Antônio Augusto de Azevedo Sodré: 1916 (interino); Amaro Cavalcanti: 1917; Manuel Cícero Peregrino da Silva: 1918 (interino); André Gustavo Paulo de Frontin: 1919, janeiro; Milciades Mário de Sá Freire: 1919, julho; Carlos César de Oliveira Sampaio: 1920; Alaor Prata Leme Soares: 1922; Antônio Prado Júnior: 1926; Adolfo Bergamini: 1930 (interventor federal); Julião Esteves: 1931, 21 de setembro (interventor federal); Pedro Ernesto Batista: 1931, 30 de setembro (interventor federal); Augusto do Amaral Peixoto: 1934 (interventor federal); Pedro Ernesto Batista: 1935 (eleito); Olímpio de Melo: 1936 (interventor federal); Henrique de Toledo Dodsworth: 1937 (interventor federal); José Filadelfo de Barros Azevedo: 1945 (interventor federal); Hildebrando de Araújo Góis: 1946; Ângelo Mendes de Morais: 1947; João Carlos Vital: 1951; Dulcídio do Espírito Santo Cardoso: 1952; Alim Pedro: 1954; Eitel de Oliveira Lima: 1955 (interino); Francisco de Sá Lessa: 1955, dezembro; Francisco Negrão de Lima: 1956; José Joaquim de Sá Freire Alvim: 1958. Estado da Guanabara. Em 1960, com a transferência da capital da República para Brasília, passando o antigo município a constituir o Estado da Guanabara, o Poder Executivo estadual foi chefiado pelos seguintes governadores: José Sette Câmara: 1960; Carlos Lacerda: 1960, dezembro; Raphael de Almeida Magalhães, 1965; Francisco Negrão de Lima; 1965, dezembro; Antonio de Pádua Chagas Freiras: 1970. MUNICÍPIO DO RIO. Em 1975, fundindo-se o Estado da Guanabara com o Estado do Rio de Janeiro, constituiu-se o município (conjunto da Prefeitura mais a Câmara Municipal) da Cidade do Rio de Janeiro, cujo Poder Executivo foi exercido, até a época da elaboração deste livro, pelo seguintes titulares: Marcos Tamoio: 1975; Israel Klabin: 1979; Júlio Coutinho: 1980; Jamil Haddad: 1983, março; Marcello Alencar: 1983, dezembro; Saturnino Braga: 1986; Jó Antonio Rezende: 1988; Marcello Alencar: 1989; César Epitácio Maia: 1993; Luiz Paulo Conde: 1997; César E. Maia: 2001; 2005; Eduardo Paes: 2009.

GRAJAÚ-JACAREPAGUÁ, Estrada.
Ver MENEZES CORTES, Avenida.

GRANDE IRAJÁ. Denominação aplicada, para fins administrativos, ao conjunto dos bairros da 14ª e da 11ª Regiões Administrativas. Ver SUBPREFEITURAS; REGIÕES ADMINISTRATIVAS.

GRANDE MÉIER. Denominação aplicada, para fins administrativos, ao conjunto dos bairros da 12ª e da 13ª Regiões Administrativas. Ver SUBPREFEITURAS; REGIÕES ADMINISTRATIVAS.

GRANDE, Rio. Ver BACIA HIDROGRÁFICA.

GREIP. Sigla de Grêmio Recreativo Esportivo dos Industriários da PENHA, agremiação situada na rua Santa Engrácia, no conjunto do IAPI. Criado na década de 1950, anos depois era transformado em Centro Cultural Municipal. À época deste texto, passava por obras de conservação e melhoria, orçadas em cerca de 866 mil reais. Ver IAPI.

GRÊMIO LITERÁRIO JOSÉ MAURO DE VASCONCELOS. Espaço de ação cultural em BANGU, à rua Silva Cardoso. Fundado em 1994, reúne memorabilia do bairro, como fatos, documentos e objetos, com um dos maiores acervos da região. Seu nome homenageia o escritor JOSÉ MAURO DE VASCONCELOS, autor de *Meu pé de laranja lima*.

GRÊMIO PROCÓPIO FERREIRA. Associação recreativa e cultural fundada em SANTA CRUZ em 1934, contando, entre seus fundadores, com o historiador BENEDICTO FREITAS. Suas atividades dão ênfase à pratica teatral, tendo, ao longo dos anos, sediado diversos grupos amadores. Entre os talentos locais que brilharam por seu palco, fulgurou o do grande ator ANDRÉ VILLON.

GRETA GARBO, QUEM DIRIA, ACABOU NO IRAJÁ. Peça teatral de autoria de Fernando Melo, estreada no Teatro Santa Rosa, no Rio de Janeiro, em 3 de julho de 1973. Trata-se de uma comédia envolvendo três personagens: Pedro, homossexual cinquentão, frustrado por não ser Greta Garbo, a grande diva do cinema, mas um simples enfermeiro, morador do IRAJÁ; Renato, jovem interiorano, também frustrado pela não realização de seus sonhos na cidade grande; e Mary, moça cleptomaníaca que se tornou prostituta, teve uma filha com um gringo e é explorada em um bordel. O texto cruza a história particular de cada um dos personagens, numa trama de amor e ódio. Os três atos da peça se passam no apartamento de Pedro, em Irajá, o qual é assim descrito na rubrica inicial da peça: "É um apartamento cafona toda vida. É fim de linha. É o barroquismo da cafonice".

GREY, Família. Núcleo familiar de músicos amadores, residente, na segunda metade do século XIX, no "Marco 4" da antiga ESTRADA REAL DE SANTA CRUZ, atual Estrada Intendente Magalhães, nas imediações da atual VILA VALQUEIRE. É citada no livro *O choro: reminiscência dos chorões antigos*, de Alexandre Gonçalves Pinto (1978). O patriarca da família, mencionado como o "Velho Grey" era violinista; o mais velho era exímio tocador de violão; o mais moço, depois conhecido como "professor Coelho Grey", tocava instrumento de sopro. Alexandre Pinto refere a moradia da família como situada em JACAREPAGUÁ. Ver CHORO.

GRINDÉLIA DE OLIVEIRA JÚNIOR. Antigo xarope para rouquidão, tosse etc., famoso principalmente da década de 1950, pelo *jingle* que o anunciava no rádio. A propósito o escritor Carlos Heitor Cony (2003a, p. 38), no romance *A tarde da sua ausência*, em que mescla realidade e ficção, escreveu: "... uma fábrica de remédios na rua BARÃO DO BOM RETIRO, o Laboratório Oliveira Júnior, cujo produto principal era um peitoral à base de creosoto e codeína, e, anos mais tarde, uma contrafação da cafiaspirina, tiro mortal nas dores de cabeça, mas cuja fórmula pertencia a um laboratório alemão. Por causa da pirataria industrial, o laboratório da rua Barão de Bom Retiro foi fechado...".

GROTA, Favela da. Núcleo favelado integrante do Complexo do ALEMÃO. O nome remete à localização geográfica, pois, cercada pelos 12 MORROS que fazem parte do Complexo do Alemão, a Grota situa-se em uma depressão entre a Favela do Alemão e a Comunidade Alvorada.

GROTÃO, Morro do. Elevação na vertente noroeste da Serra da MISERICÓRDIA, entre PENHA CIRCULAR e VILA DA PENHA.

GUADALUPE. Bairro na jurisdição da 22ª Região Administrativa (ANCHIETA). Localiza-se, ao longo da AVENIDA BRASIL, entre BARROS FILHO e DEODORO, em terras da antiga freguesia de IRAJÁ, resultantes de desmembramento, em glebas, da antiga Fazenda Boa Esperança. Na década de 1950, quando abrigou o conjunto habitacional da FUNDAÇÃO da Casa Popular, a localidade, por extensão, ficou popularmente conhecida como "Fundação". Mas recebeu o nome, depois confirmado, por sugestão da então primeira-dama do país, Darcy Vargas, em evocação da padroeira da América Latina, Nossa Senhora de Guadalupe. À época da feitura do presente Dicionário, o bairro experimentava notável surto de desenvolvimento, despontando como mais um importante subcentro, na hinterlândia carioca. Ver ACADEMIA DE BOMBEIROS MILITAR DOM PEDRO II; BLOCOS CARNAVALESCOS; BONEQUINHO VIL; CASAS-BALÃO; CLUBES; ESTAÇÃO, Morro da; FAVELAS; LONAS CULTURAIS; MARECHAL HERMES; ÔNIBUS; PONTO CINE GUADALUPE; SHOPPING CENTER.

GUANDU DO SENA, Estrada. Via em BANGU, com início na AVENIDA BRASIL e término na Estrada dos Sete Riachos. Sua denominação vem do rio de mesmo nome, afluente do Guandu, o qual registra a memória do colonizador local Bernardo da Silva Sena, estabelecido às suas margens, provavelmente no século XVIII. Em 1873, a Fazenda Guandu do Sena, dedicada à CAFEICULTURA, era propriedade de Claudiano José da Silva Amaral, José Menezes Pamplona e Beraldo Moreira da Costa (FRIDMAN, 1999, p. 158).

GUARACAMP. Acrônimo de "Guaraná de Campo Grande". Nome comercial de um refresco de guaraná fabricado em CAMPO GRANDE, pela empresa Rio Rock Comércio de Bebidas. Vendido em copos de 285 mililitros, era bastante popular na hinterlândia carioca à época da elaboração desta obra.

GUARANÁ CONVENÇÃO. Refrigerante de consumo bastante difundido na região focalizada neste livro e, no Rio, raramente encontrado fora dela. A empresa fabricante, da cidade paulista de Itu, construiu uma unidade carioca em 1984, advindo daí sua popularidade. O nome Convenção, segundo os fabricantes, remonta à "Convenção de Itu", evento político ocorrido em 18 de abril de 1873, naquela cidade, por fazendeiros e beneficiários da lavoura cafeeira partidários da queda do regime monárquico.

GUARATIBA. Bairro sede da 26ª Região Administrativa, em terras outrora pertencentes à freguesia de SÃO SALVADOR DO MUNDO DE GUARATIBA, desmembrada da Freguesia de IRAJÁ em 1755. Compreende, na atualidade, diversos sub-bairros e localidades entre as estradas do MAGARÇA e do MATO ALTO, que ligam CAMPO GRANDE à Estrada da Pedra e à Estrada da Matriz, nas proximidades da avenida das Américas. A história da região começa em 1579, com a grande sesmaria recebida por Manuel Veloso Espinha, referido em algumas fontes como Manuel Veloso Cubas. As terras correspondiam a uma área de 52 km^2, fazendo fronteira com as dos jesuítas, do rio Guandu ao rio Guaratiba, compreendendo uma ilha, nas imediações da Marambaia, e diversos RIOS. Com a morte de Veloso, a extensa propriedade passou às mãos de seus filhos, sendo que um deles, Jerônimo Veloso Cubas, transferiu seu domínio à Ordem dos Carmelitas em 1629 (FRIDMAN, 1999, p. 174). Quatro décadas depois, era criada a paróquia e erguida a Igreja Matriz. No final do século, a localidade, que já sediava quatro engenhos (o dos Carmelitas, o de uma certa Dona Isabel, o de Luiz Vieira Mendanha e o de Belchior da Fonseca), experimentava um discreto surto de progresso. Em 1817, Felipe Rodrigues de Santiago reivindicava como suas as terras da Fazenda SANTA CLARA, na localidade conhecida como Magarça. Na mesma localidade, em meados do século XIX, listavam-se, entre os proprietários, os nomes de Manoel Francisco Albernaz, José Ribeiro da Costa, Justiniano Cardoso de Carvalho, Francisco da Rosa Franco, Miguel Joaquim Alves, Alexandre Fragoso de as Freire, e os herdeiros de Francisco Caetano de Oliveira Braga. Na atualidade, Guaratiba, é bairro distinto de Pedra de Guaratiba e Barra de Guaratiba, embora pertencentes à mesma Região Administrativa, e compreende, entre outras, as localidades de Magarça, SANTA CLARA, JARDIM MARAVILHA, Jardim Monteiro e Ilha de Guaratiba. Ver BACIA HIDROGRÁFICA; BANGU; BLOCOS CARNAVALESCOS; BONDES; CABUÇU, Serra do; CAFEICULTURA; CAMINHO DAS MINAS; CAMPINHO; CAPELA MAGDALENA; CARAPIÁ, Estrada do; CEMITÉRIOS; CLUBE DOS JIPEIROS DO RIO DE JANEIRO; COBERTURA VEGETAL NATURAL; DISTRITOS MUNICIPAIS; DUCLERC; FAVELAS; FREGUESIAS DO RIO ANTIGO; GUARATIBA, Pedra de; IGREJAS CATÓLICAS CENTENÁRIAS; ILHA DE GUARATIBA; IRAJÁ, Freguesia de; MAGALHÃES CORREA; MAJOR ARCHER; NEGROS, Presença histórica; ÔNIBUS; PEREIRA PASSOS, Obras de; RELEVO; SANTA CRUZ; SEPETIBA; TANQUE; VARGEM GRANDE; VARGEM PEQUENA.

GUARATIBA, Pedra de. Bairro pertencente à 26ª Região Administrativa (GUARATIBA), desmembrado de Guaratiba por decreto de 23 de julho de 1981. Localizado na costa oeste do município, é banhado pelas águas da Baía de SEPETIBA, o que determinou a importância da atividade pesqueira para a localidade. Os principais destaques do bairro, além das praias, são a Área de Proteção Ambiental das Brisas (Mata do Casqueiro), com flora e fauna de Mata Atlântica, manguezal e restinga; e a Igreja de Nossa Senhora do Desterro, de 1626, uma das mais antigas do Rio, tombada pelo Patrimônio Histórico Nacional. Ver MAGALHÃES CORREA.

GUERENGUÊ, Rio. Ver BACIA HIDROGRÁFICA.

GUIA AFETIVO DA PERIFERIA. Livro de Marcus Vinícius Faustini, carioca, nascido na década de 1970, criado em SANTA CRUZ, no conjunto habitacional CESARÃO, e celebrizado à época deste Dicionário como importante diretor teatral, cineasta e escritor. O livro, que tem o Grande Rio como protagonista, parte da experiência do autor com pequenos prazeres cotidianos, como o GUARANÁ CONVENÇÃO, o amendoim Nakaiama etc., tendo, entretanto, o foco mais ampliado do que o da presente obra, pois passa também por referências "periféricas" do centro da cidade e outras regiões.

GUILHERME DA SILVEIRA [1] (1882 - 1974). Nome pelo qual se fez conhecido Manuel Guilherme da Silveira Filho, industrial, financista e político de origem portuguesa, nascido e falecido na cidade do Rio de Janeiro. Formado em medicina e especializado em pediatria, mas dedicando-se à clinica geral, no início da década de 1910, foi contratado para o cargo de diretor médico da Companhia Progresso Industrial (FÁBRICA BANGU). Logo depois, avalizando títulos de crédito do diretor-geral da empresa, que passava por dificuldades, recebeu como pagamento a maioria das ações da Companhia, cuja presidência assumiu em 1922. Daí em diante, auxiliado pelo Visconde de Morais, presidente do Banco Português, imprimiu grande dinamismo à empresa, numa atuação ainda mais facilitada quando, em 1928, adoecendo o Visconde, assumiu também a presidência do banco. No ano seguinte, em meio à grande crise econômica mundial, gozando de grande prestígio nos meios financeiros, foi guindado à presidência do Banco do Brasil, permanecendo no cargo até a vitória da Revolução de 1930, em outubro desse ano. A partir daí, permaneceu à frente de seus negócios, participando intensamente, durante a Segunda Guerra Mundial, da consolidação da indústria têxtil nacional, ao mesmo tempo em que, por meio de importantes medidas assistenciais adotadas na Fábrica, desenhava o novo perfil da localidade onde ela nascera, fazendo efetivamente desenvolver-se o bairro de BANGU. Em 1945, novamente chamado, Guilherme da Silveira reassumia a presidência do Banco do Brasil e, quatro anos depois, assumia, por nomeação, o cargo de Ministro da Fazenda, que ocupou até o fim do governo Dutra, em janeiro de 1951. Voltou então a dedicar-se à Fábrica, até 1970, quando passou a presidência da Companhia para seu filho, conhecido como "SILVEIRINHA" (BELOCH; ABREU, 1984, p. 3189).

GUILHERME DA SILVEIRA [2]. Sub-bairro em BANGU, nas proximidades do chamado Marco 6 da ESTRADA REAL DE SANTA CRUZ, local considerado como o núcleo residencial e comercial que deu origem ao importante bairro. Seu nome homenageia GUILHERME DA SILVEIRA [1]. Ver SILVEIRINHA.

GUILHERME DE BRITO (1922 – 2006). Compositor e cantor carioca. Celebrizado pela parceria com NELSON CAVAQUINHO, em obras como *A flor e o espinho* ("Tire o seu sorriso do caminho...") e *Folhas secas*. Como cantor, destacou-se no estilo seresteiro. Nascido em Vila Isabel, morou durante boa parte da vida na região da VILA DA PENHA, onde também se destacou como pintor. Em 1977 gravou, ao lado de CANDEIA, ELTON MEDEIROS e Nelson Cavaquinho, o LP Quatro grandes do samba.

GUINGA. Nome artístico de Carlos Althier de Sousa Lemos Escobar, violonista e compositor nascido em MADUREIRA, em 1950. Filho de um sargento enfermeiro da Aeronáutica, passou a maior parte da infância e da juventude na região do CAMPO DOS AFONSOS. Essa vivência suburbana marca sua obra nos títulos de álbuns como *Cine Baronesa* e *Suite Leopoldina*, e de obras como Igreja da Penha, No fundo do Rio (letra de Nei Lopes), Por trás de Brás de Pina e outras. Transitando entre os campos erudito, chorístico e do jazz, tornou-se a partir da década de 1990, um dos artistas brasileiros mais festejados pela crítica, inclusive em âmbito internacional.

GUNGUNHANA. Ver CAVALCANTI.

GUQUIPIRIRI. Antiga denominação, segundo documento de 1642, citado por Vieira Fazenda (1920, p. 195), da localidade onde se situavam as terras da Fazenda Grande ou de NOSSA SENHORA DA AJUDA, na Freguesia de IRAJÁ. Ficava nas proximidades de uma ilha, provavelmente próxima à foz do rio Irajá. Observe-se, na atualidade, a presença, na região, da Ilha do Raimundo, entre a praia de MARIA ANGU e a Ilha do Governador. O nome, certamente indígena, parece relacionar-se aos termos do guarani *kukúi*, cair + *piriri*, soltar chispas ou fagulhas (SAMPAIO, 1986).

GUTTENBERG CRUZ. Compositor carioca, mencionado como letrista de grande inspiração. Autor da letra da famosa composição *Meu casamento (Olhos de veludo)*, de Pedro Galdino, era morador do ENGENHO DE DENTRO. Ver ACADEMIA DE LETRAS SUBURBANA.

H

HANGAR DO ZEPELIM. Denominação pela qual se fez conhecido o galpão de abrigo da aeronave alemã "Graff Zeppelin", transformado em atração turística na Base Aérea de Santa Cruz. Medindo 274 m de comprimento, 58 m de altura e 58 m de largura, é o único ainda existente no mundo, já que os outros dois, construídos na Alemanha, foram destruídos durante a Segunda Guerra Mundial. Sua construção iniciou-se em 1934, só terminando dois anos depois. Mas logo após, com a tragédia do similar "Hindenburg", foi desativado. O hangar foi tombado como patrimônio histórico nacional em 1998, mas, ao tempo da elaboração deste Dicionário, só são permitidas visitas mediante solicitação e agendamento, pois continua sendo usado para caças pela Força Aérea Brasileira (CULTURA AERONÁUTICA, 2012). Ver BASE AÉREA DE SANTA CRUZ; ZEPELIM.

HANSENÍASE. Ver CURUPAITI.

HAYA, Café e Bar. Antigo e tradicional estabelecimento comercial em MADUREIRA, na esquina da avenida MINISTRO EDGARD ROMERO com a rua CAROLINA MACHADO. Mantinha, no sobrado, um dos históricos salões de sinuca da cidade, frequentado por grandes jogadores. Por sua localização e frequência, tornou-se ponto referencial, não só para encontros, como para comemorações. Na década de 1950, era comum ver-se, em suas calçadas ou em seu interior, grupos de músicos à procura de trabalho, jovens ex-soldados comemorando a baixa do Exército, turmas de amigos em confraternização, sambistas, jogadores de futebol etc. Em sua calçada e nas imediações, eram frequentemente vistas figuras importantes do bairro, como NATAL DA PORTELA, que tinha banca em uma vila quase ao lado e que estava sempre com seus indefectíveis chapéu, paletó de pijama e chinelo "charlote".

HCE (Hospital Central do Exército). Estabelecimento hospitalar localizado no número 126 da rua Francisco Manuel, em BENFICA. Sempre referido pela sigla HCE, pronunciada "agaceé", foi criado por decreto do Marechal Deodoro da Fonseca em 1890. Instalado em prédio adquirido ao Jóquei Clube em 1892, o HCE teve seus três primeiros pavilhões inaugurados em 1902, e o Pavilhão Central Floriano Peixoto, em 1913. Segundo alguns entendimentos, suas origens históricas estariam no século XVIII, na criação do primeiro hospital militar no Brasil. Ver BENFICA; TURFE.

HEITOR DOS PRAZERES (1898 – 1966). Sambista pioneiro, compositor e cavaquinhista, nascido na Cidade Nova. Fundador de vários núcleos do SAMBA, do Estácio a OSWALDO CRUZ, mais tarde destacou-se como pintor naïf. Morou na região da Praça Onze até 1920. Depois residiu, seguidamente, no ENCANTADO, na PIEDADE, em RAMOS e BONSUCESSO, onde viveu de 1933 até o fim da vida.

HÉLIO DE LA PEÑA. Nome artístico de Hélio Antônio do Couto Filho, humorista carioca nascido em 1959. Famoso como ator cômico da TELEVISÃO, integrante do grupo Casseta & Planeta, criou-se na VILA DA PENHA, advindo daí o nome artístico que adotou.

HÉLIO DELMIRO. Violonista e guitarrista nascido em 1947. Carioca do MÉIER, iniciou carreira profissional no ambiente dos BAILES, integrando o conjunto do saxofonista MOACIR SILVA. Mais tarde, frequentando o ambiente do jazz e da bossa-nova, tornou-se conhecido, sendo requistado como acompanhante de grandes nomes da musica popular. Em 1970, atuou ao lado do pianista Luiz Eça, sendo então considerado, pelo saxofonista Lalo Schifrin, o melhor guitarrista da América do Sul. Na mesma década, foi produtor de discos de intérpretes como Clara Nunes e JOÃO NOGUEIRA, entre outros. Em 1996, ao lado do também violonista GUINGA, protagonizou um concerto escolhido pelo jornal O Globo como o Melhor Espetáculo Instrumental do Ano. Com largo reconhecimento internacional, seu currículo inclui também experiência acadêmica de professor em seu instrumento.

HÉLIO SILVA (1904 – 1995). Médico e historiador carioca. Autor de 80 livros, foi jornalista desde a idade de 16 anos, celebrizando-se pelo acervo documental que reuniu. Sua *História da república brasileira*, obra em 20 volumes de 1975, foi relançada em 1998, agora com 24 volumes e abrangendo até o governo Fernando Henrique Cardoso. Nasceu no RIACHUELO.

HELLEN ANDREWS. Cantora de blues, nascida em Uganda, na África Central, em 1946. Saiu de seu país, com a mãe, com apenas cinco anos de idade, fugindo de um casamento prometido. Trabalhou em casas de família, como doméstica, em países como México e Estados Unidos, de onde veio para o Brasil. À época deste texto, vive na Estrada dos Caboclos, em CAMPO GRANDE, onde é presidente da associação de moradores local. Na vida artística, atua ao lado da Rio Mississippi Blues Band, formada por músicos da ZONA OESTE, e participou do documentário *Zona Oeste Blues*, ainda inédito ao tempo da realização desta obra.

HENRIQUE DIAS DA CRUZ. Jornalista carioca nascido em 1885 e falecido após 1944. Colaborador de alguns dos principais jornais de seu tempo, foi presidente do Sindicato dos Jornalistas Profissionais do Rio de Janeiro. Repórter de polícia, dedicou-se a matérias sobre os subúrbios. Fundador do Almanaque Suburbano, é autor dos livros *Os morros cariocas no novo regime*, de 1941, e *Os subúrbios cariocas no Estado Novo*. Morador do MÉIER, pertencia à família DIAS DA CRUZ, cujo sobrenome está presente na denominação de uma das mais importantes ruas do bairro.

HENRIQUE VOGELER (1888 – 1944). Músico carioca, pianista, compositor e arranjador. Famoso principalmente como autor da melodia do SAMBA-canção *Linda Flor (Ai, Ioiô)*, nascido no Catumbi, aos 5 anos de idade foi aprender piano com uma tia, na rua GETÚLIO, em TODOS OS SANTOS. Mais tarde, mudando-se para lá, iniciou-se como pianista e compositor no Teatro Excelsior, criado no bairro por um tio. Na década de 1940, foi morar na Ilha do Governador.

HERÉDIA DE SÁ. Antiga estação ferroviária da LINHA AUXILIAR, inaugurada em 1908. Localizada na linha cargueira que liga Japeri ao Parque Arará, no Caju, entre VIEIRA FAZENDA e TRIAGEM, foi desativada, estando o leito de ferrovia, à época deste texto, cercado pelas FAVELAS conhecidas como Marimba e Matinoré, em alusão aos logradouros nos quais se originaram.

HERMETO PASCHOAL. Músico, multi-instrumentista, nascido em Alagoas em 1936. Chegado ao eixo Rio-São Paulo na década de 1950, liderou vários grupos musicais, tornando-se conhecido a partir de

1966. Nesse ano, o Quarteto Novo, que formou com Teo de Barros, Heraldo do Monte e Airto Moreira, foi acompanhante do cantor Jair Rodrigues, na histórica apresentação da canção *Disparada*, no Festival da TV Record. Residente durante muitos anos no BAIRRO JABOUR, lá desenvolveu, junto com parceiros e alunos, muitas das experiências que o tornaram conhecido como o "Mago dos Sons". Na região, seu nome é evocado na Lona Cultural de BANGU. Ver LONAS CULTURAIS.

HIGIENÓPOLIS. Bairro na jurisdição da 12ª Região Administrativa (INHAÚMA). Localizado entre MARIA DA GRAÇA e BONSUCESSO, é limitado pelas avenidas DOM HELDER CÂMARA, dos Democráticos, Itaoca e ADEMAR BEBIANO. Ocupa área da antiga Fazenda do Botelho, onde o proprietário Alfredo Botelho desenvolvia vistosa atividade agrícola, e do Morro do Frota, da família do médico Guilherme Frota. Em 1934, a área foi adquirida pela família Darke de Matos, dona da fábrica do Café Globo, e transformada no loteamento "Cidade Jardim Higienópolis". Ver BACIA HIDROGRÁFICA; FARIA-TIMBÓ, canal; FAVELAS; PALLAS EDITORA; VETERAN CAR CLUB DO BRASIL-RJ.

HINTERLÂNDIA CARIOCA. Hinterlândia é a região afastada do centro metropolitano, tido como culturalmente mais importante. No Rio, a expressão, antes mesmo do século XVI, já definia o conjunto das localidades "às margens dos trinta e três rios que deságuam na Baía de Guanabara" e "aquelas pertencentes às demais zonas rurais". (FRIDMAN, 1999, p. 87). Para os fins deste Dicionário, a expressão compreende as antigas zonas suburbana e rural, inclusive GUARATIBA e SEPETIBA, e exclui a zona portuária, bem como a Barra da Tijuca.

HISTÓRIA FUNDIÁRIA. Os primeiros grandes proprietários das glebas, datas e sesmarias que constituíam a hinterlândia carioca foram o governo colonial português, alguns membros da aristocracia e, majoritariamente, as ordens religiosas. Dentre essas últimas, os jesuítas foram maioria, até 1759, quando de sua expulsão do país. Na época colonial, o que determinava o valor das terras era a economia açucareira, dentro de cuja órbita a população plebeia gravitava, inclusive pagando aluguéis. Entre 1870 e 1890, com a população já praticamente duplicada em relação ao século anterior, inicia-se o processo de loteamento das grandes glebas rurais, processo esse exacerbado no início do século XX, pelas reformas do prefeito Pereira Passos, que empurram os pobres do centro da cidade para a região suburbana. Aí, as maiores áreas loteadas se concentram nas freguesias de IRAJÁ e CAMPO GRANDE. A partir de 1937, com a definição, pelo Código de Obras, de uma zona industrial nos subúrbios, o loteamento de terras cresce nas propriedades de Campo Grande e JACAREPAGUÁ, numa tendência que chega até a década de 1960. Assim, vamos ver que, do início do século até esse momento, a quase totalidade dos loteamentos abertos na hinterlândia carioca localizavam-se de Irajá a Jacarepaguá, e da PENHA a SANTA CRUZ, passando por BANGU e Campo Grande. Em 1975, a criação da CEHAB – Companhia Estadual de Habitação do Rio de Janeiro – leva à desapropriação de grandes áreas ainda pertencentes a particulares, para construção de 92 conjuntos habitacionais, entre eles os que viriam a constituir os bairros de GARDÊNIA AZUL e CIDADE DE DEUS (FRIDMAN, 1999, p. 233-250).

HONÓRIO GURGEL. Bairro sob jurisdição da 15ª Região Administrativa (MADUREIRA), localizado entre ROCHA MIRANDA e COELHO NETO. Nasceu e expandiu-se em terras do Engenho Boa Esperança, vizinhas às da Fazenda Botafogo, na Freguesia de IRAJÁ. Com a inauguração da Estrada de Ferro Melhoramentos do Brasil (depois LINHA AUXILIAR), a localidade ganhou, em 1895, a Estação de Munguengue, de onde corria um ramal de cerca de 3 quilômetros até Sapopemba, no atual DEODORO. Mais tarde, a estação recebeu o nome atual, dado em homenagem ao tenente Honório Gurgel do Amaral, fazendeiro, antigo proprietário de um estabelecimento próximo à igreja de Nossa Senhora da Apresentação, no Irajá oitocentista. Até a chegada do século XX, a localidade era tipicamente rural, abrigando engenhos, olarias e carvoarias, ligando-se a MADUREIRA pela via férrea e também através da Estrada de Tavares Guerra, atual rua CONSELHEIRO GALVÃO. Ver BLOCOS CARNAVALESCOS; COLÉGIO; ESCOLAS DE SAMBA; FAVELAS; GOVERNANTES DA CIDADE; IGREJAS CATÓLICAS CENTENÁRIAS; MUNGUENGUE; ÔNIBUS; UNIDOS DE ROCHA MIRANDA.

HORTO DAS PALMEIRAS. Jardim botânico localizado em ILHA DE GUARATIBA. Criado pelo empresário Moysés Abtibol em 1990, abriga, em seus 200 mil m² o cultivo de cerca de 250 espécies diferentes de palmeiras, cujas mudas atendem à demanda de entidades governamentais, empresas e particulares em todo o país. Suas dependências constituem um amplo e belo parque, aberto à visitação pública.

HORTO FRUTÍCOLA DA PENHA. Ver ESCOLA DE HORTICULTURA WENCESLÁO BELLO.

HOSPITAIS PÚBLICOS. Historicamente desassistida, a hinterlândia carioca parece ainda não ser especialmente dotada de serviço público hospitalar numericamente compatível com sua população. À época da elaboração deste livro, entre os hospitais municipais, estaduais ou federais nela operantes, além das Unidades de Pronto Atendimento e Postos de Assistência Médica, contavam-se os seguintes: Hospital Cardoso Fontes, federal (JACAREPAGUÁ); Hospital Estadual Albert Schweitzer (REALENGO); Hospital Estadual Carlos Chagas (MARECHAL HERMES); Hospital Estadual Getúlio Vargas (PENHA CIRCULAR); Hospital Estadual Pedro II (SANTA CRUZ); Hospital Estadual Rocha Faria (CAMPO GRANDE); Hospital Estadual Santa Maria (TAQUARA), de doenças pulmonares; Hospital Geral de BONSUCESSO, federal; Hospital Municipal Francisco da Silva Telles, antigo PAM (IRAJÁ); Hospital Municipal Ronaldo Gazolla (ACARI); HOSPITAL MUNICIPAL SALGADO FILHO (MÉIER).

HOSPITAL DE ACARI. Nome pelo qual se popularizou o Hospital Municipal Ronaldo Gazolla, inaugurado em março de 2008 na avenida Pastor MARTIN LUTHER KING, na altura de ACARI. Em maio do ano seguinte, os jornais denunciavam que, dos 298 leitos nele existentes, apesar da grande procura, apenas 160 recebiam pacientes, o que motivou a abertura de uma CPI.

HOSPITAL DO ENGENHO DE DENTRO. Ver CENTRO PSIQUIÁTRICO PEDRO II.

HOSPITAL DOM PEDRO II. Instituição hospitalar pública localizada em SANTA CRUZ. Seu nome é comumente confundido com o do CENTRO PSIQUIÁTRICO PEDRO II, que se localiza no ENGENHO DE DENTRO.

HOSPITAL MÁRIO KROEFF. Estabelecimento de saúde especializado em oncologia, situado na Rua Magé, nº 326, na PENHA CIRCULAR. Fundado em 27 de junho de 1939, esse hospital é mantido pela entidade não governamental filantrópica Associação Brasileira de Assistência aos Cancerosos (ABAC). Atende de 150 a 200 pacientes por dia, cerca de 96% deles pelo SUS, e em sua maioria oriundos das áreas mais carentes da cidade e dos municípios vizinhos. Apesar de sobreviver basicamente graças a doações, o hospital é totalmente equipado para procedimentos de diagnóstico, tratamento, cirurgia e internação de adultos e crianças, sendo referência nacional em radioterapia, para o Ministério da Saúde.

HOSPITAL MUNICIPAL SALGADO FILHO. Instituição hospitalar construída na década de 1960 no MÉIER. Suas instalações foram edificadas no mesmo terreno do antigo Hospital-Dispensário do Méier, parcialmente demolido em 1952, terreno esse doado pela família que deu nome ao bairro. Ver MEYER, Família.

HOSPITAL NAVAL MARCÍLIO DIAS. Ver BOCA DO MATO.

HOSPITAL NOSSA SENHORA DAS DORES. Instituição pertencente à Irmandade da Santa Casa de Misericórdia, localizado na antiga rua Coronel Rangel, atual avenida Ernani Cardoso, em CASCADURA. Fundado em 8 de dezembro de 1884, por iniciativa de José Clemente Pereira, provedor da Irmandade, surgiu da necessidade de separarem-se, no Hospital Geral da Santa Casa, os doentes de tuberculose dos demais enfermos. No início da década de 1920, destacava-se como um "sanatório primoroso: ótima instalação, aspecto lindo, irrepreensíveis condições higiênicas, perfeito conforto, carinhoso tratamento" (ROSA, 1924, p. 68-69). No livro citado, ilustravam o texto duas belas fotos, uma da artística fachada do hospital e outra de seu aprazível jardim interno.

HUGO PESSANHA. Judoca brasileiro criado em VISTA ALEGRE. Ingressando com sete anos de idade na Academia Ruffato, no bairro, em 2010, aos 24 anos, conquistou medalha de ouro como campeão da categoria peso médio no torneio Grand Slam do Rio. Contratado pelo Minas Tênis Clube desde 2008, depois de integrar a equipe da UNIVERSIDADE GAMA FILHO, foi saudado em reportagem de *O Globo*, em 25 de maio de 2010, como "O Samurai de Vista Alegre".

I

IAPC DE IRAJÁ. Entre os anos de 1950 e 1952, foram construídos, em uma grande área à margem da avenida Brasil, em IRAJÁ, três conjuntos residenciais: do IAPM (Instituto de Aposentadoria e Pensões dos Marítimos), do IAPC (Instituto de Aposentadoria e Pensões dos Comerciários) e do IAPB (Instituto de Aposentadoria e Pensões dos Bancários). O complexo, que ficou conhecido como IAPC de Irajá, é vizinho da Favela de ACARI e quase fronteiro à CEASA. Por suas dimensões e complexidade, configura-se praticamente como um sub-bairro. Nele, destaca-se o campo do antigo clube de FUTEBOL AMADOR Milionários (depois Grêmio Recreativo IAPC de Irajá), que sediava eventos culturais do bairro.

IAPI. Sigla do Instituto de Aposentadoria e Pensão dos Industriários. Integrou um sistema de previdência social criado em 1936, pelo governo de Getúlio Vargas, para amparo de trabalhadores de diversas categorias, principalmente construindo conjuntos habitacionais para lhes facilitar o acesso à casa própria. O sistema, além do IAPI, compreendia o IAPC, dos comerciários; o IAPM, dos marítimos; o IAPETC, dos trabalhadores em transporte de cargas; e o do IAPB, dos bancários. O ambiente objeto deste livro, acolhe, até a atualidade, diversos desses núcleos residenciais, como o IAPI da PENHA (inaugurado em 1949, com mais de 40 edifícios), o IAPC e o IAPM do IRAJÁ etc. Quase todos, como o conjunto da Penha, constituído por 70 edifícios, eram dotados de infraestrutura educacional e de lazer. Ver CREIB; GREIP.

IBRAHIM DO SUBÚRBIO, O. Filme de Cecil Thiré, lançado em 1976. Integra um longa metragem em dois episódios, tendo no elenco, entre outros, José Lewgoy, Heloísa Mafalda e Cecil Thiré. Conta a história do alfaiate Casemiro, um profissional do subúrbio, que lê religiosamente, no jornal, a coluna social de um prestigioso jornal carioca e, sabendo de tudo o que se passa no mundo dos ricos e importantes cariocas, começa a querer viver também como eles vivem, causando grandes dores de cabeça à família (NETO, 2009, p. 519). O nome do filme é clara referência ao famoso colunista social carioca Ibrahim Sued (1924 – 1995).

IÊ-IÊ-IÊ. Estilo musical popular no Brasil, a partir da década de 1960, surgido no contexto internacional do *rock and roll*, difundido dentro do movimento conhecido como "Jovem Guarda". A denominação adveio da expressão *yeah, yeah, yeah*, usada em uma canção do quarteto inglês *The Beatles*. Sua difusão se deu por meio do rádio, da TELEVISÃO e do disco, com ampla participação de jovens artistas dos subúrbios cariocas. No *Almanaque da Jovem Guarda*, o pesquisador Ricardo Pugialli (2006) informa, entre outras ocorrências no âmbito desta obra: o nascimento da cantora Rosemary (Rosemeire Pereira Gonçalves), em BONSUCESSO (p. 24); a mudança, em 1957, de Roberto Carlos e respectiva família para a rua Pelotas, no LINS DE VASCONCELOS (p. 29); a formação, em 1958, na PIEDADE, na casa dos irmãos Roberto, Ronaldo e Renato Correia, do embrião do grupo GOLDEN BOYS (p. 32); o surgimento, em 1959, também na Piedade, no mesmo núcleo familiar, do TRIO ESPERANÇA (p. 47); a estreia do grupo *Bacaninhas da Piedade*, mais tarde intitulado

Renato e seus Blue-Caps, no Esporte Clube OPOSIÇÃO (p. 48); a formação, ainda na Piedade, do grupo *The Fenders*, depois *The Fevers*, por iniciativa dos músicos Liebert Pinto e Pedrinho da Luz (p. 105); a saída do vocalista Edson Vieira de Barros, também morador da Piedade, do *Renato e seus Blue-Caps*, liderado por seu irmão, para seguir carreira solo com o nome artístico "Ed Wilson" (p. 93). Também moradores dos subúrbios foram, na Jovem Guarda, WANDERLÉA, de Cordovil, Adriana (sucesso em 1972 com *O que me importa*), moradora de IRAJÁ, etc. Em seu livro *Noites tropicais*, o jornalista Nelson Motta (2000, p. 94), historiando a Jovem Guarda, refere-se a Rosemary, uma das principais figuras femininas do movimento, como "uma bonequinha suburbana que cantava baladas italianas em português". Ver ADILSON RAMOS de Ataíde; POPS, The.

IEMANJÁ, Procissão de. Prática religiosa difundida a partir de MADUREIRA, desde o início da década de 2000. Consiste em um cortejo de automóveis que, em um dos dias que antecedem o *réveillon*, geralmente no dia 29 de dezembro, sai do MERCADÃO DE MADUREIRA em direção à praia de Copabana, tendo à frente um carro aberto conduzindo uma grande imagem de Iemanjá, orixá africano cultuado no CANDOMBLÉ e na UMBANDA. Essa prática encerra, de certa forma, um protesto contra o banimento do culto a Iemanjá, na virada do ano, nas praias da Zona Sul, em proveito das comemorações com espetáculos musicais e pirotécnicos organizados pelor órgãos de turismo. A procissão é basicamente um costume umbandista, já que os fiéis do candomblé costumam levar oferendas ao mar no dia 2 de fevereiro, seguindo a tradição baiana.

IGREJA BRASILEIRA. Denominação simplificada da Igreja Católica Apostólica Brasileira, também representada pela sigla ICAB. Representando mais uma tentativa de criação de uma Igreja Católica nacional no Brasil, depois de iniciativas anteriores, a Igreja Brasileira foi fundada na década de 1945 pelo bispo católico romano Dom Carlos Duarte Costa, ex-titular da diocese de Botucatu, em São Paulo. Destituído dessa unidade, Dom Carlos foi designado como titular de Maura, uma diocese no norte da Africa, daí tornar-se mais conhecido como "Bispo de Maura". No Brasil, rebelando-se contra o Vaticano e contra o governo de Getúlio Vargas, pelas alegadas ligações de ambos com o nazismo, depois de ser preso, libertado e excomungado, fundou, em 6 de julho de 1945, no Rio de Janeiro, a Igreja Brasileira. Sempre rezando missa em português, não exigindo celibato de seus clérigos e mantendo uma relação ecumênica com outras igrejas católicas desvinculadas da Santa Sé, a ICAB, a partir de seu templo nacional, na PENHA, onde se venera principalmente Nossa Senhora da Cabeça, e de outro, em CAMPO GRANDE, experimentou uma época de bastante popularidade e crescimento, até o falecimento de seu líder em 1961. Canonizado em 1970, Dom Carlos Duarte Costa passou a ser invocado sob o título "São Carlos do Brasil". Seus restos mortais repousam no templo nacional, denominado "Monumento da Penha", no número 54 da rua do Couto.

IGREJA DA PENHA. Forma popular de referência à IGREJA DE NOSSA SENHORA DA PENHA.

IGREJA DE NOSSA SENHORA DA PENHA. Tradicional igreja no bairro da PENHA, uma das mais antigas atrações turísticas da Cidade. Criada como uma simples ermida, no século XVII, no alto de um penhasco (daí se originam seu nome e do bairro), de início foi consagrada a Nossa Senhora do Rosário. Em

1635, por iniciativa devota do português Baltazar Cardoso, a ermida foi transformada numa capela, em torno da qual nasceu, em 1728, a Irmandade de Nossa Senhora da Penha, responsável por sua ampliação e embelezamento. Nova reforma, realizada entre 1870 e 1903, concluída pelo mesmo arquiteto que projetou o magnífico castelo do Instituto Oswaldo Cruz, em MANGUINHOS, conferiu ao templo seu belo aspecto neogótico atual. Finalmente, em 1913, a Prefeitura do Distrito Federal entregou à população os melhoramentos da escadaria de acesso à igreja, a qual se constitui de 382 degrau (e não 365, como quer a crença popular), entalhados na pedra bruta. Ver FESTA DA PENHA.

IGREJA ORTODOXA DE SANTO EXPEDITO E SANTO ANTÔNIO. Templo no número 917 da rua Leopoldina Rego, na PENHA. Pertencente à paróquia antioquiana (de Antióquia, cidade da Ásia Menor), foi certamente criada para atender a imigrantes dessa confissão religiosa cristã, ritualisticamente diversa do catolicismo romano, e originária de uma dissidência de antigos católicos gregos e eslavos.

IGREJA UNIVERSAL DO REINO DE DEUS. Organização multinacional, conhecida mundialmente pela sigla IURD, criada em 1977, na AVENIDA SUBURBANA, em DEL CASTILHO, numa loja onde antes funcionava uma funerária. Importou dos Estados Unidos a chamada "Teologia da Prosperidade", que promete a conquista, através de práticas religiosas herdadas do pentecostalismo, de saúde, riqueza material e vitória sobre o sofrimento. A partir de 1985, quando abriu um templo no Paraguai, a IURD tornou-se uma grande organização, com unidades em vários países, dezenas de emissoras de TELEVISÃO e de rádio, uma gravadora, além de um jornal semanal com tiragem de 1 milhão e 400 mil exemplares, e poderosas bancadas nas casas legislativas municipais e federais. Tão poderosa quanto radical, sua bancada na Câmara Municipal do Rio de Janeiro conseguiu mudar o nome da antiga AVENIDA AUTOMÓVEL CLUBE, que hoje se chama Avenida Pastor Martin Luther King. Seu principal líder é, à época deste texto, o autodenominado "bispo" Edir Macedo. Nascido em Rio das Flores, RJ, em 1945, com 17 anos, Macedo foi contratado como servente pela então Loteria do Estado da Guanabara, apadrinhado pelo então governador Carlos Lacerda (ELE, 1995). Na época, ele só tinha cursado até o segundo ano ginasial. No ano seguinte, foi promovido a contínuo, subindo a cada dia mais um degrau dentro da Loteria. Em setembro de 1977, já como agente administrativo, pediu uma licença sem vencimentos. Foi nesse ano que fundou a IURD, pedindo demissão do emprego no ano seguinte. Segundo algumas fontes, Edir Macedo era filho de santo do líder umbandista Tancredo da Silva Pinto. Em sua biografia (TAVOLARO, 2007), diz-se apenas que frequentou centros espíritas na adolescência. Sabe-se que, aos 17 anos, entrou para a Igreja Nova Vida e, cinco anos depois, fundou sua igreja, com o nome de Casa da Bênção ou Igreja da Bênção. Ver CATEDRAL MUNDIAL DA FÉ; EVANGÉLICOS.

IGREJAS CATÓLICAS CENTENÁRIAS. No ambiente objeto deste trabalho, chama atenção a existência de várias templos católicos centenários, alguns remontando aos tempos coloniais. Entre as igrejas fundadas antes de 1910, ou seja, com mais de cem anos à epoca deste livro, destacamos as seguintes: Igreja de Nossa Senhora da Pena. Construída em 1570, num outeiro em terras de JACAREPAGUÁ, no atual bairro FREGUESIA, foi restaurada em 1770 sem que perdesse o estilo jesuítico original e relíquias como uma pedra batismal, tida como usada pelo Padre Anchieta, e um lindo relógio do sol numa de suas paredes externas. Assim, foi tombada pelo IPHAN em 1938. IGREJA DE NOSSA SENHORA DA APRESENTAÇÃO. Templo matriz da Freguesia de IRAJÁ, remonta a 1644. Apesar das reformas que a descaracterizaram, conserva relíquias, como a altar-mor, a pia batismal e o sacrário, além de guardar o corpo de alguns benfeitores, como Honório Gurgel, proprietário local, que deu nome ao subúrbio vizinho. IGREJA DE NOSSA SENHORA DO LORETO. Criada em 1661, foi a matriz da Freguesia de Nossa Senhora do Loreto e Santo Antônio de Jacarepaguá, localizando-se próximo à Igreja de Nossa Senhora da Pena. IGREJA MATRIZ SALVADOR DO MUNDO. Sede da freguesia de GUARATIBA, na localidade da Ilha, erguida em 1755. IGREJA DE SANTA CECÍLIA E SÃO SEBASTIÃO. Fundada em terras da FÁBRICA BANGU, em 1908. IGREJA DE SÃO TIAGO. Fundada em INHAÚMA no século XVII, sofreu várias reformas e intervenções, chegando inclusive à ruína. O prédio atual apenas conserva a pia batismal original. IGREJA DE NOSSA SENHORA DO DESTERRO. Sua origem remonta à capela erigida em CAMPO GRANDE em 1673, reformada e, mais tarde, restaurada depois de um incêndio ocorrido em 1882. IGREJA MATRIZ DE SANTA CRUZ. Segundo Noronha Santos (*apud* BERGER, 1965, p. 117), em 1900, a igreja matriz de Santa Cruz situava-se no "Morro da Freguesia", no fim de "uma grande ladeira", sendo, então, de construção recente. Na atualidade, o templo da paróquia de Santa Cruz é a moderna Igreja de Nossa Senhora da Conceição, na Praça Dom Romualdo. Também centenárias são as igrejas de SÃO JOSÉ DA PEDRA, em MADUREIRA; a de Nossa Senhora do Amparo, em CASCADURA; a de Nossa Senhora da Conceição, em CAMPINHO; a de Nossa Senhora da Piedade, em PIEDADE; e a de São Benedito, em PILARES. Ao longo deste Dicionário, alguns destes, bem como outros antigos templos católicos constituem verbetes autônomos.

ILHA DE GUARATIBA. Sub-bairro de GUARATIBA. A origem da localidade remonta ao Engenho da Ilha, fundado por José Pacheco de Vasconcelos e vendido em 1806 a Francisco de Macedo Freire, pai de Ana Sá Freire (FRIDMAN, 1999, p. 183), que aparece como proprietária em alguns escritos. O nome parece referir-se a uma ilha fluvial; caindo, assim, por terra a lenda de que a denominação "Ilha" seria corrupção do nome de um antigo morador chamado "William". Ver HORTO DAS PALMEIRAS.

ILUMINAÇÃO ELÉTRICA. A iluminação pública, na cidade do Rio de Janeiro, bastante precária até a primeira metade do século XIX, começou a ser melhorada em 1854 com a implantação de iluminação a gás em várias ruas do centro. A década de 1880 é a do advento da eletricidade, que aos poucos chega à iluminação pública. Na região objeto deste livro, ela chega em 1905, sendo PIEDADE e ENCANTADO as primeiras localidades beneficiadas. Entretanto, SANTA CRUZ, certamente pelo prestígio da Fazenda Imperial, já dispunha desse benefício desde o século anterior.

IMAGINÁRIO PERIFÉRICO. Grupo artístico atuante nos subúrbios e na ZONA OESTE carioca na década de 2000. Destaca-se por promover manifestações como "instalações", performances, pintura, danças etc., com o objetivo declarado de levar arte contemporânea a todos os lados da cidade.

IMPERATOR, Cine. Antigo cinema do MÉIER na rua DIAS DA CRUZ. Tendo sido, por muito tempo, o principal espaço de espetáculo da Zona Norte e a maior sala de exibição cinematográfica da América Latina, suas dependências, na década de 1990, foram usadas para BAILES e espetáculos. Fechado definitivamente e abrigando um centro de comércio popular, surgiram boatos de que uma igreja evangélica pretendia comprá-lo para transformar em templo, como vinha acontecendo na cidade. Entretanto, a movimentação dos moradores e comerciantes locais levou à sua desapropriação em 2002, para a criação de um centro cultural, cujas obras começaram em fevereiro de 2011. Ver JOÃO NOGUEIRA; CINEMAS ANTIGOS.

IMPERATRIZ DO CARNAVAL. Filme documentário de longa metragem, dirigido por Medeiros Schultz, lançado em 2001. Mostra todo o processo de preparação da escola de samba IMPERATRIZ LEOPOLDINENSE para o desfile do carnaval de 2000, no qual a agremiação se sagrou bicampeã entreas superescolas.

IMPERATRIZ LEOPOLDINENSE, G.R.E.S. Agremiacão do bairro de RAMOS, fundada em 6 de março de 1959, como uma espécie de sucessora da extinta escola de samba RECREIO DE RAMOS. Entre seus fundadores, contam-se AMAURY JÓRIO, Osvaldo Gomes Pereira, Eliseu Pereira de Melo, Agenor Gomes Pereira e outros. Primeira agremiação do SAMBA a possuir alvará de localização conferido pela Prefeitura, teve, entre seus compositores Matias de Freitas, BIDI, Velha, Dom Barbosa, Everaldo, Adilson Madrugada, Zé Catimba, CARLINHOS SIDERAL e Indaiá Mendes. Com sede na rua Professor Lacê, 235, no fim dos anos 1960, e com as cores verde e branca, era alinhada, por Araújo e Jório (1969), entre as "grandes escolas". Em 1971, a direção da telenovela BANDEIRA 2, veiculada pela Rede Globo, escolheu a Imperatriz, ainda não uma "superescola", para figurar na trama, incluindo na trilha sonora seu samba-enredo daquele ano, Martim Cererê, de autoria do compositor Zé Catimba (José Inácio dos Santos Filho, João Pessoa, PB, 1942), que deu nome ao personagem vivido pelo ator Grande Otelo. Na década seguinte, a escola firmou-se como uma das maiores agremiações do samba carioca. Entre os grandes personagens de sua história contam-se, além de outros focalizados em verbetes específicos, os compositores Matias de Freitas e Niltinho Tristeza, o cantor Dom Barbosa e o casal de MESTRE-SALA E PORTA-BANDEIRA Maria Helena e Chiquinho, mãe e filho.

IMPERIAL ACADEMIA MILITAR. Ver ESCOLA MILITAR DE REALENGO.

IMPERIAL BASQUETE CLUBE. Antigo clube em MADUREIRA, extinto pela fusão que resultou na criação do MADUREIRA ESPORTE CLUBE. Com sede na Estrada do PORTELA, foi muitas vezes palco de ensaios e festividades da Escola de Samba PORTELA. Após participar de uma dessas festas, no dia 13 de dezembro de 1965, foi que o compositor CANDEIA sofreu, quase no centro da cidade, o disparo de arma de fogo que o deixou paralítico.

IMPÉRIO DE CAMPO GRANDE, G.R.E.S. Escola de samba do bairro de CAMPO GRANDE. No fim dos anos 1960, com as cores vermelha e branca, era mencionada em Araújo e Jório (1969) como uma "pequena escola".

IMPÉRIO DO MARANGÁ, G.R.E.S. Agremiação fundada em 20 de janeiro de 1957, com sede na estrada do Pau-Ferro no PECHINCHA, na época uma localidade do bairro de JACAREPAGUÁ. Resultou da fusão das escolas Império de Jacarepaguá, fundada em 1953 e presidida por Moacir Cláudio da Silva, e Unidos do Marangá, fundada em 1944 e dirigida por Sebastião Teles, o Didico. Em 1966, a escola mudou-se para a rua CÂNDIDO BENÍCIO, e mais tarde fixou sua sede na rua Maricá, na PRAÇA SECA. No fim dos anos

1960, defendendo as cores azul e branca, era mencionada em Araújo e Jório (1969) como uma "pequena escola".

IMPÉRIO SERRANO, G.R.E.S. Escola de Samba fundada na comunidade da SERRINHA, na divisa entre MADUREIRA e VAZ LOBO, em 23 de março de 1947. Surgiu de uma dissidência da escola de samba Independentes da Serra, ex-PRAZER DA SERRINHA, de onde saíram MANO DÉCIO DA VIOLA, SILAS DE OLIVEIRA, Sebastião de Oliveira (Molequinho), Mano Elói e Antônio Fuleiro, o Mestre Fuleiro, para fundarem a nova escola, após fusão com a UNIDOS DA TAMARINEIRA, da vizinhança. Sua sede ficava no morro da SERRINHA, onde realizava seus ensaios. Só muitos anos depois, a sede foi transferida para o atual endereço, no local onde se situou o antigo MERCADO DE MADUREIRA. Dentre os imperianos dos primeiros tempos contam-se, entre outros os seguintes migrantes do VALE DO PARAÍBA e áreas próximas: Tereza dos Santos, a Tia Tereza, jongueira, nascida em Paraíba do Sul, RJ, por volta de 1862 e falecida na década de 1980; Eulália do Nascimento, a Tia Eulália, filha de Francisco Zacarias de Oliveira, nascida em Além Paraíba, MG, em 1908 e falecida em 2005; José Nascimento Filho, o Nascimento da Eulália, nascido em Três Rios, RJ, em 1903; Antenor dos Santos, nascido também por essa época, em Minas Gerais; Maria Joana Monteiro, a Vovó Maria Joana, nascida em 1902, em Valença, RJ; Elói Antero Dias, o já citado Mano Elói, nascido em Engenheiro Passos, distrito de Resende, RJ, em 1889; Alfredo Costa, o "Seu Alfredo da Serrinha", nascido em Minas Gerais. Em 1962, em visita ao Brasil, o rei Leopoldo III, soberano da Bélgica entre 1934 e1951, foi recepcionado pelo Império Serrano, no dia 22 de fevereiro. A recepção foi no MADUREIRA TÊNIS CLUBE, onde a escola, então sem sede própria, realizava seus ensaios. Conhecida como a "PÉROLA DA SERRINHA", a escola tem, na galeria de seus grandes personagens, entre outros, os compositores ALUÍZIO MACHADO, Dona IVONE LARA, JORGINHO DO IMPÉRIO e Jorginho Pessanha; o mestre-sala NOEL CANELINHA; e o ritmista Calixto do Prato, alguns deles focalizados em verbetes específicos.

INÁCIO DIAS, Serra de. Elevação localizada no extremo norte do Maciço da Tijuca, entre ÁGUA SANTA e PRAÇA SECA. Compreende o morro de mesmo nome.

INCLUSÃO DIGITAL. Desde que a Informática e a INTERNET mostraram seu grande potencial, foram percebidos os problemas que resultariam da exclusão de parcelas da população em relação às novas tecnologias de comunicação. Surgiram então projetos de inclusão digital, a qual abrange, não só a possibilidade de usar esses recursos, mas a aprendizagem e até profissionalização na área. Entre eles se destaca o pioneiro CDI (Comitê para Democratização da Informática), criado no Rio de Janeiro em 1995, com o objetivo de instalar as chamadas Escolas de Informática e Cidadania (EICs), que incluem cursos de capacitação e espaços para uso gratuito de computadores e Internet. A partir de 2000, outros projetos foram desenvolvidos por empresas privadas e órgãos governamentais, alguns em parceria com o CDI, visando levar a inclusão digital a áreas carentes. Em 2010 (IBICT, 2011), estavam em funcionamento, na área abrangida por este Dicionário, as unidades listadas a seguir. EICs do CDI: uma em ACARI, duas em BANGU (sendo uma na Vila Kennedy), uma em BARROS FILHO, uma em CAMPINHO (no morro do Fubá), uma em CAMPO GRANDE, uma na CIDADE DE DEUS, uma em CORDOVIL, uma em COSTA BARROS (no morro da Pedreira), uma em DEL CASTILHO, uma no ENGENHO DE DENTRO (no CENTRO PSIQUIÁTRICO PEDRO II), uma em INHOAÍBA, duas em IRAJÁ, duas em JACAREPAGUÁ, uma na MARÉ, uma em MARIA DA GRAÇA, duas em PADRE MIGUEL, uma em PARADA DE LUCAS (em parceria com o AFRO REGGAE), uma na Pedra de GUARATIBA (na Fundação XUXA Meneghel), uma em PILARES, uma na PRAÇA SECA, quatro em REALENGO, três em SANTA CRUZ e uma em VICENTE DE CARVALHO. Telecentros comunitários criados pelo Banco do Brasil: um em Bangu, três em BONSUCESSO, sete em Campo Grande, um na Cidade de Deus, um em CURICICA, um em DEODORO, dois no ENGENHO NOVO, um em Guaratiba, um em LINS DE VASCONCELOS, um em MAGALHÃES BASTOS, um em MANGUINHOS, um no MÉIER, dois em PACIÊNCIA, um no PECHINCHA, um na PENHA, um em Realengo, um em Santa Cruz e um em VARGEM GRANDE. Centros de Internet comunitária do PRODERJ (Centro de Tecnologia da Informação e Comunicação do Estado do Rio de Janeiro): dois em Bangu (sendo um no BANGU SHOPPING), um em Campinho, um em Irajá (no CEASA), um no Pechincha (no RETIRO DOS ARTISTAS), um na Praça Seca, dois em MADUREIRA (na estação ferroviária e na quadra do IMPÉRIO SERRANO), um na Penha, um em Realengo e um em SEPETIBA (em Nova Sepetiba). Ver INTERNET.

INDÍGENAS, Povos. À época do descobrimento, os habitantes nativos do Brasil agrupavam-se, segundo os especialistas, em quatro grandes grupos etnolinguísticos, entre os quais o tupi-guarani. No litoral da futura terra fluminense, ao tempo da chegada dos primeiros europeus, predominavam, entre esses, os grupos étnicos dos tupinambás e tupiniquins, inimigos entre si. No episódio, anterior à fundação da cidade do Rio de Janeiro, conhecido como "Confederação dos Tamoios" ("tamoio" é palavra de origem tupi-guarani significando, não um grupo étnico específico, e , sim, "avô", "mais-velho", "antepassado"), os tupinambás, apoiados por franceses, insurgiram-se contra os colonizadores portugueses. E apesar do acordo celebrado, a violência lusitana levou esse grupo a se dispersar em todas as direções do território da cidade depois fundada. Entre 1548 e 1555, o aventureiro alemão Hans Staden viveu entre indígenas do grupo tupinambá no litoral norte do atual estado de São Paulo, deixando importante relato a respeito. A partir desse registro (STADEN, 1999), podemos, por dedução traçar um breve panorama de como viveram os primitivos habitantes da hinterlândia carioca. Com Staden, vamos ver que os tupinambás erguiam suas aldeias, numa média de sete cabanas, feitas de palha, para cada uma, preferencialmente próximo a locais com abundância de água, lenha, peixes e caça. Quando esses recursos se esgotavam, eles transferiam as aldeias para outros locais. A base de sua alimentação era o aipim (um dos nomes indígenas da mandioca), cultivado para a feitura de farinha, bolos e mingaus. Por força dessa influência é que, durante quase toda a época colonial, o principal produto de exportação das roças cariocas foi a farinha de mandioca. Também coletores, os indígenas do ambiente que aqui estudamos, também se dedicavam à coleta do mel produzido por abelhas nas arvores das matas locais, notadamente naquelas mais altas. Sobre forma de governo, diz Hans Staden que cada cabana indígena, abrigando vários núcleos familiares, possuía um chefe, todos eles com iguais poderes de mando e governo. Apenas em caso de guerra é que emergia a liderança de um deles, como foi o caso de Cunhambebe, líder dos tupinambás, com poder de Bertioga, SP, até Cabo Frio, RJ, na década de 1550. O principal meio de transporte dos nosso indígenas eram canoas feitas de troncos de árvores, algumas podendo abrigar, segundo Staden, até trinta homens em expedições de guerra. Os indígenas da terra carioca (adjetivo proveniente do tupi, talvez de *kara' iua*, homem branco' + *oka*, casa > *kari'oka*, "casa do branco") foram os responsáveis, em nossa toponímia, por nomes reveladores como ACARI, GUARATIBA, INHAÚMA, INHOAÍBA, IRAJÁ, JACAREPAGUÁ, MERITI, PAVUNA, SEPETIBA, TURIAÇU etc.

INDÚSTRIAS PIONEIRAS. Após a auspiciosa fundação da FÁBRICA BANGU, já em 1889, as primeiras décadas do século XX vão presenciar o surgimento de importantes industrias na região objeto deste livro. Assim, no JACARÉ e vizinhanças, instalam-se, a partir de 1917, a Cisper, industria de vidros, General Electric e outras. Depois chegam a Tecelagem NOVA AMÉRICA e a Klabin, em DEL CASTILHO, a Standard Electric e a Bausch & Lomb, em VICENTE DE CARVALHO, a Vulcan, em COLÉGIO, etc. A presença dessas indústrias, quase todas pertencentes a fortes grupos internacionais, foi decisiva para a povoação e o desenvolvimento das localidades que as receberam.

INFERNO VERDE, G.R.E.S. Antiga escola de samba do ENGENHO DA RAINHA. No fim dos anos 1960, com as cores vermelha e branca, era mencionada em Araújo e Jório (1969) como uma "pequena escola". Em 1971, desfilou com o enredo "Primavera".

INHARAJÁ. Denominação da estação de MAGNO, antes de 1914. É, provavelmente, corruptela do nome IRAJÁ.

INHAÚMA. Bairro sede da 12ª Região Administrativa. O nome, que foi dado também a outros lugares e acidentes geográficos em diversos estados brasileiros, é de origem indígena, provindo, segundo Teodoro Sampaio (1987, p. 250) do tupi *nhae-um*, barro de olaria (de fazer panelas de barro), característica física observada no solo da região. Localizada em terras então pertencentes, desde 1684, ao vigário geral Clemente Martins de Matos e integrantes da Freguesia de IRAJÁ, a freguesia de São Tiago de Inhaúma foi criada em 1743. Nesse ano, a fazenda São Tiago de Inhaúma foi elevada à categoria de paróquia, com pia batismal na capela construída pelo primeiro proprietário, o padre Custódio Coelho. Em 1810, ergueu-se, na localidade, o estabelecimento conhecido como ENGENHO DA RAINHA. Além desse, importantes núcleos de produção eram também a Fazenda do CAPÃO DO BISPO e a Quinta de Sant'Ana, que se estendiam da confluência da ESTRADA VELHA DA PAVUNA com a ESTRADA REAL DE SANTA CRUZ até TERRA NOVA, hoje PILARES. Com a decadência da CAFEICULTURA, o fabrico de tijolos e outros artefatos de barro passou a ser a atividade dominante. E, nessa conjuntura, as terras de Inhaúma foram adquiridas pelo coronel Antonio Joaquim de Souza Pereira Botafogo, que nelas abriu os primeiros arruamentos, incentivando o comércio e a venda de lotes a prestações, além de doar área para a localização do cemitério. Começava a nascer, aí, o bairro de Inhaúma, que em 1898, doze anos depois de iniciada a implantação da ferrovia, era beneficiado com a inauguração da estação da ESTRADA DE FERRO RIO D'OURO. Observe-se, entretanto, que até a vigência da divisão do antigo DISTRITO FEDERAL (no Império, MUNICÍPIO NEUTRO) em freguesias, a parte mais desenvolvida do território não era o bairro e, sim, a região servida pela ESTRADA DE FERRO CENTRAL DO BRASIL. Considerada em 1890, quando do primeiro recenseamento da República, a mais importante freguesia rural do Rio antigo, essa importância se devia, entretanto, e principalmente, ao fato de o território da freguesia ser servido pelos quatro ramais ferroviários que então cortavam a cidade e seu interior. E esse território se estendia do litoral, no trajeto leopoldinense da atual AVENIDA BRASIL, até, no ramal da Central, as estações de TODOS OS SANTOS a CASCADURA. Sobre essa vastidão territorial (em cuja jurisdição se incluía a ilha do Bom Jesus e ilhotas vizinhas) foi que Noronha Santos (apud BERGER, 1965, p. 75) afirmou ter, no início da República, "regular comércio e bem animada indústria". Mas o bairro que hoje leva o nome da velha freguesia também era polo de grande atividade econômica, principalmente graças ao seu porto. Criado ainda no século XVI, o porto fluvial de Inhaúma, no rio Jacaré, em MANGUINHOS, era o principal ponto marítimo através do qual era escoada a produção da região. Comunicando-se o com Caju, São Cristóvão, as ilhas próximas e com o centro da Cidade, o porto viu formar-se em seu entorno um importante núcleo populacional e de comércio. Entretanto, com a abertura de novas vias de acesso por terra, a partir de meados do século XIX, o antigo porto entrou em decadência, até desaparecer por força do progressivo aterramento dessa parte da baía de Guanabara. A implantação do ramal da Estrada de Ferro Rio D'Ouro, a partir de 1886, foi realizada com grandes dificuldades técnicas, já que os trilhos tiveram de correr sobre terrenos pantanosos e alagadiços. Nesse empreendimento, a participação dos donos das propriedades rurais situadas ao longo de seu trajeto foi decisiva. Interessados no sucesso da iniciativa, que traria, evidentemente, melhores condições de transporte para seus produtos e valorização de suas terras, os proprietários locais colaboraram efetivamente. Em troca, seus nomes foram dados às paradas do trem e aos bairros que se formaram no entorno delas. Assim, foram surgindo, por exemplo, a "Parada do AMORIM", proprietário da Fazenda de Manguinhos; a Parada de RAMOS, em alusão à fazenda de Fonseca Ramos, etc. No final da década de 1960, desativada a ferrovia, a estação de Inhaúma foi demolida. Em seu lugar, construiu-se a moderna estação da Linha 2 do METRÔ, inaugurada em 1983. À época da feitura deste livro, o subúrbio de Inhaúma tinha como suas principais vias as seguintes: estrada ADEMAR BEBIANO, antiga Estrada Velha da Pavuna, atravessando o bairro na ligação de DEL CASTILHO com TOMÁS COELHO; avenida Pastor MARTIN LUTHER KING Júnior, antiga avenida Automóvel Clube; avenida Itaoca, ligando Inhaúma a Bonsucesso; rua José dos Reis, ligando Inhaúma ao ENGENHO DE DENTRO, passando por Pilares. Ver ALEMÃO, Complexo do; BLOCOS CARNAVALESCOS; BOÊMIOS DE INHAÚMA; CAFEICULTURA; CAMINHO DAS MINAS; CANCIONEIRO DOS SUBÚRBIOS; CEMITÉRIO ISRAELITA DE INHAÚMA; CEMITÉRIOS; CHORO; CHURRASQUINHO DE RUA; COBERTURA VEGETAL NATURAL; CONJUNTO DOS MÚSICOS; DISTRITOS MUNICIPAIS; ENCANTADO; ENGENHO DE DENTRO; ENTERROS A PÉ; ESCOLAS DE SAMBA; FAVELAS; FAZENDA DAS PALMEIRAS; FREGUESIAS DO RIO ANTIGO; GAFIEIRAS; GOVERNANTES DA CIDADE; HIGIENÓPOLIS; IGREJAS CATÓLICAS CENTENÁRIAS; INDÍGENAS, Povos; MARIA DA GRAÇA; MATO ALTO; MOCIDADE INDEPENDENTE DE INHAÚMA; NEGROS, Presença histórica; OLARIA; ÔNIBUS; PEREIRA PASSOS, Obras de; PIEDADE; QUINTINO BOCAIÚVA; RÁDIO METROPOLITANA; SÃO TIAGO MAIOR, Igreja de; VENDA GRANDE [2].

INHOAÍBA. Bairro na jurisdição da 18ª Região Administrativa (CAMPO GRANDE), localizado entre Campo Grande e COSMOS, em território limítrofe, no passado, entre as freguesias de Campo Grande e SANTACRUZ. Sua história mais antiga remonta às terras cuja posse pertencia, em 1777, a Bento Barbosa de Sá, aforadas em 1855 a Bento José Gonçalves Teixeira, fazendeiro dedicado ao plantio de açúcar e café e ao fabrico de aguardente. Os limites dessas terras eram as propriedades de Dona Tereza de Jesus Coelho e dos padres carmelitas, estas aforadas a Joaquina Rosa de Oliveira e seus herdeiros. Em 1828, José da Fonseca Rangel constava como titular de posses na localidade, sendo que grandes e importantes proprietários locais eram membros da Família BARATA, cujo nome figura na HISTÓRIA FUNDIÁRIA de várias regiões da atual ZONA OESTE carioca. Atravessada pela ESTRADA REAL DE SANTA CRUZ, de cujo traçado faz parte a atual avenida CESÁRIO DE MELO, a localidade abrigava a Fazenda de Inhoaíba, e a Fazenda Campinho, dedicada ao café e à CITRICULTURA. No século XX, com a implantação do ramal ferroviário de Mangaratiba, atual ramal de Santa Cruz da ESTRADA DE FERRO CENTRAL DO BRASIL, foi inaugurada, em 1912, a estação Engenheiro Trindade, depois chamada "Inhoaíba". Tempos depois, com o primeiro loteamento, nascia, na antiga Fazenda Campinho, a Vila Palmares. A efetiva urbanização de Inhoaíba intensifica-se a partir dos anos 1970, quando surgem os loteamentos Vilar Carioca e Vilar Guanabara. Antes disso, uma grande área foi adquirida pelo Instituto Metodista Ana Gonzaga, a qual, na década de 1990, veio a tornar-se a comunidade conheida como "Bairro Nova Cidade". Finalmente, veja-se, sobre o nome "inhoaíba", que ele se origina, segundo Sampaio (1987), no tupi, da expressão *"nhu-ayba"*, significando "o campo ruim". J. Romão da Silva (1966) adjetiva ainda mais esse campo, traduzindo o elemento *nhu*, como "campo alto", o que de pronto nos remete ao verbete sobre a Serra de INHOAÍBA, provavelmente o acidente geográfico que deu nome ao bairro. Ver BACIA HIDROGRÁFICA; BARBANTE, Favela do; BLOCOS CARNAVALESCOS; CAMPO GRANDE; COSMOS; FAVELAS; FESTA DO PRETO VELHO; INDÍGENAS, Povos; INHOAÍBA, Serra de; INSTITUTO METODISTA ANA GONZAGA; ÔNIBUS; PAIZINHO PRETO; PRETO VELHO, Avenida do; RELEVO; SÃO SEBASTIÃO.

INHOAÍBA, Serra de. Denominação da vertente nordeste da Serra do CANTAGALO.

INSTITUTO DE EDUCAÇÃO SARAH KUBITSCHEK (IESK). Uma das poucas escolas públicas a oferecer o curso médio de formação de professores na hinterlândia carioca, foi inaugurada em 1959, com o nome de Escola Normal de Campo Grande, e era tida, na época, como uma das maiores da América do Sul. Além de seu próprio curso de formação de professores em nível médio, suas instalações, situadas na avenida Manoel Caldeira de Alvarenga, nº 1203, em CAMPO GRANDE, abrigam, hoje, um colégio estadual de ensino fundamental, disponível para estágios de alunos de cursos de formação de professores; o Centro Universitário Estadual da Zona Oeste (UEZO); e o Instituto Superior de Educação da Zona Oeste, vinculado à FAETEC, que oferece cursos de formação de professores em nível superior. Sendo um dos três polos regionais, no município do Rio, do Consórcio Cederj (reunião de seis universidades públicas que operam no estado), e único na região abordada nesta obra, o ISE Zona Oeste sedia o pré-vestibular social, diversos cursos superiores a distância e cursos de pós-graduação e educação continuada para professores da rede pública, oferecidos por essa instituição. Ver ESCOLAS NORMAIS; FAETEC; MIÉCIMO DA SILVA; UEZO.

INSTITUTO METODISTA ANA GONZAGA. Instituição educacional e assistencial em INHOAÍBA, mantida pela Igreja Metodista. O referencial de sua presença na localidade é o Orfanato que integra o conjunto, situado em uma fazenda de 300 hectares, onde, em 1999, foi implantado o Centro Ecológico Metodista Ana Gonzaga, que tem por objetivo a conservação do meio-ambiente, a capacitação e a criação de alternativas de saúde e nutrição em benefício da comunidade. O nome do instituto e do centro ecologico homenageia Ana da Conceição Gonzaga (1897 – 1976), antiga proprietária e doadora das terras onde se erguem a igreja e todo o complexo nascido ao seu redor.

INSTITUTOS DE APOSENTADORIA E PENSÃO (IAP's). Ver IAPI.

INTENDENTE MAGALHÃES, Estrada. Via ligando MADUREIRA, com início do Largo de CAMPINHO, a VILA VALQUEIRE. Era parte do trecho da ESTRADA REAL DE SANTA CRUZ que passava pela antiga propriedade de Carlos José de Azevedo Magalhães, conhecido como Intendente Magalhães, depois retificada, no governo de Washington Luís, como parte da Estrada Rio-São Paulo. Mais tarde, da Base Aérea até REALENGO, recebeu o nome "Marechal Fontenelle", que homenageia o marechal do ar Dyott Fontenelle, um dos pioneiros da aviação militar no Brasil. Ver CAMPINHO, Fazenda do.

INTERNET. Nome dado ao sistema de comunicação que interliga redes de computadores do mundo inteiro. Com uma grande e crescente variedade de usos, para estudo, lazer, trabalho e acesso a serviços, a Internet é uma realidade presente no dia a dia da hinterlândia carioca. De início, a única tecnologia disponível era a conexão via telefone fixo, de baixa ou alta velocidade (esta, a chamada "banda larga"). Com os telefones da antiga TELERJ muito caros e raros, a proporção de residências no município com possibilidade de acesso à Internet era muito baixa; e esses usuários muitas vezes não tinham (e não têm) condições de pagar os preços da banda larga por essa via. O início do século XXI foi o período áureo das *lan-houses*, estabelecimentos comerciais para uso da Internet nesses moldes. Com o desenvolvimento de novas tecnologias, outras alternativas surgiram, como a conexão através dos serviços de TV a cabo, de telefones celulares e de acesso sem fio (a chamada *Wi-Fi*), o que tem contribuído para um aumento sensível no uso da Internet na cidade. Entretanto, no fim da primeira década do século XXI, os habitantes da maioria das localidades focalizadas neste Dicionário ainda têm dificuldade para usar a Internet, pois várias dessas alternativas não chegam a seus locais de moradia, ou chegam a preços altos e com má qualidade. Essa situação deu causa ao surgimento de pequenas empresas provedoras de acesso *Wi-Fi*, que redistribuem uma conexão a cabo, compartilhada, a preço mais baixo, por um grupo de usuários; e também favoreceu a criação, em muitas localidades, da chamada GATO-VELOX. Outras alternativas que vêm sendo testadas incluem a oferta de conexão sem fio gratuita, em locais como shopping centers e instituições de ensino, para portadores de computadores portáteis; a implantação de projetos de INCLUSÃO DIGITAL; e a criação de redes públicas de acesso gratuito em banda larga sem fio. Nesta linha, SANTA CRUZ foi o primeiro bairro da cidade a ter instalada, no fim de 2010, a infraestrutura do projeto "Ilumina Rio", da Prefeitura da cidade, em parceria com a Universidade Federal do Rio de Janeiro, UFJR.

INVERNADA. Forma reduzida para INVERNADA DE OLARIA.

INVERNADA DE OLARIA. Denominação popular de uma localidade em OLARIA, a partir de uma dependência da Polícia Militar, tristemente celebrizada como lugar de tortura de presos, nas décadas de 1960 e 1970, em geral conduzidas por agentes da policia civil. Ironicamente, o nome "invernada" designa, em português, o lugar onde se engorda o gado. E a dependência policial foi erguida em antigas terras da FAZENDA GRANDE DA PENHA, onde, no final do século XIX, o proprietário Custódio Nunes mantinha o amplo pasto de engorda de seu gado. Ver MATADOURO DA PENHA.

IPOJUCAN Lins de Araújo (1926 – 1978). Jogador de futebol alagoano, criado em PIEDADE. Destacou-se, por volta dos onze anos de idade, como jogador no RÍVER F.C., de onde saiu para integrar a equipe infantil do C.R. Vasco da Gama. Com 1,90 m de altura, bastante alto para os padrões de sua época, além de ser bom driblador, tinha como maior qualidade a precisão nos lançamentos. Jogando como armador, atuou no Vasco de 1946 a 1947, marcando 225 gols em 413 partidas, sagrando-se várias vezes campeão carioca e uma vez campeão sulamericano.

IRAJÁ. Bairro sede da 14ª Região Administrativa. Sua denominação remete à freguesia de mesmo nome, a mais importante dentre as freguesias rurais do Rio antigo, criada em 1644; e tem origem ameríndia, segundo Teodoro Sampaio (1987, p. 283), no tupi *ira-yá*, o lugar do mel, a meleira – certamente, por ser o lugar por excelência das culturas apícolas indígenas. Primeiros tempos: Possivelmente conhecidas, então, como o local por excelência das grandes colmeias dos índios, as terras que viriam a constituir o que é hoje Irajá e seus arredores ficavam além dos alagadiços que circundavam a cidade e além também das terras dos jesuítas, imensamente vastas. Esses campos, muito férteis, tinham fartura de água, o que era propício à instalação de currais de gado e roças de mantimentos. Segundo Vieira Fazenda (1920), já em 1568, o governador SALVADOR CORREIA DE SÁ E BENEVIDES concedia a Antônio de França 1.500 braças de terras em Irajá. Na década seguinte, entre 1571 e 1575, o governador da província do Rio de Janeiro, Cristóvão de Barros, realizava as primeiras concessões de sesmarias às margens da Baía de Guanabara, na atual região que vai da PENHA ao município fluminense de Duque de Caxias (outrora Suruí). Entretanto, só mais de meio século depois, foi que se começaram a povoar os campos onde se ergueria a sede da freguesia de Irajá. Século XVII: Em 1620, Antonio Gomes do Desterro (assim chamado por ter construído a ermida de Nossa Senhora do Desterro, na atual Santa Teresa) possuía engenho de açúcar, curral de gado e escravos nos campos de Irajá, bens que deixou como legado à Mitra e à Ordem de Nossa Senhora do Carmo. Por volta de 1635, quando começam a se povoar os campos de Irajá, situados além da sesmaria dos jesuítas, destacou-se como proprietário Baltasar de Abreu Cardoso, possuidor das terras nas quais se erguia o alto e íngreme penhasco que até hoje marca a localidade da PENHA. Outros pioneiros da região foram: Bartolomeu e Francisco CORDOVIL, provedores da Fazenda Real, (espécies de fiscais de rendas); Frei Tomás da Madre de Deus Botafogo, cuja Fazenda Botafogo depois passou para a família COSTA BARROS Saião. Também nessas terras, um dos mais conhecidos sesmeiros foi o fidalgo BRÁS DE PINA, que se dedicava, entre outras atividades, à pesca da baleia na baía. Das terras de Brás de Pina, partia rumo ao mar a Estrada do Quitungo e também a Estrada do Porto de Irajá, que terminava no casarão de José Felipe Gama, que tinha porto, ARMAZÉM e trapiches importantes e uma pedreira, próximos à junção das estradas de Brás de Pina e da Água Grande. Entretanto, era pelo mar que os primitivos moradores de Irajá mais se comunicavam com a cidade, uns levando seus produtos às praias mais próximas do recôncavo; outros indo, para isso, à PAVUNA, onde chegavam embarcações de pequena tonelagem. Engenhos de fabricar açúcar e aguardente, criação de gado e lavouras diversas, além de olarias e caieiras (fornos para fabricação de cal), eram as atividades desses pioneiros. Por essa época, como salientado em Vianna (19--), "freguesias e paróquias eram fundadas para facilitar a administração de um território onde o poder público entendia ter ocorrido crescimento populacional. E a condição de CURATO era precedente necessário para elevar uma região a freguesia." À volta de 1635, as necessidades religiosas dos povoadores de Irajá eram satisfeitas pela capela de Santo Antônio de Lisboa, no ENGENHO DA PEDRA, dentro dos limites do atual bairro de OLARIA. Entretanto, em dezembro de 1644, com a construção da igreja de Nossa Senhora da Apresentação, pelo padre Gaspar da Costa, Irajá ganhava o *status* de freguesia, confirmado em 1647. Na freguesia, a primeira fora da acanhada área urbana dos primórdios da cidade, as terras, até a primeira metade do século XVIII, mudaram várias vezes de donos, ou por meio de concessões reais ou por desmembramento em glebas menores. Por esse tempo, a produção das lavouras, principalmente de cana-de-açúcar, situadas no fundo do sertão carioca, tinha que percorrer um longo caminho fluvial para, através dos RIOS São João de Meriti e Pavuna, chegar aos respectivos portos, com larga desvantagem em relação às localidades mais próximas da baía de Guanabara. Além disso, por essa época era em Irajá que se cevava o gado de corte destinado ao consumo de toda a cidade. Diante dessas circunstâncias, caminhos foram sendo abertos por tropeiros e boiadeiros, para a passagem de burros de carga e boiadas, indo ou vindo dos engenhos e fazendas, onde também se cultivavam mandioca, feijão e milho. Essa maior circulação permitiu também o surgimento das primeiras indústrias, representadas por pequenas oficinas de ferreiro e também por olarias, que aproveitavam a abundân-

cia do barro nas terras locais. Na segunda metade do século XVII, a recém-criada Freguesia de Irajá abrangia, inicialmente, as terras das futuras freguesias de INHAÚMA, CAMPO GRANDE, JACAREPAGUÁ e GUARATIBA, depois tornadas autônomas. Por esse tempo, fato importante foi o confisco, pela Inquisição, das terras cultivadas por proprietários tidos como cristãos-novos. Outro mais, em 1649, foi a transferência, de Irajá para o Campo da Cidade (perímetro constituído pelas atuais ruas Uruguaiana, do Acre, Riachuelo e Praça da República), da atividade de abate de todo gado destinado ao consumo da população carioca. A velha freguesia ia, então, perdendo importância. Mesmo assim, no final do século, dividida a capitania do Rio de Janeiro em vinte distritos – alguns deles, como Maricá, Iguaçu, Guapimirim e Macacu, tornando-se sedes de futuros municípios –, Irajá era um deles. No início do século seguinte, o padre João Machado substituiu a primitiva igreja de Nossa Senhora da Apresentação por outra, que passou a ser a igreja matriz de toda a ZONA RURAL carioca, até a Ilha do Governador. Nesse período, um dos padres foi o cônego Luiz Borges, nascido no Rio mas doutor pela Universidade de Coimbra, nomeado vigário geral e tesoureiro-mor da Sé. Outro padre irajaense, também mais tarde nomeado vigário geral, foi Félix Albuquerque, conhecido como MONSENHOR FÉLIX, nome, hoje, da principal via irajaense. Chega-se, então, ao século XVIII, quando INHAÚMA, como já havia acontecido com JACAREPAGUÁ, CAMPO GRANDE e GUARATIBA, ganha também status de freguesia e é desmembrada de Irajá. Século XVIII: Em 1763, com a descoberta do ouro e a criação da capitania das Minas Gerais, a capital do Vice-Reino do Brasil é transferida de Salvador, Bahia, para o Rio de Janeiro. Melhoraram-se então os caminhos para a região das Minas, que passavam pelas terras da antiga freguesia de

Irajá. Um desses caminhos, o "Caminho do Couto" cortava a freguesia do Pilar (atual cidade de Duque de Caxias), atravessando o rio Iguaçu; o outro, o "Caminho Novo", passava pela freguesia de Iguaçu, região do atual município de Nova Iguaçu. Em 1777, segundo Vieira Fazenda (1920, p. 199), a freguesia de Irajá abrigava, entre outros estabelecimentos coloniais, os engenhos dos Afonsos, Botafogo, Nazaré, Novo, do Portela, do Provedor e SAPOPEMBA, todos em grande atividade agrícola. Século XIX: Em 1834, com o Ato Adicional de 12 de agosto, a Corte (a Capital) passou a denominar-se MUNICÍPIO NEUTRO. Aí, seus limites foram mais ou menos fixados como os atuais e a cidade tomou o rumo de seu desenvolvimento. As fazendas foram-se transformando em roças; as roças, em sítios ou chácaras; e estes, em lotes residenciais. Tudo isso a partir do melhoramento das estradas que demandavam Minas Gerais, São Paulo, Petrópolis e outras localidades da província do Rio de Janeiro. "À medida que a cidade se expandia, muitos senhores de escravos mudavam-se para os subúrbios, onde construíam grande mansões e agradáveis casas de campo." Assim se refere Mary C. Karasch (2000) à presença de negros escravos no Rio entre 1808 e 1850. E, embora essa menção se refira especificamente aos antigos subúrbios da orla marítima, da Glória à Lagoa, talvez possamos estender a informação também à região de Irajá. Por esse tempo, chegava a Irajá o padre RICARDO SILVA, misto de religioso e político, que deu grande incremento à freguesia. Também por essa época, a história local registra a presença do fazendeiro Vicente de Carvalho, da Viúva CAROLINA MACHADO e da família de João Antônio de Vasconcelos Rangel, o MARECHAL RANGEL, personagens importantes na região. Por essa época, segundo documento de 1867, a freguesia dividia-se em dois distritos, cada um compreendendo as seguintes localidades:

1º distrito – lado direito: arraial da Matriz, Porto Velho, Penha, VICENTE DE CARVALHO, Areal e Pavuna; – lado esquerdo: FONTINHA, Macacos de Souza, CAMPINHO e MADUREIRA; 2º distrito: Botafogo, Nazaré, Afonsos, Engenho Novo, Sapopemba, Macacos de Castilhos, Catone e VALQUEIRE (FAZENDA, 1920, p. 204). Nessa enunciação, algumas localidades são reconhecíveis nos dias atuais. É o caso, por exemplo, de Botafogo (no atual ACARI), Nazaré (no atual ANCHIETA) etc. Entretanto, as localidades mencionadas como "Macacos de Souza" e "Macacos de Castilhos" representam ainda uma incógnita, no momento deste texto. Vejamos agora que, implantada em 1878 a Estrada de Ferro Rio D'Ouro, cinco anos depois começam a correr, em caráter provisório, seus primeiros trens de passageiros, do Caju à represa do rio D'Ouro, em Tinguá, Nova Iguaçu, passando por Irajá. No contexto desse surto de progresso, após a abolição e a proclamação da República, o Rio de Janeiro foi objeto da execução deliberada de um plano de modernização, o qual forçou o deslocamento da população mais pobre, do centro da cidade, para as localidades de acesso mais difícil e mais afastadas. Vejamos que, entre 1870 e 1890, o processo de loteamento de grandes glebas na cidade fez com que o subúrbio de Irajá, seguido de Campo Grande, concentrasse a maior área de terras loteadas. A partir de 1897, teve início uma obra decisiva para a transformação da região de Irajá: a abertura das estradas do QUITUNGO e Monsenhor Félix; e foi nessa época que a Igreja de Nossa Senhora da Apresentação de Irajá doou ao Município uma área de três milhões de metros quadrados para a instalação do cemitério local. Até então, a população da antiga freguesia era constituída principalmente por ex-escravos e descendentes, migrados da região do Vale do Paraíba, do interior de Minas Gerais e do próprio Rio de Janeiro, por força da decadência que recaíra sobre esses locais, no contexto do fim do escravismo. Girando em torno das festas da Igreja e da cultura desses migrantes, com alguma influência da presença portuguesa, a vida da freguesia tinha fortes componentes rurais. Século XX: As transformações da região ficam ainda mais evidentes, no novo século, com a formação de núcleos populacionais ao longo da AVENIDA AUTOMÓVEL CLUBE e das estradas Monsenhor Félix e do Barro Vermelho, que faz a ligação com a antiga região do Sapê, a atual ROCHA MIRANDA. Chegado o século XX, a freguesia e distrito de Irajá compreendia os atuais bairros de Irajá, Acari, Anchieta, Barros Filho, Bento Ribeiro, Brás de Pina, PENHA CIRCULAR, Coelho Neto, Colégio, Cordovil, Costa Barros, GUADALUPE, HONÓRIO GURGEL, JARDIM AMÉRICA, LUCAS, Madureira (parte), Campinho, OSWALDO CRUZ, Bento Ribeiro, MARECHAL HERMES, DEODORO, Pavuna, RICARDO DE ALBUQUERQUE, Rocha Miranda, TURIAÇU, VAZ LOBO, Vicente de Carvalho, VIGÁRIO GERAL, VILA COSMOS, VILA DA PENHA e VISTA ALEGRE. A primeira linha de BONDES, ainda de tração animal, ligando Madureira a Irajá, é inaugurada em 1911. A eletrificação só vem em 1928; e os bondes circulam até 1965. Por essa época, surgem, em Irajá, loteamentos como o da estrada do Pau-Ferro (atual rua Honório de Almeida), a VILA MIMOSA (região das ruas Barroso Pereira e Major Medeiros), a VILA SOUZA (região das ruas Ferreira Cantão e Luiz Barroso) e a VILA RANGEL (ao longo da Estrada Coronel Vieira). Data também, provavelmente, dessa época, a CAPELINHA DE SÃO SEBASTIÃO, na rua Severiano Monteiro, próximo à atual AVENIDA BRÁS DE PINA, na localidade, que, compreendendo parte da rua Olímpio da Mota, ficou conhecida como BECO DA CORUJA. Entre 1922 e 1924, a freguesia de Irajá tinha cerca de 100 mil habitantes. Essa população ocupava uma planície de cerca de 169 km^2, apenas acidentada por MORROS isolados, cuja altitude variava entre 33 e 111 metros. Essas terras (indo, mais ou menos, em referências de 2009, de Madureira a Pavuna, e da Penha a Deodoro) eram fertilizadas por rios que deságuam na baía de Guanabara, como o Meriti, o Pavuna, o Irajá e o Sarapuí. Como atividades econômicas, por essa época, a freguesia se beneficiava de comércio miúdo, fixo e ambulante; olarias, caieiras (fornos para fabricação de cal), pequenas indústrias e alguns pastos. Com a instalação, em DEL CASTILHO, da fábrica NOVA AMÉRICA; a abertura da AVENIDA AUTOMÓVEL CLUBE; a eletrificação da linha de bondes Madureira-Irajá, e a inauguração da estrada Rio-Petrópolis, a população da região vai crescendo. Então, a partir de 1930, com a expansão do parque industrial carioca e a localização das indústrias na zona suburbana, começam também a proliferar as favelas, próximo às fontes de emprego. Quanto ao comércio, face à ausência de matas densas na região, as vendas (armazéns) de Irajá, ainda na década de 1930, eram abastecidas por muitos produtos manufaturados a partir de matérias primas abundantes nas florestas de Jacarepaguá, e vindos de lá em lombo de burro, como esteiras, cabos de ferramentas etc. Com a década de 1940 dá-se a abertura da AVENIDA BRASIL e sua extensão como AVENIDA DAS BANDEIRAS e a VIA DUTRA. E já no início da década de 1960, a aquisição, pela empresa estatal Companhia Progresso do Estado da Guanabara (COPEG), de áreas ao longo do trecho inicial dessa rodovia, para venda a empresas privadas. Assim foi que Irajá se tornou um importante centro residencial e industrial. Diversos conjuntos residenciais foram implantados no bairro, bem como um grande número de indústrias. Mais tarde, Irajá voltou, inclusive, a ser o celeiro do Rio de Janeiro, não como centro produtor mas, sim, distribuidor, com a instalação da CEASA – Centrais de Abastecimento do Rio de Janeiro. Tempos atuais: Instituído como sede da 14ª Região Administrativa, na década de 1960, Irajá começou a ganhar os contornos que ostenta no final da primeira década do século XXI, os quais vêm sendo, evidentemente, modificados ao longo dos anos, como mostra o crescimento de localidades como VISTA ALEGRE, VILA DA PENHA e o moderno BAIRRO ARAÚJO, nas proximidades da Estrada da Água Grande. Ver ACADEMIA IRAJAENSE DE LETRAS E ARTES; AMARELINHO; BELANDI, Oscar; BOÊMIOS DE IRAJÁ; CAMPOS DE PELADA; CAPELINHA DE SÃO SEBASTIÃO; CEMITÉRIOS; CHURRASCO DE ESQUINA; CONFRARIA DO VENTO; DANCING VITÓRIA; FAVELAS; DEPARTAMENTO AUTÔNOMO; GRANDE IRAJÁ; GRETA GARBO, QUEM DIRIA, ACABOU NO IRAJÁ; IAPC DE IRAJÁ; IRAJÁ, Freguesia de; IRMÃOS UNIDOS DE IRAJÁ; IVAN DE ALMEIDA; JABURU; KÁTIA FLÁVIA, A GODIVA...; MADUREIRA; MANECO; REGIÕES ADMINISTRATIVAS; RIO D'OURO, Estrada de Ferro; SUBPREFEITURAS; UNIDOS DE IRAJÁ.

IRAJÁ, Freguesia de. Nome abreviado da Freguesia de Nossa Senhora da Apresentação de Irajá, primeiro agrupamento paroquiano fora da área urbana da cidade do Rio de Janeiro, criado em 1644, com a construção da igreja que lá permanece até a atualidade, e confirmado em 1647. Até 1661, com a criação de freguesia de JACAREPAGUÁ, toda a hinterlândia carioca, inclusive CAMPO GRANDE, SANTA CRUZ e GUARATIBA era subordinada a essa Freguesia. E no século XVIII, após a independência de INHAÚMA, seu território abrangia, principalmente, os atuais bairros de IRAJÁ, VISTA ALEGRE, CORDOVIL, LUCAS, VIGÁRIO GERAL, JARDIM AMÉRICA, BRÁS DE PINA, PENHA, PENHA CIRCULAR, VILA DA PENHA, VICENTE DE CARVALHO, COLÉGIO, COELHO NETO, ACARI, PAVUNA, VAZ LOBO, MADUREIRA, OSWALDO CRUZ, BENTO RIBEIRO, MARECHAL HERMES, CAMPINHO, DEODORO, RICARDO DE ALBUQUERQUE e ANCHIETA. Ver FREGUESIAS DO RIO ANTIGO.

IRAJÁ ATLÉTICO CLUBE. Agremiação social e esportiva fundada em IRAJÁ em junho de 1912. Depois de ter sede em diversos lugares nas proximidades da antiga estação, no início da década de 1950 estabeleceu-se em sua sede própria, na avenida MONSENHOR FÉLIX. Dedicando-se inicialmente à prática do FUTEBOL AMADOR, inclusive participando de campeonatos do DEPARTAMENTO AUTÔNOMO, mais tarde o clube privilegiou outras práticas desportivas e as programações sociais e artísticas. Em novembro de 2009, o Irajá sediava o "Encontro de Ogãs em Ação", reunindo músicos rituais e fiéis da UMBANDA e do CANDOMBLÉ.

IRAJÁ, Rio. Tem sua nascente na Serra do Juramento, em VICENTE DE CARVALHO, e corta os bairros de VILA DA PENHA, BRÁS DE PINA e CORDOVIL, desaguando na Baía de Guanabara, entre este bairro e a PENHA CIRCULAR. Ver BACIA HIDROGRÁFICA.

IRMÃOS GOULART F.C. Clube de FUTEBOL AMADOR dos funcionários do MATADOURO DA PENHA. Sua origem foi a empresa Irmãos Goulart S/A, criada em 1916 pelo comerciante Quincas Leandro e seu sócio, conhecido como Capitão Goulart. O campo era localizado na rua BARIRI, em OLARIA, mais tarde celebrizada pelo OLARIA ATLÉTICO CLUBE.

IRMÃOS UNIDOS DE IRAJÁ. Pequena escola de samba na rua Irineu Correia, na localidade então conhecida como BECO DA CORUJA, popularmente conhecida como "escola de samba da Gabriela". Surgida nos anos de 1940, era ativa na década de 1950. Típica escola de samba dos primeiros tempos, tinha uma "dona", a sambista Gabriela, e as atividades giravam em torno de sua casa e de sua família. Na década de 2000, uma das componentes, a Sra. Maria José dos Santos Carvalho, assim narrava, em depoimento gravado, sua história: "Eu comecei a sair no SAMBA com treze anos. Nos Irmãos Unidos do IRAJÁ, da minha tia Gabriela. O samba era lá, debaixo da jaqueira, no quintal. Terreiro de chão mesmo, chão de terra. Não tinha nem luz na rua. Eles faziam gambiarra com bambu. Pegavam aqueles bambus compridos, furavam os gomos, botavam querosene e iluminavam o terreiro, com os bambus em volta. No começo era um bloco. Mas em 48 já era escola de samba: Unidos do Irajá. Desfilava na cidade. Tudo registrado direitinho na Federação." Morador de Irajá, o autor da presente obra tem registrado em sua memória um samba dessa escola, provavelmente de 1949, cuja letra diz o seguinte: "Nós viemos da Coruja/ viemos apresentar/a nossa gloriosa escola de samba/nós somos Irmãos Unidos do Irajá". Ver UNIDOS DE IRAJÁ.

ISABEL FILLARDIS. Atriz carioca nascida em 1973 em BONSUCESSO. Com carreira iniciada na TELEVISÃO em 1993, tornou-se rapidamente um positivo símbolo da beleza e do talento afro-brasileiros. Na década de 2000, após o nascimento de um filho portador de enfermidade congênita, dedicou-se ardorosamente a causas humanitárias, fundando inclusive uma ONG.

ISABEL MENDES, Escola Municipal. Ver MILLOR FERNANDES.

ITÁ, Canal do. Curso de água em SANTA CRUZ, antigo receptor do sangue dos animais abatidos no MATADOURO, lançando-os na Baía de SEPETIBA. Ver VALA DO SANGUE.

ÍTALO DEL CIMA, Estádio. Ver CAMPO GRANDE ATLÉTICO CLUBE.

IVAN DE ALMEIDA. Ator carioca, nascido em 1938. Com longa carreira no teatro e no cinema, atuou, na TV, em novelas como *Irmãos Coragem*, *Os Ossos do Barão*, *Pantanal*, *Dona Beja*, *Carmen*, *Fascinação* e nos humorísticos *Chico Anysio Show* e *Os Trapalhões*. Em 2003 fez sucesso com o personagem "Nego Preto" do filme *Carandiru*. Em 2007, atuou na novela *Duas Caras*, da TV Globo. Formado em Comunicação Social pela PUC, é também atuante na área política. Morador de IRAJÁ, sempre participou ativamente da vida do bairro, inclusive em termos políticos.

IVONE LARA, Dona. Compositora e cantora carioca nascida em 1922. Sambista ligada ao IMPÉRIO SERRANO, escola na qual integrou a ala das baianas, para ela compôs, em parceria com SILAS DE OLIVEIRA, Mano Décio e Bacalhau, o SAMBA-enredo de 1965, *Cinco bailes da história do Rio*. Tornou-se mais conhecida a partir de 1974, com a gravação de um de seus sambas pela cantora Cristina Buarque. Em parceria com Délcio Carvalho, tem sambas de sucesso como *Sonho meu*, gravado por Maria Betânia; *Alvorecer*, por Clara Nunes; *Acreditar*, por Roberto Ribeiro etc. É, no momento deste texto, a grande dama do samba, sendo, por isso, referida como "Dona" Ivone Lara, a exemplo do que fora a cantora "Ma" Rainey, no ambiente do jazz afro-americano. Antiga moradora do CONJUNTO DOS MÚSICOS, mais tarde transferiu-se para OSWALDO CRUZ.

J

J. CASCATA (1912 – 1961). Pseudônimo de Álvaro Nunes, compositor carioca, autor, quase sempre em parceria com Leonel Azevedo, de vasto repertório que inclui o SAMBA sincopado *Minha palhoça*, o samba-canção *Juramento falso* e a valsa *Lábios que beijei*, entre muitas outras obras. Nascido em Vila Isabel, aos sete anos mudou-se com a família para a ABOLIÇÃO, vivendo na região boa parte de sua vida.

J. FERREIRA TORRES (1874 – 1932). Assinatura artística de José Ferreira Torres, pianista e compositor carioca. Autor de peças famosas, como a modinha *O Juramento*, popularizada com letra de CATULO DA PAIXÃO CEARENSE, é descrito por contemporâneos como preto e funcionário da Prefeitura do Distrito Federal. Faleceu em sua residência, à rua Doutor Leal, no ENGENHO DE DENTRO.

JABOUR, Bairro. Ver BAIRRO JABOUR.

JABURU. Apelido de Jorge de Souza Matos, jogador de futebol, morador na região de IRAJÁ, nas proximidades da confluência das estradas da Água Grande e Brás de Pina, hoje VISTA ALEGRE. Do Estrela do Oriente F.C. (O "Vinte e Oito") local, iniciou carreira profissional no OLARIA ATLÉTICO CLUBE. Transferindo-se depois para o Fluminense F.C., de lá alçou carreira internacional, no Lusitano F.C. do Porto, onde chegou com o legendário técnico Yustrich em 1955. Centroavante, ganhou em Portugal o cognome "Flecha Negra". Estreando em setembro de 1955 num jogo contra o Belenenses, foi campeão em 1956 e permaneceu no Porto até 1958, com a marca de 40 gols. Depois, jogou durante um curto período no Celta de Vigo, na região espanhola da Galícia. Voltando ao Brasil, entrou em vertiginosa decadência, vivendo como mendigo nas ruas de Irajá. É focalizado no livro *Glória e vida de três gigantes* (SIMÕES, 1995). Por volta da década de 1960, um seu irmão mais novo, Henrique, conhecido pelo mesmo apelido "Jaburu", também atuou no Olaria e no Fluminense.

JACARÉ. Bairro pertencente à 13ª Região Administrativa (MÉIER). Localizado na antiga Freguesia do ENGENHO NOVO, em terras outrora pertencentes ao ENGENHO NOVO DOS JESUÍTAS. Após a expulsão do Brasil, em 1760, desses religiosos, essas terras foram desmembradas e posteriormente loteadas. A partir da inauguração da estação ferroviária do Engenho Novo, em 1858, a região ganhou grande incremento. Na década de 1870, grandes proprietários locais, como Paim Pamplona e Adriano Müller, já tinham aberto em suas terras as primeiras ruas do bairro, que receberam seus nomes, de parentes ou de suas devoções, como a rua Imaculada Conceição, depois rua CADETE POLÔNIA. Em 1917, instala-se na região a Cisper, indústria de vidros, à qual vem se somar, em 1921, a companhia General Electric, e, três anos depois, a Marvin, formando um conjunto que animaria a criação, em 1960, do Complexo Industrial do Jacaré, numa iniciativa que levou à implantação, no bairro, entre o rio Jacaré, as ruas Viúva Cláudio e Bráulio Cordeiro, de diversos estabelecimentos fabris de porte médio. O Complexo ocupava cerca de 15 ruas, com indústrias de calçados e bolsas, farmacêuticas, de vidros, roupas, metalúrgicas, de café, entre outras. Data também dessa época a abertura da passagem por baixo dos trilhos da LINHA AUXILIAR, para ligar o bairro à antiga avenida SUBURBANA, obra essa que acabou conhecida pelo irônica denominação de "Buraco do Lacerda", em alusão ao então governador do ESTADO DA GUANABARA. Entretanto, com a crise econômica das últimas décadas do século XX, a maioria das indústrias do Complexo do Jacaré faliu ou diminuiu de porte, o que deixou, no local, inúmeros galpões e prédios fechados ou abandonados, cercados ou invadidos por comunidades carentes. Outro importante evento foi, em 1992, o desmembramento da área do JACAREZINHO, então transformado em uma Região Administrativa autônoma, a 28ª R.A., que abrange o bairro de Jacarezinho. O nome do bairro se origina na denominação do rio que corre por boa parte da localidade. Ver BACIA HIDROGRÁFICA; CAMPOS DE PELADA; FAVELAS; INDÚSTRIAS PIONEIRAS; ROÇA DOS PRETOS; UNIDOS DO JACAREZINHO.

JACARÉ, Rio. Ver BACIA HIDROGRÁFICA.

JACAREPAGUÁ [1]. Bairro sede da 16ª Região Administrativa. Seu grande território descreve um semicírculo, contornando ao sul todos os demais bairros da R.A. e limitando com as regiões de REALENGO, GUARATIBA, Barra da Tijuca, Tijuca e MÉIER. Até a década de 1990, a denominação abrangia os sub-bairros ANIL, CIDADE DE DEUS, CURICICA, FREGUESIA, GARDÊNIA AZUL, PECHINCHA, PRAÇA SECA, TANQUE, TAQUARA E VALQUEIRE, todos desmembrados para constituírem bairros autônomos. Hoje, o bairro abrange partes dos maciços da Pedra Branca e da Tijuca, Rio das Pedras, arredores do Autódromo e do Riocentro, o PROJAC, e os vales do PAU DA FOME, do Rio Pequeno, dos Três Rios e do Quitite, entre outros. Etimologia. O nome "Jacarepaguá" tem origem, segundo Teodoro Sampaio (1987), no tupi *yacaré-ypá-guá*, "a baixa da lagoa dos jacarés", em alusão à Lagoa de Jacarepaguá, hoje em território da Barra da Tijuca. A história da região outrora mencionada como "Várzea de Jacarepaguá", que se estendia, em referências contemporâneas, da Lagoa da Tijuca até o atual bairro de DEODORO, e, no litoral, da atual Barra da Tijuca até Grumari, liga-se direta e inapelavelmente à família do fundador da cidade, Estácio de Sá, numa cadeia sucessória que vai até os séculos seguintes. Século XVI. No final do século XVI, Gonçalo e MARTIM CORREIA DE SÁ, filhos do governador SALVADOR CORREIA DE SÁ E BENEVIDES, o velho, recebem do pai as sesmarias que então constituíam a totalidade das terras da BAIXADA DE JACAREPAGUÁ. A Martim coube a vasta região a leste da Lagoa de Camorim, que se estendia do ARROIO PAVUNA até o Maciço da Tijuca, compreendendo as atuais localidades de Anil, Freguesia, Taquara, Cidade de Deus, Gardênia Azul, Itanhangá e Barra da Tijuca. Foram surgindo aí os primeiros engenhos de açúcar da região, como o Engenho D'Água, erguido em 1590 em terras da atual Cidade de Deus, e cujo nome se refere a uma modalidade avançada em sua época, que era a dos engenhos movidos à água corrente. A Gonçalo Correia de Sá coube a área a oeste da lagoa de Camorim, do arroio Pavuna até Guaratiba. Em ambas as regiões cultivaram-se, além da cana-de-açúcar, café e outros tipos de produtos. Século XVII. Em 1616, nas vizinhanças do Engenho D'Água, no lugar conhecido como Portão D'Água (hoje, Largo da Freguesia), surgia o primeiro núcleo populacional da região. Cerca de quinze anos depois, com a morte de Gonçalo de Sá, suas propriedades passaram às mãos de seu outro irmão, Salvador Correia de Sá e Benevides. Em outra das propriedades locais, a Pedra do Galo, ergueu-se a capela de Nossa Senhora da Pena, nascendo daí, com o progresso, os anseios de autonomia em relação à Freguesia de IRAJÁ. Foi assim que, em 1661, nas antigas terras de Martim Correia de Sá, criou-se o novo núcleo, chamado de Freguesia de Nossa Senhora do Loreto e Santo Antônio de Jacarepaguá, o que representou a independência religiosa e adminstrativa da região, autonomia essa consolidada com a inauguração da igreja matriz, seis anos depois. Nesse mesmo ano, a filha de Salvador Correia de Sá e Benevides doa em testamento, aos religiosos da Ordem de São Bento, estabelecidos desde 1589 no Brasil, as terras de sua família. Século XVIII. Em 1703, o Engenho D'Água pertencia ao herdeiro Martim Correa de Sá e Benevides, o qual, morrendo quarenta e três anos depois, foi sucedido por mais outro de mesmo nome, Martim. Nesse meio tempo, ocorre a invasão da cidade pelas tropas do francês DUCLERC, tendo Jacarepaguá como parte da cena; e ergue-se a capela e, depois, o prédio principal do Engenho da Taquara, por antepassados da família Fonseca Teles. Por volta de 1750, o Largo da Taquara começava a se tornar um importante local, de onde partiam estradas que levavam a Guaratiba, VARGEM GRANDE, VARGEM PEQUENA, Camorim, Grotas Funda etc., algumas correspondendo já aos trajetos de vias de hoje, como as estradas do Engenho Novo e do Rio Grande; e as atuais Estrada dos BANDEIRANTES e avenida GEREMÁRIO DANTAS. Os monges beneditinos também faziam abrir estradas ligando suas propriedades. Século XIX. No início dos Oitocentos, as principais áreas de influência da freguesia são: Camorim, Vargem Grande, Vargem Pequena, Engenho da Taquara, Fazenda do Engenho D'Água (na atual Cidade de Deus), Engenho de Fora (na Praça Seca), Engenho Novo (nas terras da posterior COLÔNIA JULIANO MOREIRA), Fazenda Rio Grande, Engenho da Serra (na Serra dos TRÊS RIOS) e Engenho Velho da Taquara (na atual localidade denominada BOIÚNA). Na década de 1810, com a expansão da CAFEICULTURA, a região começa a ser objeto de um novo tipo de propriedade, que é aquela exercida por fazendeiros que não são necessariamente moradores das terras que cultivam. Mas, além destes, num momento em que, na freguesia, ainda subsistem oito engenhos, outros ramos familiares, como o dos Teles, vão se projetando, da mesma forma que o progresso, que se anuncia no apito do trem da ESTRADA DE FERRO DOM PEDRO II, cujos trilhos chegam a CASCADURA em 1858. Seis anos depois desse evento histórico, o futuro Barão da Taquara, Francisco Pinto da Fonseca Teles, assumindo a administração da Fazenda da Taquara, expande seus domínios, por Tanque e Praça Seca até CAMPINHO, na direção nordeste, e também pela estrada do Rio Grande e pela região do rio Anil. Em 1875, BONDES de tração animal da Cia. Ferro Carril de Jacarepaguá começam a fazer a ligação entre Cascadura e o Largo do Tanque. Mais tarde, o percurso dos bondes se estende até o Largo da Taquara, que, por essa época, já é o núcleo de onde partem estradas em direção a Curicica, Camorim, Rio Grande, e no caminho do CAMPO DOS AFONSOS e da ESTRADA REAL DE SANTA CRUZ, quase no momento em que as terras dos beneditinos são compradas por uma companhia imobiliária. Século XX. A primeira década do novo século marcou a eletrificação da linha de bonde que ligava Jacarepaguá a Cascadura. Da mesma forma, a iniciativa particular determinou a abertura de algumas das principais vias da região compreendida da Praça Seca até o Largo do TANQUE. Na década de 1950, a abertura da ligação com o Grajaú, através da Estrada MENEZES CORTES, veio facilitar ainda mais o acesso ao centro da cidade, através da Zona Norte. Em 1957, entre as estradas dos

Bandeirantes, do Calmete, da Curicica, e o rio Guerenguê, era implantado o loteamento Parque Curicica, que deu origem ao bairro de mesmo nome. Na década seguinte, a política de remoção de favelas, da Zona Sul para a hinterlândia, fazia nascer, entre a Taquara e Curicica, o imenso conjunto habitacional da Cidade de Deus. Em 1997, a ligação direta de Jacarepaguá com outras partes da cidade, inclusive coma Ilha do Governador, foi ainda mais otimizada pela abertura da LINHA AMARELA. Por esse tempo, quando a Cidade de Deus acaba por constituir uma Região Administrativa autônoma, o antigo bairro de Jacarepaguá se fragmenta em doze bairros distintos, permanecendo a denominação apenas na porção anteriormente descrita. Ver AEROPORTO DE JACAREPAGUÁ; AUTÓDROMO DE JACAREPAGUÁ; BACIA HIDROGRÁFICA; BAIXADA DE JACAREPAGUÁ; BANCO DE CRÉDITO MÓVEL; BLOCOS CARNAVALESCOS; BOTEQUINS; CAFEICULTURA; CAFUNDÁ; CAMORIM; CAMPINHO; CAMPO GRANDE; CANCIONEIRO DOS SUBÚRBIOS; CÂNDIDO BENÍCIO; CANDOMBLÉ; CASCADURA; CATONE; CEMITÉRIOS; CHORO; CINÉDIA; CINEMAS ANTIGOS; CLUBE RECREATIVO PORTUGUÊS; CLUBES; COBERTURA VEGETAL NATURAL; COLÔNIA JULIANO MOREIRA; CORAÇÕES UNIDOS DE JACAREPAGUÁ; COVANCA; CURUPAITI; DISTRITOS MUNICIPAIS; DUCLERC; ERNÂNI CARDOSO, Avenida; ESCOLAS DE SAMBA; FAVELAS; FREGUESIAS DO RIO ANTIGO; GEREMÁRIO DANTAS, Avenida; GOVERNANTES DA CIDADE; HOSPITAIS PÚBLICOS; IGREJAS CATÓLICAS CENTENÁRIAS; IMPÉRIO DO MARANGÁ, G.R.E.S.; INDÍGENAS, Povos; IRAJÁ; JACAREPAGUÁ TÊNIS CLUBE; JACOB DO BANDOLIM; LINS DE VASCONCELOS; LONAS CULTURAIS; MADUREIRA; MAGALHÃES CORREA; MANOBREIROS; MENEZES CORTES, Avenida; NEGROS, Presença histórica; PARAMES, Esporte Clube; PAVUNA [2]; PEDRA BRANCA, Maciço; PEREIRA PASSOS, Obras de; PRESÍDIO DA COVANCA; RELEVO; RETIRO DOS ARTISTAS; RIO DE JANÔ; RODRIGUES CALDAS; SHOPPING CENTER; SUÍÇA CARIOCA; TELEFONIA; UNIÃO DE JACAREPAGUÁ; VARGEM GRANDE; VARGEM PEQUENA.

JACAREPAGUÁ [2]. Título de uma marcha carnavalesca de autoria da dupla PAQUITO e Romeu Gentil, lançada com grande sucesso popular no carnaval de 1949. A letra diz: "É hoje que eu vou me acabar/com chuva ou sem chuva eu vou pra lá/Eu , eu vou pra Jacarepaguá/Mulher é mato/ e eu preciso me arrumar". A letra prossegue, na segunda parte, falando das excelências do bairro em relação a outros, inclusive Copacabana.

JACAREPAGUÁ TÊNIS CLUBE. Clube fundado em 14 de julho de 1939, na TAQUARA. Experimentou grande progresso entre 1959 e 1963, quando edificou as instalações da sede e a piscina. Após 1966, com a inauguração de seu ginásio de esportes, o clube tornou-se um dos pioneiros do Rio de Janeiro na prática do FUTEBOL DE SALÃO, esporte criado na década anterior.

JACAREZINHO. Bairro sede da 28ª Região Administrativa, localizado entre a Linha 2 do METRÔ, nas proximidades de MARIA DA GRAÇA, e a LINHA VERDE. Sua história é a mesma do bairro do JACARÉ, do qual foi desmembrado em 1992 para constituir uma área com administração autônoma. A ocupação do lugar começou em 1908, quando foi inaugurada a estação de VIEIRA FAZENDA, da LINHA AUXILIAR, que servia a região da antiga Fazenda Velha, a qual, com uma área aproximada de 350.000 m^2, a partir da década de 1940, começou a ser favelizada, por migrantes em busca de trabalho nos estabelecimentos industriais existentes na região. Com o rápido aumento da população, em 1948, segundo o Censo das Favelas da Prefeitura do Distrito Federal, publicado no ano seguinte, a favela do Jacarezinho, com 3.325 domicílios, era a maior do Rio (MOTTA, 2008). Esse crescimento acabou por determinar a criação da Região Administrativa do Jacarezinho, em 1986, e, posteriormente, a delimitação do bairro, por Lei Complementar de 29 de julho de 1992. Possivelmente no final da década de 1990, a estação de Vieira Fazenda teve seu nome mudado para "Jacarezinho", pertencendo agora ao Ramal Belford Roxo da SUPERVIA, que atravessa o bairro. Ver BACIA HIDROGRÁFICA; BARBEIRINHO DO JACAREZINHO; CÃES VADIOS; COBERTURA VEGETAL NATURAL; ESCOLAS DE SAMBA; FÁBRICAS DESATIVADAS; FAVELAS; MARIA DA GRAÇA; SUIPA; UNIDOS DO JACAREZINHO.

JACKSON DO PANDEIRO (1919 - 1982). Nome artístico do cantor, instrumentista e compositor José Gomes Filho, nascido em Alagoa Grande, PB. Chegado ao Rio na década de 1950, em 1967, recém-separado da cantora Almira Castilho, foi morar em OLARIA, em companhia de Neuza Flores dos Anjos. No ano seguinte, na AVENIDA BRÁS DE PINA, na PENHA, sofreu grave acidente automobilístico que o invalidou como pandeirista. Faleceu em um hospital de Brasília, já separado de Neuza, mas ainda domiciliado em Olaria.

JACOB DO BANDOLIM (1918 - 1969). Nome artístico de Jacob Pick Bittencourt, renomado instrumentista, expoente do CHORO. Em 1949, ano decisivo de sua carreira, já residindo em JACAREPAGUÁ, à rua Comandante Rubens Silva, na Freguesia, passou a realizar em sua casa saraus que ficaram célebres por reunirem a fina da flor dos músicos do tempo. Seu falecimento, vinte anos depois, ocorreu na varanda da casa, vítima de um infarto.

JACQUES FATH (1912 - 1954). Designer de moda francês, nascido em Maisons-Lafitte e falecido em Paris. Abraçando a carreira em 1937, dois anos depois criava o estilo de moda chamado *new-look*, consagrado por Christian Dior. No final da década de 1940, radicou-se nos Estados Unidos, consolidando sua fama. Em 1952, amplamente consagrado, veio ao Brasil e visitou a FÁBRICA BANGU. Durante sua estada no país, Fath, colaborando com o esforço de industrialização do governo Vargas, desenhou modelos para serem confeccionados com os tecidos nacionais e organizou o "desfile do algodão brasileiro" em Paris. No mesmo ano, Fath realizava desfiles de promoção dos tecidos da marca Bangu em São Paulo e Salvador, além do Rio, nascendo aí o concurso Miss Elegante Bangu.

JACQUES, Morro do. Elevação em MAGALHÃES BASTOS, a nordeste do Morro do BATAN.

JAIR DA ROSA PINTO (1921 - 2005). Conhecido como Jajá de Barra Mansa, foi um dos maiores jogadores brasileiros de futebol nas décadas de 1940 e 1950. Nascido em Quatis (RJ), começou a jogar profissionalmente no MADUREIRA ATLÉTICO CLUBE, onde atuou entre 1938 e 1942.

JAIR DO CAVAQUINHO (1922 - 2006). Compositor, cantor e intrumentista nascido e falecido no Rio de Janeiro. Grande artista portelense, integrou o elenco do histórico musical *Rosa de Ouro*, e fez parte dos conjuntos *A Voz do Morro*, *Os Cinco Crioulos*, os *Cinco Só* e VELHA GUARDA DA PORTELA. Legou à posteridade, como seu único registro solo, o CD *Seu Jair do Cavaquinho*, selo Phonomotor, 2002. Era morador do JARDIM AMÉRICA.

JANTAR DOS CACHORROS. Tradição ritual da Casa das Minas, comunidade de culto mina-jeje de São Luís do Maranhão, transplantada para o ambiente do SAMBA carioca pelo pai de santo conhecido como "Manuel Pesado", com terreiro em TURIAÇU nas décadas de 1930 e 1940. No Maranhão, consta de uma refeição convencional de festa (galinha, macarrão, farofa etc.), servida a um número ímpar de cachorros (sete, nove ou treze), os quais a comem, cada um ao lado de uma criança; e é oferecida durante os festejos em honra do vodum Acossi, catolizado como SÃO SEBASTIÃO e celebrado no dia 20 de janeiro. A tradição sobreviveu na comunidade da SERRINHA graças à mãe-de-santo Vovó Maria Joana Rezadeira, mãe do sambista e percussionista Darcy Monteiro, o Mestre DARCI DO JONGO, sendo celebrada em honra do orixá Obaluaiê, relacionado, na UMBANDA, a São Lázaro e, no CANDOMBLÉ baiano, a São Sebastião. Ver JONGO DA SERRINHA.

JAPONESES. Ver COLÔNIA AGRÍCOLA JAPONESA.

JARDIM AMÉRICA. Bairro sob jurisdição da 31ª Região Administrativa (VIGÁRIO GERAL). Surgido em antigas terras da Freguesia de IRAJÁ, sua origem foi o loteamento de mesmo nome, implantado em 1957 à margem direita do trecho inicial da VIA DUTRA, entre o rio ACARI e com frente para a Estrada de VIGÁRIO GERAL. Embora predominantemente residencial, o bairro abriga algumas empresas do setor de serviços. Acrescente-se a existência, no bairro, de ruas com nomes de célebres compositores clássicos, como Franz Schubert, Frederic Chopin, Richard Strauss, Rossini, ao lado de um enigmático "Organista Antônio da Silva". Ver BACIA HIDROGRÁFICA; FAVELA DO DIQUE; FAVELAS; ÔNIBUS.

JARDIM BANGU. Sub-bairro de BANGU, originário do conjunto residencial desse nome, criado na década de 1960, às margens do rio Sarapuí. Na época, era cercado por terrenos baldios e laranjais, e o único centro residencial na área era a VILA CATIRI. Com o tempo, foram sendo construídos outros conjuntos residenciais (João Saldanha, Édson Fernandes, Roque Barbosa – apelidados Bangu 1, 2 e 3 –, Conjunto da Marinha, Jardim Progresso), loteamentos (Parque Independência, Airton Senna) e condomínios do PAC (Programa de Aceleração do Crescimento), incluídos na localidade.

JARDIM DA SAUDADE. Ver CEMITÉRIOS.

JARDIM DO MÉIER. Jardim público criado no início do século XX, junto à estação MÉIER da ESTRADA DE FERRO CENTRAL DO BRASIL, entre as ruas ARQUIAS CORDEIRO e Santa Fé. Com o tempo, o parque foi sendo cercado pelos prédios do Hospital Salgado Filho (de que é separado pela Alameda MUSSUM), dos batalhões do Corpo de Bombeiros e da Polícia Militar, e de órgãos da Região Administrativa do Méier, além do Viaduto do Méier, que liga as duas partes do bairro sobre a ferrovia. Entre seus atrativos, destacam-se o coreto tombado pelo Patrimônio Histórico, um parque de brinquedos infantis, uma área para ginástica e mesas muito usadas por aficcionados de jogos diversos. Atualmente, o jardim é o espaço preferencial para a realização de atividades promovidas por órgãos públicos, como aulas de ginástica e eventos festivos, além de ser a única área verde das imediações.

JARDIM MARAVILHA. Sub-bairro de GUARATIBA, às margens da Estrada do MAGARÇA.

JARDIM PALMARES. Sub-bairro de PACIÊNCIA. Sua origem remonta à Fazenda e ao Engenho de Santo Antônio dos Palmares, objeto de disputa no início do século XIX. Em 1873, Camilo José Gomes de Aguiar destacava-se como cafeicultor no local (FRIDMAN, 1999, p. 166). Ver CAFEICULTURA; PALMARES, Fazenda dos.

JARDIM SULACAP. Bairro na jurisdição da 33ª Região Administrativa (REALENGO), nas vizinhanças do CAMPO DOS AFONSOS. Sua origem é o empreendimento imobiliário de mesmo nome, lançado na década de 1940 pela empresa Sul América Capitalização, anunciada comercialmente pelo acrônimo SULACAP. Ao tempo deste livro, é um bucólico bairro de classe média, com biblioteca, ciclovia, praças esportivas, algum comércio, que abriga a ACADEMIA DE POLÍCIA MILITAR D. JOÃO VI e o primeiro cemitério-parque da cidade, o JARDIM DA SAUDADE.

JARDIM TIVOLI. Antigo parque na rua Vinte e Quatro de Maio, entre as estações de RIACHUELO e SAMPAIO. Foi, segundo contemporâneos, importante area de lazer das famílias suburbanas no início do seculo XX.

JAVATÁ. Sub-localidade em ANCHIETA, nascida a partir da rua de mesmo nome, a qual se inicia na rua Crisóstomo Pimentel. Ver RIO DO PAU, Estrada do.

JAYME SILVA (1921 - 1973). Sambista e compositor alagoano criado no Rio de Janeiro e morador de ROCHA MIRANDA. A partir de 1960, com a gravação de João Gilberto, teve conhecido e popularizado, nacional e internacionalmente, seu SAMBA O Pato, em autoria partilhada com Neuza Teixeira. Pandeirista e cantor, Jayme integrou conjuntos vocais, como um denominado Os Três Araras, e teve outros sambas gravados. Mas, apesar do sucesso de O Pato, viveu modestamente, garantindo o sustento da família com seu emprego público na fábrica de calçados do Estabelecimento Central de Material de Intendência, do Exército, localizado no bairro do ROCHA. Na década de 2000, outro samba seu, Meu canário, foi revivido em gravação da cantora Marisa Monte, que o conheceu através do compositor MONARCO, da VELHA GUARDA DA PORTELA, amigo de Jayme.

JESUÍTAS. Sub-bairro em SANTA CRUZ. Ver PONTE DOS JESUÍTAS.

JOANNA. Nome artístico de Maria de Fátima Gomes Nogueira, cantora nascida em 1957. Criada no MÉIER, foi revelada no programa de calouros A grande chance, do apresentador Flávio Cavalcanti, na TV Tupi do Rio de Janeiro, em 1974. Consagrada no gênero romântico popular, atingiu o auge do sucesso em 1986, quando seu LP daquele ano atingiu a expressiva marca de 600 mil cópias vendidas.

JOÃO DA BAIANA (1887 - 1974). Nome artístico de João Machado Guedes, músico carioca, com importante papel na transmissão e na difusão da tradição musical afro-brasileira. Em 1970, recolheu-se ao RETIRO DOS ARTISTAS, falecendo quatro anos depois em casa de um sobrinho, no ENGENHO DE DENTRO.

JOÃO ELLIS FILHO (1924 - 2008). Nome abreviado de João Abrahão Ellis Filho, dentista e dirigente esportivo carioca, nascido em CAMPO GRANDE e falecido em Copacabana. Presidente do CAMPO GRANDE ATLÉTICO CLUBE de 1956 a 1963, teve como grande realização de seu mandato, nesse período, a construção do Estádio Ítalo Del Cima, com capacidade para 18 mil pessoas. Retornando à presidência em 1992, foi reeleito em 1994 e 1997, liderando o clube até 2002, para, então, ser vice-presidente na gestão de João Ellis Neto. Foi também dirigente de outras entidades ligadas ao futebol.

JOÃO GOULART. Ver ANIL; SINDICATO DOS METALÚRGICOS.

JOÃO LESSENGUE. Ver BATE-FOLHA, Candomblé do.

JOÃO NOGUEIRA (1941 – 2000). Cantor e compositor carioca. Um dos grandes intérpretes surgidos no ambiente do SAMBA na década de 1970, teve sua vida intimamente ligada ao MÉIER, onde residu durante muitos anos. Foi fundador do bloco carnavalesco Labareda, na década de 1960, e a partir de 1970 encetou brilhante carreira profissional. Nessa década foi o principal fundador do CLUBE DO SAMBA, que nos primeiros tempos funcionou em sua casa na rua José Veríssimo; integrou a ala de compositores da PORTELA, passando depois para a dissidente TRADIÇÃO, onde formou, durante algum tempo, apenas com o parceiro Paulo Cesar Pinheiro, o núcleo responsável pela composição dos sambas-enredo. Legou à posteridade importante obra autoral e de intérprete, representada por uma vasta discografia.

JOÃO PEREIRA RAMOS (c. 1885 – c. 1945). Flautista e compositor. Segundo Vasconcellos (1985), era sapateiro, dono de uma loja na rua Ceci, em RAMOS, e tinha uma perna amputada. Autor da primeira versão do famoso CHORO *Dinorah*, depois aprimorado por Benedito Lacerda, participava de rodas de choro ao lado de PIXINGUINHA e ALFREDINHO FLAUTIM.

JOÃO TORQUATO, Rua. Via em BONSUCESSO, com início na rua Cardoso de Morais e término na rua da Regeneração. Seu nome homenageia João Torquato de Oliveira, filho de uma escrava de Leonor Mascarenhas de Oliveira, proprietária da Fazenda Nossa Senhora de Bonsucesso, no século XIX. Criado e educado pela senhora, formou-se em medicina e herdou dela a Fazenda e outros bens. Com seu falecimento, em 1870, sua viúva, a irlandesa Francisca Hayden, vendeu parte de suas propriedades, inclusive a conhecida como "Sítio dos Bambus", a qual foi adquirida por José Fonseca Ramos, cujo último sobrenome batizou o atual bairro de RAMOS (FRAIHA, 2004c).

JOÃO VICENTE, Rua. Extensa via ligando MADUREIRA a MARECHAL HERMES, paralela à linha férrea, pelo lado esquerdo. Seu nome homenageia João Vicente Torres Homem (1837 – 1887), médico pioneiro no uso da homeopatia e no emprego de irmãs de caridade na assistência aos enfermos, inicialmente na Santa Casa da Misericórdia.

JOAQUIM FERREIRA DOS SANTOS. Escritor e jornalista nascido na VILA DA PENHA, em 1950. Morando em uma casa localizada nos fundos na mercearia do pai, imigrante português, fez o antigo curso primário na Escola Grécia, da rede municipal, na AVENIDA BRÁS DE PINA, complementando sua instrução fundamental no Colégio Estadual José Acioly, em MARECHAL HERMES. Aos 14 anos, mudou-se para VAZ LOBO, indo fazer o antigo curso clássico no Colégio Estadual Brigadeiro Schorcht, na TAQUARA, de lá saindo para cursar Comunicação na Universidade Federal Fluminense. Trabalhou como repórter, crítico de música e *show* na revista *Veja* durante mais de 10 anos. Foi editor das revistas *Domingo* e *Programa*, do *Jornal do Brasil*. Em 1991, foi editor executivo do jornal *O Dia*, e, à época desta obra era, no jornal *O Globo*, titular da coluna diária "Gente Boa". Cronista genuinamente carioca, publicou, entre outros livros, *Feliz 1958! – o ano que não devia terminar*; *O que as mulheres procuram na bolsa*; *Em busca do borogodó perdido*. É também o organizador de dois livros de crônicas do jornalista e letrista Antônio Maria, *Benditas sejam as moças* e *Seja feliz* *e faça os outros felizes*, além de autor, para a série *Perfis do Rio* (da Editora Agir) do livro *Noites de Copacabana*, sobre o mesmo escritor, o qual foi ampliado e reeditado com o título *Um homem chamado Maria*. A partir de 1973, Joaquim Ferreira dos Santos, casado, passou a residir fora da zona suburbana.

JOAQUIM NAEGELE (1899 - 1986). Nome artístico de Joaquim Antônio Langsdorf Naegele, maestro e professor, nascido em Santa Rita do Rio Negro, hoje Euclidelândia, distrito de Cantagalo, RJ, e falecido no Rio de Janeiro. Ex-aluno do maestro Francisco Braga, autor do Hino à Bandeira, em 1942 criou, na PIEDADE, a Sociedade Musical Flor do Ritmo, transferida dez anos depois para o MÉIER. Emérito professor, contribuiu com a formação de várias gerações de instrumentistas, inclusive três de seus filhos, Kutz, clarinetista; Dalgio, trombonista; e Wagner, trompetista, que integraram a orquestra Os Copacabana. Personagens de destaque no meio artístico, como Wilson das Neves, ELZA SOARES, ZECA PAGODINHO e muitos outros, iniciaram formação musical em sua escola, a qual, na década de 1950, contava inclusive com um braço esportivo, denominado Grêmio Atlético Recreativo e Artístico do Méier.

JOARI, Fazenda. Denominação de antiga propriedade rural na freguesia de CAMPO GRANDE. À época desta obra, o Jardim Joari é um sub-bairro entre a Rua Olinda Ellis e a Estrada do Cabuçu.

JOCKEY CLUB FLUMINENSE. Em 1847, foi criado no Rio, por adeptos do TURFE, o "Club de Corridas", que comprou um terreno entre as atuais ruas Conselheiro Mayrink, Dr. Garnier e LICÍNIO CARDOSO, e a LINHA AUXILIAR, nos bairros de ROCHA e SÃO FRANCISCO XAVIER. Lá foi construído o Prado Fluminense, primeiro hipódromo do Rio de Janeiro. Três anos depois, o Major João Suckow, um dos sócios, tornou-se o único proprietário da empresa, a que deu o nome de Jockey Club Fluminense. O Prado Fluminense funcionou até 1926, quando foi substituído pelo hipódromo da Gávea, hoje pertencente ao Jóquei Clube Brasileiro, resultante da fusão, em 1932, do Jockey Club com o Derby Club, cujo prado ficava onde hoje é o estádio do Maracanã. Vale notar que os antigos terrenos do Jockey Club foram vendidos e ocupados por instalações do Exército, da Light e da extinta CTC (Companhia de Transportes Coletivos do Estado do Rio de Janeiro). Ver BAIRRO CARIOCA; SÃO FRANCISCO XAVIER; TRIAGEM.

JOEL DO BANDOLIM. Nome pelo qual é popularmente referido o músico carioca Joel Nascimento, nascido em 1937. Músico desde a infância, somente no final da década de 1960 decidiu-se pela profissionalização, dedicando-se então ao gênero CHORO. A partir daí, tornou-se um dos maiores nomes desse universo, destacando-se, entretanto, pela liberdade de seus improvisos, sem a rigidez característica de outros ícones "chorões". Atuando ao lado de grandes nomes como John McLaughin, Paco de Lucía, Rafael Rabello e Artur Moreira Lima, nem por isso Joel, histórico morador da PENHA, perdeu a espontaneidade e a alegria que demonstrava nas rodas do SOVACO DE COBRA, das quais foi, ao lado do falecido irmão "Joir Sete Cordas", um dos grandes incentivadores.

JOEL RUFINO DOS SANTOS. Professor, historiador e escritor nascido em em CASCADURA, no ano de 1941. Doutor em Comunicação e Cultura pela Universidade Federal do Rio de Janeiro (UFRJ), é uma das maiores autoridades brasileiras no campo da experiência histórica afro-brasileira, sendo ele próprio um dos construtores dessa História. Autor de dezenas de livros, em vários gêneros, muitos dos quais laureados com importantes premiações, viveu sua infância no bairro de TOMÁS COELHO.

JOEL SANTANA. Treinador de futebol nascido na cidade do Rio de Janeiro em 25 de dezembro de 1948, de onde seu nome completo: Joel Natalino Santana. Após breve trajetória como jogador, na década de 1970, quando atuou pelo C.R. Vasco da Gama, iniciou carreira como treinador em 1981, no Al-Wasl Club, dos Emirados Árabes Unidos. A partir daí, dirigiu, seguidamente, o Vasco, o Al-Hilal saudita, o E.C. Bahia, o Fluminense, o Flamengo, o Botafogo, o Vitória baiano, novamente o Flamengo e depois o Botafogo, campeão estadual de 2010, no Rio de Janeiro, além de ter dirigido a seleção nacional da Africa do Sul, entre 2008 e 2009. Celebrizado como o único treinador a se sagrar campeão estadual do Rio de Janeiro com os quatro grandes clubes cariocas (Vasco, Fluminense, Flamengo e Botafogo), Joel Santana, carioca de OLARIA, é tido por muitos como um típico representante da melhor cultura desenvolvida no ambiente deste Dicionário.

JOELHO. Denominação de uma guloseima grandemente apreciada no ambiente deste livro, à época deste texto, típica da GASTRONOMIA dos BOTEQUINS. Consta de uma espécie de pão massudo, recheado com presunto e queijo, dobrado no formato que o nome sugere.

JOGO DO BICHO. Ver BANQUEIROS DE BICHO.

JONGO DA SERRINHA, Centro Cultural. A Serrinha, uma comunidade localizada em MADUREIRA, próximo à divisa com VAZ LOBO, é conhecida como o berço das ESCOLAS DE SAMBA PRAZER DA SERRINHA e IMPÉRIO SERRANO. Lá se localiza o Centro Cultural Jongo da Serrinha, conhecido por ser o mais tradicional local da prática de jongo, um ritmo afro-brasileiro, considerado um dos ancestrais do SAMBA, e que é praticado em rodas de dança e de umbigada, uma dança de origem afro-brasileira, criada em meados do século XIX. Ver DARCI DO JONGO, Mestre; VALE DO PARAÍBA.

JÓQUEI CLUBE. Ver JOCKEY CLUB FLUMINENSE.

JORGE DA SILVA, Coronel. Cientista político nascido na cidade do Rio de Janeiro em 1944. Menino negro e pobre, nascido no que hoje se conhece como Complexo do ALEMÃO, fez carreira na escola de oficiais da Polícia Militar fluminense, até atingir o posto de coronel e ocupar os cargos de chefe do Estado-Maior e subsecretário de Estado, nos anos de 1990. Formado em Direito, pós-graduado em Literatura Inglesa e Ciência Política e professor universitário, é autor de diversas monografias sobre violência urbana, bem como dos livros *Controle da criminalidade e segurança pública na nova ordem constitucional* e *Direitos civis e relações raciais no Brasil* (1994). Em abril de 2000, em meio a grave crise na cúpula do governo, motivada pela violência urbana, foi nomeado coordenador de Segurança, Justiça e Cidadania do Estado do Rio de Janeiro. Em 2004, assumia o cargo de secretário estadual de Direitos Humanos do Rio de Janeiro.

JORGE VEIGA (1910 - 1979). Cantor nascido e falecido na cidade do Rio de Janeiro. Estilista do SAMBA de breque, na linha consagrada por Moreira da Silva, nos anos 1950, fez grande sucesso interpretando, principalmente, bem-humorados sambas escritos pelo compositor Miguel Gustavo. Foi durante muito tempo o mais ilustre morador da rua Honório, que liga TODOS OS SANTOS a DEL CASTILHO. Entretanto, sua memória é evocada, na atualidade, apenas no nome de uma rua da Ilha do Governador.

JORGINHO DO IMPÉRIO. Nome artístico de Jorge Antônio Carlos, cantor nascido em 1944, filho de MANO DÉCIO DA VIOLA e morador de MADUREIRA. Componente do IMPÉRIO SERRANO desde criança, integrou a famosa *Ala Sente o Drama*, como passista. Com carreira profissional iniciada na década de 1970, projetou-se em uma das formações do grupo acompanhante de MARTINHO DA VILA, a partir do qual empreendeu significativa carreira como cantor, inclusive internacional, em *shows* e no disco.

JOSÉ CARLOS REGO (1935 – 2006). Jornalista e escritor nascido em Miracema, RJ. Profissional de jornalismo desde 1957, iniciou-se no *Imprensa Popular*, órgão do Partido Comunista Brasileiro (PCB), e no *Última Hora*. Um dos maiores conhecedores do universo do SAMBA carioca, é autor de *Dança do samba, exercício do prazer* (1996), livro que nomina e descreve 165 passos da coreografia do samba, em depoimentos de cerca de uma centena de passistas famosos. Era morador da rua Araújo Leitão, no ENGENHO NOVO, e integrava a ala de compositores da escola de samba UNIDOS DO CABUÇU.

JOSÉ CELESTINO da Silva (c.1880 – 1918). Violonista emérito, foi o pai do célebre cantor ORLANDO SILVA e morava na rua Augusta, mais tarde General Clarindo, no ENGENHO DE DENTRO.

JOSÉ DO PATROCÍNIO (1854 – 1905). Jornalista e escritor nascido em Campos dos Goitacazes, RJ, e falecido na cidade do Rio de Janeiro. Filho de um padre com uma ex-escrava, foi destacada figura das lutas pela Abolição, autor de importantes romances, como *Os retirantes* e *Mota Coqueiro ou a pena de morte*, e um dos fundadores da Academia Brasileira de Letras. Nos anos finais de sua vida, morando no número 51 da rua Doutor Bulhões, no ENGENHO DE DENTRO, tentou construir o balão "Santa Cruz", um aeróstato que nunca subiu. Afastado da atividade jornalística, o balão passou a ser tudo para ele, numa aventura em que empregou todas as suas economias, inclusive o dinheiro apurado com a venda dos móveis de sua residência anterior, na rua Riachuelo, no centro da cidade.

JOSÉ DUBA (1918 – 2006). Radialista nascido em Taubaté, SP, e falecido no Rio. Foi destacada figura de MADUREIRA, tendo sido professor no COLÉGIO ARTE E INSTRUÇÃO, no vizinho bairro de CASCADURA. Iniciando carreira como locutor em 1939, na Rádio Guanabara, manteve, durante muitos anos, importante programa diário na Rádio Cruzeiro do Sul, depois Metropolitana. No final de 2005, titular do programa *Recordações da Saudade*, na Rádio Rio de Janeiro, AMA, era celebrado como o mais antigo profissional em atividade no rádio carioca. Assim, foi homenageado no *Programa Nena Martinez*, na Rádio Tupi. Seu irmão, William Duba, também de Madureira, foi igualmente locutor, além de compositor popular.

JOSÉ LUCAS DE ALMEIDA (c. 1850 – c.1945). Agricultor da Freguesia de IRAJÁ. Dono de lavoura entre os atuais CORDOVIL e VIGÁRIO GERAL, foi nas suas terras que a Estrada Ferro LEOPOLDINA construiu a pequena parada que recebeu seu sobrenome: "PARADA DE LUCAS".

JOSÉ MAURO DE VASCONCELOS (1920 – 1984). Romancista brasileiro, nascido em BANGU. Ex-treinador de boxe; plantador e carregador de banana na Mazomba, em Itaguaí; extra de cinema e escritor, despontou para o sucesso em 1968, com o romance *Meu pé de laranja lima, best-seller,* traduzido no exterior, adaptado para o cinema (com direção de

Aurélio Teixeira, em 1970) e para a TELEVISÃO. Ver GRÊMIO LITERÁRIO JOSÉ MAURO DE VASCONCELOS.

JOSÉ SÉRGIO ROCHA. Jornalista e escritor nascido em 1951 na ABOLIÇÃO. Com carreira iniciada no jornalismo em 1973, foi pesquisador e redator de verbetes da *Enciclopédia O Globo 2000* e supervisor de texto da segunda edição do *Dicionário histórico-biográfico brasileiro* (CPDOC/FGV). Em 2003 publicou a alentada biografia *Roberto Silveira: a pedra e o fogo* (Niterói, Casa Jorge Editorial), verdadeiro compêndio sobre a história do antigo Estado do Rio de Janeiro, tendo como fio condutor a trajetória do importante político fluminense. Em e-mail enviado ao autor deste Dicionário, em fevereiro de 2010, José Sérgio escreveu: "Nasci em 1951 e fui criado no tranquilo bairro da Abolição, de meados dos anos 50 até meados dos 60, mais precisamente na rua Cantilda Maciel, ladeirinha famosa que também era conhecida como a "rua do carnaval', pois lá se organizava um dos melhores carnavais do subúrbio carioca, por obra de um eterno e nunca eleito candidato a vereador pelo PTB, seu Zapone; lá joguei muita bola e soltei pipa no asfalto e no morro do Urubu, para onde seguia quase diariamente percorrendo a rua Moreira. Estudei o primário no Colégio Guarani, que ficava ou ainda fica ali na Rua Silva Xavier, a duas quadras de casa. Na esquina da Suburbana com a Silva Xavier, vi surgir, em meados de 1960, a Abolição Veículos, empreendimento muito mais importante do que a Igreja Universal do Reino de Deus, que também surgiu ali pertinho, na mesma casa onde havia uma funerária."

JOSÉ SOARES DIAS. Ver BRUMMEL NEGRO, O.

JOSEPHINE BAKER. Ver MÃE ADEDÉ.

JOTA CASCATA (1912 – 1961). Pseudônimo de Álvaro Nunes, compositor carioca. Nascido em Vila Isabel, com sete anos de idade mudou-se com a família para a ABOLIÇÃO. Ingressou no ambiente radiofônico em 1931, como cantor. Mais tarde formou dupla com Leonel Azevedo, depois parceiro em muitas de suas composições, gravadas a partir de 1935. Foi autor de grandes sucessos da música popular brasileira, entre os quais a a valsa *Lábios que beijei* e os sambas *Juramento falso* e *Minha palhoça*, este um dos mais expressivos exemplares do estilo conhecido como SAMBA sincopado. Entre 1942 e 1963, foi dono de um clube de danças em IRAJÁ, provavelmente o Dancing Vitória, uma das mais famosas GAFIEIRAS da cidade. Em 1955, lançou, com Murilo Caldas, o hino *Benvindos, congressistas*, para a recepção aos participantes do Congresso Eucarístico Internacional, então realizado no Rio de Janeiro. Segundo Vasconcelos (1964), viveu sempre no perímetro compreendido por ABOLIÇÃO, MÉIER, ENGENHO DE DENTRO e PILARES.

JOVELINA PÉROLA NEGRA (1944 – 1998). Pseudônimo de Jovelina Farias Belfort, cantora nascida e falecida no Rio de Janeiro. Uma das grandes figuras femininas do SAMBA em seu tempo, iniciou carreira discográfica em 1985, no histórico LP *Raça Brasileira*, juntamente com ZECA PAGODINHO, entre outros. Embora nascida em Botafogo, foi sempre moradora e frequentadora do ambiente suburbano, notadamente da região de COELHO NETO; e, quando de seu falecimento, residia no PECHINCHA, na região de JACAREPAGUÁ.

JUCA LOBO. Ver LOBO JÚNIOR, Avenida.

JUDAICA, Presença. Nas primeiras décadas do século XX, parte dos imigrantes judeus vindos para o Rio de Janeiro, concentrados inicialmente na "Rua Judaica" no centro da cidade, radicou-se em diversos bairros da hinterlândia carioca, constituindo comunidades expressivas notadamente em MADUREIRA, no MÉIER e em OLARIA (FRIDMAN, 2007; LOURENÇO NETO, 2008). Desde o início de sua formação, essas comunidades criaram hospedarias para imigrantes, entidades assistenciais, sinagogas, escolas e CLUBES ligados à tradição judaica. Muitos desses judeus trabalharam como mascates (fazendo *clientelchik*, clientela, no dialeto iídiche dos oriundos da Europa oriental) e, mais tarde, abriram pequenas lojas nos bairros em que viviam, chegando a dominar neles o comércio de roupas e móveis entre as décadas de 1940 e 1960 (VAITSMAN, 2011). Essas comunidades se desfizeram quando seus membros migraram para a Zona Sul do Rio. Ver CEMITÉRIO ISRAELITA DE INHAÚMA; BIALIK, Escola Hebreu Brasileira Chaim Nachman; PERETZ, Escola Israelita Brasileira Isaac Leib; SEFARIM, Escola Hebreu Brasileira Mendele Mocher; SINAGOGA AHVAT SHALOM; SINAGOGA BEIT YEHUDA MEIR; STEFAN ZWEIG, Grêmio Cultural e Recreativo.

JUDAS, Malhação do. Tradição herdada de Península Ibérica e difundida por boa parte das Américas desde a época colonial, a malhação do judas sobrevive na hinterlândia carioca ainda à época da preparação desta obra. Seu caráter, aqui, como em outros lugares, é o de uma farra satírica, na qual o judas (o boneco que evoca o Judas bíblico, símbolo da traição) é um mau político, um vizinho incômodo, um desafeto, um marido enganado etc. Apontado anonimamente em um cartaz pregado ao corpo, o judas é malhado e incendiado pelas crianças ou mesmo pelos adultos frequentadores de uma esquina ou de um botequim. Neste caso, a farra pode ter um mau desfecho, violento, como muitas vezes registrado.

JULIANO MOREIRA, Colônia. Ver COLÔNIA JULIANO MOREIRA; COLÔNIA.

JÚLIO LEILOEIRO. Ver ZAQUIA JORGE.

JURAMENTO, Elevatória do. Estação intermediária do sistema de distribuição de água da cidade, situada no Morro do JURAMENTO, em VICENTE DE CARVALHO. Controla o abastecimento dos bairros de ENGENHO DA RAINHA, TOMÁS COELHO, INHAÚMA, DEL CASTILHO, HIGIENÓPOLIS, MARIA DA GRAÇA, MANGUINHOS, BONSUCESSO, MARÉ, Cidade Universitária e Ilha do Governador. Inaugurada em 1948, passou por obras de modernização em 2010.

JURAMENTO, Morro do. Elevação que se estende pelos bairros de TOMÁS COELHO, VICENTE DE CARVALHO e VAZ LOBO, fazendo parte do Maciço do Dendê/Juramento. Ver RELEVO.

JUVENTINO CARVALHO DA FONSECA. Militar brasileiro. Primeiro-tenente de Cavalaria, especializou-se em navegação aérea na França. No dia 20 de janeiro de 1908, sendo presidente da República o marechal Hermes da Fonseca, decolou a bordo de um balão, defronte à escola de Artilharia e Engenharia, em REALENGO, prevendo alcançar 200 metros de altura. Entretanto, arrebentando-se uma das amarras e falhando uma válvula de escape, o balão subiu mil metros. Então, o aeronauta, perdendo o controle do balão, despencou com ele na Serra do BARATA. Considerado herói nacional, seu corpo foi sepultado no Mausoléu dos Aviadores, no Cemitério de São João Batista, em Botafogo.

K

KÁTIA FLÁVIA, A GODIVA DE IRAJÁ. O subúrbio de IRAJÁ, talvez pela sonoridade de seu nome, é presença constante na música brasileira, pelo menos desde a famosa marchinha gravada por JORGE VEIGA (*Eu quero é rosetar*, de Haroldo Lobo e Milton de Oliveira, sucesso do carnaval de 1947), que o conotava com distância quase intransponível. Exemplo interessante dessa presença é o funk que intitula este verbete, de autoria de Carlos Laufer e Fausto Fawcett, gravado pela cantora Fernanda Abreu, 50 anos depois do sucesso de Veiga, cuja letra diz o seguinte: "Kátia Flávia/ É uma louraça Belzebu/(...)/Encarnação do mundo cão/Casada com um figurão contravenção/Ficou famosa por andar num cavalo branco/Pelas noites suburbanas/ Toda nua!!!(...)Matou o figurão/Foi pra Copacabana/(...)". A história da moça transgressora que foge do Irajá para poder desafiar a polícia, a partir de Copacabana, parece fazer parte da idealização do subúrbio como região tão distante quanto pacata e conservadora, o que já não correspondia à realidade muito antes da elaboração deste livro. Ver GRETA GARBO, QUEM DIRIA, ACABOU NO IRAJÁ.

KINDER OVO. Favela integrante do Complexo da MARÉ. Nos anos 1990, a Prefeitura usou um terreno da Vila do Pinheiro para abrigar temporariamente famílias removidas de áreas de risco da cidade. Os galpões – pequenos, coloridos e desconfortáveis – foram logo apelidados de "Kinder Ovo", numa referência ao chocolate de embalagem colorida em forma de ovo, recheado com minúsculos brinquedos infantis, então popularizado. À época deste texto, a maioria dos moradores dos galpões tinha sido removida, definitivamente transferida para o conjunto NOVA SEPETIBA, na ZONA OESTE. Meses após inaugurar os galpões da "Kinder Ovo", a Prefeitura precisou construir novas unidades habitacionais para abrigar mais uma leva de famílias removidas de outros pontos da cidade. A nova comunidade, conhecida oficialmente como Novo Pinheiro, foi apelidada de "Salsa e Merengue", em homenagem à telenovela da Rede Globo escrita por Miguel Falabella e Maria Carmem Barbosa, e veiculada de 30 de setembro de 1996 a 2 de maio do ano seguinte.

L

LAGARTIXA, Favela da. Denominação de uma comunidade favelada em COSTA BARROS.

LAJE, Viração da. Tradição de trabalho em regime de mutirão, habitualmente realizado pelas populações pobres da hinterlândia carioca. Consiste na construção do teto de concreto armado das casas de alvenaria, feito de modo a receber, mais tarde, outro cômodo ou cômodos da casa. O mutirão acontece quase sempre em um sábado, domingo ou feriado. Nesse dia, previamente convocados, os participantes, parentes e amigos do dono da obra, começam a chegar pela manhã, bem cedo. Pela tradição, depois de servido o café da manhã reforçado, começa o trabalho. Embaixo, no chão, ficam os responsáveis pela feitura da massa, com cimento, areia, pedras e água. No meio, ficam os que vão encher os baldes. Na intermediária, os que vão subir os baldes para cima. E, em cima, os especialistas, que sabem como derramar o concreto e alisá-lo bem, para que a laje fique uniforme, sem ondulações, de modo que, quando pronta, não acumular água da chuva. Concluído o pesado trabalho, depois de algumas horas, é o esperado momento do almoço, tradicionalmente um suculento MOCOTÓ, ou um ANGU À BAIANA, regado a cerveja e cachaça. A "viração da laje" sempre transcorre em ambiente de muita alegria, camaradagem, alegria e bom humor, como outras formas de trabalho em mutirão, consagradas pela tradição brasileira.

LAMARÃO. Forma arcaica para "lameirão", lodaçal, grande lameiro. A Estrada do Lameirão, em SANTÍSSIMO, e a do LAMEIRÃO PEQUENO, em CAMPO GRANDE, algumas vezes são assim mencionadas.

LAMEIRÃO, Fazenda do. Ver CAFEICULTURA.

LAMEIRÃO, Morro do. Ponto turístico-ecológico entre CAMPO GRANDE e SENADOR VASCONCELOS. Oferece como atrativos, riachos, trilhas e mirantes naturais.

LAMEIRÃO PEQUENO. Sub-bairro de CAMPO GRANDE. Ver LAMARÃO.

LAN-HOUSES. Ver INTERNET.

LAR ANÁLIA FRANCO. Instituição filantrópica espírita localizada na avenida MARECHAL RONDON, no ROCHA, fundada em 1922 por Francico Antônio Bastos, viúvo da escritora, assistencialista e líder espírita Anália Emília Franco (1856 – 1919). Dedica-se a auxiliar meninas carentes, proporcionando-lhes educação fundamental e religiosa, além de convívio social e orientação cultural, em regime de semi-internato. À época deste livro, o Lar mantinha também um programa de auxílio às comunidades carentes próximas, com bolsas de alimentação e atendimento a gestantes.

LARGO DA CANCELA. Logradouro no bairro de São Cristóvão. Sua denominação remonta à cancela colocada, na época colonial, pelos padres jesuítas para controlar o tráfego no caminho que levava à Fazenda (depois Real e Imperial) de SANTA CRUZ. Trata-se, pois, de um dos marcos geográficos e históricos da antiga hinterlândia carioca.

LAUDIR DE OLIVEIRA. Percussionista carioca nascido em 1940. Morador de RAMOS e participante da fundação do bloco carnavalesco CACIQUE DE RAMOS, iniciou trajetória profissional no Balé Folclórico de Mercedes Batista, com o qual cumpriu turnê na França por cerca de um ano. Depois, com a legendária companhia Brasiliana, permaneceu na Europa de 1965 a 1969. De volta ao Brasil, integrou as primeiras formações dos conjuntos *Vox Populi* e *Som Imaginário*. Retornando mais uma vez aos Estados Unidos, fez parte do grupo *Sergio Mendes & Brazil 66*, e acabou por integrar o grupo de rock *Chicago Transit Authority*, com o qual arrebatou um Grammy em 1976. Em 1989, voltava definitivamente para seu país e suas origens suburbanas. Segundo texto de Washington Luiz Araújo (2008), Laudir, tendo Ramos como ponto de partida, rodou o mundo, frequentou o *jet set* internacional e voltou para o subúrbio, como quem tivesse dado um pulo no centro da cidade e voltado.

LAURO MÜLLER (1863-1926). Nome parlamentar do senador Lauro Severiano Müller. Foi proprietário de casa de campo no atual bairro PRAÇA SECA, imóvel ocupado, na atualidade, pela administração da sociedade Beneficência Portuguesa, na rua Florianópolis. Esse logradouro foi assim batizado após sua morte, em referência à cidade onde Muller nasceu e se projetou como político.

LAVADEIRAS. No ambiente focalizado nesta obra, uma das ESTRATÉGIAS DE SUBSISTÊNCIA mais usuais, praticadas em geral por senhoras carentes, quase sempre viúvas, era lavar e passar roupas para terceiros, mediante remuneração. Clientes apreciados por essas lavadeiras eram, principalmente pela garantia e pontualidade no pagamento, militares da Marinha de Guerra, domiciliados nos navios em que serviam. Assim, era comum ver-se, nas ruas de algumas localidades da hinterlândia, senhoras indo levar ou buscar grandes embrulhos de roupas, que lavavam "pra Marinha". Muitas vezes ajudadas por filhas moças na entrega do serviço, essas senhoras não raro criavam laços de amizade com os clientes militares de outros estados, principalmente nordestinos. Esses laços davam ensejo a outro tipo de reforço no orçamento familiar das lavadeiras, por meio da locação ou sublocação de cômodos ou "puxados", aos marinheiros, nas próprias residências. Daí acontecerem, então, com certa frequência, namoros, noivados e casamentos de marinheiros com moças familiares de senhoras que lavavam roupa "pra Marinha".

LEANDRO SAPUCAHY. Músico carioca nascido na TAQUARA, em 1970. Percussionista e cantor, aos 16 anos integrava o grupo de PAGODE *Água na Boca*, depois *Boca Louca*. Dali, assumia a condição de produtor, nos anos 1990. E na década seguinte, como percussionista de MARCELO D2, transitava entre o mundo do SAMBA e o do hip-hop. Cantor, com seu primeiro CD solo, *Cotidiano*, de 2006, chegou à trilha sonora do filme *Tropa de Elite*. Também como produtor musical, em 2007 assinava os CDs *Samba Meu*, da festejada cantora Maria Rita, e *Sambista Perfeito*, de ARLINDO CRUZ. No final de 2009, depois de profunda incursão na fusão entre samba e hip-hop, lançava o CD *Leandro Sapucahy cantando Roberto Ribeiro*, com sambas tradicionais imortalizados pelo grande intérprete do IMPÉRIO SERRANO.

LECI BRANDÃO. Compositora e cantora nascida em REALENGO, em 1944. Destacou-se a partir da década de 1970, na ala de compositores da escola de samba Estação Primeira de Mangueira, sendo uma das poucas mulheres a participar desse fechado universo. Iniciou carreira fonográfica em 1973, destacando-se, a partir daí, como grande intérprete e autora. À epoca desta obra, residia na cidade de São Paulo.

LEDA BRANDÃO RAU. Ver MARÃ ESPORTE CLUBE.

LEITE DE ONÇA. Bebida feita com leite condensado misturado a cachaça. Tradução brasileira do coquetel alexander (gim, licor de cacau e leite condensado, cf. HOUAISS; VILLAR, 2001), foi bastante na GASTRONOMIA popular no ambiente objeto desta obra nas décadas de 1950 e 1960, tendo possível origem local.

LEITEIRO. A figura do vendedor de leite em domicílio, primeiro montado a cavalo e depois utilizando triciclo e outros veículos, é uma persistente lembrança na memória dos antigos moradores da hinterlândia carioca. Depois dele, veio a VACA LEITEIRA, focalizada em verbete próprio.

LENY ANDRADE. Cantora nascida na BOCA DO MATO em 1943. Com carreira profissional iniciada em 1961 e dona de um estilo bossa-novista personalíssimo, com forte influência do *bebop*, possui vasto currículo de apresentações internacionais. Em 1983, cantando música brasileira, fez sua primeira apresentação no Blue Note de Nova York, cidade onde se fixou em 1994. À época deste Dicionário, contabilizava centenas de apresentações no Brasil e no exterior, além de dezenas de importantes registros, acompanhada por grandes instrumentistas, como o violonista Romero Lubambo (CD gravado em Nova Iorque, em 1994) e os pianistas César Camargo Mariano e CRISTÓVÃO BASTOS, entre outros.

LEÔNIDAS DA SILVA. Ver BONSUCESSO FUTEBOL CLUBE; VILA MILITAR.

LEOPOLDINA, Região da. Denominação tradicional dada ao conjunto dos bairros servidos pelo ramal ferroviário antigamente chamado de LEOPOLDINA, e que formam o segmento nordeste do Município do Rio de Janeiro. Abrange as seguintes REGIÕES ADMINISTRATIVAS: 10ª (RAMOS), 11ª (PENHA), 29ª (Complexo do ALEMÃO), 30ª (Complexo da MARÉ) e 31ª (VIGÁRIO GERAL).

LEOPOLDINA, Ramal da. Antiga denominação de um dos ramais ferroviários que servem o subúrbio carioca, hoje operado pela empresa SUPERVIA e referido como "Ramal de Saracuruna", em referência à localidade fluminense, no município de Duque de Caxias. Sua história remonta a 1886, ano em que a Northern Railway (ESTRADA DO NORTE) inaugurou um percurso entre a estação de SÃO FRANCISCO XAVIER e Duque de Caxias, então denominada "Mirity", interligando diversos núcleos urbanos na região que, com o advento da ferrovia, experimentou um grande surto de progresso. A The Leopoldina Railway Company só começou a operar na área urbana do Rio de Janeiro a partir de 1898, ao incorporar o acervo da Northern Railway, que havia falido. Com a expansão da ferrovia, a empresa fez construir uma estação de passageiros à altura do seu prestígio, a qual foi inaugurada no dia 6 de Novembro de 1926, com o nome de Barão de Mauá. À época deste livro, o imponente edifício está praticamente abandonado, havendo, em estudo, um projeto para a sua transformação num centro cultural, interligado a um moderno SHOPPING CENTER. No Município do Rio de Janeiro, a Leopoldina servia os subúrbios seguintes: MANGUINHOS, antes, "Parada do AMORIM" e "Carlos Chagas"; BONSUCESSO, cuja estação era chamada "Bom Sucesso do Rio", à época da Estrada do Norte; RAMOS; OLARIA, antes "Pedro Ernesto"; PENHA, BRÁS DE PINA, CORDOVIL, PARADA DE LUCAS, e VIGÁRIO GERAL, bem como a cidade de Duque de Caxias e várias outras localidades da Baixada Fluminense.

LESGA. Sigla da Liga das Escolas de Samba do Grupo de Acesso. Ver ESCOLAS DE SAMBA.

LESPAM. Sigla da "Liga de Esportes do Arsenal de Marinha", clube dos servidores dessa repartição pública e seus familiares, localizado no Km 11 da AVENIDA BRASIL, ao lado da CASA DO MARINHEIRO, na PENHA. Muito bem equipado, é dotado de piscinas, campos de futebol, quadras poliesportivas, áreas de recreação e um salão de festas, cujas dependências são ocasionalmente utilizadas por particulares, mediante aluguel.

LEVANTE DE 1922 em Realengo. Quando da sucessão presidencial de Epitácio Pessoa, as eleições realizadas em março de 1922 deram como vitorioso o candidato Artur Bernardes, o que provocou grande insatisfação. Capitalizada pelos militares, essa insatisfação provocou o Levante do Forte de Copacabana (o dos "Dezoito do Forte"), o qual se irradiou para os estabelecimentos militares localizados na região de DEODORO, notadamente a ESCOLA MILITAR DE REALENGO. Segundo relato em Mansur (2009, p. 41-43), o grupo que saiu de Copacabana contava com a adesão de Realengo, bem como de tropas da VILA MILITAR e do CAMPO DOS AFONSOS. Entretanto, essas teriam traído o movimento. Mesmo assim, a Escola Militar, sob o comando do coronel Xavier de Brito, partiu para o confronto com as tropas governistas, travando-se o embate nas proximidades da ponte sobre o rio Piraquara. Mas, ao saber que não contava com o apoio da Vila Militar, o coronel Xavier de Brito resolveu render-se. O processo de julgamento só foi encerrado em 1930, por anistia concedida pelo governo provisório de Getúlio Vargas.

LIBERDADE. Um dos antigos nomes da estação ferroviária de DEL CASTILHO, então integrante da malha da Estrada de Ferro RIO D'OURO.

LICÍNIO CARDOSO, Rua. Logradouro em SÃO FRANCISCO XAVIER, com início na rua Bérgamo e final na rua Santos Melo. Marca o início da zona suburbana, tendo abrigado um importante terminal de BONDES. Seu nome homenageia Vicente Licínio Cardoso (1890 – 1931), educador, engenheiro e sociólogo carioca, cuja história de vida, curiosamente, se cruza, em vários pontos, com a do escritor LIMA BARRETO. No fim do século XIX, na Escola Politécnica do Rio, o aluno Afonso Henriques de Lima Barreto experimentava seguidas reprovações em Cálculo Diferencial Integral, matéria lecionada pelo professor Atanásio Licínio Cardoso, positivista ferrenho, que se orgulhava de seu rigor para com os alunos, tendo um gosto um tanto sádico nas centenas de reprovações que motivava. Daí, o ódio que lhe votava a maior parte dos alunos, tendo inclusive, entre os reprovados, um que chegou ao ponto de ameaçá-lo com um revólver, e outro que tentou o suicídio atirando-se de uma das sacadas do prédio da Escola. Reprovado várias vezes, o aluno Afonso Henriques atribuía seu insucesso à perseguição, principalmente da parte do odiado mestre, o que, segundo a biografia de Lima, escrita por Francisco Assis Barbosa, "os anos só fizeram confirmar". Em agosto de 1889, no ano em que, em fevereiro, prestando exames de segunda-época, o jovem Lima Barreto era aprovado em Geometria e reprovado em Cálculo, o que tornaria a ocorrer nos três anos seguintes, nascia o filho do professor Atanásio, batizado como Vicente Licínio Cardoso. Em 1915 – ano em que, já conhecido como escritor, mas também já tendo experimentado o horror do hospício, Lima começa a publicar em folhetins, no jornal *A Noite*, seu romance *Numa e a Ninfa* –, Vicente pretende candidatar-se a professor da escola Politécnica, mas o concurso é adiado. Dois anos depois (quando *Numa e a Ninfa* sai em livro), o mesmo Vicente presta exames para o magistério do curso de História da Arte da Escola de Belas-Artes mas o concurso é anulado por irregularidades. Finalmente, em 1927, Vicente Licínio Cardoso torna-se catedrático da Escola Politécnica, na cadeira de Arquitetura Civil, Higiene e Saneamento das Cidades, "exercendo o magistério com dedicação até 1931, quando tomou a decisão pessoal de deixar o convívio humano, talvez ocasionado por um estado depressivo (...), no apartamento n° 13 do Hotel Paissandu, no Rio de Janeiro" (SANTOS; BRITO, 1999, p. 476). Quando Vicente Licínio Cardoso cometeu o seu gesto de desespero, com a mesma idade com que Lima Barreto falecera, já se tinham passado nove anos da morte do autor de CLARA DOS ANJOS. E, ao contrário do filho de seu aludido algoz, e apesar do tormento que fora sua vida terrena, Barreto morrera tranquilo, sentado, "abraçado a um volume da Revue des Deux Mondes", segundo sua biografia.

LILINHA FERNANDES (1888 – 1981). Nome literário de Maria das Dores Guimarães Fernandes. Poetisa, autora das coletâneas de poemas *Flores agrestes*, *Apogiaturas* e *Contas perdidas*, nasceu na rua São Gabriel, no CACHAMBI.

LIMA BARRETO (1881-1922). Nome literário de Afonso Henriques de Lima Barreto, escritor nascido e falecido na cidade do Rio de Janeiro. Considerado um dos mais representativos escritores brasileiros da crítica social urbana, retratou em seus romances, contos e crônicas a sociedade da época, denunciando o racismo e as injustiças sociais e captando com ironia e amargura, mas sempre magistralmente, a vida carioca. Fiel às suas origens étnicas e de classe, e repudiando o colonialismo cultural, foi rejeitado pelo mundo literário, alcançando reconhecimento somente após sua morte. Suas obras principais foram os romances *Recordações do escrivão Isaías Caminha*, *Numa e a ninfa*, *Vida e morte de M. J. Gonzaga de Sá* e *Clara dos Anjos*. Falecendo em 1922, aos 4l anos de idade, Lima deixou, ainda, artigos e crônicas reunidos em coletâneas, além de um Diário íntimo e dois volumes de Correspondência. Célebre morador de TODOS OS SANTOS, da atual rua Major Mascarenhas, Lima gostava de ler os jornais, pela manhã, num botequim da esquina da rua José Bonifácio (antiga rua de Todos os Santos) com a velha ESTRADA REAL DE SANTA CRUZ, depois AVENIDA SUBURBANA e, mais tarde, avenida DOM HELDER CÂMARA. Desse seu "observatório" privilegiado, o escritor, de vez em quando, levantava os olhos fitando a Serra dos Órgãos azulando lá longe, os bois e a casa de fazenda. Noutros instantes, olhava o capinzal e se imaginava na roça da Ilha do Governador, onde passara a infância. Mas logo vinha o bonde, a barulhada dos entregadores no caminhão de cerveja, a buzina de um carro, trazendo-o de volta à realidade. Dessas observações e elocubrações, além de suas leituras, veio a visão do ambiente suburbano, às vezes doce, às vezes cáustica, expressa nos escritos que deixou. "Os subúrbios estão em seus livros – escreveu H. Pereira da Silva (1976, p. 27) – sem intenção documentária, mas vivos, tal qual eram e ainda são no que diz respeito aos costumes pouco ou quase nada modificados". Ver BENFICA; BOCA DO MATO; CASA LIMA BARRETO; CLARA DOS ANJOS; ENGENHO NOVO; ESTAÇÃO; LICÍNIO CARDOSO; MARIA ANGU, Porto de; SUBÚRBIOS ELEGANTES.

LINHA AMARELA. Via expressa inaugurada em 1997, que liga a ilha do Fundão (onde se localiza o Aeroporto Internacional do Galeão) à Barra da Tijuca, cortando bairros de JACAREPAGUÁ e da Zona Norte por meio de túneis e elevados. É uma das vias previstas no Plano Doxiadis, junto com a LINHA VERMELHA. Sua abertura provocou grandes mudanças em bairros como ENGENHO DE DENTRO, DEL CASTILHO e INHAÚMA.

LINHA AUXILIAR. Antiga denominação de uma das linhas da antiga Estrada de Ferro CENTRAL DO BRASIL que servem à região suburbana do Rio, referida, na atualidade, como "Ramal de Belford Roxo", em alusão ao município desse nome, na Baixada Fluminense. Seu significado está no fato de que ela é subsidiária à "linha tronco" da ferrovia, que vai até DEODORO e, lá, se bifurca em dois ramais: o principal, de Nova Iguaçu; e o outro, de SANTA CRUZ. Em 1º de novembro de 1893, foi inaugurado o primeiro trecho da Estrada de Ferro Melhoramentos do Brasil, criada pela empresa de mesmo nome, cujo percurso tinha início na estação de Mangueira – razão pela qual a famosa escola de samba é chamada de Estação Primeira de Mangueira – e se estendia primeiro até Sapopemba, depois até a PAVUNA. Posteriormente, sua estação inicial passou a ser a de ALFREDO MAIA, hoje extinta, nas proximidades da Praça da Bandeira, e a última em São Mateus. Em 1903, a empresa foi incorporada à Central do Brasil, com o nome de Linha Auxiliar. No momento deste livro, seus trens partem da Estação D. Pedro II e atendem, entre outras, as localidades de JACAREZINHO, DEL CASTILHO, ROCHA MIRANDA, HONÓRIO GURGEL e PAVUNA, estendendo-se até a sua estação final em Belford Roxo, na Baixada Fluminense. Outras antigas estações, algumas das quais hoje desativadas, são: TRIAGEM, HERÉDIA DE SÁ, VIEIRA FAZENDA (atual JACAREZINHO), MARIA DA GRAÇA, CINTRA VIDAL, TERRA NOVA, CAVALCANTI, ENGENHEIRO LEAL, MAGNO (atual MERCADÃO DE MADUREIRA), TURIAÇU, BARROS FILHO e COSTA BARROS, todas objeto de verbetes específicos nesta obra. As estações e ruas desses subúrbios muitas vezes evocam em seus nomes, personagens marcantes e, certamente, bem pouco "suburbanos". Por exemplo: Francisca Zieze (Francisca Carolina de Mendonça Zieze), proprietária e doadora das terras onde se estabeleceu a Irmandade de São Benedito dos PILARES; Maria Benjamim, também grande proprietária, descrita como "mulata"; Cintra Vidal, professor, dono de colégio no Caminho dos Pilares, atual rua Álvaro de Miranda; tenente Honório Gurgel do Amaral, dono de uma fazenda próximo à igreja de Nossa Senhora da Apresentação, no IRAJÁ, nos futuros domínios da Estrada de Ferro RIO D'OURO.

LINHA VERDE. Identificada pela sigla RJ-080, é uma das vias expressas previstas no Plano Doxiadis, junto com a LINHA VERMELHA. Pelo traçado original, ligaria a RODOVIA PRESIDENTE DUTRA (na altura da PAVUNA) ao bairro da Gávea, na Zona Sul. Os únicos trechos realizados foram a AVENIDA AUTOMÓVEL CLUBE e o TÚNEL NOEL ROSA (entre RIACHUELO e Vila Isabel, sob o Maciço do ENGENHO NOVO), ligados pelas ruas Miguel Ângelo, em MARIA DA GRAÇA (com início junto ao viaduto Emílio Baumgart, em DEL CASTILHO), Álvares de Azevedo, no JACARÉ, Paim Pamplona, em SAMPAIO, e Viaduto Procurador José Alves de Morais, neste mesmo bairro, que formam uma espécie de via expressa através das áreas faveladas da região.

LINHA VERMELHA. Via expressa que liga a Baixada Fluminense ao Centro e à Zona Sul da cidade, e facilita também o acesso ao Aeroporto Internacional do Galeão e às instituições sediadas na Ilha do Fundão. A RJ-071 (avenida Presidente João Goulart) é uma das vias incluídas no Plano Doxiadis de urbanização do Rio, de 1965, que previu a criação de seis linhas expressas interligadas, das quais foram realizadas também a Linha Lilás (entre a Zona Sul e o Centro), a LINHA AMARELA e parte da LINHA VERDE. Na região objeto deste Dicionário, a Linha Vermelha passa pela orla das comunidades de Pinheiro, Maré, Rubens Vaz e Parque União, no Complexo da MARÉ, e faz um pequeno percurso no bairro de CORDOVIL, após atravessar as ilhas do Fundão e Governador (fora do âmbito da obra).

LINS DE VASCONCELOS. Bairro na jurisdição da 13ª Região Administrativa (MÉIER), em antigas terras do ENGENHO NOVO DOS JESUÍTAS. As origens do povoamento local foram os caminhos trilhados pelos tropeiros provenientes da BAIXADA DE JACAREPAGUÁ. Vindos pelo Caminho dos Três Rios, desciam eles pela Serra do MATEUS e seguiam pela Estrada da Serra do Mateus, atual Rua Lins de Vasconcelos, até alcançar a sede do Engenho. A principal referência local era a "Venda do Matheus", na localidade já então conhecida como "BOCA DO MATO". O nome do bairro evoca a família do major-médico Modesto Benjamim Lins de Vasconcelos, dono de propriedade no alto da Estrada, a qual foi aos poucos desmembrada em chácaras, vendidas a diversas famílias, como as de Luís Ferreira Moura Brito e Vicente Piragibe, em cujos terrenos abriu-se o atual arruamento. Nascendo o bairro, nele foi erguida a Capela de Nossa Senhora da Guia, convertida em paróquia em 1923. Por esse tempo, surgiu no local o Clube Alemão, fundado pela colônia germânica do Rio de Janeiro, mas fechado e transformado área militar pelo Governo Federal quando da Segunda Guerra Mundial. Mais tarde, o local recebeu um condomínio, para residência de oficiais do Exército. Ver ÁGUA NAZARÉ; ART DÉCO; BARONESA DE URUGUAIANA; BOCA DE OURO; CACHOEIRINHA, Morro da; CLUBES; CONSELHEIRO FERRAZ; ESCOLAS DE SAMBA; FÁBIO LUZ; FAVELAS; GAMBÁ, Morro do; IÊ-IÊ-IÊ; LINS IMPERIAL.

LINS IMPERIAL, Sociedade Recreativa e Escola de Samba. Escola de samba de LINS E VASCONCELOS. No fim dos anos 1960, com as cores verde e rosa, era mencionada em Araújo e Jório (1969) como uma escola de porte médio.

LIQUERJ. Sigla da Liga Independente das QUADRILHAS JUNINAS do Estado do Rio de Janeiro.

LIRA DO AMOR. Antiga escola de samba existente em BENTO RIBEIRO, entre 1933 e 1947, com sede na rua Pacheco da Rocha. De sua diretoria, participou PAULO DA PORTELA, quando desligado da azul e branca de OSWALDO CRUZ. O encerramento das atividades da escola se deu após o trágico acidente que, no carnaval de 1947, vitimou o sambista CAQUERA, enforcado pela corda de isolamento da escola quando a recolhia de cima de um caminhão e ela, enroscando-se na roda em movimento, o foi asfixiando, como uma cobra, sem que ele percebesse.

LOBO JÚNIOR, Avenida. Via na PENHA CIRCULAR, com início na rua Marcílio Dias, nas proximidades do MERCADO SÃO SEBASTIÃO, e término na AVENIDA BRÁS DE PINA, depois de percorrer o viaduto que atravessa a AVENIDA BRASIL. Seu nome homenageia Francisco José Lobo Júnior, vereador partidário do prefeito PEDRO ERNESTO, filho do imigrante português conhecido como "Juca Lobo" e chegado ao Brasil por volta de 1868, para tornar-se grande proprietário e empreendedor na região da PENHA. Residindo na Chácara das Palmeiras, onde na atualidade se localiza o PARQUE ARI BARROSO, Juca Lobo, que deu seu nome à antiga parada da atual estação da PENHA CIRCULAR, antes "Parada do Lobo", foi quem doou à municipalidade o terreno onde se ergueu, na década de 1930, o Hospital Getúlio Vargas. A avenida Lobo Júnior, antes de receber o nome do filho do benemérito, chamava-se rua do Portinho (GERSON, 1965), porque dava acesso a um pequeno porto na Baía de Guanabara.

LONAS CULTURAIS. Espaços criados pela Prefeitura da Cidade com o objetivo de descentralizar a produção artística na cidade, facilitando às populações da hinterlândia o acesso a espetáculos, oficinas, cursos, exposições etc. O espaço inspirador dessa modalidade foi o Teatro de Arena de CAMPO GRANDE, inaugurado em 1958 por iniciativa do grupo TEATRO RURAL DO ESTUDANTE, e que teve como grande incentivadora a engenheira Elza Osborne. O Arena era um espaço aberto, e essa circunstância foi um dos fatores que inviabilizaram sua utilização durante longo tempo. Em 1983, entretanto, com a iniciativa do governo municipal de dar novo uso às diversas lonas armadas durante o evento internacional Eco 92, criou-se o projeto das Lonas Culturais, sendo o antigo Teatro de Arena de Campo Grande o primeiro aquinhoado. Batizada em homenagem a Elza Osborne, a Lona campograndense gerou outras nove similares. À época deste texto, estavam em funcionamento, na região objeto deste livro, as seguintes: Lona Cultural Gilberto Gil (músico e político), em REALENGO, à avenida Marechal Fontenele, com capacidade para 350 pessoas); L.C. HERMETO PASCHOAL (músico), em BANGU, na Praça 1º de Maio, com capacidade para 350 pessoas; L.C. Elza Osborne (engenheira), em Campo Grande, com capacidade para 400 pessoas; L.C. SANDRA DE SÁ (cantora pop), SANTA CRUZ, Rua 12, Conjunto Guandu I, 500 pessoas; L.C. CARLOS ZÉFIRO (quadrinista), ANCHIETA. Além dessas, compõem o painel a lona cultural denominada Terra (GUADALUPE) e outras três cujos nomes homenageiam os músicos Herbert Vianna (MARÉ), João Bosco (VISTA ALEGRE) e JACOB DO BANDOLIM (JACAREPAGUÁ), sendo esta a única a homenagear, em sua denominação, um artista do universo do SAMBA ou do CHORO, o que talvez traduza uma orientação estética ou política.

LOPES RIBEIRO. Denominação inaugural da parada ferroviária que mais tarde se transformou na estação de BONSUCESSO.

LOPES TROVÃO (1847 – 1925). Nome pelo qual se fez conhecido José Lopes da Silva Trovão, político brasileiro nascido em Angra dos Reis, RJ, e falecido na cidade do Rio de Janeiro. Um dos principais chefes da campanha que levou à proclamação da República, destacou-se como grande orador. Descrito como magro, sempre de cartola e monóculo, Lopes Trovão morava na rua Flack, no RIACHUELO, ainda assim denominada na atualidade.

LOTAÇÃO. Espécie de pequeno ÔNIBUS outrora usado no transporte coletivo carioca. P. ext., veículo adaptado para esta finalidade. Embora não fosse exclusivo da região estudada neste livro, nela o lotação, pela grande carência de transporte à época, gerou alguns hábitos peculiares, como de viajar "abaixadinho" (agachado no corredor, por não ter mais bancos disponíveis), burlando assim a fiscalização. Nesse caso, quando o candidato a passageiro, na rua, esticava o braço solicitando a parada do veículo, ele o fazia indicando, com um gesto, que se dispunha a viajar de qualquer jeito, mesmo "abaixadinho". Ver TOMARA-QUE-CHOVA.

LOTADA. Denominação da modalidade de transporte público informal, geralmente Kombi ou van, na qual o veículo só inicia seu trajeto depois que se completou a lotação.

LOURENÇO MADUREIRA. Agricultor e boiadeiro que se tornou o epônimo do bairro de MADUREIRA. Arrendando, por volta de 1816, terras pertencentes ao capitão Inácio do Canto, proprietário da Fazenda do CAMPINHO, estabeleceu nelas uma roça de mandioca e milho que muito prosperou, levando desenvolvimento à região. Com a morte do capitão, sua viúva, Dona Rosa Maria dos Santos, falecida em 1846, resolveu desconsiderar o arrendamento e distribuir as terras cultivadas. Ingressando na justiça, Madureira tornou-se autor do primeiro processo judicial por posse de terra no Rio de Janeiro, conquistando, com isso, a simpatia popular e sendo, mais tarde, homenageado com a aposição de seu sobrenome na denominação do bairro surgido com a chegada da ferrovia.

LUCAS. Ver PARADA DE LUCAS.

LÚCIA LAGUNA. Pintora nascida em Campos, RJ, em 1940, e residente em SÃO FRANCISCO XAVIER. Ex-professora da rede municipal, com carreira artística iniciada em 2000, tornou-se destacado nome da pintura brasileira, num estilo que mescla cenas abstratas e figurativas, em telas de grandes dimensões. Em sua primeira exposição individual, em São Paulo, na prestigiosa Galeria Virgílio, em 2009, teve vendidos nove dos dez quadros expostos.

LUCÍDIO LAGO, Rua. Logradouro no MÉIER, com início na rua ARQUIAS CORDEIRO e término na Praça Canadá. Seu nome homenageia Lucídio José Cândido Pereira do Lago, empresário fundador, em 1879, da Companhia Ferro-Carril de Cachambi, com BONDES de tração animal que perfaziam o trajeto de CACHAMBI a ENGENHO DE DENTRO, antes da inauguração da estação ferroviária do Méier, ocorrida dez anos depois.

LUÍS CARLOS DA VILA (1949 – 2008). Nome artístico de Luís Carlos Baptista, compositor e cantor nascido e falecido na cidade do Rio de Janeiro. Com carreira profissional iniciada no fim da década de 1970, consagrou-se, pela poesia refinada e a melodia fluente, como um dos grandes nomes do SAMBA. Ligado ao bloco CACIQUE DE RAMOS, foi coautor do antológico samba-enredo Kizomba, a festa da raça, com que sua escola de samba, a Unidos de Vila Isabel, sagrou-se campeã em 1988, no carnaval do centenário da abolição. Em 1999, lançou um CD inteiramente dedicado à obra do compositor CANDEIA, e, à época de seu falecimento, gozava de alta reputação em todos os setores da música popular brasileira. Luís Carlos devia seu nome artístico à VILA DA PENHA, bairro onde residiu desde a infância, depois de nascido na PENHA.

LUIZ AMERICANO (1900 – 1960). Músico sergipano, radicado no Rio de Janeiro a partir de 1921. Atuando profissionalmente como executante de clarinete e sax alto, além de compositor, foi um músico importante na evolução da linguagem do CHORO. Com atuação inclusive internacional, em 1940, participou da célebre gravação a bordo do navio "Uruguai", dirigida pelo maestro norte-americano Leopold Stokowski. Faleceu em sua residência, em BRÁS DE PINA.

LUIZ BONFÁ (1922 – 2001). Violonista e compositor brasileiro de renome internacional. Segundo Tárik de Souza (2003, p. 177), por volta de 1934, "morava em SANTA CRUZ, na então remota Zona Oeste do Rio (...) Tinha 12 anos e tomava o trem até a Central, de onde caminhava até a Lapa e daí para a casa do uruguaio Isaías Sávio, seu professor de violão, na subida para Santa Tereza".

LUIZ CARLOS PRESTES (1989- 1990). Líder comunista brasileiro. No dia 5 de março de 1936, após a chamada Intentona Comunista, foi preso, de pijama, juntamente com sua mulher Olga Benário, na casa de nº 274 da rua Honório, no CACHAMBI. Sobre o fato, o jornal *Diário da Noite*, na primeira edição do dia mencionado, noticiava: "Às primeiras horas da manhã a polícia efetuou no Meyer a prisão do capitão Luiz Carlos Prestes, chefe dos comunistas no Brasil (...) numa pequena casa solitária no Meyer (...) Informam os moradores das vizinhanças da casa onde foi preso Luiz Carlos Prestes, que os seus moradores eram extremamente misteriosos. Não saíam quase e evitavam, sempre, qualquer contato com outras pessoas. Em horas avançadas recebiam visitas de pessoas que viajavam, de ordinário, em automóveis. (...) Na residência de Luiz Carlos Prestes a polícia apreendeu um caixote contendo livros, quase todos versando sobre a vida financeira da nação".

LUIZ PEIXOTO. Ver CANCIONEIRO DOS SUBÚRBIOS.

LUIZ SOBERANO. Nome artístico de Ednésio Luís da Silva, sambista nascido em 1920. Compositor da escola de samba PAZ E AMOR, de BENTO RIBEIRO, foi autor ou coautor de sambas imortais, como *Não me diga adeus* e *Enlouqueci*, grandes sucesso do carnaval de 1948, além de diversas cantigas de UMBANDA. Na década de 1930, organizava concorridos espetáculos musicais nos fundos de uma igreja em VILA VALQUEIRE. E, a partir de 1940, atuou profissionalmente como pandeirista da requisitada orquestra de Napoleão Tavares.

LUIZA BRUNET. Nome artístico da modelo e empresária Luiza Botelho da Silva, nascida em Itaporã, no atual Mato Grosso do Sul, em 1962. Na infância, veio com a família morar em INHAÚMA, tendo, a respeito, declarado o seguinte: "Nunca esqueci de Inhaúma e nunca escondi que morei no subúrbio. Acho uma bobagem as pessoas que ficam famosas e querem inventar uma outra história de vida. Foi lá que eu aprendi a lavar, a passar, a cozinhar, coisas que as moças que moravam, na Zona Sul nem pensavam em fazer. (...) A vida em Inhaúma corria com tranquilidade. Tudo parecia mais simples. Meu sonho de menina, como toda suburbana, era ser dona de um salão de cabeleireiro" (RITO, 2001, p. 47).

LUPERCE MIRANDA (1904 - 1977). Músico pernambucano, nascido em Recife e falecido na cidade do Rio de Janeiro. Chegou ao Rio em 1928, liderando um grupo de música sertaneja. Figura referencial no universo do CHORO, no qual foi grande compositor e bandolinista, dividiu com JACOB DO BANDOLIM a primazia entre os grandes executores do difícil instrumento. Era morador de MARECHAL HERMES.

M

MACACOS, Morro dos. Elevação na Serra do BARATA, em REALENGO. A mesma denominação, aplicada a um morro em Vila Isabel, na Zona Norte, é equivocada, pois este se ergue em terras da antiga Fazenda do Macaco, devendo então seu nome ser mencionado no singular: "Morro do Macaco".

MACAQUINHO. Designação popular do trem, movido a vapor e depois a óleo, que, até cerca da década de 1980, ligava SANTA CRUZ ao município de Itaguaí. O nome viria, segundo algumas versões, da circunstância de os vagões serem de madeira, em cor escura, e pularem muito no sacolejo da viagem.

MACIÇO. Um maciço é um conjunto de SERRAS ou montanhas que formam um bloco contínuo. No ambiente objeto deste trabalho, destacam-se, principalmente, os maciços de GERICINÓ, localizado nos bairros de CAMPO GRANDE e BANGU, e o da PEDRA BRANCA, que começa junto ao mar e termina na Serra de BANGU. Ver RELEVO.

MACKENZIE, Sport Club. Ver SPORT CLUB MACKENZIE.

MADALENA XANGÔ DE OURO. Ialorixá famosa no Rio, no início do século XX. Também conhecida como "Madalena Rica", morava no número 363 da rua Quintão, em QUINTINO BOCAIÚVA, na região da rua PADRE NÓBREGA. Ligada ao núcleo fundador da escola de samba PORTELA, sua casa foi frequentada, entre outros, pelo menino Alberto Lonato (1909 – 1999), mais tarde figura de proa da VELHA GUARDA DA PORTELA.

MADUREIRA. Bairro sede da 15ª Região Administrativa. Localizado em terras outrora pertencentes à Freguesia de IRAJÁ, no caminho entre a BAIXADA DE JACAREPAGUÁ e o porto fluvial de Irajá. Suas origens remontam à Fazenda do CAMPINHO, situada, no século XVIII, na área compreendida entre a Fazenda do ENGENHO DE FORA, o Engenho do PORTELA e as terras arrendadas a LOURENÇO MADUREIRA. Em 1780, a fazenda teria sido vendida, e, cerca de oito anos depois, leiloada judicialmente. Em 1779, entretanto, as terras constavam como propriedade de um padre, chamado Miguel de Antunes. O certo é que, segundo Fridman (1999, p. 173), as terras citadas foram arrendadas, pelo menos em parte, pelo mencionado Lourenço Madureira, por volta de 1816, sendo divididas entre parentes e amigos de Rosa Maria dos Santos, viúva de Manoel Inácio do Canto, proprietário da Fazenda do CAMPINHO, em 1864. O nome do bairro, então, ligar-se-ia a esse Madureira, mencionado alhures simplesmente como agricultor. Entre os "parentes e amigos" da viúva Rosa Maria, constariam DOMINGOS LOPES, que hoje dá nome a uma rua do bairro, e Vitorino Simões, pai de Clara Simões, depois mulher de Domingos, eternizada no nome DONA CLARA, dado à primeira estação ferroviária local. Outras fazendas locais foram aquelas que, ao serem fragmentadas, originaram chácaras como a de D. Carolina Machado (também nome de rua) e a do capitão-tenente José Maria VAZ LOBO. Nesse processo, a região evidenciou-se como o mais importante ponto de convergência e irradiação dos caminhos rurais, o que se consolidou com o advento do transporte ferroviário. O TREM. Veja-se agora que, na sucessão desses eventos, no final do século XIX, chegam à região os trilhos da ESTRADA DE FERRO DOM PEDRO II, e, no início da centúria seguinte, os da Estrada de Ferro Melhoramentos do Brasil, também conhecida como LINHA AUXILIAR. No início da implantação, os trens a vapor, com vagões de madeira, da E.F. Dom Pedro II, ao chegarem a CASCADURA, tomavam um pequeno desvio, até a chamada "PARADA DO CUNHA", daí retornando. Em 1896, por força do progresso local, a parada foi elevada à condição de estação, recebendo o nome do "Madureira". Entretanto, nesse momento histórico, a estação que mais se destacava no bairro era a da Linha Auxiliar, então chamada "INHARAJÁ", nome provavelmente originado, por corruptela, de IRAJÁ, freguesia na qual a estação se situava. Localizada no encontro estratégico das duas estradas principais que demandavam as áreas mais produtivas da região (a do Portela e a depois chamada Estrada MARECHAL RANGEL, atual avenida MINISTRO EDGARD ROMERO), e que desembocavam no imprescindível MERCADO DE MADUREIRA, inaugurado em 1914, a estação, mais tarde denominada MAGNO, era, por isso, a mais importante. E, além dela, a população contava ainda com uma terceira estação ferroviária, a de Dona Clara, nas proximidades da atual Praça do Patriarca. O BONDE. Em 1905, a ligação com o centro da freguesia ganhou o acréscimo da linha de bonde, ainda de tração animal, num serviço que duraria até 1928, quando, com a eletrificação, se tornou a última linha de bondes de burro a ser extinta no Rio de Janeiro. Com o advento dos bondes elétricos, quatro linhas atendiam Madureira: a de Irajá e a da PENHA chegavam ao bairro pela Estrada Marechal Rangel (hoje avenida Edgar Romero) e faziam o retorno numa pequena parada localizada no atual acesso ao Viaduto NEGRÃO DE LIMA, próximo à estação de Magno. Raimundo Macedo (2009) destaca que essas linhas tinham, cada uma, nas estradas Marechal Rangel, MONSENHOR FÉLIX e Vicente Carvalho, uma via de circulação exclusiva, com pedras e dormentes no leito. As outras linhas eram as dos bondes Licínio Cardoso e Cascadura, que vinham pela Rua Carvalho de Sousa, dobravam à esquerda na Estrada Marechal Rangel em direção à estação de Madureira e, depois de uma pequena parada em frente ao Cine Alfa, dobravam à esquerda na rua CAROLINA MACHADO em direção aos seus destinos. ÔNIBUS. Em 2009, Madureira conta com várias linhas de ônibus que ligam o bairro com diversos outros pontos da cidade, assim como, também, com localidades do Grande Rio. Esses ônibus trafegam por algumas das principais vias do bairro, as quais, inclusive são ocasionalmente fechadas ao trânsito, e que eram, em 2009, notadamente, as seguintes: avenida MINISTRO EDGARD ROMERO; Estrada do PORTELA; rua JOÃO VICENTE; rua Carolina Machado; rua CONSELHEIRO GALVÃO; rua PADRE MANSO; rua DOMINGOS LOPES; e Viaduto NEGRÃO DE LIMA. Resumindo, vemos que, com a eletrificação das linhas de bondes e dos trens, respectivamente em 1928 e 1937, Madureira foi-se consolidando como um dos grandes núcleos comerciais, culturais e de entretenimento na zona suburbana carioca, polo de atração para os inúmeros bairros hoje dentro de sua área de influência, a qual compreende toda a 25ª Região Administrativa, mais parte das 24ª e 26ª. Ver AGBARA DUDU; ALMERINDA FREITAS, Travessa; CARMELA DUTRA; BONDES; CINEMAS ANTIGOS; IMPÉRIO SERRANO; JUDAICA, Presença; MADUREIRA ESPORTE CLUBE; MERCADÃO DE MADUREIRA; PORTELA; ROSETÁ; SÃO JOSÉ DA PEDRA; TRENS SUBURBANOS; TREM DAS NORMALISTAS; ZAQUIA JORGE.

MADUREIRA, Mercado Antigo de. Ver MERCADÃO DE MADUREIRA.

MADUREIRA ATLÉTICO CLUBE. Ver MADUREIRA ESPORTE CLUBE.

MADUREIRA ESPORTE CLUBE. Associação fundada em 12 de outubro de 1971, como resultado da fusão dos três principais clubes do bairro: MADUREIRA TÊNIS CLUBE, IMPERIAL BASQUETE CLUBE e Madureira Atlético Clube. Suas cores, grená, azul e amarelo-ouro, evocam, cada uma, as antigas agremiações, dentro da tradição do antigo M.A.C., denominado o "TRICOLOR SUBURBANO". Observe-que o antigo Madureira Atlético, cuja data de fundação foi fixada em 8 de agosto de 1914, já era resultado da fusão de dois outros clubes de futebol, o Magno e o FIDALGO. E a versão mais coerente para sua fundação é aquela segundo a qual o clube foi fundado por iniciativa de um grupo de comerciantes do bairro, que objetivava ter, em MADUREIRA, um grande clube social. Assim, depois de várias reuniões, iniciadas em 1932, em 16 de fevereiro, de 1933 era consumada a criação do novo clube, ficando, entretanto, oficializada a data de fundação do Fidalgo, talvez por razões de ordem histórica, ou mesmo prática. Em 1939, o Madureira conseguiu seu primeiro título, o do Campeonato Carioca de Amadores, logrando, no mesmo ano, sagrar-se campeão do "Torneio Início", competição criada em 1916 e na qual os jogos, sempre eliminatórios, ocorriam todos no mesmo dia, em dois tempos de 10 minutos cada um, sendo a partida final disputada em duas etapas de 30 minutos. Em 15 de junho de 1946, depois de ter seu campo, desde 1924, na rua DOMINGOS LOPES, na região de DONA CLARA, o clube inaugurava, na rua CONSELHEIRO GALVÃO, seu novo estádio, cujo nome homenageia um de seus maiores beneméritos, ANICETO MOSCOSO, verbetizado em outra parte desta obra. Durante sua existência, o Madureira Atlético Clube revelou grandes jogadores, como Didi, EVARISTO DE MACEDO, JAIR DA ROSA PINTO, Lelé e Isaías. A segunda fusão foi motivada principalmente pela intenção de expandir a atuação do clube a outras atividades além do futebol, como tênis e basquete, praticados nos dois outros clubes chamados à fusão. Assim, nascia o moderno Madureira, de cujas hostes saíram, no futebol, os craques MARCELINHO CARIOCA, Iranildo, Souza e Leo Lima, entre outros.

MADUREIRA TÊNIS CLUBE. Antigo clube social, extinto pela fusão que resultou na criação do MADUREIRA ESPORTE CLUBE. Com sede na atual avenida MINISTRO EDGARD ROMERO, congregava a alta classe média da região, destacando-se como um dos mais conhecidos do subúrbio. Em 1956, sua candidata chegava em 7º lugar no concurso para escolha da Miss Distrito Federal: Miss Madureira Tênis Clube – Lair Moreira, loura de 19 anos, olhos castanhos esverdeados, 1,63m, 48 kg. Tem o curso secundário. Todas dizem que se parece bastante com a atriz Ida Lupino. Ver REI LEOPOLDO DA BÉLGICA.

MÃE ADEDÉ. Antiga mãe de santo com terreiro em RAMOS, na rua Major Rego. Na noite de 30 de junho de 1939, recebeu em sua casa de santo númerosa comitiva artística, liderada pelo sambista e pai de santo ZÉ ESPINGUELA. Na caravana, que incluía o compositor Ari Barroso, a cantora Dircinha Batista e PAULO DA PORTELA, a figura principal era a famosa vedete internacional Josephine Baker (1906-1975), então em turnê no Brasil. Segundo Jota Efegê (1978), recebida por Mãe Adedé, a Venus d'Ebène (Vênus de Ébano, como era chamada na França) foi levada, como de costume, até o lugar de honra do terreiro e, dali, talvez não tão surpresa como pensaram os jornalistas, assistiu à sessão. Após essa visita, segundo o mesmo Efegê, é que o compositor Ari

Barroso teria incorporado muito dos elementos da cultura musical afro-brasileira que caracterizaram sua obra.

MÃE PRETA, Cabana da. Ver PAIZINHO PRETO DE INHOAÍBA.

MÃES DE ACARI. Denominação de um movimento social surgido em 1990, após o sequestro seguido de assassinato de onze jovens na Favela de ACARI. As mães dos mortos organizaram-se para denunciar o desaparecimento dos corpos de seus filhos e cobrar das autoridades o direito de sepultá-los. O movimento, no qual destacou-se Vera Lúcia Flores, falecida em agosto de 2008, foi um dos precursores na luta pelos direitos humanos no Rio de Janeiro.

MAGALHÃES BASTOS. Bairro integrante da 33ª Região Administrativa (REALENGO), localizado em antigas terras nos limites entre as freguesias de CAMPO GRANDE (Fazenda Piraquara) e IRAJÁ (Fazenda dos Afonsos). Antes de receber o nome atual, depois da Segunda Guerra Mundial, em homenagem ao tenente-coronel Antônio Leite de Magalhães Bastos, um dos principais responsáveis pelo trabalho de reestruturação do Exército, a partir de 1915, a localidade era conhecida como Fazenda das Mangueiras e, mais tarde, como Vila São José. Sua estação ferroviária, pertencente ao ramal de Santa Cruz da antiga Estrada de Ferro CENTRAL DO BRASIL, foi inaugurada em 1914, entre as de VILA MILITAR e Realengo. Um dos menores bairros do município do Rio de Janeiro, teve como um de seus mais importantes pioneiros, segundo voz geral, o português Manuel Guima, mestre de obras que trabalhou na construção das edificações da Vila Militar. Ver AVENIDA BRASIL; BACIA HIDROGRÁFICA; BLOCOS CARNAVALESCOS; CURRAL DAS ÉGUAS; FAVELAS; JACQUES, Morro do; MALLET.

MAGALHÃES CORREA, Armando (1889-1944). Professor, artista plástico, historiador e jornalista carioca. Iniciou seus estudos na ESCOLA MILITAR DE REALENGO, completando-os na antiga Escola Nacional de Belas-Artes. Naturalista autodidata, fixou residência em JACAREPAGUÁ, com o objetivo de realizar a magnífica obra a que se dedicou. Conservacionista pioneiro, é autor do magistral livro *O sertão carioca* (CORREA, 1933), ilustrado por sua pena de desenhista, no qual descreve e analisa a região que vai da BAIXADA DE JACAREPAGUÁ à Pedra de GUARATIBA, descendo a minúcias sobre suas geografia, fauna, flora e população, e sugerindo políticas conservacionistas de grande importância e influência em seu tempo.

MAGARÇA, Estrada do. Via entre CAMPO GRANDE e GUARATIBA, com início no Largo do Monteiro e término na Estrada da Pedra. Sua existência remonta ao Engenho do Magarça, pertencente, em 1760, a Domingos de Barros, e propriedade, vinte anos depois, de Caetano de Oliveira Braga. No início do século XIX, a Fazenda do Magarça era uma das grandes propriedades da freguesia de Campo Grande (ver mapa em FRIDMAN, 1999, p. 128). Ver CAFEICULTURA.

MAGNATAS FUTEBOL DE SALÃO. Clube esportivo e social localizado no número 336 da rua General Belford (também com entrada pelo 144 da rua Capitulino), no bairro do ROCHA. Na década de 1960, foi famosa a sua programação carnavalesca conhecida como "Baile dos Horrores" ou "Noite dos Horrores", na qual decoração e fantasias remetiam ao universo da fantasmagoria, na atualidade evocado pelos festejos do *Halloween* anglo-americano, com concurso para escolha da fantasia mais assustadora.

MAGNO. Antigo nome da estação ferroviária do Ramal de Belford Roxo, da SU-

PERVIA, hoje oficialmente denominada "Estação MERCADÃO DE MADUREIRA". Sua denominação antiga, homenageava Alfredo Magno de Carvalho, engenheiro da equipe do prefeito Paulo de Frontin. Ver GOVERNANTES DA CIDADE.

MAJOR ARCHER. Nome pelo qual foi conhecido Manuel Maria Leopoldo Constantino Eleutério Mateus Archer, major da Guarda Nacional e proprietário rural em Cabuçu, então na Freguesia de GUARATIBA, onde residia. De suas terras foi que, de janeiro de 1872 até 1874, saíram as mudas de plantas que recuperaram a Floresta da Tijuca, então devastada para o plantio de café. O trabalho foi pacientemente executado pelos velhos escravos Manuel Moçambique, Preta Maria, Leopoldo, Constantino, Eleutério e Mateus, durante dois longos anos, tendo resultado no plantio de cerca de 62 mil árvores. O Major faleceu em 1907.

MALHA, Jogo de. Modalidade esportiva em que se arremessam discos de metal na direção de um pequeno cilindro de madeira, chamado "meco", colocado verticalmente a considerável distância, com o fim de derrubá-lo. Trazido para o Brasil provavelmente por imigrantes portugueses, gozou de prestígio na hinterlândia carioca até pelo menos a década de 1960. Jogado, geralmente em duplas de parceiros, em pistas apropriadas ou mesmo no chão, convenientemente aparelhado, das ruas, dele saía vencedor o contendor ou a dupla que mais vezes derrubasse o meco ou fizesse a malha chegar mais perto dele. Observe-se que, embora a provável procedência portuguesa do jogo, o termo "meco" parece ter origem na África, no vocábulo *mbéko*, pessoa pequena, anão, do idioma quicongo, falado no Congo, na Republica Democrática do Congo e em Angola.

MALLET. Denominação popular para Vila Mallet, localidade em MAGALHÃES BASTOS, surgida ao longo da estrada Marechal Mallet, que se inicia na avenida Marechal Fontenele e finda na avenida Duque de Caxias. O nome homenageia o Marechal Emílio Luís Mallet (1801 – 1886), patrono da arma de Artilharia e do regimento de artilharia montada que leva seu nome. Outro marechal, com o mesmo sobrenome, foi João Nepomuceno de Medeiros Mallet (1849 – 1907).

MALVINAS. Denominação popular do Conjunto Sargento Miguel Filho, construído em 1982, como uma extensão da VILA KENNEDY ao sul da AVENIDA BRASIL, e cujo nome oficial homenageia um soldado natural do Acre, morto na Segunda Guerra Mundial. Entretanto, o apelido que se popularizou evoca a guerra em que Inglaterra e Argentina disputaram a posse das ilhas Malvinas, ocorrida na época da inauguração do conjunto. Um detalhe interessante sobre esse conjunto é ele foi a área escolhida para atender, em 1987, à solicitação do grupo Tortura Nunca Mais, no sentido de homenagear, pondo seus nomes em logradouros da cidade, 33 pessoas mortas ou desaparecidas durante o regime militar, nos anos 1960 e 70, como Gregório Bezerra, Vladimir Herzog, Pedro Pomar, Manoel Fiel Filho e outros (MONTEIRO, 2011b).

MANECO (1928 – 1956). Apelido de Manoel Anselmo da Silva, jogador de futebol. Destacando-se no FUTEBOL AMADOR a partir de IRAJÁ, e ganhando, por sua arte de grande driblador, o apelido de "SACI DE IRAJÁ", estreou profissionalmente em 1942, no América Futebol Clube. Seu vistoso futebol o levou à seleção carioca, na qual sagrou-se campeão brasileiro, formando ao lado dos atacantes Pedro Amorim, Heleno de Freitas, Ademir e Chico, e marcando três dos quatro gols com que os cariocas derrotaram os paulistas. Nessa partida, Maneco deu um "baile" em DOMINGOS DA GUIA (então jogando no Corinthians), e no dia seguinte desfilou pela avenida Rio Branco com a bola do jogo debaixo do braço. Convocado para a seleção brasileira, atuou na Copa Rio Branco, mas não permaneceu na equipe que disputou a Copa do Mundo de 1950. Encerrando precocemente a carreira, talvez por contusão, depois de ter marcado 187 gols pelo América, único time de sua carreira profissional, suicidou-se premido por dificuldades financeiras.

MANGUINHOS. Bairro pertencente à 10ª Região Administrativa (RAMOS), nascido em terras da antiga Freguesia de INHAÚMA. Em 1886, chegavam a essas terras os trilhos da ESTRADA DO NORTE, criando-se aí a "Parada do AMORIM", assim denominada em homenagem a João Dias Amorim, proprietário local, dono das terras do Morro do Amorim e de uma grande CARVOARIA. Posteriormente, a pequena estação ferroviária passou a denominar-se "Carlos Chagas", em homenagem ao cientista que sucedeu Oswaldo Cruz, à frente da instituição na atualidade denominada Fundação Instituto Oswaldo Cruz, FIOCRUZ. Mas acabou por permanecer o nome "Manguinhos", com que a região sempre foi popularmente conhecida, e que é inclusive assim registrado por LIMA BARRETO (1999, p. 28): "Para além do caminho, estendia-se a vasta região de mangues, uma zona imensa, triste e feia, que vai até o fundo da baía (...)". Na atualidade, Manguinhos, do qual nasceu o atual bairro da MARÉ, no outro lado da AVENIDA BRASIL, e que já abrigou inclusive o AEROCLUBE DO BRASIL, é um bairro com alto índice de favelização e violência. Tanto que a avenida Leopoldo Bulhões, uma das principais do bairro, que segue ao lado da via férrea em direção a BONSUCESSO, é, à época deste livro, incluída no que se conhece como "FAIXA DE GAZA", numa referência à região conflituosa do Oriente Médio. Em fevereiro de 2010, era anunciada a inauguração pelo governo estadual, em Manguinhos, de uma biblioteca multimídia com um acervo de 25 mil livros, 650 filmes e 3 milhões de músicas, além de 40 computadores (BLOG, 2011). Ver BACIA HIDROGRÁFICA; BENFICA; BENTO RIBEIRO DANTAS; BONSUCESSO; ENGENHO NOVO; ESCOLAS DE SAMBA; FÁBRICAS DESATIVADAS; FARIA-TIMBÓ; FAVELAS; IGREJA DE NOSSA SENHORA DA PENHA; LEOPOLDINA, Ramal da; OLARIA; REFINARIA DE MANGUINHOS.

MANHÃS DANÇANTES. Programações organizadas pelas ESCOLAS DE SAMBA, principalmente nas décadas de 1940 e 1950, em geral comemorativas de efemérides ou datas marcantes. Uma das muitas dentre elas realizou-se no DANCING VITÓRIA, em IRAJÁ, organizada por integrantes do mundo do SAMBA, no dia 11 de dezembro de 1949, no horário de 9 às 14 horas, animada por orquestra composta de três saxofones, dois trompetes, piano, viola americana, contrabaixo, bateria e percussões, segundo Vasconcellos (1991, p. 100). A Ala dos Amigos da Onça, da escola de samba IMPÉRIO SERRANO, programou uma outra, no mesmo local, para o 16 de julho de 1950, data fatídica que marca a derrota da seleção brasileira de futebol para a do Uruguai, na final da Copa do Mundo daquele ano. A motivação inicial foi, provavelmente, a comemoração da vitória ao fim do baile, o que, entretanto, não foi possível.

MANOBREIROS. No ambiente objeto deste Dicionário, a antiga figura do "manobreiro", funcionário municipal responsável pela abertura e o fechamento das torneiras dos reservatórios de água nas localidades então carentes de abastecimento contínuo e regular, é muitas vezes folclórica. Senhores de um poder às vezes exercido arrogante e arbitrariamente, em suas mãos repousava o destino (da sede à higiene) de milhares de pessoas. No livro *O sertão carioca*, publicado por MAGALHÃES CORREA (1933), o trabalho desses funcionários é focalizado na figura dos manobreiros dos grandes reservatórios, como a REPRESA DOS CIGANOS, até hoje existentes na região de JACAREPAGUÁ.

MANO DÉCIO DA VIOLA (1909 – 1984). Nome pelo qual foi conhecido o sambista Décio Antônio Carlos. Nascido em Santo Amaro da Purificação, na Bahia, com um ano de vida veio com o pai, pedreiro, para o Rio. Entre os seis e os 14 anos, morou em Mangueira, de onde mudou-se com a família para MADUREIRA. Em 1930, foi para RAMOS, onde se ligou ao G.R.E.S. RECREIO DE RAMOS e compôs seu primeiro SAMBA, *Vem meu amor*, gravado em 1935, quando já estava novamente em Madureira, integrado à Escola de Samba PRAZER DA SERRINHA. Para esta escola, compôs o samba-enredo de 1946, em parceria com SILAS DE OLIVEIRA. No ano seguinte, participou da dissidência que fundou a IMPÉRIO SERRANO. Desde então, assinou vários sambas-enredo imperianos, alguns deles campeões. Na década de 1970, gravou três LPs, interpretando sambas de sua autoria.

MANO ELÓI. Ver IMPÉRIO SERRANO, G.R.E.S.

MANUEL ARCHER. Ver MAJOR ARCHER.

MANUEL DA MOTA FONSECA. Ver CASA DE ESPINHO.

MANUEL DO SINO. Nome pelo qual se fez conhecido Manoel Cosme, músico e técnico carioca especializado em programação musical de sinos e carrilhões. Por meio da empresa "Cláudio & Manoel do Sino" (2011), realiza a programação de badaladas de uma centena de templos no Rio de Janeiro e áreas vizinhas, tendo a seu crédito a instalação do campanário da basílica de Nossa Senhora do Brasil, em Aparecida do Norte, São Paulo. Embora sem endereço físico conhecido, as linhas telefônicas informadas pela empresa são da região do GRANDE MÉIER.

MANUEL MACHADO, Rua. Logradouro em VAZ LOBO, com início na avenida MINISTRO EDGARD ROMERO. Seu nome homenageia aquele que foi, segundo Gerson (1965), "o mais influente pajé da política municipal de CASCADURA em diante", primeiro vereador de IRAJÁ, na primeira Câmara Municipal da República. Sua mãe, CAROLINA MACHADO, a pedido de JOSÉ DO PATROCÍNIO, libertou seus escravos antes da Lei Áurea, que foi comemorada com uma grande festa em sua casa entre os atuais subúrbios de MADUREIRA e IRAJÁ.

MANUEL VITORINO, Rua. Logradouro ligando ENCANTADO à PIEDADE, com início na praça Sargento Eudóxio Passos e término na rua ASSIS CARNEIRO. Seu nome homenageia Manuel Vitorino Pereira (1853 – 1902), político baiano que, enter outros cargos, foi vice-presidente da República, governando interinamente o país entre novembro de 1896 e março do ano seguinte, período em que concretizou a aquisição do Palácio do Catete, antiga sede do Executivo. Segundo Gerson (1965), tinha casa de veraneio na PIEDADE, na rua da Capela.

MANUFATURA. Nome pelo qual foi mais conhecido o Manufatura Nacional de Porcelana Futebol Clube, fundado em 15 de setembro de 1932, na antiga AVENIDA SUBURBANA, em Del Castilho, em terreno hoje ocupado pelo centro comercial NORTE SHOPPING. Pertencente ao grupo industrial Klabin, foi campeão do DEPARTAMENTO AUTÔNOMO, série Suburbana, nos anos de 1950, 1963 e 1967.

MARÃ ESPORTE CLUBE. Associação recreativa e esportiva localizada em MARECHAL HERMES. Em 1956, tornou-se nacionalmente conhecido através do concurso de Miss Distrito Federal, preliminar do certame que escolhia a Miss Universo. Sua candidata, Lêda Brandão Rau (morena clara, de olhos castanhos, 20 anos, 1,65m, 57 quilos, medidas de corpo 90-60-93, coxa 57, tornozelo 21), era eleita, chegando em terceiro lugar no concurso de Miss Brasil. Na descrição de suas credenciais, dizia-se que tinha curso ginasial completo, conhecia inglês e espanhol, e nascera em Botafogo, na Zona Sul. Curiosamente, segundo Romão da Silva (1966, p. 233), "marã" é nome indígena, significando "guerra; desordem; briga; confusão; malefício". Sobre a voga dos concursos de miss, pelo menos até a década de 1950, o escritor Carlos Heitor Cony (2003a, p. 40), no romance *A tarde da sua ausência*, em que mescla ficção e realidade, escreveu: "Dalva fizera o ginásio na Zona Norte quando morava lá mesmo, os pais tinham o ranço suburbano, que custaram a perder. O orgulho de candidatar a filha a miss de um clube, na onda dos concursos que ficaram em moda e logo decaíram, era expressão e símbolo de uma época que alguns consideravam a mais alegre e dourada do Rio de Janeiro."

MARAFA. Romance do escritor Marques Rabelo (1907 – 1973), lançado em 1935. Tem como personagens representantes da baixa classe média carioca, nos ambientes de Botafogo, Centro, Estácio e Mangue, antiga zona do baixo meretrício. Em sua narrativa, o autor apresenta esta visão do subúrbio: "A viúva abrigara-se nos confins do ENCANTADO, na casa do seu único irmão (...). Era telegrafista da Central, criava galinhas crioulas por nacionalismo (...). A vala cheirava mal. Trens apitavam, deixando um rasto de fumaça na noite escura. Sanfonas gemiam. O cão late, late, late. O telegrafista insistia, que ele apa-recesse de dia. Não deixasse de aparecer. Queria mostrar-lhe a criação. Estava com um lote de franguinhos que era uma beleza!" (REBELO, 19--, p. 106-107). Já o bucolismo do "sertão carioca"assim aparece no livro: "O sítio ficava em JACAREPAGUÁ e o pai constantemente descrevia--o com cores vivas (...) Do trem ela espiava. Não via nada (...) Saltaram, mas ainda precisava tomar um bondinho. O bondinho era sujo e vagaroso. O sol aparecia afinal. Andaram a pé, depois, por uma estrada que principiava no lugar de onde o bondinho voltava, um largo redondo invadido pelo capim, com uma casa só, que era uma venda. Mil ruídos diversos vinham do mato. Mil pássaros povoavam os galhos, cruzavam o ar, saltitavam pelo chão devorando bichinhos. Mil flores desconhecidas (...) As cigarras eram incontáveis; brancas, amarelas, encarnadas e azuis lá iam as borboletas e aí o sol subia, forte, secando o orvalho que cintilava nas folhas (...) Foi um dia de liberdade"(idem, p. 110-111). No título do romance, o substantivo "marafa" é usado na acepção de vida libertina, depravada (HOUAISS; VILLAR, 2001), em alusão ao ambiente central da trama, a zona do meretrício.

MARANGÁ, Vale do. Antiga denominação da região da PRAÇA SECA, em função de sua localização, entre vários MORROS. A origem do nome, remontando ao tempo da ocupação indígena, parece estar no tupi *marã-guá*, "baixada ou vale da batalha" (SAMPAIO, 1987, p. 280), em provável alusão a um evento guerreiro.

MARÇALZINHO. Ver MESTRE MARÇAL.

MARCÃO. Ver MARCO PALITO.

MARCELINHO CARIOCA. Pseudônimo de Marcelo Pereira Surcin, jogador de futebol nascido no Rio em 1971. Descoberto aos 14 anos de idade, jogando pelo MADUREIRA ESPORTE CLUBE, em 1988, estreava no Flamengo. Na década seguinte, tornou-se ídolo no Corinthians paulistano, a partir do qual fez carreira internacional. Sendo inegavelmente um craque, é tido como jogador polêmico, tendo, talvez por isso, poucas vezes atuado na seleção.

MARCELO D2. Pseudônimo de Marcelo Maldonado Gomes Peixoto, cantor e compositor nascido em 1967. Com carreira iniciada no grupo *Planet Hemp*, do universo do hip-hop, oito anos depois iniciou carreira solo. Destacou-se como um dos principais apologistas da liberação do uso da maconha. Segundo sua biografia, nasceu em um hospital em São Cristóvão e morou até os 9 anos de idade em MARIA DA GRAÇA, de onde mudou-se para o Andaraí.

MARCELO GAMA. Pseudônimo de Possidônio Cezimbra Machado, poeta de méritos, falecido em 1915, em consequência de um acidente de bonde. Segundo o escritor UELINTON FARIAS ALVES, biógrafo de CRUZ E SOUSA e também residente na região, Gama, de "vida irregular e boêmia", teria falecido quando, viajando de bonde com destino á sua residência, na rua Castro Alves nº 123, ao passar, dormindo, por um dos viadutos sobre a via férrea, foi arremessado aos trilhos, por um movimento brusco do veículo, sofrendo uma queda fatal de 20 metros de altura.

MARCÍLIO DIAS, Favela. VER AUGUSTO BOAL.

MARCO DA FAZENDA IMPERIAL DE SANTA CRUZ. Monumento histórico e atração turística em SANTA CRUZ. Datado de 1826, localiza-se em frente ao quartel do BATALHÃO ESCOLA DE ENGENHARIA VILLAGRAN CABRITA.

MARCO PALITO (MARCÃO). Nome artístico de Marcos Guimarães, humorista nascido em PILARES, em 1966. Iniciou carreira em 1987, com o "respondeu, bebeu" uma espécie de gincana de conhecimentos gerais que criou e conduzia em bares suburbanos e da ZONA OESTE. Em 1996, criou o programa "Conversa Fiada", sucesso no circuito das LONAS CULTURAIS. Em um de seus quadros, "Diário de um Magro", nasceu o "BONEQUINHO VIL", personagem inspirado no bonequinho símbolo da crítica cinematográfica do jornal *O Globo*. Procurando fazer um humor tipicamente suburbano, Marcão costuma percorrer as ruas suburbanas, observando fatos e situações, e conversando com pessoas, em busca de inspiração para novos tipos e esquetes. Em 2003, o humorista ganhou o Prêmio Governo do Estado, como empreendedor de cultura popular.

MARCOS DA FAZENDA DE SANTA CRUZ. Ver PRAÇA RUÃO.

MARCOS SAÚVA. Ver MARCO PALITO.

MARCUS VINÍCIUS FAUSTINI. Ver GUIA AFETIVO DA PERIFERIA.

MARÉ. Bairro sede da 30ª Região Administrativa. Compreende as comunidades de Baixa do Sapateiro, Conjunto Pinheiros, Marcílio Dias, Maré, NOVA HOLANDA, Parque União, Praia de Ramos, Roquete Pinto, Rubens Vaz, Timbau, Vila do João, Vila Esperança e Vila Pinheiro, nascidas sobre um vasto aterro de pântanos e manguezais, após desativação do porto de INHAÚMA, ainda no século XIX. O primeiro núcleo a surgir foi o do Morro do Timbau, cuja ocupação se inicia em 1940. Com a expansão desse núcleo em direção ao centro da Baía de Guanabara, surgiu a Baixa do Sapateiro, por volta de 1947, a qual, por sua vez, expandiu-se sobre palafitas, formando a favela conhecida como "Favela da Maré", por causa das graves consequências causadas pelo fluxo e refluxo das águas do mar. Mais tarde, sobre uma série de aterros feita em um manguezal no final da rua Ouricuri, nasceu o Parque Roquete Pinto. Depois, na década de 1960, formaram-se as comunidades de Parque Rubens Vaz, Parque União, Parque Nova Holanda e Praia de RAMOS. Com o tempo, construíram-se conjuntos habitacionais, como os seguintes: Vila do João (1982, logo chamado pelos moradores de "Inferno Colorido", pois os imóveis, pequenos e muito quentes, eram pintados externamente em cores fortes), Conjunto Esperança (1982), Vila do Pinheiro (1983), Conjunto Pinheiro (1989), Conjunto Bento Ribeiro Dantas (1992), Conjunto Nova Maré (1996) e Novo Pinheiro (2000, popularmente conhecido como "Salsa e Merengue"). Segundo o "Censo Maré 2000", realizado pela ONG Centro de Estudos e Ações Solidárias da Maré, o complexo, composto por 16 comunidades, com seus mais de 132 mil habitantes, era, em 2005, a maior concentração de população de baixa renda do Estado do Rio de Janeiro e uma das maiores do país, constituindo-se em uma gigantesca favela encravada no meio de um triângulo formado pela AVENIDA BRASIL e pelas vias denominadas LINHA VERMELHA e LINHA AMARELA, a qual, além da pobreza, tinha sua vida cerceada pelas imposições da guerra do NARCOTRÁFICO (MONTEIRO, 2009). Ver AEROCLUBE DO BRASIL; ANGOLANOS DA MARÉ; BACIA HIDROGRÁFICA; BAIXA DO SAPATEIRO; BENTO RIBEIRO DANTAS, Avenida; CANAL DO CUNHA; COBERTURA VEGETAL NATURAL; FAVELAS; KINDER OVO; LONAS CULTURAIS; MANGUINHOS; MARÉ, NOSSA HISTÓRIA DE AMOR; MUSEU DA MARÉ.

MARÉ, Complexo da. Ver MARÉ.

MARÉ, NOSSA HISTÓRIA DE AMOR. Filme de longa metragem da cineasta Lúcia Murat, feito no Rio de Janeiro, em 2007. Trata-se de musical sobre um casal jovem morador do Complexo da MARÉ, ela, filha de um chefe do narcotráfico, ele, irmão de um adversário desse delinquente, pertencente a outra facção criminosa. Livremente inspirada no *Romeu e Julieta* shakespeareano, o filme procurou levar para a tela "a dança contemporânea nacional" e a "peculiar mistura presente nas favelas" (NETO, 2009, p. 625).

MARECHAL FONTENELLE, Avenida. Ver INTENDENTE MAGALHÃES.

MARECHAL HERMES. Bairro integrante da 15ª Região Administrativa (MADUREIRA). Nasceu em terras do antigo Engenho SAPOPEMBA, fundado em 1612 na futura Freguesia de IRAJÁ, nas vizinhanças da Fazenda do Gericinó, pródiga em canaviais. O nome do bairro homenageia o marechal Hermes da Fonseca, presidente da República entre 1910 e 1914. Logo no início do mandato presidencial, o marechal, em viagem à Europa, conheceu algumas "vilas operárias" na Alemanha e na França, e resolveu implantar na então Capital da República o mesmo modelo. Assim, em 1910, convidou o tenente engenheiro Palmiro Serra Pulquério a elaborar projetos para a construção de quatro vilas em diferentes locais da cidade, sendo a maior de todas a "Vila Sapopemba", depois batizada com seu nome. Integrada ao projeto, a estação ferroviária, uma verdadeira joia arquitetônica inaugurada em 1913 e hoje tombada pelo Patrimônio Histórico Nacional, foi importada da Bélgica em blocos e montada no local. Em sua torre, destacava-se um relógio, o qual, antes do tombamento, foi removido e enviado, segundo consta, para algum lugar em Minas Gerais. Integrando, também, o projeto, construiu-se o instituto profissional mais tarde denominado ESCOLA TÉCNICA VISCONDE DE MAUÁ. Com o fim do governo do marechal, o projeto da Vila foi abandonado, tendo sido construídos apenas 165 dos 1.350 imóveis previstos. A partir daí, foram-se agregando à vila moradias simples, construídas, para seu próprio uso, pelos operários contratados para o grande empreendimento. Majoritariamente portugueses, esses operários acabaram por motivar o apelido pelo qual ficou conhecida essa parte do bairro, o "Portugal Pequeno". A sequência da ocupação ficou por conta de funcionários públicos e apadrinhados de políticos da época. Após 1930, o governo de Getúlio Vargas retomou as obras da Vila, procedendo, entretanto, a uma profunda intervenção no projeto original. Então, o bairro cujos sobrados chegavam a ter até 90 m², ganhou blocos de apartamentos e teve os nomes das ruas, antes referentes a datas significativas do movimento operário, substituídos por nomes de militares. No lado direito dos trilhos ferroviários que seguem para o interior, o bairro, na porção da antiga Fazenda do Gericinó, às margens do rio Sapopemba, teve desenvolvimento diferente, mais ligado à história de DEODORO, GUADALUPE e BARROS FILHO, e com dominância do sub-bairro Vila Eugênia, que abriga a comunidade conhecida como Muquiço ou Favela do Muquiço. Como curiosidade, veja-se que a verve local costumava, nos anos de 1980, afirmar que o lado da Cordeiro de Farias, planejado, bem arrumado, era "Hermes", enquanto que o outro lado da via férrea seria um outro bairro, chamado "Marechal". Ver BACIA HIDROGRÁFICA; CAMPO DOS AFONSOS; CAROLINA MACHADO, Rua; CHUVAS DE VERÃO; CLUBES; ESCOLAS DE SAMBA; FAVELAS; HOSPITAIS PÚBLICOS; JOÃO VICENTE, Rua; MARÃ ESPORTE CLUBE; NAIR DE TEFFÉ, Palacete de; ÔNIBUS; SOCIEDADE FAMILIAR DANÇANTE E CARNAVALESCA CLUBE DOS MANGUEIRAS; TEATRO ARMANDO GONZAGA; TELEFONIA; UNIÃO DE MARECHAL HERMES F.C.; UNIDOS DO INDAIÁ; VILA MILITAR; VILA SAPOPEMBA.

MARECHAL RANGEL, Estrada. Denominação que teve, entre 1930 e 1958, parte da antiga ESTRADA NOVA DA FREGUESIA, atual avenida Ministro Edgard Romero, de início classificada como "estrada". Seu nome homenageia João Antônio de Vasconcelos Rangel (1796 – 1855), militar, engenheiro e professor que, ainda no posto de major, integrou em 1827, a comissão dirigente da construção do CANAL DA PAVUNA, e que foi autor de uma uma Memória sobre os pântanos de Irajá, Meriti e Pilar.

MARECHAL RONDON, Avenida. Extensa via ligando a Rua BARÃO DO BOM RETIRO, no ENGENHO NOVO, à rua São Francisco Xavier, nas imediações de Mangueira. Seu nome homenageia o sertanista Candido Mariano Rondon (1865 – 1958). Quando de sua implantação, chamou-se avenida Radial Oeste.

MARIA ANGU. Antiga localidade portuária na Freguesia de IRAJÁ, localizada nas atuais imediações do MERCADO SÃO SEBASTIÃO e dos quartéis da Marinha. Na década de 1950, a localidade abrigava uma comunidade de PESCADORES, moradora em barracões construídos sobre palafitas. Antes disso, no livro Feiras e mafuás, o escritor LIMA BARRETO (1956) contava que, em sua infância, a travessia do subúrbio para a Ilha do Governador era feita através do porto de Maria Angu, em um bote. O substantivo "maria-angu", registrado por Macedo Soares (1954) na acepção de "erva comestível também conhecida como 'erva de angu'", tem sua origem no quicongo, língua africana do grupo banto, formada pelos elementos *madia*, pl. de *adia*, alimento + *iangu*, pl. de *kiangu*, capim. O local certamente recebeu essa denominação, na época colonial, por ter pastagens generosas.

MARIA BENJAMIM, Rua. Logradouro em PILARES, com início na avenida João

MARIA DA GRAÇA

Ribeiro e final na rua Paquequer. Seu nome evoca uma personagem que, referida como "mulata" por Brasil Gerson (1965, p. 549), foi dona de vasta extensão de terras na antiga localidade de TERRA NOVA.

MARIA DA GRAÇA. Bairro integrante da 12ª Região Administrativa (INHAÚMA). Localizado em terras da antiga Freguesia de Inhaúma, cortadas pela ESTRADA REAL DE SANTA CRUZ, mais tarde AVENIDA SUBURBANA, e próxima do trecho inicial da antiga AVENIDA AUTOMÓVEL CLUBE, sua história se interliga com a dos vizinhos CACHAMBI, DEL CASTILHO e JACAREZINHO. Era região onde cresciam alto os capinzais, extremamente valorizados, principalmente por fornecerem o "combustível" dos veículos de transporte, na época da tração animal. Na região, segundo algumas fontes, localizava-se a Fazenda Maria da Graça, da família Cardoso Martins, que deu nome à localidade, servida pela LINHA AUXILIAR da Estrada de Ferro CENTRAL DO BRASIL, a qual manteve a estação denominada "Dr. Cesário Machado", inaugurada em 1928, nome provavelmente antecedido pela denominação popular de "MATO ALTO". O nome atual parece ter-se fixado a partir de 1934, ao que tudo indica, com o loteamento e a implantação do "Jardim Maria da Graça", da Companhia Imobiliária Nacional, entre a rua Miguel Ângelo, a avenida Suburbana, a Linha Auxiliar e o bairro de Del Castilho. Contando apenas com algumas pequenas indústrias, como a antiga Fábrica Cruzeiro de fósforos, o bairro então passou a abrigar estabelecimentos importantes, como a General Electric – GE, de equipamentos elétricos, a fabrica Eletromar de ventiladores etc. Mas o comércio era pequeno, os moradores tendo que se deslocar até MÉIER ou MADUREIRA para compras maiores ou mais específicas. Com a abertura da Linha 2 do METRÔ, Maria da Graça ganhou, em 1983, uma estação, que foi, durante algum tempo, a estação terminal da linha. Ver DOM HELDER CÂMARA, Avenida; FAVELAS; HIGIENÓPOLIS; ÔNIBUS; VIEIRA FAZENDA.

MARIA FUMAÇA. Denominação popular da antiga locomotiva a vapor, e por extensão de toda composição por ela tracionada. Os trens da Estrada de Ferro RIO D'OURO utilizaram tração a vapor, quase até o fim da existência do ramal, assim se destacando na paisagem da hinterlândia carioca.

MARIA-PRETA. Diversão infantil das FESTAS JUNINAS, constante de uma folha dupla de jornal, convenientemente dobrada e com as pontas presas, a qual, incendiada, subia a uma certa altura para então se desfazer, imitando um balão.

MÁRIO ÁLVARES Conceição (c.1850 – 1905). Músico, celebrado como inventor do cavaquinho de cinco cordas e da bandurra (espécie de bandolim) de quatorze, professor de cavaquinho de PIXINGUINHA. Foi morador da rua Vinte e Quatro de Maio, entre as estações de SAMPAIO e ENGENHO NOVO, onde faleceu.

MÁRIO AMÉRICO (1912 – 1990). Massagista esportivo, o mais famoso do futebol brasileiro, nascido em Minas Gerais e falecido em São Paulo. Na década de 1930, ainda conhecido como "Mário Neguinho", veio, de São Paulo, morar em MADUREIRA. Consertador de guarda-chuvas, vendedor de retalhos de tecidos e lutador de boxe, logo tornou-se uma espécie de herói popular do bairro. Até que, numa noite de 1941, um boxeador da Marinha, conhecido como "Índio da Armada", o jogou na lona, nocauteado, pela primeira vez. De volta para casa, aceitando uma carona oferecida pelo Dr. Almir Amaral, médico do MADUREIRA ATLÉTICO CLUBE, foi por este convidado para trabalhar como massagista do clube. Embora sem nenhum conhecimento do ofício, Mário aceitou, dispondo-se a aprender com um certo senhor Giovani, titular da função. Por essa época, o campo do Madureira ainda era na rua DOMINGOS LOPES. E o presidente era ANICETO MOSCOSO, "rei do JOGO DO BICHO, dono do dinheiro, do clube, dos jogadores, de tudo o que havia por perto" (MATTEUCCI, 1986, p. 36). Com o patrocínio de Moscoso, o Madureira montou uma equipe muito forte, que logo despertou a cobiça dos maiores. Assim, Alcides, Alfredo, JAIR DA ROSA PINTO, Lelé e Isaías foram comprados, num só lote, pelo Vasco. Mário, que já era um massagista respeitado, foi convidado mas não aceitou deixar o Madureira, por lealdade ao amigo, Dr. Almir Amaral. Até que um dia Jair, também seu amigo e admirador, levou-o, sem que ele soubesse, até o Vasco, onde acabou ficando, quase que obrigado. Nascia ali o Mário Américo, o "pombo-correio", massagista que saiu de Madureira para ser tricampeão do mundo, na Suécia, no Chile e no México, participando, entre 1950 e 1974, de sete copas do mundo.

MARIÓPOLIS. Nome abreviado para "Vila Mariópolis", sub-bairro do PARQUE ANCHIETA, localizado às margens do rio Pavuna e criado na década de 1940. Na região, segundo algumas fontes, localizar-se-ia um antigo cemitério indígena.

MARQUINHOS DE OSWALDO CRUZ. Nome artístico de Marcos Sampaio de Alcântara, sambista carioca nascido em 1961. Tornou-se conhecido a partir de 1995 com a criação do evento anual denominado "PAGODE do Trem". Nele, no dia 2 de dezembro, celebrado como "Dia Nacional do SAMBA", uma composição previamente cedida pela SUPERVIA, o "TREM DO SAMBA", sai do terminal de Dom Pedro II levando, em vários vagões, sambistas de várias vertentes, cantando, tocando e dançando sambas. Simbolicamente, o trem para na estação de Mangueira, recebendo sambistas da tradicional escola local, em MADUREIRA e termina a viagem em OSWALDO CRUZ, onde todos desembarcam para continuar as comemorações em diversos ambientes festivos. O formato da celebração é uma evocação das rodas de samba lideradas por PAULO DA PORTELA, realizadas no trem por sambistas que voltavam de seus trabalhos cotidianos, nas décadas de 1930 e 1940. Cantor e compositor com obras gravadas, inclusive pela cantora Beth Carvalho, em 2000, Marquinhos de Oswaldo Cruz lançou seu primeiro CD individual, *Uma geografia popular*, com sambas de sua autoria e de antigos compositores portelenses. Ativo promotor cultural, é também o criador de movimentos como os intitulados "Acorda Oswaldo Cruz", "Quilombos do Samba", e "Semana Paulo da Portela". Em 2009, tinha acolhido pela Prefeitura um grande projeto de preservação da memória da região de Madureira e Oswaldo Cruz.

MARTA ROCHA. Apelido dado pelo povo, na década de 1950, a um trem suburbano especial, com tarifa mais cara, que ligava MADUREIRA à Central do Brasil, parando apenas no ENGENHO DE DENTRO. Os vagões eram novos e limpos, e nele, pelo preço, viajavam em geral os membros da "elite suburbana". Transporte efetivamente seletivo, era fiscalizado por um funcionário que furava com uma espécie de torniquete os bilhetes dos passageiros, prática que remontava ao passado. O apelido do trem evocava a beleza de Martha Rocha, "Miss Brasil" que em 1954, nos Estados Unidos, conquistara segundo lugar no então ansiado concurso de "Miss Universo", perdendo apenas por decantadas "duas polegadas a mais" em seus quadris.

MARTIM CORREIA DE SÁ (c.1575 – c.1632). Administrador colonial português, filho de SALVADOR CORREIA DE

SÁ E BENEVIDES. Governou a capitania do Rio de Janeiro em três períodos: 1602 – 1608, 1618 – 1620 e 1623 – 1630. Foi proprietário de vastas terras produtivas na região de Jacarepaguá. Ver CIDADE DE DEUS [1]; GARDÊNIA AZUL; JACAREPAGUÁ [1].

MARTINHO DA VILA. Nome artístico de Martinho José Ferreira, compositor e cantor nascido em Duas Barras, RJ, em 1938. Vindo para o Rio ainda criança, foi morar na Serra do MATEUS. Lá, iniciou sua trajetória de compositor, na escola de samba Aprendizes da BOCA DO MATO, a qual desfilou com sambas de sua autoria de 1958 a 1964. Transferindo-se depois para a Unidos de Vila Isabel, onde ganhou o nome pelo qual, depois, se tornou célebre, iniciou carreira profissional em 1968, tornando-se um dos maiores nomes da música popular brasileira.

MARTIN LUTHER KING, Avenida Pastor. Ver AVENIDA AUTOMÓVEL CLUBE; IGREJA UNIVERSAL DO REINO DE DEUS.

MÁRTIR DA AVIAÇÃO. Ver JUVENTINO CARVALHO DA FONSECA.

MATA DO GOVERNO. Denominação popular da Floresta dos Pretos Forros, abaixo da Estrada GRAJAÚ-JACAREPAGUÁ, entre BOCA DO MATO e ÁGUA SANTA. Mesma denominação tem uma localidade no Campo de GERICINÓ, entre RICARDO DE ALBUQUERQUE e REALENGO.

MATA-MOSQUITO. Antiga denominação do funcionário dos serviços de higiene pública, encarregado do combate a larvas de insetos transmissores de doenças. Embora de atuação em toda a cidade, principalmente nos cortiços e FAVELAS, sua presença foi marcante no ambiente focalizado nesta obra, onde chamava bastante atenção, tanto por seu uniforme em estilo militar, quanto pela bandeira amarela que fixava na cerca ou no muro do local que inspecionava.

MATA-SAPO. Antiga designação, popular e pejorativa, de cada um dos trens da LINHA AUXILIAR, porque atravessavam brejos e terrenos pantanosos.

MATADOURO. Denominação da última estação da Estrada de Ferro CENTRAL DO BRASIL, no ramal de SANTA CRUZ. O nome remete à extinta repartição municipal, subordinada à Diretoria Geral de Obras e Viação da antiga Prefeitura do Distrito Federal, instalada em Santa Cruz, em substituição ao primeiro abatedouro do Rio de Janeiro, criado em 1774 na extinta Praia de Santa Luzia, no Centro da cidade. Inaugurado em 30 de dezembro de 1881, com a presença do Imperador D. Pedro II, e ocupando uma área de 223.320 m^2, o Matadouro de Santa Cruz foi, até a segunda metade do século XX, o local onde se abatia o gado proveniente de Minas Gerais, Goiás e Mato Grosso, à razão de 400 rezes por dia, para abastecimento de toda a cidade. De lá, a carne seguia para o entreposto existente na estação de São Diogo, nas proximidades da Central do Brasil, de onde era distribuído. O Matadouro era servido por um ramal circular da Estrada de Ferro Central do Brasil, com cerca de 1.700 metros de extensão, que ia da estação de Santa Cruz até as suas instalações, e do qual fazia parte a estação acima mencionada. Embora dele só restem ruínas, foi tombado pelo Patrimônio Histórico em 1984, e, desde 1998, seus terrenos abrigam o CETEP Santa Cruz da FAETEC, que inclui uma Escola Técnica, uma Escola de Ensino Industrial, uma creche, um Complexo Esportivo, um Centro de Informática e um Centro Referencial de Informações, oferecendo cursos nas áreas de informática, eletromecânica, enfermagem e segurança do trabalho No Palacete Princesa Isabel, que foi a sede administrativa do Matadouro, funciona o Centro Cultural Municipal Dr. Antônio Nicolau Jorge. Registre-se a existência, também, na cidade, do MATADOURO DA PENHA, nas proximidades da atual AVENIDA BRASIL.

MATADOURO DA PENHA. Antigo estabelecimento de abate e comercialização de carne bovina. Localizava-se em parte das terras da FAZENDA GRANDE DA PENHA, nas proximidades da atual AVENIDA BRASIL, na PENHA. Originou-se do pequeno abatedouro criado pelo açougueiro Custódio Nunes, em 1892, e transformado no Matadouro em 1910. Após sua morte, passou a pertencer à empresa Irmãos Goulart S.A., criada em 1916 por seu sócio, Quincas Leandro. O gado, vindo do interior, era trazido de trem pelo Ramal da Penha da Estrada de Ferro RIO D'OURO; e a extensa área destinada a abrigar a boiada ficou conhecida como INVERNADA DE OLARIA. Na área em que ficavam as instalações do matadouro, foi construída a Estação de Tratamento de Esgotos da Penha, inaugurada em 1940.

MATEUS, Serra do. Denominação da vertente leste da Serra dos PRETOS FORROS, na BOCA DO MATO.

MATINHA. Localidade no Complexo do ALEMÃO.

MATINHOS. Famoso comediante das rádios Tupi e Mayrink Veiga, na década de 1950. Atuou nos mais importantes programas humorísticos de sua época, sendo referido no site do humorista Chico Anysio como um "monstro sagrado". No cinema, participou, entre outros filmes, da chanchada *Tira a mão daí*, de 1955, ao lado de Antônio Carlos, Consuelo Leandro e Zezé Macedo. Era morador de VAZ LOBO.

MATO ALTO. Denominação, no início da década de 1920, de uma estação da Estrada de Ferro RIO D'OURO localizada na Freguesia de INHAÚMA, provavelmente a estação de MARIA DA GRAÇA.

MATO ALTO, Estrada do. Ver CAPELA MAGDALENA; GUARATIBA.

MATO ALTO, Fazenda do. Ver CAFEICULTURA.

MAURÍCIO CARRILHO. Violonista, compositor e arranjador carioca, nascido em 1957 na região da PENHA. Filho do flautista Álvaro e sobrinho de ALTAMIRO CARRILHO, despontou para a música bem cedo, e em 1976 participou da criação do grupo de CHORO *Os Carioquinhas*, surgido no ambiente do SOVACO DE COBRA. Mais tarde, realizou importantes e bem sucedidos projetos no universo do choro, entre os quais se inclui a gravadora ACARI RECORDS.

MAURO DINIZ. Instrumentista, arranjador, cantor e compositor carioca nascido em 1952. Destacou-se a partir do LP *Raça Brasileira*, em 1985, tornando-se um dos cavaquinhistas mais requisitados do meio musical brasileiro, sendo durante muitos anos integrante do grupo acompanhante da cantora Marisa Monte. Cantor de timbre encorpado, tem importantes registros em CD; compositor, tem obras gravadas com grandes artistas do SAMBA. Filho do sambista MONARCO, é cria de OSWALDO CRUZ e da PORTELA.

MAX BULHÕES (1903 - 1977). Nome artístico de Maximiliano Carvalho de Bulhões. Compositor de obra bastante significativa, tornou-se mais popular a partir de 1937, graças ao SAMBA Não tenho lágrimas, lançado por Patrício Teixeira e gravado em 1959, em versão denominada *Come to Mardi Gras* pelo cantor americano Nat King Cole. Na década de 1950, morava com a família em IRAJÁ.

MAX PIPAS. Nome pelo qual se fez conhecido Max da Fonseca Cardoso, morador de BANGU. Em 1986, depois de vencer uma competição entre empinadores de pipas no Aterro do Flamengo, foi contratado por uma grande empresa para organizar festivais e difundir a prática de soltar pipas. Assim, em 1996, participou de um campeonato profissional de sua especialidade na França. Em 2008, depois de sagrar-se campeão mundial na categoria "beleza", no mesmo país, conquistou o primeiro prêmio em todas as categorias, em uma competição realizada na Índia.

MEIA-ÁGUA. Espécie de casa de moradia, típica dos ambientes pobres da hinterlândia carioca, cujo telhado é formado de um só plano.

MÉIER. Bairro sede da 13ª Região Administrativa, localizado em terras da antiga freguesia do ENGENHO NOVO, a nordeste da Serra dos PRETOS FORROS e a oeste da Serra do Engenho Novo. Boa parte dessas terras, inicialmente pertencentes aos padres jesuítas, passariam, por volta de 1870, ao domínio de Augusto Duque Estrada Meyer, camarista (principal camareiro) do paço imperial, o qual passou à História com o nome – aqui com a grafia atualizada – de "Camarista Méier". Falecido em 1882, o patriarca da numerosa Família Méier não teve oportunidade de ver a inauguração da estação ferroviária do bairro, ocorrida em 1889. Até então, as estações locais da ESTRADA DE FERRO DOM PEDRO II eram a de TODOS OS SANTOS e a do RIACHUELO, inauguradas respectivamente em 1868 e 1869. As terras da família eram servidas apenas por uma parada improvisada, apelidada "Parada do Perna de Pau", em referência, segundo alguns autores, à amputação física do funcionário dela encarregado. Inaugurada, finalmente, no primeiro aniversário da Lei Áurea, a estação ferroviária recebeu o nome da família, mais tarde atualizado em sua grafia, embora contra algumas opiniões, já que, pela grafia original, a pronuncia seria "maier" e não "méier". Constando inicialmente de um pequeno arruamento ao redor da estação, o bairro começou a se expandir durante a administração do prefeito Amaro Cavalcanti (1917 –1918), quando se abriu uma avenida beirando os trilhos da ferrovia, e que receberia seu nome. Com a eletrificação, ainda na primeira década do século XX, das linhas de BONDES ligando o bairro ao Centro e a localidades vizinhas, como CACHAMBI, o desenvolvimento foi-se concretizando. Por essa época, construiu-se o aprazível JARDIM DO MÉIER, até hoje uma atração local, e instalou-se o quartel do Corpo de Bombeiros. Depois, o comércio foi-se expandindo, foram sendo abertos os cinemas, até que o Méier, por seu progresso, ganhou o título de a "Capital dos Subúrbios". Eco desse pioneirismo foi a inauguração, em 1963, do SHOPPING CENTER do Méier, o primeiro dessa espécie no Brasil. O Méier também foi polo de concentração de uma comunidade judaica importante que, a partir dos anos 1930, contou com pensões para imigrantes, comércio de produtos *kosher*, uma escola israelita e três sinagogas, além de movimentos juvenis e um grêmio cultural (FRIDMAN, 2007, p. 104, nota 36). Em 13 de maio de 2009, o bairro, tomando como base a inauguração de sua estação ferroviária modernizada, comemorava festivamente seus 120 anos. Ver ABOLIÇÃO; ADOLFO BERGAMINI; ÁGUA SANTA; ART DÉCO; BAIXO MÉIER; BASÍLICA DO SAGRADO CORAÇÃO DE MARIA; BIALIK, Escola Hebreu Brasileira Chaim Nachman; BOCA DO MATO; CANCIONEIRO DOS SUBÚRBIOS; CENTRAL DO BRASIL, Estrada de Ferro; CHARME; CHORO; CINEMAS ANTIGOS; CÍRCULO ILUSIONISTA BRASILEIRO; CLUBES; COBERTURA VEGETAL NATURAL; DIAS DA CRUZ, Rua; DISTRITOS MUNICIPAIS; ENCAN-

TADO; ENGENHO DE DENTRO; FÁBIO LUZ; FAVELAS; GAFIEIRAS; GRANDE MÉIER; HOSPITAL MUNICIPAL SALGADO FILHO; IÊ-IÊ-IÊ; JOAQUIM NAEGELE; JUDAICA, Presença; LINS DE VASCONCELOS; MACKENZIE, Sport Club; MANUEL DO SINO; MEYER, Família; METROPOLITANO F.C.; ÔNIBUS; PECADO CAPITAL; PEREIRA PASSOS, Obras de; SINAGOGA BEIT YEHUDA MEIR; STEFAN ZWEIG, Grêmio Cultural e Recreativo; SUBMETRÓPOLE KITSCH.

MÉIER, Família. Ver MEYER, Família.

MEIRA (1909 - 1982). Nome artístico de Jaime Tomás Florence, violonista e compositor brasileiro nascido em Pau d'Alho, PE, e falecido no Rio de Janeiro. Radicado desde 1928 na antiga capital federal, para a qual viera integrando um grupo liderado pelo bandolinista LUPERCE MIRANDA, estreou no disco em 1935. Como violonista, integrou vários grupos importantes, formando com Dino Sete Cordas uma dupla sempre lembrada. Como compositor, fez grande sucesso na década de 1950 com o SAMBA-canção *Molambo*, interpretado pelo cantor Roberto Luna. Como professor, foi mestre de pelo menos duas gerações de grandes violonistas brasileiros, entre os quais Baden Powell, João de Aquino, MAURÍCIO CARRILHO e Raphael Rabello. Morador da rua ANA NÉRI, em BENFICA, mais tarde mudou-se para a rua São Francisco Xavier.

MELHORAMENTOS, Estrada de Ferro. Ver ESTRADA DE FERRO MELHORAMENTOS.

MELLO TÊNIS CLUBE. Agremiação fundada em 1956, na PENHA CIRCULAR, com sede na rua Caroen, próximo à avenida Vicente de Carvalho. Seus associados e frequentadores dispõem, nas amplas e confortáveis instalações do clube, de um vasto leque de opções de lazer, entretenimento e informação. Sua programação variada incluía, à época deste texto, cinema para a "melhor idade" e uma feirinha de artesanato, além de eventos festivos os mais variados.

MELOSWEET, Grupo. Quarteto vocal formado pelos cantores Alex Sandro Félix, Eraldo Taylor, Moisés Freitas e Willian Nascimento. Dedicado à interpretação do repertório de canções de inspiração religiosa, modernamente conhecido no Brasil como GOSPEL, à época da elaboração deste livro, destacavam-se pela modernidade e pela qualidade de suas interpretações, apresentações e gravações, como a do CD *Providência*, de 2008. O grupo foi criado no sub-bairro CORCUNDINHA, em CAMPO GRANDE, onde os quatro cantores moravam, à época da fundação.

MENDANHA. Sub-bairro de CAMPO GRANDE, ao pé da serra de mesmo nome. Sua principal via, a estrada do Mendanha, inicia-se na Estrada das CAPOEIRAS e finda na Estrada do PEDREGOSO. A denominação evoca a maior fazenda campograndense de outrora, fundada no século XVII pelo sargento-mor Luís Vieira Mendanha, possuidor, em suas terras, de um dos melhores engenhos de açúcar do sertão carioca, o que lhe permitiu, entre outros feitos, ajudar o menino pobre FREIRE ALEMÃO, em sua vitoriosa trajetória (GERSON, 1970). Registre-se a existência, em Goiânia, GO, na atualidade, de um "Morro do Mendanha", cujo nome se deveria ao mesmo personagem.

MENDANHA, Fazenda do. Ver CAFEICULTURA.

MENDANHA, Serra do. Elevação no Maciço de GERICINÓ, abrangendo terras do atual bairro de CAMPO GRANDE, protegidas por lei, a partir de 1993, na condição de parque ecológico, por abrigar uma das últimas reservas da Mata Atlântica do município do Rio de Janeiro, com floresta ombrófila densa, e sendo hábitat natural de espécies raras ameaçadas de extinção, além de outras recém descobertas e, então, ainda em estudo. Em setembro de 2008, entretanto, quando se destacava como a Unidade de Conservação mais bem preservada do município e uma das raras com a situação fundiária resolvida, o Parque era declarado "área de especial interesse social, para fins de urbanização e regularização". Tal declaração era fruto de lei de iniciativa do vereador Jorge Felippe, decretada pela Câmara Municipal e sancionada pelo prefeito César Maia.

MENEZES CORTES, Avenida. Via que liga o ENGENHO NOVO a JACAREPAGUÁ, através da Serra dos PRETOS FORROS, com início na Visconde de Santa Isabel e término na Estrada do Pau-Ferro. É popularmente conhecida como Estrada Grajaú-Jacarepaguá.

MERCADÃO DE MADUREIRA. Grande centro comercial de MADUREIRA, localizado na avenida MINISTRO EDGARD ROMERO, com entrada também pela rua CONSELHEIRO GALVÃO. Sua origem foi o antigo MERCADO DE MADUREIRA. Aí, afirmou-se como grande centro de compras, em uma época que antecedeu a era dos shoppings, principalmente pelas características de seu comércio, que acabou se diversificando pela força da concorrência. Assim, com a implantação da CEASA em IRAJÁ, o mercado madureirense ampliou seu leque de ofertas, diminuindo, em suas cerca de 650 lojas, o foco nos produtos hortigranjeiros e gêneros alimentícios em geral, e destacando-se na oferta de outros itens, inclusive artigos religiosos afro-brasileiros. Já considerado o maior mercado popular do Brasil, em 2001, o "Mercadão" fora destruído inteiramente por dois incêndios sucessivos de grandes proporções. Então, reconstruído e modernizado, foi reinaugurado com o aspecto de um SHOPPING CENTER, com instalações mais confortáveis, conservando, entretanto, as características com que granjeou fama e atratividade, mantendo, por exemplo, a grande concentração de estabelecimentos comerciais criados para atender à demanda dos fiéis da UMBANDA e do CANDOMBLÉ. Nesse particular, contava, em fins de 2009, com cerca de 35 lojas, algumas delas oferecendo até mesmo artigos importados da África, além de trajes de uso religioso. No mesmo âmbito, quatro lojas comercializando animais vivos; 28 boxes vendendo ervas frescas e raízes; e outras com ingredientes para o preparo de alimentos rituais, mantinham a grande tradição do mercado. Tema de um livro (MARTINS, 2009) e um filme documentário lançados nas comemorações de seus 50 anos, o Mercadão recebia, na época, um publico diário estimado em 80 mil pessoas. Ver ERVAS; PIPA.

MERCADINHO DE IRAJÁ. Centro de abastecimento outrora existente em um grande terreno de forma triangular no encontro da avenida MONSENHOR FÉLIX com a Estrada Padre Roser, próximo à Estrada Coronel Vieira. Chamado Mercado Nossa Senhora da Piedade, teria, segundo algumas fontes sido inaugurado por iniciativa do deputado Luiz GAMA FILHO, na década de 1950. Mais tarde, o imóvel foi ocupado por uma agência do BANERJ, depois absorvido pelo Banco Itaú.

MERCADO SÃO SEBASTIÃO. Centro de comércio atacadista na AVENIDA BRASIL, no bairro da PENHA CIRCULAR, às margens da baía de Guanabara, inaugurado em 1960. Ocupando uma área de um milhão de metros quadrados, recebeu, no ano seguinte à sua inauguração, as instalações da Bolsa de Gêneros Alimentícios do Rio de Janeiro, ocupando 420 salas do importante complexo. À época deste texto, entretanto, com o empobrecimento agrícola do Estado, o Mercado encontrava-se em plena decadência, com parte de suas instalações servindo inclusive de moradia para favelados. Assim, em abril de 2009, suas instalações eram objeto de reintegração de posse pela Prefeitura do Rio, que, concretizada a medida judicial, tentava a recuperação do importante centro, criado no âmbito das iniciativas de ação social do bispo Dom Helder Câmara (1909 - 1999).

MERCADO DE MADUREIRA. Antigo centro de abastecimento de MADUREIRA, aberto em 1914, como concessão da Municipalidade, na atual rua Oliva Maia, em um terreno cedido pela Light. Dois anos depois, face às obras da estação de MAGNO, antes chamada "INHARAJÁ", foi transferido para a confluência das estradas MARECHAL RANGEL (hoje Edgard Romero) e do Portela, local ocupado, na atualidade, pela sede da Escola de Samba IMPÉRIO SERRANO. Destacando-se como ponto de venda de produtos hortifrutigranjeiros etc., além de outros gêneros e artigos produzidos na Freguesia de IRAJÁ, aos poucos o mercado foi crescendo como ponto de convergência dos engenhos, fazendas e roças do interior. Através das estradas Tavares Guerra (atual rua CONSELHEIRO GALVÃO), do Portela, do Otaviano e Marechal Rangel, os agricultores traziam seus produtos para comercialização nos boxes em que a população ia se abastecer. Em 1959, como suas dimensões já não atendiam à demanda, foi transferido para o local onde hoje se encontra, perdendo várias de suas características, como a de local arejado com algumas alas a céu aberto, mas ganhando o chamativo apelido de "Mercadão". Ver MERCADÃO DE MADUREIRA.

MERCEARIAS. Ver ARMAZÉM.

MERITI, Rio São João de. Nome que toma o rio Meriti, depois que recebe o rio Pavuna (ENCICLOPÉDIA, 1970). Segundo Torres (2008), até 1912, o rio Meriti servia de divisa entre o DISTRITO FEDERAL e localidades então pertencentes ao município de Iguaçu, entre as quais os atuais bairros de PAVUNA, ANCHIETA, RICARDO DE ALBUQUERQUE, BARROS FILHO e COSTA BARROS.

MESTRE-SALA E PORTA-BANDEIRA. A arte do casal formado por mestre-sala e porta-bandeira, par de dançarinos que na escola de samba é encarregado de conduzir o pavilhão que a simboliza, tem origem nos RANCHOS CARNAVALESCOS. Mas, desde que o SAMBA a adotou, ela foi aprimorada pelo talento de casais quase legendários, como Delegado e Neide, na Mangueira, e, no ambiente deste Dicionário, Benício e Wilma Nascimento, na PORTELA, e Élcio PV e Dóris, mais recentemente, em várias escolas. Mestres-salas altamente expressivos, pela criatividade de sua dança, foram também, nos anos de 1960 a 1970, NOEL CANELINHA, morador em VAZ LOBO, e José Gomes Vieira, o Zequinha (1940-1988), morador em CAMPINHO, ambos ligados, em algum momento, à IMPÉRIO SERRANO. Também grande mestre-sala foi Roxinho (Almir Nogueira) consagrado na MOCIDADE INDEPENDENTE e falecido em 1997.

MESTRE ANDRÉ (1931 - 1981). Nome pelo qual se fez conhecido o sambista carioca José Pereira da Silva. Organizando e liderando, com talento, criatividade e ousadia, desde 1957, quando o grupo contava com apenas vinte e sete elementos, a bateria da escola de samba MOCIDADE INDEPENDENTE DE PADRE MIGUEL, foi um dos primeiros regentes das orquestras do SAMBA a receber e efetivamente merecer o título de "mestre". Sua memória é preservada no nome da praça central de seu bairro, na rua CORONEL TAMARINDO, em frente à estação de PADRE MIGUEL.Ver PARADINHA.

MESTRE JORJÃO. Nome pelo qual se fez conhecido o sambista Jorge de Oliveira, percussionista e diretor de bateria, nascido em 1952. Discípulo do legendário MESTRE ANDRÉ, tornou-se conhecido como mestre da bateria da escola de samba MOCIDADE INDEPENDENTE DE PADRE MIGUEL. Entretanto, foi na niteroiense Unidos do Viradouro que efetivamente ganhou fama, quando, no desfile de 1997, inseriu, nas "paradinhas" da bateria sob seu comando, o ritmo do funk, causando grande polêmica. Tal ousadia motivou o livro *O funk do Jorjão*, do músico e pesquisador Antônio Espírito Santo (inédito), no qual a experiência é exaltada como saudável inovação, face à estagnação criativa reinante nas baterias das escolas. Após o carnaval daquele ano, o autor deste Dicionário teve oportunidade de assistir uma exibição de parte da bateria da Viradouro regida pelo Mestre, constatando sua arte em distribuir os timbres, realizar modulações, acelerar e ralentar andamentos, destacar naipes, exatamente como um maestro diante de uma orquestra. O Mestre é também focalizado no documentário Jorjão, de Paulo Tiefenthaler, lançado em 2005.

MESTRE MARÇAL (1930 – 1994). Nome artístico de Nilton Delfino Marçal, músico e cantor nascido e falecido no Rio de Janeiro. Filho de ARMANDO MARÇAL, um dos "bambas" do Estácio, e pai do percussionista internacional "Marçalzinho", destacou-se como um dos maiores percussionistas brasileiros, principalmente no ambiente dos estúdios de gravação. Foi também diretor de bateria da PORTELA e do IMPÉRIO SERRANO. Morou por bastante tempo no CONJUNTO DOS MÚSICOS em INHAÚMA.

MESTRE DE CAMPO. No Brasil colonial e imperial, posto militar equivalente ao de coronel.

METRAL, Favela da. Localidade em VILA KENNEDY. O nome veio de uma empresa de transportes, localizada em suas vizinhanças.

METRÔ. Inaugurado parcialmente em março de 1979, o Metrô do Rio de Janeiro começou a chegar à zona suburbana, através da sua Linha 2, em 1982, com a instalação provisória da estação TRIAGEM. Depois de várias iniciativas experimentais, em termos de trechos e horários, incluindo aí o que se chamou de "pré-metrô", em 1984, depois de abertas as estações MARIA DA GRAÇA, DEL CASTILHO, INHAÚMA e IRAJÁ (em carater provisório), iniciou-se a efetiva operação comercial da Linha 2. A década seguinte foi marcada pela inauguração das estações ENGENHO DA RAINHA, em 1991; TOMÁS COELHO e VICENTE DE CARVALHO, em 1996. Dois anos depois foram inauguradas as estações IRAJÁ, COLÉGIO, COELHO NETO, ENGENHEIRO RUBENS PAIVA, ACARI/FAZENDA BOTAFOGO e PAVUNA. No fim de 2009, era inaugurada a Linha 1-A, ligação direta entre PAVUNA e a Zona Sul, conexão essa feita, desde a implantação da Linha 2, através de baldeação efetuada, com grande desconforto para os passageiros do subúrbio, na estação Estácio. Entretanto, em fevereiro do ano seguinte, problemas como superlotação, calor e atrasos no funcionamento da nova linha eram denunciados por passageiros através da imprensa.

METROPOLITANO FUTEBOL CLUBE. Antiga agremiação do MÉIER, com campo na rua DIAS DA CRUZ, participante do campeonato carioca de 1923, promovido pela Liga Metropolitana de Desportos Terrestres. Ver FUTEBOL AMADOR.

MEU KANTINHO CENTRO DE CULTURA. Iniciativa de ação cultural criada em 1998, na rua Indígena, nº 62, na PENHA, pelo violonista Sebastião Clóves, o "Clóves do Violão", conhecido como acompanhante oficial do célebre cantor Jamelão (1913 – 2008), inclusive nos desfiles da escola de samba Estação Primeira de Mangueira. A partir de uma roda de CHORO semanal, nos moldes do SOVACO DE COBRA, passou a desenvolver um trabalho assistencial voltado para crianças e adolescentes, moradores das vizinhanças, com a finalidade principal de difundir o espírito social e de reflexão profissional, a partir da música. À época deste livro, apesar do recente o falecimento de Sebastião Clóves, a obra prosseguia através de antigos colaboradores.

MEYER, Família. Núcleo familiar que deu origem ao bairro do MÉIER. Originou-se do casamento de Miguel João Meyer – português de origem alemã, que, segundo Brasil Gerson (1966), deve ter chegado ao Rio antes de Dom João VI, e que depois ocupou o cargo de guarda-roupas do paço – com D. Jerônima Duque Estrada. Ao morrer o patriarca, em 1833, seu primogênito, o Camarista Meyer, chamado Augusto Duque Estrada Meyer e, depois, também comendador, tinha 30 e poucos anos de idade. Outro membro da família, Paulo Augusto DUQUE ESTRADA MEYER, destacou-se como músico.

MIÉCIMO DA SILVA (1924 – 1980). Advogado e vereador eleito, pela então ZONA RURAL do Rio, por seis mandatos, nas décadas de 1940, 1950 e 1960, até ser cassado pelo governo militar de 1964. Segundo algumas fontes, teria sido um dos idealizadores da Adutora do Guandu. Na área educacional, foi autor do projeto de lei, aprovado em 1957, que criou a Escola Normal de Campo Grande. Também criou, em 1961, a Faculdade de Filosofia de Campo Grande, semente da atual Fundação Educacional Unificada Campograndense. Seu nome foi dado a uma escola pública e ao complexo poliesportivo de CAMPO GRANDE. Ver CENTRO ESPORTIVO MIÉCIMO DA SILVA; INSTITUTO DE EDUCAÇÃO SARAH KUBITSCHEK.

MIÉCIMO DA SILVA, Centro Esportivo. Ver CENTRO ESPORTIVO MIÉCIMO DA SILVA.

MIGUEL DA CARNE-SECA. Botequim tradicional de CAMPO GRANDE, localizado na rua Olinda Ellis, nº 614 e inaugurado em 1971. Administrado pela família do fundador Miguel Alves, falecido em 2003, foi reconhecido como o melhor estabelecimento da ZONA OESTE, na categoria "bar-botequim" em certame gastronômico promovido pelo jornal *O Globo* em 2009.

MIGUEL SALAZAR MENDES DE MORAIS, Estrada. Atual denominação da antiga Estrada da Estiva, na TAQUARA, recebida em 1964. O homenageado, marechal do Exército brasileiro, falecido em 1962 com 76 anos de idade, era antigo morador da Estrada, onde realizou, com recursos próprios, segundo consta, grandes melhoramentos, inclusive a construção da ponte sobre o rio Grande. Era sobrinho-neto do Presidente da República Prudente de Morais e primo do ex-prefeito do antigo DISTRITO FEDERAL, marechal Ângelo Mendes de Morais.

MIGUEL, Morro do. Elevação em BARROS FILHO.

MIJACÃO. Espécie de tumor ou abscesso nascido, segundo crença caipira outrora difundida na hinterlândia, do contato do pé descalço com a urina do boi ou do cavalo.

MILÍCIAS. Denominação modernamente aplicada, no Rio de Janeiro, às organizações criminosas surgidas, provavelmente a partir da década de 1980, em comunidades dominadas pelo NARCOTRÁFICO, com a finalidade declarada de oferecer proteção aos moradores mediante pagamento mensal. Chefiadas principalmente por militares, essas organizações, estendendo o âmbito de seus negócios à cobrança de "pedágio" sobre o TRANSPORTE ALTERNATIVO, ao controle de pontos de MOTOTÁXI, à exploração ilegal de TV a cabo (GATONET) e do acesso à INTERNET (GATOVELOX), além da cobrança de ágio sobre o comércio de gás doméstico, ganharam força. Daí, passaram inclusive a participar, veladamente, do processo eleitoral no Rio de Janeiro, elegendo vereadores e deputados.

MILLOR FERNANDES. Nome pelo qual se fez conhecido Milton Viola Fernandes, escritor, desenhista, dramaturgo e tradutor carioca nascido em 1923 no MÉIER e falecido em 2012. De origem humilde, estudou, entre 1931 e 1935, na escola pública Ennes de Souza, no bairro. Em 1935, com o falecimento da mãe, e já trabalhando, mudou-se para TERRA NOVA, nas proximidades. Em 1940, já estudante do Liceu de Artes e Ofícios, transferiu-se para o centro da cidade. Artista e humanista, considerado um dos maiores intelectuais brasileiros de seu tempo, Millor Fernandes, sempre evocou sua infância suburbana como uma época feliz e de grande aprendizado, apesar das dificuldades financeiras. Sobre sua primeira professora, Isabel Mendes, mais tarde diretora e hoje nome da antiga escola Ennes de Souza (E. M. Isabel Mendes, rua Joaquim Méier, 293), descrita como "uma mulatinha magra e devotada", diz que ela lhe ensinou "tudo o que se deve aprender de um professor ou de uma escola: gostar de estudar" (NOGUEIRA JR., 2009).

MINEIROS, Morro dos. Localidade no Complexo do ALEMÃO.

MINISTRO EDGARD ROMERO. Ver ROMERO, Família.

MINISTRO EDGARD ROMERO, Avenida. Via de ligação entre MADUREIRA e VAZ LOBO, outrora denominada estrada MARECHAL RANGEL. Tem início na rua CAROLINA MACHADO e término no Largo de Vaz Lobo. Ver ROMERO, Família.

MIRANTE IMPERIAL. Ponto histórico e turístico em SANTA CRUZ. Localizado na elevação conhecida como "Morro do Mirante", na atual rua Pindaré, foi utilizado pelos padres da Companhia de Jesus para fiscalizarem o trabalho de seus escravos, de 1596 até a sua expulsão do Brasil. Durante o Império, foi construído no local um observatório, frequentemente visitado por D. Pedro I.

MISERICÓRDIA, Maciço da. O mesmo que Serra da Misericórdia. Extensão de montanhas localizada de BONSUCESSO a VILA COSMOS, compreendendo principalmente os MORROS do Complexo do ALEMÃO. Ver RELEVO.

MISS ELEGANTE BANGU. Ver JACQUES FATH.

MISTÉRIO DO SAMBA, O. Filme de longa metragem, dirigido por Carolina Jabor e Lula Buarque de Hollanda, de 2008. Retrata o cotidiano e evoca as memórias da VELHA GUARDA DA PORTELA, incorporando pesquisa feita pela cantora Marisa Monte sobre o repertório então inédito desse importante grupo de sambistas de OSWALDO CRUZ.

MIVESTE. Pioneira rede de lojas muito popular na zona suburbana carioca nas décadas de 1940 e 1950. Atuando no comércio de roupas e confecções, mantinha três lojas, uma no MÉIER, outra em PIEDADE e uma terceira em MADUREIRA, divulgando seu pioneiro empreendimento através do *slogan*: "Uma casa em cada bairro para bem servir o povo suburbano".

MOACIR BASTOS. Professor nascido em CAMPO GRANDE, residente no bairro

MENDANHA. Ex-vereador, foi vice-presidente da Câmara Municipal do Rio de Janeiro entre 1972 e 1978. Estudante, na década de 1950, do tradicional Colégio São José, em 2004, quando recebeu a Medalha Tiradentes da Assembleia Legislativa do Rio, era reitor do Centro Universitário Moacyr Sreder Bastos (UniSMB), importante instituição educacional campograndense, sucessora do Colégio Afonso Celso, fundado por sua família na década de 1930. Em 2009, o UniSMB oferecia quatorze cursos de graduação universitária e se destacava pela ampla oferta de atividades culturais à comunidade do bairro, tais como teatro, cinema, eventos desportivos etc.

MOACIR DE ALMEIDA (1902 – 1925). Poeta carioca. "Magro, comprido, deselegante, sem saúde, sem graça pessoal, sem eloquência na conversação, transfigurava-se e prendia quem quer que o ouvisse. Sua face lanhada, torturada, de zigomas salientes, como que se iluminava, à irradiação verbal do seu sonho", assim o descreveu seu vizinho AGRIPINO GRIECO. Pobre e acometido de tuberculose, morava no MÉIER, próximo à rua José Bonifácio, onde faleceu. Comparado a Castro Alves, é autor do livro póstumo *Gritos bárbaros* e tem, incluído na antologia *Os mais belos sonetos brasileiros* de Edgar Rezende, o poema *Amargura*, em que aborda o velho tema da tortura do artista incompreendido: "Soluça de aflição no deserto profundo/tendo os astros no olhar e a noite sobre os olhos/tendo mundos nas mãos sem nada ter no Mundo!..."

MOACIR SANTOS (1926 – 2006). Maestro, arranjador, compositor e saxofonista brasileiro nascido em Pernambuco. Em 1947, transferindo-se para o Rio de Janeiro, foi morar com a mulher em uma casa modesta no ENGENHO NOVO. Mais tarde morou em RAMOS e, na década de 1960, radicou-se nos Estados Unidos, onde veio a falecer, depois de consolidar sua fama, principalmente nos círculos jazzísticos.

MOACIR SILVA (1918-2002). Saxofonista e compositor nascido em Conselheiro Lafaiete, MG. Filho de regente de banda, iniciou-se tocando flautim na organização dirigida por seu pai. No Rio de Janeiro, para onde veio com 17 anos, foi saxofonista na banda do regimento em que prestou serviço militar, e tocou em BAILES e GAFIEIRAS, até ingressar na prestigiosa orquestra do maestro Fon-Fon. A partir de 1947, integrou várias orquestras e, em 1953, estreou no disco como solista, tornando-se, mais tarde, acompanhante exclusivo das cantoras Elisete Cardoso e Marisa Gata Mansa, e assumindo o cargo de produtor da gravadora Copacabana. Nas décadas de 1950 e 1960, gravou vários discos sob o pseudônimo Bob Fleming, com grande sucesso comercial. Ativo até ser atingido por um derrame cerebral nos anos de 1980, foi um dos maiores músicos brasileiros em seu instrumento, o sax-tenor, do qual extraía uma sonoridade inimitável, além de grande compositor de choros e outros gêneros de música popular. Era morador do MÉIER.

MOÇA BONITA. Antigo nome do bairro de PADRE MIGUEL.

MOCIDADE DE VICENTE DE CARVALHO, G.R.E.S. Escola de samba com a quadra localizada na avenida MARTIN LUTHER KING Junior, nº 5.309, ao lado da estação do METRÔ. Foi criada em 1988, por iniciativa de membros de BLOCOS do bairro. Suas cores são verde e branco. Tem se mantido oscilando principalmente entre os grupos C e D, mas já chegou, eventualmente, ao B.

MOCIDADE INDEPENDENTE DE INHAÚMA, G.R.E.S. Escola de samba fundada em 1995, originária de um bloco de enredo situado no bairro que lhe deu o nome. Usa as cores azul e branca, e tem sede e quadra na avenida Itaoca, n° 2.574, em INHAÚMA. Tem sempre oscilado entre as categorias inferiores da classificação das Escolas.

MOCIDADE INDEPENDENTE DE PADRE MIGUEL, G.R.E.S. Escola de samba de PADRE MIGUEL, fundada em 10 de novembro de 1955. Entre seus fundadores, contam-se os sambistas Silvio Trindade, Renato Ferreira da Silva e José Pereira da Silva, o MESTRE ANDRÉ. Originada do Independente Futebol Clube, teve, entre seus mais destacados compositores, Djalma Cril, J. Carioca, TOCO, Kleber, Volta Seca, Da Roça, Ari de Lima, Dengo, Gibi e WILSON MOREIRA. Com sede na rua CORONEL TAMARINDO, no fim dos anos 1960, com as cores verde e branca, era alinhada, por Araújo e Jório (1969), entre as "grandes escolas". Entretanto, por essa época ainda era mais conhecida por sua excelente bateria, habilmente dirigida pelo legendário Mestre André, que pouco participou das grandes apresentações da escola no seleto grupo das supercampeãs do carnaval carioca, o que só ocorreu a partir de 1979 e principalmente na década de 1990, graças principalmente à força do patrono CASTOR DE ANDRADE. Ver FILHOS DO CARNAVAL.

MOCOTÓ. Espécie de guisado feito com partes das patas da rês bovina, cozidas, preferencialmente em fogão de lenha, com batatas, azeitonas e outros ingredientes. É prato da GASTRONOMIA festiva da hinterlândia, servido quase sempre ao ar livre, nos quintais. Observe-se que Alves Filho e Di Giovanni (2000, p. 61-62) noticiam a presença do prato no nordeste, já na primeira metade do século XVII.

MOCOTÓ DO PADRE, Banda Sociedade Recreativa Antropofágica Cultural. Ver CASA LIMA BARRETO.

MODA SUBURBANA. Conceito de moda difundido a partir de propostas dos estilistas Walber Soares e Ligia Parreira, atuantes na Lona Cultural de VISTA ALEGRE. Resume-se em uma moda mais alegre e descontraída, com modelagens maiores, mais alegres e exuberantes, em contraposição ao romantismo da moda convencional.

MODESTO FUTEBOL CLUBE. Antiga agremiação sediada em QUINTINO. Participou dos campeonatos cariocas de 1923 e 1935 promovidos pela Liga Metropolitana de Desportos Terrestres. Ver FUTEBOL AMADOR.

MONARCO. Pseudônimo de Hildemar Diniz, sambista nascido em CAVALCANTI em 1933. Morou na Baixada Fluminense, em OSWALDO CRUZ e no JACAREZINHO. Compositor e cantor destacado como um dos grandes do SAMBA tradicional, à época deste livro destacava-se como líder do conjunto da VELHA GUARDA DA PORTELA e autor de sambas de sucesso, gravados principalmente por ZECA PAGODINHO. Seus filhos, Marquinhos e MAURO DINIZ, bem como sua neta Juliana Diniz, são também sambistas de grandes méritos.

MONHANGABA. Denominação de uma antiga estação ferroviária da LINHA AUXILIAR, entre DEL CASTILHO e CINTRA VIDAL.

MONSENHOR FÉLIX, Avenida. Via principal do bairro de IRAJÁ, com início no Largo de VAZ LOBO e término na Praça Nossa Senhora da Apresentação. Sobre o homenageado na denominação da avenida, q.v. VIGÁRIO GERAL.

MONTEIRO. Sub-bairro de CAMPO GRANDE.

MONTEIRO, Estrada do. Via em CAMPO GRANDE. Começa na avenida CESÁ-

RIO DE MELO e termina no Largo do Monteiro. Seu nome homenageia o capitão Antônio da Silva Monteiro, proprietário do Engenho do Cabuçu de Baixo.

MONTEIRO LOBATO (1882 - 1948). Nome literário de José Bento Monteiro Lobato, famoso escritor e editor brasileiro. Em 1944, publicou o livro *A Barca de Gleyre*, que reúne, em dois volumes, cartas por ele enviadas ao escritor mineiro Godofredo Rangel entre 1903 e 1943. Em uma delas, o criador do *Sítio do Pica Pau Amarelo* assim se manifesta sobre o povo do subúrbio carioca: "Estive uns dia no Rio (...). Dizem que a mestiçagem liquefaz essa cristalização racial que é o caráter e dá uns produtos instáveis. Isso no moral – e no físico, que feiúra! Num desfile, à tarde, pela horrível Rua Marechal Floriano, da gente que volta para os subúrbios, que perpassam todas as degenerescências, todas as formas e má-formas humanas – todas, menos a normal. Os negros da África, caçados a tiro e trazidos à força para a escravidão, vingaram-se do português de maneira mais terrível – amulatando-o e liquefazendo-o, dando aquela coisa residual que vem dos subúrbios pela manhã e reflui para os subúrbios à tarde. E vão apinhados como sardinhas e há um desastre por dia, metade não tem braço ou não tem perna, ou falta-lhes um dedo, ou mostram uma terrível cicatriz na cara. 'Que foi?' 'Desastre na Central.' Como consertar essa gente? Como sermos gente, no concerto dos povos? Que problema terríveis o pobre negro da África nos criou aqui, na sua inconsciente vingança!..." (LOBATO, 1944, p.133).

MONTEIRO LOPES. Nome popular e irônico pelo qual foi conhecido um antigo tipo de guindaste usado na Estrada de Ferro CENTRAL DO BRASIL para reboque de composições avariadas ou consertos. Era todo preto e muito alto, e assim recebeu, por ironia, o nome parlamentar de um político muito conhecido no Rio de então: Manuel da Mota Monteiro Lopes (c. 1870 – 1916), deputado federal pelo Rio de Janeiro no período de 1909 a 1912.

MONUMENTO AOS ABOLICIONISTAS. Estátua erguida na rua Victor Alves, em CAMPO GRANDE. De autoria do artista Miguel Pastor, compõe-se de dois obeliscos de sete metros de altura por um metro de largura, nos quais estão esculpidas as figuras de um homem e uma mulher, negros, simbolizando os libertos pela Lei Áurea.

MORENINHAS, Praia das. VER AUGUSTO BOAL.

MORGADO, Fazenda do. Ver CAFEICULTURA.

MORINGA. Bilha; espécie de pequeno vaso de barro, com gargalo, em que se armazena água para beber. Antes do advento e da popularização do uso da geladeira elétrica, no ambiente estudado neste livro, era o recipiente ideal para se conservar a temperatura fresca da água, o que se comprova neste texto do escritor carioca Marques Rebelo (2002, p. 67): "Havia uma moringa em nossa casa, da qual somente papai bebia sua água. Ficava dia e noite, cheia, na varandinha da copa, à sombra plácida da mangueira, para a água ficar mais fresca e se impregnar do leve sabor a barro que papai tanto prezava."

MORROS. Um morro é uma elevação de pequena altura em uma planície, um monte pouco elevado; assim como uma montanha é um monte de maiores dimensões. No início do século XX, segundo Delgado de Carvalho (1926), os morros da zona suburbana, como os poucos da região de IRAJÁ, caracterizavam-se pela ausência de vegetação: eram morros pelados. Mas em alguns locais da planície viam-se capões de mato (pequenos bosques), bem como, no litoral, manguezais e ervas características de solos alcalinos. Ver RELEVO.

MOTOTÁXI. Ver TRANSPORTE ALTERNATIVO.

MOURÃO FILHO (1911 – 1972). Nome pelo qual foi conhecido Antônio Mourão Vieira Filho, político carioca residente em RAMOS e com base eleitoral na zona da Leopoldina. Português de nascimento, em 1930, fundou o Colégio Cardeal Leme e, em 1944, formou-se pela Escola de Medicina e Cirurgia. Exerceu sucessivos mandatos de vereador, entre 1951 e 1961; foi secretário de Educação e Saúde e secretário de Interior e Segurança do antigo DISTRITO FEDERAL, além de diretor do Departamento Nacional de Endemias Rurais. Foi, ainda, o viabilizador da construção do estádio de futebol do OLARIA ATLÉTICO CLUBE, batizado com seu nome.

MULATINHOS ROSADOS. Ver BANGU ATLÉTICO CLUBE.

MUNGUENGUE. Antiga denominação da estação de HONÓRIO GURGEL, também grafada "Muguengue" e "Mungunguê". O nome, remontando certamente à época escravista, parece originar-se no quicongo *mungenge*, pequeno triângulo de ferro, ou ao relacionado *ngenge*, onomatopeia para o som do triângulo. Talvez evoque um sino ou sineta outrora existente na localidade.

MUNICÍPIO NEUTRO. Denominação recebida pela circunscrição administrativa correspondente, em âmbito territorial, à do atual município do Rio de Janeiro, destacada da província do Rio de Janeiro em 1834, momento em que as freguesias extrapolaram o âmbito puramente religioso para constituírem também unidades de poder político-administrativo e de polícia. Em 1892, com a República, o Município Neutro foi transformado em Distrito Federal, condição perdida em 1960, com a transferência da capital da República para Brasília, passando o antigo município a constituir o Estado da Guanabara. Em 1975, fundindo-se o Estado da Guanabara com o Estado do Rio de Janeiro, o antigo Município Neutro passou a constituir o Município (conjunto da Prefeitura mais a Câmara Municipal) da Cidade do Rio de Janeiro.

MUQUIPARI, Estrada do. Denominação da rua CLARIMUNDO DE MELO, até 1913.

MURUNDU, Cemitério do. Denominação popular do Cemitério Municipal de REALENGO, inaugurado em 3 de junho de 1895. Localiza-se próximo ao trecho final da extensa rua Murundu, pertencente, na atualidade, a PADRE MIGUEL.

MUSEU AEROESPACIAL. Instituição localizada no CAMPO DOS AFONSOS, à avenida Marechal Fontenele, n° 2000. A ideia de criação do espaço nasceu em 1943, quando o ministro da Aeronáutica, Salgado Filho, organizou uma mostra de equipamentos e avanços nas técnicas de aviação. A inauguração, entretanto, só ocorreu em 1976. O museu ocupa uma área de 15.000 m², com um prédio de dois pavimentos e cinco hangares. Suas dependências abrigam coleções históricas e um acervo de 5.000 livros, além de documento, fotos, vídeos etc. Entre os objetos históricos, o Museu conserva a hélice do ZEPELIM prefixo LZ-127.

MUSEU DA MARÉ. Instituição localizada na avenida Guilherme Maxwell, no Complexo da MARÉ. Inaugurado em maio de 2006, o Museu foi criado a partir de parceria firmada entre o Ministério da Cultura e a ONG Centro de Estudos e Ações Solidárias da Maré. Primeiro museu brasileiro localizado em uma favela, seu principal objetivo é a valorização da identidade local, por meio do registro e da preservação da memória da comunidade. O acervo permamente do museu, cuja ampliação é altamente estimulada, é constituido por objetos do cotidiano, expostos em doze tempos não cronológicos. A esta exposição somam-se outras prontas, de cunho artístico ou científico. Neste caso, em meados de 2009, a instituição realizou a mostra "Caminhos do passado na construção do futuro", a qual propunha, com base na arqueologia e utilizando cenografia moderna e exuberante, uma viagem em que se aprendia como de fósseis nasce o petróleo, certamente numa metáfora sobre a possivel transformação de uma comunidade pobre e desassistida em um organismo produtivo.

MUSEU DE BANGU. Ver GRÊMIO LITERÁRIO JOSÉ MAURO DE VASCONCELOS.

MUSEU DE IMAGENS DO INCONSCIENTE. Instituição fundada pela médica psiquiatra Nise da Silveira (1905 – 1999) no CENTRO PSIQUIÁTRICO PEDRO II, no ENGENHO DE DENTRO, em 1952. Fruto de pioneiro trabalho de terapia ocupacional e reabilitação, reunindo a produção artística de internos, num acervo de mais de 300 mil obras, tornou-se um importante centro de pesquisa. Nesse acervo, reúnem-se obras de pacientes que conquistaram prestigio internacional como artistas. O trabalho é focalizado no documentário I*magens do inconsciente*, do cineasta Leon Hirszman, finalizado em 1986. Em três episódios, o filme focaliza as histórias de Fernando Diniz, Adelina Gomes e Carlos Pertuis.

MUSEU DO TREM. Inaugurado em 1984, no ENGENHO DE DENTRO, o Museu do Trem é destinado à preservação da memória das ferrovias brasileiras. Em seu acervo, constam peças valiosas, sendo a mais importante a locomotiva Baronesa, a primeira a trafegar no Brasil por ocasião da inauguração da Estrada de Ferro de Petrópolis, em 30 de abril de 1854, e assim denominada em homenagem à esposa do Barão de Mauá.

MUSSUM (1941 – 1994). Pseudônimo do sambista e ator carioca Antônio Carlos Bernardes Gomes. Nascido no Morro da CACHOEIRINHA, no LINS DE VASCONCELOS, lançou-se na carreira musical na década de 1960, com o grupo *Os Originais do Samba*, de que foi cofundador. De 1970 até seu falecimento, integrou a trupe humorística *Os Trapalhões*, com a qual fez mais de 20 filmes dedicados ao público infantil, além de programa semanal na TV, sendo, na época, um dos poucos atores negros com alta visibilidade na TELEVISÃO brasileira, e o único negro integrante oficial do grupo. Considerado o Trapalhão mais querido do público – em especial das crianças –, Mussum marcou o vocabulário carioca com sua forma de alterar as palavras acrescentando o final "is", como em "passádis", "cacíldis" etc. Na região estudada neste Dicionário, o ator foi alvo de homenagens oficiais. Pouco tempo após a sua morte, a passagem recém-aberta entre o Hospital Salgado Filho e o JARDIM DO MÉIER foi denominada Alameda Mussum; e em 2010, o largo do ANIL, em JACAREPAGUÁ, passou a se chamar Largo do Mussum (MUSSUM, 2012).

MUZENZA, Centro de Estética e Cidadania Afro. Entidade do Movimento Negro criada em OSWALDO CRUZ em 1988, a partir do salão de cabeleireiro de mesmo nome, localizado na rua CAROLINA MACHADO. À época deste Dicionário, o Muzenza continuava a ser, na região, um importante ponto de encontro da juventude afrodescendente.

MV BILL. Nome artístico de Alex Pereira Barbosa, cantor de rap nascido na CIDADE DE DEUS em 1974. Com carreira iniciada no início da década de 1990, em 1998 lançou o disco *CDD Mandando Fechado*, relançado mais tarde com o título *Traficando Informação*. Autoproclamando-se "mensageiro da verdade", daí o MV de seu nome artístico, destacou-se pela denúncia social. Na década de 2000, levou essa denúncia para o livro em *Falcão: meninos do tráfico* (2004), escrito em coautoria com CELSO ATHAYDE e transformado em filme documentário, e *Cabeça de porco* (2005), tendo como parceiro, além de Athayde, também Luiz Eduardo Soares. É também um dos mentores da CUFA, entre outras iniciativas. Por seu trabalho, foi agraciado com medalha do Unicef e o título de Cidadão do Mundo, conferido pelas Nações Unidas, além de ser distinguido pela Unesco como uma das dez pessoas mais importantes do mundo no campo da militância social na década de 2000.

N

NAIR DE TEFFÉ, Palacete de. Construção histórica em MARECHAL HERMES. Foi erguido durante o governo presidencial do Marechal Hermes da Fonseca (1910 – 1914) e era alvo de especial carinho por parte de sua segunda mulher, a caricaturista e violonista Nair da Fonseca, mais conhecida pelo nome de solteira, Nair de Teffé. Localizava-se no alto de uma pequena elevação na atual rua Sirici, no lado oeste em relação aos trilhos da ferrovia. A construção, no formato de um castelinho, destacava-se na paisagem. Entretanto, tal como sucedido com tantas outras edificações, não resistiu à especulação imobiliária e foi demolida, dando lugar a um condomínio residencial. Segundo Darcy Ribeiro (1985, p. 210), o Marechal Hermes e Nair de Teffé protagonizaram um "casamento escandaloso", sendo ele "velho e bronco" e ela "jovem e bela", "inteligente e viajada". Ainda segundo Ribeiro, por isso, por pura inveja, nunca antes de Hermes, apelidado "Seu Dudu", nenhum presidente foi tão ridicularizado pela imprensa quanto ele.

NA PAVUNA. SAMBA de Homero Dornellas e ALMIRANTE, gravado por este último junto com o Bando de Tangarás para o carnaval de 1930. Foi o primeiro samba gravado com acompanhamento de instrumentos usados pelas ESCOLAS DE SAMBA, que eram considerados até então impróprios para gravações. A letra descreve situações do cotidiano do bairro da PAVUNA (NA PAVUNA, 2011).

NAPOLEÃO DE OLIVEIRA (1883 – 1973). Violonista, uma das principais figuras do célebre Rancho Carnavalesco Ameno Resedá, sediado no Catete. Na quadra final de sua vida, morava em uma casa no IRAJÁ, onde, segundo Jota Efegê (1982), "ao lado de sua esposa, tinha o prazer de reunir, aos domingos, seus muitos amigos".

NARCOTRÁFICO. Um dos maiores flagelos dos últimos tempos, com forte presença em vários países do mundo, o tráfico de drogas consegue se estruturar com mais facilidade nas áreas carentes das cidades grandes e médias. Para tanto, concorrem decisivamente a decadência da escola pública, o desemprego e, sobretudo, a ausência ou ineficácia da atuação do Estado. No Rio de Janeiro, desde pelo menos a década de 1980, o problema deixou de ser localizado exclusivamente nas FAVELAS, para ganhar o chamado "asfalto", as áreas circunvizinhas, notadamente nas zonas menos aquinhoadas, como em boa parte da hinterlândia carioca. Em 8 de julho de 2009, o jornal *O Globo* publicava, na capa do seu *Segundo Caderno*, entrevista com o jornalista americano John Lee Anderson, autor de reportagem sobre o asssunto para a revista *The New Yorker*. Para o jornalista, o tráfico de drogas no Rio de Janeiro se afigurava como uma "calamidade nacional". E isto, segundo ele, pelos objetivos puramente materialistas e consumistas dos traficantes; pela conivência de certos setores da sociedade; pela corrupção de parte da polícia; e pela dubiedade de muitas decisões judiciais. Ainda segundo ele, no Rio, os criminosos, cada vez mais forte "perderam todo o respeito pelas leis e pela sociedade". Ver MILÍCIAS.

NASCIMENTO, Família. Núcleo familiar de músicos expandido a partir de CAMPO GRANDE. Dedicada ao gênero conhecido como GOSPEL, a família, de formação evangélica, conta em seu seio com mais de uma dezena de músicos profissionais. Entre esses, destacam-se a cantora Rose Nascimento, nascida em 1966 e conhecida a partir de 1990, depois de ser vocalista de apoio de cantores como ELYMAR SANTOS e Joanna; Mattos Nascimento, cantor, compositor e instrumentista, ex-integrante da banda de rock *Paralamas do Sucesso*; os cantores John, Max e Lucas, que formam o trio gospel *Nascimento Jr.* Além destes e outros, pertence também à família o trombonista Moisés Nascimento, destacada figura no ambiente do jazz e ex-integrante do grupo acompanhante do cantor Djavan. Com vasta discografia e atividade musical intensa à época deste livro, os Nascimento representam efetivamente um grande destaque na cena musical campograndense.

NATAL DA PORTELA (1905 - 1975). Nome pelo qual se fez conhecido Natalino José do Nascimento, personagem da vida carioca, nascido em Queluz, RJ, e falecido na cidade do Rio de Janeiro. Banqueiro do JOGO DO BICHO, exerceu importante papel no cotidiano de MADUREIRA durante muitos anos. Em 1925, sendo trabalhador da Estrada de Ferro CENTRAL DO BRASIL, teve o braço direito amputado, em um acidente que o invalidou parcialmente e motivou seu ingresso no mundo da contravenção, como bicheiro, no mundo do SAMBA, como presidente da PORTELA, e, no do futebol, como diretor do MADUREIRA ATLÉTICO CLUBE. Benemérito de várias instituições e entidades do bairro, foi o paradigma da figura do patrono nas ESCOLAS DE SAMBA, sendo, por isso, homenageado em sambas de vários compositores portelenses. Seu enterro, em 1975, teve a pompa dos funerais das grandes personalidades. O cortejo com o féretro saiu do Portelão, a sede da escola, na atual rua Clara Nunes, foi até OSWALDO CRUZ e de lá rumou para o cemitério JARDIM DA SAUDADE, em SULACAP, passando por MARECHAL HERMES, onde foi saudado por funcionários do Hospital Carlos Chagas, em reconhecimento à ajuda prestada em certa ocasião. Tudo isso, acompanhado a pé, numa caminhada de mais de cinco horas, por milhares de pessoas, no cortejo e no caminho, cantando emocionadas e acenando lenços brancos. Sua trajetória inspirou o longa metragem *Natal da Portela*, de Paulo Cezar Saraceni, lançado em 1988 e assim resumido: "A trajetória de um garoto humilde que perde um braço durante a infância, nos trilhos de uma ferrovia, mas, ainda assim, torna-se um poderoso banqueiro do jogo do bicho e sustenta uma escola de samba, hospital e orfanatos." No filme, Natal foi protagonizado pelo ator Milton Gonçalves, em caracterização impecável.

NAZARÉ, Avenida. Logradouro em ANCHIETA que acompanha a linha da SUPERVIA, desde próximo ao Cemitério de RICARDO DE ALBUQERQUE até a divisa com o município de Nilópolis, dando acesso às estações de Ricardo de Albuquerque e Anchieta. Ver ENGENHO DE NOSSA SENHORA DE NAZARÉ.

NAZARÉ, Nossa Senhora de. Praça em ANCHIETA. Seu nome evoca o ENGENHO DE NOSSA SENHORA DE NAZARÉ, núcleo fundador do bairro. Em 1977, esse engenho, pertencente a Bento Luiz de Oliveira, era, segundo Vieira Fazenda (1920, p. 199), um dos treze estabelecimentos coloniais existentes na Freguesia de IRAJÁ.

NEGRÃO DE LIMA, Viaduto. Localizado em MADUREIRA e ligando a rua Carvalho de Souza à avenida MINISTRO EDGARD ROMERO, por sobre os trilhos da antiga LINHA AUXILIAR, o Viaduto Negrão de Lima veio facilitar o tráfego entre as duas partes do bairro separadas pela vida férrea. Antes de sua criação, o trânsito de pedestres e veículos, indo na direção de IRAJÁ ou vindo dela, era controlado por uma cancela existente ao lado da estação de MAGNO. O nome do viaduto homenageira o diplomata Francisco Negrão de Lima, ex-prefeito da cidade. A partir da década de 1990, o espaço sob as pilastras passou a ser frequentemente utilizado como palco de eventos, inclusive esportivos, de entidades de cidadania e da comunidade negra. Ver BASQUETE DE RUA.

NEGROS, Presença histórica. Já em 1565, no ano da fundação da cidade do Rio de Janeiro, segundo Gerson (1965, p. 507), o jesuíta Padre Gonçalo de Oliveira solicitava ao fundador, Estácio de Sá, uma sesmaria compreendendo uma área de uma légua e meia (a légua equivalia aproximadamente a 6,6 quilômetros), provavelmente localizada entre o atual bairro do Rio Comprido e a contemporânea estação de INHAÚMA. Dois anos depois, uma sesmaria com quatro léguas de extensão, entre Itacuruçá e GUARATIBA, era doada a Cristóvão Monteiro, primeiro ouvidor-mor do Rio de Janeiro. Depois de sua morte, duas décadas depois, a viúva de Monteiro doou metade dessas terras aos padres jesuítas que, aos poucos, por permutas e novas aquisições, foram ampliando esse latifúndio (FRIDMAN, 1999, p. 186). Nascia aí a Fazenda de SANTA CRUZ, cuja história produtiva corre paralela com a do atual município de Itaguaí, fundado em meados do século XVII com a migração de indígenas de uma ilha próxima, talvez na baía de SEPETIBA, atraídos pelo governador Martim de Sá e entregues à guarda de missionários jesuítas. Estabelecendo-se esses jesuítas em Santa Cruz, para lá teriam levado quarenta índias para se acasalarem com negros africanos e, assim, povoarem a Fazenda, conforme BENEDICTO FREITAS, citado em Santos (2009, p. 62). Então, os indígenas de Itaguaí, entregues à própria sorte, teriam se tornado inimigos dos portugueses, como já o eram seus irmãos de todo o litoral sudeste, pelo menos desde a época da Confederação dos Tamoios. Veja-se, aí, então, que a presença africana nos limites interioranos do atual município do Rio de Janeiro data do início da colonização, entrada como mão de obra para os estabelecimentos agrícolas e pastoris fundados nas regiões onde se constituiu, no século XVI, a primeira freguesias rural, a de Nossa Senhora da Apresentação do IRAJÁ, à qual se seguiram as de JACAREPAGUÁ e CAMPO GRANDE, dela desmembradas, assim como a de Inhaúma, separada de Irajá no século seguinte. A entrada dos trabalhadores africanos no que viria a se constituir na região suburbana carioca, dava-se, certamente, a partir dos mercados da região central da cidade, como o do Valongo, pelos portos marítimos e fluviais que se foram constituindo. Esses portos eram principalmente os de Inhaúma, MARIA ANGU, Irajá, Porto Velho (na região do atual CORDOVIL) e Meriti (na atual PAVUNA), bem como os de acesso às terras de Campo Grande, Santa Cruz e Jacarepaguá (Ilha da Maré, Capão, Pedra de Guaratiba, Piai, Sepetiba e do Julião) e os portos lacustres de Camorim e Curicica, visualizado no mapa estampado à página 86 de Fridman (1999). Nos seus primeiros tempos, a hinterlândia carioca produzia essencialmente farinha de mandioca. E a mão de obra escrava era escassa, já que, conforme queixa da municipalidade em 1620, os navios negreiros vindos do território africano vendiam sua carga preferencialmente para os canaviais nordestinos, desembarcando-os no litoral pernambucano, inclusive por ser mais curta a viagem. A presença de negros no Rio de Janeiro, então, só se intensifica com a descoberta do ouro e o início da exploração desse metal na região das Minas Gerais, no final do século XVII, atingindo seu ponto mais alto no século seguinte. Em 1789, segundo números reproduzidos em Gomes (2005, p. 339), as freguesias do sertão carioca e do recôncavo da Guanabara abrigavam, juntas, uma população escrava de mais de 33 mil indivíduos. No século seguinte, quando a freguesia de IRAJÁ tinha 27 engenhos de açúcar e a de GUARATIBA, 34 (idem p. 337), cerca de um milhão de escravos teriam passado pelo mercado do Valongo, na Gamboa, muitos deles certamente dirigidos ao trabalho nessas e em outras freguesias rurais, embora as estatísticas disponíveis, principalmente em Karasch (2000), só contemplem, "fora da cidade", as de Engenho Velho e Lagoa. Quilombos: Durante a época escravista, quilombo era, em síntese, todo aldeamento constituído por um grupo de escravos fugitivos. A ocorrência da denominação "quilombo" na toponímia de algumas regiões objeto deste trabalho deve-se, certamente, à existência, à época escravista, de núcleos populacionais dessa ordem nesses locais. Assim, registram-se, na região estudada, três logradouros com a denominação "Caminho do Quilombo": um na antiga Fazenda da Taquara, começando na estrada da Ligação; outro na SERRA DO QUITUNGO, com início na estrada do GUANDU DO SENA, em BANGU; e outro mais nas proximidades da AVENIDA BRASIL e da estrada do Quafá, talvez relacionado com o anterior. Além desses, registre-se a "Estrada do Quilombo", na Freguesia, Ilha do Governador. No século XIX, as freguesias dos subúrbios cariocas abrigavam vastidões de terras incultas, com matas e SERRAS que se apresentavam, assim, como locais propícios à formação de quilombos. Em 1826, eram capturados 76 escravos fugitivos na freguesia de Inhaúma, 56 na de Irajá e 34 na da ilha do Governador, o que aponta para a existência de redutos quilombolas nesses locais. Da mesma forma, a denominação "Quilombo" presente, até hoje, na toponímia de bairros como Bangu, SANTÍSSIMO e TAQUARA, confirmam essa ocorrência. Veja-se, ainda, que até mesmo a Real Fazenda de Santa Cruz, exaltada como modelo de progresso e arte, foi ambiente de resistência quilombola. Pois lá, entre 1808 e 1832, segundo Santos (2009, p. 34), sobressaiu a figura de José Fernandes, líder que, aquilombado nas matas da fazenda, levou intranquilidade à comunidade, contando até mesmo com a provável colaboração de músicos da famosa orquestra da fazenda, como os chamados Boás Olavo e José da Silva. Em janeiro de 1821, uma escrava foi morta por João Gomes da Silva (seu dono?) e o filho deste, José Caetano, em terras da freguesia de Irajá. Cinco anos depois, eram encontrados, em Irajá (na freguesia), e enviados para o Calabouço, 56 escravos fugidos, provavelmente organizados em quilombo (KARASCH, 2000). CAFEICULTURA. A decadência da cafeicultura na região do VALE DO PARAÍBA foi também fator decisivo para a consolidação da presença negra na região objeto deste Dicionário. Com o colapso dessa atividade, famílias de lavradores da região (muitas delas vindas da região das Minas, com a decadência da mineração), procedentes de cidades como Valença, Vassouras, Barra do Piraí etc., começaram a migrar para a antiga Capital Federal. Esse deslocamento foi facilitado com a implantação das primeiras ferrovias, a partir da década de 1850; e motivou a ocupação principalmente dos núcleos mais pobres, constituindo-se na base populacional dos primeiros MORROS habitados na capital do Império. No âmbito deste trabalho, esse fato está documentado na história de fundação das ESCOLAS DE SAMBA IMPÉRIO SERRANO, no Morro da SERRINHA, e PORTELA, em OSWALDO CRUZ. E talvez possa ser verificada em outros núcleos, como, por exemplo, a Serra dos PRETOS FORROS.

NELSON CAVAQUINHO (1911-1986). Nome artístico do compositor e instrumentista carioca Nelson Antônio da Silva, nascido e falecido na cidade do Rio de Janeiro. Criador e intérprete personalíssimo, só revelado ao grande público na década de 1960, constituiu, juntamente com CARTOLA e ZÉ KÉTI, a primeira linha dos autores oriundos dos MORROS e comunidades pobres cariocas que vieram impor, com o SAMBA tradicional, a partir de 1965, novos caminhos à musica popular brasileira. Em sua obra destacam-se principalmente os sambas *A flor e o espinho* (em parceria com GUILHERME DE BRITO e ALCIDES CAMINHA), *Folhas secas* (com Guilherme) e *Degraus da vida*. Espécie de poeta e filósofo dos BOTEQUINS e das madrugadas, curiosamente, após sua morte, seu nome artístico batizou a pista de corrida e exercícios aeróbicos do subúrbio onde viveu e morreu, JARDIM AMÉRICA.

NÉLSON CUNHA MELLO. Professor de Língua Portuguesa, nascido em 1942, com vasta experiência nos ensinos médio, superior e pré-vestibular. Igualmente formado em Administração e Publicidade e Propaganda, é também ator profissional, integrante da Companhia de Teatro Contemporâneo, com a qual participou, inclusive, da montagem de uma trilogia shakespeareana. Criado em SANTA CRUZ, filho do professor Neemias Rodrigues de Mello, destacado mestre local, foi fundador e diretor do Colégio Cunha Mello, um dos mais conceituados do bairro. Em 2009, publicou o livro *Conversando é que a gente se entende: dicionário de expressões coloquiais brasileiras*.

NEOCI DE BONSUCESSO (1936 – 1988). Nome pelo qual foi conhecido Neoci Dias compositor, cantor e instrumentista carioca. Uma das principais do Bloco CACIQUE DE RAMOS e integrante da primeira formação do grupo FUNDO DE QUINTAL, foi um dos responsáveis pela profunda renovação rítmica experimentada pelo SAMBA na década de 1980. Típico malandro carioca, era frasista e tinha o gosto das novidades. Certa ocasião, convidou o autor desta obra para ir à sua casa, degustar um peixe "eviscerado pelas costas" (ele tinha aprendido isso, dias antes, com um *chef* sofisticado). Em outra ocasião, quando da primeira de suas poucas viagens ao exterior, depois de um 20 dias de regresso, Neoci ainda justificava um suposto cansaço, dizendo: "Ah! Estou desfusado!..."

NERO DE CAVALCANTI. Nome pelo qual se tornou conhecido Lourival de Freitas, médium brasileiro. Em meados da década de 1950, no bairro de CAVALCANTI, dava consultas espíritas, dizendo incorporar Nero, o célebre imperador romano. Suas propaladas curas, atribuídas por ele a esse espírito, que assim se redimiria dos malefícios cometidos em vida, foram objeto de investigação policial, com farta repercussão jornalística, já que as práticas do curandeirismo eram, à época, duramente reprimidas.

NERVAL DE GOUVEIA, Rua. Via, ligando QUINTINO BOCAIÚVA a CASCADURA, com início na Praça Quintino Bocaiúva e término na avenida ERNÂNI CARDOSO, seguindo à margem dos trilhos da SUPERVIA. Seu nome homenageia Oscar Nerval de Gouveia, matemático e homeopata, catedrático da Escola Politécnica entre 1880 e 1914, além de professor do COLÉGIO PEDRO II. Positivista, foi provavelmente um militante republicano.

NERVO TORCIDO. Ver REZADEIRAS.

NEURASTÊNICO. Canção de autoria de Betinho e Nazareno de Brito, lançada em 1954. Classificada por Severiano e Mello (1997, vol I, p. 306) como um "fox" de "ritmo saltitante", era na verdade um pioneiro *rock and roll*, com um solo eletrizante do autor Betinho (Alberto Borges de Barros), excelente guitarrista. Na letra ("Brrrrhmmm, mas que nervoso estou/Brrrrrhmm, estou neurastênico/Brrrhmm, preciso me casar/Senão, eu vou pra Jacarepaguá"), a referência ao bairro de JACAREPAGUÁ é alusão à COLÔNIA JULIANO MOREIRA.

NILO MACHADO (1924-1996). Cineasta nascido em Maceió, AL. No Rio desde 1948, trabalhou como lanterninha, bilheteiro e depois gerente do Cine PIEDADE. Mais tarde, dedicando-se à criação cinematográfica, destacou-se como diretor no universo do cinema "pornô-trash", através de filmes como Emanuello, o belo e Traí...minha amante descobriu, ambos de 1978, nos quais integram a ficha técnica Adelaide O. Machado e Enedina O. Machado, provavelmente suas familiares. Segundo a Enciclopédia do cinema brasileiro (RAMOS; MIRANDA, 2000, p. 348), no final da década de 1970, "após ser abandonado pela mulher e três filhas", começou a construir o estúdio Adelana, em RICARDO DE ALBUQUERQUE, onde residia. Nesse subúrbio, contratou como protagonista de Emanuello um açougueiro a quem devia dinheiro, e que no filme aparece com o pseudônimo Sylvio Kristal. Outra locação utilizada por Nilo Araújo Machado, este seu nome civil, foi a mata existente nos fundos do hospital-colônia CURUPAITI, cenário de Tuxauá...o maldito, filme de 1967. À época da finalização deste Dicionário, era preparado um documentário sobre sua obra, por iniciativa de Nelson Hoineff e apoiado pelo Ministério da Cultura. Também de Machado, alem de outros, são os filmes A filha da p..., A noiva piranha e A máfia do sexo, todos de 1988.

NILTON BRAVO (1937 - 2005). Pintor nascido e falecido na cidade do Rio de Janeiro. Carioca do MÉIER, destacou-se pelos murais pintados em bares cariocas, muitos em conjunto com o pai, principalmente na zona suburbana. A partir da década de 1980, depois de três décadas de atividade, teve seu talento reconhecido pelos círculos intelectuais da Zona Sul, tendo inclusive algumas de suas obras tombadas como bens do patrimônio cultural carioca. Sua trajetória é focalizada em um documentário, produzido por Luiz Alphonsus, exibido no Museum of Modern Art de Nova Iorque.

NILZE CARVALHO. Nome artístico de Albenise de Carvalho Ricardo, musicista fluminense, criada em CAMPO GRANDE. Descoberta aos seis anos de idade como executante de cavaquinho no gênero CHORO, aos onze, já como bandolinista, iniciava carreira discográfica, realizando, três anos mais tarde, sua primeira turnê internacional, tendo se exibido na Europa, nos Estados Unidos e no Japão. Com vários registros em disco, em 2002 criou e passou a liderar o grupo vocal e instrumental Sururu na Roda, e logo depois lançava-se também como cantora solista.

NISE DA SILVEIRA. Ver CENTRO PSIQUIÁTRICO PEDRO II; MUSEU DE IMAGENS DO INCONSCIENTE.

NOCA DA PORTELA. Pseudônimo de Osvaldo Alves Pereira, sambista nascido em Juiz de Fora, MG, em 1932. Egresso da escola de samba Paraíso do Tuiuti, nos anos de 1960 ingressou na PORTELA, para a qual compôs, com diversos parceiros, os sambas-enredo de 1976, 1995, 1998 e 1999. Autor de sambas de grande apelo comercial, tendo repertório gravado por alguns dos grandes intérpretes do SAMBA, era, à época desta obra, antigo morador do ENGENHO DE DENTRO.

NOEL CANELINHA (c. 1930 - 1985). Nome pelo qual foi conhecido o sambista carioca Noel Manuel Pinto. Um dos mais criativos mestres-salas das ESCOLAS DE SAMBA cariocas, desfilou por várias delas, mas ganhou fama no IMPÉRIO SERRANO, onde permaneceu de 1951 a 1970. Morador de VAZ LOBO, na década de 1960, dividiu com o mangueirense Delegado e o portelense Benício as preferências do público e dos jurados dos desfiles. Ver MESTRE--SALA E PORTA-BANDEIRA.

NOGUEIRA, Serra do. Extensão de montanhas localizada na TAQUARA.

NOIVINHA DA PAVUNA, A. Expressão metonímica pela qual ficou conhecida, a partir da extinta TV Tupi, na década de 1960, a jovem Leni Pinheiro Orsida, concorrente no programa de perguntas e respostas "Show sem Limites", conduzido pelo apresentador J. Silvestre. Então noiva e moradora na PAVUNA, a jovem respondeu sobre a vida e a obra do poeta português Guerra Junqueiro, com a intenção de, premiada no concurso, viabilizar seu casamento. Vitoriosa, em 1969, Leni se casava diante das câmeras, tendo como padrinho o apresentador, passando a assinar-se "Leni Orsida Varela". Em 27 de maio de 2008, o assunto era revivido na coluna Zoeira/Nostalgia do jornal *Diário do Nordeste*.

NORA NEY (1922- 2003). Nome artístico de Iracema de Souza Ferreira, cantora carioca. Com carreira iniciada nos primeiros anos da década de 1950, destacou-se como interprete do gênero SAMBA-canção, notadamente em obras como Ninguém me ama, de Antônio Maria. Na mesma década, colocou-se entre os primeiros artistas brasileiros a realizar temporadas nos países socialistas, da então chamada "cortina de ferro", o que fez ao lado de seu companheiro, depois marido, Jorge Goulart. Segundo o jornalista Silvio Essinger (MOUTINHO, 2009, p. 113) era "carioca de OLARIA".

NORATO. Nome artístico de Antônio José da Silva, músico brasileiro nascido em Mar de Espanha, MG, em 1924. Trombonista, com carreira profissional iniciada aos 21 anos, integrou as orquestras Carioca, Marajoara e Tabajara, de jazz e música popular. No campo sinfônico, integrou a Orquestra Sinfônica Brasileira e a Orquestra Sinfônica Nacional. Um dos maiores músicos brasileiros em seu instrumento, apresentou-se em vários países da Europa e tem gravados vários discos de música popular, nos quais atua como solista e arranjador. Radicado no Rio de Janeiro desde a juventude, à época da elaboração deste livro, era antigo morador de VISTA ALEGRE.

NORDESTINO CARIOCA. Botequim situado na avenida Sargento Carlos Argemiro Camargo, no ANIL. Conquistou o quinto lugar na edição de 2010 e o segundo lugar na de 2011 do evento COMIDA DI BUTECO (COMIDA, 2011).

NORIVAL REIS (1924 – 2001). Compositor e técnico de som brasileiro nascido em Angra dos Reis, RJ. Com repertório principalmente carnavalesco, gravado desde os anos de 1950, integrou a ala de compositores da escola de samba UNIÃO DE JACAREPAGUÁ e, mais tarde, a da PORTELA, para a qual compôs, em parceria, os sambas-enredo de 1972 (*Ilu Aiyê*) e 1975. Profissional de estúdios de som, nos anos de 1950 e 1960 realizou experiências acústicas revolucionárias, como gravações em câmaras de eco, utilizando equipamentos improvisados.

NORTE SHOPPING. Centro comercial erguido à margem da antiga avenida SUBURBANA, atual DOM HELDER CÂMARA, no CACHAMBI. Ocupa um espaço de cerca de 64.000 m² e era considerado, à época desta obra, um dos mais lucrativos shopping centers da cidade. Entretanto, sua propaganda, como se observava nos mapas indicativos de sua localização, pareciam ser dirigidos sempre à população da Barra da Tijuca e da Zona Sul.

NORTHERN RAILWAY. Ver ESTRADA DO NORTE; LEOPOLDINA, Ramal da.

NOSSA SENHORA DA AJUDA, Fazenda de. Ver FAZENDA GRANDE DA PENHA.

NOSSA SENHORA DO DESTERRO, Igreja Matriz de. Templo católico em CAMPO GRANDE. Remonta a uma capela erguida antes de 1673. As obras da igreja avançavam lentamente, por variados motivos, e só depois da intervenção do Padre Pizarro e Araújo é que foi erguida, enfim, uma igreja dedicada a Nossa Senhora do Desterro na Fazenda da Caroba. Em 1882, a igreja foi destruída por um incêndio, após o qual foi erguida uma igreja provisória até que se construísse a atual, transformada depois em Matriz, em terreno doado por grandes proprietários de terras, na atual Praça Dom João Esberard. Ao lado da igreja, um poço abastecia de água a população; e num terreno em frente localizava-se o cemitério público, um dos primeiros da cidade. Até as últimas décadas do século XIX, na falta de autoridades competentes, o registro das terras adquiridas na região era feito no livro de tombos da Igreja, obrigando-se o declarante, sob juramento, a dizer a verdade.

NOTÍCIAS DO SUBÚRBIO. *Site* produzido pelas turmas de Redação Jornalística IV e Técnicas de Reportagem, do curso de Comunicação Social da Universidade Estácio de Sá, *Campus* MADUREIRA. Com o endereço <www.noticiasdosuburbio.blogspot.com>, era ativo em outubro de 2008.

NOVA AMÉRICA OUTLET SHOPPING. Ver SHOPPING NOVA AMÉRICA.

NOVA AMÉRICA, Companhia Nacional de Tecidos. Estabelecimento industrial instalado em 1924, em DEL CASTILHO. Destacou-se como fonte de emprego para muitos adolescentes e adultos suburbanos, inclusive da família do autor deste Dicionário, moradora de IRAJÁ e usuária do velho trem "MARIA FUMAÇA", da Estada de Ferro RIO D'OURO nos anos de 1930 a 1950. Suas antigas instalações abrigam, desde 1999, o SHOPPING NOVA AMÉRICA, rival do vizinho NORTE SHOPPING, como grande centro de consumo da região suburbana.

NOVA BRASÍLIA. Núcleo populacional integrante do Complexo do ALEMÃO.

NOVA HOLANDA. Localidade integrante do Complexo da MARÉ. Seus primeiros moradores foram pessoas removidas, a partir da década de 1960, em caráter alegadamente provisório, de comunidades faveladas como as da Praia do Pinto, na Zona Sul, e do Esqueleto, no Maracanã. A denominação viria, segundo algumas versões, da intenção do projeto de assentamento, o qual pretendia dar ao núcleo aspecto semelhante ao de Amsterdam, a capital holandesa, cortada por diversos cursos de rios.

NOVA SEPETIBA. Nome de dois conjuntos habitacionais cuja construção foi iniciada em 2000, pelo governo do Estado do Rio de Janeiro, em SEPETIBA. O primeiro, Nova Sepetiba I, implantado à beira da Estrada de Sepetiba, teve 4 mil casas construídas, das 10 mil planejadas, e foi inaugurado em 2001. Nele viviam, em 2009, cerca de 20 mil moradores retirados de comunidades carentes de várias áreas do Rio, em condições propícias à favelização, como deficiência de transporte e emprego próximo. Curiosamente, à época de sua construção, o conjunto serviu de cenário para o célebre filme *Cidade de Deus*, já que se assemelhava a esta comunidade, quando de sua implantação pela COHAB em 1965. O modelo adotado, igual ao dos megaconjuntos habitacionais de décadas anteriores, e que favoreceu a favelização das áreas, foi muito criticado, o que determinou a decisão de cancelar o projeto, tomada pelo novo governo estadual, em 2002. Em função disso, o outro conjunto, Nova Sepetiba II, com mais de 600 casas, e que fora implantado dentro de uma área de proteção ambiental, permaneceu inacabado e vazio. Em 2011, Nova Sepetiba II esteve nas manchetes dos jornais quando a polícia expulsou com violência um grupo de famílias, removidas de Nova Sepetiba I, que tinham invadido um terreno baldio no outro conjunto. Ver CIDADE DE DEUS.

NÚCLEO DE ARTE GRÉCIA. Ver ALMA SUBURBANA.

NUNES, Família. Núcleo familiar de fundadores do bairro de OLARIA, chefiado por Custódio Nunes, fundador do MATADOURO DA PENHA, em 1910. Alguns de seus familiares, como a filha Noêmia Nunes, têm sua memória eternizada em nomes de logradouros locais.

O

OBERDAN MAGALHÃES (1945 - 1984). Músico carioca, falecido prematuramente em um acidente automobilístico. Saxofonista, flautista e compositor com carreira iniciada em BAILES, ainda adolescente, no início dos anos de 1970 fez parte do grupo *Abolição*, liderado pelo pianista Dom Salvador. Entre 1976 e 1980, integrou a BANDA BLACK RIO, grupo instrumental pioneiro, integrado por músicos suburbanos, dedicado a uma espécie de fusão entre o SAMBA de salão e o funk, com o qual gravou os LPs *Maria fumaça* (1977), *Gafieira universal* (1978) e *Saci-pererê* (1980). Morador de VAZ LOBO, ligado à escola de samba IMPÉRIO SERRANO e com formação erudita e de jazz, foi um dos mais inovadores músicos brasileiros.

ODETE AMARAL (1917 - 1984). Importante cantora brasileira, de grande sucesso da década de 1930 à de 1960. Nascida em Pendotiba, Niterói, veio para o Rio com a família com apenas um ano de idade, indo residir à rua LICÍNIO CARDOSO, em SÃO FRANCISCO XAVIER. Com 12 anos de idade, mudou-se para a rua João Rodrigues, no mesmo bairro; e, em 1938, casando-se com o cantor CIRO MONTEIRO, foi morar com ele na rua Flack, no vizinho RIACHUELO.

OLARIA. Bairro sob a jurisdição da 10ª Região Administrativa (RAMOS). A vastidão de terras onde se desenvolveram os bairros PENHA, RAMOS, Olaria, BONSUCESSO e MANGUINHOS integraram sesmarias doadas no século XVI ao fidalgo português Antônio da Costa, capitão da frota do Governo, e a um certo Antônio de França. Antes ocupadas pelos índios tupinambás, aliados dos franceses, nelas prosperaram vários estabelecimentos agrícolas, como os da Fazenda do Engenho da Pedra, depois chamada Nossa Senhora do Bonsucesso. Por volta de 1620, boa parte dessas terras foi adquirida pela família Souto Mayor. E ainda nesse mesmo século XVII, compuseram o território, primeiro, da Freguesia de IRAJÁ e, depois, também de INHAÚMA. O que hoje se conhece como Olaria deve seu nome aos estabelecimentos de fabrico de utensílios de barro que se aproveitavam da abundância da existência desse material nas elevações do atual Morro do ALEMÃO, pertencente em, 1821, à família de sobrenome Ferreira, pioneira nesse aproveitamento. Depois delas, veio, entre outras, a de Antônio Gonçalves Roma. Outro proprietário de destaque no local foi João Gualberto Nabor do Rego, o qual, loteando as terras de que era dono, tornou-se o criador dos primeiros arruamentos locais, abrindo artérias que eternizaram seu sobrenome, "Rego". Outra importante personalidade local nos Oitocentos foi Custódio Nunes, doador do terreno onde foi erguida a igreja matriz de São Geraldo e construído o estádio do OLARIA ATLÉTICO CLUBE. Em 1886, com a construção da estação da ESTRADA DO NORTE (que recebeu, na década de 1930, o nome oficial "PEDRO ERNESTO", que não se popularizou e acabou esquecido), o bairro firmou-se como um dos mais bem estruturados e desenvolvidos da chamada zona da LEOPOLDINA. Vale ressaltar, também, no bairro, a presença de imigrantes de origem judaica, expressa na pequena sinagoga, ainda existente na década de 2000, na rua Juvenal Galeno (FRAIHA, 2004c), bem como nas lembranças de antigos comerciantes dessa procedência, os quais foram os responsáveis, na região da Leopoldina e em outros subúrbios, pelo sistema de vendas a prazo, primeiro comercializando suas mercadorias de porta em porta e, mais tarde, abrindo suas lojas. Evoca-se também a existência, no bairro, de uma pequena biblioteca, chamada Stefan Zweig, assim denominada em homenagem ao escritor austríaco de origem judaica, que, entre 1936 até seu suicídio em 1942, destacou-se como um entusiasta do Brasil, o qual via como "um país do futuro". Ver ARLINDO PIMENTA; AVENIDA BRASIL; BARIRI, Rua; CINEMAS ANTIGOS; CLUBES; ENGENHO DA PEDRA; FAVELAS; FUTEBOL AMADOR; INVERNADA; IRAJÁ; IRMÃOS GOULART F.C.; JABURU; JUDAICA, Presença; MOURÃO FILHO; NUNES, Família; RICARDO SILVA, Padre; ROMÁRIO; SÃO SEBASTIÃO; SINAGOGA AHVAT SHALOM.

OLARIA ATLÉTICO CLUBE. Clube poliesportivo fundado em 1915 sob a denominação "Olaria Football Club". Seu primeiro estádio, inaugurado em 1933, localizava-se na antiga rua Cândido Silva. Em 1947, foi inaugurado o estádio da rua BARIRI, em OLARIA, oficialmente denominado Estádio MOURÃO FILHO. Um dos mais simpáticos entre os pequenos clubes do futebol profissional carioca, o Olaria foi o primeiro em que atuou o craque ROMÁRIO e o último da carreira do genial ponta-direita Garrincha.

OLEIROS. Oleiro é o individuo que trabalha em olaria, a arte do fabrico de objetos de argila ou de cerâmica. Na hinterlândia carioca, essa atividade, principalmente a voltada para a produção de tijolos e telhas, foi outrora muito importante, o que se reflete até no nome de todo um bairro, OLARIA. Consoante essa importância, a antiga presença dos oleiros, no ambiente objeto deste Dicionário, é exemplarmente focalizada no livro *O sertão carioca*, publicado por MAGALHÃES CORREA (1933).

OLHA O CARRO! Pregão utilizado, nas décadas de 1950-1970, por um camelô "estabelecido" no viaduto sobre a linha férrea em CASCADURA. Proferido com voz potente, e dramaticamente arrastada, muito além de prevenir os passantes contra o perigo representado pela estreita calçada, que expunha os transeuntes ao intenso tráfego de automóveis, chamava a atenção para o seu comércio, centrado principalmente na venda de peças de lingerie barata, além de outras miudezas.

OLIMPO. Casa de *shows* na avenida VICENTE DE CARVALHO, no bairro de mesmo nome. À época desta obra, era a maior e mais importante do subúrbio carioca, tendo sediado espetáculos de artistas de projeção nacional.

ÔNIBUS. Depois do bonde e do trem, a hinterlândia carioca conheceu também o ônibus como meio de transporte de massa com trajeto preestabelecido. O ano da introdução desse tipo de transporte, com veículos movidos a combustão, foi 1908. Nesse ano, por iniciativa do empresário Otávio da Rocha Miranda, começou a circular uma linha ligando o Passeio Público à Praça Mauá. Entretanto, até a década de 1930, pelo menos, o ônibus não se mostrou capaz de competir em igualdade de condições com BONDES e trens, chegando seu tráfego a ser proibido em algumas das principais vias da cidade, e o tamanho de suas estruturas limitado por lei. Em 1936, o serviço de ônibus, no DISTRITO FEDERAL, já contava com mais de 700 veículos, entre as quais os da Viação Penha, com atuação nos bairros do subúrbio. Mas, até então, o ônibus ainda era visto como um transporte de luxo, o que ia de encontro aos anseios das autoridades. Assim, em 1939, era criada a Comissão de Transporte Coletivo, com a missão de elaborar um plano para unificar e coordenar o transporte coletivo na cidade. Nesse ínterim, finda a Segunda Guerra, começam a operar na cidade os "Gostosões", veículos norte-americanos, com motor central e capacidade bem maior do que os 39 passageiros que os ônibus convencionais transportavam a cada viagem (CEM, 2011). Mas esses ônibus eram, efetivamente, apenas mais uma importação americana, de luxo, da "Cidade". Então, só a partir do fim do bonde, na década de 1960, e da decadência do transporte ferroviário, é que o ônibus viria efetivamente a dominar a paisagem carioca e principalmente a da região objeto deste dicionário. Nesse momento, um texto publicado em 1961 chamava a atenção para o fato de que grandes subúrbios cariocas, formados ao longo das ferrovias, estavam se constituindo em pequenos centros rodoviários, pela quantidade de linhas de ônibus que deles partiam em direção a outros subúrbios e às antigas áreas rurais, as quais, aí, começavam a se urbanizar (BERNARDES; SOARES, 1995, p. 101). Na atualidade, em que pesem todos os problemas existentes, o que inclusive enseja a proliferação do chamado "TRANSPORTE ALTERNATIVO", o ônibus destaca-se como espaço de socialização. Nas linhas que demandam o Centro da cidade, pelo convívio diário de pessoas que utilizam os mesmo ônibus nos mesmo horários, em períodos longos ou alongados pelas dificuldades do tráfego, estabecem-se amizades, parcerias, compadrios namoros etc. E esssa forma de vida social culmina com as tradicionais festas de aniversário, em que datas natalícias de passageiros são comemoradas com comidas, guloseimas, bebidas, presentes etc., e até mesmo com a decoração do espaço. Além das linhas que demandam o Centro, a Zona Sul e o litoral Oeste, à época desta obra, as linhas de ônibus e micro-ônibus, algumas com itinerários variantes ou extensões, que interligam as várias localidades do subúrbio carioca, são as seguintes: 650, Marechal Hermes – Engenho Novo** 651, Méier – Cascadura (via Arquias Cordeiro)** 652, Méier – Cascadura (via Lins)** 653, Marechal Hermes – Méier** 661, Méier – Maria da Graça (via Norte Shopping)** 662, Méier – Maria da Graça (via Del Castilho)** 663, Méier – Parque União** 665, Pavuna – Parque Colúmbia** 667, Madureira – Méier** 669, Méier – Pavuna** 673, Lucas – Méier** 675, Penha – Méier (via Inhaúma) ** 676, Penha – Méier (via Cascadura) ** 678, Méier – Valqueire** 679, Grotão – Méier** 680, Penha, IAPI – Inhaúma (com extensão até o Méier) ** 684, Padre Miguel – Méier** 685, Irajá – Méier** 687, Inhaúma – Pavuna (com extensões)** 688, Méier – Pavuna** 689, Méier – Campo Grande (com extensões e variantes)** 690, Méier – Cidade de Deus** 712, Cascadura – Irajá (com extensão) ** 713, Deodoro – Coqueiros** 714, Deodoro – Jardim Violeta** 715, Deodoro – Jardim Novo Realengo** 716, Deodoro – Barata** 721, Cascadura – Vila Cruzeiro** 722, Deodoro – Viegas** 723, Cascadura – Mariópolis (com variante) ** 725, Cascadura – Ricardo** 727, Pavuna – Javatá** 729, Taquara – Covanca** 730, Hospital Cardoso Fontes – Covanca** 732, Gardênia Azul – Cascadura** 733, Cascadura – Cidade de Deus** 734, Rio das Pedras – Madureira** 736, Madureira – Autódromo** 737, Rio das Pedras – Curicica** 738, Gardênia Azul – Curicica** 739, Sulacap – Bangu (com variante)** 740, Curicica – Cascadura (com variante) ** 741, Barata – Bangu** 744, Realengo – Cascadura (com variante) ** 745, Bangu – Cascadura** 746, Cascadura – Senador Camará (com variante)** 759, Cafundá – Colônia** 760, Curicica – Madureira** 761, Madureira – Boiúna** 762, Madureira – Colônia Juliano Moreira (com variante)** 763, Madureira – Santa Maria** 764, Madureira – Pau da Fome** 766, Madureira – Freguesia** 773, Pavuna – Cascadura** 779, Madureira – Pavuna** 780, Benfica – Madureira** 781, Cascadura – Marechal Hermes (com variante)** 782, Cascadura – Marechal Hermes (com variante)** 784, Marechal Hermes – Vila

Kennedy** 786, Marechal Hermes – Campo Grande** 790, Campo Grande – Cascadura** 793, Magalhães Bastos – Pavuna** 794, Cascadura-Bangu (com variante) ** 795, Pavuna-Magalhães Bastos** 797, Sandá – Bangu** 798, Bangu – Jardim Água Branca** 799, Jardim Violeta – Magalhães Bastos** 800, Santíssimo – Marechal Hermes**810, Taquaral – INPS Bangu (via Vila Aliança)** 811, Vila Kennedy – Bangu** 812, Bangu – Carobinha** 814, Rio da Prata – Bangu**815, Santa Maria – Bangu**816, Campo Grande – Guadalupe** 817, Campo Grande – Fazenda Botafogo** 819, Bangu – Jardim Bangu (circular)** 820, Campo Grande – Marechal Hermes** 821, Campo Grande – Corcundinha** 822, Campo Grande – Corcundinha (com variante)** 824, Santa Maria – Campo Grande (com variante)** 825, Campo Grande – Jesuítas (com variante)** 828, Augusto Vasconcelos – São Jorge (com variante)** 830, Campo Grande – Pedregoso (com variante)** 831, Campo Grande – Jardim Paulista (com variante)** 832, Campo Grande – Corcundinha (com variante)** 833, Campo Grande – Jardim Manguariba (com variante)** 834, Campo Grande – Morro do Cavado (com variante)** 835, Campo Grande – Jardim Monteiro** 836, Campo Grande – Caboclos** 837, Campo Grande – Conjunto da Marinha (com variante)** 838, Campo Grande – Jardim Maravilha (com variante)** 839, Campo Grande – Cesarão (com variante)** 840, Campo Grande – Base Aérea de Santa Cruz (com variante)** 841, Campo Grande – Cosmos** 842, Campo Grande – Paciência (com variante)** 843, Campo Grande – Boa Esperança (com variante) ** 846, Campo Grande – Rio da Prata** 847, Campo Grande – Rio da Prata (via Lameirão)** 848, Campo Grande – Bairro Monte Santo (com variante)** 850, Campo Grande – Mendanha** 851, Campo Grande – Augusto Vasconcelos (com variante)** 852, Campo Grande – Pedra de Guaratiba (com variante)** 857, Campo Grande – Jardim Sete de Abril (com variante)** 858, Campo Grande – Santa Cruz (com variante)** 859, Campo Grande – Base Aérea (com variante)** 860, Conjunto Manguariba – Pedra de Guaratiba** 861, Reta do Rio Grande – Cesarão** 862, Urucânia – João XXIII** 863, Conjunto São Fernando – Cesarão** 864, Bangu – Campo Grande (com variante)** 865, Campo Grande – Santa Cruz** 866, Campo Grande – Pedra de Guaratiba (via Magarça)** 867, Campo Grande – Barra de Guaratiba** 870, Bangu- Sepetiba** 871, Campo Grande – Praia da Brisa** 872, Campo Grande – Sepetiba** 873, Santa Cruz – Campo Grande (com variante)** 880, Santa Cruz – Venda da Varanda** 881, Vilar Carioca – Campo Grande** 886, Santa Cruz – Jesuítas** 887, Santa Cruz – Praia do Cardo** 888, Santa Cruz – Piraquê (com variante)** 889, Santa Cruz – São Benedito** 892, Santa Cruz – São Benedito (via Matadouro)** 896, Engenho da Rainha – Pavuna** 902, Manguinhos – Vila Cosmos** 903, Manguinhos – Vila Cosmos** 904, Vicente de Carvalho – Largo Victor de Oliveira** 905, Bonsucesso –Irajá (com variante)** 906, Caju – Jardim América (com variante)** 907, Bonsucesso – Pavuna (com variante)** 908, Bonsucesso – Guadalupe** 909, Cordovil – Bonsucesso** 917, Bonsucesso – Mallet (com variante)** 918, Bonsucesso – Bangu** 919, Bonsucesso – Irajá** 920, Bonsucesso – Pavuna** 921 – Coqueiros – IAPI da Penha**923, Bangu – IAPI da Penha** 926, Senador Camará – Penha** 928, Marechal Hermes – Ramos (com variante)** 940, Ramos (Praia) – Madureira** 942, Penha – Pavuna** 943, Pavuna – IAPI da Penha** 944, Pavuna – Engenheiro Rubens Paiva** 949, Pavuna – Engenheiro Rubens Paiva** 952, Penha – Praça Seca (com variante)** 953, Pavuna – Bonsucesso** 954, Grotão – Vigário Geral (com variante)** 956B, Penha (IAPI) – Invernada** E11A, Vigário Geral – Lucas** E14B, Ceasa – Praça Honório Gurgel** E25, Penha – Morro do Cruzeiro** S017,

Inhoaíba – Campo Grande** S018, Bairro Jabour – Sulacap** S021, Vila Kennedy – Campo Grande** S022, Bangu – Campo Grande (com variante)** S027, Marechal Hermes – Urucânia** S03, Campo Grande – Sepetiba** S032A, S032B, S032C, S033A, S033B, S033C, Vicente de Carvalho – Vista Alegre** S036, Cachambi – Méier.

OPOSIÇÃO, Esporte Clube. Nas primeiras décadas do século XX, uma agremiação esportiva chamada "Opposição Football Club", fundada em 1º de janeiro de 1915, na ABOLIÇÃO, participou de certames da Associação Atlética Suburbana e da Liga Brasileira de Desportos. Mudando o nome para Sport Club Oposição e com sede na rua Silva Xavier, 22, no largo da Abolição, participou do DEPARTAMENTO AUTÔNOMO. Nos anos 1950 e 1960, vamos encontrar um clube chamado Esporte Clube Oposição (seria o mesmo?), com sede na antiga AVENIDA SUBURBANA, 8.808, na PIEDADE, que, mais com feição de clube social, promove festivais de rock frequentados por ED WILSON e outros futuros astros da Jovem Guarda. Na década de 1980, o clube se destaca por promover intensa programação de SAMBA. Finalmente, ao longo da década de 2000, o Clube Oposição – como é simplesmente chamado agora – é sede de grande atividade, em que predominam eventos do universo funk. Ver IÊ-IÊ-IÊ.

ORIGINAL DO BRÁS. Botequim situado na rua Guaporé, em BRÁS DE PINA. Conquistou o primeiro lugar na edição de 2008, o segundo na de 2009 e o terceiro na de 2010 do evento COMIDA DI BUTECO (COMIDA, 2011).

ORLANDO BARBOSA. Ver GAFIEIRAS.

ORLANDO SILVA (1915 – 1978). Cantor carioca, cognominado "o cantor das multidões". Pioneiro artista de massa e inovador em sua técnica vocal, é considerado um dos maiores cantores brasileiros de todos os tempos. Nascido no ENGENHO DE DENTRO, no número 25 da rua Augusta, depois General Clarindo, teve vários outros endereços na região, como no número 46 da avenida João Ribeiro, no Largo de PILARES. No CACHAMBI, onde residiu por mais tempo, sua memória é evocada, inclusive com um monumento, na Praça Orlando Silva, entre as ruas Cachambi e Coração de Maria.

ORQUESTRA SINFÔNICA JOVEM DE CAMPO GRANDE. Conjunto formado em 2004 por iniciativa dos então estudantes de música Rafael Rocha (regente) e Danielle Sardinha. Em meados de 2010, formada por trinta e cinco músicos com idades entre 16 e 35 anos, todos moradores da ZONA OESTE ou da Baixada Fluminense, tinha como bases físicas o TEATRO ARTUR AZEVEDO e o Sindicato dos Professores. Dedicada à missão de levar a música clássica a moradores de áreas carentes ou distantes dos tradicionais palcos da musica erudita, ela era apoiada pela Fundação Zegna e pela CASA DA MOEDA do Brasil.

OSCAR ROSAS. Poeta falecido em 1925. Jornalista e político, morador na atual rua Pedro de Carvalho, que liga o MÉIER ao LINS DE VASCONCELOS, foi um do melhores amigos do poeta CRUZ E SOUSA. Seu filho Ernâni Rosas, morador, primeiro, na casa familiar da rua Pedro de Carvalho e depois na rua Paraná, na PIEDADE, de onde saiu para Nova Iguaçu, onde faleceu em 1954, é considerado, por Andrade Murici (1952), como o último poeta simbolista brasileiro.

OSWALDO CRUZ. Bairro na jurisdição da 15ª Região Administrativa (MADUREIRA). Nasceu e cresceu nos domínios da antiga Freguesia de IRAJÁ, sendo originalmente integrante, em parte, de terras da Fazenda do CAMPINHO. Com o fim do escravismo, em 1888, a economia da região entrou em declínio e os antigos latifúndios passaram a ser fragmentados em glebas e lotes. O advento da ferrovia e a construção da estação, chamada "Rio das Pedras" e inaugurada em 1898, bem como a abertura de extensas ruas ao longo da linha férrea, contribuíram decisivamente para a expansão do bairro. Segundo estudiosos que se debruçaram sobre a história da Escola de Samba PORTELA, a mais importante expressão cultural do bairro, na povoação de Oswaldo Cruz e circunvizinhanças reconhecem-se duas correntes principais e complementares de migrantes, vindos em busca de melhores oportunidades. A primeira, surgida com a Abolição e formada por ex-escravos e descendentes, veio principalmente das fazendas de café do Vale do Paraíba; das localidades à margem da Estrada União e Indústria, no interior mineiro; e, finalmente, de propriedades rurais do próprio Sertão Carioca, no oeste do antigo DISTRITO FEDERAL. Juntamente com os primitivos fazendeiros, chacareiros e criados, esses migrantes foram os responsáveis pela face rural que marcou a vida da antiga população de Oswaldo Cruz. Na primeira década do século XX, com a reforma urbana do Centro do Rio, conhecida como o "BOTA-ABAIXO", númerosas famílias pobres, majoritariamente negras, vieram somar-se às já radicadas no futuro bairro. Por esse tempo, com a morte do médico e sanitarista Oswaldo Cruz (1872 – 1917), personagem também inserido no projeto de modernização do Rio, a estação e o bairro receberam seu nome. Veja-se, aqui, que, até pelo menos a década de 1920, quem, saindo, por exemplo, do MERCADO DE MADUREIRA, tomasse a Estrada do PORTELA a caminho de Oswaldo Cruz, logo nos primeiros cem metros iria se deparar com os tortuosos caminhos do antigo engenho. Por eles, chegava-se a pequenas chácaras e residências – humildes, mas ricas de frondosas árvores frutíferas –, construídas pelos primeiros compradores dos lotes resultantes da velha propriedade do lusitano. Prosseguindo na direção da ESTRADA DO SAPÊ e da antiga ESTRADA DO AREAL, as mesmas características predominavam. E o mesmo se dava em todo o espaço físico entre o que ainda hoje é MADUREIRA, MAGNO, TURIAÇU e ROCHA MIRANDA. A carência de oferta de lazer público era suprida pelas relações de parentesco, vizinhança e amizade, como aliás na maior parte de toda a região suburbana. O crescimento de Madureira e sua afirmação como "capital dos subúrbios" tornou Oswaldo Cruz uma espécie de apêndice residencial do grande centro, dele dependente tanto em termos de trabalho e comércio como de lazer. Só mesmo a Escola de Samba, por sua força, parece ter-se mantido fiel ao bairro: sua sede, embora modernizada e tornada imponente, ainda permanece em uma rua do bairro, a rua Clara Nunes; e seu primeiro reduto, a PORTELINHA, ainda está lá, na Estrada do Portela, dando abrigo e alento à VELHA GUARDA DA PORTELA. Ver AGBARA DUDU; BACIA HIDROGRÁFICA; BICA DO INGLÊS; BLOCOS CARNAVALESCOS; BOTEQUIM DO NOZINHO; CANDEIA; CANDOMBLÉ; CAROLINA MACHADO, Rua; CENTRAL DO BRASIL; CHICO SANTANA; CLAUDIONOR Marcelino dos Santos; DOCA DA PORTELA, Tia; ESCOLAS DE SAMBA; FAVELAS; FEIRA DAS IABÁS; HEITOR DOS PRAZERES; LIRA DO AMOR; MARQUINHOS DE OSWALDO CRUZ; MISTÉRIO DO SAMBA, O; MONARCO; MUZENZA, Centro de Estética e Cidadania Afro; NATAL DA PORTELA; NEGROS, Presença histórica; PAGODE; PAULO DA PORTELA; PORTELINHA; SEGREDO DE ESTER, O; UNIDOS DE ROCHA MIRANDA.

OSWALDO MACEDO. Médico e dirigente do SAMBA, falecido em 1993. Personagem destacado da história do bairro de RAMOS, era carinhosamente chamado de "Cigano", em alusão a sua origem étnica. Na IMPERATRIZ LEOPOLDINENSE, onde, a partir de 1967, integrou o Departamento Cultural, foi autor, entre outros, dos enredos *Brasil, flor amorosa de três raças*; *Oropa, França e Bahia*; e *Martim Cererê*, apresentados pela escola entre 1969 e 1972. Autêntico "médico dos pobres", é assim retratado na autobiografia do também médico Arnaldo Ferreira dos Santos (1944 – c. 2007), negro e ex-favelado no Morro do ALEMÃO: "Embora não tivesse nenhum laço de sangue, o Cigano, como era conhecido, foi patrono da nossa família. Conselheiro, médico da mamãe por longos anos, esteve presente em vários momentos como tábua de salvação da família Ferreira dos Santos (...). Na minha vida, Dr. Oswaldo foi importante pelo incentivo quando soube que eu queria também ser médico. O incentivo, além de moral, foi também material. Dr. Oswaldo financiou o meu curso pré-vestibular. Dr. Oswaldo ficou muito feliz quando fui aprovado na Faculdade Nacional de Medicina. Inclusive, me acompanhou na matrícula, no primeiro dia de aula e no dia do trote. De carro com motorista, me levada até a faculdade" (SANTOS, 2007, p. 42-43). Presidente honorário do Centro de Estudos CIGANOS brasileiro, em 1992, publicou, pela editora carioca Imago, o livro *Ciganos, natureza e cultura*, apresentado como a única obra do gênero escrita por um legítimo representante desse povo.

OTACÍLIO DE CARVALHO CAMARÁ (c. 1880 – 1920). Político nascido no Rio Grande do Sul, homenageado no nome do bairro SENADOR CAMARÁ. Atuando na antiga ZONA RURAL, em especial em SANTA CRUZ, é descrito em algumas fontes como formado em vários cursos de nível superior, dominando diversos idiomas e sendo orador fluente. Foi deputado federal, pelo Rio de Janeiro, na legislatura de 1915-1919, e senador eleito em 1919, falecendo prematuramente. Os arquivos do Senado Federal mencionam seu nome e sua condição de formado em Direito e Medicina, mas não registram nenhum pronunciamento feito e nenhuma proposição apresentada, certamente pelo curto tempo de seu mandato. Possivelmente, as grandes realizações que lhe são atribuídas, as quais lhe valeram as homenagens consubstanciadas no nome do bairro, além de um busto e a denominação de uma rua de Santa Cruz, datem de seu mandato como deputado.

OVO NA COLHER, Corrida de. Ver FESTIVAIS DE FUTEBOL.

P

PAC. Sigla do Programa de Aceleração de Crescimento, iniciativa do segundo governo do presidente Lula da Silva, na década de 2000. Em março de 2010, eram anunciadas, no âmbito do programa para o Rio, profundas intervenções, com projetos de urbanização e infraestutura em comunidades e complexos favelados como ALEMÃO, BATAN, Cachoeirinha, JACAREZINHO, Juramento, Kelson e MANGUINHOS.

PACIÊNCIA. Bairro na jurisdição da 19ª Região Administrativa (SANTA CRUZ). Sua origem é o Engenho da Paciência ou "Mato da Paciência", erguido em antigas terras dos religiosos carmelitas, integrantes da Freguesia de CAMPO GRANDE. No início do século XIX, o engenho e seu entorno eram propriedade de Dona Mariana Eugênia Carneiro da Costa e seu marido. Ela era filha de Braz Carneiro Leão, um dos mais prósperos comerciantes de sua época (FRIDMAN, 1999, p. 166), o qual parece ser o mesmo Fernando Braz Carneiro Leão, militar carioca que, em 1820, aos 40 anos, forte, "moreno", simpático e pai de filhos, tornou-se pivô do assassinato de sua própria mulher, grávida, a mando, segundo a voz popular, da rainha Carlota Joaquina, tida como sua amante (EDMUNDO, 1957a, v. 1, p. 186-187). Voltando a Dona Mariana, vamos ver que ela, detentora do titulo nobiliárquico de Viscondessa de São Salvador de Campos, foi a fundadora do Engenho de Santo Antônio dos PALMARES, na mesma região, tendo sido, entretanto, em 1817, acusada de esbulho por Manoel Caetano de Matos, arrendatário de terras vizinhas. No final do Segundo Reinado, as terras da fazenda, ainda produzindo café, açúcar e aguardente, foram herdadas pela Viscondessa de Mirandela, viúva de Antônio Doutel de Almeida. Em 1897, chegaram os trilhos da ferrovia, cuja estação dispunha apenas de uma modesta construção de madeira. E, a partir da década de 1930, os cafezais foram dando lugar aos laranjais que fizeram da região um dos principais polos da CITRICULTURA no Brasil. Na atualidade, boa parte da vida do bairro gira em torno de seu razoável parque industrial. Mas, ironicamente, um de seus traços de modernidade é o cemitério JARDIM DA SAUDADE, anunciado pela propaganda como "uma nova concepção em necrópole". Sobre o nome do bairro, prosseguem as especulações. Para uns, derivaria da indocilidade de Dom Pedro I, a quem se recomendava "paciência", ante sua irritação pela demora de sua amada Marquesa de Santos. Para outros, o que é mais provável, o nome viria da longa espera, no local, dos passageiros da diligência, proveniente de São Cristóvão, que aguardavam a troca dos cavalos, esgotados pela longa viagem: era preciso ter... paciência! Ver AVENIDA BRASIL; BACIA HIDROGRÁFICA; BLOCOS CARNAVALESCOS; CANDOMBLÉ; COSMOS; FAVELAS; JARDIM PALMARES; ÔNIBUS; PACIÊNCIA, Serra da; RELEVO; TANCREDO NEVES; URUCÂNIA; ZONA INDUSTRIAL DE SANTA CRUZ.

PACIÊNCIA, Estrada de. Via de ligação entre PACIÊNCIA e COSMOS, com início na estrada da URUCÂNIA e fim na Estrada de Palmares.

PACIÊNCIA, Serra da. Extensão de montanhas localizada entre a Estrada da PACIÊNCIA e a AVENIDA BRASIL.

PADRE MANSO, Rua. Via em MADUREIRA, com início na avenida ERNÂNI CARDOSO e término na rua JOÃO VICENTE, próximo a um dos acessos ao Viaduto NEGRÃO DE LIMA, no lado da antiga DONA CLARA. Seu nome é uma homenagem ao clérigo responsável pela construção da Igreja São Luiz Gonzaga, matriz do bairro desde 1915.

PADRE MIGUEL. Bairro na jurisdição da 17ª Região Administrativa (BANGU), nascido em terras do Engenho do Bangu, na antiga Freguesia de CAMPO GRANDE. Cortado pela antiga ESTRADA REAL DE SANTA CRUZ, que demandava a Fazenda de SANTA CRUZ, deve seu nome à destacada atuação comunitária do padre espanhol Miguel de Santa Maria Mochón, chegado a REALENGO no começo do século XX com apenas 19 anos de idade, e falecido, com o título de monsenhor, em 1947, deixando importante legado, com várias igrejas construídas na vasta região que se estende até ANCHIETA e PAVUNA. Em 1940, a estação ferroviária local, entre Realengo e Bangu (entremeada pela parada GUILHERME DA SILVEIRA, servindo basicamente ao Estádio do BANGU ATLÉTICO CLUBE), recebeu seu nome. Antes, entretanto, de sua morte, a localidade era conhecida como "Moça Bonita", em alusão, segundo Gerson (1965, p. 524), a uma bela jovem, moradora em uma vila com um chafariz na frente, no Marco 6 da Estrada de Santa Cruz, a qual, de tão galanteada pelos cadetes da ESCOLA MILITAR DE REALENGO, teria acabado por se tornar uma referência. Segundo Espírito Santo (2004), o antigo bairro de Moça Bonita ganhou incremento com o ambicioso plano habitacional do governo Getúlio Vargas, que urbanizou a grande área rural existente entre REALENGO e Bangu, lá construindo um conjunto residencial do IAPI. Na atualidade, a maior referência do bairro é sua escola de samba, a MOCIDADE INDEPENDENTE DE PADRE MIGUEL. Ver AVENIDA BRASIL; AVENIDA SANTA CRUZ; CASTOR DE ANDRADE; CLÓVIS; CLUBES; CREIB; DEPÊ; DOM JAIME DE BARROS CÂMARA, Conjunto Habitacional; ESCOLAS DE SAMBA; FAVELAS; MESTRE JORJÃO; MOÇA BONITA; MURUNDU, Cemitério do; ÔNIBUS; RELEVO; TOCO; UNIDOS DE PADRE MIGUEL; VILA VINTÉM; WILSON MOREIRA.

PADRE NÓBREGA, Rua. Nome pelo qual é mais conhecida a rua Padre Manuel da Nóbrega, na região de PIEDADE e QUINTINO. Começando na antiga avenida SUBURBANA e terminando nas proximidades da estação de CAVALCANTI, é uma rua referencial, tendo se desenvolvido ao seu redor quase um sub-bairro. Ver CASA LIMA BARRETO.

PADRE RICARDO DA PENHA. Ver RICARDO SILVA, Padre.

PAGODE. Termo que, originariamente designando divertimento, patuscada, ganhou, no Rio de Janeiro, a acepção de "reunião de sambistas" e, a partir da década de 1980, passou a denominar um estilo de interpretação do SAMBA, gênero de canção popular. Como reunião musical festiva, o pagode está na história musical da cidade desde tempos imemoriais. Na Primeira República. Já nas primeiras décadas do século XX, por exemplo, eram famosos os pagodes da região da PIEDADE, como relatados, em 1936, por Alexandre Gonçalves Pinto (1978) no livro O choro. Ao longo da obra, o autor repertoria grandes pagodes em casa de músicos e aficcionados, como o pandeirista Luiz Caixeirinho, morador da Piedade; Mário Ramos, do mesmo bairro, cujas reuniões eram frequentadas por CATULO DA PAIXÃO CEARENSE, Anacleto de Medeiros e Irineu Batina, entre outros. Alexandre Pinto cita também a casa do violonista Viana, na ÁGUA SANTA, onde pontificava a flauta do Professor CUPERTINO; a do bombardinista Lica, na rua Sá, ainda na Piedade; a de Zé Celestino, astro do violão, morto na Gripe Espanhola, que era operário das Oficinas e morador do ENGENHO DE DENTRO; a de Paulo Augusto DUQUE ESTRADA MEYER, descendente do Camarista, grande flautista e que executava com orgulho a quadrilha Família Meyer, composta pelo grande Joaquim Callado em homenagem à sua família; a de Zé Monteiro, deslumbrante cantador de modinhas, na antiga rua 13 de Maio, hoje Rua da ABOLIÇÃO; a de Leandro Ferreira, o "ROUXINOL SUBURBANO", na rua Meira, na Piedade, etc. No final do século XX. A partir da década de 1970, o pagode ganhou a forma de encontros semicomerciais, às vezes até mesmo em quintais domésticos, com venda de bebidas e petiscos para os assistentes. Assim, ganhou evidência o pagode realizado na sede do bloco CACIQUE DE RAMOS, após as peladas semanais, no qual nasceu o grupo vocal e instrumental FUNDO DE QUINTAL, que, ingressando no meio artístico comercial, inaugurou o estilo depois conhecido como "pagode". Sobre o assunto, lê-se em Souza (2003, p. 273): "Em 1983, antes da transformação em modismo pela mídia – que tomou a prática por gênero, apesar de reunir o PARTIDO-ALTO nos fundos de quintal, a Zona Norte carioca fervilhava de pagodes." Desses, os mais conhecidos e concorridos foram o de Tia DOCA DA PORTELA e o da "Beira do Rio", em OSWALDO CRUZ, capitaneado por MAURO DINIZ e Adilson Victor, além do organizado pelo compositor e cavaquinhista ARLINDO CRUZ, em CASCADURA, na rua Padre Telêmaco. Observe-se que, então, o estilo pagode se consolida a partir do lançamento em 1985, pela gravadora carioca RGE, pertencente ao Sistema Globo, do LP *Raça brasileira*, no qual aparecem, para o grande público, entre outros, os nomes de JOVELINA PÉROLA NEGRA, Mauro Diniz e ZECA PAGODINHO. Privilegiando a tradição do partido-alto, o estilo pagode colocou em destaque, também, compositores e intérpretes como Almir Guineto, Arlindo Cruz, Jorge Aragão e Sombrinha, entre outros. À época da feitura deste livro, o estilo de samba rotulado como "pagode" pela indústria fonográfica, representava apenas deturpação e diluição da produção desses grandes artistas.

PAGODE DO TREM. Ver MARQUINHOS DE OSWALDO CRUZ.

PAIOL DE DEODORO, Explosão do. Na madrugada de 2 de agosto de 1958, uma longa série de fortes explosões fez estremecer todo o subúrbio. O sinistro ocorreu nos paióis do Depósito Central de Armamento e Munição do Exército, em DEODORO; e, durante as várias horas da ocorrência, granadas e balas de fuzis foram lançados ao ar. Atingindo inicialmente o paiol de infantaria, inclusive o depósito de petardos, o fogo, levado pelo vento, espalhou-se até incendiar a Granja do Exército, matando os animais. As explosões tiveram reflexos até na Zona Sul; e, na Zona Norte, Grajaú e Vila Isabel tiveram imóveis com vidraças estilhaçadas e rachaduras de paredes. No conjunto residencial da FUNDAÇÃO da Casa Popular, que dá frente para os paióis de munições, muitos dos dez mil moradores deixaram suas casas às pressas, durante a madrugada, buscando abrigo em outros bairros. Nos bairros vizinhos, o aspecto era o de cidades bombardeadas, com paredes, telhados e vidraças destruídos. Contribuindo para a formação desse quadro de guerra, o que se via era a interdição de toda a área de Deodoro ao tráfego de veículos, o patrulhamento de ruas e estradas escuras, por soldados fortemente armados. O Depósito, com dez paióis e 60 depósitos de armamentos bélico, era considerado o maior da América Latina. O evento, popularizado como a "explosão do paiol de Deodoro", embora sem pessoas diretamente atingidas (as poucas mortes registradas se deveram a ataques cardíacos, motivados por forte emoção), foi, certamente, a maior tragédia abatida sob a hinterlândia carioca no século XX.

PAIZINHO PRETO DE INHOAÍBA. Monumento localizado em INHOAÍBA, no canteiro central da rua Adolfo Lemos, onde ela encontra a avenida CESÁRIO DE MELO (GOOGLE MAPS, 2012), nas proximidades do "Orfanato de Inhoaíba", como é conhecido o Lar Ana Gonzaga. O local é muitas vezes mencionado como "Praça do Preto Velho" ou Praça Adolfo Lemos, e a rua deste nome, como "Avenida do Preto Velho". Erguido em homenagem ao 13 de maio, data da promulgação da Lei Áurea, que aboliu a escravidão negra no Brasil, a obra, criada pelo escultor Miguel Pastor, tem a parte principal na forma de um obelisco de concreto, com desenhos que simbolizam orixás. Segundo matéria publicada no jornal *Extra on-line* (CUNHA, 2012), trata-se da imagem de Joaquim Manuel da Silva, o Tio Quincas ou Paizinho Preto, o mais antigo escravo da região, nascido em 1854 e falecido com 109 anos (em 1963, portanto), e que foi homenageado na inauguração do monumento, em 13 de maio de 1958. O local abriga também uma construção chamada "Cabana da Mãe Preta", com uma imagem em tamanho natural de uma mulher negra. Segundo uma mãe de santo local, que é zeladora voluntária do monumento, a imagem retrata Tia Maria do Sul de Minas, ama de leite do filho do antigo dono da fazenda da região. Ainda segundo a zeladora, o desenho de um ponto riscado de preto-velho, modelado em pedras portuguesas na pavimentação da praça, foi feito pelo próprio escultor, que era espírita. Desde antes da criação do Dia Nacional da Consciência Negra, celebrado a partir de 2003, o monumento é palco de manifestações religiosas e festivas de fiéis e militantes pelos direitos civis da população afrodescendente. Entretanto, apesar de constar do calendário oficial de eventos do município desde 1983, a festa, à época desta obra, era realizada, ao que parece, simplesmente por livre iniciativa popular. Daí, em 2008, numa programação bastante eclética, a festa ter contado, além das celebrações religiosas, com a participação de um grupo denominado "Doce Veneno", anunciado como "dançarinos de calipso", originários de Fortaleza, Ceará. Em fins de 2010, segundo a reportagem citada, a zeladora e outros religiosos buscavam formas de proteger o monumento contra expressões de intolerância religiosa de que vem sendo vítima, o que fez inclusive com que a imagem do Paizinho Preto só seja posta no monumento para a festa anual. Ver PRETO VELHO, Avenida do.

PALÁCIO CHOUPANAL. Ver CATULO DA PAIXÃO CEARENSE.

PALLAS EDITORA. Empresa editorial especializada em cultura afro-brasileira e africana, com sede própria em HIGIENÓPOLIS, na rua Frederico de Albuquerque. Fruto da iniciativa do editor Antônio Carlos Fernandes, iniciou suas atividades em meados da década de 1950, numa pequena e velha casa da avenida Mem de Sá, na Lapa, publicando livros na área da UMBANDA e das rezas e crendices populares. Mudando-se para o subúrbio cerca de doze anos depois de fundada, a editora ocupou a sede da então já extinta Associação Atlética e Cultural Higienópolis, localizando seu depósito no galpão em que ocorriam os eventos esportivos e sociais. No momento deste texto, a Pallas já se afirmava como uma das principais casas editoriais em sua especialidade, inclusive publicando livros em parceria com importantes instituições universitárias do país, notadamente na área das Ciências Sociais. Tudo isto dentro do objetivo, expresso por Cristina e Mariana Fernandes

Warth, respectivamente filha e neta do fundador, de evidenciar a cultura africana como um importante fator formador da sociedade brasileira.

PALMARES. Ver JARDIM PALMARES.

PALMARES, Fazenda dos. Ver CAFEICULTURA.

PALMARES, Jardim. Ver JARDIM PALMARES.

PALMEIRAS. Localidade no Complexo do ALEMÃO. Ver FAZENDA DAS PALMEIRAS.

PAPA COM LOMBO. Time de PELADA, famoso no IRAJÁ na década de 1960, tendo como patrono o banqueiro de bicho Lourival Ribeiro, conhecido como "Pirulito", um dos poucos negros em sua condição. Com as cores azul e amarelo, no carnaval, o "Papa" levava às ruas um animado bloco carnavalesco, que saía do botequim do "Seu Costa", na esquina da rua Ferreira Cantão com avenida MONSENHOR FÉLIX, sede informal do time. O curioso nome da pelada e do bloco, surgiu numa farra em que o suculento prato, outrora bastante apreciado no ambiente deste livro, foi servido. Nesse dia, um feriado de 15 de novembro, resolveu-se fundar um time de futebol. E o nome veio antes, cheiroso e fumegante.

PAQUITO (1915 - 1975). Pseudônimo de Francisco da Silva Fárrea Júnior, compositor carioca. Foi autor ou coautor de grandes sucessos carnavalescos, quase sempre abordando o cotidiano do trabalhador suburbano, como salientado em Albin (2006). De sua obra, destacamos: *O trem atrasou*, SAMBA de 1941, e as marchinhas *Tomara que chova* e *Daqui não saio*, ambas de 1950. Paquito morava em IRAJÁ, na região da rua Coronel Leitão.

PARA-PEDRO, Favela. Nome popular da comunidade Parque São Jorge, entre COLÉGIO e IRAJÁ. Em 1990, reportagem do *Jornal do Brasil*, em edição de 30 de julho, denunciava uma verdadeira guerra santa que lá se travava, promovida por EVANGÉLICOS filiados a igrejas como Ceifa, Casa da Bênção e Igreja Evangélica Poder de Cristo para o Povo. Em reação, a Associação de Moradores local começava a exigir, das igrejas que quisessem se estabelecer na comunidade, a realização de obras sociais como creches e escolas. Ver FAVELAS.

PARADA DE LUCAS. Bairro na jurisdição da 31ª Região Administrativa (VIGÁRIO GERAL), desenvolvido ao redor da modesta estação ferroviária da Estrada de Ferro LEOPOLDINA ou ESTRADA DO NORTE, construída nas terras de JOSÉ LUCAS DE ALMEIDA, na antiga Freguesia de IRAJÁ. Em 1900, como verificado em Berger (1965, p. 78) os únicos pontos de parada dessa ferrovia eram em CORDOVIL e VIGÁRIO GERAL. Daí acreditar-se que a criação da "Parada de Lucas" tenha se dado na década de 1920, durante a expansão da Leopoldina, ganhando ela status de ESTAÇÃO somente em 1949 (HISTÓRIA, 2011). Assim, durante algum tempo, a estação e o bairro foram referidos apenas como "Lucas". Ver AFRO REGGAE; APRENDIZES DE LUCAS; AVENIDA BRASIL; BLOCH EDITORES; FAVELAS; JOSÉ LUCAS DE ALMEIDA; LEOPOLDINA, Ramal da; ÔNIBUS; UNIDOS DA CAPELA; UNIDOS DE LUCAS.

PARADA DO CUNHA. Nome original da primeira estação ferroviária de MADUREIRA, inaugurada em 1890. A denominação é alusão a DOMINGOS LOPES da Cunha, proprietário e morador da localidade.

PARADINHA. Nas baterias das ESCOLAS DE SAMBA, efeito de interpretação que consiste em silenciar todos ou a maioria dos instrumentos para que apenas um de timbre agudo, ou todo um naipe, execute um solo, após o que, a um sinal convencionado, todo o conjunto volte a tocar, de maneira vibrante, provocando emoção na plateia (SANTO, 2011). Tal recurso, nascido no meio do jazz, foi aperfeiçoado no SAMBA por MESTRE ANDRÉ, na década de 1960.

PARAMES, Esporte Clube. Clube fundado em 1925, na PRAÇA SECA, considerado o mais tradicional da região. De sua história, contam-se, entre outros feitos, uma vitória sobre o Flamengo, por 2 x 1, em 29 março de 1931; e a revelação, na década de 1940, do famoso Isaías, depois craque do Madureira e do Vasco da Gama. Depois de uma cisão que originou o surgimento do Country Clube de Jacarepaguá, na década de 1960, o Parames encerrou suas atividades na década seguinte (COSTA, 2009).

PARQUE ANCHIETA. Bairro pertencente à jurisdição da 22ª Região Administrativa (ANCHIETA). Originário de um loteamento constituído em 1969 no bairro que lhe deu o nome, compreendendo 1639 lotes, 27 ruas e 4 praças, ganhou autonomia em decreto de 1981, confirmada em 1985. Separado do município de Nilópolis pelo rio Pavuna, e do bairro-mãe pela via férrea, limita-se também com RICARDO DE ALBUQUERQUE e com a área militar do campo de GERICINÓ. Seu acesso principal é a Estrada do Engenho Novo (antigo caminho do ENGENHO NOVO DA PIEDADE). Ver BACIA HIDROGRÁFICA; FAVELAS; MARIÓPOLIS.

PARQUE ARI BARROSO. Jardim público localizado em frente ao Viaduto João XXIII, próximo ao Hospital Getúlio Vargas e à Praça Manuel Ortigão, na PENHA CIRCULAR. Ocupando uma área de 5 hectares, com bastante verde, incluindo gramíneas e grande variedade de árvores, e dotado de equipamentos para diversão infantil, é um dos poucos espaços desse gênero existentes na zona suburbana. Sua denominação homenageia o compositor Ari Evangelista Barroso (1903 – 1964) autor de Aquarela do Brasil, entre outras obras importantes do cancioneiro popular nacional.

PARQUE COLÚMBIA. Bairro integrante da 25ª Região Administrativa (PAVUNA). Originou-se de dois loteamentos, um constituído na década de 1950, para instalação de residências e indústrias, e outro da década de 1960, de iniciativa da empresa Mercúrio Engenharia Urbanização e Comércio Ltda. Independente em relação à Pavuna em 1999, localiza-se entre a VIA DUTRA, o rio ACARI e a Linha 2 do METRÔ. Ver ACARI; FAVELAS; ÔNIBUS.

PARQUE DE DIVERSÕES. Espaço dotado de equipamentos para recreação de crianças e adultos (autopista, bicho-da-seda, carrossel, trem fantasma, roda-gigante etc.), além de locais para jogos (argolas, dardos, tiros etc.), refeições ligeiras e outros divertimentos. O recorrente número teatral da mulher que se transforma, assustadoramente, em gorila é sempre uma forte atração. Assim como o "dangler", o balanço que sacoleja e provoca mal-estar. Uma singularidade, altamente romântica, dos antigos parques de diversões da hinterlândia carioca, eram as declarações de amor, através da oferta, pelo serviço de alto-falantes, de músicas a namoradas ou namorados pretendidos, principalmente de forma anônima, com textos como este: "Alguém oferece à moreninha de tranças e vestido vermelho, como prova de amor, o bolero 'Malvada'." E, aí, entrava também a galhofa, em dedicatórias como esta: "Alguém oferece a outro alguém, como prova de alguma coisa."

PARQUE ECOLÓGICO MUNICIPAL DO MENDANHA. Ver MENDANHA, Serra do.

PARQUE ESTADUAL DA PEDRA BRANCA. Ver PEDRA BRANCA, Maciço da.

PARQUE ORLANDO LEITE. Área de lazer em CASCADURA, localizada na rua Ferraz, nas proximidades do Morro do FUBÁ. Criado na década de 1950, segundo concepção do paisagista Roberto Burle Marx, em 1998 foi objeto de restauração feita pelo governo municipal.

PARREIRA, Carlos Alberto. Técnico carioca de futebol, nascido em 1943. Destacou-se como treinador da seleção brasileira campeã mundial de 1994, tendo, após, desenvolvido carreira internacional. Morador de PADRE MIGUEL desde a juventude, residiu no conjunto residencial do antigo IAPI, no prédio de número 23 da rua Hermínio Cardoso. Lá conheceu a moça com quem permanecia casado, havia quase 40 anos, à época da preparação desta obra.

PARTEIRAS. Num meio, em geral, carente de assistência, como foi mais do que hoje a hinterlândia carioca até, pelo menos, a metade do século XX, a figura da parteira, mulher sem formação em obstetrícia, mas com prática em assistir parturientes, foi sempre fundamental. Trabalhando sem remuneração, voluntariamente, essas senhoras muitas vezes se tornavam amigas íntimas e até comadres daquelas às quais assistiam. Na família do autor desta obra, bem como em inúmeras outras de IRAJÁ, destacou-se, nesse mister, a figura de Dona Lucinda, ou "Vó Lucinda", uma senhora portuguesa baixinha, responsável por todos os inúmeros partos da casa, até a década de 1950. Piadista, mas ciente de seu poder e fazendo valer sua autoridade, "Vó Lucinda" coibia as exteriorizações de sofrimento de suas pacientes com tiradas sarcásticas, como as seguintes: "Ah! Quando estavas a gozar, não chamavas meu nome. E agora gritas 'ai, Dona Lucinda'!!!" Contraponto a Vó Lucinda, era sua "concorrente" Dona Julieta, parteira formada, fria, asséptica, que usava uniforme e só falava o estritamente necessário.

PARTIDO-ALTO [1]. Modalidade de SAMBA cantada em desafio por dois ou mais sambistas e que se compõe de uma parte coral (refrão ou "primeira") e de uma parte solada com versos improvisados ou do repertório tradicional, os quais em geral se referem ao assunto do refrão. O ambiente das ESCOLAS DE SAMBA e dos pagodes suburbanos conheceu e conhece grandes cultores dessa modalidade, destacados como "partideiros". Entre os verbetizados nesta obra vale citar ANICETO DO IMPÉRIO, ARLINDO CRUZ, CAMUNGUELO, ZECA PAGODINHO etc.

PARTIDO-ALTO [2]. Telenovela de Glória Perez, encenada pela Rede Globo de TELEVISÃO em 1984. Nela, boa parte da trama se desenvolvia no ENCANTADO, domínio do bicheiro Célio Cruz, personagem representado pelo ator Raul Cortez.

PASSARINHEIROS. Embora não constituam uma comunidade exclusiva da região abordada neste livro, os "passarinheiros", como se denominam os aficionados pela criação de pássaros cantores, como curiós, canários, trinca-ferros, bicudos, azulões, pintasilgos e sabiás, têm, em algumas localidades da hinterlândia carioca, uma presença marcante. Ainda na atualidade, é comum vê-los nas ruas, pelas manhãs, levando as gaiolas com suas "crias", para pendurá-las em lugar seguro, onde, estimulados pelo canto livre de outros pássaros, voando soltos, comecem a cantar também. O bom passarinheiro distingue cada espécie de pássaro pelos sons que ele emite, distinguindo também em cada espécie as variantes dos cantos e trinados. Essas variantes obedecem a classificações só conhecidas dos iniciados, muitas delas tiradas do nome do local onde há maior incidência dessa espécie, como é o caso do canto conhecido como "paracambi", em referência à cidade desse nome, no Grande Rio.

PASSARINHOS, Rio. Ver BACIA HIDROGRÁFICA.

PATO, O. SAMBA do repertório do cantor João Gilberto, gravado em 1960. Ver JAYME SILVA.

PAU DA FOME. Localidade nas proximidades da Serra da TAQUARA, banhada pelo rio Grande. O nome, segundo MAGALHÃES CORREA (1933), evoca uma grande figueira existente no local, à sombra da qual CAÇADORES e tropeiros costumavam sentar, para fazer suas refeições. A localidade abriga a importante reserva florestal de mesmo nome. Ver PEDRA BRANCA, Parque Estadual da.

PAU, Rio do. Ver RIO DO PAU, Estrada do.

PAULINHO DA COSTA. Nome artístico de Paulo Roberto da Costa, músico carioca nascido em 1948. Radicado nos Estados Unidos desde 1973, é um dos músicos com maior cartel de gravações nos últimos tempos em todo o mundo, tendo atuado ao lado dos maiores nomes da música internacional, em uma enorme variedade de gêneros musicais. No Brasil, foi ritmista da PORTELA e morador da região de IRAJÁ.

PAULO DA PAVUNA. Babalorixá falecido em 2007. Consagrado a Iansã, gozou de grande prestígio no ambiente carioca e fluminense do CANDOMBLÉ. Seu sepultamento, no CEMITÉRIO DE IRAJÁ, contou com a presença de grandes lideranças religiosas. No mesmo dia, 16 de dezembro, teve início seu axexê (sequência de rituais funerários) no terreiro que fundara, no bairro da PAVUNA.

PAULO DA PORTELA (1901 – 1949). Nome pelo qual foi conhecido o sambista Paulo Benjamim de Oliveira. Nascido na Saúde, em 1920 mudou-se para OSWALDO CRUZ. Dois anos depois, participou do bloco carnavalesco *Baianinhas de Osvaldo Cruz*, liderado por Galdino dos Santos; e, em 1926, influenciado pelos sambistas do bairro Estácio, integrou a dissidência que deu nascimento ao *Conjunto Carnavalesco Escola de Samba de Oswaldo Cruz*, depois Vai Como Pode e, em 1935, PORTELA. Cantor, compositor, ritmista e líder, em 1937 foi eleito CIDADÃO-SAMBA. Em fins desse ano exibiu-se Uruguai com o grupo *Embaixada do Samba*. Em 1939, criou o enredo e o SAMBA *Teste ao Samba*, com o qual a Portela foi campeã. No ano seguinte manteve, com o HEITOR DOS PRAZERES, fazendo com eles temporada em São Paulo. Regressando no carnaval, desentendeu-se com alguns diretores da Portela, dela se afastando. Entretanto, em agosto foi chamado, para participar de uma recepção ao cineasta americano WALT DISNEY, o gênio do cinema de animação, e enorme comitiva. Inspirado nessa festa, Disney criou o personagem ZÉ CARIOCA, em cujo desenho muitos viram a reprodução do perfil de Paulo. Um dos mais famosos sambistas de todos os tempos, participou como figurante dos filmes *Favela dos meus amores*, de Humberto Mauro (1935); *O Bobo do Rei*, de Mesquitinha (1936); *Pureza*, de Ademar Gonzaga (1940). Falecendo, vítima de tuberculose, aos 47 anos, seu sepultamento, no CEMITÉRIO DE IRAJÁ, foi acompanhado por milhares de pessoas, num acontecimento inédito para a época.

PAULO LINS (1958 -). Morador da CIDADE DE DEUS e graduado em Letras, é escritor e roteirista. Embora já escrevesse desde a década de 1980, quando integrou o grupo Cooperativa de Poetas, é mais conhecido pela obra *Cidade de Deus*, publicada em 1997 e transformada, em 2002, no filme do mesmo nome, abordado em verbete próprio.

PAULO MOURA (1932 – 2010). Músico nascido em São José do Rio Preto, SP, e radicado desde os 18 anos de idade no Rio, onde faleceu. Clarinetista de expressão internacional, em 1957, tornou-se ainda mais conhecido com a gravação do *Motu perpetuo de Paganini*, na primeira vez em que essa dificílima peça era interpretada por instrumento de sopro. Quatro anos depois, obteve o primeiro lugar como solista de clarineta no concurso para admissão à Orquestra Sinfônica do Teatro Municipal do Rio, na qual permaneceu até 1977. Alternando momentos de sua brilhante carreira entre o erudito e o popular, Paulo Moura destacou-se pela participação em espetáculos e concertos, gravando discos e criando arranjos e trilhas sonoras, tendo-se tornado, em cerca de quarenta anos de trabalho e estudo, um dos músicos mais respeitados do Brasil. Antigo morador de RAMOS, em vários carnavais Paulo Moura pôde ser visto tocando tamborim na bateria da escola de samba IMPERATRIZ LEOPOLDINENSE.

PAVUNA [1]. Bairro sede da 25ª Região Administrativa. Localiza-se na divisa do município do Rio de Janeiro com São João de Meriti, município fluminense do qual é separado pelo rio Pavuna, e cuja história colonial certamente se inicia com as sesmarias doadas a Brás Cubas em 1568, e com a construção da capela de São João Batista na antiga aldeia indígena de Trairaponga, ainda nesse século XVI. Em vários momentos, a crônica do bairro cruza-se também com a de ANCHIETA, bairro vizinho, ao qual se liga através da antiga Estrada do RIO DO PAU. No século XIX, o leito da ESTRADA DE FERRO DOM PEDRO II foi estendido até a localidade, a fim de facilitar o escoamento da produção agrícola; com o mesmo objetivo, o traçado do rio local foi retificado com a construção do CANAL DA PAVUNA. Em 1898, os trilhos da Estrada de Ferro MELHORAMENTOS chegavam à localidade, através de uma variante, vinda do atual subúrbio de COSTA BARROS, chamada de "Ramal Circular da Pavuna", ramal esse que, na atualidade segue até a estação do município fluminense de Belford Roxo, numa ramificação que, por sua vez, é parte da linha original da Estrada de Ferro RIO D'OURO. A atual estação da Pavuna foi construída em 1949; e a da Linha 2 do METRÔ, estação terminal, chegou em 1988. Voltando ao século XIX, vamos ver que, quando da criação do MUNICÍPIO NEUTRO, momento em que se definiram, dentro da província, os limites da cidade do Rio de Janeiro e sua hinterlândia, a Pavuna foi objeto de litígio. Segundo Torres (2008), as terras que constituem o bairro, bem como as vizinhas de Anchieta, Ricardo, Barros Filho e Costa Barros, todas antes pertencentes ao município de Iguaçu, só foram incorporadas ao DISTRITO FEDERAL, atual município do Rio de Janeiro, com o decreto 864 de 29 de abril de 1912. E hoje quem vai ao bairro ainda se confunde quando, a um simples atravessar de rua, pode passar do município do Rio de Janeiro para o de São João de Meriti. Sobre o nome "Pavuna", certamente indígena, Houaiss e Villar (2001) classificam como substantivo feminino e definem como regionalismo do sul do Brasil, usado na acepção de "vale profundo e escarpado". Observe-se, no guarani, o termo *pa'u*, espaço entre dois ou mais corpos, abertura, estreito (acidente geográfico), consignado em Sampaio (1986); e acrescente-se o elemento *una*, preto, escuro, do tupi. Teremos aí a etimologia tão discutida. Quanto a Trairaponga, a aldeia-mãe do município de São João de Meriti, buscamos, no tupi, conforme Sampaio, (1966): *taraira*, o que bamboleia + *ponga*, baque com ruído. E, então, aventamos a hipótese de esse nome ter sido criado pelos indígenas locais, em alusão ao sino da capela erguida em 1568. Ver ALVARENGA; AVENIDA AUTOMÓVEL CLUBE; BACIA HIDROGRÁFICA; BLOCOS CARNAVALESCOS; BOTAFOGO, Morro do; CANAL DA PAVUNA; COBERTURA VEGETAL NATURAL; ENGENHEIRO RUBENS PAIVA; FAVELAS; FEIRINHA DA PAVUNA; INDÍGENAS, Povos; IRAJÁ; LINHA AUXILIAR; NA PAVUNA; NEGROS, Presença histórica; NOIVINHA DA PAVUNA; ÔNIBUS; PARQUE COLÚMBIA; RIO DO PAU, Estrada do; PAVUNA [2]; VIA DUTRA.

PAVUNA [2]. Denominação de antiga localidade no ANIL, também conhecida como Vale Fundo, compreendida entre os antigos caminhos do Engenho D'Água e da Caieira. O rio Pavuna, outrora um dos principais da região e hoje restrito ao que se conhece como "Canal do Pavuninha", nasce na Serra do QUILOMBO e deságua na Lagoa de Jacarepaguá Ver ARROIO PAVUNA.

PAZ E AMOR. Antiga escola de samba existente em BENTO RIBEIRO, com sede na rua Tácito Esmeriz. Desfilou entre as grandes de 1933 a 1953, conseguindo melhores resultados que a LIRA DO AMOR, do mesmo bairro. Em 1942, classificou-se em quarto lugar, num campeonato vencido pela PORTELA e com a Mangueira classificada em terceiro. Em 1947, obteve novamente a quarta colocação, contra a sexta da Lira do Amor.

PECADO CAPITAL. Telenovela de Janete Clair, transmitida nacionalmente, de novembro de 1975 a julho do ano seguinte, pela Rede Globo de TELEVISÃO. Tem como tema principal o triângulo amoroso vivido por um motorista de táxi, sua antiga namorada, uma operária, e um rico empresário. Para compor o clima carioca da trama – como informado no *Dicionário da TV Globo* (PROJETO, 2003) – , a equipe de produção pesquisou e desenvolveu laboratórios no subúrbio do Rio de Janeiro, além de gravar inúmeras cenas em TRENS SUBURBANOS. Grande parte das gravações externas da novela – conforme a mesma publicação – foram feitas no bairro do MÉIER. Antes dessa produção, a única telenovela da Rede Globo ambientada no subúrbio fora BANDEIRA 2. E, depois de *Pecado Capital*, a ambiência de periferia só seria retomada em 2004, com *Senhora do Destino*, porém desenvolvida em uma cidade cenográfica, ficcionalmente localizada na Baixada Fluminense.

PECHINCHA. Bairro integrante da 16ª Região Administrativa (Jacarepaguá), resultante de desmembramento do território do antigo bairro de JACAREPAGUÁ. Localiza-se a partir do cruzamento da estrada do Tindiba com a avenida GEREMÁRIO DANTAS, a leste da TAQUARA, estendendo-se pelo sopé da Serra dos PRETOS FORROS. Sua denominação deve-se, segundo algumas versões, a um pequeno núcleo comercial, outrora existente na localidade, o qual, com seus preços baixos, fazia forte concorrência ao comércio da FREGUESIA e da Taquara. "Pechincha", termo entrado no português em 1812, segundo Houaiss e Villar (2001), é sinônimo de barganha, ou de qualquer coisa de preço muito baixo. O bairro abriga, desde 1885, com acesso pela atual rua Benevente, o Cemitério do Bom Jesus dos Perdões, principal necrópole da região. E, desde 1918, lá se ergue, também a prestigiosa instituição do RETIRO DOS ARTISTAS. Ver CÂNDIDO BENÍCIO; CEMITÉRIOS; FAVELAS; IMPÉRIO DO MARANGÁ; JOVELINA PÉROLA NEGRA.

PEDRA BRANCA, Maciço da. Um dos dois maciços que dominam a região objeto deste Dicionário, o Maciço da Pedra Branca compreende, segundo Gastão

Cruls (1965, p. 682), "um conjunto de dezenove espigões enfileirados na direção leste-oeste, sendo que ainda o ramificam três contrafortes voltados respectivamente para norte, oeste e sul". O conjunto se estende a partir da Praia dos Búzios, em Barra de Guaratiba, seguindo por montanhas escarpadas e grotões florestados até SULACAP, passando por remanescentes de florestas de 100 m de altitude em VARGEM GRANDE e CAMORIM, bem como por comunidades agrícolas no RIO DA PRATA, em CAMPO GRANDE, para terminar na Serra de Bangu, onde se localiza o pico culminante do município do Rio de Janeiro, o PICO DA PEDRA BRANCA. No maciço, numa área de 12.500 hectares, situa-se também a maior reserva natural do Município. Trata-se do Parque Estadual da Pedra Branca, a maior área de vegetação natural do município do Rio, já que a Floresta da Tijuca é resultado de reflorestamento. Com rica vegetação, na qual podem ser vistos exemplares seculares de braúnas, cedros, jequitibás e uma fauna exuberante, o Parque abriga a maior floresta urbana do mundo e grande riqueza e biodiversidade em termos de fauna e flora. Contornado por vários bairros, como JACAREPAGUÁ, VALQUEIRE, REALENGO, BANGU, CAMPO GRANDE, GUARATIBA e VARGEM GRANDE, o conjunto inclui a reserva florestal do PAU DA FOME, criada por decreto municipal em 1999. Responsável pela preservação desse importante bioma, o Instituto Estadual de Floresta (IEF) procura manter vigilância contra desmatamento, retirada de rochas ou do próprio solo, e novas edificações só são permitidas, à época deste texto, no sopé e nos vales. Ver FALÉSIA DO VALQUEIRE.

PEDRA DO CARVALHO. Ponto turístico-ecológico na localidade de RIO DA PRATA, CAMPO GRANDE. Oferece como atrativos, riachos, trilhas e mirantes naturais.

PEDRAS, Rio das. Ver BACIA HIDROGRÁFICA.

PEDREGOSO. Sub-bairro de CAMPO GRANDE, originário da Fazenda de mesmo nome, de presença significativa durante a época imperial. Ver CAFEICULTURA.

PEDREGULHO, Conjunto do. Denominação popular do Conjunto Residencial Prefeito Mendes de Moraes, em BENFICA. Projetado pelo arquiteto Afonso Eduardo Reidy e construído em 1947, com decoração de Cândido Portinari e Roberto Burle Marx, é uma das joias da arquitetura modernista na cidade, sendo, por isso, tombado como bem do patrimônio histórico e artístico nacional arquitetônico.

PEDREGULHO, Largo do. Logradouro no bairro de BENFICA, formado pelo encontro das ruas São Luiz Gonzaga e ANA NÉRI, onde ficava a porta da cidade que marcava o início das estradas que iam para SANTA CRUZ, São Paulo e Minas Gerais (BARRETO, 1999, p. 28). Contando com estabelecimentos comerciais, diversas linhas de ÔNIBUS, pontos de TRANSPORTE ALTERNATIVO, comércio de rua e uma antiga bica pública ainda em funcionamento, ao tempo da realização deste Dicionário é um centro de convivência, serviços e abastecimento para os moradores de comunidades próximas.

PEDREGULHO, Reservatório do. Reservatório de água, com posto de manobra, construído para abastecer o bairro de São Cristóvão e controlar o abastecimento dessa região, da Tijuca e do Centro da cidade. Inaugurado em 1880, o reservatório do Pedregulho marcou o início da criação do novo sistema de abastecimento de água da cidade. Tombado pelo governo estadual, ainda se encontra em funcionamento. Fica no alto do Morro do Pedregulho, na fronteira entre os bairros de São Cristóvão e BENFICA, próximo ao Conjunto do PEDREGULHO.

PEDREIRA, Morro da. Localidade na PAVUNA, limitando ao sul com o conjunto FAZENDA BOTAFOGO, ao norte com a Estrada de Botafogo, a oeste com a favela Fazenda Botafogo e a leste com a avenida Pastor MARTIN LUTHER KING Jr. Às vezes chamado Morro da Pavuna, é ocupado pela favela Bairro da Pedreira. Ver BOTAFOGO, Morro do.

PEDRO ERNESTO Batista (1884 – 1942). Político atuante no Rio de Janeiro. Segundo Isabel Lustosa (1992), num tempo em que os políticos muitas vezes nem conheciam as localidades pelas quais se elegiam, Pedro Ernesto foi buscar seus votos lá em MARIA ANGU, OLARIA, INHAÚMA, IRAJÁ, BANGU, CAMPO GRANDE, SANTA CRUZ. E em quase todos esses lugares, a partir de 1931, primeiro como interventor, depois como prefeito eleito, plantou escolas, levou assistência médica. Por isso, o povo da cidade o consagrou nas urnas em 1935 e fez dele o primeiro prefeito eleito do Rio de Janeiro.

PEDRO VIEIRA. Personagem da História da escravidão no Rio de Janeiro. Criado em SANTA CRUZ, em 1842, separado da família e mandado de navio para o Piauí, fugiu de volta. No Ceará, foi recrutado pelo Exército, e acabou transferido para a Corte em 1845. Descoberto como escravo fugido, fez petição ao Imperador para permanecer no Rio (KARASCH, 2000, p.404).

PEDROCA. Pistonista e compositor ativo na década de 1950. Bastante esquecido, é entretanto autor do CHORO *Casa nova*, um clássico do repertório de seu instrumento – agora mais mencionado sob a denominação "trompete" –, regravado em 2002 pelo trompetista Joatan Nascimento. Pedroca era morador de VAZ LOBO.

PELADA. Espécie de futebol jogado por simples divertimento, em qualquer área plana ou semiplana, sem número certo de participantes, sem regras nem organização. Na região objeto deste Dicionário, o termo designa, também, partida de futebol disputada entre times amadores, uniformizados mas de pés descalços, às vezes até mesmo em campeonatos. Ver CAMPOS DE PELADA.

PENHA. Bairro sede da 11ª Região Administrativa, localizado em terras outrora pertencentes à Freguesia de IRAJÁ. Nasceu na Fazenda Grande, a partir da IGREJA DE NOSSA SENHORA DA PENHA, resultante da ermida construída por Baltazar da Silva Cardoso, em 1635, no alto de um penhasco ("penha") existente em sua propriedade, vindo daí o nome do santuário. Com a popularização da FESTA DA PENHA, o bairro foi-se desenvolvendo. Realizada desde o século XVIII, a festa, entretanto, só tomou maior vulto após a inauguração da igreja, em 1870. Entre 1903 e 1906, sob a liderança do Padre RICARDO SILVA, e pelas mãos do mesmo arquiteto do suntuoso palácio mourisco da atual FIOCRUZ, o templo ganhou a feição que até hoje ostenta. Grande entusiasta da Festa da Penha, o Padre Ricardo conseguiu fazer dela a maior festa popular da cidade, inclusive fazendo abrir ruas, como a dos ROMEIROS. Por essa época, as obras do prefeito Pereira Passos, no antigo porto de MARIA ANGU, também colaboraram para a grandiosidade da festa e o crescimento do bairro, somente reconhecido como tal em 1919, apesar de a estação ferroviária da ESTRADA DO NORTE ter sido aberta em 1886. Em 1906, a Penha assistia à primeira exibição de cinema feita nos subúrbios. E, logo depois, a novidade motivava a inauguração de uma sala de exibições em RAMOS, o bairro que maior desenvolvimento experimentou nas vizinhanças. A década de 1920 foi marcada pela inauguração do CURTUME CARIOCA; a seguinte foi a da inauguração do Hospital Getúlio Vargas. Depois, veio a industrialização e a implantação do MERCADO SÃO SEBASTIÃO, na década de 1960. Ao tempo deste texto, o bairro dispõe de importante estrutura comercial e de serviços, na qual se destacam os shoppings Penha e Leopoldina, além da intensa atividade presente nas vias centrais como a Rua dos ROMEIROS, a José Maurício e a AVENIDA BRÁS DE PINA. Ver ACADEMIA VALÉRIA MOREYRA, ALEMÃO, Complexo do; ART DÉCO; AVENIDA BRASIL; BAIÃO DA PENHA; BLOCOS CARNAVALESCOS; BONDES; CANCIONEIRO DOS SUBÚRBIOS; CARICÓ, Morro do; CARIRI, Morro do; CASA DE VISEU; CASA DO MARINHEIRO; CEFAN; CIAGA; CIRCULAR DA PENHA; CLUBES; COBERTURA VEGETAL NATURAL; CORETOS DE CARNAVAL; ESCOLA DE HORTICULTURA WENCESLÁO BELLO; ESCOLAS NORMAIS; FAVELAS; FAZENDA GRANDE DA PENHA; FAZENDINHA; FERA DA PENHA; FESTA DA PENHA; FIOCRUZ; FOLIA DE REIS; GREIP; GROTÃO; HORTO FRUTÍCOLA DA PENHA; HOSPITAIS PÚBLICOS; IAPI; IGREJA BRASILEIRA; IGREJA DA PENHA; IGREJA ORTODOXA DE SANTO EXPEDITO E SANTO ANTÔNIO; INVERNADA DE OLARIA; IRAJÁ; IRMÃOS GOULART F. C.; LEOPOLDINA, Ramal da; LESPAM; LOBO JÚNIOR, Avenida; MADUREIRA; MATADOURO DA PENHA; MEU KANTINHO CENTRO DE CULTURA; OLARIA; ÔNIBUS; PENHA CIRCULAR; QUILOMBO DA PENHA; RAMOS; RELEVO; RICARDO SILVA, Padre; RIO D'OURO, E. F.; ROMEIROS, Rua dos; SERENO, Morro do; TELEFONIA; VICENTE DE CARVALHO; VILA CRUZEIRO; VILA DA PENHA.

PENHA CIRCULAR. Bairro na jurisdição da 11ª Região Administrativa (PENHA), também referido como Circular da Penha. O progresso experimentado pela Penha no final do século XIX fez com que outra estação fosse erguida na localidade, a Penha Circular, denominação que se deve ao fato de que, no início da década de 1930, existia na área uma linha circular para que os trens vindos de Barão de Mauá fizessem o retorno. Essa linha foi extinta na década seguinte, quando foi aberta a estação de Penha Circular. (HISTÓRIA, 2011). A Penha Circular é ignorada por muitos, que acabam por incluí-la no bairro da Penha, em cuja sombra sobrevive como se fosse um satélite. Entretanto, é um bairro autônomo, embora submetido à mesma ADMINISTRAÇÃO REGIONAL. Nele se destacam o MERCADO SÃO SEBASTIÃO e o HOSPITAL MÁRIO KROEFF. Ver JOEL DO BANDOLIM; MAURÍCIO CARRILHO.

PENITENCIÁRIAS. Ver COLÔNIA REEDUCACIONAL DE MULHERES; COMPLEXO PENITENCIÁRIO DE GERICINÓ; PRESÍDIO ARY FRANCO; PRESÍDIO DA COVANCA.

PEPA DELGADO (1887 – 1945). Atriz e cantora, nascida em São Paulo e chegada ao Rio em 1902. Abandonando a carreira em 1925, morou, a partir daí, entre outros lugares, na rua Teixeira de Azevedo, na ABOLIÇÃO, onde promovia concorridas FESTAS JUNINAS. Católica, foi muito ligada à Igreja de São Pedro, no ENCANTADO.

PEREIRA PASSOS, Obras de. Francisco Pereira Passos (1836 – 1913), engenheiro e político brasileiro, realizou, entre 1903 e 1906, como prefeito do Rio de Janeiro, um plano urbanístico de grandes dimensões e consequências, modificando completamente a paisagem do Centro da cidade. Essa reforma urbana radical demoliu as velhas construções, habitadas pela população mais humilde, para abrir as modernas avenidas Central, hoje Rio Branco, Beira-Mar e Mem de Sá. Na sequência, foram demolidos os MORROS do Castelo e do Senado e, mais tarde, o de Santo Antônio. Denominado popularmente como o "BOTA-ABAIXO", esse conjunto de ações empurrou pobres, e principalmente negros, primeiro para os morros mais próximos do Centro e das fontes de trabalho, e, daí, para os subúrbios mais distantes, constituindo-se, então, em um dos fatores determinantes da feição etnocultural mais característica da hinterlândia carioca. De outro ponto de vista, sobre essas obras, lê-se em Gastão Cruls (1965, p. 627) o seguinte : "A sua ação se fez sentir também nos subúrbios, na ZONA RURAL e até nas ilhas. Ligou por boas estradas, ao longo da linha férrea, as estações de ENGENHO NOVO e MÉIER, e, por seu turno, esta a ENGENHO DE DENTRO, e a de PIEDADE a CUPERTINO, hoje QUINTINO BOCAIÚVA. Melhorou os portos de INHAÚMA e MARIA ANGU, e tanto IRAJÁ como CAMPO GRANDE, JACAREPAGUÁ como GUARATIBA, ou ainda Paquetá e Ilha do Governador, pela primeira vez se sentiram integrados no DISTRITO FEDERAL e participando da onda de progresso que se espraiava até suas lindes mais distantes."

PERETZ, Escola Israelita Brasileira Isaac Leib. Com a razão social "Centro Israelita de Educação de Madureira", foi criada na década de 1940 pela comunidade judaica de MADUREIRA, juntamente com uma sinagoga e um centro cultural, na rua Carvalho de Sousa, 208, em frente à estação ferroviária do bairro (FRIDMAN, 2007, p. 104, nota 36; DOU, 2011). Com o terreno desapropriado para a construção do Viaduto NEGRÃO DE LIMA, na década de 1950, o conjunto foi transferido para a rua CAROLINA MACHADO, 530, em frente à estação de Madureira (INFOGUIA, 2011), onde funcionou até o final da década de 1960. Na época da elaboração deste Dicionário, o imóvel, sem indícios aparentes do uso anterior, era ocupado por um pequeno shopping popular. Ver JUDAICA, Presença.

PÉROLA DA SERRINHA. Antonomásia com que era divulgada a escola de samba IMPÉRIO SERRANO na década de 1950.

PESCADORES. Na hinterlândia carioca, a pesca fluvial foi outrora atividade econômica bastante comum e importante. Por força dessa importância, o trabalho dos pescadores profissionais é focalizado no livro *O sertão carioca*, publicado por MAGALHÃES CORREA (1933).

PESQUISA. Título de uma publicação mensal de cunho cientifico eclético, referida como uma "brochura de 60 páginas", publicada em CASCADURA, por LIMA BARRETO no romance *Vida e Morte de J.M. Gonzaga de Sá*. "Causava admiração – escreveu o romancista, a propósito dessa revista provavelmente real – que em tão detratado subúrbio se agitasse [sic] tantas ideias diferentes e novas" (SANTOS, 1983, p. 171).

PÉ-SUJO. Ver BOTEQUINS.

PETERPAN (1911 - 1983). Pseudônimo de José Fernandes de Paula compositor alagoano, radicado no Rio de Janeiro desde a infância. Morador de MARECHAL HERMES, foi autor de belos sambas românticos, como Se queres saber, gravado por EMILINHA BORBA, sua cunhada; e *Se você se importasse*, peça de estreia da cantora Doris Monteiro. Foi também autor de sucessos carnavalescos, como a *Marcha do Caracol*, em parceria com Afonso Teixeira, de 1951, na qual faz referência a MADUREIRA e IRAJÁ.

PIÃO. Objeto de madeira, em forma de pera e com uma ponta metálica, que, nas BRINCADEIRAS INFANTIS E JUVENIS, gira impulsionado pelo desenrolar de uma fieira, previamente enrolada em seu corpo. O jogo do pião, difundido em vários países, tem, no ambiente objeto deste livro, regras e convenções próprias, além de terminologia rica e criativa. A brincadeira é um desafio perdido pelo jogador que tiver seu pião cravado, rachado ou quebrado pela ponta de um outro, lançado sobre ele com violência. E é também uma exibição de destreza daquele que melhor fizesse o pião "zunir" ou "gungunar" ou o jogasse para o alto e o aparasse, sempre rodando, na palma da mão ou na unha. Na infância do autor deste livro, o jogo era sempre realizado em chão de terra batida, sem pedras. Antes de começar, um dos brincantes, de pé descalço, com o calcanhar fincado no chão, dava um giro com o pé meio arqueado, os dedos encurvados para baixo, de modo a formar no chão um círculo completo. No círculo menor, circunscrito, feito pelo calcanhar, colocava-se um pião velho, quebrado, servindo de alvo, o qual cada um dos brincantes, atirando seus respectivos piões, tentava acertar, "picar". A fieira, de barbante grosso, era enrolada e apertada até próximo à ponteira metálica do pião; e no ato de atirá-lo, girando, a fieira permanecia, desenrolada, na mão do atirador. Rodando, o pião emitia o seu zumbido característico, definido pelos africanismos "zunir" e "gungunar". E a arte de atirá-lo também tinha modos, maneiras e variantes como: "baianinha", a mais simples e menos nobre, quando simplesmente se jogava o pião na horizontal e se puxava a fieira; "camarão", a mais conceituada, quando se jogava o pião para o alto, aparando-o na palma da mão; "machadinha", quando o pião e a fieira eram, respectivamente, jogado e puxada com toda a força, velocidade e violência, para rachar o pião de outro jogador ou empurrá-lo para a "búrica" (o círculo feito dentro do outro, a roda, com o calcanhar), o que caracterizava a derrota de seu dono. Havia os termos: "Sarapa ou sarapapá" – o pião que girava trêmulo ou com movimentos irregulares era chamado "sarapapá" ou "sarapa". "Seda" era o de ponteira lixada, que rodava sereno, com giro harmonioso; e esse é que era gostoso de se pegar na palma da mão e na unha. Muitas vezes, girando assim na palma da mão, o pião era atirado contra o do adversário, que estava na roda, pra empurrá-lo até à "búrica". Quando isso acontecia – como lembrou ao autor seu amigo de infância, Gilberto Nascimento, emérito jogador –, "o dono do pião 'buricado' tinha que ceder o pião para levar 'ôlha', isto é, um número de perfurações com o bico de pião já combinadas, e tinha o seu pião quebrado, normalmente junto ao meio-fio da rua (sem calçamento)."

PICO DA PEDRA BRANCA. Ponto turístico-ecológico na localidade de RIO DA PRATA, CAMPO GRANDE. Ponto culminante do município do Rio de Janeiro, com 1.025 metros de altitude, tem como atrativos, além da vista panorâmica, riachos, nascentes, cachoeiras, trilhas e mirantes naturais. Ver PEDRA BRANCA, Maciço da.

PIEDADE. Bairro da jurisdição da 13ª Região Administrativa (MÉIER). Outrora pertencente à freguesia de INHAÚMA, a localidade desenvolveu-se, inicialmente, ao longo da antiga ESTRADA REAL DE SANTA CRUZ, sua história, nessa área, relacionando-se à dos vizinhos ABOLIÇÃO, ENCANTADO e QUINTINO BOCAIÚVA. Inaugurada, em 1873, a estação ferroviária, antes chamada "Parada do Gambá", iniciou-se novo surto de desenvolvimento, agora em torno da capela de Nossa Senhora da Piedade, cujas terras eram de propriedade de Manuel Murtinho Reis. A partir do final da década de 1880, por meio da atuação de moradores ou proprietários proeminentes como ASSIS CARNEIRO, MANUEL VITORINO, SÍLVIO CAPANEMA, BERTOL-

DO KLINGER e Professor GAMA FILHO, o bairro e suas cercanias ganharam destaque e desenvolvimento, com teatro, cinema, clubes e bom comércio. Assim, em 1905, Piedade era um dos primeiros subúrbios cariocas a receberem iluminação elétrica, benefício de que apenas SANTA CRUZ, antiga sede da Fazenda Imperial, já dispunha. Ver ASSIS CARNEIRO; BACIA HIDROGRÁFICA; BLOCOS CARNAVALESCOS; BONDES; BONECOS DO GERMANO; BONIFÁCIO DA PIEDADE; CANCIONEIRO DOS SUBÚRBIOS; CASA LIMA BARRETO; CENTRAL DO BRASIL; CHORO; CINEMAS ANTIGOS; CINE-TEATRO PIEDADE; CLUBE FAMILIAR DA PIEDADE; CLUBES; DIVINO SALVADOR, Igreja do; DOM HELDER CÂMARA, Avenida; ENCANTADO; ESTRADA REAL DE SANTA CRUZ; FACULDADE DE DIREITO DA PIEDADE; FAVELAS; GAMA FILHO; IÊ-IÊ-IÊ; IGREJAS CATÓLICAS CENTENÁRIAS; ILUMINAÇÃO ELÉTRICA; JOAQUIM NAEGELE; MANUEL VITORINO, Rua; MIVESTE; PADRE NÓBREGA, Rua; PAGODE; PEREIRA PASSOS, Obras de; PIETENSE; QUINCAS E OS COPACABANAS; QUINTINO BOCAIÚVA; REFINARIA PIEDADE; RÍVER FUTEBOL CLUBE.

PIETENSE. Antigo clube localizado no número 513 da rua Joaquim Marins, em PIEDADE. Em dezembro de 1949, sediou grande baile com orquestra de treze figuras, organizado por integrantes do mundo do SAMBA (VASCONCELLOS, 1991, p. 101).

PILARES. Bairro na jurisdição da 13ª. Região Administrativa (MÉIER). Suas origens remontam à Fazenda do CAPÃO DO BISPO e à Quinta de Santana, propriedade de João Barbosa Sá Freire, ambas pertencentes à Freguesia de INHAÚMA. Em 1873, os proprietários dessas terras eram Francisca Carolina de Mendonça Zieze e Gaspar Augusto Nascente Zieze, os quais doaram o terreno no qual a Irmandade de São Benedito dos Pilares levantaria a sua capela, mais tarde remodelada e ampliada. O bairro nasceu e se desenvolveu a partir do largo constituído pelo entroncamento da ESTRADA REAL DE SANTA CRUZ com a ESTRADA NOVA DA PAVUNA e parte da estrada do Porto de Inhaúma ou Caminho dos Pilares (atual rua Álvaro Miranda). Cortado pelos RIOS FARIA-TIMBÓ e FALEIRO, teve também essas vias fluviais como ocorrências importantes na história de seu desenvolvimento. Com a implantação da Estrada de Ferro MELHORAMENTOS, em 1898, o nascente bairro ganhou a estação de TERRA NOVA, hoje desativada, entre CINTRA VIDAL e TOMÁS COELHO, no trajeto da atual Linha Belford Roxo da SUPERVIA. Em 1965, a construção do Viaduto Cristóvão Colombo, sobre a via férrea, concretizou a necessária ligação do bairro a Inhaúma. Em 1997, com a abertura da LINHA AMARELA, através de um trecho elevado sobre a rua José dos Reis, estabeleceu-se ligação direta de Pilares com a AVENIDA BRASIL e a Barra da Tijuca. Sobre o nome do bairro, sabe-se, segundo a versão mais aceita, que evoca uma construção, marcada por vistosas pilastras ou colunas, localizada onde hoje se ergue a Igreja de São Benedito, na esquina formada pelas avenidas DOM HELDER CÂMARA e João Ribeiro. Ver BACIA HIDROGRÁFICA; BLOCOS CARNAVALESCOS; BONDES; CAPRICHOSOS DE PILARES; CLUBES; CORETOS DE CARNAVAL; ESCOLAS DE SAMBA; FAVELAS; FRANCISCA ZIEZE; IGREJAS CATÓLICAS CENTENÁRIAS; INHAÚMA; LINHA AUXILIAR; MARIA BENJAMIM; RELEVO; TERRA NOVA.

PILÓ, Maestro. Nome pelo qual foi conhecido o músico Nelson Vittorio Emanuel Piló, morador de VICENTE DE CARVALHO. Nascido em Serra, próximo a Belo Horizonte, em 1914, mesmo autodidata foi violonista virtuoso, e, em 1935, já no Rio de Janeiro, ingressou na Rádio Nacional como orquestrador e arranjador. Companheiro de juventude do presidente JK e de políticos como Pedro Aleixo e Alberto Deodato em noites mineiras de seresta, foi também amigo do grande violonista Dilermando Reis. Não obstante, residia em uma casa simples no modesto subúrbio da Estrada de Ferro RIO D'OURO.

PINGAS CARNAVALESCOS. Ver GAFIEIRAS.

PINGENTE. Denominação, no transporte ferroviário carioca, do passageiro que arrisca sua vida, muitas vezes com consequências fatais, ao viajar dependurado na porta, com o corpo do lado de fora da composição. Ver POSTE BELINI.

PINHEIRO, Vila do. Ver VILA DO PINHEIRO.

PIPA. Denominação usada no Rio de Janeiro para designar o brinquedo conhecido em outras regiões como cafifa, pandorga, papagaio, pepeta etc. Consta de uma armação leve feita de varetas de bambu sobre a qual se cola uma folha de papel fino, a qual é empinada no ar, sob a ação do vento, por meio de uma longo fio de linha de costura. Para ganhar estabilidade, a pipa conta, em geral, com uma rabiola, geralmente feita de tiras de papel, plástico ou tecido, amarradas em uma linha também. Brinquedo internacionalmente conhecido, tem origem na China, de onde os portugueses o trouxeram para o Brasil. No ambiente focalizado neste Dicionário, "soltar pipa" é divertimento largamente apreciado por crianças e adultos, que o praticam em ambientes abertos, inclusive em lajes de construções inacabadas, como nas FAVELAS. Por isso, o carioca da hinterlândia costuma ironizar o menino dos bairros abastados da cidade com a afirmação de que ele, por moral, geralmente, em apartamento, "solta pipa no ventilador" Além de divertimento, o soltar pipa tem também caráter competitivo, utilizando-se, nesse caso, material cortante, o cerol, o qual é passado na linha para que ela, em contato com a linha da pipa adversária, a corte e provoque sua perda, ou "fuga". Feito, em geral, com uma mistura de raspa de vidro e cola, o cerol, outrora chamado "envidrado", muitas vezes provoca acidentes graves, como os ocorridos com motociclistas que, atingidos pela linha, ao trafegarem em alta velocidade, têm seus pescoços cortados, às vezes com consequências fatais. Vem daí a expressão "passar o cerol", utilizada no calão de bandidos e policiais, como sentido de assassinar, executar. Quanto à forma, a pipa carioca obedece a vários tipos, tais como os denominados "arraia" (o mais comum, em forma de losango), "baianinha" (retângulo), "modelo" (hexágono), "pião" (triângulo) etc. Em meados de 2005, o MERCADÃO DE MADUREIRA sediava a loja Vick Pipas, de Vicente Galaso, especializada no comércio de pipas e materiais para sua confecção, chegava à casa dos milhões de unidades vendidas, inclusive para outros estados e para o mercado externo (CARIOQUICE, 2005). Em 2009, reportagem de O Globo citava a loja Aluap, na Galeria H do "Mercadão", também especializada na venda de pipas. Veja-se finalmente que, ao tempo deste Dicionário, a hinterlândia carioca ainda mantinha a tradição do "tempo de pipa", i.e., a época do ano mais apropriada para a prática, que era a das férias escolares. Ver MAX PIPAS.

PIQUE. Pega-pega. Brincadeira infantil em que uma das crianças deve correr atrás de outras, para pegá-las, em qualquer lugar, com exceção de um ponto neutro, onde a perseguida estará a salvo. A que for agarrada será a perseguidora. "Bater pique" é chegar em primeiro lugar ao "pique", i.e., ao lugar convencionado como o auge, o pico, o ponto mais alto. O mesmo que em outras partes do Brasil se conhece como angapanga, picula etc. (HOUAISS; VILLAR, 2001). Na modalidade conhecida como pique-cola, o participante deve permanecer parado ("colado") no lugar em que foi tocado em seu corpo por um perseguidor, até que um companheiro o liberte ("descole") com outro toque. No pique-esconde, o brincante fica a salvo em um esconderijo, correspondente ao ponto neutro da regra geral. Ver BRINCADEIRAS INFANTIS E JUVENIS; GARRAFÃO.

PIQUE-RABO-EMENDA. Brincadeira infantil em que dois dos participantes giram uma corda para que os outros passem rapidamente por ela, aos pulos, enquanto gritam: "pique, rabo, emenda". A que errar o pulo, sendo atropelada pela corda, será expulsa do jogo sob a exclamação ritmada "pique, rabo, emenda... sai fora!" Ver BRINCADEIRAS INFANTIS E JUVENIS.

PIQUENIQUES E EXCURSÕES. Piquenique é a ida festiva, em grupo, a local ao ar livre, no qual os alimentos levados por cada participante podem ser desfrutados por todos; e esta definição cabe também em uma das acepções do termo "excursão", enquanto passeio recreativo a lugar mais ou menos próximo de uma cidade. Embora não seja um costume exclusivo da região objeto deste livro, a realização de piqueniques e excursões pelos habitantes da hinterlândia carioca, através de suas agremiações recreativas, revestiu-se, sempre, de características bastante peculiares, principalmente pela alegria ruidosa e pelos hábitos alimentares levados para outros ambientes, principalmente o das praias e localidades campestres. Transportados, como regra geral, em ÔNIBUS especialmente fretados (como, no passado mais remoto, em carroças de boi e, depois, caminhões) os excursionistas não economizavam em termos de alegria e animação. Para tanto, incluíam, no grupo, músicos, em geral da própria comunidade, além de levarem farta provisão de comidas e bebidas alcoólicas. Chegados ao local previamente escolhido, acomodavam-se, liderados pelo organizador, e davam início à brincadeira, na qual não faltavam o futebol, o jogo de peteca, o banho de mar (nos piqueniques praianos) com boia de pneu de automóvel, e, mais recentemente, o frescobol; além do namoro, é claro. Tudo isso, ao som da música, executada ao vivo ou, mais recentemente, por equipamentos portáteis de som. À hora do almoço, cada subgrupo familiar ou de amigos abria e degustava o seu farnel, no qual pontificava a típica refeição ligeira de festas: galinha, salada de maionese e farofa, vindo desta a denominação "farofeiros" com que se adjetivaram pejorativamente os habitantes dos subúrbios, no ambiente das praias da Zona Sul. Especificamente no âmbito das ESCOLAS DE SAMBA, foram célebres os piqueniques realizados, geralmente em feriados cívicos, como o da Independência e o da República, na Ilha de Paquetá. Sobre eles, e mais especificamente sobre os realizados no local conhecido como "Praia da Moreninha", assim manifestou-se o historiador Vivaldo Coaracy (1882 – 1967), ilustre morador local, numa generalização injusta, mas que vale a pena registrar: "A propriedade passou a ser explorada como local alugado para a realização de ruidosos piqueniques e reuniões de escolas de samba e grupos ou associações de indivíduos de discutível procedimento. Nos domingos e dias feriados, Paquetá viu-se sujeita as verdadeiras invasões assustadoras, de que os moradores da Ilha guardam amarga memória. [...] Esses visitantes mais do que indesejáveis concentravam-se na Moreninha, de que faziam seu quartel-general e daí se derramavam pela Ilha em atitudes provocadoras, desrespeitando as famílias, poluindo as praias, provocando incidentes nos BOTEQUINS, originando tumultos na ocasião do embarque das lanchas" (COARACY, 1965b, p. 72-73).

PIRAQUARA, Barão de. Título nobiliárquico criado para Gregório de Castro Morais e Sousa, militar, falecido em 1864. O nome se origina possivelmente das terras onde se localiza o rio Piraquara, no atual bairro de REALENGO. Deu nome a rua em PADRE MIGUEL. Ver BANGU.

PIRAQUÊ. Pseudônimo de Álvaro Domingos dos Santos, antigo personagem da boemia carioca, nascido na capital paulista e morador de MARIA DA GRAÇA. Destacando-se como exímio mestre-sala dos ranchos Flor do Abacate, União da Aliança e Mimosas Cravins, entre outros, foi, também, emérito dançarino de valsa, *fox*, *ragtime* e especialmente SAMBA, "com coreografias próprias, cheias de letras", segundo Jota Efegê (1965). Veio para o Rio criança e creditava seu pseudônimo ao Clube de Regatas Piraquê, em cuja equipe de futebol atuou como beque. Em 1928, desfilou com sua porta-estandarte à frente do Jornal do Brasil no concurso de ranchos. Criou, para si, o seguinte *slogan*, no qual apregoava suas qualidades: "Sou Piraquê, o fino/ do mestre-sala e do bailarino" (EFEGÊ, *op. cit.*).

PIRAQUÊ, Complexo Industrial. A Indústrias Alimentícias Piraquê, uma das mais sólidas do Brasil, tem sede na região de MADUREIRA desde 1950. Fabricante da conhecida linhas de biscoitos Piraquê, além de outros produtos, a empresa ocupa, desde 1974, um amplo e moderno conjunto fabril entre a rua Leopoldino de Oliveira e a Estrada do Otaviano, constituindo-se em importante fonte de emprego para os moradores dos bairros vizinhos, como os de TURIAÇU e arredores.

PIRAQUÊ, Rio. Ver BACIA HIDROGRÁFICA.

PIRUINHA. Ver SAMBOLA.

PIRULITO. Ver PAPA COM LOMBO.

PISCINÃO DE RAMOS. Ver PRAIA DE RAMOS.

PIXINGUINHA.(1898-1973). Nome artístico de Alfredo da Rocha Viana Júnior, músico brasileiro nascido e falecido no Rio de Janeiro. Flautista e saxofonista virtuose, compositor inspirado, comparado a Bach na arte da polifonia e do contraponto, além de arranjador de rara criatividade, é um dos fundadores da moderna linguagem musical brasileira e um dos maiores nomes da música popular nacional no século XX. Nascido na PIEDADE e morando depois, por 29 anos, em OLARIA (onde, em 1956, a rua Belarmino Barreto, em que residia, recebeu seu nome), Pixinguinha, que morreu dentro de uma igreja, na Zona Sul, era, à época de seu falecimento, residente em JACAREPAGUÁ.

PNEU, Rodar. Dentre as antigas BRINCADEIRAS INFANTIS E JUVENIS, uma das mais simples e interessantes, embora perigosa, era aquela em que a criança colocava-se ou era colocada, encolhida, dentro de uma roda de pneu grande, de caminhão, sem a câmara de ar, e a outra a fazia girar. O brinquedo tinha efeito semelhante ao da roda-gigante, muitas vezes provocando grande mal-estar físico, pela posição do corpo em face do movimento da roda. Era uma brincadeira "radical", "adrenalina pura", como se diz na linguagem popular contemporânea. Ver BRINCADEIRAS INFANTIS E JUVENIS.

POÇO DA MÃE D'ÁGUA. Antiga denominação popular de um local, no Parque da PEDRA BRANCA, onde as águas do rio Grande se precipitam, numa queda de cerca de cinco metros de altura. O nome adviria, segundo uma lenda, da existência, naquelas águas, de uma mulher bonita, de longos cabelos, que atraía para a morte os homens moços (LIRA, 1951, p. 65).

POESIA DE LUIZ PEIXOTO. Coletânea de poemas de LUIZ PEIXOTO (1889 – 1973), caricaturista, poeta, teatrólogo e letrista de música popular, lançada pela Editora Brasil América (Ebal) em 1964. No livro, do autor de *Ai, Ioiô, Por causa dessa cabocla* e outras joias da canção brasileira, incluem-se inúmeras referências diretas ou indiretas à vida nos subúrbios cariocas como as seguintes: "Se algum dia me sair a loteria/da Capital Federal,/vou comprar, em DONA CLARA,/ uma casa barata/com o indefectível/mamoeiro /no fundo do quintal..." (Boa vida, p. 36); "Num recanto discreto de um subúrbio,/vitima de um distúrbio/cerebral /ou da supra-renal,/tendo, firme ao seu lado,/a sua nobre esposa D. Elisa,/o Pascoal agoniza./O Pascoal está mal./Coitado do Pascoal! (Você me conhece?, p. 53); "O mulato/chegou de surpresa/à BOCA DO MATO./E vendo a Tereza,/a sua mulata,/ de fita à cabeça/e blusa de renda,/com outro mulato,/não quis ver mais nada./Saiu na fincada..." (Premeditação, p. 60); "Até que a fatalidade/roubou-me a felicidade!/ Perdi de vista a deidade./Um ano, dois, talvez mais!/Eis senão quando – ó ventura –/num bonde de CASCADURA,/entra aquela criatura..." (E eu atrás!, p. 66). O volume inclui também o poema *Subúrbio*, mencionado neste Dicionário no verbete sobre o cancioneiro suburbano, uma vez que foi musicado pelo compositor Bororó e gravado pelo cantor ORLANDO SILVA.

POLACAS, Cemitério das. Ver CEMITÉRIO ISRAELITA DE INHAÚMA.

POLÍCIA MONTADA. O bairro de CAMPO GRANDE é o único a contar, no Rio, com policiamento montado a cavalo, no estilo da tradicional polícia montada canadense. Esse serviço é prestado pela Polícia Militar, através do Regimento de Cavalaria Coronel Enyr Cony dos Santos, RCECS, antigo Regimento de Polícia Montada, RPMont. Fundado em 1972 e ostentando o nome atual, que homenageia seu primeiro comandante, desde a década de 1990, o Regimento ministra, em suas próprias dependências, a oficiais e praças, o curso de sua especialidade, além de propiciar estágio de policiamento montado a alunos da ACADEMIA DE POLÍCIA MILITAR D. JOÃO VI. Voltado para a comunidade, o RCECS desenvolve, gratuitamente, em suas instalações, a equoterapia, como tratamento para crianças portadoras de deficiência mental.

POMBEIRO DE PEIXE. Denominação dada ao vendedor de peixe, a cavalo, no passado da hinterlândia carioca, segundo MAGALHÃES CORREA (1933), pelo fato de virem do litoral vender sua mercadoria no sertão, de CAMORIM até IRAJÁ ou ENGENHO NOVO, por exemplo. O termo "pombeiro" tem origem no vocábulo pombe, mensageiro, do quimbundo, língua do povo ambundo de Angola. Na África colonial, o "pombeiro" era o indivíduo que se embrenhava nos rincões remotos para buscar informações de interesse dos traficantes de escravos.

PONTE DOS JESUÍTAS. Exemplar obra de engenharia, que, por seu grande valor histórico, é hoje uma das principais relíquias históricas de SANTA CRUZ e do Rio de Janeiro. A Ponte dos Jesuítas, também chamada de "Ponte do Guandu", foi concluída em 1792. Construída para controlar o volume das águas durante as cheias do rio Guandu, era, na verdade, uma barragem com quatro arcos, pelos quais passavam as águas do rio. Nesses arcos, comportas eram abertas ou fechadas de acordo com a necessidade de reter ou liberar a correnteza. Belo monumento, com suas colunas de granito e ornatos em forma de pinhas, a ponte impressiona pelo brasão dos jesuítas nela incrustrado, pela datação "1752" e também pela frase "*Flecte genu tanto sub nomine flecte viator*".Hic etiam reflua flectitur amnis acqua", que assim pode ser traduzida: "Dobra o joelho diante de tão grande nome, dobra-o viajante! Porque também aqui refluindo as águas, se dobra o rio."

PONTO CHIC CHARM. Espaço de socialização aberto e ao ar livre, na rua Figueiredo Camargo, em PADRE MIGUEL. Ao tempo deste Dicionário, apresenta, aos domingos, programação musical variada, nos estilos CHARME, hip-hop e SAMBA, abrigando também exposições e sessões de autógrafos. Sua programação, orientada para a juventude afrodescendente, inclui celebrações como a do "Dia da Consciência Negra".

PONTO CINE GUADALUPE. Núcleo de exibição cinematográfica em GUADALUPE, localizado no centro comercial Guadalupe Shopping. Inaugurado em 2006, destacou-se por sediar a primeira sala popular de cinema digital do Brasil. Sua criação foi viabilizada através de parceria firmada entre o empreendedor cultural Adaílton Medeiros, a Rio Filmes (empresa distribuidora do governo do município do Rio de Janeiro), o Guadalupe Shopping e a Rain Network, detentora dos direitos sobre o sistema de exibição digital Kinocast. Oferecendo ingressos a preço mais barato e priorizando a produção nacional, o Ponto Cine criou também um programa de workshops, denominado "Oficine-se", destinado a alunos e professores da rede pública Em agosto de 2009, sua sala de cinema tornou-se a primeira da América Latina a receber o "Certificado Compensação de Carbono", importante documento no âmbito das praticas ecológicas, de defesa do meio-ambiente.

PONTO DE SEÇÃO. Expressão que denominava, à época dos BONDES, a parada até onde vigorava a tarifa referente ao trecho percorrido. A partir dali, nova tarifa era cobrada. Referência de localização, a expressão era frequentemente usada para designar o local específico, como uma sublocalidade. Ex: "Aquele botequim lá no Ponto de seção".

PONTO, Rio do. Ver BACIA HIDROGRÁFICA.

POPS, The. Quarteto vocal e instrumental do IÊ-IÊ-IÊ, criado sob a liderança do guitarrista J. César e do baterista José Henrique Parada, estudante da antiga Escola Técnica Nacional, na década de 1960, no JACARÉ. Obtendo grande sucesso, no rádio, na TV, no disco e em BAILES, ainda na mesma década, após uma dissidência, acabou por dar origem a um outro conjunto, chamado Os Populares, liderado por César.

POPULARES, Os. Ver POPS, The.

PORCO, Matança do. Seguindo, provavelmente, uma prática trazida por migrantes, o abate doméstico do porco, para consumo de carne e vísceras, principalmente nas ocasiões festivas, obedecia, na antiga hinterlândia carioca, a uma sequência organizada. Primeiro, ocorria o abate propriamente dito, a cargo de um especialista, da família ou não, auxiliado por duas ou mais pessoas encarregadas de imobilizar o animal. Morto este, procedia-se à queima do pelo, ateando-se álcool e fogo, seguida da raspagem, com faca. Depois, limpava-se bem a pele, em geral com cacos de telha. Isto feito, abria-se o corpo para retirada das vísceras e seu acondicionamento em local apropriado, cobertas com folhas de bananeira, para refrescá-las, num tempo e ambiente em que a geladeira doméstica ainda não era comum. Quando ainda leitão, o animal aí já estava pronto para ser temperado, recheado e assado. Quando grande, era o momento de cortar a pele, extraindo-se de parte dela a gordura, que era derretida para obtenção de banha, cortando-se em pedaços outra parte, para feitura de torresmo. Aí, então, passava-se ao esquartejamento do animal, no mesmo momento em que outra pessoa procedia à limpeza cuidadosa das tripas, para a feitura de linguiça, e dos miolos, que eram fritos para serem comidos com farofa, constituindo-se em iguaria muito apreciada.

PORRINHA. Jogo em que o participante, ou vários deles, precisa adivinhar a quantidade de fósforos ou moedas que um outro esconde na mão fechada. Disseminado por todo o Brasil, o jogo é parte importante, também, da cultura dos BOTEQUINS e esquinas da hinterlândia carioca.

PORTELA BLACK. Programação dançante no gênero CHARME, realizada na quadra de ensaios da Escola de Samba PORTELA, desde a década de 1990. Em setembro de 2009, era anunciada, na publicidade da programação, a presença de vários DJs, entre eles o DJ CORELLO, tido como o inventor do termo "charme" para designar esse tipo de dança, que representa uma vertente da *soul music* dos negros norte-americanos. Ver BANDA BLACK RIO.

PORTELA, Engenho do. Estabelecimento colonial localizado nas terras de propriedade do português Miguel Gonçalves Portela, já no século XVIII. Limítrofe às terras mais tarde disputadas judicialmente por LOURENÇO MADUREIRA, apresentava excelentes índices de produção de açúcar, aguardente e rapadura. Seu nome estendeu-se à estrada que, ainda na atualidade, liga MADUREIRA a TURIAÇU, nome esse popularizado pela conhecida escola de samba local, fundada no trecho de OSWALDO CRUZ.

PORTELA, Estrada do. Via ligando MADUREIRA a TURIAÇU, com início na Avenida MINISTRO EDGARD ROMERO e término na avenida dos Italianos. Sua denominação remonta ao Engenho do mesmo nome, focalizado no verbete próprio.

PORTELA, G.R.E.S. Escola de samba organizada a partir do bloco carnavalesco Vai Como Pode, com data de fundação estabelecida em 1923. Entre seus fundadores contam-se PAULO DA PORTELA Antônio Rufino dos Reis, Antônio Caetano e HEITOR DOS PRAZERES, entre outros. A partir da década de 1950 até 1975, quando faleceu, Natalino José do Nascimento, o NATAL DA PORTELA, notabilizou-se como a principal expressão da agremiação, tendo sido o introdutor da figura do "patrono" nas ESCOLAS DE SAMBA. Ver OSWALDO CRUZ; VELHA GUARDA DA PORTELA.

PORTELINHA. Denominação pela qual fez-se conhecida a antiga sede da escola de samba PORTELA, em OSWALDO CRUZ, no número 446 da Estrada do PORTELA. À época desta obra, sediava alguns eventos da VELHA GUARDA da agremiação.

PORTINHO, Estrada do. Via em IRAJÁ, com início na avenida MONSENHOR FÉLIX e término na praça Cônego Monteiro. Seu nome parece remeter a antigo ancoradouro possivelmente existente às margens de um dos RIOS da região, talvez o Acari.

PORTO DE IRAJÁ, Estrada do. Denominação, até 1933, da atual avenida Antenor Navarro, que liga a estação de BRÁS DE PINA ao canal do rio Irajá, em CORDOVIL. É reminiscência da atividade portuária na foz do rio Irajá, destacada em Fridman (1999, p. 90).

PORTO VELHO, Estrada do. Logradouro em CORDOVIL, no sub-bairro CIDADE ALTA (Conjunto Residencial Porto Velho), ligando a rua Lírio Maurício da Fonseca à praça Lions Club, nas proximidades da AVENIDA BRASIL e do Trevo das Missões. Sua denominação remete à antiga atividade portuária na foz do rio São João de Meriti ou, simplesmente, rio Meriti (FRIDMAN, 1999, p. 90). Ver BACIA HIDROGRÁFICA; PORTO DE IRAJÁ, Estrada do.

PORTUGUESES NO RIO. Segundo o historiador Luiz Edmundo (1957b), em *O Rio de Janeiro do meu tempo*, o primeiro grande incentivo à imigração portuguesa no Rio foi dado no tempo da administração de Paulo Fernandes Viana (1808 – 1821), como intendente-geral de polícia da Corte, cargo semelhante, em alguns aspectos ao dos prefeitos atuais. Para tanto, destinou-se numerário da Intendência para financiar a vinda e a instalação de trabalhadores lusitanos, aos quais o governo custeava a viagem, dava terras para cultivar, casa para morar, utensílios agrícolas, animais e carroças, além de ajuda monetária bianual. "O que se fez, porém – escreveu Edmundo (*op. cit.*, v. 1, p. 22) – foi uma importação em massa de lojistas, de mercadores de VAREJO, porque, toda essa gente vinda para trabalhar na gleba, logo que sentia terminada a pensão de dois anos, deixava em abandono o campo, ingressando a cidade, à cata de balcões. A eterna fascinação que os tempos não mudaram." A ser aceita essa rebarbativa afirmação de Luiz Edmundo, estaria aí a gênese do típico imigrante português dos antigos subúrbios cariocas, figura dominante no comércio, como dono de armazéns, BOTEQUINS, padarias etc. Na antiga ZONA RURAL, entretanto, e mesmo nas áreas ainda agricultáveis da zona suburbana, foi comum, até pelo menos os anos de 1960, a figura do português hortelão, trabalhando duro em seu canteiros, e indo levar, pela madrugada, os produtos de seu trabalho até os centros de comercialização, como o antigo MERCADO DE MADUREIRA.

POSSE, Maciço da. Conjunto de montanhas em CAMPO GRANDE. Ver RELEVO.

POSTE BELINI. Apelido dado pelo povo, na década de 1950, a um poste elétrico localizado numa curva nas proximidades da estação de ENGENHO DE DENTRO, próximo ao muro da Avenida Amaro Cavalcanti. O apelido, peça de humor negro, veio da frequência de acidentes fatais nele ocorridos. Segundo o pesquisador Raimundo Macedo (2011), o poste era assim chamado "porque era difícil aos pingentes passarem por ele com o trem em movimento", numa referência ao vigoroso zagueiro vascaino Hideraldo Luís Bellini, capitão da equipe brasileira campeã mundial de futebol em 1958. Ver PINGENTE.

PQD. Filme documentário de longa metragem, dirigido por Guilherme Coelho, lançado em 2007. Retrata o período de prestação de serviço militar por setenta jovens, "pela primeira vez longe de casa, tendo se de adaptar a uma instituição que representa acima de tudo a ordem, em um país sem apreço por instuições e ordem", no quartel da Brigada Paraquedista da VILA MILITAR (NETO, 2009, p. 814). O título do filme é acrônimo do termo "paraquedista", usado pelos integrantes da Brigada para se autorreferirem.

PQD (PEQUEDÊ). Acrônimo de "paraquedista", soldado integrante da Brigada de Infantaria Paraquedista, a mais famosa tropa especial das Forças Armadas, criada em 1944 e sediada na VILA MILITAR. Em 2010, cogitava-se da mudança de sua sede para a região central do país.

PRAÇA DO CARMO. Logradouro localizado no encontro das avenidas Brás de Pina e Vicente Carvalho, na PENHA CIRCULAR. A exemplo do que ocorreu com a Praça da Bandeira, próxima ao Centro, a denominação estendeu-se à região de seu entorno, criando uma espécie de sub-bairro.

PRAÇA RUÃO. Área pública em SANTA CRUZ. Nela se localizam importantes monumentos históricos, como um marco, datado de 1826, outrora localizado na ESTRADA REAL DE SANTA CRUZ, e que estabelecia o limite da Fazenda de Santa Cruz com a dos padres da Ordem do Carmo. Além deste, a Praça guarda os marcos Seis, Sete, Nove, Dez e Onze da mesma Estrada, colocados à margem dela após a outorga da Constituição de 1824, também fixadores de limites.

PRAÇA SECA. Bairro integrante da 16ª Região Administrativa (Jacarepaguá), resultado do desmembramento do antigo território de JACAREPAGUÁ, no final da década de 1990. Localizado no Vale do MARANGÁ, o logradouro do qual surgiu o atual bairro ganhou importância, na época colonial, como ponto de ligação entre a BAIXADA DE JACAREPAGUÁ e o RECÔNCAVO CARIOCA, do qual, até 1661, a região, subordinada à Freguesia de IRAJÁ, foi dependente. O nome "Praça Seca", segundo a versão mais coerente, derivaria de "Praça do Asseca" (ou "Largo do Asseca"), denominação anterior do ponto principal a antiga Estrada de Jacarepaguá, atual rua CÂNDIDO BENÍCIO, em referência ao quarto Visconde de Asseca, descendente do governador SALVADOR CORREIA DE SÁ E BENEVIDES e último donatário da capitania de Campos dos Goitacazes, o qual, de lá, parece ter vindo, em meados do século XVIII, para dar efetivo início ao povoamento local. No final do século, a localidade tinha cerca de 250 residências, atendidas por setenta vendas de produtos variados, cinco açougues e três lojas de tecidos. A praça foi construída em 1890, recebendo o nome "Vinte e Cinco de Outubro", alusiva a alguma efeméride. Mas o nome popular prevaleceu. E o Largo do Asseca virou "praça do Asseca", até se tornar, definitivamente, Praça Seca. Ver BACIA HIDROGRÁFICA; BLOCOS CARNAVALESCOS; CAMPINHO; CIRCOS; ESCOLAS DE SAMBA; FAVELAS; IMPÉRIO DO MARANGÁ; INÁCIO DIAS, Serra de; ÔNIBUS; PARAMES E.C.; TEATRO AMADOR ZULEIKA; VILA VALQUEIRE.

PRAIA DA BRISA. Localidade em SEPETIBA, em antigo balneário, hoje abrigando um loteamento.

PRAIA DE RAMOS. Balneário na zona da Leopoldina, outrora conhecido como Praia do Apicu (de "apicum", lodaçal) ou de MARIA ANGU. A abertura da AVENIDA BRASIL, entre 1941 e 1944, durante a gestão do prefeito Henrique Dodsworth, provocou a extinção de muitas praias e pequenos portos existentes no chamado RECÔNCAVO CARIOCA, desde o Caju até a PENHA. Dessas praias, restou apenas a de RAMOS. Cercada por manguezais, que eram verdadeiros viveiros de pequenos crustáceos, e oferecendo aos visitantes águas ainda límpidas, além da sombra de frondosos cajueiros, foi, até a década de 1950, uma boa opção de lazer para a população suburbana. Assim, tornou-se objeto de um plano de urbanização concebido pelo coronel Joaquim Vieira Ferreira, líder e benfeitor local, que, usando diariamente a praia como local de seu elegante passeio matinal, pretendia transformá-la na "Copacabana do Subúrbio". Apoiado pela Prefeitura, o projeto do coronel chegou a dotar o local de um balneário com cabines e chuveiro, bem como de espaço para aluguel de roupas de banho, devidamente esterilizadas. Mas seus planos, que incluíam até a construção de um cassino, não se concretizaram, já que, logo depois, por ser a área terreno de Marinha, como definido em lei de 1831, as obras não foram licenciadas. Então, abandonada, a praia foi se degradando, com os manguezais sendo, paulatinamente, ocupados por FAVELAS, o que contribuiu decisivamente para o aumento dos níveis de poluição da água, tornando a outrora aprazível praia na mais imprópria para banho na cidade. Em 2001, foi inaugurado o chamado "Piscinão de Ramos", uma pequena lagoa artificial, construída na areia, cujas águas são captadas no mar e, após tratamento, nela despejadas. Bem recebida pela população, a ideia do "piscinão" foi inclusive imitada, por exemplo, no município de São Gonçalo, no outro lado da baía. Mas, à época deste texto, a má conservação dos equipamentos e a proximidade da favela contribuíam, também, para o fracasso de mais esta iniciativa.

PRAIA PEQUENA. Denominação de uma antiga localidade na Freguesia de INHAÚMA, próxima ao atual início da avenida dos Democráticos e à estação de VIEIRA FAZENDA, hoje JACAREZINHO. Era um dos núcleos mais populosos da freguesia.

PRATA (do Mendanha), Rio da. Ver BACIA HIDROGRÁFICA.

PRAZER DA SERRINHA. Antiga escola de samba com endereço no número 57 da rua Astolfo Dutra, no morro da Serrinha, em MADUREIRA. Fundada na década de 1930, com as cores verde, amarelo-ouro e rosa, em 1935 estava entre as quatro primeiras no desfile promovido pela "Vai Como Pode", mais tarde PORTELA. Enfraqueceu-se em 1947, com a fundação, na mesma localidade, da escola de samba IMPÉRIO SERRANO, mas sobreviveu até 1950.

PRESÍDIO ARY FRANCO. Unidade do sistema penitenciário fluminense, inaugurada em 1975 na rua Fábio Luz, na ÁGUA SANTA. Foi criado para funcionar como local de triagem, onde o detento deveria permanecer apenas um mês, sendo, então, encaminhado à unidade apropriada. O local onde se situa foi outrora conhecido como "Chácara do Seu Freitas" e abrigava um campo de futebol onde se realizavam torneios organizados por Antenor Rocha, morador da rua Paraná.

PRESÍDIO DA COVANCA. Antiga penitenciária carioca, outrora situada no alto da Serra dos PRETOS FORROS, no limite da "mata do governo". Como relata M. Pacheco (2009), em sua página sobre o bairro da ÁGUA SANTA, seus internos trabalharam nas obras de corte dos barrancos para abertura ou atenuação do declive dos acessos ao bairro, destacando-se as ruas Monteiro da Luz e Brasil (depois rua da Pátria), e a Estrada da COVANCA, aberta em 1921, por sobre o Morro da Covanca, para ligar essa região com o TANQUE, em JACAREPAGUÁ.

PRETINHO DA SERRINHA. Nome artístico de Ângelo Vitor Simplício da Silva, músico carioca nascido em 1978. Filho de uma porta-bandeira do antigo bloco Pena Vermelha, da SERRINHA, ainda bem menino, morando na favela, passou a integrar a bateria do bloco, tocando surdo de repique. No ano seguinte à estreia, ingressou na escola mirim Império do Futuro, na qual logo depois tornou-se o comandante da bateria, e de onde chegou à do IMPÉRIO SERRANO. Profissionalizando-se como percussionista, cursou o Instituto Villa Lobos, onde aprendeu teoria musical. No momento deste texto, sendo também cavaquinhista, era um dos músicos cariocas mais requisitados em suas especialidades, atuando principalmente com os cantores Dudu Nobre e Seu Jorge. Cumprindo extensa agenda de compromissos internacionais, em 2008, exibia ao autor deste livro seu passaporte, com apenas um ano de uso e já quase não tendo mais lugar para nenhum carimbo.

PRETO VELHO, Avenida do. Logradouro em INHOAÍBA, assim mencionado pela Companhia Municipal de Limpeza Urbana, COMLURB (2009), em 2004, quando da inauguração de um "ecoponto" no local. A menção resulta de uma denominação não oficializada, como também a da praça onde se realizam as festividades de 13 de maio, da rua Adolfo Lemos, cujo traçado começa na avenida CESÁRIO DE MELO para terminar perto da via férrea, no encontro com as ruas Arapaçu e Prof. Souza Moreira. Em Camargo (2008), a única menção a "Pretos Velhos" refere-se a uma rua no bairro de ANCHIETA. Ver PAIZINHO PRETO DE INHOAÍBA; FESTA DO PRETO VELHO.

PRETOS FORROS, Serra dos. Extensão de montanhas localizada na vertente norte do Maciço da Tijuca, que separa as regiões de JACAREPAGUÁ e MÉIER, e onde se situa o bairro de ÁGUA SANTA. Apesar de sua ocupação antiga, a serra ainda contém fragmentos de Mata Atlântica original, as florestas da COVANCA e dos Pretos Forros, o que motivou a criação da Área de Preservação Ambiental da Serra dos Pretos Forros, pelo decreto municipal no nº 19.145, de 14 de novembro de 2000. A denominação "Pretos Forros" foi também dada a um logradouro em COSMOS, com início na rua Serra do Cipó.

PRINCESA ISABEL, Lenda da. Ainda em 2009, era conhecida em IRAJÁ, na localidade outrora conhecida como BECO DA CORUJA, uma interessante justificativa para a abolição do escravismo no Brasil. Segundo transmitido por uma antiga moradora local ao autor deste livro, a Princesa Isabel teria assinado a "Lei Áurea" para aliviar-se de uma culpa, pois teria tido, numa relação sexual com um negro, um filho metade preto, metade branco. Curioso é que essa lenda parece remeter a um dos mitos africanos de Oraniã, orixá que nasceu assim, metade branco metade preto, por ser filho de Ogum, que tem a pele escura, com a mulher de seu pai, Odudua, que tem a pele clara (PRANDI, 2001, p. 432).

PRÍNCIPE NEGRO. RANCHO CARNAVALESCO existente em MADUREIRA entre 1900 e 1910, segundo anotação em Cunha (2001, p. 301). Era provavelmente um "cordão", antiga forma carnavalesca posterior aos cucumbis e ancestral das ESCOLAS DE SAMBA.

PROFESSORADO CAMPESTRE CLUBE. Agremiação esportiva fundada em 21 de julho de 1964, com sede da Estrada do Pau da Fome, na TAQUARA. Destacou-se como tradicional opção de lazer para a classe média local. Em 2003, sua equipe de futebol participou, sem sucesso, do campeonato estadual da Terceira Divisão de Profissionais. Quatro anos depois, o clube era objeto de notícia na imprensa, que o dava como "desativado".

PROFESSORINHAS. Ver TREM DAS PROFESSORAS.

PROJAC. Ver CURICICA.

PROPAGANDA MURAL. Uma das interessantes características da hinterlândia carioca é a utilização dos muros das ferrovias, principalmente da antiga CENTRAL DO BRASIL, como suporte gratuito de mensagens publicitárias, escritas a pincel. Nessas mensagens, anunciam-se principalmente serviços de legalidade duvidosa, como fornecimento de diplomas sem necessidade de frequência a aulas, empréstimos sem fiança, compra de veículos acidentados, recuperação de crédito etc.

PROVA DE HONRA. Ver FESTIVAIS DE FUTEBOL.

PROVEDOR, Fazenda do. Antiga denominação de propriedade rural em terras hoje localizadas na região de VIGÁRIO GERAL e CORDOVIL. O nome evoca

Francisco Cordovil de Siqueira e Melo, provedor da Fazenda Real Portuguesa, no século XVIII.

PRUDENTE DE MORAIS NETO. Torcedor legendário do Madureira foi Prudente de Morais Neto, jornalista da pesada. Prudente gostava de evocar o gol de letra feito pelo Isaías contra o Fluminense; de louvar as excelências dos grandes craques que saíram do "TRICOLOR SUBURBANO", como Evaristo e Esquerdinha; e escalava direitinho o time de 1952, aquele que começava com Irezê, Bitum e Weber – zagueiro que era da Polícia Especial, formou-se em Direito e chegou a desembargador no Tribunal do Rio.

PUXADO. Extensão de uma casa de moradia, feita sem obediência ao projeto original. No ambiente deste Dicionário, sua construção é, geralmente, um remédio para o crescimento não planejado da família.

Q

QUADRILHAS JUNINAS. A quadrilha, antiga dança palaciana europeia, sobrevive na tradição das FESTAS JUNINAS em várias partes do Brasil. E no município do Rio de Janeiro, a região objeto deste livro é o centro predominante dessa manifestação popular. Entretanto, desde a década de 1980, a dança, executada aos pares e em grupos númerosos, é cada vez mais influenciada pela estética das ESCOLAS DE SAMBA, numa tendência que se dissemina por todo o estado. Tanto que, desenvolvendo enredos e apresentando figuras de destaque, em 2009, os conjuntos fluminenses de quadrilhas juninas, a exemplo das escolas de samba e sua "Liga Independente", agrupavam-se na Liga Independente das Quadrilhas Juninas do Estado do Rio de Janeiro, LIQUERJ. Em 27 de junho de 2009, a edição do suplemento Zona Oeste do jornal *O Globo* informava que alguns grupos de quadrilhas da região recorriam a sobra de materiais usados nos desfiles de escolas de samba, tais como tecidos, fitas, galões e paetês, acrescentando que a quadrilha Fazendão de CAMPO GRANDE estava se exibindo com um "boi-bumbá" doado por uma escola local.

QUAFÁ. Conjunto residencial construído em 1982, junto à VILA KENNEDY, ao norte da AVENIDA BRASIL e ao longo da Estrada do Quafá, que corre paralela a ela. Nele fica localizada a Vila Olímpica Jornalista Ary de Carvalho.

QUARADOR. Ver CORADOURO.

QUARTO DA NOIVA. Ver CASAMENTO, Festas de.

QUENTINHA. Denominação carioca, provavelmente surgida no ambiente estudado neste Dicionário, para a refeição comercial acondicionada em embalagem térmica de alumínio. O nome vem de uma marca comercial (Kentinha) e estendeu-se da embalagem para seu conteúdo. Em São Paulo, o termo correspondente é "marmitex".

QUILOMBO, Grêmio Recreativo de Arte Negra e Escola de Samba. Entidade fundada sob a liderança de CANDEIA em 1975. Concebida em reuniões na residência do compositor, na TAQUARA, em seus primeiros anos ocupou a velha sede do Clube Vega, na rua Curipé, em COELHO NETO. Mais tarde transferiu-se para dependências cedidas pelo Município na rua Ouseley, próximo ao conjunto residencial da FAZENDA BOTAFOGO. Nascido ao mesmo tempo em que Candeia publicava em livro o libelo *Escola de samba, árvore que esqueceu a raiz*, o Quilombo foi criado, segundo seus estatutos, entre outras coisas, para valorização da arte popular, banida das ESCOLAS DE SAMBA. Dentro desses propósitos, Candeia projetou, inclusive, a criação de um centro de pesquisas e oficinas de arte, além de instituir aulas de capoeira e incentivar um grupo de jongo e um afoxé. Assim, muito mais que uma escola de samba, o Quilombo foi um braço cultural do movimento negro, cuja atividade, depois de uma longa interrupção, começava a ser retomada à época deste texto.

QUILOMBO DA PENHA. Ver RICARDO SILVA, Padre; VILA CRUZEIRO.

QUILOMBO, Serra do. Extensão de montanhas localizada no Maciço da PEDRA BRANCA.

QUILOMBOS. Ver NEGROS, Presença histórica.

QUIMBANDA. Vertente de culto derivada da UMBANDA, ou linha a ela pertencente, caracterizada por práticas semelhantes, em alguns momentos às do rito congo (lê-se "congô"), do vodu haitiano. Praticando rituais principalmente em cemitérios, até pelo menos a década de 1970 tinha grande número de adeptos na região focalizada neste Dicionário. A propósito, observe-se esta afirmação do etnólogo Edison Carneiro no livro Ladinos e crioulos (1964, p. 171): "Com o Exu Caveira, que preside cerimônias propiciatórias sem paralelo no Cemitério de Irajá, e os pontos riscados, a Umbanda, curiosamente, se aproxima dos cultos negros do Haiti." O grifo é do original citado. Ver CEMITÉRIOS.

QUINCAS E OS COPACABANAS. Conjunto instrumental que atuou, com grande sucesso, no começo da década de 1950 no ambiente dos *dancings* e boates cariocas, tendo gravado discos na gravadora Sinter. Uma de suas composições tinha, entre outros, Quincas no sax-tenor, Kuntz no clarinete e Wagner no trompete. Sua origem era a Sociedade Musical Flor do Ritmo, fundada na PIEDADE pelo professor JOAQUIM NAEGELE.

QUINTINO. Forma reduzida para QUINTINO BOCAIÚVA.

QUINTINO BOCAIÚVA. Bairro na jurisdição da 15ª Região Administrativa (MADUREIRA), localizado em terras da antiga Freguesia de INHAÚMA. Muitas vezes mencionado apenas como "Quintino", chamou-se inicialmente "CUPERTINO" e, depois, "doutor Frontin". Sua estação ferroviária, situada entre as de PIEDADE e CASCADURA foi inaugurada em 1886, e recebeu o nome que até hoje ostenta após a morte do líder republicano Quintino Bocaiúva (1836 – 1912), que possuía uma chácara na localidade. Ver ALIADOS DE QUINTINO; ALIANÇA DE QUINTINO; APARELHOS; ART DÉCO; CAIXA D'ÁGUA, Morro da; CENTRAL DO BRASIL, E. F.; CLARIMUNDO DE MELO; CUPERTINO; DECIDIDOS DE QUINTINO; DOM HELDER CÂMARA, Avenida; ESCOLA QUINZE; FAVELAS; MADALENA XANGÔ DE OURO; MODESTO F.C.; PADRE NÓBREGA, Rua; PEREIRA PASSOS, Obras de; PIEDADE; RANCHOS CARNAVALESCOS; RELEVO; SÃO JORGE; WALDINAR RANULPHO.

QUITANDA. Estabelecimento no qual se vendem principalmente hortaliças, frutas e produtos de granja, como ovos, ERVAS etc. Na hinterlândia carioca, no tempo que antecedeu os supermercados e os hoje chamados "hortifruti", a quitanda exerceu papel fundamental no abastecimento das residências e famílias. E era tal a variedade de produtos oferecidos à venda, que nelas se encontravam, além dos hortifrutigranjeiros, artigos como os seguintes: artefatos de barro, como jarros, moringas, moringuinhas de brinquedo, apitos, cachimbos etc.; artefatos de palha, como chapéus e abanos; artefatos de madeira, como tamancos e cabos de ferramentas; artigos e objetos de uso religioso, como velas, cuias, coités, fumo de rolo, olho-de-boi, alguidar, defumador etc.; brinquedos, como pipas, piões, atiradeiras, bolas de gude, espanta-coió; guloseimas, como balas, cocadas, bananadas, pé de moleque etc. Para os mais pobres, muitas vezes o oportunismo comercial de quitandeiros e quitandeiras oferecia a opção de produtos mais baratos porque deteriorados, como a "banana machucada"; ou fracionados, como pedaços de coco quebrado, colocados dentro de um vasilhame de vidro e vendidos por unidade.

QUITANDINHA, Favela da. Comunidade em COSTA BARROS.

QUITUNGO, Estrada do. Via de ligação entre BRÁS DE PINA e VILA DA PENHA, com início na rua Itabira e término na avenida Meriti. Até pelo menos a década de 1960, seu traçado se estendia até o entroncamento da avenida MONSENHOR FÉLIX com a Estrada Coronel Vieira, em IRAJÁ, através do trecho hoje denominado estrada Padre Roser. O nome quitungo, que também denomina um rio local, afluente do rio Irajá, além de uma serra no maciço do MENDANHA e um povoado baiano, parece originar-se no quimbundo *kitungu*, lugar escuro e imundo.

QUITUNGO, Serra do. Forma pela qual é também denominado o Maciço do Quitungo, em BANGU. Ver RELEVO.

R

RABADA. Iguaria preparada com rabo de boi. Servida, geralmente, em forma de ensopado, com batatas e agrião, é prato da culinária de festa no ambiente objeto desta obra, muito apreciado no universo do SAMBA.

RABIOLA. Ver PIPA.

RACISMO NO FUTEBOL. Ver BANGU ATLÉTICO CLUBE.

RADIAL OESTE, Avenida. Antiga denominação da avenida MARECHAL RONDON.

RÁDIO METROPOLITANA. Emissora radiofônica com sede e estúdios em INHAÚMA. Operando nos 1.090 KHz em AM, conta, segundo sua divulgação, com equipamentos modernos, de ultima geração, totalmente digitais. Seu endereço, à época deste texto, era no número 3.517 da Estrada ADEMAR BEBIANO. Embora apresente muitos programas EVANGÉLICOS, destaca-se entre as emissoras da cidade, por incluir em sua programação alguns programas dedicados à UMBANDA e ao CANDOMBLÉ, constituindo assim um raro espaço para a divulgação e discussão de questões ligadas à cultura de raiz africana. Por este motivo, juntamente com a rádio Tropical Solimões (de Nova Iguaçu), com perfil semelhante, tem uma audiência considerável na hinterlândia carioca, entre fiéis e simpatizantes dessas religiões.

RAMOS. Bairro sede da 10ª Região Administrativa. Sua história liga-se à dos vizinhos BONSUCESSO e OLARIA, em terras pertencentes, na época colonial, à Freguesia de INHAÚMA. No século XIX, com a morte de Dona Leonor Mascarenhas de Oliveira, parte do seu legado constituía o que é hoje o coração da localidade, bem como a praia de MARIA ANGU, onde se erguia uma casa, talvez de recreio. Em 1870, o capitão Luiz José Fonseca Ramos, secretário da Academia Militar da Corte, adquiriu, da viúva do herdeiro JOÃO TORQUATO de Oliveira, o chamado Sítio dos Bambus, onde efetivamente se inicia a história do bairro. Dezesseis anos mais tarde, quando os trilhos da Northern Railway (ESTRADA DO NORTE) chegaram ao local, um acordo firmado permitiu que o traçado da ferrovia passasse pela propriedade, desde que fosse construída, ali, uma parada. Nascia, assim, a "Parada do Ramos". Pouco depois, o Sítio dos Bambus era vendido a um genro do falecido João Torquato, o português Teixeira Ribeiro, o qual, com essa aquisição, aumentou seus domínios, pois era já proprietário de terras vizinhas. Ribeiro e seu filho foram responsáveis pelo loteamento e pela abertura das primeiras ruas no local. Até 1900, entretanto, a região da Leopoldina, além de Bonsucesso, ainda não havia se desenvolvido urbanisticamente. Poucas eram as suas ruas e edificações, e Ramos, a não ser ao longo da Estrada da Penha, ainda não figurava nos mapas do Rio de Janeiro. A partir daí foram surgindo as atuais ruas Uranos, Professor Lacê, Aureliano Lessa, Euclides Farias, Roberto Silva e Teixeira Franco. Nelas, ao lado de pequenas chácaras, os primeiros casarões, pertencentes a famílias abastadas, bem como os primeiros núcleos de serviço, equipamentos urbanos e benfeitorias. Importante personagem dessa época foi João José Batista, o "Andorinha", homem rico e grande impulsionador do progresso do bairro. Na década de 1910, o coronel Joaquim Vieira Ferreira participava, também, ativamente da vida local, destacando-se pela fundação de O Cosmopolita, o primeiro jornal da região, mas, principalmente, pela construção, em um terreno de cerca de 200 mil m^2, da Vila Gérson, um antecessor dos modernos condomínios, com oito ruas e dotado de uma escola para ensino elementar e profissionalizante. Cerca de vinte anos depois de criada, a Vila, com 160 prédios residenciais e excelente infraestrutura, era exaltada como um dos melhores locais de moradia da região suburbana. Bairro de classe média por excelência, em meados do século XX, Ramos possuía dois cinemas: o Cine Mauá, na rua Euclides Faria, bastante confortável, destacado pelo teto pintado de azul com nuvens, numa reprodução do céu, com pequenas lâmpadas embutidas que se assemelhavam a estrelas, as quais apareciam com nitidez quando as luzes do cinema se apagavam lentamente; e o Cine Rosário, cujo nome depois foi mudado para Cine Ramos, e que mais tarde se tornou uma boate.Ver ALEMÃO, Complexo do; AMAURY JÓRIO; ARMANDO MARÇAL; ART DÉCO; AVENIDA BRASIL; BACIA HIDROGRÁFICA; BAIANA, Morro da; BALA RUTH; BANDEIRA 2; BLOCOS CARNAVALESCOS; CACIQUE DE RAMOS; CHORO; CIGANOS; CINEMAS ANTIGOS; CLUBES; COBERTURA VEGETAL NATURAL; COCA-COLA, Fábrica da; CUSTÓDIO NUNES, Rua; ESCOLAS DE SAMBA; FAVELAS; FUNDO DE QUINTAL, Grupo; FUTEBOL AMADOR; IÊ-IÊ-IÊ; IMPERATRIZ LEOPOLDINENSE; INHAÚMA; LAUDIR DE OLIVEIRA; LEOPOLDINA, Ramal da; MÃE ADEDÉ; MARÉ, Complexo da; OLARIA; ÔNIBUS; OSWALDO MACEDO; PAGODE; PAULO MOURA; PENHA; PRAIA DE RAMOS; RECREIO DE RAMOS; REGO, Família; REI DE RAMOS, O; SOCIAL RAMOS CLUBE.

RAMOS, Rio. Ver BACIA HIDROGRÁFICA.

RAMOS FUTEBOL CLUBE. Nome de dois clubes de FUTEBOL AMADOR do Rio, já extintos. O primeiro foi fundado em 1913, usando as cores branca e verde, e disputou a Segunda Divisão em 1919. Em 1932, foi fundado outro clube com o mesmo nome, com sede na rua Dr. Noguchi, em RAMOS, usando as cores azul e branca, e que, em 1933, jogou na Liga Metropolitana de Desportos Terrestres. Esses clubes não têm relação com o SOCIAL RAMOS CLUBE.

RANCHOS CARNAVALESCOS. Espécie de préstitos tradicionais dos antigos carnavais cariocas, com figurações alegóricas e performance musical coral e instrumental. Originários dos ranchos de reis baianos, foram precursores das ESCOLAS DE SAMBA e, em meados do século XX, depois do apogeu nos bairros de Catete e Glória, principalmente, tinham as sedes de suas agremiações localizadas também na zona suburbana. A partir de 1950, com a criação de uma federação estadual que os aglutinava, reconhecida por lei dois anos depois, essa modalidade carvalesca recebeu um certo impulso, destacando-se aí, na zona suburbana, o subúrbio de QUINTINO BOCAIÚVA, por sediar três agremiações que carregavam em sua denominação o nome do bairro: Aliados, Aliança e DECIDIDOS DE QUINTINO. Entretanto, gradativamente obscurecidos pelo crescimento avassalador das escolas de samba, os ranchos carnavalescos praticamente se extinguiram, apesar de algumas tentativas de ressurgimento da tradição.

RANCHOS FOLCLÓRICOS PORTUGUESES. Ver CASA DE ESPINHO; CASA DE VISEU.

RASPA-RASPA. Espécie de sorvete feito apenas com raspas de gelo, sobre as quais era derramado xarope, geralmente de groselha. Era habitualmente comercializado, por ambulantes, nas ruas da hinterlândia carioca, na década de 1950.

RAUL DE BARROS (1915 - 2009). Músico carioca nascido na PENHA CIRCULAR. Com carreira profissional iniciada em 1935, atuou como solista de trombone em *dancings*, GAFIEIRAS e na prestigiosa Rádio Nacional, além de gravar vários discos e excursionar várias vezes ao exterior. Destacando-se como instrumentista, compositor e líder de orquestra, foi considerado o mais brasileiro dos trombonistas. Foi também autor de peças imortais do repertório popular de seu instrumento, como diversos choros e os sambas *Na Glória* e *Pororó-pororó*. No fim da vida, era morador de Maricá, RJ.

RAUL DE SOUZA. Músico carioca, 1934. Nascido e criado em BANGU, iniciou-se na música aos 16 anos, na banda da COMPANHIA PROGRESSO INDUSTRIAL DO BRASIL, a célebre fábrica de tecidos que levava o nome do bairro. Mais tarde, atuou no ambiente das GAFIEIRAS, quando se tornou conhecido como "Raulzinho", numa referência ao então já veterano trombonista RAUL DE BARROS. Na década de 1960, depois de ter integrado uma banda da Força Aérea, excursionou por Estados Unidos e Europa com o grupo do pianista Sérgio Mendes. A partir da década seguinte, seguiu brilhante trajetória nos estúdios norteamericanos, tocando e gravando ao lado de grandes músicos do jazz, como Sonny Rollins, Freddie Hubbard, George Duke, Chick Corea, Jimmy Smith e outros.

RAUL LODY. Nome abreviado de Raul Giovanni da Motta Lody, antropólogo e museólogo carioca, nascido em 1951, de pais cariocas, em OLARIA. Vivendo desde sempre na casa onde nasceu, construída em 1904 por um de seus ancestrais, a família Rêgo da Motta, cofundadora do bairro, ao tempo da elaboração desta obra mantém também residência na cidade do Recife, Pernambuco. Especialista em temática patrimonial de matriz africana e em antropologia da alimentação, é autor de vastíssima obra publicada, entre artigos, livros e outras mídias. Ver REGO, Família.

RAULZINHO. Ver RAUL DE SOUZA.

REALENGO. Bairro sede da 33ª Região Administrativa, localizado em terras da antiga freguesia de IRAJÁ e ocupando, também, parte da antiga freguesia de CAMPO GRANDE, pelo que outrora a localidade foi também referida como "Realengo de Campo Grande". Sua denominação, apesar de outra versão difundida, origina-se português "realengo", adjetivo definido em Cândido de Figueiredo (1926) como "real, régio" ou, num provincianismo do Alentejo, "desordenado, sem rei nem roque". A antiga denominação "terras realengas" confirma essa acepção. Assim, nos parece certo que o bairro nasceu em terras sem dono, como atesta o mapa em Fridman (1999, p. 128), o qual localiza, no início do século XIX, um território assim adjetivado, entre as fazendas e engenhos da Água Branca, do Bangu, do Barata, Piraquara e SAPOPEMBA. Outros documentos antigos, referidos em Gerson (1965), dão conta de que, na freguesia de Irajá, tanto os campos que atualmente constituem o bairro, como os situados no entorno da Igreja de Nossa Senhora da Apresentação, no Irajá de hoje, teriam sido objeto de protesto por parte, principalmente, de antepassados do proprietário JUCA LOBO, da PENHA, quando reivindicadas como sesmaria por um certo Manuel da Costa, provavelmente no século XVII. E o argumento desse protesto era no sentido de que essas terras "não podiam deixar de ser realengas". Em 1815, a posse das terras foi concedida, por D. João VI, ainda Príncipe Regente, a imigrantes provenientes do Arquipélago dos Açores, os quais lá se dedicaram à pequena agricultura e à pecuária. A data do efetivo estabelecimento desses açorianos nas terras, agora realengas porque propriedade da Coroa portuguesa, 20 de novembro de 1815, passou, então, mais tarde, a ser considerada como a o nascimento do bairro. No século XVIII, entretanto, já havia sido erguida, às margens da futura ESTRADA REAL DE SANTA CRUZ, uma capela, a qual, abrigando uma irmandade e contando com um pequeno cemitério, depois suplantado pelo Cemitério do MURUNDU, e uma fonte para abastecimento de água, constituiu núcleo inicial da Igreja de Nossa Senhora da Conceição e o verdadeiro marco de fundação do bairro. No Segundo Império, nas terras não mais denominadas "realengas", porém "do Governo", o bairro (que ainda conserva uma rua com esse nome: rua do Governo) começa a se converter em zona militar. Assim, são lá criadas a Escola de Tiro e a IMPERIAL ACADEMIA MILITAR, além da FÁBRICA DE CARTUCHOS. Por essa época, o Ministério do Exército procedeu ao encanamento das águas do rio Piraquara, levando-as até a praça central, onde construiu um chafariz, para abastecimento da comunidade. Com a chegada da ferrovia, Realengo, ganhava sua estação, hoje localizada entre MAGALHÃES BASTOS e PADRE MIGUEL. A estação foi aberta em 1878, quando foi inaugurado o ramal de Angra (depois Mangaratiba) da E. F. CENTRAL DO BRASIL, embora, aparentemente, o prédio atual só tenha sido construído em 1937. Ver ALGODÃO; ALVARENGA; ANCHIETA; AVENIDA BRASIL; AVENIDA SANTA CRUZ; BACIA HIDROGRÁFICA; BANGU; BARATA; BATAN; BLOCOS CARNAVALESCOS; CAFEICULTURA; CAMPINHO; CAMPO DOS AFONSOS; CEMITÉRIOS; CENTRAL DO BRASIL; CINEMAS ANTIGOS; COBERTURA VEGETAL NATURAL; COLÉGIO PEDRO II; CULINÁRIA, ALIMENTAÇÃO E GASTRONOMIA; ENGENHO NOVO DA PIEDADE; ESCOLA MILITAR DE REALENGO ; ESCOLAS DE SAMBA; ESPAÇO CULTURAL JORGE BENJOR; FAVELAS; FUTEBOL AMADOR; GERICINÓ; HOSPITAIS PÚBLICOS; INTENDENTE MAGALHÃES; JUVENTINO CARVALHO DA FONSECA; LEVANTE DE 1922; LONAS CULTURAIS; MACACOS, Morro dos; MATA DO GOVERNO; ÔNIBUS; RELEVO; VILA MILITAR.

REALENGO, Fazenda do. Ver CAFEICULTURA.

REBECCA FREEDMAN (1881 - 1984). Líder comunitária nascida na Polônia. Ativa sócia da ABFRI, Associação Beneficente Funerária Israelita, criada em 1912 para congregar as profissionais da prostituição na antiga Zona do Mangue carioca, presidiu a instituição na década de 1970. Conhecida como "Beca", na década seguinte, mudou-se para uma das casas de moradia que possuía em RAMOS, onde faleceu aos 103 anos de idade. Ver CEMITÉRIO ISRAELITA DE INHAÚMA.

RECÔNCAVO CARIOCA. Denominação usada para o entorno da Baía de Guanabara na parte pertencente ao município do Rio de Janeiro, principalmente no trecho que vai do Cais do Porto até próximo à foz do rio São João de Meriti.

RECREIO DE RAMOS. Escola de samba fundada em 1931 no bairro de RAMOS. Contava entre seus fundadores com o famoso compositor ARMANDO MARÇAL (1902 - 1947), autor de Agora é cinza, também vice-presidente da agremiação. Destacou-se como uma das mais importantes de seu tempo, principalmente pelos componentes e simpatizantes que tinha, alinhando-se entre estes o maestro Heitor Villa Lobos. Mais tarde, seguindo uma tendência evolutiva da época, a escola passou a apresentar-se como "rancho carvalesco" até desaparecer, na década de 1950. Em seu lugar, nascia, como herdeira e sucessora, a IMPERATRIZ LEOPOLDINENSE.

REFINARIA DE MANGUINHOS. Estabelecimento industrial concebido em 1946 e inaugurado em dezembro de 1954, no auge da campanha de nacionalização da extração e do refino de petróleo no Brasil. Criada com capital privado totalmente nacional, a Refinaria de Petróleos de Manguinhos, localizada na AVENIDA BRASIL, resultou de uma iniciativa do empresário Antônio Joaquim Peixoto de Castro Júnior. Produzindo, inicialmente, 10 mil barris por dia, a indústria atendia cerca de 90% do consumo diário da cidade do Rio de Janeiro, capacidade essa logo ampliada para 15 mil barris. Em 1998, o Grupo Peixoto de Castro passou a dividir o controle acionário com a YPF, maior empresa argentina de petróleo. Finalmente, em 2008, a refinaria, bem como as subsidiárias Manguinhos Química e Manguinhos Distribuidora, foram adquiridas pelo Grupo Andrade & Magro, através da Grandiflorum Participações. Mais antiga refinaria de petróleo do Brasil, o estabelecimento é ainda a principal instalação industrial da região de MANGUINHOS.

REFINARIA PIEDADE. Estabelecimento industrial localizado na rua Manoel Vitorino, em PIEDADE. Em 1927, pertencente à família Nunes Vilhena, fabricava e comercializava o açúcar *Campeão*. A partir de 1939, fabricou ou distribuiu as famosas marcas de açúcar *Pérola*, *Neve* e *União*.

REGIÕES ADMINISTRATIVAS. No município do Rio de Janeiro, a partir do decreto nº 898 de 9 de março de 1962, completado pelo de nº 1.656, de 24 de abril de 1963 e outros posteriores, denominação das unidades territoriais submetidas à autoridade, cada uma, de uma ADMINISTRAÇÃO REGIONAL especifica. Dentro do ambiente objeto desta obra, são elas as seguintes: 7ª R.A. – São Cristóvão: Campo de São Cristóvão s/nº (nesta região, para os fins deste trabalho, são considerados apenas partes de Benfica, e Vasco da Gama); 10ª R.A. – Ramos: rua Uranos, 1230 (abrange Bonsucesso, Manguinhos, Olaria e Ramos); 11ª R.A. – Penha: Rua Leopoldina Rego, 754 (Brás de Pina, Penha e Penha Circular); 12ª – Inhaúma: Estrada Adhemar Bebiano, 3.151(Del Castilho, Engenho da Rainha, Higienópolis, Inhaúma, Maria da Graça e Tomás Coelho); 13ª – Méier: rua 24 de Maio, 931 fds (Abolição, Água Santa, Cachambi, Encantado, Engenho de Dentro, Engenho Novo, Jacaré, Lins de Vasconcelos, Méier, Piedade, Pilares, Riachuelo, Rocha, Sampaio, São Francisco Xavier e Todos os Santos); 14ª – Irajá: avenida Monsenhor Felix, 512 (Colégio, Irajá, Vicente de Carvalho, Vila Cosmos, Vila da Penha e Vista Alegre); 15ª – Madureira: rua Carvalho de Souza, 247 (Bento Ribeiro, Campinho, Cascadura, Cavalcanti, Engenheiro Leal, Honório Gurgel, Madureira, Marechal Hermes, Oswaldo Cruz, Quintino Bocaiúva, Rocha Miranda, Turiaçu e Vaz Lobo); 16ª – Jacarepaguá: Praça Barão da Taquara, 9, Praça Seca (Anil, Curicica, Freguesia, Gardênia Azul, Jacarepaguá, Pechincha, Praça Seca, Tanque, Taquara e Vila Valqueire); 17ª – Bangu: rua Silva Cardoso, 349 (Bangu, Gericinó, Padre Miguel e Senador Camará); 18ª – Campo Grande: rua Dom Pedrito, nº 1 (Campo Grande, Cosmos, Inhoaíba, Santíssimo e Senador Vasconcelos); 19ª – Santa Cruz: Rua Fernanda, 155, Santa Cruz (Paciência, Santa Cruz e Sepetiba); 22ª – Anchieta: Praça Gesuíno Ventura, s/nº(Anchieta, Guadalupe, Parque Anchieta e Ricardo de Albuquerque); 24a – Barra da Tijuca: avenida Ayrton Senna, 2001, Barra da Tijuca (nesta região, para os fins deste trabalho, são considerados apenas os bairros de Camorim, Vargem Grande e Vargem Pequena); 25ª – Pavuna: avenida Sargento de Milícias s/nº (Acari, Barros Filho, Coelho Neto, Costa Barros, Parque Colúmbia e Pavuna); 26ª – Guaratiba: rua Soldado Eliseu Hipólito, s/nº, Pedra de Guaratiba (nesta região, para os fins deste trabalho, são considerados apenas os bairros de Guaratiba e Pedra de Guaratiba); 28ª – Jacarezinho: Praça da Concórdia, 02/2º andar (Jacarezinho); 29ª – Complexo do Alemão:Rua Uranos, 1.230, Ramos (Complexo do Alemão); 30ª – Maré: rua Principal, s/nº, Maré (Baixa do Sapateiro, Conjunto Pinheiros, Marcílio Dias, Maré, Nova Holanda, Parque União, Praia de Ramos, Roquete Pinto, Rubens Vaz, Timbaú, Vila do João, Vila Esperança e Vila Pinheiro); 31ª – Vigário Geral: Rua Oliveira Melo, 403, Cordovil (Cordovil, Jardim América, Parada de Lucas e Vigário Geral); 33ª – Realengo: rua General Sezefredo, 448, Realengo (Campo dos Afonsos, Deodoro, Jardim Sulacap, Magalhães Bastos, Realengo e Vila Militar); 34ª – Cidade de Deus: Avenida Edgar Werneck, 1565 – CIEP João Batista, Pechincha (Cidade de Deus). Ver SUBPREFEITURAS.

REGO, Família. Núcleo familiar de fundadores do bairro de RAMOS, iniciado por Francisco José Pereira Rego, estabelecido no local em 1820. Dedicando-se inicialmente à atividade agropastoril e, depois, também ao fabrico de telhas, tijolos e utensílios de barro, os Rego prosperaram. Assim, João Gualberto Nabor do Rego, o "Noca Rego", é referido como um dos únicos plantadores de arroz na hinterlândia carioca (GERSON, 1965, p. 498); da mesma forma que Leopoldina Rego (nome de importante rua local) é destacada como fundadora, já em 1900, da primeira escola particular da zona da Leopoldina. Em um subramo da família, os "Rego da Motta", nasceu o antropólogo RAUL LODY.

REI DE RAMOS, O. Peça teatral de autoria de Dias Gomes, com canções de Francis Hime e Chico Buarque, estreada em 1978. Conta, de forma satírica e bem humorada, a rivalidade de dois banqueiros do bicho, Mirandão e Brilhantina, e o amor que envolve Taís e Marco, cada um filho de um dos rivais e inimigos. Em 1985 era lançado o filme *O Rei do Rio*, de Fábio Barreto, adaptação da peça, com argumento do autor. Ver ARLINDO PIMENTA.

REI DO BACALHAU. Restaurante especializado na iguaria que lhe dá nome, famoso em todo o Rio de Janeiro. Localiza-se no ENCANTADO, na rua Guilhermina (que começa na rua Goiás), daí ser muitas vezes referido como o "Bacalhau da Guilhermina".

REI LEOPOLDO DA BÉLGICA. Ver IMPÉRIO SERRANO.

RELEVO. O relevo da zona suburbana e do antigo "sertão" cariocas pode ser apreciado a partir de três maciços maiores: Tijuca, Pedra Branca e Gericinó. a) Maciço da Tijuca: na área objeto desta obra se encontram as partes norte e oeste desse maciço, compreendendo as Serras de Três Rios (morros da Taquara e do Anil), de São Francisco (pedras da Botija, do Dente e das Morcegas, no Anil, e do Bananal e São Francisco, na Freguesia), do Quitite (no Anil), dos Pretos Forros (abrangendo Água Santa, Engenho Novo, Engenho de Dentro e Lins de Vasconcelos), do Mateus/Cahoeirinha (com vários morros no Lins de Vasconcelos), de Inácio Dias (morros de Inácio Dias, Covanca, Bica, São José Operário e Reunião, abrangendo Quintino, Cascadura, Praça Seca e Tanque; e morros da Caneca e do Dezoito, na Água Santa), e do Vale de Santa Inês(no Anil). b) Maciço da Pedra Branca: forma a grande massa de relevo do centro do município,entre as baixadas de Jacarepaguá e de Bangu, na Zona Oeste. Inclui as Serras da Pedra Branca (Vargem Grande e Bangu), Rio da Prata (Guaratiba, Vargem Grande e Campo

Grande), Guaratiba (Guaratiba, Grumari, Barra de Guaratiba e Vargem Grande), Santa Bárbara (Vargem Grande), Quilombo (Vargem Grande, Camorim, Taquara), Escada d'Água e Taquara (Taquara), Alto do Peri/Sacarrão (Vargem Grande, Camorim, Vargem Pequena), Nogueira (Camorim, Curicica, Vargem Pequena), Rosário/Rio Pequeno (Bangu), Bangu/Barata (Realengo, Senador Vasconcelos), Engenho Velho (Jardim Sulacap, Vila Valqueire, Tanque, Taquara, Praça Seca), Lameirão/Viegas (Campo Grande, Senador Vasconcelos), Cabuçu (Campo Grande, Guaratiba), Santa Luzia (Campo Grande) e Matriz (Guaratiba). c) Maciço de Gericinó: dentro do município, abrange os bairros de Campo Grande, Gericinó e Bangu, com as Serras de Marapicu, Manoel José/Serrinha, Mendanha (morros de Gericinó, Guandu, Capim Melado e Boqueirão, além das colinas do Heron e do Cemitério) e Madureira, além dos morros Carrapato, Periquito, Observatório e Mangueiral (onde fica a favela do Batan). Além desses grandes maciços, têm também proeminência no relevo da região nove maciços menores, às vezes referidos apenas como serras. a) Maciço do Dendê/Juramento: abrange os bairros de Cascadura, Madureira, Vaz Lobo, Engenheiro Leal, Vicente de Cavalho e Tomás Coelho, com os morros do Juramento, Dendê, Serrinha e São José da Pedra. b) Maciço da Misericórdia: abrange os bairros de Inhaúma, Engenho da Rainha, Bonsucesso, Olaria, Penha, Brás de Pina, Vila Cosmos e Irajá, com os morros do Caricó, do Alemão, do Sereno, do Grotão, das Palmeiras, de Bonsucesso (ou do Adeus), do Penhasco da Penha, do Jardim do Carmo, do Cariri e da Baiana. c) Maciço do Engenho Novo: na área objeto desta obra, abrange os bairros de Engenho Novo e Sampaio, com os morros de São João, de São Bartolomeu e da Matriz. d) Quitungo: formado pelo morro do Quitungo, em Bangu. e) Maciço da Posse: em Campo Grande, com os morros da Posse, do Luís Bom, das Paineiras e do Santíssimo. f) Maciço da Paciência: no bairro do mesmo nome, com os morros da Paciência e do Furado. g) Maciço do Cantagalo/Inhoaíba: em Campo Grande e Santa Cruz, com os morros de Santa Eugênia, de Inhoaíba, do Luís Barata, de Santa Clara e do Cantagalo. h) Maciço dos Coqueiros/Retiro: em Realengo, com os morros dos Coqueiros, do Cafua, do Retiro e da Bandeira. i) Maciço da Capoeira Grande: na Pedra de Guaratiba, com os morros da Pedra, da Capoeira Grande, da Covanca, do Cabaceiro, do Redondo, da Ponta Grossa e do Silvério (ou do Catruz). Ainda além destes acidentes, o relevo da hinterlândia é pontilhado de morros isolados, como o da Estação (Ricardo Albuquerque), dos Macacos (Padre Miguel), dos Pilares, do Valqueire etc. Ver MACIÇO; MORROS; SERRAS; VULCÃO EXTINTO.

RENASCENÇA CLUBE. Clube social fundado em 17 de fevereiro de 1951, no LINS DE VASCONCELOS. Congregando a emergente classe média negra da época, tornou-se nacionalmente conhecido pela participação em concursos de beleza feminina, através de belas jovens como Dirce Machado, Vera Lúcia Couto e Aizita Nascimento, entre outras. Sua sede, até a década de 1960, era em uma casa antiga dotada de um grande quintal arborizado, na rua Pedro de Carvalho. Mais tarde o clube mudou-se para a sede própria, no bairro do Andaraí.

RENATINHO PARTIDEIRO. Nome artístico do sambista Renato Cardoso Neves, exímio versador de improviso, dentro da melhor tradição do PARTIDO-ALTO, daí seu cognome. Ao tempo desta obra, é membro do grupo *Partideiros do Cacique*, que revive e preserva a tradição desse bloco, além de coordenar, na sede do CACIQUE DE RAMOS, um programa de "oficinas" voltado para a preservação da arte do SAMBA de improviso.

RENATO E SEUS BLUE-CAPS. Ver IÊ--IÊ-IÊ.

REPRESA DOS CIGANOS. Reservatório hídrico localizado na Serra dos PRETOS FORROS, próximo à confluência da antiga Estrada GRAJAÚ-JACAREPAGUÁ (avenida Menezes Cortes) com a ESTRADA DOS TRÊS RIOS. Construído em 1906, consiste em uma caixa de 4,70 metros de profundidade, por 8 metros de largura e 10 de comprimento, com uma barragem de 3 metros de largura, por onde sai a água de sobra. A denominação se deve ao rio dos CIGANOS, que a forma, através da cascata de mesmo nome, e que evoca, segundo MAGALHÃES CORREA (1936, p. 28), a antiga presença de um aldeamento cigano na localidade.

RESTAURANTE POPULAR DE CAMPO GRANDE. Ver DÉCIO ESTEVES.

RETIRO DOS ARTISTAS. Em 19 de agosto de 1918, por iniciativa do ator Leopoldo Froes, inspirada no exemplo francês da *Maison des Répos des Artistes Dramatiques*, instalada nos arredores de Paris, era criada na antiga rua Campo das Flores, em JACAREPAGUÁ, a Casa dos Artistas. No ano seguinte, a Casa inaugurava o Retiro dos Artistas, instituição de acolhida temporária ou definitiva para artistas carentes, recebendo como primeiros moradores o casal de coristas Madalena e Domingos Marchisio. Localizado no número 571 da rua que hoje leva seu próprio nome, o Retiro dos Artistas, no PECHINCHA, é, no momento desta obra, uma espécie de condomínio residencial, dotado de teatro, sala de cinema, centro cultural ("C.C. Dercy Gonçalves"), clínica de fisioterapia, salão de beleza, e até restaurante, o "Butikim das Estrelas". Além dessas conquistas, os moradores do Retiro têm a oportunidade de produzir trabalhos artísticos e repassar sua experiência em aulas e oficinas para iniciantes do mundo dos espetáculos. No calendário de eventos da instituição, são famosas as FESTAS JUNINAS, que costumam contar com a participação de nomes famosos da TV, do cinema e do teatro, tendo, por isso, grande afluência de público.

REUNIÃO, Morro da. Elevação a nordeste do Largo do TANQUE, nas proximidades da rua CÂNDIDO BENÍCIO.

REVOLTA DA ARMADA. Nome pelo qual passaram à História duas rebeliões da Marinha brasileira após a proclamação da República. Na primeira, em 1891, os rebeldes conseguiram a renúncia do presidente Deodoro da Fonseca. Na segunda, mais longa, estendendo-se por seis meses, de 1893 a 1894, os almirantes, descontentes com o pouco espaço da Marinha no governo, em relação ao Exército, posicionaram-se contra a posse do vice--presidente Floriano Peixoto. Começando no Rio e estendendo-se pelo sul do país, o movimento semeou o pânico entre a população litorânea do Rio, boa parte da qual, temendo bombardeios, começou a empreender uma espécie de êxodo em direção aos subúrbios.

REZADEIRAS. Na atualidade da hinterlândia carioca, a figura da "rezadeira", ritualista que se dedica à cura de males, de origem espiritual ou física, por meio de procedimentos como benzeduras, ainda é importante. É às rezadeiras que a gente do povo recorre, por exemplo, diante de um "cobreiro", erupção cutânea atribuída a contato com cobra ou outro animal peçonhento; de um "nervo torcido", contratura resultante de entorse; do "quebranto", abatimento geral sem causa física aparente; do "ventre virado", mal-estar de origem não determinada, curado pondo--se a criança de cabeça para baixo; de uma "espinhela caída", síndrome relacionada a anormalidade no esterno, osso do peito, etc. Em seu mister, as rezadeiras muitas vezes rezam orações católicas entremeadas de palavras e versos muito antigos, herdados de Portugal ainda nos tempos coloniais. E o fazem, utilizando também o galho de arruda, a vassourinha, a espada-de-são-jorge, molhadas em água benta. Em geral simples, discretas e bondosas, elas não cobram seus serviços, pois acreditam cumprir missão divina, exercitando um dom geralmente recebido de avós, mães e tias de mesmo ofício.

RIACHUELO. Bairro na jurisdição da 13ª Região Administrativa (MÉIER), nascido em terras pertencentes à antiga Freguesia do ENGENHO NOVO. Seu nome evoca a batalha naval ocorrida no arroio Riachuelo, afluente do rio Paraná, em 11 de junho de 1865, e que decidiu a vitória brasileira na Guerra do Paraguai. Quatro anos depois do fim do conflito, inaugurada a estação ferroviária local, pertencente à antiga ESTRADA DE FERRO DOM PEDRO II, depois CENTRAL DO BRASIL, recebeu ela o nome "Riachuelo do Rio". Localizada entre as de ROCHA e SAMPAIO, ambas inauguradas em 1885, a estação foi o principal núcleo de desenvolvimento do bairro, hoje cortado pelas ruas ANA NÉRI e VINTE E QUATRO DE MAIO, pela avenida MARECHAL RONDON, bem como pelo acesso ao TÚNEL NOEL ROSA, que constituem ligações diretas do bairro com a Zona Norte e o centro da cidade. Na atualidade, o bairro destaca-se por abrigar o Centro de Tecnologia Industrial Química e Têxtil do SENAI, tido como o maior centro de tecnologia têxtil da América Latina. Ver BLOCOS CARNAVALESCOS; CENTRAL DO BRASIL, E.F.; FAVELAS; FORTIM DE CAETANO MADEIRA; FUTEBOL AMADOR; MÉIER; RIACHUELO F.C.; ROCHA; SAMPAIO.

RIACHUELO FUTEBOL CLUBE. Antiga agremiação do bairro do RIACHUELO, com campo na rua Magalhães Castro, participante dos campeonatos cariocas de 1908 a 1910, promovidos pela Liga Metropolitana de Sport Amador, LMSA. Ver FUTEBOL AMADOR.

RICARDO. Forma usual, abreviada, para RICARDO DE ALBUQUERQUE.

RICARDO DE ALBUQUERQUE. Bairro pertencente à jurisdição da 22ª Região Administrativa (Anchieta), localizado em terras da antiga Freguesia de IRAJÁ, pertencente aos antigos engenhos e fazendas Nossa Senhora de Nazaré, SAPOPEMBA e Gericinó, núcleos de onde se originaram, respectivamente, os atuais bairros de ANCHIETA e DEODORO. Desenvolvido ao longo dos trilhos ferroviários do ramal de Nova Iguaçu, da antiga Estrada de Ferro CENTRAL DO BRASIL, seu nome é homenagem ao poeta e diretor da ferrovia, José Ricardo de Albuquerque, à época residente em MADUREIRA, onde se destacou por relevantes serviços prestados à comunidade suburbana. Seu primeiro núcleo organizado de povoamento, criado em 1935, chamou-se Vila Pompeia, em alusão à Igreja de Nossa Senhora do Rosário de Pompeia. O bairro abriga um cemitério público, localizado na Estrada Marechal Alencastro, e que dá fundos para a extensa área militar do campo de GERICINÓ. As antigas propriedades que deram lugar ao bairro pertenceram, em tempos passados, principalmente às famílias de Bento de Oliveira Braga, Luiz Costa e Joana Fontoura, cujos nomes foram perpetuados em alguns logradouros locais. Ver ARAME DE RICARDO; BLOCOS CARNAVALESCOS; CAPIM, Morro do; CARRAPATO, Morro do; CEMITÉRIOS; FAVELAS; IRAJÁ; MATA DO GOVERNO; ÔNIBUS; PARQUE ANCHIETA; RELEVO.

RICARDO SILVA, Padre. Sacerdote português, nascido em Coimbra, foi o pároco da IGREJA DA PENHA, de fins do século XIX a 1907. Político atuante, teve papel importante na campanha abolicionista, acolhendo escravos fugidos em sua chácara, a qual foi por isso conhecida como "Quilombo da PENHA" e seria a origem da atual VILA CRUZEIRO. Foi também, em sociedade com o industrial Alberto de Faria, dono de terras na região e proprietário de uma das muitas indústrias de artefatos de barro existentes na região, nas quais repousa a origem da denominação do bairro de OLARIA. No início do século seguinte, promoveu a vinda para o Brasil do arquiteto português Luiz de Moraes Júnior, responsável pela remodelação e ampliação da Igreja da Penha, e também pela construção dos principais prédios do Instituto Oswaldo Cruz, na atual FIOCRUZ. Foi grande incentivador da FESTA DA PENHA, a qual, em sua gestão, ganhou as exteriorizações alegres que a celebrizaram e que passaram a ser reprimidas por seus sucessores.

RILDO HORA. Músico nascido em Caruaru, PE, em 1939 e criado em MADUREIRA, onde chegou aos seis anos de idade. Exímio gaitista, ainda menino tocava em festas populares no subúrbio, até que, com doze anos, passou a atuar no rádio. Mais tarde, além de cursar a ESCOLA TÉCNICA VISCONDE DE MAUÁ, na década de 1950, estudou harmonia, contraponto e composição na Escola de Música Pró-Arte com o maestro Guerra Peixe. Depois de longa e bem sucedida trajetória como instrumentista, cantor e arranjador, nos anos 1970 iniciou carreira como produtor de discos, com igual sucesso. A partir daí tornou-se o "maestro do SAMBA", sendo o mais requisitado e respeitado dos produtores neste segmento, credenciado pelos brilhantes trabalhos realizados principalmente com MARTINHO DA VILA e ZECA PAGODINHO, aos quais imprimiu sua inconfundível marca.

RIO D'OURO, Estrada de Ferro. Denominação de antiga ferrovia que servia o subúrbio carioca. Criada em 1876, era, de início, apenas utilizada no transporte de material e operários empregados nas obras de construção, na Serra do Tinguá, na Baixada Fluminense, das adutoras que viriam abastecer de água a cidade do Rio de Janeiro. Concluídas as obras, a linha foi aberta ao público em 1883. A planta do Rio de Janeiro, publicada pela Editora Briguiet (RIBEIRO, 1911), permite acompanhar o traçado original dessa via, em seu trecho carioca. A Linha Tronco, partindo da Quinta Imperial do Caju, na Baía de Guanabara, após contornar o cemitério, servido pela parada São Francisco, tinha as estações Rua Bela, junto à rua desse nome, e Benfica-Alegria, no atual largo de Benfica. Após cruzar a linha da E. F. LEOPOLDINA, onde hoje é o viaduto de Benfica, seguia a AVENIDA SUBURBANA, com as estações PRAIA PEQUENA (entre o Rio Jacaré e a atual avenida Democráticos), Venda Grande (onde a Avenida Suburbana encontrava a ESTRADA VELHA DA PAVUNA), CAPÃO DO BISPO (próxima à atual rua Cezanne, em DEL CASTILHO), Henrique Scheid (perto da rua deste nome) e José dos Reis (junto à rua de mesmo nome); de entre estas duas saía o Ramal das Oficinas, que atendia as oficinas da CENTRAL DO BRASIL, no ENGENHO DE DENTRO. A ferrovia seguia ao longo da ESTRADA NOVA DA PAVUNA (atuais avenidas João Ribeiro e MARTIN LUTHER KING Jr.), com as estações PILARES (no atual largo desse nome), ENGENHO DO MATO (no encontro das avenidas João Ribeiro, Martin Luther King Jr. e Ademar Bebiano, em TOMÁS COELHO), e depois VICENTE DE CARVALHO, IRAJÁ, COLÉGIO, Areal (COELHO NETO) e PAVUNA, situadas no mesmo lugar das atuais; e daí seguia para a Baixada. A linha teve ainda a estação ACARI, aberta em 1926. O Ramal da Penha, aberto em 1890, ligava VICENTE DE CARVALHO ao porto de MARIA ANGU, sendo especialmente utilizado nas ocasiões da FESTA DA PENHA, além de servir ao transporte de gado. Seguindo as estradas Vicente de Carvalho e BRÁS DE PINA, tinha uma parada perto da IGREJA DA PENHA, cruzava a linha da Leopoldina, seguia pela atual rua Araquém Batista, com a parada do MATADOURO onde hoje é a estação de tratamento de esgotos, e terminava num píer onde atracavam barcos de passageiros. O Ramal de Inhaúma, aberto em 1898, seguia a antiga estrada Rio-Petrópolis, entre Venda Grande e Engenho do Mato, com as estações Liberdade (na junção com a linha tronco, perto da estação Del Castilho da LINHA AUXILIAR), Inhaúma (junto ao cemitério) e BOTAFOGO (junto à rua Engenho da Rainha). Em 1909, o Ramal da Penha foi ligado à E. F. Leopoldina, na estação da Penha. Em 1922, a ferrovia passou a começar na estação FRANCISCO SÁ (na rua Ceará, perto da praça da Bandeira), com um novo trecho inicial acompanhando a Linha Auxiliar até Del Castilho, e passando pelas estações TRIAGEM e VIEIRA FAZENDA (JACAREZINHO). Entre 1928 e 1931, com a estrada encampada pela E. F. Central do Brasil, o Ramal das Oficinas passou a sair da estação Monhangaba, da Linha Auxiliar (junto à rua Fernão Cardim); foi aberta a estação MARIA DA GRAÇA; todo o trecho da Linha Tronco, entre Engenho do Mato e Caju, foi desativado; e o ramal de Inhaúma foi reformado, com a estação de Engenho da Rainha substituindo a de Botafogo. Como a via era deficitária, a E.F.C.B. acabou por extinguir seu tráfego, na hinterlândia carioca, em 1970. Entretanto, desativadas suas linhas, a maior parte do leito dessa importante estrada de ferro serviu à implantação da Linha 2 do METRÔ que, gradativamente, foi se expandindo até atingir, em 1998, a sua atual estação final, na Pavuna.

RIO DA PRATA. Sub-bairro de CAMPO GRANDE. Observe-se que, no século XIX, o nome designava dois RIOS da região e, consequentemente, duas fazendas e suas respectivas localidades: Rio da Prata do Mendanha, ao norte; e Rio da Prata do Cabuçu, no sopé da Serra do rio da Prata. A denominação se manteve nesta última.

RIO DA PRATA DO MENDANHA, Fazenda do. Ver CAFEICULTURA.

RIO DA PRATA, Serra do. Extensão de montanhas localizada na vertente sudoeste do Maciço da PEDRA BRANCA.

RIO DAS PEDRAS. Comunidade favelada parte em JACAREPAGUÁ e parte no Itanhangá. É tida como o local onde surgiu o fenomeno social das MILÍCIAS na cidade do Rio de Janeiro.

RIO DE JANEIRO NORTHERN RAILWAY COMPANY. Denominação original, em inglês, da Companhia Estrada de Ferro do Norte do Estado do Rio de Janeiro, inaugurada em 23 de abril de 1886. Popularmente referida como ESTRADA DO NORTE, foi sucedida pela Leopoldina Railway, Estrada de Ferro LEOPOLDINA.

RIO DE JANÔ. Filme de longa metragem, com direção de Anna Azevedo, Renata Baldi e Eduardo Souza Lima, lançado em 2003. Documenta a visita de cinquenta dias do desenhista francês Jano (Jean Leguay) ao Rio, em 2000, buscando material para mais um dos seus "cadernos de viagem". Conversando com gente de todas as classes sociais, quase sempre em lugares não convencionais, o artista filmou, na região deste livro, cenas em MADUREIRA, SERRINHA e JACAREPAGUÁ (NETO, 2009, p. 875).

RIO DO PAU, Estrada do. Antigo Caminho do ENGENHO VELHO. Importante via ligando ANCHIETA a PAVUNA, outrora com início na praça Nossa Senhora de Nazaré e término na rua Comendador Guerra. Na atualidade, a denominação só persiste no trecho pavunense da estrada; no trecho de Anchieta recebeu o nome "Avenida Crisóstomo Pimentel de Oliveira". O rio do Pau, um dos formadores do rio Pavuna, nasce no Maciço de GERICINÓ.

RIO FUNDO. Expressão outrora também usada para nomear o ARROIO PAVUNA.

RIOS. Ver BACIA HIDROGRÁFICA.

RIO-SÃO PAULO. Ver ESTRADA RIO-SÃO PAULO.

RIO, ZONA NORTE. Filme de Nelson Pereira dos Santos, realizado em 1957, conforme o seguinte argumento ficcional: no Rio, um compositor de escola de samba, chamado Espírito da Luz (vivido pelo ator Grande Otelo), cai de um trem suburbano em movimento. Em estado muito grave, dá entrada em um hospital. Agonizante, sua vida é narrada em *flashback*. Seu sonho era fazer sucesso com sua música, para ter uma casinha onde pudesse morar com a amada e o filho. Este, entretanto, antes do acidente, fugitivo de um internato, praticara um assalto na favela e fora morto diante do pai. Quanto a seus sambas, os mais promissores tinham sido roubados por um radialista desonesto, que se aproveitara da ingenuidade do compositor. Espírito da Luz ficara pobre e só, pois até a amada o tinha abandonado. No hospital, contudo, recebe a visita de um violinista erudito, admirador de seu talento e de sua espontaneidade. (cf. sinopse em NETO, 2009).

RÍVER FUTEBOL CLUBE. Agremiação fundada na PIEDADE, na rua João Pinheiro, em 1919. Nas décadas de 1920 e 1930, sua equipe de futebol participou, muitas vezes em seu próprio estádio, de campeonatos cariocas organizados pela Liga Metropolitana de Desportos Terrestres. Em 1947, inaugurava nova sede, ampla e confortável, na qual em 2009 ainda realizava concorridas programações. Ver FUTEBOL AMADOR; GAMA FILHO.

ROBERTINHO SILVA. Músico carioca, nascido em 1943. Baterista, com carreira iniciada no final da década de 1960, sua discografia inclui participações em gravações de Milton Nascimento, Tom Jobim, Wayne Shorter, Sarah Vaughn, PAULO MOURA e outros grandes nomes da música nacional e internacional. A partir do LP *Música popular brasileira*, de 1981, fez vários registros como líder. Nos anos de 1990, criou o grupo Robertinho Silva e Família, atuando ao lado dos filhos percussionistas Ronaldo e Wanderley. Criado em REALENGO.

ROBERTO CARLOS. Ver IÊ-IÊ-IÊ.

ROBERTO MARTINS (1909 – 1992). Compositor carioca, versátil autor de sucessos como o SAMBA *Beija-me*, a valsa *Renúncia* e a marcha carnavalesca *Cordão dos puxa-sacos*. Nasceu na rua Magalhães Castro, no RIACHUELO.

ROÇA DOS PRETOS. Antiga localidade à margem do rio Jacaré, na região do MÉIER. Nela, já na república, chamava a atenção, segundo Gerson (1965, p. 142), um par de canhões datados dos século XVI, apontados para a ESTRADA REAL DE SANTA CRUZ.

ROCHA. Bairro integrante da 13ª Região Administrativa (MÉIER). Localizado entre RIACHUELO e SÃO FRANCISCO XAVIER, em terras da antiga Fazenda do ENGENHO NOVO DOS JESUÍTAS, que originou a Freguesia do ENGENHO NOVO. Sua estação de trens, do ramal principal da atual SUPERVIA, inaugurada em 1885 e extinta em 1960, recebeu, segundo consta, o nome de um guarda-cancela da ferrovia, nome que se estendeu a todo o bairro. Seu processo de urbanização teve início entre os anos de 1870 e 1875. Em seu traçado destaca-se, na atualidade, a avenida MARECHAL RONDON, inaugurada em 1965 com o nome de avenida Central do Brasil.

ROCHA MIRANDA. Bairro na jurisdição da 15ª Região Administrativa (MADUREIRA). Localizadas na antiga Freguesia de IRAJÁ, as terras que hoje constituem o bairro pertenciam à Fazenda do Sapê, cujo proprietário, no século XIX, era o Barão de Mesquita. Na primeira década dos Novecentos, chegavam à região os trilhos da LINHA AUXILIAR da Central do Brasil, inaugurando-se aí, então, a parada denominada Sapê. Em 1916, a fazenda seria adquirida pela família do banqueiro e industrial Luiz da Rocha Miranda (c. 1865 – c. 1935), a qual promoveu o loteamento da região com a abertura de várias ruas que receberam nomes de pedras preciosas: ruas dos Topázios, das Esmeraldas, dos Rubis, dos Diamantes, Ametistas, Ônix, Turquesas etc., nomes existentes ainda hoje. E isso, segundo uma versão talvez lendária, constituiria reminiscência de um tempo em que se garimpava no rio das Pedras, que cruza o bairro. O certo é que o loteamento da fazenda foi parte de uma série de empreendimentos imobiliários levados a efeito pelos Rocha Miranda na zona suburbana, no contexto de um surto desenvolvimento que inclui a criação em 1924 da Companhia de Tecidos NOVA AMÉRICA, no atual bairro de DEL CASTILHO. Ver BACIA HIDROGRÁFICA; CINE GUARACY; CONSELHEIRO GALVÃO; ESCOLAS DE SAMBA; FAVELAS; IRAJÁ; ÔNIBUS; SAPÊ; UNIDOS DE ROCHA MIRANDA; XANGÔ DA MANGUEIRA; AVENIDA AUTOMÓVEL CLUBE.

RODA DE BICICLETA, Passeio com. Antiga brincadeira infantojuvenil. Utilizando roda de bicicleta inutilizada, sem pneu, sem aros, devia-se empurrá-la por meio de vergalhão de ferro ou arame com ponta em forma de "U" e enfiado numa ripa ou cabo de vassoura. Transformava-se num divertido passeio a pé e ainda se fazia "bi, bi". Ver BRINCADEIRAS INFANTIS E JUVENIS.

RODOVIA PRESIDENTE DUTRA. Ver VIA DUTRA.

RODRIGUES CALDAS, Estrada. Via localizada na 16ª R.A., que atravessa os bairros da TAQUARA e de JACAREPAGUÁ, dando acesso à COLÔNIA JULIANO MOREIRA. Originalmente denominada Estrada Velha do Rio Grande, recebeu o nome atual em 1932, em homenagem a João Augusto Rodrigues Caldas, médico, diretor da Colônia entre 1909 e 1926.

ROGÉRIO FROES. Ator nascido em Santos Dumont, MG, em 1934. Adolescente, mudou-se para o Rio de Janeiro, radicando-se em CAMPO GRANDE, onde foi caixa de banco e ator amador no grupo TEATRO RURAL DO ESTUDANTE. Profissionalizando-se, atuou em montagens teatrais importantes, sendo, mais tarde, também diretor. Na TELEVISÃO, sempre pela TV Globo, fez as novelas *Passos do Vento* (1968), *Rosa Rebelde* (1969), *Assim na Terra como no Céu* (1970), *Bandeira 2* (1971), *Selva de Pedra* (1972), *O Espigão* (1974), *Cuca Legal* (1975), *O Bem Amado* (1977), entre outras. Atuando também no cinema, em 2009, participava da novela *Poder Paralelo* da Rede Record.

ROLF RIBEIRO DE SOUZA. Cientista social nascido em IRAJÁ, na região da Estrada da ÁGUA GRANDE, em 1964. Doutor em Antropologia pela Universidade Federal Fluminense, UFF, depois de graduar-se e posgraduar-se na UERJ, Universidade do Estado do Rio de Janeiro, tem como campo principal de suas pesquisas a condição masculina no ambiente objeto do presente Dicionário. Assim, publicou, em 2003, o livro *A confraria da esquina: o que os homens de verdade falam em torno de uma carne queimando*, e em 2010 defendia, também na UFF, outra tese, no mesmo campo de interesse, intitulada *O lazer agonístico: como se aprende o que signfica ser homem num bar de um bairro suburbano*. Ver CHURRASCO DE ESQUINA.

ROMÁRIO de Souza Farias. Jogador carioca de futebol, nascido em 1966. Uma das melhores exemplificações do jeito de ser carioca e suburbano, principalmente pelas frases irônicas e espirituosas, nasceu no JACAREZINHO e criou-se na VILA DA PENHA. Iniciou carreira no OLARIA A.C., despontou como craque no Vasco da Gama, atuou na Espanha e na Holanda e, mais tarde, no Flamengo e novamente no Vasco, sempre como atacante. Sobre sua importância, leia-se em M. Duarte (2000, p. 375): "Entrou para a galeria dos imortais do futebol ao ganhar, praticamente sozinho, a Copa do Mundo de 1994, façanha só realizada por Garrincha, em 1962, e Maradona, em 1986."

ROMEIROS, Rua dos. Logradouro na PENHA, com inicio na rua José Maurício e término no Largo da Penha. Foi aberta pelo Padre RICARDO SILVA, como parte de seu trabalho de expansão e popularização da FESTA DA PENHA. Uma das mais importantes do bairro, em 17 de fevereiro de 1960, o jornal *O Globo* denunciava o "espetáculo degradante" dos camelôs na rua, atravancando permanentemente as calçadas "com o seu comercio deplorável".

ROMERO, Família. Grupo familiar de políticos residentes e atuantes na região de MADUREIRA, VAZ LOBO e IRAJÁ. Sua história começou quando o patriarca Edgar Romero veio de Sergipe, para a casa do tio, Joviniano Fontes Romero, médico com consultório na rua PADRE MANSO, que foi ministro do Tribunal de Contas, à época de Getúlio Vargas, daí tornar-se conhecido como MINISTRO EDGARD ROMERO. Seu filho, José de Lima Fontes Romero, nascido em 1913, foi deputado constituinte em 1946, deputado federal até 1955, vereador até 1959, mais tarde secretário de Agricultura e, finalmente, presidente do Tribunal de Contas do Estado da Guanabara, tendo também casa em Irajá, na estrada da Água Grande. Médico, este Romero foi um dos fundadores da Casa de Saúde e Maternidade Nossa Senhora da Penha, além de presidente do MADUREIRA ATLÉTICO CLUBE.

RONALDO FENÔMENO. Nome pelo qual passou a ser referido, em meados da década de 1990, o jogador de futebol "Ronaldinho", nascido Ronaldo Luiz Nazário de Lima em 1976, em BENTO RIBEIRO, onde foi criado em uma casa humilde da antiga rua General César Obino, que acabou por ganhar seu nome. Surgindo no clube São Cristóvão F.R., depois de destacar-se na equipe de FUTEBOL DE SALÃO do SOCIAL RAMOS CLUBE, iniciou carreira profissional no Cruzeiro, de Belo Horizonte. De lá, sempre objeto de transações multimilionárias, jogou seguidamente na Holanda, na Espanha e na Itália. Campeão mundial em 1994, foi eleito o melhor jogador do planeta em 1996 e 1997. À época deste texto, depois de contusões e outros problemas, atuava no Corinthians paulista.

RONDA, Jogo de. Jogo carteado bastante comum, principalmente até a década de 1960, no submundo da hinterlândia carioca. Jogado em esquinas, em terrenos baldios, nas laterais dos CAMPOS DE PELADA, é proibido e reprimido pela polícia, pois implica sempre em fraude, que beneficia o "banqueiro". Sua sistemática é a seguinte: depois de manipular o baralho, misturando as cartas, o dono do jogo expõe duas delas, geralmente, um ás e um valete, colocando-as sobre a folha de jornal que forra o chão. Com as duas cartas expostas, ele torna a manipular o maço de cartas, embaralhando-as, para depois mostrar o maço aberto, para que o grupo de apostadores confira. Aí, então, os apostadores fazem o jogo, apontando a carta que sairá primeiro: ou o valete ou o ás. Feito isso, diante do grupo, o dono da "banca" começa a puxar as cartas, uma por uma. Se sair primeiro o valete, ganhará quem nele apostou; da mesma forma, o ás. Mas o jogo é sempre manipulado, com o dono usando de artimanha para beneficiar um parceiro, que se passa por mero apostador. Daí a importância do modo pelo qual as cartas são embaralhadas: o banqueiro mais hábil é aquele que melhor sabe agrupar as cartas, de modo que, antes de fazer a carta aparecer, ele já saiba qual ela é. Um dos recursos de fraude é o uso de baralhos com cartas previamente marcadas, identificáveis pelo tato. Mas a engenhosidade dos malandros sempre criou novos macetes. Observe-se, finalmente, que o termo "macete", na acepção de truque, artimanha, parece ter nascido no ambiente dos jogos de cartas, por extensão da ideia de "maço ou embrulho pequeno" (HOUAISS; VILLAR, 2001).

ROSEMARY. Ver IÊ-IÊ-IÊ.

ROSETÁ. Denominação de um antigo e famoso salão de BAILES carnavalescos em MADUREIRA. Funcionava em um grande galpão, ocupado, durante o ano, por uma oficina mecânica, no local onde se ergue, na atualidade, o Shopping São Luiz. O nome do salão veio do baile que sediava, o "Baile do Rosetá", denominação essa, por sua vez, inspirada em uma marchinha do repertório do cantor JORGE VEIGA (*Eu quero é rosetar*, de Haroldo Lobo e Milton de Oliveira), de grande sucesso no carnaval de 1947, cuja letra, maliciosa, dizia o seguinte: "Por um carinho teu, minha cabrocha,/Eu vou até o IRAJÁ./Que me importa que a mula manque,/Eu quero é rosetá." O "rosetá" da letra é corruptela de "rosetar", verbo aí usado na acepção, registrada em Houaiss e Villar (2001), de "divertir-se libidinosamente".

ROUBAUTO. Irônica denominação popular da feira-livre clandestina realizada em ACARI, nos fins de semana, popularizada na década de 1980 na canção do gênero funk *Rap do Acari*. Apesar do ecletismo das mercadorias postas à venda, destacava-se na feira a grande oferta de peças de automóveis, de procedência duvidosa, daí o nome dado pela verve suburbana a esse grande mercado a céu aberto. Com o passar dos anos, a feira foi diversificando seu estoque, passando a oferecer, também, *chips* de computador, telefones celulares, lâmpadas halógenas e outros itens de alta tecnologia.

ROUPA-VELHA. Prato da culinária popular, conhecido em várias partes do Brasil e outrora bastante difundido na hinterlândia carioca. Consta de sobras de carne seca ou verde, de refeição anterior, desfiadas e novamente cozidas, com molho de cebola, alho, tomate e pimentão.

ROUXINOL SUBURBANO. Cognome com que foi referido o cantor e violinista Leandro Ferreira (c. 1880 – c.1910). Ver ACADEMIA DE LETRAS SUBURBANA.

RUA DO LUSTRE. Nome pelo qual se tornou mais conhecida a rua Senador Bernardo Monteiro, em BENFICA. A denominação deriva do fato de a rua concentrar uma enorme variedade de lojas de artigos para iluminação, numa tendência que, na época deste texto, se irradiava para ruas vizinhas.

RUBEM DE FARIAS NEVES, Maestro. Músico e educador musical célebre em CAMPO GRANDE. Fundador e líder da banda Estudantina de Campo Grande, foi responsável pela formação de inúmeros grandes músicos da região, como por exemplo, na década de 1960, ZECA DO TROMBONE. Seu nome foi perpetuado na denominação da Escola Municipal Rubens (sic) de Farias Neves, na rua Iara Beltrami, em Campo Grande.

RUBRO-ANIL. Epíteto aplicado ao BONSUCESSO FUTEBOL CLUBE, por suas cores simbólicas: vermelho e azul.

S

SACI DE IRAJÁ. Ver MANECO.

SACOLÉ. Espécie de sorvete de fabricação doméstica, vendido em residências, para complemento da renda familiar. É na realidade um picolé sem cabo, envolto em um pequeno saco plástico, daí a denominação: de "saco" + "picolé", a qual extrapolou, no submundo, para um tipo de embalagem de cocaína.

SALSA E MERENGUE, Favela. Ver KINDER OVO.

SALVADOR CORREIA DE SÁ (1547 – 1631). Administrador colonial português, governou a capitania do Rio de Janeiro de 1568 a 1572 e de 1577 a 1598. É comumente referido como "Salvador de Sá, o velho", para não ser confundido com SALVADOR CORREIA DE SÁ E BENEVIDES, seu neto. Teve papel fundamental na ocupação da hinterlândia carioca, distribuindo sesmarias e incentivando a implantação de engenhos na região.

SALVADOR CORREIA DE SÁ E BENEVIDES (1594 – 1688). Militar e administrador colonial português, nascido no Rio de Janeiro. Filho de MARTIM CORREIA DE SÁ e neto de SALVADOR CORREIA DE SÁ, entre 1658 e 1662, foi governador das Capitanias do Sul do Brasil, inclusive a do Rio de Janeiro. Herdou do pai grandes propriedades na região de Jacarepaguá. Ver CIDADE DE DEUS [1]; GARDÊNIA AZUL; JACAREPAGUÁ [1].

SAMBA. Gênero musical de raiz africana que se desenvolveu como expressão musical urbana no Rio de Janeiro, individualizando-se em relação a formas de samba existentes em outras regiões do país. Ao longo do século XX, o gênero se desenvolveu em diversos caminhos, subgêneros e estilos; mas conservou traços que o identificam como um típico produto do ambiente focalizado neste Dicionário, do qual foi, durante muitos anos, a grande expressão cultural. Ver ALMIRANTE; ALUÍZIO MACHADO; AMAURY JÓRIO; ANICETO DO IMPÉRIO; ARGEMIRO PATROCÍNIO; ARMANDO MARÇAL; ARMANDO SANTOS; BARBEIRINHO DO JACAREZINHO; BETO SEM BRAÇO; BIDI; BLOCOS CARNAVALESCOS; CACIQUE DE RAMOS; CAMUNGUELO; CANCIONEIRO DOS SUBÚRBIOS; CANDEIA; CARTOLA; CARLINHOS SIDERAL; CIDADÃO-SAMBA; CIRO MONTEIRO; CLAUDIONOR Marcelino dos Santos; CLEMENTINA DE JESUS; CLUBE DO SAMBA; DOCA DA PORTELA, Tia; DOLORES DURAN; DONA IVONE LARA; DORINA; ELTON MEDEIROS; ESCOLAS DE SAMBA; EUNICE, Tia; FUNDO DE QUINTAL, Grupo; IMPERATRIZ LEOPOLDINENSE, G.R.E.S.; IMPÉRIO SERRANO, G.R.E.S.; IRMÃOS UNIDOS DE IRAJÁ; J. CASCATA; JAIR DO CAVAQUINHO; JAYME SILVA; JOÃO NOGUEIRA; JORGE VEIGA; JORGINHO DO IMPÉRIO; JOVELINA PÉROLA NEGRA; LEANDRO SAPUCAHY; LECI BRANDÃO; LUÍS CARLOS DA VILA; LUIZ SOBERANO; MADALENA XANGÔ DE OURO; MARQUINHOS DE OSWALDO CRUZ; MARTINHO DA VILA; MAURO DINIZ; MAX BULHÕES; MESTRE ANDRÉ; MESTRE JORJÃO; MESTRE MARÇAL; MISTÉRIO DO SAMBA, O; MOCIDADE INDEPENDENTE DE PADRE MIGUEL, G.R.E.S.; MONARCO; NELSON CAVAQUINHO; NEOCI DE BONSUCESSO; NOCA DA

PORTELA; NOEL CANELINHA; NORA NEY; NORIVAL REIS; OSWALDO MACEDO; PAGODE; PAQUITO; PARTIDO-ALTO [1]; PAULO DA PORTELA; PETER-PAN; PORTELA, G.R.E.S.; QUILOMBO, G.R.A.N.E.S.; RILDO HORA; SILAS DE OLIVEIRA; SILVINHO DA PORTELA; TERESA CRISTINA; TRADIÇÃO, G.R.E.S.; UNIÃO DE JACAREPAGUÁ, G.R.E.S.; UNIDOS DE LUCAS, G.R.E.S.; URUBU CHEIROSO; VELHA GUARDA DA PORTELA; VELHAS GUARDAS; WALTER ROSA; WILSON MOREIRA; XANGÔ DA MANGUEIRA; ZÉ DA ZILDA; ZÉ ESPINGUELA; ZÉ KÉTI; ZÉ LUIZ DO IMPÉRIO; ZECA PAGODINHO; ZICA, Dona.

SAMBOLA. Denominação de um time de futebol soçaite e de uma casa de *shows* localizada na ABOLIÇÃO, no antigo prédio do cinema Ridan. Ambos seriam de propriedade de José Escafura, o "Piruinha" (nascido c. 1928), tido como controlador do JOGO DO BICHO nos bairros de Abolição, MÉIER, TODOS OS SANTOS, CASCADURA, ENCANTADO, QUINTINO, CAVALCANTI, TOMÁS COELHO, ENGENHO NOVO e partes dos bairros vizinhos (ADESIVO, 2006). Ver CINEMAS ANTIGOS.

SAMPAIO. Bairro na jurisdição da 13ª Região Administrativa (MÉIER). Sua origem é a antiga fazenda do ENGENHO NOVO DOS JESUÍTAS. Suas terras, contíguas às de RIACHUELO e ENGENHO NOVO, têm a mesma história dessas. Sua estação ferroviária, pertencente ao ramal principal da antiga Estrada de Ferro CENTRAL DO BRASIL, foi inaugurada em 1885, recebendo o nome que até hoje ostenta, provavelmente em homenagem ao coronel Antônio de Sampaio (1810 – 1866), patrono da Infantaria, morto por ferimento recebido da Batalha do Tuiuti, num contexto em que vários topônimos evocam personagens ou eventos da Guerra do Paraguai. Ver CADETE POLÔNIA; ESCOLAS DE SAMBA; FAVELAS; GARNIER, E.C.; TÚNEL NOEL ROSA.

SAMURAI DE VISTA ALEGRE. Ver HUGO PESSANHA.

SANATÓRIO, Rua. Logradouro em MADUREIRA, com início na rua CAROLINA MACHADO e término nas proximidades da rua Oliva Maia, quase no Morro do DENDÊ. Deve seu nome ao HOSPITAL NOSSA SENHORA DAS DORES, para tratamento de tuberculosos, instalado em 1883, na antiga Chácara do Ferraz, na rua que passou a ser referida como "rua do sanatório".

SANDRA DE SÁ. Cantora e compositora carioca nascida em 1955, em PILARES, onde se criou. Em 1977, estudante da atual UNIVERSIDADE GAMA FILHO, iniciou carreira profissional como compositora, em uma gravação de LECI BRANDÃO. Três anos depois consagrava-se como compositora no festival MPB 80, da Rede Globo de TELEVISÃO, com a canção *Demônio Colorido*, ainda com o nome artístico "Sandra Sá", sem a preposição. Desde então, foi-se firmando até o reconhecimento como um dos maiores nomes da vertente da música popular brasileira conhecida como "BLACK SOUL", caudatária do *rhythm & blues* norte-americano. Também afinada com as propostas políticas do movimento negro, em 2010 comemorava trinta anos de carreira com o CD/DVD *AfricaNatividade*.

SANTA CLARA. Localidade em GUARATIBA, a leste da Serra do Cantagalo, às margens da Estrada do MAGARÇA.

SANTA CRUZ. Bairro sede da 19ª Região Administrativa, no extremo da ZONA OESTE. Sua história remonta à sesmaria de GUARATIBA, entre as atuais localidades de Itacuruçá (em Mangaratiba, RJ) e Guaratiba, doada em 1567 ao primeiro ouvidor-mor do Rio de Janeiro, Cristóvão Monteiro. Falecido este, sua viúva doou, em 1589, metade da propriedade aos jesuítas, os quais, trazendo para essas terras um contingente de indígenas da aldeia de Itinga, a futura Itaguaí, e casando quarenta índias com negros africanos, segundo Freitas (apud SANTOS, 2009, p. 62), deram início ao efetivo povoamento da região. O nome da localidade veio de um cruzeiro que os padres da Companhia de Jesus ergueram no topo de uma elevação (ROSA, 1924, p. 71). Mais tarde, os religiosos adicionaram à propriedade outras sesmarias recebidas em doação, além de, já no século XVII, terras adquiridas a Manuel Veloso de Espinha, Manuel Correia e Francisco Frazão de Souza. Nascia assim a Fazenda de Santa Cruz, da qual, parte das terras foi dada em arrendamento, na segunda metade do século. Em 1759, expulsos os jesuítas do Brasil, a propriedade foi incorporada ao patrimônio da Coroa portuguesa, sob o tacão do vice-rei e recebendo a denominação de Fazenda Real. Daí, até 1784, Santa Cruz – cujas terras se estendiam de GUARATIBA e SEPETIBA até Piraí e Vassouras – foi sucessivamente gerida por administradores que, com o incremento da cultura da mandioca e da produção de farinha; do cultivo do café; da expansão da atividade das olarias; e até mesmo da industrialização do salitre para o fabrico de pólvora, conquistaram para a fazenda o airoso título de a "Joia da Capitania" (FRIDMAN, 1999, p. 186 – 191). Com a vinda da Família Real para o Brasil, a propriedade viveu experiências animadoras, tanto do ponto de vista econômico quanto cultural, como o foram a importação de mão de obra chinesa para a implantação de uma lavoura de chá, e o incentivo à elogiada escola de música que lá fora criada pelos jesuítas, para ficarmos em apenas esses dois exemplos. O fato é que foi com a presença da família real que efetivamente se iniciou a ocupação residencial que fez nascer o bairro de Santa Cruz.

Entretanto, proclamada a independência e ocorrida a abdicação de D. Pedro I, depois de intensa campanha por sua privatização, em 1833, a Freguesia (constituída por terras do antigo CURATO de Santa Cruz, enclavado na Fazenda) era separada de Itaguaí e anexada ao Município da Corte, mais tarde MUNICÍPIO NEUTRO, depois DISTRITO FEDERAL e, finalmente, município da cidade do Rio de Janeiro. Nesse momento a "joia" já tinha perdido importância, sobrevindo, no Segundo Reinado, um período de decadência. Por cerca de meio século, a partir de 1834, a fazenda esteve sob a responsabilidade de vários administradores, entre eles os conhecidos coronel Conrado Jacob Niemeyer (1846-1856) e major Manoel Gomes Archer (1887-1889). Uns bons, outros maus, esses administradores foram alvo de denúncias, como, no mínimo, as de apropriação indébita. A FERROVIA. Mas, nesse ínterim, chegavam os trilhos da ferrovia e, com ela, o MATADOURO Municipal, dispondo, inclusive, de uma estação exclusiva, para efetivamente evidenciar Santa Cruz como um importante polo de desenvolvimento socioeconômico. A estação foi inaugurada em 1878 e permaneceu como ponto final do ramal até 1911, ano em que foi aberto o trecho até Itaguaí, prolongado, três anos depois, até Mangaratiba. Além dessa extensão, a estação de Santa Cruz tornou-se ponto de partida de mais dois ramais curtos: um destinado ao Matadouro, cuja estação foi inaugurada em 1884; outro para a Base Aérea. Graças ao Matadouro, Santa Cruz tornou-se, em 1881, a primeira localidade da hinterlândia carioca a ter luz elétrica (MANSUR, 2008, p. 71). Na década de 1940, a eletrificação implantada na Estrada de Ferro CENTRAL DO BRASIL chegou a Santa Cruz, mas daí não passou. Assim, as composições chegavam até essa estação e dela prosseguiam para Mangaratiba puxadas por locomotivas a vapor, substituídas, a partir da década de 1950, por máquinas a óleo diesel. Data da época dos trens a vapor a denominação "macaquinho", aplicada ao trem Santa Cruz-Mangaratiba, que subsistiu até a década de 1980. E o gracioso nome adviria, segundo alguns, da circunstância de os vagões serem de madeira, pintados de marrom, e pularem muito. O ramal do Matadouro era chamado de "circular", porque a linha fazia uma curva em volta do prédio do estabelecimento, para retornar à estação de Santa Cruz. O atual ramal da Base Aérea foi criado como apoio logístico à construção do HANGAR DO ZEPELIM, na década de 1930. Com o advento dos dirigíveis, o ramal passou a ser utilizado no transporte de seus passageiros até o Centro do Rio, em vagões de primeira classe. MEMÓRIA PRESERVADA. Ainda em fins do século XIX, uma substancial parcela da antiga fazenda foi desmembrada, dando origem a várias outras, sendo que as duas maiores foram entregues aos irmãos João e Antônio Gomes, respectivamente agricultor e pecuarista. Chegado o século XX, ainda se mantinham preservadas, na região, as denominações de diversos dos tradicionais logradouros de Santa Cruz, como o Largo do Imperador, o do Teatro, a rua da Passagem do Gado, o CAMINHO DOS JESUÍTAS e tantas outras, bem como os bondes de burro que ligavam o antigo curato a Itaguaí e Sepetiba. Outros símbolos, edificações e monumentos da melhor época de Santa Cruz permanecem preservados, como o atual quartel do BATALHÃO ESCOLA DE ENGENHARIA VILLAGRAN CABRITA, os marcos delimitadores da ESTRADA REAL DE SANTA CRUZ, a PONTE DOS JESUÍTAS, o MIRANTE IMPERIAL, a FONTE WALLACE etc. No momento destas linhas, o antigo prédio do Matadouro abrigava o CENTRO CULTURAL DE SANTA CRUZ, dedicado à preservação da memória e do meio-ambiente do bairro. Localizado na região onde a AVENIDA BRASIL, em seu trecho final, encontra a rodovia Rio-Santos; e com acesso fácil ao litoral através da Estrada da Pedra e da avenida das Américas, o subúrbio de Santa Cruz é, à época deste texto, um dos mais importantes da hinterlândia carioca, tanto como subcentro de comércio quanto na condição de polo de desenvolvimento industrial. Ver ACADÊMICOS DE SANTA CRUZ; ANTARES; AVENIDA BRASIL; BACIA HIDROGRÁFICA; BASE AÉREA DE SANTA CRUZ; BENEDICTO FREITAS; BICAS DE RUA; BLOCOS CARNAVALESCOS; BONDES; CÃES VADIOS; CAMINHO DAS MINAS; CASA DA MOEDA; CASA DE ESPINHO; CEMITÉRIOS; CENTRAL DO BRASIL, Estrada de ferro;CESARÃO; CESÁRIO DE MELO; CHÁ: LAVRADORES CHINESES EM SANTA CRUZ; CIDADE DAS CRIANÇAS; CLÓVIS; COBERTURA VEGETAL NATURAL; COMÉRCIO ESTABELECIDO; DILIGÊNCIAS; DISTRITOS MUNICIPAIS; ESCOLAS DE SAMBA; ESTRADA REAL; FAVELAS; FREGUESIAS DO RIO ANTIGO; GRÊMIO PROCÓPIO FERREIRA; HOSPITAL DOM PEDRO II; IGREJAS CATÓLICAS CENTENÁRIAS; ILUMINAÇÃO ELÉTRICA; IRAJÁ; ITÁ, Canal do; JESUÍTAS; LONAS CULTURAIS; MACAQUINHO; MARCO DA FAZENDA IMPERIAL; NEGROS, Presença histórica; NÉLSON CUNHA MELLO; ÔNIBUS; OTACÍLIO DE CARVALHO CAMARÁ; PEDRO ERNESTO; PRAÇA RUÃO; RELEVO; SANTA CRUZ, Fazenda de; SÃO JORGE; SEPETIBA; SUPERVIA; TANCREDO NEVES; TELEFONIA; TREM DAS PROFESSORAS; URUCÂNIA; VALA DO SANGUE; ZEPELIM; ZONA INDUSTRIAL DE SANTA CRUZ.

SANTA CRUZ, Fazenda de. Estabelecimento agropastoril, núcleo inicial do bairro de SANTA CRUZ. Antiga propriedade dos padres da Companhia de Jesus, foi um dos mais prósperos estabelecimentos em seu gênero no Brasil, destacando-se pelo volume de sua produção, graças ao trabalho escravo. Após a saída dos Jesuítas do Brasil, em 1760, a fazenda passou a ser propriedade da Coroa, recebendo a denominação de Fazenda Real e, mais tarde, Imperial Fazenda de Santa Cruz. Quando da vinda da família real para o Brasil, o antigo convento lá existente foi reformado e ampliado, passando a servir como o palácio rural da corte. Apreciado por D. João VI, o lugar ganhou prestígio, mas, após a abdicação de D. Pedro I, a então denominada Fazenda Nacional de Santa Cruz perderia a sua importância social, sendo, durante um certo período, arrendada. Utilizada principalmente como abrigo dos escravos da Nação, que trabalhavam sua terra e cuidavam da criação, a Fazenda sediou, já na época dos Jesuítas, a primeira escola de música do Brasil, sendo seus alunos escravos que se destacaram na arte musical. No Império, alguns deles integraram a Banda de Música dos Pretos de São Cristóvão, com sede na Quinta da Boa Vista.

SANTÍSSIMO. Bairro integrante da 17ª Região Administrativa (BANGU), localizado em antigas terras da Freguesia de CAMPO GRANDE. Suas origens remotas estão, em parte, na Fazenda dos Coqueiros, localizada entre a do Gericinó, do LAMARÃO e a do VIEGAS, no início do século XIX (FRIDMAN, 1999, p. 128, mapa). Entre seus proprietários, são citados Joaquim Nepomuceno e um Capitão José Dantas (GERSON, 1965, p. 521). O nome do bairro seria referência à Irmandade do Santíssimo Sacramento, atuante na localidade, e mencionada em algumas fontes como também proprietária na localidade. Sua estação ferroviária, integrante do ramal de SANTA CRUZ da antiga ESTRADA DE FERRO DOM PEDRO II ou CENTRAL DO BRASIL, e localizada entre as de SENADOR CAMARÁ e AUGUSTO VASCONCELOS, foi inaugurada em 1890; e seu território é cortado pela AVENIDA SANTA CRUZ, num traçado remanescente ao da ESTRADA REAL DE SANTA CRUZ.

Ver AVENIDA BRASIL; FAVELAS; LAMARÃO; NEGROS, Presença histórica; ÔNIBUS; RELEVO; SEU SETE DA LIRA.

SANTO SEPULCRO, Igreja do. Templo católico em MADUREIRA, na rua SANATÓRIO. Construído em 1915 e tombado como bem do patrimônio municipal em 1996, é uma réplica da igreja de mesmo nome existente em Jerusalém. É também conhecida como Igreja do Sanatório.

SÃO BRÁS, Igreja de. Templo católico em MADUREIRA, na rua Andrade Figueira, próximo ao Viaduto NEGRÃO DE LIMA. Tido, na tradição brasileira, como protetor da garganta, o santo (bispo armênio, martirizado no ano 316), celebrado no dia 3 de fevereiro, é alvo de grandes homenagens nesse dia. Ao templo comparecem, em uma tradição que se renova a cada ano, cantores, locutores, professores, profissionais, enfim, que usam a voz no seu dia a dia, para rogarem as bênçãos e a proteção de São Brás.

SÃO COSME E SÃO DAMIÃO. Ver COSME E DAMIÃO.

SÃO FRANCISCO XAVIER. Bairro na jurisdição da 13ª Região Administrativa (MÉIER), localizado em antigas terras do ENGENHO NOVO DOS JESUÍTAS, que deram origem à Freguesia do ENGENHO NOVO. Marco inicial da região suburbana, o bairro surgiu e se desenvolveu a partir da estação ferroviária da antiga Estrada de Ferro CENTRAL DO BRASIL, aberta em 1861. Mas já em 1848 a localidade abrigava o JOCKEY CLUB FLUMINENSE. À época dos BONDES, a rua VINTE E QUATRO DE MAIO, por ser, então, continuação natural da Rua São Francisco Xavier, representava um ponto importante de ligação com a região da Tijuca e o Centro da cidade. Um dos menores bairros do Rio, tem suas atividades de comércio e serviços concentradas nas ruas LICÍNIO CAR-

DOSO e ANA NÉRI (antiga rua do Engenho Novo). Ver FAVELAS; LEOPOLDINA, Ramal da; MARECHAL RONDON.

SÃO JOÃO, Morro de. Elevação localizada no ENGENHO NOVO, entre a Avenida MARECHAL RONDON, a rua BARÃO DO BOM RETIRO e o acesso ao TÚNEL NOEL ROSA. Segundo o *site* UPPSocial (2011), a ocupação da área começou em 1921, a partir da rua Conselheiro Jobim, e aos poucos se expandiu pela encosta, em direção ao Morro dos Macacos, em Vila Isabel. No início de 2011, a favela, que contava com cerca de 6 mil moradores e vinha sendo palco de disputa de território por facções criminosas rivais, recebeu uma UPP (Unidade de Polícia Pacificadora) que também atua nas áreas vizinhas da Matriz e do Quieto.

SÃO JORGE. Santo católico festejado em 23 de abril, associado a Ogum, na UMBANDA, e a Oxóssi no CANDOMBLÉ. Na cidade do Rio de Janeiro, seu templo principal se localiza na rua CLARIMUNDO DE MELO, em QUINTINO. Na Igreja da Praça da República, no Centro, onde seus festejos são mais notados, o santo tem apenas um altar, já que o templo é dedicado a São Gonçalo Garcia. Apesar da maior visibilidade desse templo, é no ambiente focalizado neste livro que a festa de São Jorge atrai e concentra mais devotos, na igreja, em residências, CLUBES, ESCOLAS DE SAMBA, terreiros ou em praça pública. Em SANTA CRUZ, a festa inclui até uma procissão a cavalo, os participantes sempre vestidos de vermelho, a cor de São Jorge. A Associação dos Moradores do Ex-IAPC de DEL CASTILHO promove uma festa na praça Manet, cujo ponto alto é uma procissão pelas ruas próximas, com a imagem do santo, em uma caminhonete toda enfeitada de flores (que os fiéis levam como lembrança), seguida por uma comitiva de automóveis, motocicletas, cavaleiros e até carroças. Na escola de samba IMPÉRIO SERRANO, os sambistas promovem, todo ano, no domingo seguinte ao 23 de abril, uma procissão motorizada, percorrendo vários bairros, complementada com uma grande feijoada comunal. Essa tradição, seguida também por outras agremiações do SAMBA, é recriação da feijoada de Ogum, que ocorre em alguns terreiros; e a ela já se acrescentam outros banquetes festivos, de origem umbandista, como churrascos de carne e linguiça vermelhas, regados a cerveja, em que, além da abundância, os fiéis, entre eles policiais e outras pessoas que vivem um dia a dia perigoso, buscam a segurança do "corpo fechado". Entre as grandes festas privadas, na década de 1970, uma das mais famosas foi a realizada pelo "Geraldo Careca", de nome civil Geraldo Gomes, sambista e mais tarde advogado, em sua residência no alto da rua Professor Viana da Silva em BRÁS DE PINA.

SÃO JOSÉ DA PEDRA. Devoção católica de MADUREIRA, irradiada a partir da capela de mesmo nome, localizada numa elevação próxima aos atuais Viaduto NEGRÃO DE LIMA e MERCADÃO DE MADUREIRA. O morro, onde a devoção a São José foi afirmada na construção do pequeno templo, tem como característica duas grandes pedras sobrepostas, daí o nome da igreja e da Irmandade nela criada. Sua construção, sobre a qual existem versões diferentes, de registro lendário, remonta a tempos anteriores à fundação da Irmandade de São José, criada em 1894, por iniciativa de João Ribeiro Maltez, capitão do 14º Batalhão da Guarda Nacional, da Freguesia de IRAJÁ. A primitiva capela foi reconstruída em 1922, ano em que recebeu a visita dos heróis aviadores portugueses Gago Coutinho e Sacadura Cabral. Em maio de 1978, o acesso ao local foi facilitado, com a inauguração de uma escadaria de 366 degraus, numa aparente emulação com a famosa IGREJA DA PENHA, a qual, no entanto, em vez de 365 degraus, como se pensa, tem na verdade 382.

SÃO SALVADOR DO MUNDO DE GUA-RATIBA. Nome por extenso da Freguesia de GUARATIBA.

SÃO SEBASTIÃO. Santo católico, protetor da cidade do Rio de Janeiro. Na região estudada neste livro, existem mais de 20 templos em seu louvor, nos bairros de BANGU, CACHAMBI, CAMPO GRANDE, DEODORO, ENGENHO DE DENTRO, FREGUESIA, GUARATIBA, INHOAÍBA, LINS DE VASCONCELOS, MADUREIRA, OLARIA, PACIÊNCIA, PARADA DE LUCAS, QUINTINO, SANTA CRUZ, SEPETIBA, TAQUARA e VARGEM GRANDE. Outrora, havia uma capela na região de IRAJÁ, na localidade conhecida como BECO DA CORUJA, hoje em território de BRÁS DE PINA. Nessa igrejinha, conhecida como "capelinha", na década de 1950 ocorriam festejos dentro da tradição, com famílias devotas, nas quais as crianças trajavam vestes vermelhas, imitando as do santo, conforme a iconografia conhecida. Ver CAPELINHA DE SÃO SEBASTIÃO.

SÃO TIAGO MAIOR, Igreja de. Templo católico em INHAÚMA, na Praça 24 de Outubro, consagrado ao padroeiro do bairro, cuja data festiva, que dá nome à praça, é sempre celebrada com concorrida procissão. Remonta à fundação da Freguesia, daí ter comemorado trezentos anos em 1984.

SAPÊ. Antigo nome da estação ferroviária de ROCHA MIRANDA.

SAPÊ, Estrada do. Antiga via ligando a Estrada do PORTELA, em TURIAÇU, à atual confluência das ruas Mirinduba e Picuí, em ROCHA MIRANDA.

SAPÊ, Morro do. Elevação a oeste do Morro do Juramento, entre VAZ LOBO, ROCHA MIRANDA e TURIAÇU.

SAPO, Favela do. Comunidade localizada em SENADOR CAMARÁ. É mencionada por CELSO ATHAYDE (2010, p. 123-127), no livro *Falcão, meninos do tráfico*, como o berço da facção criminosa Comando Vermelho, nascida sob inspiração da anterior Falange Vermelha. O líder fundador da Falange teria sido Rogério Lemgruber, morador da favela e presidente de honra do bloco carnavalesco local, Dragões de Camará, o qual, segundo Athayde, saía às ruas com cerca de dez mil componentes.

SAPOPEMBA, Engenho. Estabelecimento colonial que deu origem ao bairro de DEODORO, antes chamado "Sapopemba". O nome é alteração de "sapopema", nome de origem no tupi que, segundo Houaiss e Villar (2001), designa igualmente uma árvore da família das apocináceas (*Aspidosperma excelsum*) e duas outras das eleocarpáceas (*Sloanea alnifolia* e *Sloanea fernando-costae*). Genericamente, o termo se refere a "cada uma das raízes que formam divisões tabulares em torno da base do tronco de certas árvores" (HOUAISS; VILLAR, *op. cit.*). Compõem o vocábulo os elementos çapó (raiz) e pema (anguloso, esquinado), do tupi, segundo Sampaio (1987) e Silva (1966).

SARGENTO-MOR. No Brasil colonial e imperial, posto militar equivalente ao de major.

SEBASTIÃO CIRINO (1902 - 1968). Músico nascido em Juiz de Fora, MG. Aprendeu música em uma colônia correcional para onde fora levado na infância, vindo depois para o Rio, onde ingressou na Banda do 56º Batalhão de Caçadores, na Praia Vermelha. Exímio trompetista, mais tarde integrou o grupo *Os Batutas*, de PIXINGUINHA; participou do elenco da legendária Companhia Negra de Revistas, sendo autor do conhecido maxixe Cristo nasceu na Bahia. De 1926 a 1939, viveu e trabalhou em Paris, onde deu aulas de violão para a princesa Maria Thereza de Orleans e Bragança. Lá, foi agraciado com a Cruz de Honra de Educação Cívica, no grau de cavaleiro, por participar de espetáculos oficiais de caridade, e com o diploma de membro da Sociedade de Compositores da França. Terminou seus dias em humilde casa na PENHA, e morreu num leito gratuito no Hospital Nacional do Câncer.

SEBASTIÃO NASCIMENTO (1897-1996). Nome abreviado de Sebastião José Florentino do Nascimento, professor, jornalista, economista e contador brasileiro, nascido em Pernambuco e falecido na cidade do Rio de Janeiro, onde se radicara em 1930. Morador de IRAJÁ e, depois, MADUREIRA, foi fundador e diretor do Colégio Marquês de Olinda, em MADUREIRA. Foi também diretor do jornal *O Radical*, e ocupou importantes cargos de direção em vários órgãos da administração pública, inclusive já octogenário.

SEFARIM, Escola Hebreu Brasileira Mendele Mocher. Criada pela comunidade judaica de OLARIA, na década de 1940, juntamente com a SINAGOGA AHVAT SHALOM e a Biblioteca Shimon Dubnov (FRIDMAN, 2007, p. 104, nota 36). Foi fechada quando grande parte da comunidade migrou para a Zona Sul da cidade. Ver JUDAICA, Presença.

SEGREDO DE ESTER, O. Espécie de lenda urbana construída em torno de Ester Maria Rodrigues (1896 – 1964), personagem do bairro de OSWALDO CRUZ, ligada às origens da Escola de Samba PORTELA. Segundo a crônica portelense, Dona Ester chegou a Oswaldo Cruz por volta de 1921. No novo ambiente, o casal, egresso do Largo do Neco (na Serrinha), onde mulher e marido participavam, respectivamente, como porta-estandarte e mestre-sala de um cordão carnavalesco local, logo fundaram uma nova agremiação, o bloco Quem Fala de Nós Come Mosca. Jovem e bonita, Dona Ester, embora alegre e festeira, era, como boa mãe de santo, autoritária e empreendedora. Seu marido Euzébio, entretanto, deixou entre seus contemporâneos a imagem de homem calmo e cordato, mau violonista, destacando-se apenas por ser dono de um belo e bem cuidado cavalo branco, chamado Faísca. Morando em um casa ampla e com um grande quintal, no número 95 da rua Adelaide Badajós, Dona Ester promovia muitas festas, tanto religiosas quanto profanas, e abrigava muita gente. Nos fundos da casa, sob um grande caramanchão, aconteciam os ensaios do Come Mosca, um bloco bem organizado e com registro na Polícia. Segundo Candeia Filho e Araújo (1978), o segredo de Ester seria sua longevidade – nem tão alta assim, mesmo pelos padrões de seu tempo –, pois, como mãe de santo, deteria o poder de adiar a hora de sua morte, antecipando a de outras pessoas. Segundo outras versões, seu segredo seria uma espécie de confraria que mantinha em sua casa, onde abrigava jovens, rapazes e moças, que eram como seus filhos de criação e se casavam entre si. Excluída a circunstância de casamentos no próprio grupo, a confraria mencionada poderia ser uma "família de santo", de iniciados no culto liderado pela legendária Ester.

SENADOR AUGUSTO VASCONCELOS. Ver AUGUSTO VASCONCELOS.

SENADOR CAMARÁ. Bairro na jurisdição da 17ª Região Administrativa (BANGU), localizado em terras das antigas fazendas do VIEGAS e dos COQUEIROS, na Freguesia de CAMPO GRANDE, sendo que as terras desta última propriedade, fundada por Manuel Antunes Suzano em 1720, se estendiam até a Serra do Mendanha. Cortando a fazenda do Viegas em toda a extensão de sua porção setentrional, a ESTRADA REAL DE SANTA CRUZ foi a principal via de circulação da produção local durante a Colônia e o Império.

Com a chegada da ferrovia, embora a estação de Bangu já existisse desde 1890, a localidade só foi beneficiada em 1923, com a inauguração da estação, que recebeu o nome em homenagem ao político OTACÍLIO DE CARVALHO CAMARÁ, falecido três anos antes. Tido como grande benemérito da região, o Senador Camará só encontra rival, dentro da história local, na figura do empresário Abraão Jabour, fundador do chamado BAIRRO JABOUR, na verdade, ainda um sub-bairro à época deste texto. Na região da Fazenda dos Coqueiros, na margem direita da via férrea, no sentido SANTA CRUZ, floresceram, a partir da década de 1950, diversos núcleos populacionais, formais e informais, expressos, na atualidade, principalmente nos sub-bairros Conjunto Taquaral, Vila Coqueiros, Vila Aliança e Jardim Clarice. Ver AVENIDA SANTA CRUZ; BICAS DE RUA; CAFEICULTURA; FAVELAS; SANTÍSSIMO; VILA KENNEDY.

SENADOR VASCONCELOS. Ver AUGUSTO VASCONCELOS.

SEPETIBA. Bairro na jurisdição da 19ª Região Administrativa (Santa Cruz). Localizado na baía de mesmo nome, entre Pedra de GUARATIBA e os campos de SANTA CRUZ, já próximo ao município de Itaguaí, o bairro originou-se de uma antiga colônia de PESCADORES, em terras demarcadas e doadas por Dom João VI em 1813 (MANSUR, 2009, p. 72). Guarnecida então por dois fortes (idem, p. 73), que guardavam a presença da aristocracia na Fazenda Real, a localidade era dotada, também, de um estabelecimento para produção de cal (a partir de conchas marinhas) e de uma olaria, que produzia telhas. Pelo primitivo cais existente no local, melhorado no tempo do Rei, escoava-se também, nos primeiros tempos, o pau-brasil exportado para a Europa. Em 1884, Sepetiba passou a ser servida por uma linha de bondes da "Companhia de Itaguaí e Sepetiba", de tração animal, como anotado por Noronha Santos (*apud* BERGER, 1965, p. 116). No final da década de 1940, com o advento da eletricidade, a localidade passou também a gozar de fama como balneário, procurado inclusive pela lama de suas praias, tida como medicinal. E, assim, a localidade tornou-se uma das opções de lazer da população da antiga ZONA RURAL carioca. A partir dos anos de 1960, entretanto, a implantação de loteamentos e de conjuntos habitacionais foi despojando o bairro do ar bucólico e romântico dos tempos antigos. Em outubro de 2010, obras de limpeza e despoluição das águas e das areias em trechos da praia, faziam acreditar na possível volta dos banhos de mar em Sepetiba. Ver BACIA HIDROGRÁFICA; BLOCOS CARNAVALESCOS; BONDES; FAVELAS; ITÁ, Canal do; KINDER OVO; NEGROS, Presença histórica; NOVA SEPETIBA; ÔNIBUS; PRAIA DA BRISA; SANTA CRUZ; ZONA RURAL.

SERENO, Morro do. Elevação na vertente noroeste da Serra da MISERICÓRDIA, entre PENHA CIRCULAR e VILA DA PENHA.

SERGINHO TROMBONE. Nome artístico de Sérgio Fernando de Souza, músico carioca nascido em 1949. Criado em CAMPO GRANDE, participou de *shows* e gravações de grandes intérpretes da música brasileira, como Alcione, Tim Maia, Luiz Melodia e Ed Motta, entre outros. À época da presente obra, tinha também um importante currículo como solista, com diversos CDs gravados, constituindo-se, por seu estilo alinhado principalmente dentro da estética pop-rock, como uma das principais referências para os modernos trombonistas brasileiros.

SÉRGIO CABRAL. Jornalista e escritor nascido em CASCADURA em 1937. Criando-se em CAVALCANTI, destacou-

-se, a partir de 1961, como grande especialista em música popular brasileira, escrevendo em vários jornais e produzindo discos e espetáculos. Por essa época, casando-se, foi residir no ENGENHO NOVO. A partir de 1974, com o livro As escolas de samba: o que, quem, onde, como, quando e porque, dava início a uma prolífica produção bibliográfica, que inclui biografias de grandes nomes da cena artística brasileira, como Ataulfo Alves, Elizeth Cardoso, PIXINGUINHA e Tom Jobim, entre outros. Ingressando na política na década de 1980, foi vereador e, mais tarde, conselheiro do Tribunal de Contas do Município do Rio de Janeiro. Nesse campo, viu nascer e crescer a carreira política de seu filho mais velho, nascido em 1963 no Engenho Novo. Assim, Sérgio de Oliveira Cabral Santos Filho, também jornalista, e popularizado como "Sérgio Cabral", empreendia vitoriosa trajetória, sendo deputado estadual a partir de 1990; senador a partir de 2002; e, desde 2006, governador do Estado do Rio de Janeiro, cargo que ocupava à época da elaboração deste Dicionário, sendo provavelmente o primeiro governador fluminense nascido na zona suburbana carioca.

SERRAS. A denominação "serra" define uma montanha de extensão prolongada, isolada ou integrando um MACIÇO. Ver RELEVO.

SERRINHA, Morro da. Localidade na vertente oeste da Serra da MISERICÓRDIA, entre VAZ LOBO e MADUREIRA. Sua ocupação data, provavelmente dos anos subsequentes à Abolição da escravatura, por trabalhadores negros oriundos das antigas fazendas locais, aos quais vieram se somar, no início do século XX, migrantes originários das antigas regiões cafeeiras fluminenses e paulistas do Vale do Paraíba, bem como da Zona da Mata mineira, o que pode ser atestado pelas biografias de diversos dos fundadores das ESCOLAS DE SAMBA PRAZER DA SERRINHA e IMPÉRIO SERRANO. Ver JONGO DA SERRINHA.

SEU SETE DA LIRA. Entidade da UMBANDA ou da "encantaria", incorporada pela médium Cacilda de Assis, com grande repercussão de mídia na década de 1970. A médium, que era também apresentadora de um programa na RÁDIO METROPOLITANA, realizava as sessões em um grande terreiro em SANTÍSSIMO, cujas dimensões faziam-no semelhante a uma grande quadra de SAMBA, e no qual "trabalhavam" cerca de 2.000 médiuns, controlados em seus horários por um relógio de ponto. Sua principal instalação era um enorme barracão, tendo ao fundo, como uma espécie de anexo, um prédio de dois andares, com duas sacadas, que entravam pela casa a dentro. Ali, tinha-se formado um imenso complexo, com quatro bares, uma capela e um amplo pátio de estacionamento. E tudo absolutamente necessário, pois os crentes chegavam no final da tarde e esperavam o atendimento até a manhã do dia seguinte. Os cânticos rituais eram entoados em ritmo de samba, com acompanhamento de atabaques, pandeiro, chocalhos, acordeão, cavaquinho e até trombone. Os assistentes, entre os quais muitos famosos do rádio e da TV, chegavam, às vezes, a 30 mil pessoas. O conjunto de "Tico-Tico", veterano e conceituado cavaquinhista, garantia a harmonia e o ritmo, puxando o ponto, quando Seu Sete aparecia à sacada, de cartola, fraque, colete e capa rubro-negros, distribuindo passes e goles de aguardente, apanhados em canecos, suspensos na ponta de varas e pedaços de bambu. Numa ocasião, uma famosa cantora lírica lá interpretou, com grande fervor e apuro técnico, a Ave Maria de Gounod, que integrava o ritual. Em agosto de 1971, Seu Sete da Lira, incorporado em Dona Cacilda, apareceu na TV, nos programas, concorrentes, de Flávio Cavalcanti e Abelardo Chacrinha, as maiores audiências da época. O fato, ocorrido no auge da ditadura militar, resultou, como informa, no livro *Medo do feitiço*, a antropóloga Yvonne Maggie (VELHO, 1992), na decretação da censura prévia das emissoras de TV, na criação de um órgão controlador da umbanda em todo o Brasil, numa sindicância da Secretaria de Finanças e no posterior desaparecimento de Dona Cacilda. Segundo algumas versões circulando na INTERNET, o grande motivo da censura e do desaparecimento da médium teria sido a possessão, por Seu Sete, da primeira-dama do país, a mulher do general presidente da República, que assistia aos programa de Abelardo Chacrinha pela TELEVISÃO (SEU Sete da Lira, 2009).

SEXTA-FEIRA DA PAIXÃO. A "sexta-feira santa" ou "sexta-feira da Paixão" é, para os católicos, um dia de penitência e tristeza. Entretanto, o catolicismo popular já destacou esse dia de outra forma, como um momento de se receber bênçãos, numa concepção que vigorou na região objeto deste Dicionário até pelo menos os anos de 1950. Foi assim que, na década de 1930, MAGALHÃES CORREA (1936, p. 195) observou, em uma dessas sextas-feiras, a passagem de jovens de ambos os sexos e de famílias inteiras, em trajes domingueiros, levando frangos, frutas e doces embrulhados. Indagando sobre a razão daquele aparato, recebeu a explicação de que eram afilhados indo visitar suas madrinhas, levando presentes, que davam em troca de bênçãos, que os fortaleciam, naquele dia santificado.

SHOPPING CENTER. A expressão shopping center, "centro de compras", designou, originalmente, um grupo de lojas e armazéns de VAREJO dividindo uma área comum (AMERICAN, 1991). A partir desse conceito, a instituição chegou ao Brasil, na década de 1960, dentro da concepção de "centro comercial de arquitetura específica, geralmente reunindo lojas de produtos muito variados, alem de restaurantes, cinemas, teatros, boates etc." (HOUAISS; VILLAR, 2001). E, assim, quis o destino que o primeiro deles fosse inaugurado no MÉIER, a "capital do subúrbio" carioca, em 1963. Quase meio século antes desse texto, o Shopping Center do Méier foi efetivamente um empreendimento pioneiro, contando, inclusive, na década de 1970, em sua cobertura, com uma boate, o Belvedere, famosa pelos *shows* de SAMBA que apresentou. Em 2009, esse centro comercial contava com cerca de 70 lojas, abrigando também instalações da Universidade Estácio de Sá, apropriadamente denominadas "Campus MILLOR FERNANDES", em homenagem ao grande artista e intelectual, nascido no bairro. E além dele, os principais shopping centers em funcionamento na hinterlândia carioca eram os seguintes: BANGU SHOPPING, na rua Fonseca, 240, BANGU; Center Shopping Rio, na av. GEREMÁRIO DANTAS, 404, TANQUE; GUADALUPE Shopping, na estrada do Camboatá, 2300; MADUREIRA Shopping, na estrada do PORTELA, 222; NORTE SHOPPING, na avenida Dom Helder Câmara, 5474, DEL CASTILHO; Rio Shopping, estrada do Gabinal, 313, FREGUESIA; Shopping Carioca, na estrada Vicente de Carvalho nº 909, VILA COSMOS; SHOPPING NOVA AMÉRICA, na avenida Pastor Martin Luther King Jr., nº 126, DEL CASTILHO; West Shopping, na estrada do Mendanha, 555, CAMPO GRANDE. Vale registrar que, no Madureira Shopping, o humorista MARCO PALITO, atuando como uma espécie de consultor artístico, convenceu os donos de grifes locais a trocarem o cenário dos desfiles de moda que promovem no local, substituindo a praia com palmeiras, emblema da Zona Sul, por um trem sobre trilhos, o que, ao que consta, fez com que as modelos da região se sentissem orgulhosas.

SHOPPING NOVA AMÉRICA. Centro de compras em DEL CASTILHO, inaugurado com a denominação "Nova América Outlet Shopping", depois substituída. Ocupa as antigas instalações da tradicional fábrica de tecidos Nova América. O shopping possui mais de 200 lojas, um *campus* da Universidade Estácio de Sá e um centro empresarial com 154 salas, além de uma vasta rede de restaurantes e bares. Em 2011, os terrenos originalmente utilizados como estacionamento começaram a receber as obras do projeto de expansão do shopping, que incluem edifícios de escritórios e novos blocos de lojas. Ver NOVA AMÉRICA, Companhia Nacional de Tecidos.

SIDÔNIO PAIS, Rua. Logradouro em CASCADURA, com início na avenida DOM HELDER CÂMARA e término na rua Iguaçu. Seu nome homenageia Sidônio Bernardino da Silva Pais (1872 – 1918), militar e político, proclamador da República em Portugal. Eleito presidente em 1918, após ter apeado do poder o presidente Bernardino Machado, foi assassinado pouco depois.

SILAS DE OLIVEIRA (1916 – 1972). Compositor nascido e falecido no Rio de Janeiro. Membro da escola de samba IMPÉRIO SERRANO, para a qual criou, só ou com parceiros, dezesseis sambas-enredo (1951, 1953 a 1960, 1964 a 1969 e 1971), entre os quais os antológicos *Cinco bailes da história do Rio* e *Heróis da liberdade*, é considerado o autor que mais contribuiu para a consolidação e a estruturação desse gênero de SAMBA. Seu nome é evocado na denominação da antiga rua Maroim, na subida da SERRINHA, batizada, após sua morte, como rua Compositor Silas de Oliveira.

SILICONE, Implantes de. Ver SILIMED.

SILIMED. Empresa instalada em VIGÁRIO GERAL em 1982. Primeira fábrica de próteses de silicone do Brasil, à época deste livro, ocupando um prédio de mil metros quadrados e empregando 400 pessoas, destacava-se, em sua especialidade, como a maior indústria da América Latina e a terceira maior do mundo, comercializando sua produção em 60 países. Fabricando, por dia, além de balões gástricos usados em cirurgias de estômago, cerca de mil peças para implantes de seios, nádegas, tórax, queixos etc., a empresa contabilizava a comercialização, em 2009, apenas no primeiro trimestre, de 1155 próteses em modelos especialmente desenvolvidos para sua linha de produção (SOBRAL, 2009).

SILVA FREIRE. Antiga estação da Estrada de Ferro CENTRAL DO BRASIL, entre MÉIER e ENGENHO NOVO.

SILVEIRA, Morro do. Elevação em VILA VALQUEIRE.

SILVEIRINHA. Nome pelo qual foi conhecido Guilherme da Silveira Filho, industrial e engenheiro nascido no Rio de Janeiro em 1907 e falecido após 1981. Formado pela Escola Politécnica, depois Escola Nacional de Engenharia, em 1937, recebeu do pai, GUILHERME DA SILVEIRA, a incumbência de auxiliá-lo nos negócios da FÁBRICA BANGU. Destacou-se como presidente do BANGU ATLÉTICO CLUBE, cargo que exerceu de 1937 a 1949, época em que foi construído o estádio que leva seu nome. Ver ESTÁDIO PROLETÁRIO GUILHERME DA SILVEIRA.

SILVINHO DA PORTELA (1935 – 2001). Nome artístico de Sílvio Pereira da Silva, também conhecido como "Silvinho do Pandeiro". Cantor de belo timbre, foi o primeiro intérprete oficial da PORTELA, escola da qual participou desde os 16 anos. Em 1978 gravou o LP intitulado *Silvinho e suas cabrochas*; e em 1983 conquistou o Estandarte de Ouro, do jornal *O Globo*, como o melhor intérprete do desfile das escolas naquele ano. Era morador de IRAJÁ.

SÍLVIO CAPANEMA. Médico obstetra, morador na rua Belmira, PIEDADE. Em 1909, foi o primeiro a socorrer EUCLIDES DA CUNHA, no episódio da morte do célebre autor de *Os sertões*, na ESTRADA REAL DE SANTA CRUZ.

SÍLVIO CRUZ E SOUSA (1914 - 1955). Militar carioca, neto do poeta CRUZ E SOUSA. Era filho de João da Cruz e Sousa Júnior (1898 - 1915), o qual nasceu cinco meses após a morte do poeta e ficou órfão de mãe aos 3 anos de idade. Com destino igualmente tortuoso, como se verifica das datações acima, com tenra idade perdeu o pai e também a mãe, Francelina, morta por atropelamento em 1917, na Praça Onze, durante o carnaval. Criado por uma família abastada, estudou no Colégio Salesiano, em Angra dos Reis, e depois ingressou na Marinha. Quando de seu falecimento, residia em REALENGO, onde na década de 1980, eram localizados alguns de seus familiares (ALVES, 1990). Ver UELINTON FARIAS ALVES.

SILVIO JÚLIO DE ALBUQUERQUE LIMA (1895 - 1984). Professor nascido em Recife, PE, e morador, com sua família, desde a infância, segundo Vasconcelos (1991, p. 24), na rua Silva Mourão, no CACHAMBI. Filho do General Melquisedeque de Albuquerque Lima, foi eloquente orador, ensaísta, contista, historiador, filólogo, poeta e um dos maiores especialistas na História da América andina. Foi catedrático da antiga Universidade do Brasil, depois Universidade Federal do Rio de Janeiro; e das universidades peruanas Nacional de San Marcos de Lima, Nacional de Huánuco e San Martin de Porres. No Equador, foi lente da Universidade Central de Quito. Legou à posteridade vasta obra escrita, em vários gêneros além de sua especialidade.

SINAGOGA AHVAT SHALOM. Templo judaico situado no número 29 da rua Juvenal Galeno, em OLARIA. Fundada em 1929 (FRIDMAN, 2007, p. 104, nota 36) por um grupo de imigrantes judeus, permanecia em atividade à época desta obra, mantida por alguns fundadores ainda residentes na região, mas frequentada também por fiéis de outras localidades. Sua criação veio atender as necessidades religiosas da comunidade judaica da Zona da Leopoldina, a qual, no início da década de 1950, contava cerca de 450 famílias. Ver JUDAICA, Presença; SEFARIM, Escola Hebreu Brasileira Mendele Mocher.

SINAGOGA BEIT YEHUDA MEIR. Localizada na rua LUCÍDIO LAGO, 326, foi criada na década de 1930 para atender as necessidades da comunidade judaica do MÉIER e adjacências. Ainda permanecia em atividade à época desta obra. Ver BIALIK, Escola Hebreu Brasileira Chaim Nachman; JUDAICA, Presença; STEFAN ZWEIG, Grêmio Cultural e Recreativo.

SINDICATO DOS METALÚRGICOS. Entidade sindical com sede na rua ANA NÉRI, em BENFICA. No dia 25 de março de 1964, no auge de uma crise institucional vivida pelo governo do presidente João Goulart, sediou uma grande reunião de fuzileiros navais e marinheiros, contrariando proibição das autoridades militares. Essa reunião foi um dos estopins do golpe militar ocorrido em 1º de abril, que depôs Goulart e instaurou a ditadura militar, vigente até a eleição indireta de Tancredo Neves em 1985.

SOCIAL RAMOS CLUBE. Tradicional agremiação de RAMOS, fundada no antigo "Sítio dos Bambus" e sediada na rua Aureliano Lessa. Sua origem foi o Centro Progressista e Social de Ramos, uma entidade dos comerciantes locais, criada em 1935 e por eles transformada em clube recreativo em 1947. Dedicado a práticas sociais e desportivas, o clube logo tornou-se o ponto de encontro da elite local. Dotado de amplas e confortáveis instalações, em 1985, tendo como base o ano de fundação do Centro Progressista, o clube comemorou seu jubileu de ouro em grande estilo. No início da década de 1990, atuou na equipe de FUTEBOL DE SALÃO (futsal) do clube o mais tarde famoso jogador RONALDO FENÔMENO.

SOCIEDADE BENEFICENTE MUSICAL PROGRESSO DO ENGENHO DE DENTRO. Associação recreativa, existente em 1900, no bairro mencionado em seu nome.

SOCIEDADE FAMILIAR DANÇANTE E CARNAVALESCA CLUBE DOS MANGUEIRAS. Associação existente, em 1915, na "Vila Marechal Hermes", com sede em um botequim à "Avenida 1º de maio nº 6". Tinha como presidente Cypriano José de Oliveira, fiscal-geral do Sindicato da Resistência dos Trabalhadores em Trapiches e Café, e, na diretoria, um operário da Estrada de Ferro CENTRAL DO BRASIL e um funcionário da Escola Politécnica (CUNHA, 2001, p. 200-201). A "vila" aí referida, na jurisdição do 23º Distrito Policial, era, certamente, a que deu origem ao bairro de MARECHAL HERMES.

SOCIEDADE MUSICAL PROGRESSO DE BANGU. Banda de música fundada em 1892 e absorvida, no ano seguinte, pela Companhia Progresso Industrial (FÁBRICA BANGU). Formada e regida pelo operário José Pedro de Andrade, conhecido como "Zé Pedro", teve como regentes, entre outros os conhecidos músicos Anacleto de Medeiros (1904 – 1907) e Albertino Pimentel, o "Carramona" (1874 – 1929). Ver CASSINO BANGU.

SODADE DO CORDÃO. Ver ZÉ ESPINGUELA.

SOFIA, Comendador. Ver COMENDADOR SOFIA.

SOU FEIA MAS TÔ NA MODA. Filme documentário em longa metragem, com direçãoe roteiro de Denise Garcia, lançado em 2005. Retrata o universo feminino do FUNK CARIOCA com suas MCs e seus "BONDES" formados exclusivamente por mulheres.

SOUSA BARROS, Rua. Logradouro no ENGENHO NOVO, com início na rua Dois de Maio e término na Praça do Engenho Novo. Seu nome evoca um dos mais ilustres moradores do local, o fazendeiro carioca Antônio Pereira de Souza Barros (1815 – 1884), titulado como Barão do Engenho Novo em 1876. A casa principal de sua fazenda localizava-se ao lado da capela construída pelos jesuítas em 1720, a qual, sua mulher, D. Rita Nunes, posteriormente abriu ao público e doou à Mitra. Em 1958, ao lado dessa antiga capela, reconstruída e ampliada como uma imponente igreja, consagrada a Nossa Senhora da Conceição, foi entronizada a monumental estátua do Cristo Trabalhador, de autoria do escultor Manuel de Oliveira.

SOUZA MARQUES, Professor (1894 – 1974). Nome pelo qual foi conhecido José de Souza Marques, educador, líder religioso e político brasileiro, nascido e falecido no Rio de Janeiro. Formado em Direito e Teologia, depois de ter sido operário do Arsenal de Marinha, foi pastor da Igreja Batista e presidente da Ordem dos Ministros Batistas do Brasil. Professor, fundou, em CASCADURA, o Colégio Souza Marques, germe da FUNDAÇÃO TÉCNICO-EDUCACIONAL SOUZA MARQUES, estabelecimento de ensino universitário. Na década de 1960, foi deputado na Assembleia Legislativa do Estado do Rio de Janeiro.

SOVACO DE COBRA. Nome de fantasia de um antigo botequim localizado no número 124 da rua Francisco Enes, na PENHA CIRCULAR. Celebrizou-se, na década de 1970, pelas concorridas rodas de CHORO, reunindo instrumentistas como Abel Ferreira, Altamiro Carrilho, JOEL DO BANDOLIM, Rafael Rabello, ZÉ DA VELHA e muitos outros. Imitado por outros bares, sofreu, entretanto, com a intransigência de alguns vizinhos, estranhamente incomodados com a música, de altíssima qualidade. Assim, depois de quase vinte anos de atividade, acabou por cerrar as portas, em uma tarde especial, abrilhantada pela presença da grande cantora ADEMILDE FONSECA, que cantou e dançou na calçada. A expressão popular "sovaco de cobra" remete a algo oculto, muito escondido.

SPORT CLUB MACKENZIE. Agremiação fundada no MÉIER, em 15 de março de 1914, tendo disputado diversos campeonatos cariocas de futebol, à epoca do amadorismo, notadamente o de 1924, organizado pela Liga Metropolitana de Desportos Terrestres, e o de 1933, promovido pela Liga Carioca de Futebol (ASSAF; MARTINS, 1997). O "gigante da Zona Norte", como é muitas vezes referido, ocupa uma área nobre de 8.000 m² na rua DIAS DA CRUZ. Oferece como atração, aos associados e demais frequentadores, um parque aquático com 1.000 m² de lâmina d'água, distribuídos por três piscinas, uma delas semiolímpica, mais churrasqueiras e bar interno. Dispõe ainda de dois ginásios cobertos e uma quadra descoberta polivalente, academias de musculação, quatro bares, salas para prática de atividades esportivas e fisioterapia. No tocante à prática esportiva, mantém escolinhas de futsal masculino e feminino, equipes de basquete, vôlei e artes marciais, além de treinamento em natação, hidroginástica, dança de salão e outras modalidades artísticas. Em 2006, passou a disputar campeonatos de basquetebol nas categorias mirim e infantil; e, à época

da preparação deste livro, orgulhava-se de ser o único clube a conquistar títulos em todas as categorias de futsal na cidade do Rio de Janeiro. A denominação do clube parece evocar a presença no Brasil do empresário canadense Alexandre Mackenzie (1860 – 1943), homem de grande influência no Rio de Janeiro, do início do século até 1928, quando deixou a presidência da poderosa Light.

STEFAN ZWEIG, Grêmio Cultural e Recreativo. Associação cultural fundada em 1942 pela comunidade judaica do MÉIER (VAITSMAN, 2011), e que editou por vários anos o periódico *O Espelho*. Ver JUDAICA, Presença; SINAGOGA BEIT YEHUDA MEIR.

SUBMETRÓPOLE KITSCH. Expressão usada pelo jornalista Zuenir Ventura (2000) na página 120 do livro *Cidade partida*, para definir a impressão que lhe causou o MÉIER, com o grande movimento em torno do cinema IMPERATOR, na década de 1990, quando já transformado em casa de *shows*. O termo *kitsch* adjetiva aquilo "que se caracteriza pelo exagero sentimentalista, melodramático ou sensacionalista (...) e pela pretensão de, fazendo uso de estereótipos e chavões inautênticos, encarnar valores da tradição cultural" (HOUAISS; VILLAR, 2001, p. 1702).

SUBPREFEITURAS. Em 2011, o município do Rio de Janeiro compreendia 160 bairros, agrupados em 33 REGIÕES ADMINISTRATIVAS; e era administrado através de sete subprefeituras. Na região objeto deste trabalho, a subordinação dos bairros às respectivas subprefeituras era assim expressa: Subprefeitura Centro e Centro Histórico: bairros Benfica e Vasco da Gama, da 7ª RA (São Cristóvão). Subprefeitura Zona Norte: todos os bairros das regiões administrativas: 10ª RA (Ramos), 11ª RA (Penha), 12ª RA (Inhaúma),

13ª RA (Méier), 14ª RA (Irajá), 15ª RA (Madureira), 22ª RA (Anchieta), 25ª RA (Pavuna), 28ª RA (Jacarezinho), 29ª RA (Complexo do Alemão), 30ª RA (Maré) e 31ª RA (Vigário Geral). Subprefeitura Zona Oeste: todos os bairros das regiões administrativas: 17ª RA (Bangu), 18ª (Campo Grande), 19ª (Santa Cruz) e 33ª RA (Realengo); e os bairros de Guaratiba e Pedra de Guaratiba, da 26ª RA (Guaratiba). Subprefeitura Barra da Tijuca e Jacarepaguá: todos os bairros das regiões administrativas: 16ª RA (Jacarepaguá) e 34ª RA (Cidade de Deus); e os bairros Camorim, Vargem Grande e Vargem Pequena, da 24ª RA (Barra da Tijuca). Ver REGIÕES ADMINISTRATIVAS.

SUBURBANA, Avenida. Ver AVENIDA SUBURBANA.

SUBURBANISTAS, Os. Ver DORINA.

SUBURBANOS, Os. Peça teatral de Rodrigo Sant'Anna, encenada na Lona Cultural Gilberto Gil, REALENGO, em setembro de 2010. Em formato de esquetes, dentro do estilo de comédia popularizado como "besteirol", o espetáculo procura retratar situações do cotidiano, como uma briga por ciúmes em um PAGODE, uma longa espera num ponto de ÔNIBUS, o trem lotado etc. (PROGRAMA, 2010).

SUBÚRBIO. No Rio de Janeiro, a expressão "subúrbio", às vezes usada no plural, durante muito tempo denominou toda a região residencial e industrial constituída, entre a Serra do Engenho Novo, o Morro do Telégrafo (na Mangueira) e o Morro do Retiro (Maciço dos Coqueiros/Retiro, em REALENGO), a partir das ultimas décadas do século XIX, ao longo das linhas férreas que corriam em direção ao interior (BERNARDES; SOARES, 1995, p. 98). Nesse interior, as faixas de DEODORO até SANTA CRUZ e do CAMPO DOS AFONSOS até SEPETIBA, no litoral, constituíam a ZONA RURAL. Para outros, a zona suburbana principiava na estação de SÃO FRANCISCO XAVIER, ponto de partida da antiga LINHA AUXILIAR. Assim, pela década de 1960, os subúrbios se caracterizariam como áreas com espaço, largueza, descontinuidade de áreas construídas e com indícios de transformação da propriedade agrícola em lotes urbanos, de aspecto desordenado e desconfortável, habitada por população em sua maioria pobre ou remediada, que se deslocava principalmente por meio do transporte ferroviário (idem, p. 142). Na mesma época, mas em outro sentido, Gastão Cruls (1965, p. 776) observava que, "ao contrário de outras cidades, onde as zonas suburbanas se distribuem por vários pontos da periferia", no Rio o subúrbio constitui uma única e grande faixa de terreno, "retalhado em três ou quatro fitas mais finas", caminhando para o oeste e tomando nomes sucessivos ao longo dessa caminhada. Entretanto, já em 1986, José Arthur Rios (apud SILVA, 1986, p. 1188) chamava a atenção para o fato de que, no Rio, desde algumas décadas anteriores, o crescimento da área metropolitana era, muito mais, resultado da expansão dos antigos subúrbios e zona rural do que da zona central. Atraída, desde as primeiras décadas do século XX, pelo baixo valor dos lotes de terreno e pelo transporte ferroviário fácil e barato, a população de origem modesta fez com que os subúrbios fossem se transformando em aglomerados complexos, multifuncionais, dotados de grande autonomia em relação ao centro. A necessidade de ter as fontes de consumo cada vez mais próximas das residências, foi criando subcentros, em antigas localidades suburbanas ou rurais como MÉIER, MADUREIRA, BANGU, CAMPO GRANDE, SANTA CRUZ, BONSUCESSO, PENHA, DEL CASTILHO, JACAREPAGUÁ etc. Nessas localidades, instalaram-se hipermercados, shopppings e salas de cinema. Assim, a cultura de massas e uma certa homogeneização socioeconômica foram fazendo com que o subúrbio carioca perdesse, aos poucos – como acentua Rios (*op. cit.*) –, as características culturais que moldaram o suburbano típico, ou seja, aquele estereótipo que identificava o morador da região com tudo o que fosse depreciativo, mas que, ao mesmo tempo, o tornava um atrativo para ficcionistas cariocas como LIMA BARRETO e Marques Rebelo. Esse atrativo, esquecida a estereotipia, vinha, sobretudo de um certo bucolismo, cuja perda gradativa já era lamentada, na década de 1940, em textos como o seguinte: "... um Rio que infelizmente vai desaparecendo, com suas chácaras, cheias de jaqueiras e sapotizeiros, de mesas fartas e alegres, com suas serenatas ao luar, ao som do violão, do cavaquinho e da voz de trovadores apaixonados, cantando modinhas, ao pé das janelas de suas namoradas", como escreveu Francisco de Assis Barbosa (1948), biógrafo de Lima Barreto, na resenha do romance CLARA DOS ANJOS, publicada na edição inaugural da revista carioca *Quilombo*, em dezembro de 1948. E o juízo derrogatório veio, sobretudo, do êxodo rural que trouxe, em diversas vagas migratórias, no século XX, enormes contingentes de despossuídos para engrossar a massa de favelados e habitantes dos conjuntos habitacionais nascidos do crescimento desordenado da população suburbana. Para este Dicionário, entretanto, o subúrbio (ou a hinterlândia, num sentido mais histórico e mais amplo) é, na atualidade, apenas um espaço que, pela dificuldade de transportes públicos e pela não conservação das vias, torna-se distante do grande centro econômico e do circuito cultural. E que, por isso, e por também não contar com infraestrutura de serviços públicos eficientes, é desprezada, como opção residencial, pelos mais abastados, e abandonada pelos que ascendem socialmente. Como lembra Vasconcellos (1991, p. 24), até 1937, quando a eletrificações dos trens da Central provocou o primeiro surto de explosão demográfica,

a zona suburbana não era habitada exclusivamente por gente humilde, grosseira e inculta. Moravam na região também intelectuais, artistas, magistrados, militares e políticos, como podemos ver ao longo desta obra. E isso vem de encontro ao destaque dado por Lima Barreto, em sua obra, a alguns subúrbios reputados, em sua época, como chiques e elegantes, como a BOCA DO MATO e Jacarepaguá. Assim, em *Clara dos Anjos*, ele escreve: "O Méier, por exemplo, não é tido como chique; mas a Boca do Mato é ou foi." E mais: "CASCADURA não goza de grande reputação de fidalguia, nem de outra qualquer prosápia distinta; mas Jacarepaguá, a que ele serve, desfruta da mais subida consideração" (BARRETO, 19--, p. 184). Observe-se, finalmente, para que se tenha ideia da fragilidade do conceito de subúrbio, que, no século XIX, Copacabana, Ipanema, Leblon e Lagoa eram tipificados como subúrbios da cidade do Rio de Janeiro. Ver EMERGENTES.

SUBÚRBIO, O. Jornal de publicação semanal, fundado (no SAMPAIO) e dirigido por Ângelo Tavares Xavier Pinheiro e Eduardo Magalhães, segundo Brasil Gerson (1966), na década de 1900.

SUBÚRBIOS ELEGANTES. Já nas primeiras décadas do século XX, alguns subúrbios destacavam-se por características de conforto e elegância burguesa, como foi o caso da PIEDADE, dotada de um cine-teatro, clube, bom comércio etc. Sobre o MÉIER, o escritor LIMA BARRETO (1956), no livro Feiras e mafuás, disse ter "confeitarias decentes" e casas de moda, "ao gosto da rua do Ouvidor". Outro subúrbio elegante, principalmente pela oferta de lazer e divertimento, foi também RAMOS.

SUBÚRBIOS EM REVISTA. Periódico editado em MADUREIRA, sob a direção de Carlos Gomes Potengi, na década de

1950. Tinha redação à rua DOMIGOS LOPES, n° 568 – fundos, e teve números impressos a cores, em papel cuchê. Promoveu eventos no mundo do SAMBA, como um desfile competitivo realizado em 5 de fevereiro de 1951 diante do coreto de Madureira.

SUÍÇA CARIOCA. Localidade na FREGUESIA, na descida da Estrada GRAJAÚ-JACAREPAGUÁ, originada de um condomínio residencial.

SUIPA. Sigla da Sociedade União Internacional Protetora dos Animais, entidade filantrópica situada na avenida DOM HELDER CÂMARA, 1801, no JACAREZINHO. Foi fundada em 1943, com o objetivo de cuidar de cães doentes recolhidos nas ruas, o que era feito, na época, pelas famílias dos membros, em especial seus filhos (daí o nome original, Sociedade União Infantil Protetora dos Animais). A partir do fim dos anos 1950, a instituição passou a contar com o apoio de personalidades de relevo, como Carlos Drummond de Andrade e NISE DA SILVEIRA, que lutavam pelo cumprimento das leis de proteção aos animais no país. Assim, a SUIPA, além de recolher animais abandonados (principalmente cães e gatos), também libertava os cães recolhidos pela CARROCINHA DE CACHORRO, que iriam ser sacrificados, e apreendia animais silvestres em situação ilegal. Ao tempo desta obra, a instituição continua nas mesmas instalações originais, ainda acolhendo e abrigando animais abandonados, que são cuidados e oferecidos para adoção. Funcionando diariamente, a entidade é a referência em termos de assistência veterinária para a população de uma grande área da hinterlândia, pois oferece consultas a preços baixos, incluindo esterilização e cirurgia, sendo a receita dos atendimentos usada para cobrir as despesas da entidade. A entidade recebe doações e colaborações diversas, que podem ser verificadas no seu *site* (SUIPA, 2011).

SULACAP. Ver JARDIM SULACAP.

SUPERVIA TRENS URBANOS S/A. Empresa criada em 2000, pelo consórcio vencedor da licitação para concessão por 25 anos, renováveis por igual período, dos serviços públicos de operação comercial e manutenção de toda a malha ferroviária urbana de passageiros da região metropolitana do Rio de Janeiro, a partir de 1° de novembro de 1998. Na região focalizada neste livro, a SuperVia (forma gráfica de seu nome) renomeou os antigos "ramais" como "linhas", assim distribuídas: Linha DEODORO; Linha SANTA CRUZ Linha Japeri, antigo "ramal de Nova Iguaçu"; Linha Saracuruna, antigo "ramal da Leopoldina"; e Linha Belford Roxo, antiga "Linha Auxiliar". Em 2011, a empresa era instada, pelo Tribunal de Justiça do Rio de Janeiro, a assinar um "termo de Ajustamento de Conduta", motivado por alegada má prestação de serviços aos usuários dos trens suburbanos. Ver CENTRAL DO BRASIL, Estrada de Ferro; LEOPOLDINA, Ramal da; LINHA AUXILIAR; RIO D'OURO, Estrada de Ferro.

SURFISTA RODOVIÁRIO. No transporte rodoviário, denominação do passageiro que arrisca a vida, ao viajar no teto do ÔNIBUS. Nos trens, seu correspondente é o chamado "surfista ferroviário", que se entrega a um tipo de aventura ainda mais perigosa. Ver PINGENTE.

T

TABARÉU. Termo que, em sentido figurado, designa o indivíduo inábil, incapaz de realizar suas próprias tarefas (HOUAISS; VILLAR, 2001). Nas antigas competições entre soltadores de PIPA, era usado nesta parlenda desafiadora: " Tá com medo, tabaréu? É linha de carretel!"

TAIOBA. Espécie de bonde elétrico de segunda classe, sem balaústres nem estribo, utilizado principalmente para transporte de volumes, no Rio de Janeiro do século XX, inclusive na região da hinterlândia. Tinha cor amarronzada, diferente da cor verde dos BONDES comuns.

TAMANQUEIROS. A fabricação artesanal de tamancos, a partir da extração de madeira, foi outrora atividade comum e importante na hinterlândia carioca. Por isso, a faina dos tamanqueiros é uma parte bastante interessante do livro *O sertão carioca*, publicado por MAGALHÃES CORREA (1933).

TANCREDO NEVES. Estação ferroviária da SUPERVIA, localizada entre PACIÊNCIA e SANTA CRUZ. Foi inaugurada em 1987 com o objetivo de facilitar à população local o acesso ao transporte ferroviário, diante da grande distância existente entre as duas estações mais antigas.

TANQUE. Bairro na 16ª Região Administrativa (Jacarepaguá), resultado da subdivisão do antigo território de JACAREPAGUÁ em bairros autônomos, no final da década de 1990. Segundo algumas versões, o nome original da localidade seria o do principal rio local, Itatindiba, hoje um pobre córrego, cujo nome teria sido encurtado, na fala popular, para "Tindiba". Observe-se que o nome "itatindiba" é provavelmente relacionado ao guarani *itaty*, monte de pedras, e ao tupi *tiba*, lugar (SAMPAIO, 1986; SILVA, 1966), referindo-se então, talvez, a um rio pedregoso ou represado com pedras. Veja-se também que a denominação "Tanque" evoca o antigo reservatório de água onde viajantes paravam para descansar e saciar a sede de seus animais, serventia que o local conservou com a chegada dos BONDES de burro em 1875. Com o advento dos bondes elétricos, o Largo do Tanque continuou a ser importante ponto de parada dos veículos que iam até os largos da TAQUARA e da FREGUESIA. Até o século XIX, o atual bairro era o centro da administração de Jacarepaguá, abrigando a delegacia de segurança pública, após o antigo bairro sair, ainda no período colonial, da jurisdição policial do Distrito Miliciano de GUARATIBA. Mais tarde, o Tanque foi também sede da agência da Prefeitura Municipal em Jacarepaguá. Ver BLOCOS CARNAVALESCOS; CAFUNDÁ; CÂNDIDO BENÍCIO; COVANCA; CURUPAITI; FAVELAS; FEIRAS LIVRES; GEREMÁRIO DANTAS; JACAREPAGUÁ; REUNIÃO, Morro da; SHOPPING CENTER.

TAQUARA. Bairro integrante da 16ª Região Administrativa (Jacarepaguá), resultante do desmembramento de JACAREPAGUÁ no final da década de 1990. A história antiga do bairro, desde a ocupação da Fazenda da Taquara e a irradiação de sua influência a partir do largo de mesmo nome, confunde-se com as crônicas familiares dos Teles, Fonseca e FONSECA TELES, e do bairro original. A partir da década de 1970, a população local foi consideravelmente aumentada pelo loteamento de diversas glebas ao longo de suas principais estradas. Ainda assim, a região, cortada pelo Rio GRANDE, tributário da Lagoa do Camorim, ainda conserva, em 2009, aspecto algo bucólico, graças às áreas verdes, existentes principalmente nas encostas da serra do Engenho Velho e no morro da BOIÚNA. Maior pólo econômico da região, desde o século XIX a Taquara ostenta expressivo centro comercial no entrono do Largo, o qual se estende por avenidas e estradas adjacentes, como a do TINDIBA. Além disso, o bairro sedia a ZONA INDUSTRIAL DE JACAREPAGUÁ, onde se destacam principalmente unidades de fabrico de empresas químicas multinacionais e empresas gráficas importantes. Saiba-se ainda que o nome "taquara" designa uma espécie de bambu (Merostachys burchellii) outrora abundante na região, utilizada na construção de cercas e no fabrico de cestos. Veja-se, ainda, que o bairro da Taquara abriga instituições importantes em diversas áreas de atuação, como o Lar Frei Luiz, entidade assistencial, na Boiúna; o Campus Esportivo da UNIVERSIDADE GAMA FILHO; o conjunto da Casa da Fazenda da Taquara e sua Capela de Santa Cruz, tombado pelo Serviço de Patrimônio Histórico e Artístico Nacional, SPHAN, na Estrada RODRIGUES CALDAS. Ver ARROIO PAVUNA; BACIA HIDROGRÁFICA; BLOCOS CARNAVALESCOS; CAFEICULTURA; CAFUNDÁ, Estrada do; CANDOMBLÉ; CINÉDIA; CLUBE RECREATIVO PORTUGUÊS; COLÔNIA JULIANO MOREIRA; CURICICA; FAVELAS; FRANCIS WALTER HIME; HOSPITAIS PÚBLICOS; JACAREPAGUÁ TÊNIS CLUBE; MIGUEL SALAZAR MENDES DE MORAIS; NEGROS, Presença histórica; NOGUEIRA, Serra do; ÔNIBUS; PAU DA FOME; RELEVO; UNIÃO DE JACAREPAGUÁ.

TAQUARA, Fazenda da. Ver CAFEICULTURA.

TÁXIS, Tarifas de. Ver BANDEIRA 2.

TEATRO AMADOR ZULEIKA. Companhia teatral fundada na região da PRAÇA SECA em 4 de agosto de 1946. Com sede, inicialmente, no local denominado "Vila Zuleika", mais tarde ocupou uma construção de madeira, ao lado do campo do Esporte Clube PARAMES. Montando espetáculos e publicando uma revista, intitulada *O Farol*, a companhia manteve-se ativa até a primeira metade da década de 1950 (COSTA, 2009).

TEATRO ARMANDO GONZAGA. Casa de espetáculos em MARECHAL HERMES, inaugurada em abril de 1954 pela Prefeitura do então DISTRITO FEDERAL, na avenida General Oswaldo Cordeiro de Faria. Com projeto do renomado arquiteto Affonso Eduardo Reidy e jardins concebidos pelo paisagista Burle Marx, dispõe de auditório para 300 pessoas. À época deste texto, entretanto, não se sabia da ocupação do teatro com produções ou eventos à altura do requinte e do bom gosto que nortearam sua criação.

TEATRO ARTUR AZEVEDO. Teatro em CAMPO GRANDE. Ver TEATRO RURAL DO ESTUDANTE.

TEATRO DO RIACHUELO. Nome popular da casa de espetáculos mantida pela Sociedade Recreio Dramático Riachuelense, na rua ANA NÉRI, em frente à estação do RIACHUELO, no final do século XIX. Inaugurado em dezembro de 1877, segundo projeto do engenheiro Aarão Reis, possuía 28 camarotes, além de uma vasta plateia e um excelente palco, decorado pelo alemão B. Wiegand (BERGER, 1965, p. 36). Perdurando até 1895 e destacando-se como o primeiro teatro da zona suburbana, nele atuaram importantes elencos amadores, entre os quais, segundo Brasil Gerson (1965, p. 548), alguns animados pelo dramaturgo Artur Azevedo.

Durante a campanha abolicionista, seus frequentadores, através de cotização, compraram a alforria do porteiro, um trabalhador escravo chamado Narciso (idem, p. 228). É também mencionado como Clube Riachuelense.

TEATRO MADUREIRA. Ver TEATRO ZAQUIA JORGE.

TEATRO MIGUEL FALABELLA. Casa de espetáculos localizada no NORTE SHOPPING, no CACHAMBI. Construído em apenas seis meses, no âmbito das obras de expansão do shopping, foi inaugurado em 21 de agosto de 1997, como um dos melhores teatros da cidade, pelo que seus programadores empenham-se em oferecer também ao público oportunidade de nele assistir as melhores montagens. Seu nome homenageia, em vida, o ator, dramaturgo e produtor Miguel Falabella de Souza Aguiar, responsável por sua administração e programação durante os três primeiros anos de existência.

TEATRO RURAL DO ESTUDANTE. Grupo de teatro. Mário de Almeida assinou a direção e os cenários de "A Almanjarra", para o Teatro Rural do Estudante, que inaugurou em 1956 o Teatro Artur Azevedo, da prefeitura do Rio, em CAMPO GRANDE, sede daquele grupo e início de carreira do ROGÉRIO FROES, então caixa de banco. Esse espetáculo foi premiado, em 1957, no Festival Brasileiro de Teatro Amador, no Rio.

TEATRO ZAQUIA JORGE. Ver ZAQUIA JORGE.

TEIMOSOS DE MADUREIRA. Ver GAFIEIRAS.

TELEFONE. Antiga brincadeira de criança. Através de duas cuias de coco (ou pequenas latas) e barbante, os brincantes se "comunicavam", como se, com a ressonância, o som efetivamente se propagasse através do "fio". Ver BRINCADEIRAS INFANTIS E JUVENIS.

TELEFONIA. Até os anos de 1960, havia no Rio duas empresas explorando os serviços de telefonia: a CTB, Companhia Telefônica Brasileira, e a Light. Os telefones da CTB eram chamados de "automáticos" porque já dispunham do sistema de discagem, enquanto que os outros ainda eram a manivela. A CTB cobria o Centro da Cidade, a Zona Sul, parte da Leopoldina, da PENHA para baixo, e também da Central. Nos subúrbios da Central, os telefones de discar existiam só até uma parte de MADUREIRA. A outra parte era servida pelos antigos telefones da Light, de manivela, através da central de Marechal Hermes. Por isso, muitas vezes, para ligar de um bairro vizinho para outro, como por exemplo de CASCADURA para Madureira, tinha-se que solicitar a ajuda da telefonista. Além da estação de MARECHAL HERMES, ainda havia as de BANGU, CAMPO GRANDE, SANTA CRUZ e JACAREPAGUÁ. Todas essas estações, ao que me consta, operavam com telefones a manivela, os de discagem só chegando já no início da década de 1960. E isto com a CETEL, Companhia Estadual Telefônica, que depois se fundiu com a CTB para dar lugar à TELERJ, que por sua vez, em 2001, foi fundida a outras 15 empresas, de diferentes estados, na criação da TELEMAR, controladora da "Oi".

TELEVISÃO. Destacando-se como a forma de entretenimento e informação mais acessível e difundida entre a população da hinterlândia carioca, a televisão, notadamente através dos canais abertos (que não cobram tarifas e têm na publicidade a garantia de seu faturamento), é que, efetivamente, bem mais que a escola, define e orienta os costumes e as modas no ambiente objeto deste livro. E isto, na atualidade, principalmente através das telenovelas, dos programas humorísticos e daqueles, alegadamente jornalísticos ou de utilidade pública, que exploram, em programas vespertinos de auditório, questões comportamentais, exibindo principalmente dramas domésticos. No início da década de 1990, Leonel Brizola (OVO, 1993), então governador do Estado do Rio de Janeiro, denunciava os efeitos do mundo fantasioso e violento da televisão sobre a mente de crianças e adolescentes brasileiros, inclusive com filmes estrangeiros cuja exibição na TV era vedada em seus países de origem. Lembrava Brizola, naquele momento, que a escalada da violência e a degradação dos padrões de convivência social coincidiam com a massificação do poder da televisão (com o marketing, o dinheiro e o controle da audiência justificando tudo) a partir da década de 1970. No momento deste texto, boa parte da programação televisiva nos canais abertos, que são concessões de serviço público, é controlada por igrejas ditas "evangélicas", o que também vem contribuindo, ao lado da violência, para o empobrecimento intelectual e a alienação dos mais carentes e desassistidos, que constituem a maioria da população nas regiões enfocadas no presente trabalho.

TEM TUDO, Shopping Center. Antigo centro de compras e diversão em MADUREIRA. Na década de 1980, abrigava, além de uma churrascaria com capacidade para duas mil pessoas, a Discotèque Sunday Night. À época desta obra, o local, comprado e explorado por uma grande igreja pentecostal, tinha perfil bastante diferente e até um pouco soturno.

TENDA ESPÍRITA MIRIM. Comunidade religiosa de UMBANDA, com sede na avenida MARECHAL RONDON, no ROCHA. Fundada em 1924, na Praça da Bandeira, ao redor da entidade espiritual identificada como Caboclo Mirim, manifestada no médium Benjamin Gonçalves Figueiredo (1902 – 1986), destacou-se como uma das mais conceituadas casas de sua vertente religiosa, a chamada "umbanda branca". À época deste texto, a instituição mantinha mais de uma dezena de filiais em vários pontos do Grande Rio, inclusive em JACAREPAGUÁ e OLARIA.

TERESA CRISTINA. Cantora e compositora carioca nascida em 1968 em BONSUCESSO e criada na VILA DA PENHA. Surgida no final na década de 1990, no âmbito do movimento de revitalização do SAMBA tradicional, chamado "de raiz", principalmente nas casas noturnas do bairro da Lapa, logo ganhou grande visibilidade nos meios de comunicação, principalmente com o aval do compositor Paulinho da Viola e do produtor e compositor Hermínio Bello de Carvalho.

TERRA NOVA. Antiga estação da LINHA AUXILIAR, na região de PILARES, com acesso pela rua Luis de Castro. Foi inaugurada em 1905 e desativada na década de 1970.

TERROR DOS SUBÚRBIOS, O. Expressão cunhada pela imprensa desportiva para destacar a garra da zaga do MADUREIRA ATLÉTICO CLUBE, vice-campeã carioca de 1936, integrada pelos jogadores Norival e Cachimbo, o "Golias Negro" (ASSAF, 1997, p. 203). Imaginem, leitores!...

THE FEVERS. Ver IÊ-IÊ-IÊ.

THE LEOPOLDINA RAILWAY COMPANY. Ver ESTRADA DO NORTE; LEOPOLDINA, Ramal da.

TIA VICENTINA (1914 – 1987). Nome pelo qual foi conhecida Vicentina do Nascimento, uma das "tias" da PORTELA (MEDEIROS, 2004). Irmã de NATAL DA PORTELA, em 1972, a pedido do irmão, Vicentina saiu da VELHA GUARDA DA PORTELA e passou a dirigir a cozinha do recém-inaugurado "Portelão". Nesse mesmo ano, sua famosa feijoada foi homenageada no SAMBA No pagode do Vavá, de Paulinho da Viola. Em 2008, em nova homenagem, Tia Vicentina teve seu nome dado ao Restaurante Cidadão inaugurado pelo governo do estado na avenida Edgard Romero, 364, em MADUREIRA.

TIA ZULMIRA. Personagem ficcional da obra do humorista Sérgio Porto (Stanislaw Ponte Preta) descrita, em vários livros, como a "sábia macróbia da BOCA DO MATO". Criada na década de 1950, a personagem era apresentada como uma senhora de quase 90 anos, nascida no Rio, de onde se mudou para a Europa em 1889, ofendida por não ter sido consultada sobre a conveniência ou não da proclamação da República. Em Paris, foi ao mesmo tempo estudante da Sorbonne e vedete de cabaré. Em Londres, disputou a primeira travessia a nado do Canal da Mancha. De volta ao Brasil, foi cozinheira na Coluna Prestes. E, depois do insucesso do movimento, passou a viver como ermitã em um casarão na Boca do Mato, tricotando casaquinhos para órfãos de uma colônia de nudistas (PRETA, 1994).

TIÃO DE IRAJÁ. Pai de santo, morador na antiga AVENIDA AUTOMÓVEL CLUBE. Quando da morte do famoso sacerdote baiano João Alves Torres Filho, o Joãozinho da Gomeia (1914-1971), em Duque de Caxias, RJ, foi o incumbido da delicada tarefa de consultar os búzios, para saber quem seria o sucessor do importante líder da nação angola na Baixada Fluminense. Segundo consta, Tião fizera o jogo com 16 búzios, quando João possuía apenas 14. Como, segundo os especialistas, somente os búzios saídos da casa do morto poderiam proceder a esse tipo de consulta, o caso foi motivo de discórdia e maledicência. Entretanto, Tião de IRAJÁ foi o responsável pelo cumprimento dos rituais necessários à entronização da sucessora de Joãozinho, uma mãe de santo então com apenas dez anos de idade.

TIJUBUCAJÁ. Antiga denominação, segundo documento de 1772 citado por Vieira Fazenda (1920, p. 218), do distrito onde se localizava o ENGENHO DE NOSSA SENHORA DE NAZARÉ. O nome, de origem indígena, parece relacionar-se, no guarani, a *teju*, lagarto + *mbocachá*, agitar, sacudir, remoer (SAMPAIO, 1986).

TINDIBA, Estrada do. Via na região de JACAREPAGUÁ, que liga o Largo do PECHINCHA à Praça da TAQUARA.

TIO SANIM. Legendário pai de santo africano, integrante da comunidade baiana no Rio, entre os séculos XIX e XX. Parece ser o mesmo Babá Sanin, referido por João do Rio (1976) como "poeta e fantasista". Com cerca de 40 anos por volta de 1904, é descrito como um negro forte que "trouxe do centro da África a capacidade poética daquela gente [...] de milhos torados, a última novidade da fantasia feiticeira". Ao tempo de João do Rio, morava na casa do africano Ojô, na rua dos Andradas, sob sua dependência e quase seu escravo. Segundo o sambista ANICETO DO IMPÉRIO (1912 – 1993), que, na infância, o conheceu pessoalmente, Tio Sanim morava na rua dos Andradas e morreu em TURIAÇU, do lado da CONSELHEIRO GALVÃO. Segundo Aniceto, era muçurumim, i.e., praticante de uma vertente africana de culto sincretizada com o islamismo. Observe-se que, na África ocidental, Sanin (ou Sani) é nome étnico mandinga ou balanta para homens nobres e guerreiros.

TIPOGRAFIA DO ABREU. Ver ACADEMIA DE LETRAS SUBURBANA.

TITICA, Morro da. Antiga e pejorativa denominação do local em CORDOVIL onde se ergue, na atualidade, a CIDADE

ALTA (BAIRROS, 2009). O termo "titica" é africanismo, significando excremento, fezes.

TOCO (1936 - 2006). Apelido pelo qual foi conhecido o sambista carioca Antônio Correia do Espírito Santo. Estreitamente ligado à MOCIDADE INDEPENDENTE DE PADRE MIGUEL, para ela compôs, com parceiros, alguns dos melhores e mais famosos sambas-enredo de sua história, entre os quais os de 1971, 1979, 1990, 1991 e 2007. Além de excelente compositor, era cantor refinado, com experiência em casas noturnas, sendo constante a referência ao fato de que "cantava em inglês".

TODOS OS SANTOS. Bairro pertencente à jurisdição da 13ª Região Administrativa (MÉIER). Localizado entre Méier e ENCANTADO, e nos limites da antiga ESTRADA REAL DE SANTA CRUZ, a história de sua ocupação liga-se à dessas localidades. Integrante do chamado "GRANDE MÉIER", o crescimento do importante bairro acabou por engolfá-lo, pelo que sua estação ferroviária, inaugurada em 1868, foi desativada, provavelmente na década de 1970. Antes disso, entretanto, o bairro teve vida própria, inclusive com dois cinemas, o Roulien, na rua ARQUIAS CORDEIRO, e o Todos os Santos, na rua GETÚLIO. Sua história conta-se, também, por seus célebres moradores, entre os quais o escritor LIMA BARRETO, que registrou em suas obras muito da aparência e dos costumes locais. Relembre-se que, em 1903, Lima mudou-se com a irmã e o pai doente do ENGENHO NOVO para Todos os Santos, indo morar numa casa alugada na rua Boa Vista (depois Elisa de Albuquerque), nº 76, no alto de um morro. A partir de 1919, "aposentado e satisfeito da vida ('afeiçoara-se à vida do subúrbio'), era seu costume nos períodos de abstinência, sair pela manhã, a dar seu 'passeio filosófico e higiênico pelos arredores', terminando por passar um quatro de hora, ou talvez mais, na venda do 'seu' Ventura, a ler os jornais do dia e a conversar com o caixeiro, a quem doutrinava sobre maximalismo" (BARBOSA, 1964, p. 260). Ver BANDEIRA 2; CENTRAL DO BRASIL, E.F., CINEMAS ANTIGOS; DOMINGOS FREIRE; HENRIQUE VOGELER; INHAÚMA; MÉIER; VINTE E QUATRO DE MAIO, Rua.

TOMARA-QUE-CHOVA. Denominação popular de cada um dos automóveis de passeio (adaptados com mais dois bancos, para caberem seis passageiros), que faziam a linha MADUREIRA-MARECHAL HERMES, na década de 1950. O nome, tirado de uma marchinha carnavalesca de 1951, de autoria de PAQUITO e Romeu Gentil, advinha do fato de esses veículos serem conversíveis, de capota retrátil, com pouca proteção contra intempéries, em modelos geralmente lançados na década de 1930.

TOMÁS COELHO. Bairro na jurisdição da 12ª Região Administrativa (INHAÚMA). Desenvolveu-se em terras do antigo ENGENHO DO MATO, contíguas às do ENGENHO DA RAINHA, na Freguesia de Inhaúma, ligando-se à de IRAJÁ pela Estrada da PAVUNA. Essa estrada era resultante do encontro da "velha" (correspondente á atual avenida ADEMAR BEBIANO) com a "nova" (no traçado da atual avenida João Ribeiro); e, a partir desse local de convergência, ela transpunha a garganta entre o Morro do JURAMENTO e a Serra da MISERICÓRDIA. Em 1741, já decadente, o engenho foi doado, juntamente com sua capela de Nossa Senhora da Conceição, por Dona Maria de Abreu Rangel, viúva de José Pacheco de Azevedo, e a seus netos, antepassados do futuro MARECHAL RANGEL, celebrizado no antigo nome de importante rua em MADUREIRA. Quando da chegada dos trilhos da Estrada de Ferro RIO

D'OURO, foi exatamente essa garganta, quase um desfiladeiro, entre o morro e a serra, o local escolhido para construção, em 1876, da estação local, então chamada de Engenho do Mato. Próximo dali, a Estrada de Ferro MELHORAMENTOS instalava outra estação, chamada "Tomás Coelho", em homenagem ao conselheiro Tomás José Coelho de Almeida, titular da pasta da Guerra no penúltimo gabinete do Império, conservador, de março de 1888 a junho de 1889. Mesmo bem antes de extinta a E.F. Rio D'Ouro, na década de 1960, a estação da antiga LINHA AUXILIAR, atual Linha Belford Roxo, já tinha imposto seu nome ao bairro, nome esse que se estendeu também à estação da Linha 2 do METRÔ, entre as de Engenho da Rainha e VICENTE DE CARVALHO, inaugurada em setembro de 1996. Por esse tempo, construiu-se o viaduto que interliga as avenidas Ademar Bebiano e MARTIN LUTHER KING, e a rua Silva Vale, pela qual se atinge a região de Madureira. Ver AVENIDA AUTOMÓVEL CLUBE; CAVALCANTI; ENGENHO DO MATO; ESCOLAS DE SAMBA; FAVELAS; INHAÚMA; METRÔ; PILARES; URUBUS, Morro dos.

TRADIÇÃO, G.R.E.S. Escola de samba fundada em 1º de outubro de 1984, por uma dissidência portelense, liderada por membros da família do legendário NATAL DA PORTELA. Com sede na Estrada INTENDENTE MAGALHÃES, em CAMPINHO, começou no grupo 2B e chegou ao Grupo Especial em três anos. Em 1994, conquistava sua melhor colocação entre as grandes escolas, com um honroso sexto lugar. A partir daí, alternou bons desempenhos com outros nem tanto. Uma interessante característica da escola foi que, até 1989, não teve ala de compositores, sendo seus sambas-enredo criados por JOÃO NOGUEIRA em parceria com o consagrado letrista e poeta Paulo César Pinheiro.

TRAJANO Marreiros (1930 – 2003). Dançarino carioca, nascido no ENGENHO DE DENTRO. Um dos maiores estilistas da dança de salão, especialmente na interpretação do tango argentino, aperfeiçoado na Argentina, estudou dança clássica com Eugenia Feodorovna e dança moderna com Edmundo Carijó. Dançou profissionalmente até a década de 1970, quando o fechamento dos grandes dancings e GAFIEIRAS provocou o declínio da dança de salão.

TRAJANO, Morro do. Elevação na ABOLIÇÃO.

TRANSBRASIL, TRANSCARIOCA, TRANSOESTE. Ver BRT.

TRANSPORTE ALTERNATIVO. Expressão usada para designar a rede desenvolvida, em geral de modo clandestino, nas FAVELAS e comunidades carentes, à margem das linhas regulares de transporte rodoviário, mantidas por empresas concessionárias da administração municipal. A ela soma-se a atividade dos mototáxis, motocicletas de baixa potência que conduzem, na garupa, um passageiro a cada viagem. Em fins de 2009, o governo municipal promovia ações enérgicas no sentido de coibir a proliferação do transporte clandestino. Ver MILÍCIAS.

TREM DA BASE. O mesmo que TREM DAS PROFESSORAS.

TREM DAS NORMALISTAS. Tratava-se de um trem especial que, toda manhã, partia da estação D. Pedro II, conduzindo militares da Aeronáutica, com vagões específicos para oficiais, sargentos e soldados, e que parava em poucas estações. Em BENTO RIBEIRO, o trem entrava por um desvio em direção à Base Aérea dos Afonsos. Além dos militares, os únicos passageiros admitidos eram as normalistas que se dirigiam a MADUREIRA, alunas da Escola Normal CARMELA DUTRA situada, à época, nas proximidades da estação, na antiga Estrada MARECHAL RANGEL, atual avenida Edgar Romero.

TREM DAS PROFESSORAS. Na década de 1950, composição ferroviária que servia, com exclusividade, a militares da Aeronáutica, partindo da Estação D. Pedro II com destino à BASE AÉREA DE SANTA CRUZ, parando em apenas algumas estações do percurso, como MADUREIRA. Com vagões específicos para oficiais e praças, seus responsáveis se permitiam a cortesia de transportar também professoras e normalistas da rede pública de educação. Além deste, havia outro trem a serviço da Aeronáutica, o qual em BENTO RIBEIRO tomava um desvio que o conduzia ao CAMPO DOS AFONSOS. E, em contraponto ao asseio e conforto dessas composições, o trem que ocasionalmente transportava soldados do Exército para a VILA MILITAR ostentava o nome "Cacareco".

TREM DO SAMBA. Ver PAGODE DO TREM.

TRENS SUBURBANOS. Ver CENTRAL DO BRASIL, Estrada de Ferro; LEOPOLDINA, Ramal da; LINHA AUXILIAR; RIO D'OURO, Estrada de Ferro; SUPERVIA TRENS URBANOS S/A.

TRÊS RIOS, Serra dos. Extensão de montanhas localizada acima da Serra dos PRETOS FORROS. Ver FREGUESIA.

TREVO DAS MARGARIDAS. Complexo viário em VISTA ALEGRE, que marca o início da VIA DUTRA, na margem direita da AVENIDA BRASIL.

TRIAGEM. Nome de duas estações próximas, uma da SUPERVIA e outra do METRÔ do Rio. A estação ferroviária é situada na atual rua Francisco Manuel, em BENFICA. Foi inaugurada em 1910, com o nome de Parada Silva e Souza, na LINHA AUXILIAR da Estrada de Ferro CENTRAL DO BRASIL. Tendo um terminal de passageiros e outro de carga, a estação servia ao prado do JOCKEY CLUB FLUMINENSE. Com o fechamento do prado, em 1926, a estação passou a servir basicamente à integração entre as linhas Auxiliar, LEOPOLDINA e RIO D'OURO, que se encontravam nela. Em 1988, foi aberta a vizinha estação da Linha 2 do Metrô, com entrada pela rua Bérgamo, no ROCHA, e que permite integração com a SuperVia. O nome da estação é usado popularmente, embora incorretamente, para designar a área em torno, como se fosse um bairro.

TRICOLOR SUBURBANO. Epíteto aplicado ao antigo MADUREIRA ATLÉTICO CLUBE, pelas três cores de seus símbolos, em alusão ao Fluminense Futebol Clube, também tricolor, mas do bairro das Laranjeiras. A expressão sobreviveu com o MADUREIRA ESPORTE CLUBE, criado em 1971 como resultado da fusão entre o Madureira Atlético (azul), o Madureira Tênis (grená) e o IMPERIAL BASQUETE CLUBE (amarelo).

TRIO ESPERANÇA. Ver GOLDEN BOYS, The.

TRIO TERNURA. Grupo vocal integrado pelos irmãos Jussara, Jurema e Robson Lourenço, adolescentes, com média de idade de 15 anos, no ambiente da Jovem Guarda, na década de 1960. Nascidos e criados em REALENGO, filhos do compositor Humberto Silva, os três fizeram muito sucesso com canções em um estilo novo que fundia rock, *soul* e SAMBA. Participando do Festival Internacional da Canção, da Rede Globo, o Trio Ternura tornou-se nacionalmente conhecido quando defendeu, ao lado de Tony Tornado, a música *BR-3*, interpretando, no ano seguinte, a canção *Kyriê*. Assim impulsionado, o trio gravou um LP produzido pelo compositor Raul Seixas, mas, com a saída de Robson, em 1979, para seguir carreira solo, os caminhos foram outros. No momento deste texto, Jussara, com 57 anos, e Jurema, com 63, ainda eram bastante requisitadas como vocalistas de apoio em gravações e *shows* de grandes nomes da música popular brasileira.

TRIPA À LOMBEIRA. O mesmo que DOBRADINHA.

TÚNEL DA COVANCA. Ver COVANCA, Morro da; LINHA AMARELA.

TÚNEL NOEL ROSA. Via ligando a avenida MARECHAL RONDON, no SAMPAIO, ao bairro de Vila Isabel, sob a Serra do ENGENHO NOVO. Dotado de pistas superpostas e tendo em suas extremidades uma cobertura protetora da visão do motorista contra a mudança brusca de luminosidade, chamada *brise-soleil* (quebra-sol), quando de sua inauguração, em 1978, era o túnel mais moderno da cidade. Ver PORTO VELHO, Estrada do.

TUPI DE BRÁS DE PINA, G.R.E.S. Escola de samba fundada, com as cores azul e branca, em 20 de janeiro de 1951. Com sede na rua Guaíba, em BRÁS DE PINA, teve, entre seus fundadores, Antônio José Soares (Titino), os irmãos Aquiles e ELTON MEDEIROS, e Joacir Santana. Desfilou pela primeira vez em 1956 e, pela última, em 1998. Sua participação no carnaval foi irregular, oscilando entre os grupos das grandes escolas e das escolas menores, e deixando de desfilar em alguns anos. No fim dos anos 1960, foi mencionda em Araújo e Jório (1969) como uma escola de porte médio.

TURCO DA PRESTAÇÃO. No ambiente focalizado neste livro, antiga e arbitrária denominação de cada um dos comerciantes, emigrados do Oriente Médio, introdutores, nos subúrbios cariocas, do sistema de vendas a prazo ou à prestação, comercializando suas mercadorias de porta em porta. O gentílico "turco", aplicado não só aos naturais da Turquia como "aos sírios em geral", e também aos povos vizinhos, como os judeus imigrados da Europa, acha-se assim consignado no Novo dicionário da gíria brasileira, de M. Viotti (1956). Ver OLARIA; JUDAICA, Presença.

TURFE. Ver BENFICA; JOCKEY CLUB FLUMINENSE; TRIAGEM.

TURIAÇU. Bairro na 15ª Região Administrativa (MADUREIRA). Suas terras, outrora pertencentes à freguesia de IRAJÁ, tinham como maior referência a Estrada do Otaviano, cujo nome remete a Otaviano José da Cunha, comerciante estabelecido no ponto a que deu nome e é até hoje chamado "Largo do Otaviano". Na estrada, situava-se o Engenho do "Vira Mundo", que deve seu nome à alcunha do último grande fabricante de rapadura e aguardente, na região, depois da decadência do Engenho de Portela. A partir de 1898, com a inauguração da estação ferroviária da Estrada de Ferro Melhoramentos, depois conhecida como LINHA AUXILIAR, o bairro experimentou certo desenvolvimento. À época da elaboração deste livro, Turiaçu é visto como um subúrbio tipicamente residencial, sob forte influência de Madureira, no qual, entre as poucas indústrias, destaca-se, na rua Leopoldino de Oliveira, a fábrica PIRAQUÊ, de massas e biscoitos, com marca bastante conhecida. O nome "Turiaçu" tem origem ameríndia, provavelmente no tupi, dos elementos turi, facho de fogo, e açu, grande, talvez relacionado, segundo alguns autores, à ocorrência de um grande incêndio, na época dos índios, nos capinzais locais, onde predominava a gramínea conhecida como "sapê". Ver ESTRADA DO SAPÊ; ROCHA MIRANDA.

TV MANCHETE. Ver BLOCH EDITORES.

U

UBALDO DE OLIVEIRA (1913 – 1967). Político residente em BANGU. Vereador e deputado estadual, a partir de 1959, é destacado pelo empenho em obras de melhoramento, como a duplicação do viaduto de Bangu, e várias outras, na região em que viveu toda a sua existência. Um dos primeiros representantes políticos locais, foi também um dos mais populares de seu tempo.

UELINTON FARIAS ALVES. Jornalista, escritor e crítico literário carioca, nascido em MAGALHÃES BASTOS em 1960. Responsável, em 1984, pela descoberta dos descendentes do poeta CRUZ E SOUSA, na região de BANGU, seis anos depois publicou Reencontro com Cruz e Sousa, livro premiado pela Academia Brasileira de Letras, e, em 2001, o romance *Os crimes do rio vermelho*. Destacado como um dos maiores conhecedores da vida e da obra do grande poeta afro-brasileiro, tendo por isso recebido condecoração do Governo de Santa Catarina, é autor também, entre outras obras, dos estudos Cruz e Sousa, *Dante negro do Brasil* (PALLAS EDITORA, 2008) e *José do Patrocínio: a imorredoura cor de bronze* (Garamond, 2009). À época deste Dicionário, Uelinton, ex-morador de REALENGO, residia no MÉIER.

UEZO. Acrônimo do Centro Universitário Estadual da Zona Oeste, instituição de ensino superior criada em abril de 2002 em CAMPO GRANDE, inicialmente ligada à FAETEC, Fundação de Apoio à Escola Técnica. Em 2009, conseguindo autonomia, constituiu-se, ele próprio, em uma fundação pública vinculada à Secretaria Estadual de Ciência e Tecnologia do Rio de Janeiro. Ministrando cursos superiores de graduação e pós-graduação, além de cursos de extensão, e realizando pesquisas em áreas de ciência e tecnologia, à época desta obra, o UEZO mantinha cursos de graduação tecnológica em Construção Naval, Produção de Polimeros, Produção de Fármacos, Produção Siderúrgica, Sistemas de Informação e Biotecnologia, além de bacharelados em Ciências Biológicas, Ciência da Computação, Farmácia e Engenharia de Produção. Em 2011, estava em negociações para obter sede própria. Ver INSTITUTO DE EDUCAÇÃO SARAH KUBITSCHEK.

UMA AVENIDA CHAMADA BRASIL. Filme de longa metragem, com roteiro e direção de Octavio Bezerra, lançado em 1989. Documenta o cotidiano da AVENIDA BRASIL, bem como o dia a dia e as más condições de vida das pessoas que habitam e trabalham ao longo dessa importante via.

UMA FARRA EM CAMPO GRANDE. Título de um CHORO de autoria do pianista e compositor Romualdo Peixoto, o "Nonô" (1901 – 1954), considerado, por Ary Vasconcelos (1964), provavelmente o melhor pianista de SAMBA na chamada "idade de ouro" da música popular brasileira. Nonô foi morador de Niterói.

UMBANDA. Religião brasileira que se destacou, entre os cultos de base africana, por incorporar traços do espiritismo europeu e por dar grande peso aos guias espirituais – caboclos, pretos-velhos etc. – em suas crenças e práticas. Nas décadas que se seguiram à sua "apresentação" formal, em 1908, a umbanda conquistou uma grande quantidade de seguidores, principalmente entre os habitantes da hinterlândia carioca e municípios próximos, expandindo-se aos poucos para outros estados. A FBU – Federação Brasileira de Umbanda (2011), com sede na rua Coronel Magalhães, 79, em CASCADURA, em seu site, lista os seguintes terreiros filiados a ela ao tempo e na região objeto deste Dicionário: Cabana Espírita Caboclo Tupinambá e Vovó Maria Conga da Bahia (rua Duarte Teixeira, 118 – Quintino); Cabana do Pai José (rua Tarrafas, 400 – Paciência); Cantinho de Pai Joaquim e Amigos (rua Observador, 300 F. – Taquara); Caridade Espírita Raio de Luz (Travessa Maravilha, 726 – Padre Miguel); Casa Branca das Almas (rua da Creche, Casa 8 – Taquara); Casa de Caridade de Umbanda (rua Alan Kardec, 25 – Engenho Novo); Casa de Caridade São Sebastião (rua Igaratá, 760 – Marechal Hermes); Casa de Oxalá (avenida Geremário Dantas, 850 – Pechincha); Centro Espírita Abassá de Oxumarê (rua Santa Rita de Cássia, 88 – Marechal Hermes); Centro Espírita Oxalá, Xangô e Obaluayê (Travessa Eugênio Alves Nogueira, 25 – Santa Cruz); Centro Espírita Vovó Cambinda e Caboclo Rompe Mato (Caminho do Lúcio, 90 – Bangu); Centro Espírita Aldeia do Caboclo Sete Flechas de Aruanda (rua D. Romana, 432 – Engenho Novo); Centro Espírita Amor e Caridade (Estrada do Magarça, 1715 – Campo Grande); Centro Espírita União, Fé e Caridade (rua Fausto Cardoso, 431 – Rocha Miranda); Centro Espírita de Umbanda Yansã do Mar do Oriente (rua Assis Republicano, 310 F. – Freguesia); Centro Espírita Cabana Lua Nova da Jurema (Estrada do Camboatá, 3083 – Lote 3 – Guadalupe); Centro Espírita Caboclo Sete Flechas da Mata (rua Embaú, Quadra 23, Lote 4 – Parque Colúmbia, Pavuna); Centro Espírita Caboclo Ventania (Estrada da Paciência, 3 – Paciência); Centro Espírita Caminheiros de Pai Benedito (rua Corrientes, S/N Lote 100 – Turiaçu; Centro Espírita Boiadeiro Menino da Jurema (rua Ceriba, 252 – Padre Miguel); Centro Espírita Filhos de Oxalá (rua Teixeira de Carvalho, 89 – Abolição); Centro Espírita Frei João (rua Marieta Neumann, Lote 8 – Campo Grande); Centro Espírita N. S. De Fátima Trabalhadores da Jurema (rua Olívia Maia, 153 – Madureira); Centro Espírita Vovô Cambindo (Beco São Francisco Xavier, 2 – Sepetiba); Centro Espírita Nossa Senhora Aparecida (rua Amália, 232 – Quintino); Centro Espírita Casa de Xangô e Yemanjá (Estrada do Sertão, 845 – Casa 5 – Anil); Centro Espirita Tranca Ruas das Almas (rua José Maria, 169 – Frente – Penha); Centro de Cultura Afro-Brasileira Filhos da Oxum (Estrada da Capoeira Grande, Quadra 24, Lote 20 – Pedra de Guaratiba); Grupo Espírita Fé, Esperança e Caridade (rua Batovi, 68 – Fundos – Vila Cosmos); Ilê Ache Gojomim (rua 61 Casa 78 – Cesarão – Santa Cruz); Ilê Asé – Barracão da Oxum Barandogi (rua Regente Lima e Silva, 117 – Marechal Hermes); Ilê Axé de Ogum Xoroquê (rua Bororo, 83 – Inhaúma); Ilê Axé de Oya e Vovó Maria Conga (rua Guerima, 121 – Penha Circular); Ordem Espiritual Caboclo Cobra Coral, rua Claudino de Oliveira, 327 – Pechincha); Tenda Espírita Fé, Esperança e Caridade Casa Pai Rufino (rua Gastão da Cunha, 76 – Vila Valqueire); Tenda Espírita José D'Angola (rua Haitil Prado, 31 – Anchieta); Tenda Espírita Pai João do Congo (rua General Belegarde, 195 – Engenho Novo); Templo Umbandista Estrela Matutina (rua Ada, 233 – Piedade); Templo Espírita Pai Antônio de Paula e Caboclo Pena Vermelha (rua Jacinto Alcides, 730 – Bangu); Templo de Umbanda Terra Santa dos Orixás (rua João Luzo, 423 – Barata – Realengo); Templo Estrela do Oriente (rua Goiás, 548 – Piedade); Tenda Espírita Caboclo Tupiaçu e Tapajós (rua Antônio de Pádua, 19 – Riachuelo); Tenda Espírita N. S. do Perpétuo Socorro (rua Quiririm, 1309 – Vila Valqueire); Tenda Espírita Cabocla Jussara (rua Helena Ferraz, 12 – Casa 2 – Sepetiba); Tenda Espírita Caboclo Boiadeiro (rua Gonzaga Duque, 278 – Ramos); Tenda Espírita Caboclo Flexeiro e Pai Joaquim (rua Álvares Cabral, 150 – Cachambi); Tenda Espírita Caboclos de Aruanda (rua Agrário Menezes, 306 – Vicente de Carvalho); Tenda Espírita Filhos de Ogum (rua Tancredo Neves, 49 – Paciência); Tenda Espírita Caboclo Pena Verde (rua Teixeira de Azevedo, 416 – Abolição); Tenda Espírita Caboclo Rompe Mato e Vovó Maria Conga (Estrada João Paulo, 5 E (Pátio Estação) – Honório Gurgel); Terreiro Mansso Banzo Zumba Inkinassaba, rua Leonor Chrisman Mulle, O/A – Lote 27 – Realengo); Terreiro Espírita Pai Antônio José de Benguela (rua Valdemar Mangini, 103 – Braz de Pina); Ylê Omo D'Angola (rua Ituna, 330 – Cascadura). Vale observar que a referida FBU é exemplo de uma tendência comum entre as religiões espíritas e de raiz africana no Brasil. Tratadas por muito tempo como casos de polícia ou de psiquiatria, seus seguidores precisaram desenvolver estratégias de sobrevivência especiais. Assim, é comum a criação de associações que, ao mesmo tempo em que buscam meios de dialogar e negociar com os poderes constituídos, oferecem benefícios para as casas de culto filiadas e seus membros individuais, como orientação jurídica e assistência médica através de empresas conveniadas. Ver CANDOMBLÉ; RÁDIO METROPOLITANA.

UNIÃO DE BRÁS DE PINA. Antiga escola de samba do bairro de BRÁS DE PINA. Participou do carnaval de 1948.

UNIÃO DE JACAREPAGUÁ, G.R.E.S. Escola de samba resultante da fusão das antigas Corações Unidos e Vai se Quiser, nascida em 15 de novembro de 1956. Sediada inicialmente na TAQUARA, entre seus compositores destacaram-se, principalmente, Jorge Mexeu e CATONE, mais tarde campeão de sambas-enredo na PORTELA. Muitos sambistas famosos tiveram ligação com a União ou a ela pertenceram, como, por exemplo, Ari, antigo mestre-sala portelense; Casemiro Calça Larga, diretor de harmonia do Salgueiro; Davi do Pandeiro, da VELHA GUARDA DA PORTELA; e o célebre MESTRE ANDRÉ. No fim dos anos 1960, com as cores verde e branca, era mencionada em Araújo e Jório (1969) como uma escola de porte médio. Segundo algumas fontes, em sua denominação o conjunto de letras "G.R.E.S", ao contrário da regra entre as escolas, significa "Grêmio Recreativo de Esporte e Samba".

UNIÃO DE MARECHAL HERMES F.C. Clube de FUTEBOL AMADOR fundado em 1915. Seu estádio e sua sede localizam-se na rua Xavier Curado, em MARECHAL HERMES. Em 1977, o Botafogo Futebol e Regatas fez um acordo com o União e passou a utilizar o antigo campo, ao qual deu o nome de Estádio Mané Garrincha. Em meados da década de 2000, o "alvinegro" mantinha no local apenas atividades com vistas à formação de novos jogadores. Ver ENGENHÃO.

UNIÃO DE VAZ LOBO, G.R.E.S. Escola de samba de VAZ LOBO, fundada em 14 de novembro de 1930. No fim dos anos 1960, com as cores azul, rosa e branca, era mencionada em Araújo e Jório (1969) como uma escola de porte médio.

UNIDOS DA CAPELA, G.R.E.S. Escola de samba fundada em PARADA DE LUCAS, em 15 de janeiro de 1931. Destacou-se, segundo Araújo e Jório (1969), por ser a primeira entidade do SAMBA a ter, entre seus associados, "homens de cor branca", e a criar um curso de alfabetização de adultos, o que ocorreu em 1935. Na década de 1960, fundiu-se com a APRENDIZES DE LUCAS, dando origem à UNIDOS DE LUCAS.

UNIDOS DA CONGONHA. Antiga escola de samba com endereço no número 44 da rua Joana Rezende, em MADUREIRA. Fundada em 15 de agosto de 1948.

UNIDOS DA TAMARINEIRA. Antiga escola de samba de MADUREIRA, com endereço à rua Olívia Maia, 105. Era ativa em 1954, após a fundação do IMPÉRIO SERRANO.

UNIDOS DE BANGU, G.R.E.S. Agremiação do bairro de BANGU, fundada em 15 de novembro de 1937. No fim dos anos 1960, com as cores vermelha e branca, era mencionada em Araújo e Jório (1969) como uma "pequena escola". Teve sede na avenida Cônego Vasconcelos, mas é mencionada por Espírito Santo (2004) como tendo seu núcleo na VILA VINTÉM.

UNIDOS DE BENTO RIBEIRO. Agremiação carnavalesca que existiu, no bairro de BENTO RIBEIRO, durante a década de 1950. Participando pela primeira vez do desfile em 1954, chegou a desfilar no Grupo 1, das grandes Escolas, entre 1956 e 1958. No início da década seguinte, o bairro foi representado pelos Acadêmicos de Bento Ribeiro. As duas escolas estão extintas.

UNIDOS DE CAMPO GRANDE. Antiga escola de samba de CAMPO GRANDE. Participou do carnaval de 1948.

UNIDOS DE CAVALCANTI. Antiga escola de samba de CAVALCANTI. Participou do carnaval de 1948.

UNIDOS DE IRAJÁ. Antiga escola de samba. Participou do carnaval de 1948. Ver BECO DA CORUJA.

UNIDOS DE LUCAS, G.R.E.S. Agremiação fundada em 22 de abril de 1966, em PARADA DE LUCAS, como resultado da fusão das antigas APRENDIZES DE LUCAS e UNIDOS DA CAPELA. Entre seus fundadores, contam-se os sambistas D'Ortang Alves Campos, o Buzinfa, Marco Aurélio Guimarães, o Jangada, e Austeclínio da Silva. Entre os compositores, destacaram-se, em épocas distintas, Nilton Ruço, Zeca Melodia e CARLÃO ELEGANTE. No fim dos anos 1960, com as cores vermelha e amarela, era alinhada, por Araújo e Jório (1969), entre as "grandes escolas". Entretanto, na ocasião deste texto, integrava um dos grupos de acesso.

UNIDOS DE MANGUINHOS, G.R.E.S. Escola de samba de MANGUINHOS, fundada em 23 de abril (dia de SÃO JORGE) de 1964. No fim dos anos 1960, com as cores verde e branca, era mencionada em Araújo e Jório (1969) como uma "pequena escola". Teve sede no número 32 da avenida dos Democráticos.

UNIDOS DE PADRE MIGUEL, G.R.E.S. Escola de samba de PADRE MIGUEL. No fim dos anos 1960, com as cores vermelha e branca, era mencionada em Araújo e Jório (1969) como uma escola de porte médio.

UNIDOS DE ROCHA MIRANDA. Antiga escola de samba carioca. No histórico das escolas apresentado por Hiram Araújo (1991), só é referida uma vez. A referência é do carnaval de 1939, em que se classificou em 19º lugar entre 25 concorrentes. No registro de Araújo, depois desse ano, só em 1953 outra escola ostentando o nome do bairro, a Recreio de ROCHA MIRANDA, volta ao cenário da Praça Onze, no segundo grupo, onde fica amargando más colocações até, ao que consta, 1956. No ano seguinte, entra em cena a Universitários de HONÓRIO GURGEL (estação vizinha), que faz uma estreia razoável, classificando-se em nono lugar entre dezoito concorrentes, mas decai, fazendo talvez seu último desfile, três anos depois. Em 1960, surge a Unidos do Uraiti, também das redondezas. A Unidos de Rocha Miranda localizava-se na zona de influência da PORTELA. Daí a presença, em suas hostes, de sambistas também ligados à escola de OSWALDO CRUZ.

UNIDOS DE TURIAÇU. Antiga escola de samba com sede à rua Jatuarana nº 41, participante do carnaval de 1948. Mais tarde, denominou-se Acadêmicos de TURIAÇU.

UNIDOS DE VILA SANTA TEREZA. Escola de samba fundada em 20 de dezembro de 1965. Teve sede na rua Imbé, na localidade de Vila Santa Tereza, no bairro de COELHO NETO.

UNIDOS DO CABUÇU, Sociedade Educativa, Recreativa e Escola de Samba. Agremiação sediada no LINS DE VASCONCELOS. No fim dos anos 1960, com as cores azul e branca, era mencionada em Araújo e Jório (1969) como uma escola de porte médio.

UNIDOS DO INDAIÁ. Antiga escola de samba de MARECHAL HERMES, com sede à rua Acapu, nº 104. Era ainda ativa em 1955.

UNIDOS DO JACAREZINHO, G.R.E.S. Escola de samba do JACAREZINHO, fundada em 16 de junho de 1966 como resultado da fusão das escolas União do Jacarezinho e Unidos do Jacaré. Entre seus fundadores, contam-se os sambistas Ney Gaspar, Josué da Silva e José Vitor Barcelos; e entre os compositores destacaram-se MONARCO, também portelense, Nonô, Zé Dedão, Escoteiro, Ciranda e Sarabanda, entre outros. No fim dos anos 1960, com as cores rosa e branca, era alinhada, por Araújo e Jório (1969), entre as "grandes escolas".

UNIVERSIDADE GAMA FILHO. Ver GAMA FILHO.

URBANO. Qualificação, surgida na década de 2000, para os produtos culturais e formas de comportamento emanados das matrizes do mundo globalizado. Dentro dessa qualificação, implicitamente, o que é "suburbano" não é "urbano", ou seja, não é "moderno" nem "contemporâneo".

URUBU CHEIROSO. Bloco carnavalesco fundado em IRAJÁ na década de 1970. Nascido como bloco de empolgação, na década de 1990 desfilava como bloco de enredo, congregando sambistas das comunidades de VILA RANGEL, VILA MIMOSA etc. Com sede na região da estrada Coronel Vieira, permanecia ativo em dezembro de 2009, quando realizava a programação "Casa de Bamba", tendo como uma das atrações semanais o sambista GABRIELZINHO DO IRAJÁ. Ver BLOCOS CARNAVALESCOS.

URUBUS, Morro dos. Elevação em TOMÁS COELHO.

URUCÂNIA. Sub-bairro de SANTA CRUZ. Originou-se a partir da estrada de mesmo nome, que liga PACIÊNCIA a Santa Cruz, com início na rua Lúcio Cardoso e término na rua Marquês de Barbacena, correndo ao lado da via férrea.

URURAÍ DE MAGALHÃES, General. Militar brasileiro nascido em 1897. No Exército, João Ururaí de Magalhães foi comandante do Regimento Escola de Infantaria, na VILA MILITAR, a partir de 1946. Dez anos depois, assumiu o comando da Policia Militar do Distrito Federal e, em 1959, reformou-se no posto de general de exército para, na vida civil, ser presidente da COFAP, Comissão Federal de Abastecimento e Preços. Morava na rua Cerqueira Daltro, em CASCADURA, onde provavelmente passou os últimos anos de sua vida. Outro militar com o mesmo sobrenome, Otacílio Terra Ururaí (1900 – 1976), foi comandante interino do 1º Exército, no Rio de Janeiro, após o golpe de 1964, e, mais tarde, ministro do Superior Tribunal Militar.

V

VACA LEITEIRA. Denominação popular aplicada, no subúrbio carioca, até proximidades da década de 1950, ao veículo de venda de leite em domicílio. Tinha características dos atuais "carros-pipa", usados para transporte de água, diferindo apenas no material do reservatório do leite, feito de alumínio.

VAGNER LOVE. Nome pelo qual se tornou conhecido Vagner Silva de Souza, jogador de futebol carioca, nascido em 1984. Criado em uma favela da região de BANGU, atuou pelo BANGU A.C., pelo CAMPO GRANDE A.C. e pelo Vasco da Gama. Em 2010, emprestado pelo CSKA de Moscou, era um dos destaques do time do Flamengo.

VALA DO SANGUE. Comunidade favelada em SANTA CRUZ, no caminho de mesmo nome. Sua denominação remonta à extensa vala por onde escoava o sangue dos animais abatidos no MATADOURO local, até o Canal do ITÁ. No início de 2010, a Prefeitura anunciava a derrubada das 260 moradias da favela, por se encontrarem em área de risco.

VALDIR BIGODE. Nome pelo qual se tornou conhecido Valdir de Morais Filho, jogador carioca de futebol nascido em 1972. Morador de SANTÍSSIMO, iniciou carreira no CAMPO GRANDE A.C. aos 12 anos de idade, profissionalizando-se no C.R. Vasco da Gama, onde ingressou em 1991, para destacar-se como centroavante e artilheiro. No ano seguinte, saiu da equipe de juniores para a principal, na qual sagrou-se campeão estadual em 1993 e 1994. Atuou, depois, em outros clubes do Brasil, da Europa e do mundo árabe, retornando ao Vasco e encerrando a carreira, por contusão, em 2008. Em 2010, era gerente de futebol e técnico do combalido Campo Grande, o "Galo da Zona Oeste".

VALE DA CAIXA D'ÁGUA. Vale em que corre o Rio da Prata do Cabuçu, no Parque Estadual da Pedra Branca, em CAMPO GRANDE. É usado como trilha para turismo ecológico, por ter em seu percurso cachoeiras, piscinas naturais, nascentes e mirantes. O nome está relacionado à antiga caixa d'água do bairro (reservatório Vitor Konder, tombado pelo patrimônio histórico), construída em 1927 no Morro do Luís Barata, próximo à Estrada do MONTEIRO, e cujo acesso, o Caminho da Caixa d'Água, é também acesso ao vale.

VALE DA VIRGEM MARIA. Ponto turístico-ecológico na localidade de RIO DA PRATA, CAMPO GRANDE. Oferece, como atrativos, riachos, mirantes naturais e trilhas.

VALE DO PARAÍBA, Migrantes do. O rio Paraíba do Sul nasce na Serra do Mar e deságua no Atlântico, na cidade fluminense de São João da Barra. Em meados do século XIX, as terras à sua margem, por isso conhecidas como do "Vale do Paraíba", constituíram a região de maior produção cafeeira no país. Com o colapso dessa atividade, famílias de lavradores da região, vindas para a antiga Capital Federal, estabeleceram-se nas freguesias rurais, o que foi determinante na consolidação da forte presença negra na população e na cultura da hinterlândia carioca. Ver NEGROS, Presença histórica.

VALQUEIRE TÊNIS CLUBE. Agremiação social e esportiva fundada em 1963, com sede na rua Miosótis, em VILA VALQUEIRE. Tornou-se mais conhecido por ser o clube em que o futebolista Ronaldo Nazário de Lima, mais tarde celebrizado como RONALDO FENÔMENO, jogou suas primeiras partidas, atleta na modalidade então conhecida como FUTEBOL DE SALÃO, hoje futsal.

VALQUEIRE. O mesmo que VILA VALQUEIRE.

VAREJO. Antiga denominação para qualquer estabelecimento comercial de vendas a varejo. Nas antigas plataformas das estações ferroviárias da hinterlândia carioca, era comum a existência de pequenos estabelecimentos comerciais para venda, aos passageiros dos trens, de café "em pé", bolos, salgados e refrescos, além de cigarros. Esses ancestrais ferroviários das atuais lanchonetes eram mencionados, cada um, como o "varejo da estação".

VARGEM GRANDE. Bairro sob a jurisdição da 24ª Região Administrtiva (Barra da Tijuca). Sua história remonta à fazenda de mesmo nome, em terras da Freguesia de JACAREPAGUÁ, pertencentes, de 1667 a 1891, aos monges da Ordem de São Bento. A fazenda, dedicada ao cultivo de cana-de-açúcar e café, foi implantada, no século XVIII, na antiga Estrada de GUARATIBA; e vestígios de sua existência ainda podiam ser vistos, à época deste texto, em uma propriedade no número 10.636 da Estrada dos BANDEIRANTES. A partir de 1891, as terras de Vargem Grande estiveram sob o domínio de várias empresas, inclusive do onipresente BANCO DE CRÉDITO MÓVEL. Na atualidade, o bairro, de feição tipicamente rural, com o belo aspecto que lhe dão as SERRAS e florestas do Maciço da Pedra Branca, cumpre vocação turística, destino esse que, entretanto, é obrigado a compartilhar com a vida difícil nas comunidades de baixa renda, como a da Vila Cascatinha, do Rio Morto e da Beira do Canal. Ver FAVELAS; JACAREPAGUÁ; PEDRA BRANCA, Maciço da.

VARGEM PEQUENA. Bairro na jurisdição da 24ª Região Administrativa (Barra da Tijuca), nascido em terras da antiga Freguesia de JACAREPAGUÁ. Com história correlata à da vizinha VARGEM GRANDE, também abrigou propriedade dos monges beneditinos. Sua particularidade foi ter, aberta em suas terras, a primeira estrada interligando as diversas propriedades da região, a estrada Velha do Engenho (também chamada da PAVUNA, de CURICICA e de GUARATIBA) e cujo traçado corresponderia, aproximadamente, ao da atual Estrada dos BANDEIRANTES. Por esse caminho foi que, segundo algumas versões, o corsário francês DUCLERC teria entrado, para tentar tomar o Rio de Janeiro, em 1710.

VARIANTE. Antiga denominação popular da AVENIDA BRASIL.

VÁRZEA COUNTRY CLUBE. Clube social localizado na ÁGUA SANTA, na antiga chácara do Doutor ASSIS CARNEIRO, no final da rua Torres de Oliveira. Foi criado na década de 1950, como um empreendimento da Companhia Várzea do Carmo, e destacou-se, na região, por suas características de clube campestre. À época da criação deste Dicionário, mantinha-se ativo, mas com pouca atratividade, por conta da violência reinante na região.

VASCONCELOS. Ver AUGUSTO VASCONCELOS.

VAZ LOBO. Bairro na jurisdição da 15ª Região Administrativa (MADUREIRA), em terras outrora pertencentes à Freguesia de IRAJÁ. Localiza-se entre Madureira e IRAJÁ, com centro na confluência das atuais avenidas MINISTRO EDGARD ROMERO e MONSENHOR FÉLIX; e no início da avenida Vicente Carvalho, antes chamada "Estrada da Penha", por seguir, do Largo de Vaz Lobo, na direção do importante bairro da zona da LEOPOLDINA. Seu nome homenageia o capitão-tenente José Maria Vaz Lobo, proprietário local, evocando um tempo de grandes chácaras, entre o Morro do SAPÊ e o da SERRINHA, nas quais, segundo consta, se cultivava aipim, batata-doce e até café. Ver ASFALTO SELVAGEM; BONDES; COLÉGIO REPUBLICANO; ESCOLAS DE SAMBA; FAVELAS; FUTEBOL DE SALÃO; IMPÉRIO SERRANO; IRAJÁ; MANUEL MACHADO; MESTRE-SALA E PORTA-BANDEIRA; MONSENHOR FÉLIX; ROMERO, Família; SAPÊ, Morro do; SERRINHA, Morro da; UNIÃO DE VAZ LOBO.

VELHA GUARDA DA PORTELA. Grupo vocal-instrumental organizado em 1970 e integrado inicialmente pelos sambistas Manaceia (1921 – 1995), Chico Santana (1911 – 1975), Ventura (1908 – 1974), Alvaiade (1913 – 1981), Alcides Lopes (1909 – 1987), Aniceto de Andrade (1912 – 1982), Alberto Lonato (1909 -1999), MONARCO, Mijinha (1918 – 1980), VICENTINA (1914 – 1987), Iara (1916 – 1991), ARMANDO SANTOS (1915 – c. 2000 , Antônio Caetano e João da Gente. Mais tarde, o grupo incorporou o talento das pastoras Doca, Eunice e Surica, e de compositores e instrumentistas como Casquinha, Osmar do Cavaco, ARGEMIRO PATROCÍNIO e JAIR DO CAVAQUINHO, entre outros. Criado a partir da intenção do compositor Paulinho da Viola de reunir em disco o belíssimo repertório da escola, o grupo conheceu o sucesso, gravando dois LPs e atuando em *shows*, inclusive fora do país, mantendo-se ativo, embora reduzido e modificado pelo falecimento de vários de seus componentes, ainda à época desta obra. Ver MISTÉRIO DO SAMBA, O.

VELHAS GUARDAS. Filme de longa metragem, com direção de Jostan Vilela, lançado em 2008. Documenta os encontros semanais dos integrantes das alas das velhas guardas das ESCOLAS DE SAMBA cariocas, promovidos pela associação respectiva. Inclui depoimentos de famosos sambistas veteranos, como MONARCO, DONA IVONE LARA e Nelson Sargento.

VENDA GRANDE [1]. Antigo nome da estação ferroviária do ENGENHO NOVO da ESTRADA DE FERRO DOM PEDRO II, aberta em 1858.

VENDA GRANDE [2]. Denominação de uma das estações originais estação da Estrada de Ferro RIO D'OURO localizada na Freguesia de INHAÚMA (GERSON, 1965, p. 551; RIBEIRO, 1911), referida por alguns, equivocadamente, como "Vargem Grande". Ficava localizada onde a AVENIDA SUBURBANA encontrava a ESTRADA VELHA DA PAVUNA. Aberta em 1883, desapareceu quando o trecho da ferrovia onde se achava foi desativado, no fim da década de 1920.

VENTRE VIRADO. Ver REZADEIRAS.

VERNA DE MAGALHÃES, Rua. Logradouro no LINS DE VASCONCELOS, com início na rua BARÃO DO BOM RETIRO e término na rua Cabuçu. Sua denominação homenageia um conselheiro do Império, marido da CONDESSA BELMONTE.

VETERAN CAR CLUB DO BRASIL-RJ. Sociedade de colecionadores, sem fins lucrativos, com sede na rua Darke de Matos, em HIGIENÓPOLIS. Nasceu da iniciativa de um grupo de apaixonados por automóveis antigos, tendo, como principais objetivos, a restauração, manutenção e preservação da memória automobilística nacional. Dentro das obrigações estatutárias dos associados do clube está a de buscar a manutenção de seus automóveis estritamente dentro de suas características originais.

VIA DUTRA. Denominação popular da Rodovia Presidente Dutra, BR-116, que liga as cidades de Rio de Janeiro e São Paulo. No ambiente objeto deste Dicionário, ela serve os bairros de PAVUNA, JARDIM AMÉRICA e VISTA ALEGRE, onde começa, no TREVO DAS MARGARIDAS.

VIADUTO DOS CABRITOS. Nome pelo qual é mais conhecido o Viaduto Engenheiro Oscar Brito, localizado na Rodovia BR-465, antiga ESTRADA RIO-SÃO PAULO, sobre a AVENIDA BRASIL, em CAMPO GRANDE, nas proximidades da fábrica da AMBEV. Fruto de uma corruptela, essa denominação popular, consagrada pelo uso, chegou até a documentos públicos, como relatórios de obras da Prefeitura Municipal.

VIADUTO NEGRÃO DE LIMA. Ver NEGRÃO DE LIMA, Viaduto.

VICENTE DE CARVALHO. Bairro localizado na jurisdição da 14ª Região Administrativa (IRAJÁ). Ao contrário do que já se afirmou, o nome do bairro não remete ao juiz e poeta paulista que se notabilizou a partir da segunda metade do século XIX, e que dá nome, hoje, a uma localidade balneária pertencente ao Município de Guarujá, em São Paulo. O homenageado é, na verdade, um fazendeiro proprietário de vasta extensão de terras no local, em época anterior à de seu homônimo. Localizadas na antiga freguesia de IRAJÁ, essas terras tiveram como dono original, antes desse proprietário, o cristão-novo Lucas da Silva, perseguido pela Inquisição no século XVII e então despojado de seus bens (FAZENDA, 1920, p. 197). Transmitida a Vicente de Carvalho, a titularidade dessas terras passou depois à viúva CAROLINA MACHADO e à família Rangel Vasconcelos, também ligados à história de MADUREIRA. Em 1883, a Estrada de Ferro RIO D'OURO inaugura a estação local. Na década seguinte, adquiridas pela Companhia de Colonização Agrícola, as terras próximas são urbanizadas e loteadas, numa iniciativa empresarial do Conde Modesto Leal e do Visconde de Morais. Seguindo-se a esses eventos, como já visto na história de outros subúrbios, veio o surto progressista, com a abertura da antiga AVENIDA AUTOMÓVEL CLUBE; a ligação, pelo bonde elétrico, entre a PENHA e Madureira; a chegada das primeiras indústrias, como as antigas Standard Electric e Bausch & Lomb. Ao tempo desta obra, o principal estabelecimento industrial do bairro é a Nadir Figueiredo, fabricante de copos e artefatos de vidro. Quanto a comércio e lazer, a população de Vicente de Carvalho e arredores conta, principalmente, com o moderno Shopping Carioca e a casa de espetáculos Olimpo, especializada em música popular. A proximidade de Madureira e da Penha também conta como mais um atrativo para o bairro. Ver BACIA HIDROGRÁFICA; BLOCOS CARNAVALESCOS; BONDES; BOTEQUINS; CARIOCA SHOPPING; CORETOS DE CARNAVAL; ENGENHO DO MATO; ESCOLAS DE SAMBA; FAVELAS; FESTA DA PENHA; GAFIEIRAS; INDÚSTRIAS PIONEIRAS; MELLO TÊNIS CLUBE; METRÔ; MOCIDADE DE VICENTE DE CARVALHO; OLIMPO; ÔNIBUS; PILÓ, Maestro; TOMÁS COELHO; VILA DA PENHA; VILA COSMOS.

VICK PIPAS. Ver PIPA.

VIDAL. Assinatura artística do pintor carioca Sérgio Vidal da Rocha, nascido em 1945. Operário metalúrgico, iniciou carreira em 1964, influenciado por HEITOR DOS PRAZERES. A partir de 1971, dedicando-se só à pintura, firmou-se como grande pintor figurativo, retratando, de forma colorida e realista, o cotidiano das classes populares cariocas, notadamente no ambiente focalizado neste livro. Vidal nasceu em uma maternidade na Gamboa; viveu até os cinco anos de idade nos fundos do templo da Igreja Adventista do MÉIER; morou com a avó em MADUREIRA; foi depois para a companhia dos pais em TOMÁS COELHO, em uma vila que dava acesso ao Morro do Urubu. Aos oito anos foi morar em BONSUCESSO, onde viveu até os 22 anos. Depois, morou novamente no MÉIER, de onde foi para DEL CASTILHO. Em 1977, o artista firmou o compromisso matrimonial com Leila, sua mulher, no desfile da escola de samba EM CIMA DA HORA. Em 1980, o casal fixou-se em Pedra de GUARATIBA.

VIEGAS, Fazenda do. Antigo estabelecimento colonial, sede do Engenho da Lapa, fundado por Manuel de Souza Viegas, no século XVII. Preservada e tombada como bem do patrimônio histórico da União, a propriedade, é hoje uma das importantes atrações turísticas da hinterlândia carioca, em SENADOR CAMARÁ, onde a estrada e o caminho do Viegas evocam os tempos faustosos da fazenda. Em 1725, a fazenda era propriedade de Francisco Garcia do Amaral, o qual nela construiu a Capela de Nossa Senhora da Lapa. Durante quase todo esse século, a fazenda, cultivando cana-de-açúcar e produzindo derivados em seu engenho, foi considerada a segunda em importância na freguesia de CAMPO GRANDE. No início do século XIX, com o advento da CAFEICULTURA, a fazenda, com seus campos de cultivo se estendendo até o Lameirão e a Serra do Viegas, destacou-se como uma das maiores e mais produtivas. Cortada pela ESTRADA REAL DE SANTA CRUZ, a fazenda teve a honra de hospedar a realeza brasileira em várias ocasiões, sendo que, no Segundo Império, já era propriedade dos herdeiros de Helena Januária Campos Cardoso. Em 1938, a sede da fazenda e a capela anexa foram tombadas pelo Serviço de Patrimônio Histórico e Artístico Nacional, da União. Na década de 1990, uma reforma feita pela Prefeitura do Rio, que incluiu recuperação arquitetônica e revitalização paisagística, estruturou o conjunto do Parque Municipal Fazenda do Viegas como importante sítio histórico e natural. A antiga sede da fazenda passou, então, a abrigar a Subprefeitura da ZONA OESTE. Ver CAFEICULTURA.

VIEIRA FAZENDA. Antiga estação ferroviária da LINHA AUXILIAR, inaugurada em 1908. Localizada entre MARIA DA GRAÇA e HERÉDIA DE SÁ, até meados da década de 1960, serviu também à Estrada de Ferro RIO D'OURO. Em tempos recentes, a denominação JACAREZINHO, em referência ao bairro que cresceu ao seu redor, veio substituir o nome antigo. Seu nome homenageia José Vieira Fazenda (1874-1917), historiador carioca, reconhecido como o maior conhecedor da história da cidade do Rio de Janeiro em seu tempo.

VIGÁRIO GERAL. Bairro sede da 31ª Região Administrativa. Localizado no limite do município do Rio com o de Duque de Caxias, do qual é separado pelo CANAL DA PAVUNA, sua história liga-se, certamente, à ocupação da região, no século XVII, pelos frades beneditinos, proprietários da fazenda São Bento. Sobre a denominação, sabe-se apenas que, na nomenclatura eclesiástica católica, "vigário geral" é o título que recebe o prelado nomeado pelo bispo como seu auxiliar na gestão da diocese; e que, após a criação da freguesia de IRAJÁ, a que o atual bairro pertencia, já no século XVIII, o cônego Luiz Borges, nascido no Rio mas doutor pela Universidade de Coimbra, foi nomeado vigário-geral, cargo mais tarde ocupado por outro padre irajaense, o Monsenhor Felix de Albuquerque, cujo nome é até hoje lembrado na avenida principal do bairro de Irajá. Por volta de 1712, o proprietário José Gomes da Silva era dono de três fazendas no Irajá: uma diante da Igreja e duas no rumo do atual bairro de Vigário Geral. Essas terras confrontavam com as do vigário-geral, provavelmente o cônego Luiz Borges, e com a Fazenda do Provedor, de propriedade de Cordovil de Siqueira e Melo e matriz do bairro de CORDOVIL, a qual, segundo Vieira Fazenda (1920, p. 199), mais tarde abrigaria um dos treze engenhos existentes na Freguesia de Irajá. Na segunda metade dos Setecentos, com a descoberta do ouro e a consequente criação da capitania das Minas Gerais, melhoraram-se os caminhos para a região das minas, os quais passavam pelas terras da freguesia de Irajá. Um desses caminhos, o "Caminho do Couto" cortava a freguesia do Pilar (atual cidade de Duque de Caxias), passando naturalmente pelas terras do vigário-geral. Na segunda metade do século XIX, destacava-se na região o Dr. Bulhões Marcial, proprietário de uma vasta extensão de terras que se estendiam até o atual JARDIM AMÉRICA e às proximidades da PAVUNA, as quais foram mais tarde loteadas. Em 1886, a companhia Northern Railway (ESTRADA DO NORTE) inaugurava uma linha ferroviária ligando a Estação de SÃO FRANCISCO XAVIER à cidade de Duque de Caxias, ainda chamada Miriti. Nasceria aí, provavelmente, a parada em torno da qual o futuro bairro se expandiu. Ver AFRO REGGAE; AVENIDA BRASIL; BACIA HIDROGRÁFICA; BIBLIOTECA COMUNITÁRIA TOBIAS BARRETO; CEHAB-RJ; COBERTURA VEGETAL NATURAL; FAVELAS; LEOPOLDINA, Ramal da; ÔNIBUS; PARADA DE LUCAS; PROVEDOR, Fazenda do; SILIMED.

VILA ALIANÇA. Sub-bairro localizado em BANGU, originário de um conjunto habitacional criado na década de 1960. Ver ALIANÇA PARA O PROGRESSO.

VILA CATIRI. Sub-bairro de BANGU, situado entre a Estrada de Gericinó, a rua Catiri, a AVENIDA BRASIL e o rio Sarapuí. Entre os problemas da área encontram-se a existência de uma estação de tratamento de esgoto desativada e a relativa proximidade do aterro sanitário de Bangu.

VILA COSMOS. Bairro integrante da 14ª Região Administrativa (IRAJÁ). Seu núcleo original foi o loteamento Vila Florença, empreendimento imobiliário implantado a partir de 1930 pela Companhia Urbanizadora Imobiliária Kosmos, em terras do Dr. Guilherme Guinle, situadas entre a estrada Vicente de Carvalho e a Serra da Misericórdia. Na atualidade, é um bairro essencialmente residencial, atravessado pela avenida Meriti e servido pela Linha 2 do METRÔ, através da estação de VICENTE DE CARVALHO. Ver CARIOCA SHOPPING; FAVELAS; ÔNIBUS; VILA DA PENHA.

VILA CRUZEIRO. Localidade favelada na PENHA, integrante do Complexo do ALEMÃO. Segundo algumas fontes, a comunidade aí residente remontaria ao chamado "QUILOMBO DA PENHA", espécie de quilombo abolicionista (reduto criado e mantido por lideranças favoráveis à abolição do escravismo), incentivado pela ação social do Padre RICARDO SILVA, importante figura local, mencionado por Bricio Filho (*apud* GERSON, 1965, p. 494) como "um dos mais ativos coiteiros de escravos fugidos da cidade".

VILA DA PENHA. Bairro na jurisdição da 14ª Região Administrativa (Irajá). Localizado entre os atuais IRAJÁ, VILA COSMOS, PENHA CIRCULAR, BRÁS DE PINA e VISTA ALEGRE, teve como principal núcleo de seu desenvolvimento o Largo do BICÃO, no cruzamento das antigas estradas do QUITUNGO (ligação com Irajá) e de Brás de Pina (ligação com a PENHA, através de Brás de Pina). Típica região rural, de fazendas, pequenos engenhos e chácaras, sua expansão só começa a ocorrer na década de 1920. Na década seguinte, o arruamento e o loteamento exatamente denominado "Vila Penha", projetado e executado pela Empresa Industrial de Melhoramentos do Brasil, consolidou a urbanização do bairro, que, com Getúlio Vargas, recebeu também, como vários outros do subúrbio, um conjunto residencial do IAPI, constituído principalmente de casas com pequenos terrenos, algumas das quais ainda existentes em sua forma original. Na atualidade, a Vila da Penha, ligada também a VICENTE DE CARVALHO pela avenida Meriti, é um dos bairros mais valorizados da hinterlândia carioca. Ver ALMA SUBURBANA; BIBLIOTECA COMUNITÁRIA TOBIAS BARRETO; AVENIDA BRÁS DE PINA; CAMPOS DE PELADA; FAVELAS; FÉ, Morro da; GILSON PERANZZETTA; GROTÃO, Morro do; IRAJÁ; QUITUNGO, Estrada do; SERENO, Morro do.

VILA DO PINHEIRO. Um dos três conjuntos residenciais existentes na área chamada de Pinheiro, na MARÉ, formada pelo aterro, feito na década de 1980, que ligou a ilha do Pinheiro ao continente, e que se destinava a alojar famílias removidas das palafitas da Maré. A Vila do Pinheiro, com 2.300 casas, e o Conjunto Pinheiros, formado por 34 blocos de apartamentos, foram construídos em 1984. Mais tarde foi erguido o Conjunto Novo Pinheiro, mais conhecido como SALSA E MERENGUE.

VILA KENNEDY. Localidade sob a jurisdição da 17ª Região Administrativa (BANGU). Situa-se entre o Morro do Retiro e a Serra do QUITUNGO, nas duas margens da AVENIDA BRASIL, na região de SENADOR CAMARÁ, em antigas terras da Fazenda do Retiro, outrora pertencentes à Freguesia de CAMPO GRANDE. Sua origem é o conjunto habitacional inaugurado em janeiro de 1964, pelo governo Carlos Lacerda, do então ESTADO DA GUANABARA, no âmbito da "ALIANÇA PARA O PROGRESSO", para receber populações faveladas do Morro do Pasmado, na Zona Sul; da Favela do Esqueleto, no Maracanã; e da Favela de RAMOS. Mais tarde, a Vila, cujo nome homenageia John F. Kennedy, presidente norteamericano criador da "Aliança para o Progresso", assassinado em 1963, dividiu-se em sublocalidades com denominações específicas, como METRAL, VILA PROGRESSO, MALVINAS e QUAFÁ. Como evocação de suas origens, a Vila Kennedy ostenta, na Praça Miami, uma réplica da Estátua da Liberdade, símbolo político da sociedade estadunidense. Mas essa réplica, inaugurada em 20 de janeiro de 1964, é na verdade uma miniatura, pois tem dois metros de altura contra os quarenta e seis do monumento original.

VILA MILITAR. Bairro na jurisdição da 33ª Região Administrativa (REALENGO). Nasceu em antigas terras do ENGENHO NOVO DA PIEDADE, pertencente no século XVIII a Bento de Oliveira Braga, membro da família proprietária do ENGENHO DE NOSSA SENHORA DE NAZARÉ, que originou o bairro de ANCHIETA. Esse Engenho Novo, um dos quatro com mesmo nome existentes no Rio antigo, era vizinho dos engenhos e fazendas SAPOPEMBA e do GERICINÓ. Aí, então, numa vasta área de mais de 5 milhões de m², a partir do período presidencial do Marechal Hermes da Fonseca, o Exército Brasileiro projetou e instalou o maior complexo militar da América Latina. A execução da grande obra teve início, em 1908, com a aquisição pela União, por meio do Ministério da Guerra, das terras da Fazenda Sapopemba, então pertencentes à Empresa Industrial Brasileira. A obra de construção dos novos quartéis, com projeto de autoria do tenente engenheiro Palmiro Serra Pulquério, responsável, depois, pela construção da vila operária que deu origem ao bairro de MARECHAL HERMES, foi concluída em 1912. Nesse ano, com a transferência do 1º e do 2º Regimentos de Infantaria, foi inaugurada a nova Vila Militar. Outras terras foram, em seguida, desapropriadas para a ampliação das instalações militares, que se estenderam de DEODORO a REALENGO. A partir de 1915, após a reestruturação do Exército, sob a responsabilidade, principalmente, do tenente-coronel MAGALHÃES BASTOS, a Vila passou a contar, além de quartéis, também com residências, hospital e CLUBES. Na atualidade, o complexo se constitui de unidades que somam uma população de mais de 60 mil pessoas. Na década de 1940, LEÔNIDAS DA SILVA, tido então como o maior craque do futebol brasileiro, cumpriu pena de prisão na Vila Militar, episódio que é assim ironizado pelo escrito JOEL RUFINO DOS SANTOS (1981), na pagina 39 do livro *História política do futebol brasileiro*: "Em 1941, o Diamante atingiu o auge de sua carreira. Cismava de não jogar [contrariado em suas pretensões salariais] e ia assistir o jogo da arquibancada. O presidente do Flamengo, por isso, suspendeu-lhe o contrato. A inveja, e o ódio da cartolagem descobriram que ele tinha um certificado falso de reservista. A Justiça Militar condenou-o a 8 meses de prisão. Os oficiais e soldados é que adoraram: podiam pegar em Leônidas, bater lateral para Leônidas, servir o rancho para o maior jogador do Brasil." Ver AVENIDA BRASIL; BERTOLDO KLINGER; BOCA DE OURO; COMPLEXO ESPORTIVO DE DEODORO; ENGENHO NOVO, Estrada do; ESAO; LEVANTE DE 1922; PQD (PEQUEDÊ); TREM DAS PROFESSORAS; URURAÍ DE MAGALHÃES.

VILA MIMOSA. Antiga localidade em IRAJÁ, com centro na esquina formada pelas ruas Major Medeiros e Barroso Pereira. Nas décadas de 1950-1960, destacava-se como um forte reduto de sambistas, chegando a criar o embrião de uma escola de samba, a "Unidos da Vila Mimosa". O nome da localidade remete ao loteamento lá implantado, por volta de 1920.

VILA OLÍMPICA OSCAR SCHMIDT. Complexo desportivo instalado em SANTA CRUZ, numa área de 17.019 m². Oferece diversas modalidades esportivas gratuitamente, dispondo de quadra polivalente descoberta, com piso de concreto monolítico, quadra de vôlei de praia, de tênis, de bocha; campo de futebol de grama sintética, com alambrado; pista de atletismo, em piso de borracha, com quatro raias de 1,20 m de largura e uma caixa de areia para saltos; piscina semi-olímpica; e parque infantil, entre outros equipamentos. É um dos espaços de lazer e esportes sob a administração da Secretaria Municipal de Esporte e Lazer, assim como o CENTRO ESPORTIVO MIÉCIMO DA SILVA, em CAMPO GRANDE, e a CIDADE DAS CRIANÇAS LEONEL BRIZOLA, em Santa Cruz.

VILA OPERÁRIA DE MARECHAL HERMES. Ver VILA SAPOPEMBA.

VILA PROGRESSO. Favela formada por invasão de terras vizinhas à VILA KENNEDY, no Morro dos Coqueiros.

VILA RANGEL. Localidade em IRAJÁ, ao longo da Estrada Coronel Vieira. O nome, como o da VILA MIMOSA, remete ao loteamento lá implantado, em uma das primeiras décadas do século XX.

VILA SAPOPEMBA. Nome original da Vila Operária de MARECHAL HERMES, núcleo inicial do bairro de mesmo nome. Idealizada e construída no governo Hermes da Fonseca, seu projeto primava por proporcionar aos seus moradores um confortável padrão de vida, com praças e ruas largas e arborizadas. O canteiro central, que hoje divide as pistas da avenida General Osvaldo Cordeiro de Faria, serviu de leito para um ramal ferroviário ligando o bairro à Base Aérea do CAMPO DOS AFONSOS. Anos depois, esse desvio foi deslocado para BENTO RIBEIRO, onde ainda permanecia ativo na década de 1960. Destinada a famílias da classe operária, sua inauguração ocorreu em um dia 1º de Maio, Dia do Trabalho, entre 1911 e 1913, com datação imprecisa por força do sumiço da pedra fundamental da obra. À época deste livro, entretanto, havia um consenso em considerar o dia 1º de Maio de 1913 como a data da inauguração da Vila e do bairro. Observe-se que SAPOPEMBA era o antigo nome da estação de DEODORO.

VILA SOUZA. Antiga localidade em IRAJÁ, ao longo da rua Ferreira Cantão, no trecho entre a rua Luiz Barroso e a antiga AVENIDA AUTOMÓVEL CLUBE. Forte atração local era uma fonte de água natural, conhecida como a "Carioca". O nome, como o da VILA RANGEL, remete ao loteamento lá implantado, em uma das primeiras décadas do século XX.

VILA VALQUEIRE. Bairro na jurisdição da 16ª Região Administrativa (Jacarepaguá). Localizado entre CAMPINHO, SULACAP e PRAÇA SECA, nasceu e se desenvolveu em terras outrora limítrofes à Freguesia de JACAREPAGUÁ, mas ainda pertencentes à de IRAJÁ. Tanto que, sobre essa freguesia, em 1900, Noronha Santos (apud BERGER, 1965, p. 78) escreveu o seguinte: "Possui regular comércio a retalho e algumas fazendas e situações nos lugares denominados Boa Esperança, Nazaré, Vira Mundo, Afonsos, Conceição, Valqueiros (...)" [grifo nosso]. Alguns autores situam a origem do bairro no Engenho Valqueire, desmembrado das terras do Engenho de Fora, um dos onze existentes na planície de Jacarepaguá nos tempos coloniais. Esse engenho teria recebido essa denominação do sobrenome de seu proprietário no século XVIII, Antônio Fernandes Valqueire. Em 1927, com o loteamento das terras, promovido por familiares do Barão da TAQUARA, por meio da Companhia Predial, começava a nascer o bairro. À época desta obra, com o nome muitas vezes referido, no uso comum, apenas como "Valqueire", no gênero masculino, o bairro experimenta grande desenvolvimento, abrigando expressiva população de classe média. Ver BACIA HIDROGRÁFICA; BALÕES JUNINOS; CACHAMBI, Morro do; CATONHO, Estrada do; CESTEIROS; CORAÇÕES UNIDOS DE JACAREPAGUÁ; FALÉSIA DO VALQUEIRE; FAVELAS; GEREMÁRIO DANTAS; INTENDENTE MAGALHÃES; IRAJÁ; JACAREPAGUÁ; LUIZ SOBERANO; ÔNIBUS; RELEVO; SILVEIRA, Morro do; VALQUEIRE TÊNIS CLUBE.

VILA VINTÉM. Antiga favela em PADRE MIGUEL, nas proximidades do Conjunto Residencial do IAPI. A possível anterioridade desse núcleo, em relação a outras FAVELAS da região, é comentada em Espírito Santo (2004), através do registro, lá, de um bem organizado grupo de FOLIA DE REIS, certamente fundado por migrantes mineiros, capixabas ou do interior fluminense. Outra marca dessa anterioridade seria, segundo a mesma fonte, o apelido da UNIDOS DE BANGU, primeira escola de samba local, fundada em 1937: "Boi Vermelho". Ver NEGROS, Presença histórica; CAFEICULTURA.

VINTE E QUATRO DE MAIO, Rua. Importante via ligando SÃO FRANCISCO XAVIER (onde começa, no largo Subtenente Manoel Henrique Rabelo) ao MÉIER, na rua DIAS DA CRUZ. Resultado da junção das antigas ruas da Estação, do Leite e Gonçalves, findava no início da rua BARÃO DO BOM RETIRO, sendo mais tarde prolongada até o término atual. Seu nome evoca a data da vitória brasileira na Batalha do Tuiuti, episódio da Guerra do Paraguai. Em outubro de 1902, ao mudar-se da Ilha do Governador, quando o pai enlouqueceu, o escritor LIMA BARRETO foi morar com a família no número 223 da rua Vinte e Quatro de Maio, de onde, no ano seguinte, mudou-se para TODOS OS SANTOS.

VIOLÊNCIA, Raízes da. A violência urbana no Rio de Janeiro, irradiada das FAVELAS e subúrbios para toda a cidade, costuma ser explicada por um fato ocorrido na década de 1960, quando a ditadura militar reuniu nos mesmos cárceres, no hoje extinto presídio da Ilha Grande, presos políticos e sentenciados por crimes comuns. Estaria aí a gênese das organizações, autodenominadas "comandos", que passaram a dominar a cena da delinquência no Rio. E isto porque, treinados para a guerra de guerrilha, os presos políticos teriam transmitido aos presos comuns muito dos conhecimentos que detinham, como técnicas de sequestro, utilização de armamentos, de assaltos a bancos etc. Por outro lado, a repressão, pelo órgãos do regime militar, aos "subversivos" também gerou frutos. Segundo analistas, foi ela a semente dos altos índices de mortandade observados nas ações policiais a partir da década de 1990, quando, fortemente inspirado em uma concepção militarista, o discurso das autoridades fluminenses de segurança pública concretizava-se em ações que penalizavam e vitimavam principalmente os mais pobres. Essas ações acabaram por dar surgimento ao fenômeno das chamadas MILÍCIAS, as quais, a pretexto de combater o poder dos narcotraficantes, passaram a disputar com eles esse poder, objetivando o controle, nas favelas e comunidades carentes, de atividades lícitas e ilícitas, em busca de lucro fácil (BARROS, 2009).

VIRIATO FIGUEIRA DA SILVA (1851 – 1883). Músico brasileiro, flautista e compositor, amigo inseparável do grande flautista Callado, ao lado de quem era considerado um dos pioneiros do CHORO. No fim da vida, morava na rua ANA NÉRI, em BENFICA.

VISCONDE DE ITABORAÍ. Título nobiliárquico ostentado por Joaquim José Rodrigues Torres. Falecido em 1872 aos setenta anos de idade, depois de várias vezes ministro, deputado e presidente da província do Rio de Janeiro, era proprietário da pitoresca Quinta dos Duques, adquirida à família de José Paula da Mata Duque Estrada, no ENGENHO NOVO.

VISTA ALEGRE. Bairro na jurisdição da 14ª Região Administrativa (IRAJÁ). Nasceu, na década de 1950, em terras vizinhas ou pertencentes às do antigo Engenho dos Cordovil, as quais passaram, depois, à titularidade de José Felipe Gama. Incluíam o Porto do Gama, com ARMAZÉM e trapiche, e a pedreira, onde no século XX se ergueu a Fábrica de Cimento Branco Irajá. Sua origem foi o projeto imobiliário denominado "Novo BRÁS DE PINA" e, depois, "Jardim Vista Alegre", o qual, em 1954, criou arruamento e loteamento em grande terreno, entre a Estrada da Água Grande e a AVENIDA BRÁS DE PINA. Nele, então, foram construídas 400 casas, constituindo o chamado "Bairrinho", ao modo dos atuais condomínios. Situado entre as avenidas Brás de Pina e Meriti, o bairro expandiu-se, na direção do antigo Largo do BICÃO, até a avenida São Félix. No início da década de 1950, antes do loteamento, as terras à margem direita (de numeração par) da antiga Estrada de Brás de Pina, eram popularmente referidas como pertencentes a um certo "Lô", nome que parece evocar o sobrenome dos Lobo, da PENHA CIRCULAR. As do lado oposto, ainda hoje pertencentes a IRAJÁ, tinham, como principais proprietários, familiares de um antigo morador chamado João Domingos. Entre 1981 e 1985, foram estabelecidas as atuais delimitações do bairro.Ver AVENIDA BRÁS DE PINA; BLOCH EDITORES; CAMUNGUELO; CASA DE ESPINHO; CINEMAS ANTIGOS; CORDOVIL; FAVELAS; JABURU; LONAS CULTURAIS; MODA SUBURBANA; ÔNIBUS; VIA DUTRA.

VOVÓ MARIA JOANA REZADEIRA. Ver DARCI DO JONGO, Mestre.

VULCÃO EXTINTO. Descoberto em 1936, uma das atrações geológicas da hinterlândia carioca é um vulcão extinto, e que foi ativo há cerca de 30 milhões de anos, na atual localidade hoje conhecida como Chaminé do Lamego, na Serrinha do Mendanha, em CAMPO GRANDE. No mesmo maciço, o de Gericinó, mas no município de Nova Iguaçu, na Serra de Madureira, localiza-se outro ainda maior. Ver GERICINÓ, Maciço de.

W

WALDINAR RANULPHO. Jornalista carioca, falecido em 1985, aos sessenta e três anos de idade. Um dos maiores conhecedores do universo das ESCOLAS DE SAMBA, trabalhou, como repórter de polícia e de assuntos da cidade, em quase todas as redações cariocas, desde os anos de 1940. Morador de QUINTINO, notabilizou-se também pela devoção a SÃO JORGE, cuja data celebrava com festas memoráveis.

WALDIR AZEVEDO (1923 – 1980). Músico carioca, nascido na PIEDADE, considerado o mais importante solista e compositor para cavaquinho do Brasil em todos os tempos. De sua biografia consta ter, com dez anos de idade, feito grande sucesso em um carnaval, no JARDIM DO MÉIER, tocando uma flautinha comprada com o produto da venda de passarinhos na feira do ENGENHO DE DENTRO. Mais tarde dedicou-se ao bandolim e depois ao cavaquinho. De 1945 a 1950, casado, morou na casa do pai na rua Oliveira, no MÉIER, mudando depois para uma casa pertencente ao sogro, na rua Jacinto, no mesmo bairro. Com carreira profissional iniciada em 1943, em fins de 1949, com a gravação de *Brasileirinho*, tornou-se um grande fenômeno de vendas, com cerca de um milhão de cópias vendidas em poucos meses. De seu repertório autoral constam peças antológicas do estilo CHORO, como *Delicado*, *Vê se gostas* (1950), *Pedacinho do céu* (1951) etc. Na década de 2000, o seu *Brasileirinho* tornou-se conhecido como a música tema das apresentações da ginasta Daiane dos Santos, inclusive nas Olimpíadas de Atenas. Waldir Azevedo faleceu em São Paulo.

WALDIR DA CUNHA. Geógrafo carioca nascido em 1924. Membro do Instituto Histórico e Geográfico do Brasil desde 1987, residiu na região do MÉIER, tendo feito seus estudos primários na Escola República do Peru, na rua ARQUIAS CORDEIRO, e o secundário nos colégios Lutécia, no RIACHUELO, e SOUZA MARQUES, em CASCADURA.

WALDYR ONOFRE. Cineasta carioca nascido em 1934. Ator e diretor, radicado em CAMPO GRANDE, à época do Cinema Novo atuou como ator em filmes como *Canalha em Crise*; *Sagarana, o Duelo*; *Jesuíno Brilhante*; *Amuleto de Ogum*; e *Memórias do Cárcere*. Em 1975, escreveu, dirigiu e interpretou o longa-metragem As AVENTURAS AMOROSAS DE UM PADEIRO, comédia de costumes populares carioca, exibida em 1999 no Festival Pan-Africano de Cinema, em Genebra, Paris e Milão. À época deste texto, Onofre dedica-se, sempre em Campo Grande, a programas de formação de atores e à produção de um novo longa-metragem, *A Noite do Alô*. Ver CARLOS ONOFRE.

WALT DISNEY (1901 – 1966). Cineasta americano, celebrizado por seus fimes de animação, nos quais criou personagens internacionalmente conhecidos como Mickey Mouse, Pato Donald etc. No dia 24 de agosto de 1941, em missão da chamada "política da boa vizinhança" no Brasil, Disney foi a OSWALDO CRUZ, em visita à escola de samba PORTELA. Segundo relatos da época, o cineasta teria gostado bastante do ritmo, das crianças que se apresentaram sambando, e dos sambas portelenses então cantados. Essa visita, segundo alguns, teria inspirado a criação do personagem brasileiro de Disney, o papagaio Zé Carioca, cujo perfil lembraria, inclusive pelo chapéu "palheta", o do sambista PAULO DA PORTELA, o qual, embora brigado com a direção da escola, foi o anfitrião daquela noite. Segundo o jornalista Télio Navega (2011), o personagem, apresentando-se de chapéu, paletó, gravata e guarda-chuva, mesmo sambando com o Pato Donald, ao som de Tico tico no fubá, como aparece no desenho animado *Alô, amigos*, de 1942, não seria a fiel representação do carioca autêntico. Entretanto, essa formalidade era a principal característica de Paulo da Portela, o qual, em sua busca de respeito e aceitação para o SAMBA, aconselhava seus comandados a evitarem o traje "de malandro", procurando vestir-se como se vestiam as pessoas tidas como respeitáveis.

WALTER FIRMO. Nome artístico de Walter Firmo Guimarães da Silva, fotógrafo nascido em 1937. "Gerado em IRAJÁ e nascido em São Cristóvão", segundo suas próprias palavras, viveu a infância "nas portas abertas das ruas de CORDOVIL, MADUREIRA, PARADA DE LUCAS" etc. Com carreira profissional iniciada em 1957, é vencedor do Prêmio Esso de Reportagem, de sete Prêmios Internacionais Nikkon e do Prêmio Icatu de Artes, versão 1999. Ex-diretor do Instituto Nacional de Fotografia, desde 1968 seu trabalho é voltado, principalmente, para a dignificação do povo afro-brasileiro. Um dos mais importantes profissionais do mundo em sua especialidade, é mencionado no verbete "Fotografia" da Enciclopédia Britânica desde a edição de 1971. Com diversos álbuns publicados, destacou-se também como curador de vários eventos importantes, como a mostra de fotografia "Negro de Corpo e Alma", da exposição comemorativa dos 500 anos do Brasil.

WALTER ROSA (1925 – 2002). Compositor carioca nascido na região do GRANDE MÉIER. Na década de 1950, ingressou na PORTELA, onde construiu sua legenda de poeta de letras requintadas e belas melodias. Autor do SAMBA enredo portelense de 1960, sete anos depois teve gravado por Roberto Silva seu samba *A timidez me devora*, um clássico do gênero. No ano seguinte, compôs, em parceria com SILAS DE OLIVEIRA, o samba tema da peça teatral Doutor Getúlio, de Ferreira Gullar e Dias Gomes. Discípulo confesso do legendário compositor Zinco, da extinta escola de samba Filhos do Deserto, do Morro da Cachoeirinha, pelo seu falar elaborado, recheado de expressões "difíceis", foi conhecido como "Filósofo".

WANDERLÉA. Nome artístico de Wanderléa Salim, cantora nascida em Governador Valadares, MG, em 1946. Ainda bem pequena, mudou-se com os pais e seus doze irmãos para Lavras, ainda em Minas. Aos sete anos, a família mudou-se para o Rio, indo morar na Ilha do Governador. Logo depois mudaram-se para CORDOVIL. Ainda menina, participou do programa do *Vovô Odilon*, na Rádio Mayrink Veiga, e do *Clube do Guri*, do qual, com apenas dez anos, foi a São Paulo representar as crianças do Rio de Janeiro, no aniversário do programa. Em 1961, em Cordovil, conheceu Roberto Carlos, que divulgava o disco *Louco por você*. No ano seguinte, estreava em disco, tornando-se a partir daí o maior nome feminino do movimento nacionalmente conhecido como "Jovem Guarda". Ver IÊ-IÊ-IÊ.

WEBER MARTINS BATISTA. Jurista carioca. Ex-promotor de justiça e desembargador aposentado, foi o idealizador do instituto jurídico conhecido como "Suspensão Condicional do Processo", o qual representa, segundo os especialistas, a maior revolução ocorrida no processo penal brasileiro desde a década de 1930. Na década de 1950, em plena juventude, atuou no MADUREIRA ATLÉTICO CLU-

BE, formando o trio final com o goleiro Irezê e o zagueiro direito Bitum. Em 2006, era homenageado pelo bairro de MADUREIRA e acolhido como membro na ACADEMIA MADUREIRENSE DE LETRAS.

WILSON MOREIRA. Compositor carioca nascido em 1936, em REALENGO. Sambista ligado à MOCIDADE INDEPENDENTE DE PADRE MIGUEL e, depois, à PORTELA, destacou-se, principalmente em dupla com Nei Lopes, a partir de 1975, como um dos grandes autores e intérpretes do SAMBA tradicional. Foi também parceiro de CANDEIA e fundador do G.R.A.N. Escola de Samba QUILOMBO. É coautor de sambas famosos, como *Gostoso veneno*, gravado pela cantora Alcione, *Senhora liberdade*, por Zezé Motta, *Coisa da antiga*, por Clara Nunes, *Goiabada cascão*, com Beth Carvalho, entre muitos outros.

X

X-TUDO. Espécie de sanduíche popularizado na hinterlândia carioca a partir, talvez, do fim da década de 1980. Nele, as duas fatias de pão recebem, entre si, não apenas o hambúrguer ou outro tipo de bife, mas também queijo, *petit-pois*, alface, cebola, tomate, maionese etc. A denominação foi criada em alusão irônica ao tipo de sanduíche chamado, em inglês, *cheese-burger* (queijo com hambúrguer). Primeiro, ocorreu o abrasileiramento da expressão para "xisbúrguer". Daí, como o recheio continha, além do hambúrguer, tudo o que se imaginasse e coubesse, criou-se o "xistudo", adotando-se, depois, a forma gráfica "x-tudo".

XANGÔ DA MANGUEIRA (1923 – 2008). Nome pelo qual se tornou conhecido Olivério Ferreira, sambista, compositor e diretor de harmonia da escola de samba Estação Primeira de Mangueira. Nascido no bairro do Estácio, na Zona Norte da cidade, por volta de 1935, foi morar em ROCHA MIRANDA, onde se iniciou na escola de samba local, a UNIDOS DE ROCHA MIRANDA, passando também pela PORTELA. Operário da fábrica NOVA AMÉRICA, em DEL CASTILHO, narrou essa sua vivência suburbana na biografia *Xangô da Mangueira: recordações de um velho batuqueiro* (MANGUEIRA; LOPES, 2005), livro que contém texto histórico, contextualizador, elaborado pelo autor deste Dicionário. À época de seu falecimento, Xangô da Mangueira residia em IRAJÁ.

XIXI DO NENÉM. Brinde oferecido, em casa, pelo marido de uma parturiente, quando da primeira visita de um amigo ou parente ao recém-nascido e sua mãe. Constava, geralmente, de um cálice de vinho do Porto. Também dito "mijo da criança".

XUXA. Nome artístico de Maria da Graça Meneghel, modelo e apresentadora de TV nascida no Rio Grande do Sul em 1963. Filha de militar, aos sete anos de idade veio para o Rio de Janeiro, morando primeiro em SANTA CRUZ, para logo depois radicar-se em BENTO RIBEIRO, onde residiu até 1980. Estudante da unidade local do atual Colégio Santa Mônica (fundado em 1937 em MADUREIRA, como "Externato São Judas Tadeu"), foi descoberta para o estrelato aos quinze anos de idade, em um trem da CENTRAL DO BRASIL, por um funcionário da empresa BLOCH EDITORES, que a convidou para fazer um teste como modelo. Meses depois, sua foto já aparecia na capa de uma revista; e a partir daí destacou-se como uma das maiores figuras da cultura de massas no Brasil, gravando discos, estrelando filmes, comandando programas de TELEVISÃO e influenciando toda uma geração de meninas e moças adolescentes. Em 1989, criou, na Pedra de GUARATIBA, a Fundação Xuxa Meneghel, entidade filantrópica de assistência a crianças e adolescentes.

Z

ZAQUIA JORGE (1925 – 1927). Atriz e produtora teatral carioca. Estreando em teatro na Companhia de Walter Pinto, em 1945, na década de 1950, com a ajuda de seu companheiro, Júlio Monteiro, o "Júlio Leiloeiro", associou a seu trabalho de atriz de variedades seu tino comercial, produzindo espetáculos em teatros do centro e da Zona Sul. Percebendo a carência desse tipo de diversão na zona suburbana, resolveu, sempre ao lado de Júlio, construir o Teatro MADUREIRA, situado à rua CAROLINA MACHADO, 386, em frente à estação ferroviária. Com temporadas ininterruptas, e com épocas de apresentações diárias, em dias com mais de uma sessão e matinê, o lugar firmou-se como elogiada casa de espetáculos. Com 450 lugares, 12 camarins e muitos camarotes, foi inaugurado oficialmente a 23 de abril (Dia de SÃO JORGE) de 1952, sendo aberto ao público uma semana depois, com a revista *Trem de Luxo*, de 22 quadros, especialmente escrita para sua estreia por Walter Pinto e Freire Júnior. Estreando sem muita afluência de público, principalmente devido ao inusitado da proposta, Zaquia desdobrou-se em agressivas estratégias de marketing, facilitando o acesso do público com promoções amplamente divulgadas, inclusive saindo às ruas do bairro com seu elenco. No âmbito burocrático, procurava facilidades junto ao SNT (Serviço Nacional de Teatro) e à SBAT (Sociedade Brasileira de Autores Teatrais), bem como incentivando autores nacionais e procurando formar novos atores. Em 1953, o teatro Madureira montou, entre outros textos, *Chegou o guloso*, com participação especial da veterana cantora Aracy Cortes; *A galinha comeu*, *O baixinho é menor* e *Tá na hora*. Além desses textos, o palco do Teatro Madureira viu encenadas revistas como *O negócio é rebolar*, *Macaco, olha o teu rabo*, *Tira o dedo do pudim*, *O pequenino é quem manda* (provável referência a Getúlio Vargas, de volta ao poder em 1950) e *Bota o Café no fogo* (título certamente alusivo ao vice-presidente Café Filho, empossado na presidência após a morte de Getúlio Vargas em 1954). Paralelamente ao seu trabalho no teatro, Zaquia Jorge também atuou no cinema, sendo sua última atuação no filme *A Baronesa Transviada*, de 1957, com Dercy Gonçalves, Grande Otelo, Catalano, Otelo Zelloni, entre outros. Nesse mesmo ano, na véspera do dia de São Jorge, a "vedete do subúrbio", "Estrela de Madureira" (como evocada no enredo do IMPÉRIO SERRANO, em 1975) morreu vítima de afogamento na Barra da Tijuca. Após sua morte, o Teatro Madureira recebeu o seu nome em justa homenagem. No entanto, já sem contar com o seu dinamismo, fechou as portas algum tempo depois. A atriz também teve seu nome dado a uma rua na Ilha do Governador.

ZÉ DA ZILDA (1908 – 1954). Nome artístico de José Gonçalves, compositor, cantor e violonista, também conhecido como "Zé Com Fome". Autor de clássicos do SAMBA, como *Aos pés da cruz*, lançado em 1942 e mais tarde integrante do repertório do bossanovista João Gilberto, foi criado em Mangueira, mas seu núcleo familiar era de CAMPO GRANDE, onde nasceu. Ver ZILDA DO ZÉ.

ZÉ CARIOCA. Ver WALT DISNEY.

ZÉ DA VELHA. Nome artístico de José Alberto Rodrigues Matos, músico brasileiro nascido em Aracaju, SE, em 1942. Criado em OLARIA, onde ainda residia à época deste texto, destacou-se como exímio trombonista, no ambiente do CHORO, a partir do início dos anos 1960. Na década seguinte, tornou-se uma das atrações do legendário SOVACO DE COBRA, atuando também em *shows* e participando de gravações. Em 1985 formou, com o trompetista Silvério Pontes, um duo imbatível, definido pelo violonista MAURÍCIO CARRILHO como "a menor *big band* do mundo". E isto pela sonoridade obtida, fora dos padrões usuais dos grupos de choro e mais próxima do jazz. Em 2010, Zé da Velha completava meio século de vida artística, bem como o jubileu de prata da parceria com Silvério.

ZÉ ESPINGUELA. Apelido de José Gomes da Costa, personagem popular da cidade, falecido em 1944. Sambista e pai de santo, morou no ENGENHO DE DENTRO e manteve um terreiro de culto em IRAJÁ, na antiga Estrada do QUITUNGO, hoje Estrada Padre Roser. Uma das figuras mais expressivas da cultura afro-carioca nas décadas de 1920 a 1940, em 1928 foi um dos fundadores da Estação Primeira de Mangueira; no ano seguinte, organizou a primeira competição entre as ESCOLAS DE SAMBA; em 1939, chefiou a comitiva que levou a estrela JOSEPHINE BAKER em visita ao terreiro de MÃE ADEDÉ, em RAMOS. Mais tarde, foi o principal organizador do Sodade do Cordão, cordão carnavalesco idealizado pelo maestro Heitor Villa Lobos, para reviver os carnavais antigos, o qual foi preparado e ensaiado em seu terreiro irajaense.

ZÉ KÉTI (1921-1999). Pseudônimo de José Flores de Jesus, compositor carioca. Sambista ligado à PORTELA, é autor ou coautor de músicas antológicas, como o SAMBA *A voz do morro* (1955) e a marcha-rancho *Máscara negra* (1967). No cinema, atuou em filmes como *Rio 40 graus* e *Rio Zona Norte*. Como diretor artístico do bar Zicartola, foi um dos responsáveis, nos anos de 1960, pelo lançamento de Paulinho da Viola e pelo ressurgimento do samba tradicional. Em 1998, pelo conjunto de sua obra, foi agraciado com o Prêmio Shell de Música Popular. No ano de 2000, já falecido, teve sua vida e obra focalizadas no livro *Zé Kéti, o samba sem senhor*, escrito pelo autor deste Dicionário e publicado na coleção "Perfis do Rio", da editora Relume-Dumará. Nasceu em INHAÚMA e residiu sucessivamente em DONA CLARA, BANGU e BENTO RIBEIRO. No fim da vida, morava em INHAÚMA, no CONJUNTO DOS MÚSICOS.

ZÉ LUIZ DO IMPÉRIO. Pseudônimo de José Luiz Costa Ferreira, compositor carioca, nascido em 1944. Com importante obra gravada, principalmente nas vozes de Roberto Ribeiro, Alcione e Grupo FUNDO DE QUINTAL, foi, na década de 2000, um dos reorganizadores do conjunto musical da Velha Guarda do IMPÉRIO SERRANO. Mais tarde, integrou a diretoria da "PÉROLA DA SERRINHA", como vice-presidente financeiro.

ZÉ PELINTRA. Entidade espiritual cultuada em algumas vertentes da UMBANDA e da QUIMBANDA, também chamado "Seu Zé". Segundo algumas versões, é originário do catimbó nordestino; segundo outras, é divinização romantizada de um personagem da malandragem carioca dos anos de 1930 ou 1940, morto assassinado por uma de suas amásias. A indumentária com que é representado em seus ícones é típica: terno branco, chapéu de panamá caído sobre a testa, gravata e lenço vermelhos, sapatos de duas cores. À época deste Dicionário, seu culto era bastante popular na região aqui focalizada.

ZÉ TRINDADE (1915 - 1990). Pseudônimo de Milton da Silva Bitencourt, comediante baiano nascido em Salvador e falecido no Rio de Janeiro, onde chegou em 1937. Um dos grandes nomes do humorismo radiofônico em seu tempo, destacou-se também no cinema, no ambiente das chanchadas, quase sempre encarnando o tipo do mulherengo, "trambiqueiro" e cafajeste. Na década de 1960, foi morador, com a família, da zona da Leopoldina, na região de OLARIA.

ZECA DO TROMBONE. Nome artístico de José da Silva, músico nascido em 1944 em CAMPO GRANDE. No final da década de 1950, foi jogador de futebol, atuando como goleiro na equipe infantojuvenil do BANGU ATLÉTICO CLUBE, da qual se transferiu para o clube Ipiranga, da Bahia. Retornando a Campo Grande, em 1962 passou a tomar aulas de música com o maestro RUBEM DE FARIAS NEVES, datando daí o início de uma fulgurante carreira de trombonista, na qual atuou ao lado de importantes nomes da música popular brasileira, como Wilson Simonal, MARTINHO DA VILA, JOÃO NOGUEIRA, Alcione etc., além de fazer significativos registros solo. Músico de CHORO mas fortemente influenciado pelo soul afro-americano, é um dos grandes executantes de trombone de válvula, destacando-se pela característica de, geralmente, tocar usando apenas uma das mãos. Em 2002, recebeu moção de congratulações da ALERJ, Assembleia Legislativa do Rio de Janeiro.

ZECA PAGODINHO. Nome artístico de Jessé Gomes da Silva cantor e compositor nascido em IRAJÁ, em 1959, e criado em DEL CASTILHO. Integrante do Bloco Carnavalesco BOÊMIOS DE IRAJÁ, estreou como compositor profissional em 1978, numa parceria com CAMUNGUELO, *Amarguras*, gravada pelo Grupo FUNDO DE QUINTAL. Cinco anos depois, dividia com Beth Carvalho a interpretação de *Camarão que Dorme*, parceria com ARLINDO CRUZ. Em 1985, lançava-se definitivamente como cantor, no "pau de sebo" (disco coletivo) *Raça Brasileira*, construindo, a partir daí, sólida carreira discográfica, a ponto de ser, na década de 2000, o único artista do SAMBA com *status* de superastro, lado a lado com os milionários artistas do segmento pop, com carreiras construídas pelo marketing das gravadoras multinacionais. Em 1999, em entrevista publicada na edição de número 3 da revista carioca *Bundas* (29 de junho a 5 de julho), Zeca declarava: "(...) nasci em Irajá, me criei em Del Castilho, mas desde criança sempre gostei de roça. Eu morava em Inhaúma e meu tio tinha um sitiozinho em Irajá. Eu ia passar os fins de semana na casa dele e ficava maravilhado. Tinha uns dois 'pezinhos de pau', mas eu me sentia numa fazenda. Eu tinha um pangaré chamado Escopeta, feio que nem um revólver, saía a cavalo pelo meio da rua, me sentindo um fazendeiro. Ia pagar conta no banco, 'estacionava' o bicho na porta e entrava, tirando a maior onda." Ver PAGODE.

ZEPELIM. Aportuguesamento do nome alemão Zeppelin (de Ferdinand von Zeppelin, o inventor), que batizou um balão dirigível rígido, movido a hidrogênio, usado na década de 1930 para transporte de passageiros entre o Brasil e a Europa. O veículo fez 65 longas viagens da Europa para o Brasil, sendo a primeira de Sevilha até o Rio de Janeiro, com escala em Recife. Deslocando-se a uma média de 90 km/h, transportou personalidades importantes, como o presidente brasileiro Getúlio Vargas. Entretanto, teve sua trajetória interrompida após a explosão, nos Estados Unidos, de seu congênere "Hindenburg", em 6 de maio de 1937. Ver BASE AÉREA DE SANTA CRUZ; HANGAR DO ZEPELIM.

ZICA DE BANGU. Nome pelo qual se fez conhecida Anazir Maria de Oliveira, líder comunitária carioca nascida em 1933. Fundadora, em 1964, do Clube de Mães e do Conselho de Moradores da VILA ALIANÇA e, em 1976, da Pastoral das Empregadas Domésticas, na década de 2000 era palestrante de cursos para a formação de lideranças femininas, promovidos pela Federação das Indústrias em vários municípios fluminenses.

ZICA, Dona (1913-2003). Nome pelo qual foi conhecida Euzébia Silva de Oliveira, sambista nascida e falecida no Rio de Janeiro. Mulher do compositor CARTOLA e cozinheira afamada, nos anos de 1960, ao lado do marido, comandou o restaurante Zicartola, importante reduto do SAMBA tradicional, no centro da cidade. Uma das principais figuras femininas da escola de samba Estação Primeira e da comunidade de Mangueira, foi também moradora de PIEDADE, ABOLIÇÃO, BENTO RIBEIRO e JACAREPAGUÁ.

ZICO. Apelido de Arthur Antunes Coimbra, jogador de futebol nascido em 1953, em QUINTINO, bairro onde foi criado e de cuja vida participou intensamente. Iniciou carreira profissional em 1971, no C.R. Flamengo, onde, por sua garra de artilheiro, logo passou a ser mencionado pela imprensa como o "Galinho de Quintino". Permanecendo no Flamengo por doze anos, transferiu-se para a Itália, onde atuou, no Udinese, de 1983 e 1985, retornando ao Flamengo. Integrou a seleção brasileira nas Copas de 1978, 1982 e 1986. De 1990 a 1994 atuou no Japão, onde, idolatrado pela torcida, tornou-se técnico do Kashima Antlers. À época desta obra, Zico, irmão dos também craques Edu (América, Rio, 1966 - 1974) e Antunes, ex-jogador do Fluminense, já falecido, dedicava-se, entre outras atividades ao CFZ, Centro de Futebol Zico, núcleo de formação de atletas, no Recreio dos Bandeirantes.

ZONA INDUSTRIAL DE JACAREPAGUÁ. Denominação do conjunto de empreendimentos implantados, a partir da década de 1970, na TAQUARA, ao longo da Estrada dos BANDEIRANTES, com destaque para as empresas Merck e Schering, além de outras no ramo de produtos químicos, de gráficas etc.

ZONA INDUSTRIAL DE SANTA CRUZ. Complexo inaugurado em 1975, compreendendo os importantes distritos industriais de SANTA CRUZ, PACIÊNCIA e PALMARES. Nele, em 2009, localizavam-se, em pleno funcionamento, unidades fabris de importantes empresas como a CASA DA MOEDA do Brasil; a Cosigua, do Grupo Gerdau; a Valesul; a White Martins; e a Usina de Santa Cruz, uma das maiores termoelétricas a óleo combustível da América Latina, com capacidade instalada de 950 MW. Além dessas, implantavam-se, sobretudo nas proximidades da avenida João XXIII, diversos empreendimentos industriais de peso, em especial a então projetada Companhia Siderúrgica do Atlântico, CSA, prevendo-se, com eles, a dinamização crescente da economia da região de Santa Cruz.

ZONA OESTE. Denominação surgida em substituição à de "ZONA RURAL". Por volta da década de 1990, estendeu-se também à Barra da Tijuca e vizinhanças.

ZONA OESTE BLUES. Ver HELLEN ANDREWS.

ZONA RURAL. Expressão que outrora definia os campos que se estendiam de CAMPINHO, na direção oeste da cidade, até a baía de SEPETIBA; e, para o norte da linha férrea, confrontando com os limites com o antigo Estado do Rio, até os fundos da baía de Guanabara.

ZUZUCA. Pseudônimo de Adil de Paula, sambista capixaba, nascido em 1936. Integrante da ala de compositores da escola de samba Acadêmicos do Salgueiro, tornou-se conhecido a partir da gravação, em 1966, pelo cantor Jair Rodrigues, do SAMBA *Vem chegando a madrugada*, composto em parceria com Noel Rosa de Oliveira. Em 1971, com o samba-enredo *Festa para um rei negro* (Pega no ganzê),

conquistou grande sucesso, com volumosas execuções dessa obra inclusive em âmbito internacional. Zuzuca foi morador de IRAJÁ; e, após o sucesso, inclusive tornando-se produtor de disco, passou a residir na FREGUESIA.

Índice temático

Alimentação, culinária, gastronomia
Angu à Baiana. 15; 25; 115; 210.
Bolo Paraquedas. 52;115; 165.
Bolo Salgado. 52; 114; 115.
Botequins. 21; 25; 58; 89; 106; 113; 115; 199; 252; 277; 281; 285; 286; 344.
Cachambeer. 61; 106.
Cavaca. 86; 115; 165.
Cerveja Preta. 49; 91; 115.
Churrasco de Esquina. 60; 93; 94; 194; 307.
Churrasquinho de Rua. 93; 187.
Comida di Buteco. 59; 61; 106; 115; 254; 261.
Costela Abafada. 112; 115; 165.
Culinária, Alimentação e Gastronomia. 94; 114; 297. Ver também todos os demais itens desta seção.
Dobradinha. 114; 122; 165; 335.
Doces e licores. 115; 165; 122.
Feijoada completa. 114; 150.
Feira das Iabás. 150; 262.
Festival do Ensopado. 115; 155.
Gastronomia. 16; 25; 52; 75; 86; 112; 122; 150; 165; 205; 212; 243.
Joelho. 115; 205.
Leite de Onça. 115; 212.
Mocotó. 83; 114; 210; 243;
Nordestino Carioca. 58; 106; 254.
Original do Brás. 58; 106; 261.
Quentinha. 115; 138; 291.
Rabada. 115; 294.
Raspa-raspa. 71; 115; 295.
Rei do Bacalhau. 128; 299.
Restaurante Popular de Campo Grande. 301.
Roupa-Velha. 308.
Sacolé. 115; 138; 309.
Tripa à Lombeira. 115; 335.
X-Tudo. 115; 355.

Animais
Animais Domésticos e "De Criação". 26; 93; 163.
Cães Vadios. 64; 81; 199; 312.
Carrocinha de Cachorro. 64; 81; 326.
Chiqueiros. 26; 93.
Galinheiros. 26; 163.
Passarinheiros. 270.
Porco, Matança do. 26; 284.
SUIPA. 64; 81; 200; 326.

Atividades econômicas, produtos
Água Mineral Santa Cruz. 17.
Água Nazaré. 17; 216.
AMBEV. 22; 69; 344.
Armarinho. 29; 106
Armazém. 29; 58; 162; 190; 238; 350.
Bala Ruth. 36; 295.
Banco de Crédito Móvel. 37; 107; 199; 342.
Bangu Shopping. 40; 41; 185; 319.
Biscoitos Piraquê. 49; 282.
Black Princess, Cerveja. 49; 91.
Bloch Editores. 49; 268; 335; 351; 355.
Borborema, Fábrica. 57; 141.
CADEG. 46; 63.
Carioca Shopping. 77; 344; 346.
CEASA. 63; 86; 179; 185; 194; 237; 260.
Coca-Cola, Fábrica da. 19; 103; 116; 295.
Comércio Estabelecido. 106; 131.
Companhia de Tecidos de Seda Brasileira. 106.
Companhia Engenho Central de Açúcar e Álcool de Cana de Jacarepaguá. 38; 68; 107.
Companhia Progresso Industrial do Brasil. 39; 41; 107; 141; 296; 322.
Curtume Carioca. 116; 276.
Estratégias de Subsistência. 138; 211.
Fábrica Bangu. 39; 41; 42; 107; 141; 172; 182;

ÍNDICE TEMÁTICO

186; 200; 320; 322.
Fábrica Borborema. 141.
Feira Permanente de Irajá. 151.
Feiras Livres. 132; 151; 327.
Feirinha da Pavuna. 151; 273.
Fundição Suburbana. 160.
Garrafeiro. 23; 165.
Grindélia de Oliveira Júnior. 169.
Guaracamp. 70; 170.
Guaraná Convenção. 170; 171.
Haya, Café e Bar. 64; 174.
Indústrias Pioneiras. 104; 186; 197; 344
Lavadeiras. 138; 211.
Madureira, Mercado Antigo de. 221.
Matadouro da Penha. 152; 190; 194 ; 234; 233; 256; 276; 304.
Mercadão de Madureira. 132; 180; 215; 221; 224; 237; 238; 280; 314.
Mercadinho de Irajá. 237.
Mercado São Sebastião. 31; 216; 237; 276.
Mercado de Madureira. 184; 221; 237; 238; 262; 286.
Mercearias. 29; 238.
Miveste. 241; 279.
Norte Shopping. 62; 119; 226; 254; 255; 319; 329.
Nova América Outlet Shopping. 119; 255; 320.
Nova América, Companhia Nacional de Tecidos. 14; 119; 186; 193; 255; 306; 320; 355.
Piraquê, Complexo Industrial. 49; 282; 335.
Quitanda. 106; 136; 292.
Refinaria de Manguinhos. 225; 298.
Refinaria Piedade. 279; 298.
Shopping Center. 40; 42; 70; 119; 159; 170; 199; 212; 235; 237; 319; 327.
Shopping Nova América. 119; 255; 319; 320.
Silimed. 320; 346.
Tem Tudo, Shopping Center. 330.
Vaca Leiteira. 23; 212; 341.
Varejo. 286; 319; 342.
Zona Industrial de Jacarepaguá. 328; 359.
Zona Industrial de Santa Cruz. 264; 312; 359.

Bairros, localidades, comunidades

Abolição. 11; 34; 35; 49; 52; 97; 103; 123; 130; 134; 148; 207; 235; 261; 266; 276; 278; 298; 310; 333; 337.
Acari. 13; 22; 32; 34; 49; 65; 104; 119; 128; 134; 144; 149; 177; 179; 184; 186; 192; 194; 201; 223; 239; 269; 299; 303; 308.
Água Santa. 17; 18; 29; 30; 93; 103; 127; 130; 145; 184; 233; 235; 265; 288; 289; 298; 299; 342.
Alemão, Complexo do. 18; 22; 34; 57; 103; 104; 129; 144; 149; 150; 156; 170; 187; 205; 212; 234; 241; 255; 263; 264; 268; 276; 295; 299; 324; 346.
Alfredo Maia. 20; 215.
Almerinda Freitas, Travessa. 21; 167; 221.
Alvorada. 19; 22; 144; 149; 170.
Amarelinho. 13; 22; 144; 194.
Amaro Cavalcanti, Avenida. 22; 52; 127; 235; 286.
Amorim, Parada do. 23; 187; 212; 225.
Anchieta. 18; 22; 23; 34; 44; 47; 49; 74; 103; 111; 121; 128; 130; 131; 132; 134; 144; 156; 170; 192; 194; 202; 217; 238; 249; 265; 269; 272; 289; 297; 298; 302; 304; 324; 337; 347.
Anil. 25; 34; 58; 96; 144; 164; 197; 203; 246; 254; 273; 298; 299; 337.
Antares. 26; 144; 312.
Areal. 28; 104; 137; 162; 190; 303.
Augusto Vasconcelos. 31; 69; 260; 313; 316; 317; 342.
Baiana, Morro da. 19; 34; 295; 299.
Bairro Carioca. 36; 204.
Bairro Jabour. 36; 162; 176; 196; 261; 316.
Baixa do Sapateiro. 36; 143; 229; 299.
Bangu. 14; 32; 33; 34; 39; 40; 41; 49; 58; 60; 68; 72; 74; 76; 79; 85; 89; 91; 97; 100; 101; 103; 105; 107; 110; 123; 124; 126; 134; 136; 138; 141; 145; 163; 166; 169; 170; 171; 172; 176; 184; 201; 206; 217; 220; 235; 251; 259; 265; 274; 275; 282; 293; 296; 297; 298; 299; 313; 315; 316; 319; 324; 329; 336; 337; 339; 341; 346; 347; 357.
Barata. 42; 187; 259; 297; 337.
Barbante, Favela do. 42; 69; 144; 188.
Barros Filho. 32; 34; 43; 104; 111; 144; 170; 184; 190; 215; 230; 238; 240; 272; 299.
Batan, Favela do. 44; 149; 200; 264; 297; 299.
Beco da Coruja. 45; 75; 193; 194; 289; 315; 339.
Benfica. 15; 32; 36; 45; 52; 63; 123; 130; 136; 141; 142; 144; 153; 158; 174; 214; 225; 236; 259; 274; 275; 298; 303; 308; 321; 323; 334; 335; 350.
Bento Ribeiro. 26; 29; 34; 41; 46; 68; 76; 80; 81; 87; 97; 100; 102; 109; 126; 134; 137; 144; 158; 190; 194; 216; 219; 225; 273; 298; 307; 333; 334; 339; 349; 355; 357; 359.
Bica do Inglês. 47; 262.
Boca do Mato. 30; 49; 50; 52; 62; 92; 99; 158; 178; 212; 214; 216; 233; 234; 235; 283; 325; 331.
Boiúna. 51; 198; 259; 328.
Bonsucesso. 11; 17; 19; 32; 34; 49; 56; 57; 63; 85; 97; 134; 136; 137; 141; 144; 153; 160; 174; 176; 177; 179; 185; 186; 195; 203; 208; 212; 217; 225; 241; 257; 260; 294; 298; 299; 324; 330; 345.
Brás de Pina. 32; 34; 45; 58; 59; 75; 97; 103; 109; 126; 134; 145; 190; 194; 212; 218; 261; 285;

ÍNDICE TEMÁTICO

293; 298; 299; 304; 314; 315; 335; 338; 346; 350.
Buraco do Lacerda. 60; 196.
Buraco do Padre. 60; 131.
Cachambi. 30; 49; 52; 61; 75; 86; 97; 99; 119; 130; 131; 134; 146; 166; 214; 218; 219; 231; 235; 254; 261; 298; 315; 321; 329; 338.
Camará. 65.
Camorim. 34; 38; 65; 125; 145; 199; 274; 283; 298; 299; 324.
Campinho. 28; 34; 47; 65; 66; 67; 73; 74; 76; 84; 124; 128; 130; 131; 132; 134; 138; 141; 145; 152; 171; 182; 184; 189; 192; 194; 198; 218; 220; 238; 261; 287; 297; 298; 333; 349; 359.
Campo da Light. 67.
Campo dos Afonsos. 33; 44; 46; 67; 76; 131; 172; 198; 202; 213; 230; 245; 297; 299; 324; 334; 349.
Campo Grande. 14; 15; 20; 22; 27; 30; 31; 32; 33; 34; 39; 42; 43; 45; 49; 52; 61; 64; 67; 68; 70; 76; 78; 80; 88; 89; 90; 92; 97; 99; 101; 103; 105; 109; 111; 112; 118; 121; 122; 130; 131; 134; 138; 144; 151; 159; 160; 162; 166; 170; 175; 176; 177; 180; 182; 183; 184; 188; 191; 194; 199; 202; 204; 210; 217; 220; 223; 236; 240; 241; 243; 244; 248; 250; 253; 255; 259; 264; 265; 274; 275; 277; 278; 283; 286; 291; 296; 298; 299; 304; 306; 308; 313; 315; 316; 317; 319; 324; 328; 329; 336; 337; 339; 341; 344; 345; 347; 348; 351; 352; 356; 358.
Carobinha. 69; 80; 145; 260.
Cascadura. 28; 30; 47; 52; 65; 67; 75; 80; 84; 89; 97; 103; 104; 106; 113; 121; 123; 124; 130; 131; 132; 134; 138; 143; 144; 160; 162; 178; 182; 187; 198; 204; 206; 221; 226; 252; 258; 259; 266; 270; 277; 283; 292; 298; 299; 310; 317; 320; 322; 325; 329; 337; 340; 352.
Catiri. 85.
Cavalcanti. 22; 68; 77; 86; 117; 127; 128; 134; 144; 172; 215; 243; 252; 265; 298; 310; 317; 333; 339.
Cesarão. 91; 145; 171; 260; 312; 337.
Cidade Alta. 94; 110; 285; 331.
Cidade de Deus [1]. 94; 233; 256; 299; 309.
Cintra Vidal. 98; 119; 215; 243; 279.
Circular da Penha. 98; 276.
Coelho Neto. 28; 32; 34; 65; 78; 104; 134; 137; 146; 149; 162; 176; 190; 194; 207; 239; 291; 299; 303; 340.
Colégio. 32; 104; 108; 134; 144; 177; 186; 190; 194; 239; 268; 298; 303.
Colônia. 105; 208.
Conjunto dos Músicos. 108; 129; 187; 195; 239; 357.
Consolação. 17; 109; 131.
Corcundinha. 70; 109; 236; 260.

Cordovil. 32; 34; 49; 59; 71; 89; 94; 109; 130; 134; 145; 163; 184; 190; 194; 206; 212; 216; 250; 260; 268; 285; 289; 299; 331; 346; 351; 353.
Cosmos. 34; 68; 74; 105; 111; 134; 148; 188; 260; 264; 289; 298.
Costa Barros. 24; 43; 58; 111; 121; 145; 184; 190; 210; 215; 238; 272; 292; 299.
Curicica. 34; 38; 42; 47; 115; 134; 145; 185; 197; 259; 289; 298; 299; 328; 342.
Curral das Éguas. 116; 145; 223.
Del Castilho. 13; 14; 32; 62; 85; 98; 99; 106; 119; 123; 144; 181; 184; 186; 187; 193; 205; 208; 213; 215; 226; 231; 239; 243; 255; 259; 298; 303; 306; 314; 319; 320; 324; 345; 355; 358.
Deodoro. 14; 22; 24; 32; 46; 60; 68; 84; 89; 111; 120; 136; 146; 160; 170; 177; 185; 193; 194; 197; 213; 215; 230; 259; 266; 299; 302; 315; 324; 326; 348; 349.
Dom Jaime de Barros Câmara, Conjunto Habitacional. 123; 265.
Dona Clara. 59; 89; 108; 124; 220; 222; 265; 283; 357.
Encantado. 22; 28; 49; 74; 89; 99; 113; 124; 127; 130; 136; 145; 174; 182; 187; 226; 227; 235; 270; 276; 279; 298; 299; 310; 332.
Engenheiro Leal. 68; 86; 119; 126; 128; 143; 215; 298; 299.
Engenheiro Rubens Paiva. 128; 239; 260; 273.
Engenho da Rainha. 19; 23; 51; 58; 108; 128; 130; 134; 138; 145; 186; 208; 239; 260; 298; 299; 303; 332.
Engenho de Dentro. 11; 12; 15; 18; 29; 30; 34; 49; 52; 58; 62; 65; 73; 84; 86; 89; 90; 92; 93; 102; 121; 125; 127; 128; 129; 130; 134; 145; 155; 173; 177; 184; 187; 196; 202; 206; 207; 215; 218; 232; 236; 246; 253; 261; 266; 277; 286; 298; 299; 303; 315; 333; 352; 357.
Engenho Novo. 15; 17; 21; 23; 29; 30; 34; 42; 46; 49; 52; 60; 62; 74; 76; 84; 89; 97; 99; 101; 103; 104; 106; 107; 108; 109; 122; 126; 130; 132; 134; 142; 144; 159; 163; 165; 185; 196; 206; 214; 215; 225; 230; 231; 235; 237; 242; 259; 277; 283; 298; 299; 302; 305; 310; 313; 314; 318; 320; 322; 332; 335; 337; 343; 350.
Favela do Dique. 145; 201.
Fazenda Botafogo. 13; 104; 146; 149; 239; 260; 275; 291.
Fazendinha [2]. 19; 150.
Final Feliz. 146; 156.
Fogo Cruzado, Favela. 46; 146; 157.
Fontinha. 46; 158; 192.
Freguesia. 158; 197; 298; 360.
Fundação. 160.
Gardênia Azul. 26; 96; 145; 159; 164; 176; 197; 233; 259; 298; 309.
Gericinó. 40; 166; 297; 298; 299.

363

ÍNDICE TEMÁTICO

Grande Irajá. 168; 194.
Grande Méier. 18; 29; 61; 166; 167; 169; 226; 236; 332; 353.
Grota, Favela da. 19; 170.
Guadalupe. 11; 24; 32; 43; 49; 83; 103; 121; 136; 144; 160; 170; 193; 217; 230; 260; 284; 298; 319; 337.
Guaratiba. 34; 38; 49; 53; 61; 65; 66; 70; 75; 76; 88; 102; 103; 122; 125; 144; 149; 159; 170; 171; 176; 177; 182; 185; 186; 191; 194; 197; 201; 223; 224; 234; 251; 260; 274; 277; 299; 310; 311; 315; 324; 327; 342.
Guaratiba, Pedra de. 68; 76; 112; 171; 185; 223; 299; 317; 337; 345; 355.
Guilherme da Silveira [2]. 172.
Higienópolis. 14; 34; 57; 119; 138; 143; 145; 176; 187; 208; 231; 267; 298; 343.
Honório Gurgel. 49; 52; 104; 120; 134; 145; 176; 193; 215; 245; 260; 298; 338; 339.
IAPC de Irajá. 179; 194.
Inhaúma. 19; 49; 56; 58; 61; 65; 73; 74; 75; 84; 88; 93; 94; 99; 101; 103; 107; 119; 122; 127; 129; 131; 132; 134; 138; 140; 144; 149; 152; 159; 163; 167; 176; 182; 186; 191; 194; 208; 215; 219; 225; 228; 231; 234; 239; 243; 250; 257; 259; 275; 277; 278; 279; 288; 292; 294; 295; 298; 299; 303; 315; 323; 332; 333; 337; 343; 357.
Inhoaíba. 34; 42; 49; 68; 111; 144; 154; 185; 186; 187; 188; 261; 267; 288; 298; 299; 315.
Irajá. 12; 13; 14; 22; 23; 26; 32; 33; 34; 35; 37; 43; 45; 46; 49; 51; 52; 56; 59; 65; 66; 67; 68; 71; 75; 81; 86; 88; 93; 96; 97; 98; 103; 104; 105; 108; 109; 110; 111; 112; 118; 119; 120; 121; 122; 123; 125; 128; 131; 134; 136; 137; 144; 151; 155; 157; 158; 159; 160; 162; 167; 169; 170; 172; 176; 177; 179; 180; 182; 185; 186; 190; 194; 195; 196; 198; 201; 206; 207; 209; 215; 221; 223; 224; 225; 226; 229; 230; 234; 237; 238; 239; 243; 244; 248; 249; 250; 255; 258; 259; 261; 268; 270; 271; 273; 275; 276; 277; 283; 285; 287; 289; 293; 296; 298; 299; 302; 303; 306; 307; 308; 312; 314; 315; 316; 321; 324; 331; 332; 335; 340; 343; 344; 345; 346; 347; 348; 349; 350; 353; 355; 357; 358; 360.
Jacaré. 34; 60; 71; 120; 130; 146; 156; 186; 196; 199; 215; 284; 298.
Jacarepaguá [1]. 20; 26; 34; 36; 37; 49; 58; 64; 65; 66; 68; 73; 74; 81; 84; 85; 88; 93; 94; 102; 103; 105; 109; 112; 115; 116; 118; 121; 122; 125; 126; 127; 132; 134; 137; 144; 152; 156; 157; 158; 159; 164; 167; 169; 176; 177; 181; 183; 185; 186; 191; 194; 197; 200; 207; 214; 217; 223; 226; 227; 233; 237; 246; 250; 253; 273; 274; 277; 282; 287; 288; 289; 298; 299; 301; 304; 306; 309; 324; 327; 329; 330; 331; 342; 349; 359.

Jacarezinho. 34; 43; 64; 103; 119; 134; 141; 146; 197; 199; 215; 231; 243; 264; 288; 299; 304; 307; 324; 326; 340; 345.
Jardim América. 34; 143; 145; 193; 194; 200; 201; 252; 260; 299; 344; 346.
Jardim Bangu. 40; 201; 260.
Jardim Maravilha. 170; 201; 260.
Jardim Palmares. 201; 264; 268.
Jardim Sulacap. 202; 299; 326.
Javatá. 24; 156; 202; 259.
Jesuítas. 202; 312.
Kinder Ovo. 144; 209; 229; 309; 317.
Lagartixa, Favela da. 112; 210.
Lamarão. 210; 313.
Lameirão Pequeno. 70; 210.
Leopoldina, Região da. 212; 342.
Lins de Vasconcelos. 17; 30; 43; 49; 50; 62; 102; 103; 108; 131; 134; 141; 144; 164; 165; 179; 185; 199; 216; 236; 246; 261; 298; 299; 300; 315; 340; 343.
Lucas. 27; 109; 163; 193; 194; 218; 259.
Madureira. 16; 21; 25; 28; 29; 30; 35; 41; 44; 46; 49; 50; 56; 57; 59; 62; 65; 66; 67; 71; 72; 78; 84; 86; 89; 92; 97; 102; 103; 108; 110; 114; 119; 124; 125; 128; 134; 137; 145; 161; 162; 172; 174; 177; 180; 182; 183; 184; 185; 189; 192; 194; 199; 203; 205; 206; 208; 218; 220; 222; 226; 229; 231; 232; 237; 238; 241; 249; 255; 259; 262; 265; 268; 276; 277; 282; 285; 288; 289; 292; 298; 299; 302; 303; 304; 306; 307; 308; 310; 313; 314; 315; 316; 318; 319; 324; 325; 329; 330; 331; 332; 333; 334; 335; 337; 339; 342; 344; 345; 353; 354; 355; 356.
Magalhães Bastos. 32; 34; 49; 107; 116; 145; 185; 200; 223; 224; 260; 297; 299; 336; 348.
Magno. 52; 126; 128; 186; 215; 221; 223; 238; 250; 262.
Mallet. 49; 223; 224; 260.
Malvinas. 143; 224; 347.
Manguinhos. 15; 23; 32; 34; 46; 56; 131; 134; 141; 143; 145; 156; 181; 185; 187; 208; 212; 225; 229; 257; 260; 264; 298; 339.
Marcílio Dias, Favela. 228; 299.
Maré. 15; 24; 34; 36; 46; 72; 103; 144; 185; 208; 209; 212; 216; 217; 225; 228; 229; 245; 255; 295; 299; 324; 347.
Marechal Hermes. 34; 71; 77; 80; 97; 102; 103; 113; 134; 144; 170; 177; 193; 194; 203; 219; 227; 229; 248; 249; 259; 277; 298; 322; 328; 329; 332; 337; 338; 340; 347; 348.
Maria Angu. 56; 146; 152; 172; 214; 230; 250; 275; 277; 287; 294; 303.
Maria da Graça. 62; 119; 123; 145; 176; 185; 187; 200; 208; 215; 228; 231; 234; 239; 259; 282; 298; 304; 345.
Mariópolis. 24; 146; 232; 259; 269.

ÍNDICE TEMÁTICO

Matadouro. 90; 142; 195; 233; 260; 311; 341.
Matinha. 19; 234.
Méier. 11; 15; 17; 18; 22; 28; 30; 31; 36; 41; 44; 47; 50; 62; 65; 72; 74; 78; 89; 90; 92; 93; 97; 98; 102; 103; 117; 121; 122; 124; 127; 129; 131; 139; 141; 143; 148; 162; 175; 177; 178; 182; 185; 196; 197; 201; 202; 203; 204; 207; 208; 216; 218; 231; 235; 239; 240; 241; 242; 253; 259; 261; 273; 277; 278; 279; 289; 298; 302; 305; 310; 313; 319; 320; 321; 323; 324; 325; 332; 336; 345; 349; 352.
Mendanha. 236; 242; 260.
Metral, Favela da. 239; 347.
Moça Bonita. 136; 242; 265.
Monteiro. 68; 243.
Negrão de Lima, Viaduto. 44; 221; 249; 265; 277; 313; 314; 344.
Nova Brasília. 19; 147; 149; 255.
Nova Holanda. 147; 228; 255; 299.
Nova Sepetiba. 96; 147; 185; 209; 255; 317.
Olaria. 20; 28; 29; 32; 43; 57; 74; 90; 97; 100; 103; 128; 144; 187; 189; 191; 194; 200; 205; 208; 212; 225; 254; 256; 257; 258; 275; 276; 282; 295; 296; 298; 299; 303; 315; 316; 321; 330; 335; 357; 358.
Oswaldo Cruz. 16; 28; 34; 47; 49; 58; 66; 73; 74; 80; 89; 92; 100; 101; 102; 122; 134; 148; 174; 193; 194; 195; 216; 232; 234; 241; 243; 246; 249; 251; 261; 266; 271; 285; 298; 316; 340; 352.
Paciência. 32; 34; 49; 74; 88; 111; 144; 185; 201; 260; 264; 298; 299; 315; 327; 337; 340; 359.
Padre Miguel. 32; 33; 41; 101; 103; 112; 123; 134; 144; 185; 238; 242; 243; 245; 259; 265; 270; 282; 284; 297; 298; 299; 337; 339; 349.
Palmares, Jardim. 268.
Palmares. 268; 359.
Palmeiras. 19; 147; 268.
Para-Pedro, Favela. 268.
Parada de Lucas. 16; 31; 32; 49; 147; 185; 206; 212; 218; 268; 299; 315; 338; 339; 346; 353.
Parque Anchieta. 24; 34; 145; 232; 269; 298; 302.
Parque Colúmbia. 13; 145; 259; 269; 273; 299; 337.
Pau da Fome. 197; 259; 271; 274; 328.
Pavuna. 13; 22; 32; 34; 35; 43; 47; 49; 103; 104; 111; 128; 142; 144; 151; 186; 190; 194; 215; 238; 239; 248; 250; 254; 259; 265; 269; 271; 272; 275; 299; 303; 304; 324; 337; 344; 346.
Pechincha. 21; 73; 88; 145; 159; 183; 185; 197; 207; 273; 298; 301; 331; 337.
Pedregoso. 64; 69; 236; 260; 274.
Penha. 12; 15; 19; 30; 31; 32; 34; 49; 52; 56; 59; 65; 77; 78; 82; 87; 94; 103; 110; 116; 118; 133; 135; 145; 149; 150; 153; 157; 169; 176; 179; 180; 181; 185; 190; 194; 200; 204; 212; 213; 216; 218; 221; 234; 239; 257; 259; 275; 276; 287; 295; 296; 298; 299; 303; 307; 316; 323; 324; 329; 337; 344; 346.
Penha Circular. 32; 82; 98; 126; 134; 145; 150; 170; 177; 193; 194; 216; 236; 237; 269; 276; 286; 296; 298; 317; 323; 337; 346; 350.
Piedade. 11; 28; 30; 34; 47; 49; 52; 56; 73; 82; 89; 93; 97; 98; 103; 106; 121; 122; 123; 127; 134; 138; 142; 145; 163; 174; 179; 182; 187; 190; 204; 226; 241; 253; 261; 265; 277; 278; 279; 282; 292; 298; 305; 321; 325; 337; 352; 359.
Pilares. 34; 49; 52; 74; 98; 103; 110; 123; 134; 137; 145; 158; 182; 185; 186; 207; 215; 228; 230; 261; 279; 298; 299; 303; 310; 330; 333.
Pinheiro, Vila do. 280.
Praça Seca. 12; 34; 49; 66; 85; 97; 98; 101; 134; 145; 183; 184; 185; 197; 211; 227; 260; 269; 287; 298; 299; 328; 349.
Praia da Brisa. 260; 287; 317.
Quafá. 291; 347.
Quintino Bocaiúva. 20; 65; 118; 123; 187; 220; 252; 277; 279; 292; 295; 298.
Quitandinha, Favela da. 112; 292.
Ramos. 19; 22; 30; 32; 34; 37; 38; 49; 57; 63; 65; 93; 96; 97; 103; 106; 116; 134; 144; 174; 183; 186; 203; 211; 212; 222; 225; 226; 229; 242; 245; 257; 260; 263; 272; 276; 287; 295; 297; 298; 299; 321; 323; 325; 338; 347; 357.
Realengo. 14; 20; 22; 24; 28; 32; 33; 34; 40; 42; 44; 49; 60; 64; 66; 67; 70; 88; 89; 97; 103; 105; 106; 107; 109; 114; 120; 131; 133; 134; 136; 141; 145; 166; 177; 185; 189; 197; 202; 208; 211; 213; 217; 220; 233; 245; 259; 265; 274; 282; 296; 299; 305; 321; 324; 334; 336; 337; 348; 354.
Riachuelo. 49; 89; 131; 147; 155; 158; 175; 202; 215; 217; 235; 257; 298; 302; 305; 310; 328; 337; 352.
Ricardo de Albuquerque. 24; 28; 49; 75; 80; 121; 147; 193; 194; 233; 238; 249; 253; 269; 298; 302.
Rio da Prata. 52; 61; 70; 260; 274; 278; 304; 341.
Rocha. 36; 89; 93; 99; 103; 131; 144; 202; 204; 210; 223; 298; 302; 305; 330; 334.
Rocha Miranda. 34; 97; 108; 134; 144; 176; 193; 202; 215; 262; 298; 306; 315; 335; 337; 339; 355.
Salsa e Merengue, Favela. 144; 309.
Sampaio. 63; 89; 131; 145; 165; 202; 215; 231; 298; 299; 302; 310; 325; 335.
Santa Clara. 171; 299; 310.
Santa Cruz. 13; 15; 24; 26; 31; 32; 34; 43; 44; 45; 46; 48; 49; 53; 60; 64; 65; 66; 69; 81; 82; 88; 89; 91; 92; 94; 101; 103; 105; 106; 110; 115; 120; 121; 122; 123; 134; 137; 142; 144; 157; 159; 165; 169; 171; 176; 177; 181; 182; 185; 189;

ÍNDICE TEMÁTICO

194; 195; 202; 210; 215; 217; 218; 220; 228; 233; 241; 250; 252; 260; 263; 264; 265; 274; 275; 278; 283; 287; 298; 299; 310; 312; 313; 314; 315; 317; 324; 326; 327; 329; 337; 340; 341; 348; 355; 359.
Santíssimo. 31; 32; 33; 42; 145; 210; 251; 260; 298; 299; 313; 317; 318; 341.
São Francisco Xavier. 89; 147; 204; 212; 213; 218; 257; 298; 305; 313; 324; 346; 349.
Senador Augusto Vasconcelos. 31; 316.
Senador Camará. 33; 36; 40; 48; 49; 64; 65; 69; 87; 91; 110; 145; 259; 263; 298; 313; 315; 316; 345; 347.
Sepetiba. 34; 49; 53; 66; 147; 171; 176; 185; 186; 195; 250; 255; 260; 287; 298; 311; 315; 317; 324; 337; 359.
Suíça Carioca. 159; 199; 326.
Sulacap. 12; 58; 68; 86; 88; 102; 249; 259; 274; 326; 349.
Tancredo Neves. 148; 264; 312; 327.
Tanque. 49; 64; 73; 112; 116; 145; 151; 159; 166; 171; 198; 288; 298; 299; 301; 319; 327.
Taquara. 20; 29; 34; 38; 49; 51; 64; 73; 74; 97; 103; 105; 115; 144; 158; 177; 197; 199; 203; 211; 240; 251; 254; 259; 271; 273; 289; 291; 298; 299; 306; 315; 327; 331; 337; 338; 349; 359.
Terra Nova. 76; 98; 134; 148; 186; 215; 231; 241; 279; 330.
Todos os Santos. 22; 38; 89; 97; 122; 124; 128; 140; 175; 187; 205; 214; 235; 298; 310; 332; 350.
Tomás Coelho. 32; 86; 129; 130; 134; 138; 145; 187; 205; 208; 239; 279; 298; 299; 303; 310; 332; 340; 344; 345.
Trevo das Margaridas. 334; 344.
Triagem. 46; 52; 78; 91; 175; 204; 215; 239; 304; 334; 335.
Turiaçu. 49; 74; 104; 134; 137; 138; 145; 186; 193; 201; 215; 262; 282; 285; 298; 315; 331; 335; 337.
Urucânia. 148; 260; 264; 312; 340.
Valqueire. 62; 66; 86; 92; 102; 142; 163; 192; 197; 259; 274; 299; 342.
Vargem Grande. 38; 39; 149; 159; 171; 185; 198; 274; 298; 299; 315; 324; 342.
Vargem Pequena. 38; 39; 116; 145; 159; 171; 198; 298; 299; 324; 342.
Vasconcelos. 342.
Vaz Lobo. 30; 52; 71; 104; 105; 118; 134; 143; 145; 184; 193; 194; 203; 205; 208; 220; 226; 234; 238; 241; 243; 254; 257; 275; 298; 299; 307; 315; 318; 338; 342.
Vicente de Carvalho. 32; 34; 49; 52; 110; 130; 134; 146; 153; 163; 185; 186; 192; 194; 208; 239; 260; 276; 279; 298; 303; 333; 338; 344; 346; 347.

Vieira Fazenda. 62; 175; 199; 215; 231; 288; 304; 345.
Vigário Geral. 16; 32; 34; 47; 87; 89; 103; 109; 130; 134; 146; 193; 194; 201; 206; 212; 243; 260; 268; 289; 299; 320; 324; 345.
Vila Aliança. 20; 40; 49; 87; 260; 316; 346; 359.
Vila Catiri. 85; 201; 346.
Vila Cosmos. 77; 146; 193; 241; 260; 298; 299; 319; 337; 344; 346.
Vila Cruzeiro. 15; 19; 77; 148; 259; 276; 291; 303; 346.
Vila da Penha. 21; 32; 47; 59; 65; 71; 77; 89; 146; 150; 167; 170; 172; 174; 193; 194; 203; 218; 276; 293; 298; 307; 317; 330; 344; 346.
Vila Kennedy. 20; 32; 40; 87; 108; 130; 134; 184; 224; 239; 259; 291; 317; 347; 348.
Vila Militar. 32; 46; 50; 107; 116; 120; 131; 132; 212; 213; 223; 230; 286; 297; 299; 334; 340; 347.
Vila Mimosa. 193; 340; 348.
Vila Progresso. 148; 347; 348.
Vila Rangel. 193; 340; 348; 349.
Vila Souza. 193; 349.
Vila Valqueire. 37; 66; 109; 122; 126; 146; 166; 169; 189; 219; 287; 298; 299; 320; 337; 342; 349.
Vila Vintém. 40; 112; 149; 265; 339; 349.
Vista Alegre. 32; 49; 72; 82; 97; 109; 146; 178; 193; 196; 217; 243; 254; 261; 298; 334; 344; 346; 350.

Brincadeiras, brinquedos, jogos
Amarelinha. 22.
Balões Juninos. 37; 154; 349.
Bandeirinha. 39; 59.
Bento-que-bento-é-o-frade. 46; 59.
Bilha. 49; 52.
Bola de Gude. 49; 52.
Bola de meia. 51.
Brincadeiras Infantis e Juvenis. 39; 46; 59; 81; 93; 156; 165; 277; 281; 282; 306; 329.
Busca-pé. 60; 154.
Carniça. 59; 79.
Carrinho de lata. 59; 81.
Cerol. 91; 280.
Chicotinho queimado. 59; 93.
Corrida de saco. 110.
Cotoco. 112.
Finco. 59; 156.
Garrafão. 59; 165; 281.
Maria-Preta. 231.
Max Pipas. 235; 280.
Ovo na colher, Corrida de. 263.
Pião. 59; 277.
Pipa. 59; 91; 118; 121; 237; 280; 294; 327; 344.

ÍNDICE TEMÁTICO

Pique. 39; 59; 165; 280.
Pique-rabo-emenda. 281.
Pneu, Rodar. 59; 282.
Rabiola. 280; 294.
Roda de Bicicleta, Passeio com. 59; 306.
Tabaréu. 327.
Telefone. 59; 329.
Vick Pipas. 280; 344.

Carnaval
Aliados de Quintino. 20.
Aliança de Quintino. 20; 292.
Baile dos Horrores. 35; 223.
Bate-Bola. 44; 79; 101.
Blocos Carnavalescos. 11; 13; 24; 26; 40; 49; 57; 62; 69; 96; 110; 128; 130; 131; 170; 171; 177; 187; 188; 199; 223; 262; 264; 273; 276; 279; 287; 295; 297; 302; 309; 312; 317; 327; 328; 340; 344.
Boêmios de Irajá. 49; 51; 63; 194; 358.
Bonecos do Germano. 56; 279.
Cacique de Ramos. 49; 51; 63; 160; 211; 218; 252; 266; 295; 300; 309.
Caprichosos de Pilares, G.R.E.S. 76; 134; 166; 279.
Chave de Ouro, Bloco da. 92; 130.
Cidadão-Samba. 77; 94; 100; 271; 309.
Clóvis. 40; 44; 70; 79; 101; 265; 312.
Clube dos Lanceiros Vitoriosos. 102; 130.
Clube Familiar da Piedade. 102; 279.
Coretos de Carnaval. 110; 276; 279; 344.
Decididos de Quintino. 20; 118; 292; 295.
Mestre-Sala e Porta-Bandeira. 183; 238; 254; 343.
Príncipe Negro. 289.
Ranchos Carnavalescos. 20; 118; 154; 238; 289; 292; 295.
Rosetá. 221; 308.
Sociedade Familiar Dançante e Carnavalesca Clube dos Mangueiras. 230; 322.
Sodade do Cordão. 322; 357.
Urubu Cheiroso. 49; 310; 340.

Cinema, teatro, TV etc.

Alma Suburbana. 21; 97; 256; 347.
Asfalto Selvagem. 30; 142; 343.
Aventuras amorosas de um padeiro, As. 33; 69.
Bandeira 2. 38; 183; 273; 295; 306; 328; 332.
Boca de Ouro. 50; 142; 216; 348.
Bonequinho Vil. 56; 170; 228.
Carnaval, Bexiga, Funk e Sombrinha. 79; 101.
Chuvas de Verão. 94; 230.
Cidade De Deus [2]. 96.
Cinédia. 97; 199; 328.
Circos. 98; 287.

Desejo. 121; 138.
Falecida, A. 30; 142.
Favela On Blast. 143.
Felicidade Bate à Sua Porta, A. 151.
Filhos do Carnaval. 155; 243.
Greta Garbo, Quem Diria, Acabou No Irajá. 169; 194; 209.
Ibrahim do Subúrbio, O. 179.
Imperatriz Do Carnaval. 183.
Maré, Nossa História De Amor. 229.
Mistério do Samba, O. 241; 262; 309; 343.
Partido-alto [2]. 270.
Pecado Capital. 38; 236; 273.
Projac. 116; 197; 289.
Rei de Ramos, O. 295; 299.
Rio de Janô. 199; 304.
Rio, Zona Norte. 305.
Sou Feia Mas Tô Na Moda. 322.
Suburbanos, Os. 324.
Teatro Amador Zuleika. 287; 328.
Teatro Armando Gonzaga. 230; 328.
Teatro Artur Azevedo. 70; 261; 328; 329.
Teatro do Riachuelo. 103; 328.
Teatro Madureira. 329; 356.
Teatro Miguel Falabella. 329.
Teatro Rural do Estudante. 217; 306; 328; 329.
Uma Avenida Chamada Brasil. 336.
Uma Farra Em Campo Grande. 70; 336.
Zé Carioca. 271; 352; 356.

Clubes sociais e esportivos
Aliados, Clube dos. 20; 69; 90; 103; 118.
AMAR, Associação Marítima Atlética Recreativa. 22; 86; 117.
Brasil Novo A.C. 59.
Casa de Espinho. 82; 226; 295; 312; 351.
Casa de Viseu. 82; 276; 295.
Casa do Marinheiro. 82; 213; 276.
Cascadura Tênis Clube. 84; 103.
Cassino Bangu. 40; 85; 103; 322.
Ceres Futebol Clube. 40; 91.
Círculo Ilusionista Brasileiro. 98; 235.
Clube Alemão. 102; 216.
Clube do Samba. 63; 102; 203; 309.
Clube dos Caçadores. 102.
Clube dos Jipeiros do Rio de Janeiro. 102; 171.
Clube Recreativo Português de Jacarepaguá. 102; 328.
Clubes. 11; 35; 40; 59; 70; 92; 103; 117; 131; 170; 199; 208; 216; 230; 235; 258; 265; 276; 279; 295; 314; 348.
CREIB. 40; 103; 112; 179; 265.
Fidalgo Atlético Clube. 155; 161; 222.
Garnier, Esporte Clube. 103; 164; 310.
GREIP. 103; 169; 179; 276.

ÍNDICE TEMÁTICO

Grêmio Procópio Ferreira. 24; 45; 169; 312.
Imperial Basquete Clube. 103; 161; 183; 222; 334.
Irajá Atlético Clube. 103; 194.
Irmãos Goulart F.C. 194; 258; 276.
LESPAM. 213; 276.
Mackenzie, Sport Club. 220; 236.
Madureira Atlético Clube. 25; 139; 155; 200; 222; 231; 249; 307; 330; 334; 353.
Madureira Esporte Clube. 59; 183; 221; 222; 227; 334.
Madureira Tênis Clube. 103; 161; 184; 222.
Magnatas Futebol De Salão. 35; 103; 223.
Marã Esporte Clube. 212; 227; 230.
Mello Tênis Clube. 236; 344.
Olaria Atlético Clube. 43; 194; 196; 245; 257; 258.
Oposição. 11; 103; 180; 261.
Parames, Esporte Clube. 103; 199; 269; 287; 328.
Pietense. 279.
Professorado Campestre Clube. 289.
Ramos Futebol Clube. 295.
Renascença Clube. 156; 300.
Ríver Futebol Clube. 164; 279; 305.
Social Ramos Clube. 103; 295; 307; 321.
Sport Club Mackenzie. 35; 220; 323.
Valqueire Tênis Clube. 341; 349.
Várzea Country Clube. 18; 103; 342.
Veteran Car Club do Brasil-RJ. 176; 343.

Conceitos, definições
Antropônimos. 27.
Bairro. 35. Ver também a seção Bairros, localidades, comunidades deste Índice.
Estação. 90; 136; 212; 215; 239; 303; 326.
Estratégias de Subsistência. 138; 211.
GLST. 21; 167.
Governantes da Cidade. 167; 177; 187; 199; 224.
Invernada. 189; 258; 260.
Mestre de campo. 84; 129; 239.
Moda Suburbana. 243; 351.
Município Neutro. 122; 137; 138; 168; 186; 192; 245; 272; 311.
Sargento-Mor. 236; 315.
Serras. 220; 299; 318.
Submetrópole Kitsch. 236; 323.
Subúrbio. 324.
Subúrbios elegantes. 214; 325.
Urbano. 340.
Zona Oeste. 33; 40; 62; 70; 79; 94; 102; 116; 138; 139; 175; 182; 188; 209; 228; 240; 261; 310; 345; 359.
Zona Rural. 31; 38; 48; 53; 64; 66; 98; 99; 117; 138; 161; 191; 240; 263; 277; 286; 317; 324; 359; 359.

Costumes
Casamento, Festas de. 83; 291.
Churrasco de esquina. 59; 93; 190; 306.
Enterro dos ossos. 132.
Judas, Malhação do. 208.
Porco, Matança do. 26; 284.
Xixi do neném. 355.

Crime, contravenções
Banqueiros de Bicho. 25; 42; 139; 205.
Faixa de Gaza. 46; 142; 225.
Gatonet. 165; 241.
Gatovelox. 165; 189; 241.
Jogo do Bicho. 25; 42; 56; 85; 155; 205; 232; 249; 310.
Milícias. 165; 240; 248; 304; 333; 350.
Narcotráfico. 142; 229; 240; 248.
Rio das Pedras. 143; 304.
Ronda, Jogo de. 71; 307.
Roubauto. 13; 308.
Sapo, Favela do. 315.

Cultura – equipamentos
Biblioteca Comunitária Tobias Barreto. 47; 139; 346; 347.
Centro Cultural de Santa Cruz. 90; 312.
Centro Popular de Cultura Aracy de Almeida. 28; 90; 136.
Cidade das Crianças Leonel Brizola. 94; 348.
Cine Guaracy. 97; 306.
Cineclube Subúrbio Em Transe. 21; 97.
Cinemas Antigos. 11; 40; 46; 57; 59; 62; 70; 97; 118; 131; 183; 199; 221; 235; 258; 279; 295; 297; 310; 332; 351.
Cine-Teatro Piedade. 98; 279.
Espaço Cultural Aracy de Almeida. 28; 90; 128; 136.
Espaço Cultural Jorge Benjor. 136; 297.
Fazendinha [1]. 149; 150.
Horto Frutícola da Penha. 132; 177; 276.
Imperator, Cine. 98; 182; 323.
Inclusão digital. 184; 189.
Jongo da Serrinha, Centro Cultural. 205.
Lonas Culturais. 18; 40; 70; 78; 170; 176; 199; 217; 228; 229; 297; 312; 351.
Meu Kantinho Centro de Cultura. 101; 239; 276.
Museu Aeroespacial. 68; 245.
Museu da Maré. 229; 245.
Museu de Imagens do Inconsciente. 91; 130; 246; 253.
Museu do Trem. 130; 246.
Ponto Cine Guadalupe. 14; 56; 170; 284.

Ensino, educação
Academia Valéria Moreyra. 12; 276.

ÍNDICE TEMÁTICO

Bialik, Escola Hebreu Brasileira Chaim Nachman. 47; 208; 235; 321.
Carmela Dutra, Escola Normal. 78; 135; 221; 334.
Centro de Dança Rio. 90.
Colégio Arte e Instrução. 24; 84; 104; 132; 206.
Colégio Pedro II. 99; 104; 131; 252; 297.
Colégio Republicano. 105; 343.
Colégio Santa Mônica. 105; 355.
Escola de Horticultura Wencesláo Bello. 132; 150; 177; 276.
Escola Quinze. 133; 142; 160; 292.
Escola Técnica Visconde de Mauá. 58; 71; 134; 142; 229; 303.
Escolas Normais. 70; 135; 188; 276.
Faculdade de Direito da Piedade. 142; 279.
FAETEC. 133; 134; 142; 188; 233; 336.
FUNABEM. 117; 133; 160.
Fundação Técnico-Educacional Souza Marques. 160; 322.
Inclusão Digital. 184; 189.
Instituto de Educação Sarah Kubitschek. 135; 142; 188; 240; 336.
Instituto Metodista Ana Gonzaga. 188.
Isabel Mendes, Escola Municipal. 195; 241.
Peretz, Escola Israelita Brasileira Isaac Leib. 208; 277.
Sefarim, Escola Hebreu Brasileira Mendele Mocher. 208; 316; 321.
UEZO. 70; 188; 336.
Universidade Gama Filho. 61; 142; 164; 178; 310; 328; 340.

Entidades, organizações
Afro Reggae, Grupo Cultural. 16; 185; 268; 346.
Alimento Cultural. 20.
LIQUERJ. 216; 291.
SUIPA. 64; 81; 200; 326.

Escolas de samba
Acadêmicos de Santa Cruz, G.R.E.S. 13; 134; 312.
Acadêmicos do Engenho da Rainha, G.R.E.S. 13; 129; 134.
Aprendizes de Lucas. 27; 126; 268; 338; 339.
Arame de Ricardo, G.R.E.S. 28; 49; 134; 302.
Arranco. 29; 130; 134.
Arrastão de Cascadura. 29; 84; 134.
Associação das Escolas de Samba da Cidade do Rio de Janeiro (AESCRJ). 31; 135.
Boêmios de Inhaúma, G.R.E.S. 51; 134; 187.
Corações Unidos de Jacarepaguá, G.R.E.S. 109; 199; 349.
DEPÊ. 121; 265.
Em Cima da Hora, G.R.E.S. 86; 127; 134; 345.
Escolas de Samba. 22; 24; 31; 40; 42; 45; 46; 49; 57; 59; 62; 66; 70; 85; 94; 99; 104; 110; 113; 117; 118; 127; 129; 130; 131; 134; 150; 155; 162; 177; 187; 199; 205; 213; 216; 225; 230; 248; 249; 250; 253; 262; 265; 268; 270; 279; 281; 285; 287; 289; 291; 295; 297; 306; 309; 310; 312; 314; 318; 332; 343; 344; 352; 357.
G.R.A.N.E.S. Quilombo. 73; 104; 149; 151; 162; 291; 310; 354.
Imperatriz Leopoldinense, G.R.E.S. 21; 22; 38; 43; 48; 77; 134; 183; 263; 272; 295; 298; 309.
Império de Campo Grande, G.R.E.S. 70; 183.
Império do Marangá, G.R.E.S. 134; 183; 199; 273; 287.
Império Serrano, G.R.E.S. 21; 25; 28; 47; 71; 100; 110; 118; 134; 184; 185; 195; 205; 206; 211; 221; 225; 226; 238; 239; 251; 253; 257; 277; 288; 299; 309; 314; 318; 320; 339; 343; 356; 357.
Inferno Verde, G.R.E.S. 134; 186.
Irmãos Unidos de Irajá. 45; 194; 309.
LESGA. 31; 135; 213.
Lins Imperial, S.R.E.S. 134; 216.
Lira do Amor. 76; 134; 216; 262; 273.
Mocidade de Vicente de Carvalho, G.R.E.S. 134; 242; 344.
Mocidade Independente de Inhaúma, G.R.E.S. 49; 134; 187; 242.
Mocidade Independente de Padre Miguel, G.R.E.S. 85; 121; 134; 155; 238; 239; 243; 265; 309; 332; 354.
Paz e Amor. 46; 100; 109; 134; 219; 273.
Pérola da Serrinha. 184; 277; 357.
Portela, G.R.E.S. 16; 28; 29; 72; 73; 85; 100; 110; 134; 150; 183; 203; 220; 221; 234; 238; 239; 249; 251; 253; 254; 261; 271; 273; 285; 288; 310; 316; 320; 330; 338; 340; 352; 353; 354; 355; 357.
Portelinha. 16; 29; 58; 262; 285.
Prazer da Serrinha. 100; 184; 205; 226; 288; 318.
Recreio de Ramos. 29; 134; 183; 226; 295; 297.
Tradição, G.R.E.S. 66; 134; 203; 310; 333.
Tupi de Brás De Pina, G.R.E.S. 59; 126; 134; 335.
União de Brás De Pina. 59; 338.
União de Jacarepaguá, G.R.E.S. 85; 134; 199; 254; 310; 328; 338.
União de Vaz Lobo, G.R.E.S. 134; 338; 343.
Unidos da Capela, G.R.E.S. 27; 268; 338; 339.
Unidos da Congonha. 134; 339.
Unidos da Tamarineira. 134; 184; 339.
Unidos de Bangu, G.R.E.S. 40; 134; 339; 349.
Unidos de Bento Ribeiro. 46; 134; 339.
Unidos de Campo Grande. 339.
Unidos de Cavalcanti. 86; 134; 339.
Unidos de Irajá. 45; 134; 194; 195; 339.
Unidos de Lucas, G.R.E.S. 27; 77; 134; 268; 310; 338; 339.
Unidos de Manguinhos, G.R.E.S. 134; 339.

ÍNDICE TEMÁTICO

Unidos de Padre Miguel, G.R.E.S. 134; 265; 339.
Unidos de Rocha Miranda. 177; 262; 306.
Unidos de Turiaçu. 134; 340; 339; 355.
Unidos de Vila Santa Tereza. 104; 134; 340.
Unidos do Cabuçu, Sociedade Educativa e Escola de Samba. 134; 206; 340.
Unidos do Indaiá. 134; 230; 340.
Unidos do Jacarezinho, G.R.E.S. 43; 134; 197; 200; 340.
Velhas Guardas. 310; 343.

Esportes
Aeroclube do Brasil. 15; 225; 229.
Autódromo de Jacarepaguá. 31; 199.
Bangu Atlético Clube. 11; 14; 20; 40; 85; 118; 124; 136; 139; 143; 245; 265; 294; 320; 358.
Basquete de Rua. 44; 87; 250.
Bola de Pneu. 51.
Bonsucesso Futebol Clube. 57; 166; 212; 308.
Campo Grande Atlético Clube. 20; 69; 70; 118; 163; 195; 202.
Campo Grande F.C. 70; 161.
Centro Esportivo Miécimo da Silva. 20; 70; 90; 240; 348.
Complexo Equestre da Vila Militar. 107; 116.
Complexo Esportivo de Deodoro. 107; 121; 348.
Departamento Autônomo. 91; 106; 121; 130; 161; 194; 226; 261.
Domingada. 123.
Engenhão. 128; 130; 136; 338.
Engenho de Dentro F.C. 130; 161.
Esperança F.C. 136; 161.
Estádio Proletário Guilherme da Silveira. 40; 136; 320.
Estádios de Futebol. 91; 136.
Everest A.C. 140; 161.
Fidalgo A.C. 155; 161; 222.
Futebol Amador. 24; 70; 71; 91; 121; 130; 140; 155; 161; 179; 194; 224; 239; 243; 258; 295; 297; 302; 305; 338.
Futebol de Salão. 20; 103; 161; 199; 223; 307; 322; 342; 343.
Jacarepaguá Tênis Clube. 199; 328.
Jockey Club Fluminense. 36; 46; 204; 205; 313; 334; 335.
Metropolitano F.C. 161; 236; 239.
Modesto F.C. 161; 292; 243.
Mulatinhos Rosados. 40; 245.
Papa com Lombo. 268; 282.
Riachuelo F.C. 161; 302.
Rubro-Anil. 57; 308.
Tricolor Suburbano. 222; 290; 334.
Turfe. 45; 174; 204; 335.
União de Marechal Hermes F.C. 230; 338.
Vila Olímpica Oscar Schmidt. 348.

Festividades, comemorações
Carnaval. 49; 79; 101; 110; 134; 295. Ver também as seções Carnaval e Escolas de samba deste Índice.
Festa da Penha. 35; 46; 57; 72; 149; 152; 181; 276; 303; 307; 344.
Festa do Preto Velho. 154; 188; 289.
Festas Juninas. 37; 60; 154; 231; 276; 291; 301.
Pagode do Trem. 232; 266; 334.

Forças Armadas
Aeroporto Bartolomeu de Gusmão. 15; 43.
Base Aérea de Santa Cruz. 15; 43; 68; 174; 260; 312; 334; 358.
Batalhão Escola de Engenharia Villagran Cabrita. 44; 228; 312.
CEFAN. 87; 276.
CIAGA. 94; 276.
Complexo Equestre da Vila Militar. 107; 116.
EsAO. 132; 348.
Escola Militar de Realengo. 74; 116; 133; 183; 213; 223; 265; 297.
HCE (Hospital Central do Exército). 174.
Imperial Academia Militar. 133; 183; 297.
PQD. 286; 348.

Geografia física
Acari, Rio. 13; 14.
Alto do Peri, Serra do. 21.
Anil, Rio do. 26.
Arrabaldes. 29; 35.
Arroio Pavuna. 29; 36; 105; 197; 273; 305; 328.
Árvore Seca, Morro da. 30.
Bacia Hidrográfica. 14; 26; 34; 40; 43; 46; 57; 61; 65; 67; 69; 72; 104; 110; 116; 131; 142; 143; 169; 171; 176; 188; 194; 197; 199; 200; 201; 223; 225; 229; 230; 262; 264; 269; 271; 273; 274; 279; 282; 284; 286; 287; 288; 295; 297; 305; 306; 312; 317; 328; 344; 346; 349.
Baixada de Jacarepaguá. 15; 36; 107; 199; 216; 220; 223; 287.
Bangu, Maciço do. 41.
Bangu, Serra do. 40; 41.
Barata, Serra do. 42.
Bica, Morro da. 47; 66.
Bonsucesso, Morro de. 15; 57.
Botafogo, Morro do. 24; 58; 111; 273; 275.
Caboclos, Morro dos. 61.
Cabuçu, Morro do. 61.
Cabuçu, Rio. 61.
Cabuçu, Serra do. 61; 77; 171.
Cação Vermelho, Rio. 61.
Cachambi, Morro do. 62; 349.
Cachoeirinha, Morro da. 62; 216.

ÍNDICE TEMÁTICO

Caixa d'Água, Morro da. 64; 292.
Camorim, Rio. 65.
Campinho, Rio. 67.
Canais da Baixada de Santa Cruz. 34; 72.
Canal da Pavuna. 72; 143; 230; 273; 345.
Canal do Cunha. 34; 72; 82; 143; 229.
Cantagalo, Serra do. 74.
Capim, Morro do. 75; 302.
Capoeira Grande, Maciço da. 76.
Caricó, Morro do. 77; 276.
Cariri, Morro do. 77; 276.
Carrapato, Morro do. 80; 302.
Céu, Morro do. 92.
Cobertura Vegetal Natural. 19; 24; 40; 70; 96; 103; 171; 187; 199; 200; 229; 235; 273; 276; 295; 297; 312; 346.
Covanca, Morro da. 112; 335.
Dendê, Morro do. 119; 128.
Distrito Federal. 15; 22; 36; 46; 86; 122; 135; 159; 166; 167; 186; 238; 240; 245; 258; 262; 272; 277; 311; 328.
Distritos Municipais. 70; 122; 131; 171; 187; 199; 235; 312.
Engenho Novo, Maciço do. 131.
Engenho Velho, Serra do. 132.
Estação, Morro da. 121; 136; 170.
Estado da Guanabara. 63; 75; 95; 135; 137; 159; 167; 197; 245; 347.
Faleiro, Rio. 142.
Falésia do Valqueire. 142; 274; 349.
Faria-Timbó, Canal. 143; 176.
Fortaleza, Rio. 125; 158.
Freguesias do Rio Antigo. 70; 122; 131; 159; 171; 187; 194; 199; 312.
Fubá, Morro do. 160.
Gambá, Morro do. 164; 216.
Gericinó, Campo de. 24; 166; 233; 269; 302.
Gericinó, Maciço de. 70; 107; 166; 236; 305; 351.
Grande, Rio. 169; 328.
Grotão, Morro do. 170; 347.
Guerenguê, Rio. 171.
Inácio Dias, Serra de. 184; 287.
Inhoaíba, Serra de. 188.
Irajá, Rio. 194.
Itá, Canal do. 195; 312; 317.
Jacaré, Rio. 197.
Jacques, Morro do. 200; 223.
Juramento, Morro do. 208.
Lameirão, Morro do. 210.
Macacos, Morro dos. 220; 297.
Maciço. 220; 300.
Mateus, Serra do. 234.
Mendanha, Serra do. 236; 269.
Meriti, Rio São João de. 186; 238.
Miguel, Morro do. 240.
Mineiros, Morros dos. 241.
Misericórdia, Maciço da. 19; 241.
Morros. 61; 65; 76; 86; 117; 131; 166; 170; 193; 227; 241; 244; 251; 252; 277; 300.
Nogueira, Serra do. 254; 328.
Paciência, Serra da. 264.
Parque Ecológico Municipal do Mendanha. 269.
Parque Estadual da Pedra Branca. 143; 270; 273; 341.
Passarinhos, Rio. 271.
Pau, Rio do. 271.
Pedra Branca, Maciço da. 40; 70; 270; 273; 278; 342.
Pedra do Carvalho. 274.
Pedras, Rio das. 274.
Pedreira, Morro da. 112; 275.
Pico da Pedra Branca. 70; 274; 278.
Piraquê, Rio. 282.
Ponto, Rio do. 284.
Posse, Maciço da. 286; 299.
Prata (do Mendanha), Rio da. 288.
Pretos Forros, Serra dos. 17; 50; 64; 65; 129; 130; 137; 158; 234; 235; 237; 251; 273; 288; 289; 299; 301; 334.
Quilombo, Serra do. 273; 291.
Quitungo, Serra do. 251; 293; 347.
Ramos, Rio. 295.
Recôncavo Carioca. 56; 287; 297.
Relevo. 19; 40; 57; 70; 75; 76; 109; 121; 131; 171; 188; 199; 208; 220; 241; 245; 264; 265; 276; 279; 286; 292; 293; 297; 299; 302; 312; 313; 318; 328.
Reunião, Morro da. 301; 327; 349.
Rio da Prata, Serra do. 304.
Rio Fundo. 29; 305.
Rios. 23; 72; 76; 143; 159; 166; 171; 191; 279; 285; 304; 305.
São João, Morro de. 314.
Sapê, Morro do. 315; 343.
Sereno, Morro do. 276; 317; 347.
Serras. 158; 220; 250; 300; 318; 342.
Serrinha, Morro da. 48; 119; 184; 251; 288; 318; 343.
Silveira, Morro do. 320; 349.
Trajano, Morro do. 333.
Três Rios, Serra dos. 159; 198; 299; 334.
Urubus, Morro dos. 86; 333; 340.
Vale da Caixa d'Água. 70; 341.
Vale da Virgem Maria. 70; 341.
Vulcão extinto. 70; 166; 300; 351.

Habitação, moradias
Casa de Cômodos. 82.
Favelas. 11; 13; 19; 24; 26; 27; 32; 36; 40; 43; 46; 57; 58; 59; 62; 66; 67; 70; 77; 86; 87; 94; 95; 104; 110; 111; 113; 116; 117; 119; 121; 128;

ÍNDICE TEMÁTICO

129; 130; 131; 143; 149; 156; 159; 161; 164; 170; 171; 175; 176; 177; 187; 188; 194; 197; 199; 200; 201; 216; 223; 225; 229; 230; 231; 233; 236; 248; 258; 262; 264; 265; 268; 269; 273; 276; 279; 280; 287; 288; 292; 295; 297; 302; 306; 310; 312; 313; 314; 317; 327; 328; 333; 342; 343; 344; 346; 347; 349; 350; 351.
Meia-água. 235.
Palácio Choupanal. 86; 267.
Puxado. 290.

História
Aliança para o Progresso. 20; 346; 347.
Aparelhos. 27; 31; 292.
Aurora Maria do Nascimento Furtado. 31.
Bota-Abaixo. 58; 262; 277.
Cafeicultura. 26; 40; 41; 62; 64; 69; 75; 76; 86; 99; 109; 112; 123; 128; 129; 130; 144; 170; 171; 187; 198; 202; 210; 223; 234; 236; 244; 251; 268; 274; 297; 304; 317; 328; 345; 349.
Citricultura. 39; 69; 99; 188; 264.
Deodoro, Explosão do paiol do Exército. 121.
Duclerc, Jean-François. 65; 66; 125; 158; 171; 198; 342.
Explosão do Paiol. 140.
Floresta da Tijuca, Replantio da. 157.
História Fundiária. 176; 188.
Largo da Cancela. 210.
Levante de 1922 em Realengo. 68; 213; 297; 348.
Mártir da Aviação. 233.
Paiol de Deodoro, Explosão do. 116; 121; 140; 266.
Pereira Passos, Obras de. 58; 70; 130; 131; 171; 187; 199; 236; 276; 279; 292.
Quilombo da Penha. 276; 291; 303; 346.
Quilombos. 250; 292.
Sindicato dos Metalúrgicos. 203; 321.
Rei Leopoldo da Bélgica. 222; 299.
Revolta da Armada. 301.
Zepelim. 52; 174; 245; 312; 358.

Imprensa, mídia etc.
Crônica Policial. 113; 142.
Farofeiros. 143; 281.
Fera da Penha, A. 151.
Internet. 51; 144; 161; 165; 184; 189; 210; 241; 319.
Lan-Houses. 189; 210.
Noivinha da Pavuna, A. 254.
Notícias do Subúrbio. 255.
Pesquisa. 277.
Propaganda Mural. 289.
Rádio Metropolitana. 187; 294; 318; 338.
Subúrbio, O. 325.

Subúrbios em Revista. 78; 325.
Telefonia. 40; 70; 199; 230; 276; 312; 329.
Televisão. 24; 27; 36; 38; 77; 95; 97; 98; 100; 115; 117; 121; 124; 125; 144; 155; 156; 165; 174; 179; 181; 195; 207; 246; 270; 273; 306; 310; 319; 329; 355.
TV Manchete. 49; 335.

Instituições governamentais
Abrigo Cristo Redentor. 11; 57.
Administração Regional. 15; 95; 276; 298.
Casa da Moeda. 37; 81; 261; 312; 359.
CEHAB-RJ. 87; 346.
Fazenda Modelo. 149.
FIOCRUZ. 156; 225; 276; 303.
IAPI. 78; 112; 119; 169; 179; 189; 259; 265; 270; 276; 347; 349.
Institutos de Aposentadoria e Pensão (IAP's). 189.
Regiões Administrativas. 11; 15; 19; 103;122; 159; 169; 194; 212; 298; 324.
Subprefeituras. 169; 194; 299; 323.

Lazer e entretenimento
Adônis, Bar. 15; 46.
Bailes. 11; 35; 117; 118; 122; 130; 161; 162; 167; 175; 183; 242; 257; 284; 308.
Baixo Méier. 36; 116; 235.
Botequim do Nozinho. 58; 59; 262.
Botequins. 21; 26; 58; 88; 106; 113; 115; 199; 205; 251; 277; 281; 285; 286; 344.
Cachambeer. 61; 106.
Cachoeira do 236. 62.
Cachopa de Madureira. 62; 162.
Café Haya. 64; 174.
Campos de Pelada. 70; 110; 155; 194; 197; 275; 307; 347.
Cedofeita. 46; 87; 162.
Charme (Charm). 92; 161.
Churrasco de Esquina. 59; 93; 190; 306.
Clubes. 11; 35; 40; 59; 70; 92; 103; 117; 131; 170; 199; 207; 216; 230; 235; 258; 265; 276; 279; 295; 314; 347.
Comida di Buteco. 58; 61; 106; 114; 254; 261.
Dançarinos. 92; 117.
Dancing Vitória. 117; 162; 194; 207; 225.
Danúbio, Boite. 118.
Dar Linha. 118; 121.
Dibicar. 118; 121.
Feijoadas musicais. 150.
Festivais de futebol. 110; 154; 263; 289.
Gafieiras. 26; 35; 40; 84; 87; 110; 117; 131; 151; 162; 187; 207; 236; 242; 261; 280; 296; 329; 333; 344.

ÍNDICE TEMÁTICO

Horto das Palmeiras. 177; 182.
Jardim Tivoli. 202.
Malha, Jogo de. 224.
Manhãs Dançantes. 225.
Miguel da Carne-Seca. 70; 240.
Nordestino Carioca. 58; 106; 254.
Olimpo. 258; 344.
Original do Brás. 58; 106; 261.
Pagode. 11; 18; 28; 63; 83; 102; 114; 117; 130; 150; 160; 211; 232; 262; 265; 279; 295; 310; 324; 358.
Parque de Diversões. 97; 269.
Pelada. 67; 70; 268; 275.
Pé-Sujo. 277.
Piqueniques e Excursões. 143; 281.
Piscinão de Ramos. 282; 287.
Porrinha. 285.
Portela Black. 92; 285.
Praia de Ramos. 282; 287; 295.
Sambola. 11; 128; 282; 310.

Linguagem
À Bangu. 11; 40.
Capitão-mor. 66; 67; 76; 131.
Caxambi. 62; 86.
Mestre de Campo. 84; 129; 239.
PQD. 286; 347.

Literatura – editoras, agremiações, livros etc.
Academia de Letras Suburbana. 12; 130; 173; 308; 331.
Academia Irajaense de Letras e Artes. 12; 194.
Academia Madureirense de Letras. 12; 354.
Bentinho. 46; 131.
Clara dos Anjos. 26; 99; 109; 132; 214; 325.
Como era triste a chinesa de Godard. 106.
Confraria do Vento. 104; 108; 194.
Grêmio Literário José Mauro de Vasconcelos. 100; 169; 207; 246.
Guia Afetivo da Periferia. 171; 228.
Marafa. 227.
Pallas Editora. 126; 176; 267; 336.
Poesia de Luiz Peixoto. 283.
Stefan Zweig, Grêmio Cultural e Recreativo. 208; 236; 321; 323.
Tipografia do Abreu. 12; 331.

Localidades e vias históricas
Bairro Araújo. 35; 194.
Bangu, Fazenda do. 41; 64.
Botafogo. 58; 129; 304.
Cachoeira do Cabuçu, Fazenda da. 62; 64.
Cafundá, Estrada do. 64; 328.
Cafundá, Sítio do. 64.
Caminho das Minas. 65; 125; 171; 187; 312.
Caminho dos Jesuítas. 33; 61; 65; 137; 312.
Campinho, Fazenda do. 66; 189.
Campo dos Cardosos. 68; 86; 128.
Capão do Bispo, Fazenda. 64; 75; 119; 123; 128; 186; 279; 303.
Capoeiras, Fazenda das. 64; 76.
Carapiá, Estrada do. 61; 76; 171.
Caroba, Estrada da. 20; 43; 69; 80.
Catonho, Estrada do. 58; 86; 349.
Caxamorra, Fazenda da. 64; 86.
Ciganos, Represa dos. 96; 132; 225; 301.
Coqueiros, Fazenda dos. 64; 109; 313; 316.
Covanca, Estrada da. 112; 159; 288.
Cupertino. 89; 115; 277; 292.
Eduardo Araújo. 126; 128.
Engenho D'Água, Fazenda do. 64; 128.
Engenho da Ilha, Fazenda do. 64; 128.
Engenho da Pavuna. 24; 128.
Engenho da Pedra, Estrada do. 128; 191; 258.
Engenho da Serra, Fazenda do. 64; 129.
Engenho de Fora, Fazenda do. 66; 67; 130.
Engenho de Nossa Senhora de Nazaré. 24; 130; 249; 331; 347.
Engenho do Mato. 129; 130; 303; 333; 344.
Engenho do Provedor. 109; 130.
Engenho do Retiro. 40; 130.
Engenho Novo da Piedade. 131; 132; 269; 297; 347.
Engenho Novo dos Jesuítas. 130; 132; 196; 216; 305; 310; 313.
Engenho Novo, Caminho do. 70; 131.
Engenho Novo, Estrada do. 24; 76; 131; 132; 348.
Engenho Velho, Caminho do. 24; 130; 132; 304.
Estrada da Cutia. 46; 104; 137.
Estrada do Areal. 104; 137; 262.
Estrada do Sapê. 137; 262; 315; 335.
Estrada Nova da Freguesia. 137; 230.
Estrada Nova da Pavuna. 137; 279; 303.
Estrada Nova do Engenho da Pedra. 137.
Estrada Real de Santa Cruz. 11; 33; 39; 46; 61; 65; 66; 67; 70; 84; 86; 119; 123; 137; 138; 158; 169; 172; 186; 188; 189; 198; 214; 231; 265; 279; 287; 297; 305; 312; 313; 316; 321; 332; 345.
Estrada Real. 137.
Estrada Velha da Pavuna. 14; 108; 138; 186; 303; 343.
Fazenda das Palmeiras. 62; 143; 149; 150; 187; 268.
Fazenda Grande da Penha. 133; 149; 150; 190; 234; 255; 276.
Fazenda Viegas. 39; 64; 150; 313; 316; 345.
Guandu do Sena, Estrada. 40; 69; 170; 251.
Guquipiriri. 172.

373

ÍNDICE TEMÁTICO

Herédia de Sá. 46; 143; 175; 215; 345.
Inharajá. 186; 221; 238.
Irajá, Freguesia de. 46; 66; 121; 171; 194; 251.
Joari, Fazenda. 70; 204.
Lameirão, Fazenda do. 64; 68; 210.
Liberdade. 119; 213; 303.
Magarça, Estrada do. 52; 69; 75; 170; 201; 223; 310; 336.
Marechal Rangel, Estrada. 52; 62; 72; 84; 192; 221; 230; 238; 241; 334.
Mato Alto, Estrada do. 75; 170; 234.
Mato Alto, Fazenda do. 64; 143; 234.
Mendanha, Fazenda do. 64; 68; 160; 236.
Monhangaba. 119; 243; 303.
Monteiro, Estrada do. 14; 52; 69; 243; 341.
Moreninhas, Praia das. 31; 244.
Morgado, Fazenda do. 64; 244.
Munguengue. 177; 245.
Muquipari, Estrada do. 99; 245.
Nossa Senhora da Ajuda, Fazenda de. 149; 172; 255.
Paciência, Estrada de.264.
Palmares, Fazenda dos. 64; 202; 268.
Parada do Cunha. 89; 124; 221; 268.
Pavuna [2]. 26; 199; 273.
Pedregoso. 64; 69; 236; 260; 274.
Portela, Engenho do. 285.
Portinho, Estrada do. 285.
Porto de Irajá, Estrada do. 110; 285; 286.
Porto Velho, Estrada do. 110; 285; 335.
Praia Pequena. 130; 158; 288; 303.
Provedor, Fazenda do. 110; 289; 346.
Quitungo, Estrada do. 192; 293; 347.
Realengo, Fazenda do. 297.
Represa dos Ciganos. 96; 132; 226; 301.
Rio da Prata do Mendanha, Fazenda do. 64; 304.
Rio do Pau, Estrada do. 24; 202; 271; 273; 304.
Roça dos Pretos. 197; 305.
Santa Cruz, Fazenda de. 38; 312.
Sapê, Estrada do. 137; 262; 315; 335.
Sapê. 315.
Sapopemba, Engenho. 24; 121; 192; 229; 296; 302; 315; 347.
Taquara, Fazenda da. 328.
Tijubucajá. 331.
Titica, Morro da. 110; 331.
Vala do Sangue. 195; 312; 341.
Venda Grande [1]. 131; 343.
Venda Grande [2]. 119; 187; 343.
Viegas, Fazenda do. 39; 64; 150; 313; 316; 345.
Vila Sapopemba. 68; 121; 230; 348; 349.

Logradouros
Adolfo Bergamini. 15; 52; 130; 235.
Ana Néri, Rua. 23; 52; 131; 164; 236; 274; 302; 314; 321; 328; 350.

Aristides Caire, Rua. 17; 28; 52.
Arquias Cordeiro, Rua. 28; 29; 52; 115; 166; 201; 218; 259; 332; 352.
Assis Carneiro, Rua. 18; 30; 52; 226; 279.
Avenida Automóvel Clube. 13; 32; 104; 119; 123; 129; 160; 181; 186; 193; 215; 231; 233; 273; 306; 331; 333; 344; 349.
Avenida Brás de Pina. 32; 45; 59; 82; 89; 109; 193; 200; 203; 216; 276; 347; 351.
Avenida Brasil. 11; 13; 15; 22; 32; 40; 43; 46; 57; 60; 69; 80; 82; 86; 87; 94; 104; 110; 121; 128; 131; 132; 134; 136; 138; 143; 150; 152; 160; 170; 187; 193; 213; 216; 223; 224; 225; 229; 234; 237; 251; 258; 264; 265; 268; 276; 279; 286; 287; 291; 295; 297; 298; 312; 313; 334; 336; 342; 344; 346; 347; 348.
Avenida das Bandeiras. 32; 193.
Avenida Presidente Dutra. 33.
Avenida Santa Cruz. 31; 33; 36; 41; 265; 297; 313; 317.
Avenida Suburbana. 27; 32; 33; 45; 84; 123; 181; 214; 226; 231; 261; 303; 324; 343.
Bandeirantes, Estrada dos. 38; 115; 198; 342; 359.
Barão do Bom Retiro, Rua. 17; 21; 62; 101; 104; 131; 165; 169; 230; 314; 343; 349.
Barcelos Domingos, Rua. 43; 69; 80.
Bariri, Rua. 43; 136; 194; 258.
Baronesa de Uruguaiana. 43; 216.
Bento Ribeiro Dantas, Avenida. 46; 157; 225; 229.
Bicão, Largo do. 32; 47; 346; 350.
Cadete Polônia. 63; 196; 310.
Camarista Méier, Rua. 65; 130.
Cândido Benício, Rua. 12; 66; 73; 183; 199; 273; 287; 301; 327.
Capoeiras, Estrada das. 43; 69; 76; 236.
Carolina Machado, Rua. 21; 30; 46; 52; 80; 84; 174; 192; 221; 230; 241; 246; 262; 277; 310; 356.
Cesário de Melo, Avenida. 52; 69; 74; 80; 91; 138; 188; 243; 267; 289; 312.
Clarimundo de Melo, Rua. 30; 52; 99; 113; 133; 136; 245; 292; 314.
Condessa Belmonte, Rua. 108; 131; 343.
Conselheiro Ferraz, Rua. 17; 42; 43; 108; 131; 216.
Conselheiro Galvão, Rua. 25; 67; 108; 177; 221; 222; 237; 238; 306; 331.
Custódio Nunes, Rua. 116; 295.
Dias da Cruz, Rua. 22; 52; 58; 65; 92; 98; 121; 130; 141; 182; 235; 239; 323; 349.
Dom Helder Câmara, Avenida. 11; 33; 46; 64; 65; 75; 86; 119; 123; 138; 176; 214; 231; 254; 279; 279; 292; 319; 320; 326.
Domingos Freire, Rua. 124; 332.

ÍNDICE TEMÁTICO

Domingos Lopes, Rua. 66; 124; 221; 222; 232; 326.
Edgard Romero, Ministro. 126.
Edgard Werneck, Rua. 95; 126.
Ernâni Cardoso, Avenida. 65; 84; 104; 132; 199; 252; 265.
Estrada dos Três Rios. 137; 301.
Estrada Rio-São Paulo. 138.
Francisca Zieze, Rua. 158; 279.
Geremário Dantas, Avenida. 137; 159; 166; 198; 273; 319; 327; 336; 349.
Getúlio, Rua. 166; 175; 332.
Grajaú-Jacarepaguá, Estrada. 137; 158; 168; 233; 237; 301; 326.
Intendente Magalhães, Estrada. 46; 66; 126; 138; 158; 169; 189; 229; 297; 333; 349.
Jardim do Méier. 29; 201; 235; 246; 352.
João Vicente, Rua. 46; 94; 102; 122; 124; 134; 203; 221; 230; 265.
Juramento, Elevatória do. 65; 208.
Licínio Cardoso, Rua. 52; 204; 213; 214; 257; 313.
Lobo Júnior, Avenida. 31; 110; 207; 216; 276.
Lucídio Lago, Rua.47; 52; 218; 321.
Manuel Machado, Rua. 226; 343.
Manuel Vitorino, Rua. 125; 128; 226; 279.
Marechal Rondon, Avenida. 131; 155; 210; 230; 294; 302; 306; 314; 330; 335.
Maria Benjamim, Rua. 230; 279.
Martin Luther King, Avenida Pastor. 13; 32; 104; 123; 164; 177; 181; 187; 233; 242; 275; 303; 319; 333.
Menezes Cortes, Avenida. 131; 168; 198; 237; 301.
Miguel Salazar Mendes de Morais, Estrada. 240; 328.
Ministro Edgard Romero, Avenida. 62; 67; 71; 72; 78; 84; 108; 126; 137; 174; 221; 222; 226; 230; 237; 241; 249; 285; 307; 342.
Monsenhor Félix, Avenida. 51; 52; 105; 118; 137; 160; 162; 191; 194; 221; 237; 243; 268; 285; 293; 343.
Nazaré, Avenida. 130; 249.
Nerval de Gouveia, Rua. 84; 132; 252.
Padre Manso, Rua. 221; 265; 307.
Padre Nóbrega, Rua. 82; 86; 117; 220; 265; 279; 292.
Pedregulho, Largo do. 23; 45; 52; 274.
Pedregulho, Reservatório do. 65; 274.
Portela, Estrada do. 58; 62; 66; 183; 221; 262; 285; 315; 319.
Preto Velho, Avenida do. 188; 267; 288.
Radial Oeste, Avenida. 230; 294.
Rodovia Presidente Dutra. 138; 215; 306; 344.
Rodrigues Caldas, Estrada. 105; 199; 306; 328.
Romeiros, Rua dos. 52; 154; 276; 307.
Rua do Lustre. 46; 308.
Sanatório, Rua. 310; 313.
Sousa Barros, Rua. 52; 112; 131; 322.
Suburbana, Avenida. 197; 324.
Tindiba, Estrada do. 273; 328; 331.
Túnel da Covanca. 18; 112; 335.
Túnel Noel Rosa. 155; 215; 302; 310; 314; 335.
Variante. 342.
Verna de Magalhães, Rua. 108; 343.
Via Dutra. 33; 193; 201; 269; 273; 306; 334; 344; 351.
Viaduto dos Cabritos. 70; 138; 344.
Viaduto Negrão de Lima. 44; 221; 249; 265; 277; 313; 314; 344.
Vinte e Quatro de Maio, Rua. 42; 121; 165; 202; 231; 302; 313; 332; 349.

Melhoramentos
Iluminação Elétrica. 128; 182; 279; 312.
Inclusão digital. 184; 189.
PAC. 84; 143; 201; 264.

Mitos, lendas
Avião fantasma, O. 33; 68.
Diabo de Irajá, O. 111; 121.
Poço da Mãe d'Água. 282.
Princesa Isabel, Lenda da. 289.
Segredo de Ester, O. 137; 262; 316.

Moléstias, tratamentos
Cobreiro. 103; 301.
Ervas. 132; 237; 292.
Espinhela Caída. 136; 301.
Mijação. 240.
Nervo Torcido. 252; 301.
Rezadeiras. 103; 136; 252; 301; 343.
Ventre Virado. 301; 343.

Monumentos, arquitetura
Abolicionistas, Monumento aos. 11; 244.
Art Déco. 30; 62; 130; 131; 216; 235; 276; 292; 295.
Caixas d'água. 64.
Capela Magdalena. 75; 171.
Casas-Balão. 83; 170.
Cristo Trabalhador. 112; 130; 322.
Fachadas, Inscrições em. 141.
Fonte Wallace. 157; 312.
Fortim de Caetano Madeira. 158; 302.
Hangar do Zepelim. 44; 101; 174; 312; 358.
Marco da Fazenda Imperial de Santa Cruz. 228; 312.
Marcos da Fazenda de Santa Cruz. 228.
Mirante Imperial. 241; 312.
Monumento aos Abolicionistas. 11; 70; 244.

ÍNDICE TEMÁTICO

Nair de Teffé, Palacete de. 230; 248.
Paizinho Preto de Inhoaíba. 154; 188; 267; 289.
Parque Ari Barroso. 216; 269.
Parque Orlando Leite. 270.
Pedregulho, Conjunto do. 46; 275.
Ponte dos Jesuítas. 45; 202; 283; 312.
Praça Ruão. 44; 228; 287; 312.
Vila Operária de Marechal Hermes. 94; 348.

Movimentos (ação social, arte, cidadania)
Afro Reggae. 16; 185; 268; 345.
Agbara Dudu. 16; 221; 262.
Black Soul. 38; 49; 310.
Casa dos Artistas. 82; 301.
Casa Lima Barreto. 82; 117; 214; 243; 265; 279.
CUFA. 87; 96; 113; 247.
Imaginário Periférico. 182.
Inclusão Digital. 184; 189.
Lar Anália Franco. 210.
Mães de Acari. 13; 223.
Mocotó do Padre, Banda Sociedade Recreativa Antropofágica Cultural. 82; 243.
Muzenza, Centro de Estética e Cidadania Afro. 246; 262.
Núcleo de Arte Grécia. 21; 256.
Ponto Chic Charm. 284.
Quilombo, G.R.A.N.E.S. 73; 104; 149; 151; 162; 291; 310; 354.
Retiro dos Artistas. 82; 185; 199; 202; 273; 301.
Suburbanistas, Os. 324.

Música
Acari Records. 13; 93; 104; 234.
Augusta Candiani. 31.
Baião da Penha. 34; 276.
Banda Black Rio. 38; 49; 257; 285.
Banda de Música dos Pretos de São Cristóvão. 38; 312.
Bandas Escolares. 38; 123.
Batidão. 45; 161.
Cancioneiro dos Subúrbios. 40; 72; 166; 187; 199; 219; 235; 276; 279; 309.
Choro. 13; 18; 72; 74; 93; 125; 130; 153; 169; 187; 199; 200; 203; 204; 217; 218; 219; 234; 235; 240; 253; 275; 279; 295; 323; 336; 350; 352; 357; 358.
Dom Óton Mota Marching Band. 38; 123.
Escolas de Samba. 22; 24; 31; 40; 42; 45; 46; 49; 57; 59; 61; 65; 70; 85; 94; 96; 99; 104; 110; 113; 117; 118; 126; 129; 130; 131; 134; 150; 155; 162; 177; 187; 199; 200; 205; 213; 216; 225; 230; 248; 249; 251; 253; 262; 265; 268; 270; 279; 281; 285; 287; 289; 291; 295; 297; 306; 309; 310; 312; 314; 318; 333; 339; 340; 342; 343; 344; 352; 357.
Fundo de Quintal, Grupo. 28; 63; 160; 252; 266; 295; 309; 357; 358.
Funk Carioca. 45; 54; 92; 143; 160; 322.
Gente Humilde. 72; 166.
Golden Boys, The. 140; 167; 179; 334.
Gospel. 167; 236; 249.
Iê-Iê-Iê. 15; 126; 167; 179; 216; 236; 261; 279; 284; 295; 301; 305; 308; 330; 353.
Jacarepaguá [2]. 199.
Kátia Flávia, a Godiva de Irajá. 194; 209.
Luiz Peixoto. 72; 219; 283.
Melosweet, Grupo. 236.
Na Pavuna. 21; 248; 273.
Neurastênico. 252.
Orquestra Sinfônica Jovem de Campo Grande. 261.
Paradinha. 238; 268.
Partido-Alto [1]. 21; 25; 48; 72; 85; 150; 266; 270; 300; 310.
Pato, O. 202; 271.
Pops, The. 179; 284.
Populares, Os. 284.
Quincas e os Copacabanas. 279; 292.
Samba. 15; 21; 25; 28; 29; 35; 36; 38; 45; 47; 51; 63; 72; 73; 77; 82; 93; 94; 99; 100; 101; 102; 108; 109; 113; 117; 119; 123; 125; 126; 134; 150; 151; 153; 155; 160; 162; 174; 175; 183; 195; 196; 201; 202; 203; 205; 206; 207; 211; 217; 218; 225; 226; 232; 234; 236; 238; 243; 248; 249; 252; 253; 254; 257; 261; 262; 265; 268; 269; 270; 271; 279; 282; 284; 294; 300; 303; 305; 309; 314; 318; 319; 320; 326; 330; 331; 334; 336; 338; 353; 354; 356; 357; 358; 359; 360.
Sociedade Beneficente Musical Progresso do Engenho de Dentro. 130; 322.
Sociedade Musical Progresso de Bangu. 40; 85; 322.
Sovaco de Cobra. 204; 234; 240; 322; 357.
Trem do Samba. 232; 334.
Trio Ternura. 334.
Velha Guarda da Portela. 28; 29; 43; 62; 92; 100; 122; 138; 162; 200; 202; 220; 241; 243; 262; 285; 309; 330; 338; 343.
Zona Oeste Blues. 175; 359.

Nascimento, morte
Anjinhos, Enterros de. 26.
Enterros a pé. 132; 187.
Parteiras. 270.

Performances folclóricas
Folia de Reis. 157; 276; 349.
Quadrilhas Juninas. 154; 216; 291.

ÍNDICE TEMÁTICO

Personalidades
Adaílton Medeiros. 14; 284.
Adelino Moreira. 14; 69; 106.
Ademar Bebiano. 14; 51; 119; 137; 138; 149; 150; 176; 187; 294; 303; 332.
Ademilde Fonseca. 14; 323.
Ademir da Guia. 14; 40; 124.
Adilson Ramos de Ataíde. 15; 29; 180.
Adriano, O Imperador. 15.
Agenor, Professor. 16.
Agnaldo Rayol. 17.
Agripino Grieco. 17; 125; 242.
Alaíde Costa. 18.
Alcides Caminha. 18; 78; 252.
Alfredinho Flautim. 19; 203.
Alfredo da Rocha Viana. 20.
Algodão. 20; 90; 297.
Almirante. 21; 248; 309.
Alvarenga. 21; 121; 273; 297.
Álvarus. 22.
Amaury Jório. 22; 183; 295; 309.
Amoroso. 23.
André Villon. 24; 169.
Aniceto do Império. 25; 270; 309; 331.
Aniceto Moscoso. 25; 42; 136; 139; 222; 232.
Antonieta. 26.
Antunes. 27; 359.
Aracy de Almeida. 28; 90.
Argemiro Patrocínio. 28; 309; 343.
Arlindo Cruz. 28; 73; 162; 211; 266; 270; 358.
Arlindo Pimenta. 28; 258; 299.
Armando Marçal. 29; 239; 295; 297; 309.
Armando Santos. 29; 309; 343.
Armelindo Leandro. 15; 29.
Augusto Boal. 31; 228; 244.
Áurea Martins. 31.
B. Lopes. 34; 113.
Bárbara Leôncio. 42.
Barbeirinho do Jacarezinho. 43; 200; 309.
Barbosa. 43; 70.
Beca. 45; 297.
Belandi, Oscar. 45; 194.
Benedicto Freitas. 45; 169; 250; 312.
Beto Sem Braço. 21; 47; 309.
Bidi. 19; 48; 183; 309.
Bispo Macedo. 49.
Bonifácio da Piedade. 56; 279.
Borges Hermida, Professor. 57.
Caboclinho. 61.
Camunguelo. 67; 71; 270; 309; 351; 358.
Candeia. 28; 73; 172; 183; 218; 262; 291; 309; 354.
Candinho Trombone. 73.
Canrobert Pereira da Costa, General. 74.
Capitão Furacão. 76.
Caquera. 76; 216.
Carlão Elegante. 77; 339.
Carlinhos de Jesus. 77.
Carlinhos Sideral. 77; 183; 309.
Carlos Alberto Torres. 77.
Carlos Gomes Potengi. 78; 325.
Carlos Negreiros. 78.
Carlos Nelson da Costa Vasconcelos. 78.
Carlos Onofre. 78; 352.
Carlos Pedrosa. 78.
Carlos Zéfiro. 18; 78; 217.
Carmélia Alves. 79.
Cartola. 81; 99; 126; 252; 309; 359.
Castilho, Carlos José. 85.
Castor de Andrade. 40; 41; 42; 85; 138; 243; 265.
Catone. 85; 86; 199; 338.
Celso Athayde. 87; 114; 247; 315.
Chico Santana. 92; 262; 343.
Ciro Monteiro. 99; 257; 309.
Cláudio Jorge de Barros. 99.
Claudionor Marcelino dos Santos. 99; 262; 309.
Cléa Simões. 100.
Clécio Regis. 100.
Clementina de Jesus. 101; 108; 309.
Clóves do Violão. 101; 239.
Conde Belamorte. 107.
Confete. 108; 125.
Coronel Jorge da Silva. 110.
Cristóvão Bastos. 49; 112; 212.
Cupertino. 115; 266.
Da Penha. 82; 117.
Dadá Maravilha. 117; 118.
Dalila Vilanova. 22; 117.
Daniel Filho. 117.
Darci do Jongo, Mestre. 118; 201; 205; 351.
Darcy da Cruz. 118.
Dario Peito-de-Aço. 117; 118.
Décio Esteves. 20; 40; 70; 118; 301.
Denilson. 120.
DJ Corello. 92; 122; 285.
Doca da Portela, Tia. 83; 122; 262; 266; 309.
Dolores Duran. 122; 309.
Domingos Meirelles. 124.
Dona Ivone Lara. 125.
Donatelo Grieco. 17; 125.
Dorina. 125; 162; 309; 324.
Edir Macedo. 126; 181.
Edu. 126; 359.
Éle Semog. 126.
Elton Medeiros. 126; 172; 309; 335.
Elymar Santos. 126; 249.
Elza Soares. 127; 204.
Emilinha Borba. 127 ; 151; 277.
Eusébio de Andrade. 25; 40; 41; 42; 85; 138.
Evando dos Santos. 47; 139.
Evaristo de Macedo. 139; 222.
Evinha. 140; 167.

ÍNDICE TEMÁTICO

Falcão. 142.
Fátima Bernardes. 143.
Felipão do Quilombo. 151.
Fernanda Felisberto. 152.
Fernanda Montenegro. 90; 152.
Filó. 49; 156.
Flávia Oliveira. 157.
Fonseca Teles, Francisco Pinto da. 157.
Gabrielzinho do Irajá. 162; 340.
Galinho de Quintino, O. 163; 359.
Gama Filho. 142; 163; 237; 279; 305; 340.
Gentil Cardoso. 57; 166.
Gilson Peranzzetta. 167; 347.
Governador Sérgio Cabral. 167.
Guilherme de Brito. 172; 252.
Guinga. 172; 175.
Hélio De La Peña. 174.
Hélio Delmiro. 175.
Hellen Andrews. 175; 359.
Hermeto Paschoal. 40; 175; 217.
Hugo Pessanha. 178; 310.
Ipojucan. 190.
Isabel Fillardis. 195.
Ivan de Almeida. 194; 195.
Ivone Lara, Dona. 125; 184; 195; 309; 343.
J. Cascata. 196; 309.
Jaburu. 194; 196; 258; 351.
Jackson do Pandeiro. 200.
Jacob do Bandolim. 93; 199; 200; 217; 219.
Jair da Rosa Pinto. 59; 200; 222; 232.
Jair do Cavaquinho. 200; 309; 343.
Jayme Silva. 202; 271; 309.
João da Baiana. 20; 202.
João Ellis Filho. 70; 202.
João Nogueira. 63; 99; 102; 175; 183; 203; 309; 333; 358.
João Pereira Ramos. 203.
Joaquim Ferreira dos Santos. 203.
Joaquim Naegele. 204; 236; 279; 292.
Joel do Bandolim. 204; 276; 323.
Joel Rufino dos Santos. 204; 348.
Joel Santana. 205.
Jorge da Silva, Coronel. 110; 205.
Jorge Veiga. 205; 209; 308; 309.
Jorginho do Império. 184; 206; 309.
José Carlos Rego. 206.
José Lucas de Almeida. 206; 268.
José Mauro de Vasconcelos. 169; 206.
José Sérgio Rocha. 207.
Jovelina Pérola Negra. 151; 207; 266; 273; 309.
Júlio Leiloeiro. 208; 356.
Juventino Carvalho da Fonseca. 208; 233; 297.
Laudir de Oliveira. 211; 295.
Leandro Sapucahy. 211; 309.
Leci Brandão. 211; 309; 310.
Leda Brandão Rau. 212.
Leny Andrade. 212.
Lilinha Fernandes. 214.
Lúcia Laguna. 218.
Luís Carlos da Vila. 21; 125; 162; 218; 309.
Luiz Americano. 218.
Luiz Bonfá. 218.
Luiz Soberano. 219; 309; 349.
Luiza Brunet. 219.
Luperce Miranda. 219; 236.
Mano Décio da Viola. 184; 206; 226.
Mano Elói. 94; 184; 226.
Manuel do Sino. 226; 236.
Marçalzinho. 227; 239.
Marcelinho Carioca. 222; 227.
Marcelo D2. 211; 228.
Marcelo Gama. 228.
Marco Palito (Marcão). 20; 56; 227; 228; 319.
Marcos Saúva. 56; 228.
Marcus Vinícius Faustini. 79; 171; 228.
Mário Álvares Conceição. 131; 231.
Mário Américo. 231.
Marquinhos de Oswaldo Cruz. 150; 232; 262; 266; 309.
Martinho da Vila. 99; 206; 233; 303; 309; 358.
Matinhos. 234.
Maurício Carrilho. 13; 234; 236; 276; 357.
Mauro Diniz. 28; 73; 125; 234; 243; 265; 309.
Max Bulhões. 234; 309.
Meira. 236.
Mestre André. 238; 239; 243; 269; 309; 338.
Mestre Jorjão. 239; 265; 309.
Mestre Marçal. 29; 108; 227; 239; 309.
Miécimo da Silva. 188; 240.
Millor Fernandes. 195; 241; 319.
Moacir Bastos. 70; 241.
Moacir de Almeida. 242.
Moacir Santos. 242.
Moacir Silva. 175; 242.
Monarco. 43; 62; 202; 234; 243; 262; 309; 340; 343.
Mussum. 26; 83; 201; 246.
MV Bill. 87; 114; 247.
Nascimento, Família. 248.
Nelson Cavaquinho. 18; 172; 251; 309.
Nélson Cunha Mello. 252; 312.
Neoci de Bonsucesso. 57; 63; 160; 252; 309.
Nero de Cavalcanti. 86; 252.
Nilo Machado. 14; 156; 253.
Nilton Bravo. 100; 253.
Nilze Carvalho. 253.
Nise da Silveira. 90; 130; 246; 253; 326.
Noca da Portela. 253; 309.
Noel Canelinha. 184; 238; 253; 310.
Nora Ney. 254; 310.
Norato. 254.
Norival Reis. 254; 310.
Oberdan Magalhães. 49; 257.

ÍNDICE TEMÁTICO

Odete Amaral. 99; 257.
Orlando Barbosa. 162; 261.
Oswaldo Macedo. 96; 262; 295; 310.
Paquito. 73; 199; 268; 310.
Parreira, Carlos Alberto. 270; 332.
Paulinho da Costa. 271.
Paulo da Pavuna. 74; 271.
Paulo da Portela. 81; 94; 100; 216; 222; 232; 262; 271; 285; 310; 353.
Paulo Lins. 95; 96; 271.
Paulo Moura. 118; 272; 295; 305.
Pedro Vieira. 275.
Pedroca. 275.
Peterpan. 277; 310.
Piló, Maestro. 279; 344.
Piraquara, Barão de. 282.
Piraquê. 282.
Piruinha. 42; 86; 282; 310.
Pirulito. 268; 282.
Pretinho da Serrinha. 288.
Prudente de Morais Neto. 290.
Raul de Barros. 296.
Raul de Souza. 296.
Raul Lody. 296; 299.
Raulzinho. 296.
Renatinho Partideiro. 300.
Rildo Hora. 303; 310.
Robertinho Silva. 305.
Roberto Martins. 73; 305.
Rogério Froes. 306; 329.
Rolf Ribeiro de Souza. 93; 306.
Romário de Souza Farias. 258; 307.
Ronaldo Fenômeno. 307; 322; 342.
Sandra de Sá. 217; 310.
Sebastião Nascimento. 316.
Serginho Trombone. 317.
Sérgio Cabral. 127; 167; 317.
Silveirinha. 40; 41; 141; 172; 320.
Silvinho da Portela. 310; 320.
Sílvio Cruz e Sousa. 113; 321.
Silvio Júlio de Albuquerque Lima. 166; 321.
Teresa Cristina. 310; 330.
Tia Vicentina. 150; 330.
Tião de Irajá. 331.
Toco. 243; 265; 332.
Trajano Marreiros. 117; 333.
Trio Esperança. 167; 179; 334.
Ubaldo de Oliveira. 40; 336.
Uelinton Farias Alves. 113; 228; 321; 336.
Vagner Love. 341.
Valdir Bigode. 70; 341.
Vidal. 344.
Vovó Maria Joana Rezadeira. 118; 201; 351.
Waldinar Ranulpho. 292; 352.
Waldir Azevedo. 99; 352.
Waldir da Cunha. 352.
Waldyr Onofre. 33; 78; 352.
Walter Firmo. 353.
Walter Rosa. 310; 353.
Wanderléa. 180; 353.
Weber Martins Batista. 353.
Wilson Moreira. 243; 265; 310; 354.
Xangô Da Mangueira. 119; 306; 310; 355.
Xuxa. 105; 185; 355.
Zé da Velha. 323; 356.
Zé da Zilda. 310; 356.
Zé Kéti. 94; 108; 252; 310; 357.
Zé Luiz do Império. 310; 357.
Zé Trindade. 357.
Zeca do Trombone. 308; 358.
Zeca Pagodinho. 43; 51; 72; 162; 204; 207; 243; 266; 270; 303; 310; 358.
Zica de Bangu. 40; 358.
Zica, Dona. 310; 359.
Zico. 27; 59; 126; 163; 359.
Zuzuca. 359.

População – segmentos
Angolanos da Maré. 24; 229.
Chá: Lavradores Chineses em Santa Cruz. 92; 93; 312.
Ciganos. 96; 263; 295; 301.
Colônia Agrícola Japonesa. 105; 201.
Indígenas, Povos. 185; 187; 188; 199; 273.
Japoneses. 201.
Judaica, Presença. 47; 207; 221; 236; 258; 277; 316; 321; 323; 335.
Negros, Presença histórica. 40; 70; 110; 116; 171; 187; 199; 250; 262; 273; 292; 312; 313; 317; 328; 341; 349.
Portugueses no Rio. 59; 286.
Ranchos folclóricos portugueses. 295.
Rebecca Freedman. 45; 88; 297.
Vale do Paraíba, Migrantes do. 144; 251; 341.

Problemas, questões, preconceito
Bicas de rua. 47; 312; 317.
Cães Vadios. 64; 81; 200; 312.
Caramujos Africanos. 76.
Cosmética da Fome. 96; 111; 119; 143.
De Janeiro. 118.
Emergentes. 127; 325.
Fábricas Desativadas. 46; 141; 200; 225.
Gás de bujão. 81; 165.
Monteiro Lobato. 86; 244.
Pingente. 280; 286; 326.
Poste Belini. 280; 286.
Racismo no Futebol. 40; 57; 294.
Surfista Rodoviário. 326.
Violência, Raízes da. 350.

ÍNDICE TEMÁTICO

Religião
Assembleia de Deus. 30; 139.
Basílica do Sagrado Coração de Maria. 44; 109; 235.
Bate-Folha, Candomblé do. 24; 44; 74; 203.
Budismo. 60.
Caminheiros da Verdade. 65; 130.
Candomblé. 16; 24; 40; 45; 56; 61; 66; 74; 110; 131; 150; 159; 180; 194; 199; 201; 237; 262; 264; 271; 294; 314; 328; 338.
Capelinha de São Sebastião. 75; 193; 315.
Catedral Mundial da Fé. 85; 119; 181.
Cemitério de Inhaúma. 73; 87; 151.
Cemitério Israelita de Inhaúma. 87; 88; 187; 208; 283; 297.
Cemitérios. 70; 88; 132; 171; 187; 194; 199; 201; 273; 292; 297; 302; 312.
Coração de Maria, Igreja. 109.
Cosme e Damião. 110; 313.
Curato. 45; 46; 115; 191; 311.
Divino Salvador, Igreja do. 122; 279.
Escrava Anastácia. 46; 136.
Evangélicos. 30; 111; 123; 139; 167; 181; 268; 294.
Iemanjá, Procissão de. 180.
Igreja Brasileira. 49; 70; 180; 276.
Igreja da Penha. 106; 149; 156; 180; 276; 302; 304; 314.
Igreja de Nossa Senhora da Penha. 77; 180; 225; 275.
Igreja Ortodoxa de Santo Expedito e Santo Antônio. 181; 276.
Igreja Universal do Reino de Deus. 30; 32; 49; 85; 97; 119; 123; 126; 139; 181; 207; 233.
Igrejas Católicas Centenárias. 40; 66; 70; 159; 171; 177; 181; 187; 199; 279; 312.
Jantar dos Cachorros. 201.
Jardim da Saudade. 88; 201; 202; 249; 264.
Mãe Preta, Cabana da. 223.
Murundu, Cemitério do. 245; 265; 297.
Nazaré, Nossa Senhora de. 24; 249.
Nossa Senhora do Desterro, Igreja Matriz de. 70; 255.
Paizinho Preto de Inhoaíba. 154; 267; 288.
Polacas, Cemitério das. 283.
Quimbanda. 87; 89; 292; 357.
Santo Sepulcro, Igreja do. 313.
São Brás, Igreja de. 313.
São Cosme e São Damião. 313.
São Jorge. 72; 292; 312; 314; 339; 352; 356.
São José da Pedra. 182; 221; 314.
São Salvador do Mundo de Guaratiba. 159; 170; 315.
São Sebastião. 40; 59; 63; 75; 181; 188; 190; 201; 258; 315.
São Tiago Maior, Igreja de. 187; 315.
Seu Sete da Lira. 313; 318.
Sexta-Feira da Paixão. 319.
Sinagoga Ahvat Shalom. 208; 258; 316; 321.
Sinagoga Beit Yehuda Meir. 47; 208; 236; 321; 323.
Tenda Espírita Mirim. 330.
Umbanda. 45; 65; 74; 96; 110; 151; 180; 194; 201; 219; 237; 267; 292; 294; 314; 318; 330; 336; 357.
Zé Pelintra. 357.

Saúde, estética
Centro Psiquiátrico Pedro II. 90; 105; 130; 177; 185; 246; 253.
Colônia de Alienados de Engenho de Dentro. 105.
Colônia Juliano Moreira. 105; 132; 198; 208; 253; 259; 306; 328.
Curupaiti. 116; 174; 199; 253; 327.
Drogas do Sertão. 125.
Hanseníase. 116; 174.
Hospitais Públicos. 11; 57; 70; 177; 199; 230; 276; 297; 328.
Hospital de Acari. 13; 177.
Hospital do Engenho de Dentro. 130; 177.
Hospital Dom Pedro II. 177; 312.
Hospital Mário Kroeff. 177; 276.
Hospital Municipal Salgado Filho. 177; 178; 236.
Hospital Nossa Senhora das Dores. 84; 178; 310.
Juliano Moreira, Colônia. 208.
Silicone, Implantes de. 320.

Segurança, defesa
Academia de Bombeiros Militar Dom Pedro II. 11; 170.
Academia de Polícia Militar D. João VI. 12; 202; 283.
Bangu 1. 40; 107.
Casas de Triagem. 83; 96.
Colônia Reeducacional de Mulheres. 40; 105; 276.
Complexo Penitenciário de Gericinó. 40; 105; 107; 166; 276.
Fábrica de Cartuchos. 66; 141; 297.
Fábrica de Máscaras Contra Gases. 141.
Hospital Naval Marcílio Dias. 50; 178.
Invernada de Olaria. 31; 116; 189; 234; 276.
Penitenciárias. 276.
Polícia Montada. 70; 283.
Presídio Ary Franco. 18; 276; 288.
Presídio da Covanca. 112; 199; 276; 288.

Tipos populares
Conde Belamorte. 107.

ÍNDICE TEMÁTICO

Doutor Libório. 125; 130.
Olha o Carro!. 258.

Trabalho, ofícios, profissões
Ambulantes do Passado. 23.
Amolador de Facas. 23.
Bananeiros. 37.
Cabeiros. 61.
Caçadores. 61; 102; 271.
Capineiro. 75.
Carvoaria. 81; 106; 165; 225.
Cesteiros. 91; 151; 349.
Funileiro. 23; 160.
Garrafeiro. 23; 165.
Laje, Viração da. 210.
Leiteiro. 23; 212.
Manobreiros. 199; 225.
Mata-Mosquito. 233.
Oleiros. 258.
Pescadores. 230; 277; 317.
Pombeiro de Peixe. 131; 283.
Porco, Matança do. 26; 284.
Tamanqueiros. 327.
Turco da Prestação. 335.

Transportes
Aeroporto de Jacarepaguá. 15; 32; 36; 199.
Bicicletários. 48.
Bondes. 11; 50; 52 ; 62; 69; 84; 89; 107; 130; 131; 161; 171; 193; 197; 213; 218; 221; 235; 258; 276; 279; 284; 312; 313; 317; 322; 327; 343; 344.
BRT. 60; 333.
Cabritinho. 61.
Cacareco. 61; 334.
Cata-corno. 85.
Central do Brasil, Estrada de Ferro. 70; 89; 131; 137; 235; 297; 311; 326; 334.
Companhia Ferro-Carril do Cachambi. 62; 107.
Diligências. 121; 312.
Estrada de Ferro Central do Brasil. 11; 20; 24; 33; 46; 52; 73; 89; 111; 120; 127; 137; 153; 186; 188; 201; 215; 223; 231; 233; 244; 249; 302; 310; 311; 313; 320; 322; 344.
Estrada de Ferro Dom Pedro II. 24; 39; 66; 68; 84; 89; 120; 129; 131; 137; 198; 221; 235; 272; 302; 313; 343.
Estrada de Ferro Leopoldina. 23; 137; 158; 268; 304.
Estrada de Ferro Melhoramentos. 43; 66; 67; 86; 119; 137; 176; 215; 220; 236; 272; 279; 333; 335.
Estrada de Ferro Rio D'Ouro. 13; 58; 104; 119; 130; 137; 153; 158; 186; 213; 215; 231; 234; 272; 280; 332; 343; 344; 345.
Estrada do Norte. 57; 137; 153; 212; 225; 255; 257; 268; 275; 294; 304; 330; 346.
Leopoldina, Ramal da. 57; 90; 110; 137; 212; 225; 255; 268; 276; 295; 314; 326; 330; 334; 346.
Linha Amarela. 11; 18; 32; 93; 95; 119; 127; 199; 214; 216; 229; 279; 335.
Linha Auxiliar. 20; 43; 67; 86; 90; 98; 111; 119; 120; 126; 128; 137; 175; 177; 197; 199; 204; 215; 221; 231; 233; 243; 249; 273; 279; 304; 306; 324; 326; 330; 333; 334; 335; 345.
Linha Verde. 199; 215; 216.
Linha Vermelha. 32; 215; 229.
Lotação. 53; 217.
Lotada. 217.
Macaquinho. 220; 312.
Maria Fumaça. 231; 255.
Marta Rocha. 130; 232.
Mata-Sapo. 119; 233.
Melhoramentos, Estrada de Ferro. 43; 66; 86; 89; 119; 137; 177; 215; 220; 236; 272; 279; 333; 335.
Metrô. 13; 104; 119; 128; 129; 162; 164; 187; 199; 231; 239; 242; 269; 272; 304; 333; 334; 344; 346.
Monteiro Lopes. 244.
Mototáxi. 241; 245.
Northern Railway. 137; 212; 255; 294; 345.
Ônibus. 26; 31; 40; 46; 52; 57; 60; 62; 70; 84; 86; 96; 104; 110; 116; 119; 121; 129; 131; 159; 164; 170; 171; 177; 187; 188; 201; 217; 220; 230; 231; 236;258; 264; 265; 268; 269; 273; 274; 276; 281; 287; 295; 297; 302; 306; 312; 313; 317; 324; 326; 328; 344; 346; 349; 351.
Ponto de Seção. 284.
Professorinhas. 289.
Rio D'Ouro, Estrada de Ferro. 13; 58; 90; 104; 119; 129; 130; 137; 153; 158; 186; 194; 213; 215; 231; 234; 255; 272; 276; 280; 303; 326; 332; 334; 343; 344; 345.
Rio de Janeiro Northern Railway Company. 304.
Supervia Trens Urbanos S/A. 58; 90; 98; 109; 121; 136; 139; 200; 212; 223; 232; 249; 252; 279; 305; 312; 326; 327; 334.
Taioba. 56; 327.
Táxis, Tarifas de. 38; 328.
The Leopoldina Railway Company. 212; 330.
Tomara-Que-Chova. 217; 332.
Transbrasil, Transcarioca, Transoeste. 333.
Transporte Alternativo. 241; 245; 259; 274; 333.
Trem das Normalistas. 90; 221; 333.
Trem das Professoras. 61; 68; 90; 289; 312; 333; 334; 348.
Trens Suburbanos. 52; 89; 120; 124; 221; 273; 326; 334.

ÍNDICE TEMÁTICO

Vida doméstica
Coradouro. 109; 291.
Moringa. 244.
Quarador. 109; 291.

Vultos históricos
Antônio José, o Judeu. 26.
Barão do Bom Retiro. 42; 108; 131.
Belisário dos Santos, Padre. 45.
Bertoldo Klinger, General. 46; 278; 348.
Bispo de Maura. 49; 180.
Brummel Negro, O. 60; 207.
Cândido das Neves. 73; 93.
Catulo da Paixão Cearense. 86; 196; 265; 267.
Cincinato Braga. 96.
Coronel Tamarindo. 110.
Costa Lima, Professor. 112.
Cruz e Sousa. 34; 78; 113; 228; 261; 321; 336.
Dionísio Cerqueira. 121; 165.
Dom José Joaquim Justiniano Mascarenhas Castelo Branco. 75; 123.
Dom Oton Mota. 123.
Domingos da Guia. 14; 41; 59; 124; 224.
Duque Estrada Meyer, Paulo Augusto. 125; 240; 266.
Ernâni Rosas. 132; 261.
Ernesto Nazareth. 132.
Ester, Dona. 137.
Euclides da Cunha. 121; 137; 138; 143; 321.
Evaristo de Moraes. 139.
Fábio Luz. 141; 216; 236.
Fanny Tabak. 143.
Felipe Cesteiro. 151.
Filgueiras Lima, Doutor. 155.
Francis Walter Hime. 158; 328.
Freire Alemão. 40; 159; 236.
General Belegarde. 165.
General Dionísio. 122; 165.
General Melquisedeque de Albuquerque Lima. 166; 321.
General Ururaí. 166; 340.
Grey, Família. 93; 169.
Guilherme da Silveira. 39; 141; 171; 172; 320.
Gungunhana. 86; 172.
Guttenberg Cruz. 12; 173.
Heitor dos Prazeres. 81; 154; 174; 262; 271; 285; 344.
Hélio Silva. 175.
Henrique Dias da Cruz. 121; 175.
Henrique Vogeler. 175; 332.
J. Ferreira Torres. 196.
Jacques Fath. 40; 200; 241.
João Goulart. 25; 203; 321.
João Lessengue. 44; 203.
João Torquato. 56; 203; 294.
José Celestino da Silva. 206.
José do Patrocínio. 206; 226.
José Soares Dias. 60; 207.
Josephine Baker. 207; 222; 357.
Juca Lobo. 207; 216; 296.
Lauro Müller. 211.
Leônidas da Silva. 57; 212; 348.
Lima Barreto. 26; 45; 50; 75; 82; 83; 99; 109; 132; 136; 142; 166; 213; 214; 225; 230; 277; 325; 332; 350.
Lopes Trovão. 217.
Lourenço Madureira. 66; 67; 217; 220; 285.
Luiz Carlos Prestes. 218.
Madalena Xangô de Ouro. 74; 220; 292; 309.
Mãe Adedé. 74; 207; 222; 295; 357.
Magalhães Correa, Armando. 37; 38; 47; 61; 81; 92; 125; 137; 171; 199; 223; 226; 258; 271; 277; 283; 301; 319; 327.
Major Archer. 157; 171; 224; 226.
Maneco. 194; 224; 309.
Martim Correia de Sá. 95; 159; 164; 167; 197; 232; 309.
Meyer, Família. 93; 125; 178; 236; 240.
Mourão Filho. 245; 258.
Napoleão de Oliveira. 248.
Natal da Portela. 22; 42; 58; 114; 174; 249; 262; 285; 330; 333.
Nerval de Gouveia. 252.
Nunes, Família. 256; 258.
Orlando Silva. 72; 73; 206; 261; 283.
Oscar Rosas. 132; 261.
Otacílio de Carvalho Camará. 91; 263; 312; 317.
Padre Ricardo da Penha. 265.
Pedro Ernesto Batista. 167; 216; 257; 275; 312.
Pepa Delgado. 11; 276.
Pixinguinha. 20; 93; 154; 203; 231; 282; 315; 318.
Rego, Família. 295; 296; 299.
Ricardo Silva, Padre. 154; 156; 192; 258; 265; 276; 291; 302; 307; 346.
Romero, Família. 241; 307; 343.
Rouxinol Suburbano. 12; 93; 266; 308.
Rubem de Farias Neves, Maestro. 70; 308; 358.
Saci de Irajá. 224; 309.
Salvador Correia de Sá. 29; 309.
Salvador Correia de Sá e Benevides. 190; 197; 232; 287; 309.
Sebastião Cirino. 315.
Sidônio Pais. 320.
Silas de Oliveira. 184; 195; 226; 310; 320; 353.
Sílvio Capanema. 278; 321.
Souza Marques, Professor. 84; 160; 322.
Tio Sanim. 331.
Ururaí de Magalhães, General. 166; 340; 348.
Viriato Figueira da Silva. 350.
Visconde de Itaboraí. 350.
Walt Disney. 271; 352; 356.
Zaquia Jorge. 208; 221; 329; 356.
Zé Espinguela. 222; 310; 357.

Referências

BIBLIOGRAFIA

ABREU, Maurício de Almeida. **Geografia histórica do Rio de Janeiro** (1502-1700). Rio de Janeiro: Andrea Jakobson, 2011.
ALBIN, Ricardo Cravo (Org.). **Dicionário Houaiss ilustrado da música popular brasileira**. Rio de Janeiro: Paracatu, 2006.
ALVES FILHO, Ivan; GIOVANNI, Roberto Di. **Cozinha brasileira**. Rio de Janeiro: Revan, 2000.
ALVES, Uelinton Farias. **Reencontro com Cruz e Sousa**. Florianópolis: Papa-Livro, 1990.
AMERICAN heritage dictionary of the english language, The. Boston, USA: Houghton Mifflin, 1991.
ANTÔNIO, João. Os testemunhos de Cidade de Deus. **Livro de Cabeceira do Homem**, Rio de Janeiro: Civilização Brasileira, vol. 1, p. 21-37, 1975.
ARAÚJO, Hiram (coord.). **Memória do carnaval**. Rio de Janeiro: RIOTUR/Oficina do Livro, 1991.
ARAÚJO, Hiram de; JÓRIO, Amaury. **Escolas de samba em desfile**: vida, paixão e sorte. [S. l.]: Poligráfica, 1969.
ASSAF, Roberto; MARTINS, Clóvis. **Campeonato carioca, 96 anos de história** (1902 - 1997). Rio de Janeiro: Irradiação Cultural, 1997.
ATHAYDE, Celso. **Falcão, meninos do tráfico**. Rio de Janeiro: Objetiva, 2010.
BARBOSA, Francisco de Assis. **A vida de Lima Barreto** (1881-1922). Rio de Janeiro: Civilização Brasileira, 1964.
BAR, BOTECO, BOTEQUIM; imagens de um sentimento. Rio de Janeiro: PBC Propaganda, 1987.
SILVA, Marília T. Barboza; SANTOS, Lygia. **Paulo da Portela: traço de união entre duas culturas**. Rio de Janeiro: Funarte, 1980.
BARRETO, Lima. **Clara dos Anjos**. Rio de Janeiro: Ediouro, 19--.
BARRETO, Lima. **Feiras e mafuás**. São Paulo: Brasiliense, 1956.
BARRETO, Lima. **Triste fim de Policarpo Quaresma**. São Paulo: Martin Claret, 1999.
BELOCH, Israel; ABREU, Alzira Alves de (coord.). **Dicionário histórico-biografico brasileiro: 1930-1983**. Rio de Janeiro: Forense-Universitária; FGV/CPDOC; Finep,

REFERÊNCIAS

1984. (4 vols.)

BERGER, Paulo. **As freguesias do Rio antigo vistas por Noronha Santos**. Rio de Janeiro: O Cruzeiro, 1965.

BERLIET JÚNIOR. **O romance de um imigrante**: vida e obra de Gabriel Habib. Rio de Janeiro: Pongetti, 1972.

BERNARDES, Lysia; SOARES, Maria Therezinha de Segadas. **Rio de Janeiro: cidade e região**. Rio de Janeiro: Secretaria Municipal de Cultura, 1995.

BORELLI, Ana. **Penso subúrbio carioca**. Rio de Janeiro: Tix, 2009.

CAMARGO, José Eduardo. **Guia de ruas: Rio de Janeiro**. São Paulo: Abril, 2008.

CANDEIA FILHO, Antônio; ARAÚJO, Isnard. Escola de samba, árvore que perdeu a raiz. Rio de Janeiro: Lidador, 1978.

CARNEIRO, Edison. Ladinos e crioulos. Rio de Janeiro: Civilização Brasileira, 1964.

CARVALHO, Delgado de. **Corografia do Distrito Federal**. Rio de Janeiro: Francisco Alves, 1926.

CARVALHO, Hermínio Bello de. **Araca, arquiduquesa do Encantado**. Rio de Janeiro: Folha Seca, 2004.

CARVALHO, Marcos. **Gaiaku Luiza**. Rio de Janeiro: Pallas, 2006.

CASCUDO, Luís da Câmara. **Dicionário do folclore brasileiro**. São Paulo: Melhoramentos, 1980.

CAVALCANTI, Ayrton J. F. (org.). **Guia Rex**. Rio de Janeiro: Notrya, 1998.

COARACY, Vivaldo. **Memórias da cidade do Rio de Janeiro**. Rio de Janeiro: José Olympio, 1965a.

COARACY, Vivaldo. **Paquetá, imagens de ontem e de hoje**. Rio de Janeiro: José Olympio, 1965b.

CONDE, Miguel. Uma cidade redescoberta. **O Globo**, Rio de Janeiro, Caderno Prosa & Verso, p. 1-2, 19 fev. 2011.

CONY, Carlos Heitor. **A tarde da sua ausência**. São Paulo: Companhia das Letras, 2003a.

CONY, Carlos Heitor. **Quase memória**. São Paulo: Folha de São Paulo, 2003b. (Biblioteca Folha, vol. 30)

CORREA, Magalhães. O sertão carioca. **Revista do Instituto Historico e Geographico Brasileiro**, Rio de Janeiro, v. 167, 1933.

CORREA, Magalhães. Terra carioca: fontes e chafarizes. **Revista do Instituto Historico e Geographico Brasileiro**, Rio de Janeiro, v. 170, 1935.

CRULS, Gastão. **Aparência do Rio de Janeiro**. Rio de Janeiro: José Olympio, 1965. (2 vol.)

CUNHA, Antônio Geraldo da. **Dicionário histórico das palavras portuguesas de origem tupi**. São Paulo: Melhoramentos, 1982.

CUNHA, Maria Clementina Pereira da. **Ecos da folia**: uma história social do carnaval carioca entre 1880 e 1920. São Paulo: Companhia das Letras, 2001.

DUARTE, Marcelo. **Guia dos craques**. São Paulo: Abril, 2000.

DUNLOP, Charles. **Os meios de transporte do Rio antigo**. Rio de Janeiro: Min. Transportes/Serv. Documentação, 1972.

EDMUNDO, Luiz. **A corte de D. João no Rio de Janeiro**. 2. ed. Rio de Janeiro: Conquista, 1957a. (3 vols.)

EDMUNDO, Luiz. **O Rio de Janeiro do meu tempo**. 2. ed., Rio de Janeiro: Conquista, 1957b. (5 vols.)

EFEGÊ, Jota. **Figuras e coisas da música popular brasileira**. 1. vol. Rio de Janeiro:

REFERÊNCIAS

MEC/Funarte, 1978.
EFEGÊ, Jota. **Figuras e coisas do carnaval carioca**. Rio de Janeiro: MEC/FUNARTE, 1982.
ENCICLOPÉDIA. Rio de Janeiro: Delta Larousse, 1970. (12 v.)
ENCICLOPÉDIA DA MÚSICA BRASILEIRA. São Paulo, Art Editora, 1977.
FALEIROS, Vicente de Paula; FALEIROS, Eva Silveira. **Escola que protege: enfrentando a violência contra crianças e adolescentes**. 2. ed. Brasília: Ministério da Educação, Secretaria de Educação Continuada, Alfabetização e Diversidade, 2008.
FAOUR, Rodrigo. **Revista do rádio**. Rio de Janeiro: Relume-Dumará, 2002.
FAZENDA, José Vieira. Antiqualhas e memórias do Rio de Janeiro. **Revista do Instituto Historico e Geographico Brasileiro**, Rio de Janeiro, tomo 88, vol. 142, 1920.
FIGUEIREDO, Cândido de. **Novo dicionário da língua portuguesa**. Lisboa: Artur Brandão & Cia., 1926.
FONSECA, Rubem. **Agosto**. Rio de Janeiro: Record, 1990.
FRAIHA, Sílvia et al. **Madureira e Oswaldo Cruz**. Rio de Janeiro: Fraiha, 2004a. (Coleção Bairros do Rio)
FRAIHA, Sílvia et al. **Méier e Engenho de Dentro**. Rio de Janeiro: Fraiha, 2004b. (Coleção Bairros do Rio)
FRAIHA, Sílvia et al. **Ramos, Olaria e Penha**. Rio de Janeiro: Fraiha, 2004c. (Coleção Bairros do Rio)
FREITAS, Benedicto. **O matadouro de Santa Cruz**: cem anos a serviço da comunidade. 2. ed. ampliada. Rio de Janeiro: [s.n.], 1977.
FREITAS, Benedicto. **Santa Cruz, fazenda jesuítica, real, imperial**. Rio de Janeiro: Asa, 1985. (3 vol.)
FREITAS, Márcia Chagas (coord.). **O rosto do povo**. Rio de Janeiro: Léo Christiano, 1986.
FREYRE, Gilberto. **Casa-grande & senzala**. Rio de Janeiro: José Olympio, 1975.
FRIDMAN, Fania. **Donos da terra em nome do rei**: uma história fundiária da cidade do Rio de Janeiro. Rio de Janeiro: Zahar; Garamond, 1999.
FRIDMAN, Fania. **Paisagem estrangeira**: memórias de um bairro judeu no Rio de Janeiro. Rio de Janeiro: Casa da Palavra, 2007.
GANDRA, Edir. **O jongo da Serrinha: do terreiro aos palcos**. Rio de Janeiro: Giorgio; Uni-Rio, 1995.
GERSON, Brasil. **História das ruas do Rio**. 4. ed. Rio de Janeiro: Brasiliana, 1966.
GERSON, Brasil. **O ouro, o café e o Rio**. Rio de Janeiro: Brasiliana, 1970.
GOMES, Flávio dos Santos. **A hidra e os pântanos**: mocambos, quilombos e comunidades de fugitivos no Brasil (séculos XVII – XIX). São Paulo: UNESP; Polis, 2005.
GUIA REX. **Indicador geral do Rio de Janeiro**. Rio de Janeiro: Guia Rex, 1958.
HOUAISS, Antônio; VILLAR, Mauro de Salles. **Dicionário Houaiss da língua portuguesa**. Rio de Janeiro: Objetiva, 2001.
IBGE. **Tipos e aspectos do Brasil**. 10. ed. Rio de Janeiro: Conselho Nacional de Geografia, 1975. (excertos da Revista Brasileira de Geografia)
KARASCH, Mary C. **A vida dos escravos no Rio de Janeiro** (1808 – 1850). São Paulo: Companhia das Letras, 2000.
LIRA, Marisa. **Migalhas folklóricas**. Rio de Janeiro: Laemmert, 1951.
LOBATO, Monteiro. **A barca de Gleyre**. São Paulo: Nacional, 1944.
LOPES, Nei. **Guimbaustrilho e outros mistérios suburbanos**. Rio de Janeiro: Dantes, 2001.

REFERÊNCIAS

LOPES, Nei. **O negro no Rio de Janeiro e sua tradição musical**. Rio de Janeiro: Pallas, 1992.

MAGALHÃES, Álvaro (org.). **Enciclopédia brasileira Globo**. Porto Alegre: Globo, 1969. (12 v.)

MANGUEIRA, Xangô da; LOPES, Nei. **Xangô da Mangueira: recordações de um velho batuqueiro**. Rio de Janeiro: CASA - Cooperativa de Artistas Autônomos, 2005.

MARIO FILHO. **O negro no futebol brasileiro**. Rio de Janeiro: Civilização Brasileira, 1964.

MARTINS, Ronaldo Luiz. **Mercadão de Madureira: caminhos do comércio**. Rio de Janeiro: Condomínio do Entreposto Mercado do Rio de Janeiro, 2009.

MATTEUCCI, Henrique. **Memórias de Mário Américo**. São Paulo: Nacional, 1986.

MÁXIMO, João. **Brasil: um século de futebol, arte e magia**. Rio de Janeiro: Aprazível, 2006.

MÁXIMO, João et al. **Noel Rosa: uma biografia**. Brasília: UnB; Linha, 1990.

MEDEIROS, Alexandre. **Batuque na cozinha**: as receitas e as histórias da Tias da Portela. Rio de Janeiro: Senac/Casa da Palavra, 2004.

MOLICA, Fernando. **O ponto de partida**. Rio de Janeiro: Record, 2008.

MORAES, Evaristo de. **Reminiscências de um rábula criminalista**. Rio de Janeiro: Briguiet, 1989.

MOTTA, Nelson. **Noites tropicais**. Rio de Janeiro: Objetiva, 2000.

MOUTINHO, Marcelo (org.). **Canções do Rio**. Rio de Janeiro: Casa da Palavra, 2009.

MURICY, J. C. de Andrade. **Panorama do movimento simbolista brasileiro**. Rio de Janeiro: MEC/INL, 1952.

MUSEU UNIVERSITÁRIO GAMA FILHO. **Um bairro chamado Piedade**. Rio de Janeiro: UGF, 1991.

NASCENTES, Antenor. **Dicionário de sinônimos**. Rio de Janeiro: Nova Fronteira, 1981.

NETO, Antônio Leão da Silva. **Dicionário de filmes brasileiros: longa metragem**. 2. ed. revista e aumentada. São Bernardo do Campo: Do Autor, 2009.

PASQUIM. **As grandes entrevistas do Pasquim**. Rio de Janeiro: Codecri, 1976.

PASSOS, Alexandre. **O Rio no tempo do "Onça"** (século XV ao XVIII). Rio de Janeiro: São José, 1965.

PINTO, Alexandre Gonçalves. **O Choro: reminiscência dos chorões antigos**. Rio de Janeiro: Funarte, 1978. (reedição em fac-símile da edição original de 1936)

PRANDI, Reginaldo. **Mitologia dos orixás**. São Paulo: Companhia das Letras, 2001.

GONÇALVES, Aureliano Restier. **Extratos de manuscritos sobre aforamentos**. Rio de Janeiro: Prefeitura da Cidade, Diretoria de Estatística e Arquivo, 1974. (Coleção Memória do Rio, n. 2: reimpressão fac-similar dos originais de 1925, 1926 e 1929)

PRETA, Stanislaw Ponte. **Máximas de tia Zulmira**. Rio de Janeiro: Civilização Brasileira, 1994.

PROJETO Memória das Organizações Globo (org.). **Dicionário da TV Globo, vol 1**: programas de dramaturgia & entretenimento. Rio de Janeiro: Jorge Zahar, 2003.

PUGIALLI, Ricardo. **Almanaque da Jovem Guarda**. São Paulo: Ediouro, 2006.

RAMOS, Fernão; MIRANDA, Luiz Felipe (Org.). **Enciclopédia do cinema brasileiro**. São Paulo: Senac, 2000.

REBELO, Marques. **Contos reunidos**. Rio de Janeiro: Nova Fronteira, 2002.

REBELO, Marques. **Marafa**. Rio de Janeiro: Ediouro, 19--.

RIBEIRO, André. **O diamante eterno**: biografia de Leônidas da Silva. Rio de Janeiro: Gryphus, 1999.

RIBEIRO, Arthur Duarte. **Planta informativa da Cidade do Rio de Janeiro**. Rio de Janeiro: Briguiet, 1911. (anexa ao Guia Briguiet de 1911)

RIBEIRO, Darcy. **Aos trancos e barrancos**: como o Brasil deu no que deu. Rio de Janeiro: Guanabara, 1985.

RIBEIRO, Otávio. **Barra pesada**. Rio de Janeiro: Codecri, 1977.

RIOTUR. **Rio Zona Oeste: guia turístico**. Rio de Janeiro: Prefeitura da Cidade, 19--.

RIO, João do. **As religiões do Rio**. Rio de Janeiro: Nova Aguilar, 1976. (Coleção Biblioteca Manancial, n. 47)

RITO, Lúcia (Org.). **Zona Norte: território da alma carioca**. Rio de Janeiro: Norte Shopping, 2001.

RODRIGUES, José Honório. **Brasil e África, outro horizonte**. Rio de Janeiro: Civilização Brasileira, 1964.

RODRIGUES, Nelson. **Asfalto selvagem**. Rio de Janeiro: Agir, 2008.

RODRIGUEZ, Helio Suêvo. **A formação das estradas de ferro no Rio de Janeiro**: o resgate da sua memória. Rio de Janeiro: Sociedade de Pesquisa para Memória do Trem, 2004.

ROSA, Ferreira da. **Rio de Janeiro: notícia histórica e descritiva da capital do Brasil**. Rio de Janeiro: Prefeitura do Rio de Janeiro, 1978. (Coleção Memórias do Rio, n. 3. Reimpressão fac-similada da edição do Anuário do Brasil, 1924)

SAMPAIO, Mário Arnaud. **Vocabulário guarani-português**. Porto Alegre: L & PM, 1986.

SAMPAIO, Teodoro. **O tupi na geografia nacional**. São Paulo: Nacional; Brasília: INL, 1987.

SANTO, Antônio José do Espírito. Do samba ao funk do Jorjão: ritmos, mitos e ledos enganos no enredo de um samba chamado Brasil. Petrópolis: KBR, 2011. (edição digital comercializada em <http://www.kindlebook.com.br/do-samba-ao-funk-do-jorjao.html>, acesso em 24 nov. 2011)

SANTOS, Affonso Carlos Marques dos (Org.). **O Rio de Janeiro de Lima Barreto**. Vol. 1. Rio de Janeiro: Rioarte, 1983.

SANTOS, Antônio Carlos dos. **Os músicos negros: escravos da Real Fazenda de Santa Cruz no Rio de Janeiro** (1808 – 1832). São Paulo: Annablume; Fapesp, 2009.

SANTOS, Arnaldo Ferreira dos. **Reminiscências de um ex-aluno do Colegio Pedro II, de um médico da UFRJ nascido no Morro do Alemão: "Peitudo Caburé"**. Rio de Janeiro: Achiamé, 2007.

SANTOS, Evando dos; PERRUZO, Solange. **Vila da Penha**. Rio de Janeiro: UniverCidade, 2004.

SANTOS, Joel Rufino. **História política do futebol brasileiro**. São Paulo: Brasiliense, 1981.

SANTOS, Sidney G. M. dos; BRITO, Jader de Medeiro. Dicionário de educadores do Brasil. Rio de Janeiro: UFRJ, 1999.

SEVERIANO, Jairo; MELLO, Zuza Homem de. **A canção no tempo**. São Paulo: 34, 1997. (2 vols.)

SCHUMAER, Schuma; BRAZIL, Érico Vital (Orgs.). **Dicionário mulheres do Brasil**: de 1500 até a atualidade, biográfico e ilustrado. Rio de Janeiro: Zahar, 2000.

SILVA, Benedicto (Coord.). **Dicionário de Ciências Sociais**. Rio de Janeiro: Fundação Getulio Vargas, Instituto de Documentação, 1986.

SILVA, H. Pereira da. **Lima Barreto escritor maldito**. Rio de Janeiro: [s.n.], 1976.

SILVA, J. Romão da. **Denominações indígenas na toponímia carioca**. Rio de Janeiro: Brasiliana, 1966.

REFERÊNCIAS

SILVA, Marília T. Barboza da; OLIVEIRA FILHO, Arthur L. de. **Silas de Oliveira: do jongo ao samba-enredo**. Rio de Janeiro: Funarte, 1981.

SIMÕES, António (ed. lit.). **Glória e vida de três gigantes**. Lisboa, Portugal: A Bola, 1995. (oferta do jornal A Bola, comemorativa de 50 anos do futebol em Setúbal)

SOARES, A. J. de Macedo. **Dicionário brasileiro da língua portuguesa**. Rio de Janeiro: MEC-INL, 1954.

SOIHET, Rachel. Um ensaio sobre resistência e circularidade cultural: a festa da Penha (1890 – 1920). **Cadernos do ICHF**, Universidade Federal Fluminense, Instituto de Ciências Humanas e Filosofia, Rio de Janeiro, n. 31, agosto 1990.

SOUZA, Rolf Ribeiro de. **A confraria da esquina**: o que os homens de verdade falam em torno de uma carne queimando. Rio de Janeiro: Bruxedo, 2003a.

SOUZA, Tárik de. Tem mais samba: das raízes à eletrônica. São Paulo: 34, 2003b.

STADEN, Hans. A verdadeira história dos selvagens, nus e ferozes devoradores de homens (1548-1555). Rio de Janeiro: Dantes, 1998.

TAPAJÓS, Vicente (org.). **Dicionário biobibliográfico de historiadores, geógrafos e antropólogos brasileiros**. Rio de Janeiro: IHGB, 1991, 1992, 1993. (3 vols.)

TAVOLARO, Douglas. **O bispo: a história revelada de Edir Macedo**. São Paulo: Larousse, 2007.

TORRES, Gênesis (org.). **Baixada fluminense: a construção de uma história**; sociedade, economia, política. 2. ed. Rio de Janeiro: INEPAC, 2008.

URBINATI, Inoã P. Carvalho. **Datas cariocas**. Rio de Janeiro: Bruxedo, 2004.

VARGENS, João Baptista; MONTE, Carlos. **A Velha Guarda da Portela**. Rio de Janeiro: Manati, 2001.

VASCONCELOS, Ary. **Panorama da música popular brasileira**. São Paulo: Martins, 1964. (2 vols)

VASCONCELOS, Ary. **Panorama da música popular brasileira na "Belle Époque"**. Rio de Janeiro: Santana, 1977.

VASCONCELOS, Ary. **A nova música da Republica Velha**. Rio de Janeiro: [s.n.], 1985.

VASCONCELLOS, Francisco de. **Império Serrano, primeiro decênio 1947/1956**. Rio de Janeiro: [s.n.], 1991.

VELHO, Yvonne Maggie Alves. **Medo do feitiço: relações entre magia e poder no Brasil**. Rio de Janeiro: Arquivo Nacional, 1992.

VENTURA, Zuenir. **Cidade partida**. São Paulo: Companhia das Letras, 2000.

VIANNA, Elisete Pietroluongo. **Inhaúma: real e histórica freguesia**. Rio de Janeiro: PL, 19--.

VIANNA, Hélio. **Baixada de Jacarepaguá: sertão e Zona Sul**. Rio de Janeiro: Secretaria Municipal de Cultura,Turismo e Esportes, Departamento Geral de Patrimônio Cultural, 1992.

VIOTTI, M. **Novo dicionário da gíria brasileira**. São Paulo: Bentivegna, 1956.

HEMEROGRAFIA

ACHÉ, Suzete. Art Déco de raiz. **O Globo**, Rio de Janeiro, Caderno Ela, p. 6-7, 11 out. 2008. (com fotos de Custódio Coimbra)

ADESIVO de bicheiro dá "imunidade" no Rio. **Folha de São Paulo**, Cotidiano, p. 3, 21 ago. 2006.

REFERÊNCIAS

ALVES FILHO, Francisco. A culpa é do funk. **Raiz**, São Paulo, Cultura em Ação, n. 2, jan. 2006.
ARAÚJO, Inácio. Crítica. **Folha de São Paulo**, São Paulo, Ilustrada, p. E5, 3 jan. 2010.
BANDEIRA, Alexandre. O olho de Deus. **Raiz**, São Paulo, n. 2, p. 38-40, jan. 2006.
BARBOSA, Francisco de Assis. Clara dos Anjos (resenha). **Quilombo**, Rio de Janeiro, v. 1, n. 1, dez. 1948.
BARROS, Jorge Antonio. Do guarda noturno aos arrastões. **O Globo**, Rio de Janeiro, 23 set. 2009.
BOAL, Augusto. Entrevista. **Bundas**, Rio de Janeiro, n. 55, pag. 41, 4 jul. 2000.
BOECHAT, Claudio. Matéria. **O Globo**, Rio de Janeiro, suplemento Razão Social, n. 77, p. 10-11, 21 jul. 2009.
CÂMARA, João Sette. Matéria. **O Globo**, Rio de Janeiro, Rio Show, 11 set. 2009.
CARIOQUICE. **Inst. Cultural Cravo Albin**, Rio de Janeiro, n. 6, p. 48-55, ago.-set. 2005.
DUARTE, Francisco. Gafieiras: tratado geral do ambiente que exige respeito. **Jornal do Brasil**, Rio de Janeiro, Revista Domingo, 12 ago. 1979.
ELE é um milagre. **Veja**, São Paulo, ano 28, n. 43, p. 104-105, 25 out. 1995. (Edição 1415)
FIGUEIRAS, Mariana. Conde Belamorte. **O Globo**, Rio de Janeiro, Revista, n. 374, 25 set. 2011.
FRIAS, Lena. Cidade de Deus, cidade do medo. **Jornal do Brasil**, Rio de Janeiro, 5 jul. 1977.
GALDO, Rafael. Rio tem maior população de favelas. **O Globo**, Rio de Janeiro, p. 5, 22 dez. 2011.
GÓIS, Ancelmo. Coluna. **O Globo**, Rio de Janeiro, 5 jul. 2009.
HÁ 50 ANOS. **O Globo**, Rio de Janeiro, 8 dez. 2009.
HOLLANDA, Heloísa Buarque de. O declínio do efeito "cidade partida". **Carioquice**, Instituto Cultural Cravo Albin, Rio de Janeiro, n. 1, abr.-jun. 2004.
IMPÉRIO DAS DROGAS, O. **O Globo**, Rio de Janeiro, p. 16, 26 nov. 2010.
LIMA, Eduardo Souza. Excluída é a Zona Sul. **Zé Pereira**, Rio de Janeiro, n. 2, p. 4-8, set. 2007.
LOURENÇO NETO, Sydenham. Imigrantes judeus no Brasil, marcos políticos de identidade. **Locus: revista de história**, Juiz de Fora, v. 14, n. 2, p. 223-237, 2008.
LUSTOSA, Isabel. Pedro Ernesto, prefeito do Rio. **Jornal do Brasil**, Rio de Janeiro, 1º Caderno, 18 nov. 1992.
MARINS, Elizabeth et al. O Clóvis mudou. **Jornal do Brasil**, Rio de Janeiro, 25 fev. 1982.
MATÉRIA. **O Globo**, Rio de Janeiro, Caderno Zona Oeste, 23 jan. 2010.
MONTEIRO, Karla. Matéria. O Globo, Rio de Janeiro, Revista, p. 26, 10 jan. 2010.
MOREIRA, Martha Neiva. Aipim do lixo vira luxo. **O Globo**, Rio de Janeiro, caderno Razão Social, n. 124, p. 8, 16 ago. 2011.
MOTTA, Paulo (coord.). Favela S.A. **O Globo**, Rio de Janeiro, 30 ago. 2008. (série de reportagens publicadas em nove dias consecutivos)
MOURA, Roberto. No Rio depois da Áurea. **Estudos Afro-Asiáticos**, Rio de Janeiro, n. 15, p. 58-68, 1988.
NOTÍCIA. **O Globo**, Rio de Janeiro, coluna Gente Boa, 28 fev. 2010.
OVO da serpente-2, O. **Jornal do Brasil**, Rio de Janeiro, 3 jan. 1993.
PAIVA, Miguel. Texto. **Bundas**, Rio de Janeiro, n. 78, 12 dez. 2000.

REFERÊNCIAS

PIRES, Paulo Roberto. A terceira margem do Rio. **O Globo**, Rio de Janeiro, 24 ago. 2008.
PRADO, Geraldo Moreira et al. Especiarias da China. **Nossa História**, Rio de Janeiro, ano 3, n. 36, p. 68-73, 20--.
PROGRAMA. **O Globo**, Rio de Janeiro, Zona Oeste, 25 set. 2010.
RUBACK, Camila. Caramujos africanos viram praga na cidade. O Dia, Rio de Janeiro, 17 jan. 2007.
SANTIAGO, Anna Luiza. Caminho para a fé. O Globo, Rio de Janeiro, Caderno Zona Oeste, 14 ago. 2010.
SANTIAGO, Anna Luiza. No ritmo da tradição. O Globo, Rio de Janeiro, Caderno Zona Oeste, p. 8-9, 12 set. 2009a.
SANTIAGO, Anna Luiza. O céu é o limite. O Globo, Rio de Janeiro, Caderno Zona Oeste, 29 ago. 2009b.
SINOPSE. O Globo, Rio de Janeiro, Prosa & Verso, 22 out. 2011.
SOBRAL, Marcella. Direto da fábrica. O Globo, Rio de Janeiro, Revista, p. 38 –39, 21 jun. 2009.
VALENTE, Maria Cristina. Um senhor mercado. **O Globo**, Rio de Janeiro, Caderno Rio Show, p. 32-35, 11 dez. 2009.
ZONA OESTE. O Globo, Rio de Janeiro, 5 jul. 2009.
ZONA OESTE. O Globo, Rio de Janeiro, 23 jan. 2010.

Internet

ACADEMIA Madureirense de Letras. Disponível em <https://sites.google.com/site/academiamadureirensedeletras>. Acesso em 2 dez. 2011.
ACADEMIA DO SAMBA. **Os desfiles de carnaval ano a ano**. Disponível em <http://www.academiadosamba.com.br/memoriasamba/desfiles/index.htm>. Acesso em 2 nov. 2011.
AFROREGGAE BY HERING. Postado em 17 nov. 2009. Disponível em <http://www.afroreggae.org/produtos/afroreggae-by-hering>. Acesso em 25 out. 2011.
APONTADOR. Casa de Espinho. Disponível em <http://www.apontador.com.br/local/rj/rio_de_janeiro/teatro_e_cultura/68YXBG4Q/casa_de_espinho_ltda_vista_alegre.html>. Acesso em 9 nov. 2011.
ARAÚJO, Washington Luiz. Olha o Laudir no Chicago... Brasileiros, São Paulo, ed. 7, fev. 2008. Disponível em <http://www.revistabrasileiros.com.br/edicoes/7/textos/211/>. Acesso em 22 nov. 2011.
ÁREA ocupada pelas favelas cadastradas segundo as Áreas de Planejamento e Regiões Administrativas - Município do Rio de Janeiro - 2008-2010. Disponível em <http://www.armazemdedados.rio.rj.gov.br/>. Acesso em 14 nov. 2011. (Estatísticas, Assentamentos precários, Tabela n. 2642)
AUGUSTA. Disponível em <http://augustacandiani.blogspot.com/>. Acesso em 14 nov. 2011.
BAIRRO Carioca. Disponível em <http://www.cidadeolimpica.com/em-triagem-o-nascimento-de-um-bairro/>. Acesso em 1 dez. 2011.
BAIRROS cariocas. Disponível em <http://portalgeo.rio.rj.gov.br/bairroscariocas/>. Acesso em 22 dez. 2009.
BARÃO de Piraquara. Disponível em: <http://pt.wikipedia.org/wiki/Bar%C3%A3o_de_Piraquara>. Acesso em 3 out. 2011.

REFERÊNCIAS

BARCELLOS, Clarissa. Cedae inaugura Elevatória de Água do Juramento. Disponível em <http://governo-rj.jusbrasil.com.br/politica/5050596/cedae-inaugura-elevatoria-de-agua-do-juramento>. Acesso em 8 nov. 2011.

BLOG do Planalto. Inaugurada em Manguinhos (RJ) primeira Biblioteca-Parque do Brasil (29 abr. 2010). Disponível em <http://blog.planalto.gov.br/inaugurada-em-manguinhos-rj-primeira-biblioteca-parque-do-brasil/>. Acesso em 23 nov. 2011.

CANDIDA, Simone. Secretária de cultura quer dar uso público à Casa do Capão do Bispo. Disponível em <http://extra.globo.com/noticias/rio/secretaria-de-cultura-quer-dar-uso-publico-casa-do-capao-do-bispo-2366771.html>. Acesso em 8 nov. 2011.

CARMELA DUTRA. Disponível em <http://iecarmeladutra.com/home.html>. Acesso em 8 nov. 2011.

CARNAVAL do Rio de Janeiro. Disponível em <http://pt.wikipedia.org/wiki/Categoria:Carnaval_do_Rio_de_Janeiro>. Acesso em 21 nov. 2011.

CEDAE. História: tratamento de esgoto. Disponível em <http://www.cedae.com.br/>. Acesso em 29 nov. 2011.

CEM anos de transporte por ônibus a motor. Ônibus, Rio de Janeiro, ano VIII, n. 46, p. 6-19, jan.-fev. 2008. Disponível em <www.fetranspor.com.br/revista_onibus>. Acesso em 24 nov. 2011.

CENTRO CULTURAL. Disponível em <http://www.sidneyrezende.com/noticia/120306+prefeitura+vai+transformar+imperator+em+centro+cultural+joao+nogueira>. Acesso em 15 nov. 2011.

CIFRANTIGA. **Mano Décio da Viola**. Disponível em <http://cifrantiga2.blogspot.com/2007/02/mano-dcio-da-viola.htmla>. Acesso em 22 nov. 2011.

CINE IMPERATOR. Disponível em <http://pt.wikipedia.org/wiki/Cine_Imperator>. Acesso em 15 nov. 2011.

COMLURB. Ecoponto de Inhoaíba. Disponível em <http://comlurb.rio.rj.gov.br/salaimprensa/det_noticia.asp?cat=32&id=1958>. Acesso em 28 nov. 2009.

CLAUDIO & Manoel do Sino. Disponível em <www.tecnosino.com>. Acesso em 23 nov. 2011.

COELHO, Adriano. Os ciganos do futebol, parte I. Disponível em <http://www.superfutebol.com.br/news3.php?cod=3735>. Acesso em 9 out. 2009.

COMIDA DI BUTECO. **Edição** 2011. Disponível em <http://www.comidadibuteco.com.br/>. Acesso em 29 jul. 2011.

COSTA, Waldemar. O Vale do Marangá. Disponível em <http://www.wsc.jor.br>. Acesso em 29 mai. 2009.

CULTURA AERONÁUTICA. **O hangar do Zeppelin em Santa Cruz**. Disponível em <http://culturaaeronautica.blogspot.com/2009/07/o-hangar-do-zeppelin-em-santa-cruz.html>. Acesso em 12 jan. 2012.

CUNHA, Bruno. **Religiosos de Inhoaíba vão pedir o tombamento da imagem de ex-escrava**. Disponível em <http://extra.globo.com/noticias/religiao-e-fe/religiosos-de-inhoaiba-vao-pedir-tombamento-da-imagem-de-ex-escrava-2857448.html>. Acesso em 12 jan. 2012.

DANTAS, Pedro. **Moradores de Nova Sepetiba veem favelização de residencial**. Disponível em <http://www.estadao.com.br/noticias/impresso,moradores-de-nova-sepetiba-veem-favelizacao-de-residencial,241449,0.htm>. Acesso em 24 nov. 2011.

EDUCAÇÃO PÚBLICA. **Geologia e hidrografia da Cidade do Rio de Janeiro**. Disponível em <http://www.educacaopublica.rj.gov.br/oficinas/geologia/hidrografia_rj/09.html>. Acesso em 1 dez. 2011.

REFERÊNCIAS

EPIPOCA. As aventuras amorosas de um padeiro. Disponível em <http://www.epipoca.com.br/filmes_detalhes.php?idf=6801>. Acesso em 28 out. 2011. (Sinopse)

ESCOLAS de samba do Rio de Janeiro. Disponível em <http://pt.wikipedia.org/wiki/Categoria:Escolas_de_samba_do_Rio_de_Janeiro>. Acesso em 10 nov. 2011b.

ESEQEX. Disponível em <http://www.eseqex.ensino.eb.br/equitacao/index.php?option=com_content&view=article&id=56&Itemid=64>. Acesso em 11 nov. 2011.

RCG, 2º. Disponível em: <http://www.exercito.gov.br/web/guest/1064 >. Acesso em 11 nov. 2011.

ESTAÇÕES Ferroviárias do Estado do Rio de Janeiro. Disponível em <http://www.estacoesferroviarias.com.br/index_rj.htm>. Acesso em 14 mar. 2011.

EXTENSÃO da rede hidrográfica principal, segundo os cursos de água, com indicação das bacias hidrográficas a que pertencem - 2005. Disponível em <http://www.armazemdedados.rio.rj.gov.br/>. Acesso em 28 out. 2011. (Estatísticas, Território e meio ambiente, Características do território, tabela 1454)

FEDERAÇÃO BRASILEIRA DE UMBANDA. Disponível em <http://www.fbu.com.br/fbu.html>. Acesso em 8 nov. 2011.

FIOCRUZ. Instituto Municipal de Assistência à Saúde Juliano Moreira. Disponível em <http://www.instituicoes.coc.fiocruz.br/index.php/286;isdiah>. Acesso em 9 jan 2012.

FUTSAL. Disponível em <http://www.suapesquisa.com/educacaoesportes/futsal.htm>. Acesso em 18 dez. 2009.

GOOGLE MAPS. Disponível em <http://maps.google.com.br/>. Acesso em 12 jan. 2012.

GOVERNO DO RIO DE JANEIRO. CEASA. Disponível em: <http://www.ceasa.rj.gov.br>. Acesso em 10 nov. 2011.

HISTÓRIA dos Bairros. Disponível em <http://portalgeo.rio.rj.gov.br/armazenzinho/web/BairrosCariocas/index2_bairro.htm>. Acesso em 21 nov. 2011.

HORA, Amanda. Moradores protestam para salvar cinema comprado por Igreja Universal em Londres. Disponível em <http://horaamanda.blogspot.com/2009/04/moradores-protestam-para-salvar-cinema.html>. Acesso em 11 nov. 2011.

HOSPITAL Mário Kroeff. <http://www.mariokroeff.org.br/> 25 nov. 2011

IAB. Disponível em <http://institutodearqueologiabrasileira.blogspot.com/>. Acesso em 10 nov. 2011.

IBICT. Inclusão digital. Disponível em <http://inclusao.ibict.br/mid/mid_programas.php>. Acesso em 23 nov. 2011.

INFOGUIA. Centro Israelita de Educação de Madureira. Disponível em <http://www.infoguiariodejaneiro.com.br/madureira-rio-de-janeiro/empresa/centro-israelita-de-educacao-de-madureira.html>. Acesso em 19 mar 2011.

INSTITUIÇÕES de ensino da cidade do Rio de Janeiro. Disponível em <http://pt.wikipedia.org/wiki/Categoria:Institui%C3%A7%C3%B5es_de_ensino_da_cidade_do_Rio_de_Janeiro>. Acesso em 14 nov. 2011.

JOCKEY Club Brasileiro. História. Disponível em <http://www.jcbinforma.com.br/historia>. Acesso em 1 dez. 2011.

LEAL, Hélio Ideburque Carneiro. Criação do curato da Vila de Santa Cruz do Aracati. Disponível em <http://www.luacheia.art.br/site/index2.php?option=com_content&do_pdf=1&id=453>. Acesso em 12 jan. 2012.

LIMA, Rômulo. Conjunto Habitacional IAPM - Irajá. Disponível em <http://fotolog.terra.com.br/riodehistorias:40>. Acesso em 21 nov. 2011.

REFERÊNCIAS

LOGRADOUROS da cidade do Rio de Janeiro. Disponível em <http://pt.wikipedia.org/wiki/Categoria:Logradouros_da_cidade_do_Rio_de_Janeiro>. Acesso em 21 nov. 2011.

LOMBA, Sérgio. Pedrinho Caroço. Disponível em <http: //copalight.com/ artigos.html>. Acesso em 15 set. 2009.

MACEDO, Raimundo Albuquerque. **Os trens suburbanos do Rio de Janeiro nas décadas de 50 e 60, sob o ponto de vista de um usuário**. Disponível em <http://www.anpf.com.br/histnostrilhos/historianostrilhos22_maio2004.htm>. Acesso em 25 nov. 2011.

MAGALHÃES, Roberto Anderson (coord.). Inventário dos reservatórios tombados pelo Estado do Rio de Janeiro. Disponível em <http://www.inepac.rj.gov.br/modules.php?name=InventarioReserv>. Acesso em 8 nov. 2011.

MANTUANO, Ana Estachiote. **Zaquia Jorge: coragem, simplicidade e** pailleté. Disponível em <www.joaodorio.com/site/index.php?option=com_content&task=view&id=184&Itemid=53>. Acesso em 21 set. 2009.

MAPAS de Uso do Solo: Anchieta, Pavuna, Irajá e Madureira. Disponível em <http://www.armazemdedados.rio.rj.gov.br/arquivos/2162_folha10_anchieta,%20pavuna,%20iraj%C3%A1%20e%20madureira.JPG>. Acesso em 21 nov. 2011. (Mapa nº 2162, folha 10)

MAURO Diniz. Disponível em <http://en.wikipedia.org/wiki/Mauro_Diniz >. Acesso em 23 nov. 2011.

MEU IRAJÁ. Disponível em <http://agrocon.sites.uol.com.br>. Acesso em 23 abr. 2009.

MIÉCIMO, Artur. **Quem foi Miécimo da Silva?** Disponível em <http://arturmiecimo2010.blogspot.com/2010/09/quem-foi-miecimo-da-silva.html>. Acesso em 11 nov. 2011.

MILLARCH, Aramis. **Tabloide digital**: artigo de 13.10.1981. Disponível em <http://www.millarch.org/artigo/artigo-em-13101981>. Acesso em 2 nov. 2011.

MONTEIRO, Marcelo. **Pequeno dicionário das favelas**. Disponível em <http://www.favelatemmemoria.com.br/publique/cgi/cgilua.exe/sys/start.htm?sid=3>. Acesso em 14 nov. 2011a.

MONTEIRO, Marcelo. **O que é isso, vizinho**? Disponível em <http://novo.vivafavela.com.br/publique/cgi/cgilua.exe/sys/start.htm?from_info_index=1081&infoid=31671&sid=87>. Acesso em 2 dez. 2011b.

MONTEIRO, Maurício. **Maré de Angola**. Disponível em <http://www.etni-cidade.net/mare_angolanos.htm>. Acesso em 6 jul. 2009.

MOSCAFREE. Gilberto Gil e as canções de Eu, tu, eles - 2000. Disponível em <http://moscafree.blogspot.com/2008/03/gilberto-gil-e-as-canes-de-eu-tu-eles.html>. Acesso em 12 mar.2008.

MOURÃO, Ivens Roberto de Araújo (coord.). Manual I: breve história do sistema de Ceasas no Brasil. (1960 a 2007). Disponível em <http://www.ceasa.gov.br/dados/publicacao/pub43.pdf>. Acesso em 10 nov. 2011.

MUSSUM. Disponível em <http://pt.wikipedia.org/wiki/Mussum>. Acesso em 15 jan. 2012.

NA PAVUNA. Disponível em <http://cifrantiga3.blogspot.com/2006/04/na-pavuna.html>. Acesso em 27 out. 2011.

NAVEGA, Télio. A alma gaúcha do Zé Carioca. Disponível em <http://oglobo.globo.com/blogs/Gibizada/posts/2009/10/03/a-alma-gaucha-do-ze-carioca-hq-perfis-3-229004.asp>. Acesso em 2 dez. 2011.

REFERÊNCIAS

NOGUEIRA JR., Arnaldo. Millôr Fernandes. Disponível em <http://www.releituras.com/millor_bio.asp>. Acesso em 12 jun. 2009.

OLIVEIRA, Márcio Medeiros. Meu pai. Disponível em <http://www.marciomedeiros.com.br/site/?page_id=27>. Acesso em 31 out 2011.

ORDEM DE BATALHA. Base aérea de Santa Cruz. Disponível em <http://freepages.military.rootsweb.ancestry.com/~otranto/fab/fab_santacruz.htm>. Acesso em 31 out. 2011.

ORKUT. Cascadura Tênis Clube – CTC. Disponível em <http://www.orkut.com/Community?cmm=3113340&hl=pt-BR>. Acesso em 10 nov. 2011.

PACHECO, M. Histórias do nosso **bairro**. Disponível em <www.mpachecoguerra.blogger.com.br>. Acesso em 8 jun. 2009.

PAC-RJ. **Discussão da execução do projeto de urbanização e integração de políticas públicas no Alemão**. Disponível em <http://www.emop.rj.gov.br/ata_aud_alemao.asp>. Acesso em 14 nov. 2011.

PAULO LINS. Disponível em <http://pt.wikipedia.org/wiki/Paulo_Lins>. Acesso em 11 nov. 2011.

PERETZ. Convocação. Diário Oficial da União (DOU), Seção 1, p. 54, 29 jun. 1949. Disponível em <http://www.jusbrasil.com.br/diarios/2522406/dou-secao-1-29-06-1949-pg-54>. Acesso em 29 jul. 2011.

PORTAL BRASIL. Complexo Esportivo de Deodoro ganha novo prêmio de arquitetura. Disponível em <http://www.brasil.gov.br/noticias/arquivos/2011/10/26/complexo--esportivo-de-deodoro-ganha-novo-premio-de-arquitetura>. Acesso em 25 nov. 2011.

PORTAL da Prefeitura do Rio de Janeiro. <http://www.rio.rj.gov.br> 1 dez 2011. (Links para os sites de todas as subprefeituras)

RÁDIO Metropolitana 1090. Disponível em <http://www.metropolitana1090.com.br/>. Acesso em 25 nov. 2011.

REDEGLOBO. Produção. Disponível em <http://redeglobo.globo.com/TVG/0,,9648,00.html>. Acesso em 12 jan. 2012.

REGIÕES Administrativas. Disponível em <http://www.rio.rj.gov.br/web/guest/exibeconteudo?article-id=810695 >. Acesso em 9 jan. 2012.

ROCHA, Adelmo dos Passos; BOAS, Ana Alice Vilas; MACEDO, Marcelo Álvaro da Silva. A influência da gestão com foco no operador no aumento da produtividade na Gerdau Cosigua. Disponível em <http://www.editora.ufrrj.br/revistas/humanasesociais/rch/rch%2027n1-2/1.pdf>. Acesso em 11 nov. 2011.

ROSA, Jorge Ricardo. Respeitável público. Postado em 19 ago. 2008. Disponível em <www.noticiasdosuburbio.blogspot.com>. Acesso em 7 jul. 2009.

SECRETARIA DE OBRAS. Cidade das Crianças Leonel Brizola. Disponível em <http://obras.rio.rj.gov.br/index2.cfm?sqncl_publicacao=303>. Acesso em 11 nov. 2011.

SEQUEIRA, Renata. Cine Guaraci preserva a memória de Rocha Miranda. Disponível em <http://www.vivafavela.com.br/node/850>. Acesso em 11 nov. 2011.

SEU Sete da Lira. Disponível em <pt.wikipedia.org/wiki/Seu_Sete_da_Lira>. Acesso em 27 dez. 2009.

SUIPA. Disponível em <http://www.suipa.org.br>. Acesso em 11 nov. 2011.

TERREIROSBRASIL. Terreiros de candomblé no Rio de Janeiro. Disponível em <terreirosbrasil.sites.uol.com.br>. Acesso em 29 abr. 2009.

U MADUREIRA. Disponível em <http://racabrasil.uol.com.br/cultura-gente/98/sumario.asp>. Acesso em 27 abr. 2009.

UM Balcão na Capital. **A história de Ramos, Olaria e Penha**. Disponível em <http://www.museudapessoa.net/sescrio/artigos_penha.shtml> 29 nov. 2011

REFERÊNCIAS

UPPSOCIAL. São João/Matriz/Quieto. Disponível em <http://www.uppsocial.com.br/comunidades/sao-joao>. Acesso em 11 nov. 2011.

VAITSMAN, Heliete. Samuel Rawet. **Boletim ASA**, n. 104, jan.-fev. 2007. Disponível em <http://www.asa.org.br/boletim/104/104_h2.htm>. Acesso em 15 mar. 2011.

WIKIPÉDIA. **Bairros da cidade do Rio de Janeiro**. Disponível em <http://pt.wikipedia.org/wiki/Categoria:Bairros_da_cidade_do_Rio_de_Janeiro>. Acesso em 10 nov. 2011.

ZOEIRA-Nostalgia. **Diário do Nordeste**, 27 mai. 2008. Disponível em <http://diariodonordeste.globo.com>. Acesso em 29 abr. 2009.

OUTRAS FONTES

MACEDO, Raimundo. Acervo particular de pesquisa, Rio de Janeiro, acessado pelo autor em março de 2009.

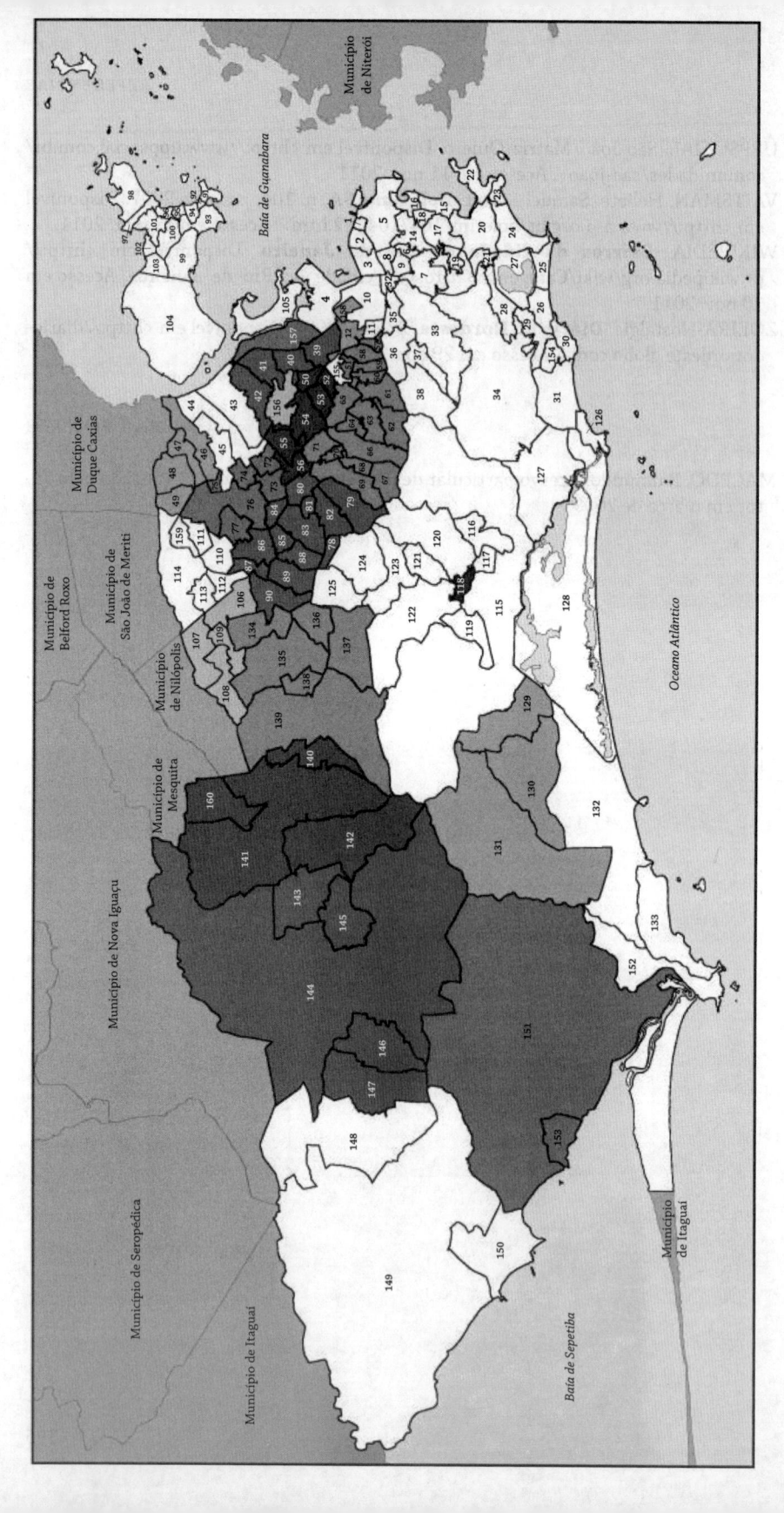

Mapa 1 | Bairros

Armazém de Dados <http://www.armazemdedados.rio.rj.gov.br>

	Bairro	Código		Bairro	Código		Bairro	Código
7 São Cristóvão	Benfica	012		Vicente de Carvalho	073		Freguesia (Jacarepaguá)	120
	Vasco da Gama	158		Vila da Penha	074		Pechincha	121
Área de Planejamento 3				Vista Alegre	075		Taquara	122
10 Ramos	Manguinhos	039		Irajá	076		Tanque	123
	Bonsucesso	040		Colégio	077		Praça Seca	124
	Ramos	041	15 Madureira	Campinho	078		Vila Valqueire	125
	Olaria	042		Quintino Bocaiúva	079	24 Barra da Tijuca	Camorim	129
11 Penha	Penha	043		Cavalcanti	080		Vargem Pequena	130
	Penha Circular	044		Engenheiro Leal	081		Vargem Grande	131
	Brás de Pina	045		Cascadura	082	34 Cidade de Deus	Cidade de Deus	118
31 Vigário Geral	Cordovil	046		Madureira	083	Área de Planejamento 5		
	Parada de Lucas	047		Vaz Lobo	084	17 Bangu	Padre Miguel	140
	Vigário Geral	048		Turiaçu	085		Bangu	141
	Jardim América	049		Rocha Miranda	086		Senador Camará	142
12 Inhaúma	Higienópolis	050		Honório Gurgel	087		Gericinó	160
	Maria da Graça	052		Oswaldo Cruz	088	18 Campo Grande	Santíssimo	143
	Del Castilho	053		Bento Ribeiro	089		Campo Grande	144
	Inhaúma	054		Marechal Hermes	090		Senador Vasconcelos	145
	Engenho da Rainha	055	22 Anchieta	Guadalupe	106		Inhoaíba	146
	Tomás Coelho	056		Anchieta	107		Cosmos	147
13 Méier	Jacaré	051		Parque Anchieta	108	19 Santa Cruz	Paciência	148
	São Francisco Xavier	057		Ricardo de Albuquerque	109		Santa Cruz	149
	Rocha	058	25 Pavuna	Coelho Neto	110		Sepetiba	150
	Riachuelo	059		Acari	111	26 Guaratiba	Guaratiba	151
	Sampaio	060		Barros Filho	112		Pedra de Guaratiba	153
	Engenho Novo	061		Costa Barros	113	33 Realengo (16)	Deodoro	134
	Lins de Vasconcelos	062		Pavuna	114		Vila Militar	135
	Méier	063		Parque Colúmbia	158		Campo dos Afonsos	136
	Todos os Santos	064	28 Jacarezinho	Jacarezinho	155		Jardim Sulacap	137
	Cachambi	065	29 Complexo do Alemão	Complexo do Alemão	156		Magalhães Bastos	138
	Engenho de Dentro	066	30 Maré	Maré	157		Realengo	139
	Água Santa	067	Área de Planejamento 4					
	Encantado	068	16 Jacarepaguá	Jacarepaguá	115			
	Piedade	069		Anil	116			
	Abolição	070		Gardênia Azul	117			
	Pilares	071						

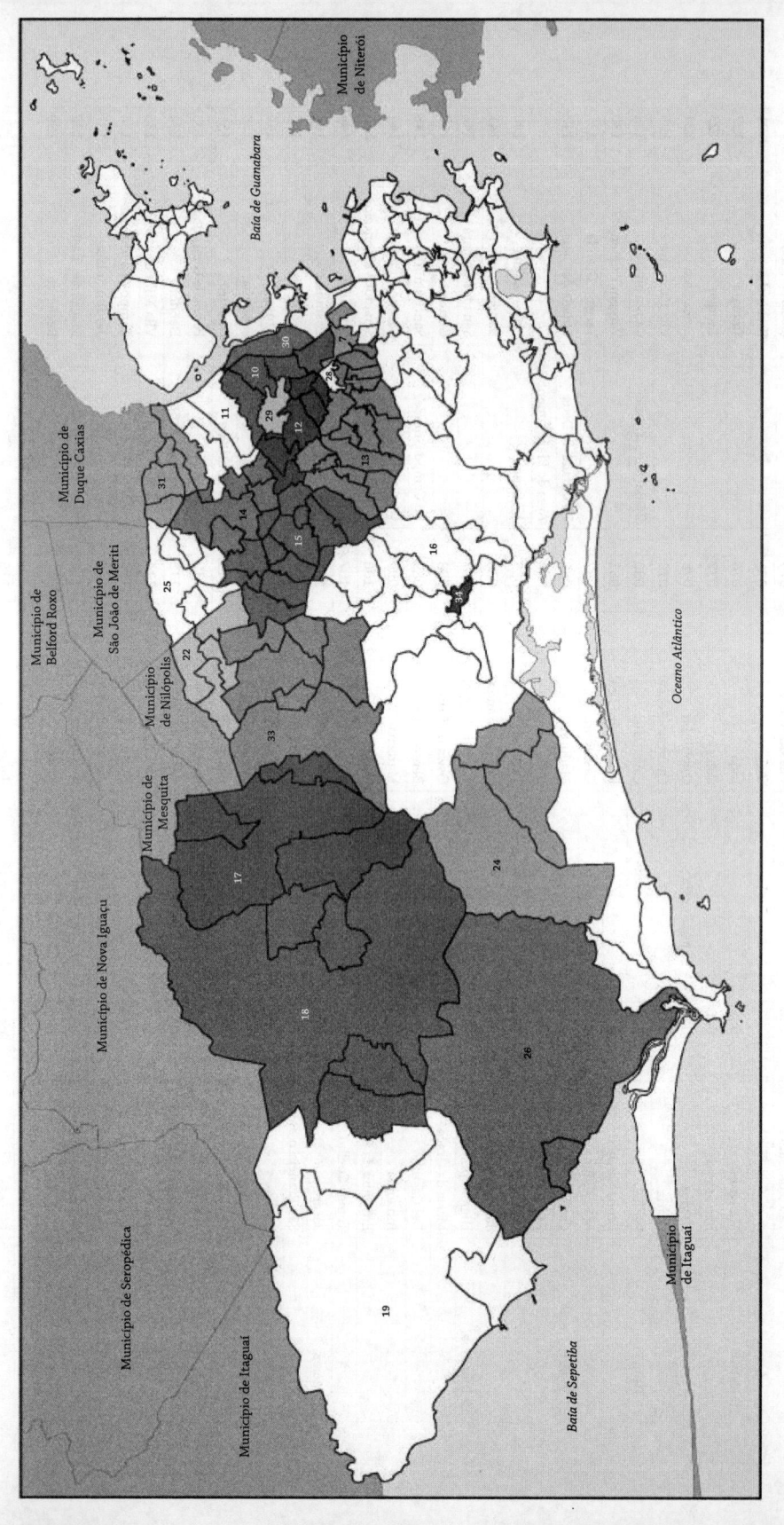

Mapa 2 | Regiões Administrativas
Armazém de Dados <http://www.armazemdedados.rio.rj.gov.br>

Regiões Administrativas e seus bairros incluídos no Dicionário da Hinterlândia Carioca:

7a RA - São Cristóvão (parte) - Benfica, Vasco da Gama

10a RA - Ramos - Manguinhos, Bonsucesso, Ramos, Olaria

11a RA - Penha - Penha, Penha Circular, Brás de Pina

12a RA - Inhaúma - Higienópolis, Maria da Graça, Del Castilho, Inhaúma, Engenho da Rainha, Tomás Coelho

13a RA - Méier - Jacaré, São Francisco Xavier, Rocha, Riachuelo, Sampaio, Engenho Novo, Lins de Vasconcelos, Méier, Todos os Santos, Cachambi, Engenho de Dentro, Água Santa, Encantado, Piedade, Abolição, Pilares

14a RA - Irajá - Vila Cosmos, Vicente de Carvalho, Vila da Penha, Vista Alegre, Irajá, Colégio

15a RA - Madureira - Campinho, Quintino Bocaiúva, Cavalcanti, Engenheiro Leal, Cascadura, Madureira, Vaz Lobo, Turiaçu, Rocha Miranda, Honório Gurgel, Oswaldo Cruz, Bento Ribeiro, Marechal Hermes

16a RA - Jacarepaguá - Jacarepaguá, Anil, Gardênia Azul, Curicica, Freguesia de Jacarepaguá, Pechincha, Taquara, Tanque, Praça Seca, Vila Valqueire

17a RA - Bangu - Padre Miguel, Bangu, Senador Camará, Gericinó

18a RA - Campo Grande - Santíssimo, Campo Grande, Senador Vasconcelos, Inhoaíba, Cosmos

19a RA - Santa Cruz - Paciência, Sepetiba, Santa Cruz

22a RA - Anchieta - Guadalupe, Anchieta, Parque Anchieta, Ricardo de Albuquerque

24a RA - Barra da Tijuca (parte) - Camorim, Vargem Pequena, Vargem Grande

25a RA - Pavuna - Coelho Neto, Acari, Barros Filho, Costa Barros, Pavuna, Parque Colúmbia

26a RA - Guaratiba - Guaratiba, Pedra de Guaratiba

28a RA - Jacarezinho

29a RA - Complexo do Alemão

30a RA - Complexo da Maré

31a RA - Vigário Geral - Cordovil, Parada de Lucas, Vigário Geral, Jardim América

33a RA - Realengo - Deodoro, Vila Militar, Campo dos Afonsos, Jardim Sulacap, Magalhães Bastos, Realengo

34a RA - Cidade de Deus

Este livro foi impresso em abril de 2012, na Gráfica Lis, em São Paulo. O papel de miolo é offset 75 g/m² e o da capa é o cartão 250g/m².